説話の考古学

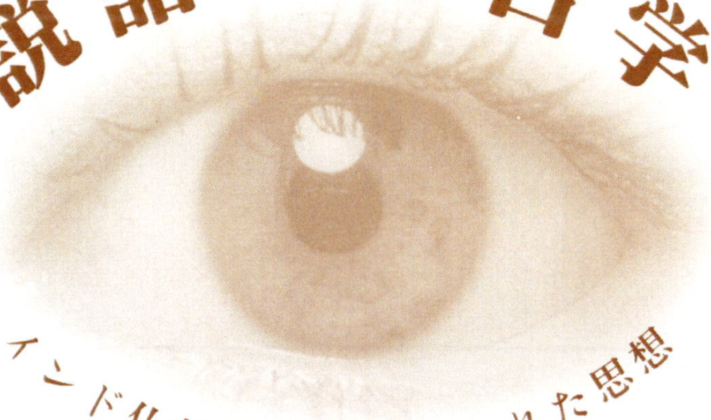

インド仏教説話に秘められた思想

平岡 聡

はしがき

二千五百年という歴史を有する仏教史の中で，それぞれの時代に膨大な数の仏典が作成された。その典籍を学問的に研究するようになったのは，ここ二百年足らずの間であり，洋の東西を問わず，数多の研究者がその研究に取り組んできた。そして，それらの研究が礎となって今日の研究が成り立っているわけであるが，これまでの研究の中でアヴァダーナ文献の占める割合は極めて低く，体系的な研究が遅れている分野であり，日本では岩本裕や干潟龍祥が本格的なアヴァダーナ研究を志したのを除けば，極めて悲観的な状況にある。しかし，その岩本や干潟でさえも，アヴァダーナ文献全体を総括的に考察したに留まり，個々の文献を丹念に考察の対象としたわけではなかったが，このような未知の分野に始めて触れる契機を作って下さったのが，佛教大学教授（当時）の雲井昭善先生であった。当時，先生は大学院の授業でAvadānaśataka や Divyāvadāna の講読を担当されて，懇切丁寧に文献講読の指導をして頂いたことが，今思えば私のアヴァダーナ研究の濫觴になったと思う。

また佛教大学教授（当時）の香川孝雄先生は私の父の同級生ということもあって，学部から大学院まで研究指導を引き受けて下さり，公私にわたってお世話して頂いたことは私にとって幸せであった。さらに留学に際しては佛教大学教授（当時）の梶山雄一先生が留学先に関する私の相談に応じて下さり，また推薦状を書いて頂く等，多大な御助力を頂いた。また私を快く迎えて下さったアメリカのミシガン大学教授ルイス・ゴメス先生のもとで勉強できたことも幸甚であった。当時ゴメス先生は無量寿経と阿弥陀経の英訳の仕事を手がけておられたが，そのプロジェクトに快く私を参加させて下さり，西洋における文献研究の方法を学ぶ機会に恵まれたことは貴重な体験となっている。また本書を著すきっかけとなったのも，先生が提唱された「知の考古学」に導かれてのことであり，言葉では言い尽くせない学的恩恵を被った。その時，そのプロジェクトに参加されていた京都産業大学(当時)の一郷正道先生（現大谷大学教授）や，留学中にミシガン大学に客員教授としてこられた京都大学名誉教授の長尾雅人先生にも様々な面で大変お世話になった。

さらにミシガン大学の大学院生（当時）だった畏友ジョナサン・シルク氏(現エール大学助教授）との出会いも忘れることができない。同年ということもあり，彼からは大きな学問的刺激を受けたし，私生活においても意気投合し，二年間の留学生活が楽しく有意義に過ごせたのも彼の存在なくしてはあり得なかったであろう。また彼に紹介して頂いたインディアナ大学教授（当時）のグレゴリー・ショペン先生（現カリフォルニア大学ロサンジェルス校教授）との出会いも私にとっては貴重であった。ショペン先生は御自身がかつて作成された Divyāvadāna の文献目録に関するノートを私に快く貸与して下さり，また学問的薫陶も受けることができた。このような恵まれた環境で二年の留学生活を送ることができたことにより，留学中に Divyāvadāna の下訳を完成させることができたのである。

帰国後は神戸女子大学教授の本庄良文先生と花園大学助教授（当時）の佐々木閑先生（現教授）とが，自ら進んでその下訳の訂正を買って出て下さり，第26章から第29章までの所謂アショーカ・アヴァダーナは佐々木先生に，またその他の全章は本庄先生に，時には蔵訳まで参照して不備な箇所を訂正して頂いたが，下訳の訂正以外にも，本庄先生からは文献を丹念に継続して読み重ねることの重要さを，また佐々木先生からは文献を読み込むことの面白さを教わった。また佛教大学教授の並川孝儀先生には，留学から就職のことまで公私に亘って筆舌に尽くせないほどの恩恵を頂戴し，まさに私の人生の導師となって今日まで私を導いて下さったし，斬新な視点から文献を読み込み，文献自体に語らせるという先生の仏教研究の手法は，無言の教訓となって私の研究に大きな影響を与えた。心より謝意を表したい。

また扱う文献が律蔵と深い関係を持っているために，律の専門家でもありまた大学院時代からの旧友でもある佛教大学助教授の山極伸之氏にも有益な示唆を頂いたし，さらに写本関係の情報に関しては佛教大学教授の松田和信先生からも助言や御教授を頂戴した。また研究を継続するにあたっては，早い時期に大学に就職できたという恵まれた環境にあったことも忘れてはならない。現在私が奉職している京都文教学園の副学園長である沢田謙照先生には就職に関して多大な御助力を頂戴し，また人生の師として常に私を叱咤激励して下さった。また本書を纏めるにあたっては，浄土宗から奨学金が交付されて経済的に恵まれた状況にあったことも特記しておかなければならないが，そのお世話をして下さったのが京都文教学園学園長の伊藤唯真先生である。感謝申し上げる次第である。

さてここに原稿を纏めて自分の半生を振り返った時，その出発点として両親の存在があったことを忘れるわけにはいかない。長男でありながら自坊の寺を継ぐことを断念して研究者の道を選んだ私に嫌な顔一つせず，私の進路を暖かく見守ってくれた両親にはまったく頭が下がる思いであり，言葉では言い尽くせぬ感謝の念で一杯である。この本書を出版することで少しでもその御恩に報いることができれば，これに過ぎたる喜びはない。また私のわがままで自坊を継ぐことになった弟隆弥と，その弟のもとに都会から嫁いできてくれた義妹美菜子にも心から謝意を表したい。そして誰よりも私の一番側にいて研究に集中できる環境を作ってくれた妻信子の助力と研究に対する理解がなければ，この論文はまったく完成しなかったであろう。ここに改めて御礼を言いたい。また長男・魁（すぐる）の無邪気な笑顔や，また本書の執筆中に授かった次男・縁（めぐる）の存在も，本書の完成にあたっては大きな推進力となった。

ここに本書を出版するに際しては，この紙面では到底言及しきれない数多くの順縁の人々の御助力や御支援があってのことで，時には逆縁の人々にさえ支えられてこの論文はできあがったといえる。最後に御縁のあった皆様に対して衷心より感謝の意を表する次第である。

なお本書は，佛教大学に学位請求論文として提出し，審査に合格した『説話文献から見たインド仏教』が土台になっている。審査員は佛教大学教授・香川孝雄先生，佛教大学教授・並川孝儀先生，そして花園大学教授・佐々木閑先生であった。審査に当たっては、三先生より不備な点を種々御指摘頂いたり，有益なご示唆を多々頂戴したが，それらを踏まえて大幅に書き改めたのが本書である。この紙面を借りて，三先生に心より謝意を表したい。

思えば十五年にも及ぶ長い道のりであったが，その一歩一歩の積み重ねを著書という形で出版できるとは，学位請求論文執筆中にも想像だにしなかった。それだけに，この度の出版はまさに歓喜踊躍の心境であり，このような素晴らしい機会を与えて頂いた大蔵出版の井上敏光氏には衷心よりお礼を申し上げたい。井上氏は出版経験のない素人の私をいつも笑顔で温かく見守って下さり，出版にまで私を導いて下さったが，その間には私の目につかないところで並々ならぬ御尽力を賜ったに違いない。改めて感謝申し上げる。

2002年2月2日　　　　　　京都文教大学の研究室（K428）にて

平岡　聡

（本書は2001年度京都文教大学出版助成金を受けて出版された）

略号表

印仏研　: 印度学仏教学研究

日仏年報: 日本仏教学会年報

AKBh : *Abhidharmakośabhāṣya* of Vasubandhu (Tibetan Sanskrit Works Series 8), ed. P. PRADHAN, Revised With Introduction And Indices by A. HALDAR, Patna, 1975.

AKV : *Sphuṭārthā Abhidharmakośavyākhyā*, ed. U. WOGIWARA, Tokyo, 1934.

AM : *Asia Major.*

AMG : *Annales du Musée Guimet.*

AN : *Aṅguttara-nikāya*, 5 vols., PTS.

AvK : *Avadānakalpalatā* (Buddhist Sanskrit Texts 22-23), ed. P. L. VAIDYA, 2 vols., Darbhanga, 1989.

Aś : *Avadānaśataka* (Bibliotheca Buddhica 3), ed. J. S. SPEYER, 2 vols., St-Petersburg, 1906-1909 (Reprint: 's-Gravenhage, 1958).

AṣP : *Aṣṭasāhasrikāprajñāpāramitā: with Haribhadra's Commentary Called Ālokā* (Buddhist Sanskrit Texts 4), ed. P. L. VAIDYA, Darbhanga, 1960.

AVS : *The Arthaviniścayasūtra and its Commentary (Nibandhana)* (Tibetan Sanskrit Works Series 13), ed. N. H. SAMTANI, Patna, 1971.

BCAP : *Bodhicaryāvatārapañjikā: Prajñākaramati's Commentary to the Bodhicaryāvatāra of Śāntideva, edited with Indices, Bibliotheca Indica* n. s. Nos. 983, 1031, 1090, 1126, 1139, 1305, 1399, ed. L. de LA VALLÉE POUSSIN, Calcutta, 1904-1914.

BEFEO : *Bulletin de l'École Française d'Extrême-Orient.*

BHSD : *Buddhist Hybrid Sanskrit Dictionary*, F. EDGERTON, New Haven, 1953.

BKA : *Bhadrakalpāvadāna*, ed. S. F. OLDENBURG, St-Petersburg, 1894.

BSOAS : *Bulletin of the School of Oriental and African Studies.*

Bv. : *Buddhavaṃsa and Cariyāpiṭaka*, PTS.

Chi. : Chinese.

D. : Derge.

Dhp : *Dhammapada*, PTS.

Dhp-a : *Dhammapadaṭṭhakathā*, 4 vols., PTS.

Dīp. : *Dīpavaṃsa*, PTS.

Divy. : *Divyāvadāna: A Collection of Early Buddhist legends*, ed. E. B. COWELL and R. A. NEIL, Cambridge, 1886 (Reprint: Amsterdam, 1970).

DN : *Dīgha-nikāya*, 3 vols., PTS.

GBM : *Gilgit Buddhist Manuscripts: Facsimile Edition* (Śata-Piṭaka Series 10), ed. R. VIRA and L. CHANDRA, part 1-10, New Delhi, 1959-1974.

GDhp : *Gāndhārī Dharmapada* (London Oriental Series 7), ed. J. BROUGH, London, 1962.

GM : *Gilgit Manuscripts*, ed. N. DUTT, 4 vols., Calcutta, 1939-1959.

Gv : *The Gaṇḍavyūha Sūtra*, ed. D. T. SUZUKI and H IDZUMI, Kyoto, 1949.

HJAS : *Harvard Journal of Asiatic Studies.*

HJM : *Haribhaṭṭa and Gopadatta: Two Authors in the Succession of Āryaśūra on the Rediscovery of Parts of Their Jātakamālās* (Studia Philologica Buddhica Occasional Paper Series 1): Second Edition Thoroughly Revised and Enlarged, ed. M. HAHN, Tokyo, 1992.

IHQ : *Indian Historical Quarterly.*

It : *Itivuttaka*, PTS.

JA : *Journal Asiatique.*

Ja : *Jātaka*, 6 vols., PTS.

JAOS : *Journal of the American Oriental Society.*

Jm : *The Jātakamālā or Bodhisattvāvadānamālā by Āryaśūra*, ed. H. KERN, Boston, 1891.

JPTS : *Journal of the Pāli Text Society.*

JRAS : *The Journal of the Royal Asiatic Society of Great Britain.*

KP : *Karuṇāpuṇḍarīka*, ed. I YAMADA, 2 vols., London, 1968.

Kś : *Karmaśataka.*

KSS : *The Kathāsaritsāgara of Somadevabhatta*, ed. P. DURGAPRASAD and K. P. PARAB, Bombay 1915 (First Edition: Bombay, 1889).

Kv : *Mahākarmavibhaṅga*, ed. S. LÉVI, Paris, 1932.

LV : *Lalitavistara*, ed. S. LEFMANN, 2 vols., Halle, 1902.

Mhv. : *Mahāvaṃsa*, PTS.

Mil. : *Milindapañha*, PTS.

MJM : *Der Grosse Legendenkranz (Mahajjātakamālā) Eine mittelalterliche buddhistische Legendensammlung aus Nepal: Asiatische Forschungen; Monographienreihe zur Geschichte Kultur und Sprache der Völker Ost-und Zentralasiens, herausgegeben für das Seminar für Sprach- und Kulturwissenschaft Zentralasiens der Universität Bonn von Walther Heissig unter Mitwirkung von Herbert Franke und Nikolaus Poppe, Band 88*, ed. M. HAHN, Wiesbaden, 1985.

MN : *Majjhima-nikāya*, 4 vols., PTS.

MPS : *Mahāparinirvāṇasūtra*, ed. E. WALDSCHMIDT, Berlin, 1950-1951.

MSV i-iv: *Mūlasarvāstivādavinaya* (GM vol. 3, part 1-4), ed. N. DUTT, Calcutta, 1942-1950.

MSV v : *The Gilgit Manuscript of the Śayanāsanavastu and the Adhikaraṇavastu*, ed. R. GNOLI, Roma, 1978.
MSV vi : *The Gilgit Manuscript of the Saṅghabhedavastu* (Part 1), ed. R. GNOLI, Roma, 1977.
MSV vii : *The Gilgit Manuscript of the Saṅghabhedavastu* (Part 2), ed. R. GNOLI, Roma, 1978.
Mv. : *Le Mahāvastu*, ed. É SENART, 3 vols., Paris, 1882-1897.
P. : Peking.
Pd : *Paramaṭṭhadīpanī*, PTS.
PTS : Pāli Text Society.
Pv : *Petavatthu*, PTS.
Śikṣ. : *Sikṣāsamuccaya*, ed. C. BENDALL, St-Petersburg, 1897-1902.
Skt. : Sanskrit.
SN : *Saṃyutta-nikāya*, 6 vols., PTS.
Sn : *Suttanipāta*, PTS.
Spk : *Sāratthappakāsinī*, 3 vols, PTS.
Sukh. : *Sukhāvatīvyūha*, ed. A. ASHIKAGA, Kyoto, 1965.
T. : *Taishō Shinshū Daizōkyō*, ed. J. TAKAKUSU and K. WATANABE et al., 55 vols., Tokyo, 1924-1929.
Th : *Theragāthā*, PTS.
Tib. : Tibetan.
TP : *T'oung Pao.*
Ud : *Udāna*, PTS.
Udv : *Udānavarga*, ed. F. BERNHARD, Göttingen, 1965.
Vibh. : *Vibhanga*, PTS.
Vin. : *Vinayapiṭaka*, 5 vols., PTS.
Vism. : *Visuddhimagga*, PTS.

目　次

はしがき …… 1
略号表 …… 5

序　章　発掘の基礎作業 …… 13
　1　研究の概要とその方法 …… 13
　2　avadāna を巡る問題 …… 19
　3　まとめ …… 41

第１章　説話文献の内容とその分析 …… 43
　1　Divy. のプロット分析とその類型化 …… 43
　2　Mv. の内容 …… 75
　3　Mv. の構造とその問題 …… 106
　4　まとめ …… 115

第２章　文献の成立史 …… 116
　1　Divy. と根本有部律との関係 …… 116
　2　Divy. の編纂に関する問題 …… 135
　3　Mv. の成立 …… 141
　4　まとめ …… 149

第３章　定型句を巡る問題 …… 152
　1　有部系説話文献の定型句の整理 …… 152
　2　他部派の律典等との異同 …… 187
　3　定型句の提起する問題 …… 211
　4　まとめ …… 224

第４章　業思想 …… 226
　1　Divy. で強調される黒白業とその背景 …… 226
　2　ブッダをも拘束する説一切有部の業観 …… 241
　3　業の消滅 …… 254
　4　有部の業観がもたらした対社会的問題 …… 263
　5　まとめ …… 274

第5章　再生に関する思想 ……………………………………………277

1　Divy. の誓願説 ……………………………………………………277
2　Mv. の誓願説 ………………………………………………………290
3　Divy. の授記思想 …………………………………………………295
4　Mv. の授記思想 ……………………………………………………305
5　授記の定型句の成立 ………………………………………………317
6　まとめ ………………………………………………………………323

第6章　仏陀観の変遷 ……………………………………………………326

1　ブッダの属性の一般化 ……………………………………………326
2　視覚と結びついたブッダ …………………………………………346
3　聴覚と結びついたブッダ …………………………………………359
4　仏塔崇拝から見た仏陀観 …………………………………………368
5　まとめ ………………………………………………………………390

終　章　研究の反省と課題 ………………………………………………393
注　記 ………………………………………………………………………399
索　引 ………………………………………………………………………505

説話の考古学

――インド仏教説話に秘められた思想――

序　章　発掘の基礎作業

1　研究の概要とその方法

概　要　インドの仏教説話に関する研究は，経典や論書などと比較すれば，相対的に充分とは言えない状況にある。最近ではミヒャエル・ハーンらを中心とするドイツの研究者が，説話関係のテキストの校訂作業に関して目覚ましい成果を発表し，それに付随して文法や語形，あるいは韻文のミーターといった表層から，説話文献の成立史に関する研究も盛んであるのは確かだが，その深層にある内容の研究，あるいは思想史・文化史の研究は十全ではない。日本に目を転ずると，明治以降，仏教研究の担い手は特定の宗派の宗門人である場合がほとんどであったため，彼らが自らの信奉する宗派の所依の経典の成立や思想の研究に向かったのは自然の趨勢であった。宗派と無関係でも，多様化した仏教の起源に興味を持つ研究者は初期経典に，哲学的指向の強い研究者の興味は自ずと論書に，また教団史などの現実的側面に興味のある研究者は律文献に向かうといった状況の中，説話文献は研究の網から漏れてしまった感がある。また説話はその性質上，文学作品として扱われ，そこに埋もれている当時のインド仏教の情報に注目するという視点は希薄であった。

今回ここで取り上げる Divy. は，これまで体系的な研究がなされてこなかった文献の一つである。MSV との関係から部派仏教時代(1)の所産であり，説一切有部(2)と関係のある文献であるという程度の認識はあり，また何かの論証に Divy. の記述が部分的に，あるいは断片的に引用されはしても，この文献自体を考察の対象とした研究はいまだかつて存在しない。その理由としては，文献としての素性が極めて不明確であり，また内容が雑然としているために文献の性格づけが困難であったり，さらには量的に大部であることも，体系的な研究を遅らせてきた要因である(3)。しかし，数年来このテキストの翻訳に取り組み，またその中で出てきた問題を考察して拙稿を発表する中で，全体像を完全に把握するには至らないが，今までまったく霧の中に包まれていたこのテキストの輪郭が朧気にではあるが見えてきたので，これまでに明らかになったことを土台にし，それに新たな考察を加えて本書に纏めた次第である。全体は大きく二つに分けることができる。前半（第1章～第3章）はDivy.という文献の成立史を，また後半（第4章～第6章）は思想史を扱う。

まずこの序章では，研究の概要とその方法とを説明した後，考察の主な対象となるDivy.という文献そのものに関する写本などの情報を整理し，続いてavadāna（av°）の語義を巡る従来の研究を纏める。jātaka（jā°）と違い，av° は複雑な過程を経てきた概念であり，数多くの先学がこの問題に挑んできたが，その意味内容を明確に把握できてはいない。そこで過去の仏教研究の歴史における av° の研究史を概観する。

第1章では，Divy.の各章の内容を簡単に紹介する。確かにDivy.の各章の部分的な翻訳は存在するが，残念ながらその全訳はいまだ刊行されていない。よってここでは各説話のプロットを分析しながら，Divy.においてどのような話が説かれているのかを紹介するが，その際に各説話を六つの類型に分類し，各章末にはその章の文献情報も併記する。また後半で思想史を扱う際，Divy.の思想の特異性を際立たせるために比較の対象とするMv.の内容もあわせて概観し，その構造上の問題点も指摘する。

第2章では，Divy.の成立に関する考察を試みる。まず明らかにされるべきは，Divy.とMSVとの関係である。Divy.の説話の六割はMSVの説話とパラレルであり，古くから両者の前後関係が問題であったが，ここでは従来の研究の成果を参考にし，多角的な視点から両者の関係を考察してその前後関係を確定する。その成果を踏まえて，この文献が編纂された年代と地域とを特定する試みを行う。本来ならば各説話が成立した地域や年代を詳細に考察していかねばならないが，これは大変な作業であり時間もかかるので，ここでは編纂の問題に絞って考察を進めていく。

続く第3章では，Divy.やMSVにおいて頻繁に説かれる定型表現の考察を行う。ここでは，すでに出本充代が纏めたAś の定型表現を参考にして，Divy.とMSVとAś といった有部系の梵文資料に見られる定型句をすべて抽出し，また漢訳の根本有部律の用例もすべて拾い，Skt. と漢訳との比較を通して，有部系律文献の成立上の問題点を指摘する。続いて，その定型句を Mv. や他部派の広律の類似表現と比較することにより，それが有部特有の表現であるのか，あるいは他の部派の律文献と共通伝承であるのかを整理していく。この作業は，これから発見される新たな資料の部派規定や，また Divy. に収められながら MSV に起源を持たない説話の部派規定に役立つ。最後に，そこで得られた結果に基づき，定型表現を中心としながら Divy. 所収の説話で MSV に起源を持たない説話を一つ一つ検討し，各説話と有部との接点を考察し，説一切有部の律蔵との関係で Divy. の説話の来歴を整理する。

以上第 3 章までが Divy. という文献の成立史に関する考察であり，第 4 章からは Divy. を中心とする有部系説話文献の思想史の考察に移るが，Mv. との比較が有益な場合には両文献の比較を試みる。Divy. などのアヴァダーナ説話が「業報譬喩」を骨子とする以上，まずその業思想を明らかにせねばならない。そこで第 4 章では，現存の律文献に見られる過去物語を分類整理し，他部派の律文献と MSV との相違点を明らかにする。そしてその他部派の律文献と性格を異にする MSV と Divy. とをさらに比較して，Divy. で強調される業の側面が黒白業にあることを明確にした後，Divy. が MSV から説話を採択する際には，数ある MSV の過去物語から黒白業を内容とする説話が好んで取り上げられた可能性を指摘してみたい。

また有部の業思想の特徴を明らかにするには，ブッダ自身が説話の中でいかなる役割を果たしているかを見ることは有益である。ブッダが業の法則を超越した存在として説かれているのか，あるいはブッダさえも業の法則に拘束されているのかを見ることで，有部の業観が理解されるし，またそこに有部の業思想の特徴が自ずと明確になる。また徹底した業観を説く説一切有部の文献 Divy. にあって，その業が果報をもたらす前に消滅するという用例が少なからず存在するので，業の消滅の用例をすべて抽出し，その考察を試みる。そして本章の最後には，そのような有部の業観と対社会的な問題との関係を論じる。生産活動に携わらない出家者集団の経済的基盤は主に在家信者の布施に依存するから，僧伽は世間との関係を無視する訳にはいかない。このような観点から，経済的基盤である世間を意識した場合に，説一切有部という教団の業観が自派の文献にどのような変化をもたらしたのかを考察する。

第5章では，第4章を受け，再生に関わる思想である誓願と授記とを考察する。業報譬喩の説話を扱う文献では，有情の再生に関して誓願と授記とが重要な要素となる。つまり，過去世で何らかの善業を積んだ後に，過去仏や仏塔に対して将来の生を決定する誓願を立てたり，またその誓願を受けて仏がその有情に記別を授けるという話は業報譬喩を内容とする説話に頻出する。これは Divy. に限ったことではなく，Aś や Kś においても事情は同じである。この誓願と授記とは大乗経典でも重要な役割を担う思想であり，その内容に関して大乗経典と有部系の説話文献との間には共通項が認められるので，両者の間には何らかの影響関係があったものと推察されるが，ここではその比較の基礎作業として，まず Divy. を始めとする説話文献において，どのような誓願や授記が説かれているかを整理し，その用例を吟味する。また授記に関しては，有部系の説話文献に見られる授記の定型句が最も発達した形態をとっているが，この授記の定型句を幾つかの構成要素に分解して，各要素を大乗経典などの授記の表現と比較しながら，有部系の説話文献に見られる授記の定型句がその表現形態において内容的に他の文献の表現を遙かに凌ぐものであることを呈示したい。

そして最後の第6章では，Divy. や MSV といった有部系の文献と大衆部の Mv. とを比較しながら，仏陀観の変遷を考察の対象とし，両者の仏陀観の相違を浮き彫りにしていく。まずブッダに固有の属性が両文献においてどのように説かれているかを調査する。つまり初期経典では「渡す (√tṝ (caus.))」という性質や「仏」「菩薩」という呼称は基本的にブッダに特有のものであり，ブッダ以外の者に √tṝ (caus.) が適用されたり，ブッダ以外の者が「仏」「菩薩」と呼ばれることは基本的にはないが (ただし過去仏や弥勒は例外)，これが Divy. や MSV，また Mv. においてどのように説かれているかを見ていく。また次には「ブッダ (Buddha)」という語に注目し，Divy. や MSV においてこの語が視覚や聴覚と深く関わりを持っていることを指摘し，このような用法が有部系の資料にのみ見られる独自の用法であることを論証する。また最後には仏塔の用例を検討し，仏塔という観点から有部の仏陀観を考えてみたい。そして最後にこれらの考察を通して，Divy. や MSV といった有部系の文献と大衆部の Mv. との対照的な仏陀観を明らかにし，その理由を指摘する。

方　法　一口に仏教学と言っても様々な研究方法があり，ここで研究方法の蘊奥を披瀝するほど学問の方法論に精通していないが，ただゴメスの提唱する「知の考古学」を意識して考察を進めていく(4)。彼によると，客観的にただ一つだけ存在するテキストなどあり得ず，幾通りにも解釈できない唯一のテキストなどはじめからあり得ないとする。つまり現在我々が手にするテキストは，その成り立ちから考えて，時代的にも地域的にも様々な変遷を遂げ，増広改変を被ってきたわけであるから，複数の要素が複雑に絡み合って構成されていることは充分に予想される。辞書を繙けば「テキスト（text)」の語源はラテン語の「織る（texere)」の過去分詞「織られたもの（textus)」に由来するから，テキストとは，時代性という縦糸と地域性という横糸とによって織りなされた――また視点を変えれば，フィクションとノンフィクション(5)とによって織りなされた――「布地（textile)」あるいは「織地（texture)」と言える(6)。

そしてさらに複雑なことに，これらの布地は幾重にも重ねられて重層構造をしている。つまり文字の羅列を表層とするテキストは平面に留まらず，その下層には思想史の層，さらには文化史の層などが存在し，各層がまた時代性と地域性という縦横の糸によって構成されており，テキストは立方体として理解しなければならない。つまりテキストの深層には，様々な情報の断片があちこちに散乱しているのである。そしてその情報のあり方は様々で，ほぼ当時の面影を保持したままで埋まっているものもあれば，壊れて断片化してしまったものもある。

ゴメスによれば，水平方向の考古学とは，文献の語法・文体・語調・ミーターなど表層にある言語を中心に検討することを意味し，また垂直方向の考古学とは，そのテキストの表面的な意味から，テキストが編纂されたり，使用されたりした当時の社会状況など，テキストの深層を推測することを意味するという[7]。これに従って本書では，幾重にも重ねられた層のうち，前半では水平方向である文献成立史という表層に焦点を絞り，また後半では垂直方向である思想史あるいは文化史という深層に着目する。そしてそこに散逸していると思われる情報を可能な限り丹念に拾い上げ，その断片を再構築して，本来の形に復元することを試みる。これは壊れた土器の破片を拾い上げ，元の形に復元する作業に似ている。考察の対象によってはかなりの確率でその破片を収拾でき，またそれを再構築して本来の形を復元できたし，また破片すべての回収はできなかったが，おおよその輪郭を把握することができたものもある。

またインドで発見されたギリシャのコインが両国の交流を説明するように，Divy. に関する様々な情報は他文献の中にも潜在している可能性があるので，Divy. 以外の文献も視野に入れなければならない。何処に何が埋もれているのか分からないので，本来は現存の仏典すべてを発掘の対象にすべきだが，時間と能力の限界により，その範囲は Divy. の周辺に限らざるを得なかった。すなわち MSV や Mv.，それに現存の広律が主な第二次資料となる。また可能な限り大乗経典にも発掘の手を広げた。

たった一つの土器の破片が従来の歴史の定説を根底から覆してしまうような発見もあるであろうが，少ない情報のみに基づいて勝手な解釈をすることは避け，なるべく沢山の情報を収集するということを心がける。次に注意する点は収集した情報を適切に繋ぎ合わせるということである。タイプの違う土器の破片同士を結びつけることには意味がない。これについては，本来符合しないジグソーパズルのピースとピースとを無理矢理嵌め込むことのないように務めたが，結果としてそうなってしまったところもあるかも知れない。この点に関しては御批判を乞うところである。ここでは仏教の説話文献を発掘地に見立て，そこから土器ならぬ，文字情報を丹念に拾い上げ，本来の姿に近い形を復元するという手法を意識したが，本書の題名を『説話の考古学』としたのはそのためである。

また本書で心がける手法は「比較」ということである。本書では Divy. ならびにそれと密接な関係を持つ MSV とが考察の主な対象となるが，そこで発掘され復元されたものの特徴は，他者との比較を通じて明らかにされる。比較が有効なのは，比較される両者が同質性と異質性とを兼ね備えている場合に限られる。そこで比較の主な対象としたのが Mv. である。同質性に関しては両者とも律文献と深い関係を持っている点，また両者ともアヴァダーナを冠する文献である点が指摘できる。異質性に関しては，その文献を伝持した部派が両極にあることを挙げることができよう。すなわち，Divy. や MSV は上座部系の部派に帰属するのに対し，Mv. は大衆部の説出世部が伝えたとされる文献であるから，両者は互いにアンチテーゼの位置にある。さらに両者とも翻訳ではなく，インド原典であるから，言語レヴェルでの比較も可能になるという利点もある。

両者を比較の俎上に載せることにより，両者の特徴が明らかにされるならば，それは個々の部派の特徴あるいは特異性を表していることになるし，明らかにされない場合，それは両部派の共通伝承として位置づけることができる。また扱う文献が律と密接な関係にある以上，現存の広律なども場合によっては比較の対象とする。これらとの比較により，各部派の特徴を説話レヴェルで浮き彫りにすることもできる。従来の部派研究では，論書を中心にした教理面からのアプローチが主であったが，ここでは説話の表現形態，特に定型句の表現に注目しながら，部派の特徴を把握する試みを行う。充分に功を奏したとは言えないが，従来とは違った側面から部派研究に光を当てることができるものと考える。

2　avadāna を巡る問題

Divy. という文献　まず，本研究で主に取り上げる Divy. という文献の写本とタイトル名に関して若干の説明をしておく。現在，我々の手元には av° を冠する文献が少なからず存在し，それらを総称して av° 文献と呼んでいる。そしてその av° 文献の中に，これから本書で取り上げようとする Divy. も含まれるわけであるが，この文献の写本はホジソンがネパールで発見してヨーロッパに招来し，ヨーロッパの研究者の目に触れることになった。早速ビュルヌフはこの写本と彼自身が入手した別の写本の二本を用いてその中の幾つかの説話を翻訳紹介した(8)。後にこのテキストは，1886年にカウエルとネイルが四種類のネパール写本に基づいて校訂出版することになるが，この時点で彼らの手元にはこれらの写本以外にも三種類の異なった写本があったものの，すでに彼らが手にしていた写本と内容的に同様である等の理由から，校訂の際にはそれらの写本は用いられることはなかったようだ(9)。これらの写本はこのテキストの中では次のようにアルファベットで表記してある。

A：ダニエル・ライトがネパールで入手し，ケンブリッジ大学図書館が購入した写本（258 Leaves, 14-15 lines, dated 1873. Fairly written in the ordinary Nepalese character, but not very correct）

B：ダニエル・ライトがカウエルとネイルのために入手した写本（283 leaves, 12-13 lines; very incorrect）

C：ダニエル・ライトがカウエルとネイルのために入手した写本（274 leaves, 14-15 lines; correct）

D：ホジソンが1837年にパリのアジア協会に提供した写本（337 leaves, 9 lines. This is a very correct copy）

E：ビュルヌフ自身が入手し，パリ国立図書館に所蔵されている写本

F：同図書館に所蔵されているもう一つの写本

P：ペテルスブルグにあるイギリス帝国図書館所蔵の写本（272 leaves）

彼らがこのテキストを校訂した時点では七種類の写本の存在が確認されるが，実際の校訂に用いられたのは，AからDまでの四本（しかしBはほとんど使用されていない）である。しかしその後に新たな写本の存在が確認され，岩本裕は刊本も含めてそれらの写本に見られる説話のタイトルと順序とを対照して一覧表にした(10)。そこに挙げられている写本は刊本の Divy. を基準にして，左から東大本（No. 133)，東大本（No. 135)，Paris 本，Bengal 本(11)，そして Kyoto 本（京大写本）であるが，これらを比較すると，各写本間には説話の順序や内容に関してかなりの異同が見られ，東大本（No. 135）と Kyoto 本とが刊本に近いことを除けば，写本の系統を論ずることはほぼ不可能であると岩本は指摘している(12)。またこの一覧表を見れば，刊本に含まれていな

い説話が他の写本に含まれていることもあり，広い意味での Divy. の研究は刊本も含めて現存の写本すべてを考察の対象としなければならず，そのためには刊本をも含めた現存の写本すべてを校訂するという作業から始めなければならない。そうすることによって写本の系統という問題も解明されていくことになろうが，しかしそれには多大な労力と時間とが必要であり，本書では扱いきれない問題となるので，それは将来的な課題とし，ここではカウエルとネイルが校訂したテキストに基づく Divy. を研究の対象として考察を進め，必要に応じて他の写本に言及する。

さて各写本間にはその説話の内容や順序に関してかなりの異同が見られることはすでに指摘したとおりであるが，しかし岩本が各写本の共通項として挙げている点を纏めると，およそ次の二点に集約できよう(13)。

(1) 各写本に共通する説話は，第 1 章 (Śroṇakotīkarṇa)，第 2 章 (Pūrṇa)，第13章 (Svāgata)，第22章 (Candraprabha)，第28章 (Vītaśoka)，第31章 (Pañcakārṣakaśata)，そして第32章 (Rūpāvatī) の七話である。

(2) すべての写本は Śroṇakotīkarṇāvadāna を第 1 章，Pūrṇāvadāna を第 2 章としている。

岩本によれば，この二つの条件が Divy. の最大公約数ということになるが，(1)の七つの説話は，Divy. という文献の成立やその思想を知る上では重要な鍵を握っており，Divy. が編纂された地域を特定する上で重要な手がかりを我々に提供してくれる。

次に Divy. のタイトルについて触れておかなければならない。校訂者自身が述べているように，Divyāvadāna というタイトル名は確かなものではない(14)。彼らの使用した三つの写本（A/B/C）には，たとえば校訂者がその例として挙げているように，Maitrakanyakāvadānaṃ samāptam とし，コロフォンとしてその説話の章名のみを挙げ，そのテキスト名を記してはいないからである。ところが残りの写本（D）と校訂には用いなかったが彼らの手元にあったもう一つの写本（E）には iti śrīdivyāvadāne という一節が各説話の終わりに記され，Divyāvadāna の名前が確認されるので，この名をテキスト名として彼らは用いたわけであるが，しかしその他の写本，たとえば，これも校訂時に彼らの手元にあった写本（F）や Bengal 本や Kyoto 本はそのテキスト名を Divyāvadānamālā とするので，説話の順序等に異同は見られるものの，内容的にはほぼ同様の説話を伝承している文献の名前が異なっていることになる。

この名称に関してであるが，これは後期アヴァダーナ文献と考えられている幾つかの資料，たとえば Aś の詩的改稿本と考えられている Kalpadrumāvadānamālā や Ratnāvadānamālā の名前に因んで命名されたと岩本は指摘する(15)。この他にも avadānamālā を冠する文献として Aśokāvadānamālā, Vicitrakarṇikāvadānamālā，そして Vratāvadānamālā などが挙げられているが，Divyāvadānamālā という名称は，岩本の指摘するように，これらの文献の影響を受けて誕生したと見られる。ただし，avadānamālā と呼ばれる文献に，ある特定の性格を付与することはできないようであるが，高畠寛我はこれらの文献を大乗仏教の所産として位置付けようとした(16)。その根拠として高畠は彼が校訂出版した Ratnāvadānamālā の中に大乗仏教の術語や表現が見られることをその根拠として挙げている。しかしこれのみを以て Divy. を般若経などと同列の大乗仏教の所産とみなすわけには到底いかないし，岩本もこれに関しては批判的である。無論，そのような術語の存在が確認されることは大乗仏教の影響を受けたことの証左となり得るであろうが，しかし大乗仏教の影響を受けたことと大乗仏教の所産であることとは別問題であり，両者を混同すべきではなかろう。これに関して岩本は「avadānamālā 文献はそれぞれ性格を異にし，一つの文学類型として総括的に論ずることは不可能といわねばならぬ」と指摘する(17)。

avadānamālā 文献の性格はともかく，Divyāvadāna と Divyāvadānamālā の関係はどうか。岩本は「Divyāvadānamālā は Divyāvadāna の異本であるというだけの理由で後代の展開とは断じがたいが，その名称から考えて，Kalpadrumāvadānamālā や Ratnāvadānamālā の名に因んで命名されたと考えられよう」と指摘する(18)。両者の写本をすべて比較検討していないので，内容的な面から断定的なことは言えないが，写本の文字といった外的な面から判断すれば，Divyāvadānamālā と称する写本，すなわち Bengal 写本やその他のネパール写本[19]においてはパームリーフに初期ネパール文字で記されており，その成立は十一世紀から十二世紀と判断できるのであり，現時点でこれより古い Divy. の写本は確認されていない。これに対し，Divyāvadāna と称する写本ではその材質が紙でしかもネパール文字で記されているから，その成立はかなり新しい。とすれば，外見的な要素から判断する限り，Divyāvadānamālā の成立の方が Divyāvadāna の成立よりも古いということになり，Divyāvadānamālā という名称から最後の mālā が省略されて Divāvadāna という名称が成立したと考えられるが，これに関しては内容面からの考察も不可欠であり，ここではこれ以上立ち入らない。

itivuttaka との関係　Divy. はその名に av° という語を冠し，またこの他にも Aś など，その文献名に av° とつく文献が少なからず存在する。ところがこの av° という語の意味内容が実は極めて曖昧であり，従来よりこの語の定義を巡って，多くの研究者が様々な解釈を試みてきたが，必ずしもそれが奏功しているとは言えない。特に当初よりなされてきたその語源からの定義はあまりに抽象的で[20]，av° の本質を的確に言い表しているとは言い難い。この言葉の意味内容を吟味するにあたっては，十二分教の一支となっている av° (apadāna) が諸経論においてどのように定義されているか，またはこの語が「譬喩」と漢訳されていることの意味から考察する方が実際的であるし，事実，漢訳資料の扱いに有利な日本の研究者がこのような観点から av° の定義に関して成果を上げているのが実状である。ここでは，前田恵学，岩本裕，松村恒，そして杉本卓洲の研究に依拠しながら，この語の意味内容がどのように考察されてきたかを概観し，その後で私見を述べることにする[21]。

九分教・十二分教ということになれば，まず前田の研究を参照しなければならない。前田は av° と itivuttaka との深い関係を指摘して「要するに，九分教 itivuttaka の原意は，ityuktaka（如是語）にあったのである。のち〈過去世物語〉を本質とする古い av° 形式の発達とともに，Skt. の itivṛtta に関係づけて itivṛttaka と転釈されるにいたったものであろう。しかしそのような転釈では av° を尊重する人々を満足させることができず，十二分教の成立とともに，改めて av° という支分を増加することになったのである」と結論づける[22]。また諸経論における itivuttaka の解釈には，伝統的に ityuktaka の系統と itivṛttaka の系統の二つが存在するが，このうち itivṛttaka と解釈するのは『大毘婆沙論』等の論書であり，その解釈に共通する特徴は，itivṛttakaを「過去世物語」の一種と見る点にあるとして，この語を「古来より伝承された過去世で始まり過去世で終わる過去世の物語である」と定義する[23]。そしてこれこそが av° の原始的な解釈であり，av° の原意に関する最も基本的な伝統的解釈は，av° に対する解釈の中よりも，むしろ itivṛttaka に対する解釈の中にこそ保存されていると前田は指摘する[24]。そして前田は av° の特徴を次の六点に纏めている。

(1) av° は語源的には「英雄的行為の物語」の意味を有する。

(2) 漢訳の譬喩の意味は本来的には物語利用の仕方に関係する。

(3) av° には幾つかの類型がある。それは歴史的発達に即して考察されるべきである。

(4) jā° は av° の一種であるが，十二分教としては jā° を除いた av° の概念を立てるべきである。

(5) 過去世物語の itivṛttaka は，恐らく av° の古い形のものであろう。

(6) av°が因果応報の観念と結合したのは，やや新しいことと思われる[25]。

itivṛttakaと av° との密接な関係に注目する岩本も，av° の発生を itivuttaka に求める。彼は九分教の itivuttaka と，十二分教の vyākaraṇa, nidāna, av°，そして itivṛttaka との関係に注目し，九分教における itivuttaka の内容を十二分教における四者に分割したと見る[26]。そして岩本は nidāna と av° との関係に注目し，現世における因縁を物語るのが nidāna で，前生における因縁を物語るのが av° であるとする[27]。これを受けて松村は『大般涅槃経』の「何等名為阿波陀那。如戒律中所説譬喩。是名阿波陀那経」(T. 375, xii 451c26-27) や『出曜経』の「七者成事。所以言成者。如持律人法律所犯故名成事」(T. 212, iv 643c4-5) という av° の定義を手がかりに「ニダーナもアヴァダーナも共に律の戒条を説明する例話であり，前者には戒条が制定される理由となる例話，後者には戒条の改訂適用に関わる例話が該当する」とし，

表1 bhūtapubbaṃ で始まる過去世物語とアヴァダーナの要素

	微笑	提示	訓誡	業報
MN i 125.3 ff.			○	
MN i 333.7 ff.				○
MN ii 45.2 ff.	○			
MN ii 74.15 ff.	○			
SN i 92.3 ff.				○
SN i 231.28 ff.				○
SN ii 190.28 ff.		○		
SN ii 191.18 ff.		○		
SN ii 192.3 ff.		○		
SN ii 227.3 ff.		○	○	
SN ii 266.27 ff.			○	
SN ii 269.8 ff.			○	
SN iii 144.21 ff.		○		
SN iv 201.18 ff.			○	
SN v 447.25 ff.			△	
AN i 111.3 ff.			○	
AN iii 214.21 ff.	○		○	
AN iii 371.16 ff.			○	○
Ud 50.14 ff.				○

また「アヴァダーナは元来律文献中に生まれ育っていった」として，両者と律蔵との深い関わりを指摘する(28)。つまり，av° は過去物語を意味する itivṛttaka を発生の母胎とし，また nidāna とともに律蔵との深い関わりの中で発展していったというのが先学の理解である。実際に前田は現存のパーリ聖典中に itivṛttaka に分類される物語を比定しているが(29)，それらの物語は bhūtapubbaṃ (BP) で始まることを特徴とし，またその過去物語には過去仏が登場するなど，Divy. や Aś といった有部系の説話に見られる過去物語と共通項が見出される。そこで次に両者を比較し，その共通性を確認する。

Pāli 聖典中の BP で始まる過去物語に関しては田辺和子の研究があるの

で[30]，今はこれを手がかりとしながらその用例を紹介していくが，まずDivy.等の説話で特徴的な項目を四つ（微笑・提示・訓誡・業報）[31]取り出し，BPで始まる過去世物語がその特徴をどの程度備えているかを一覧表に纏めてみよう（前頁の表1参照）。

田辺はBPで始まる過去物語を考察する中で，これらの物語と後世に発達してくるav°の説話との類似性を指摘してはいるが，そこではPāliでの用例を紹介するに留まり，実際にDivy.やAśに見られる説話の内容と比較してその類似性を明確にはしていない。そこでこの表に基づきながら，項目別にこれらの物語とDivy.の物語とを比較し，両者の類似性を確認していく。

〔ブッダの微笑〕 授記の定型句になっているブッダ微笑の要素はすでにBPで始まる三つの物語にその萌芽が見られる。といっても，これらの用例は授記とは結びつかず，ブッダの微笑に続いて，アーナンダの質問，そして過去物語が説かれるという流れの中で見られるものであるが[32]，ブッダの微笑からアーナンダの質問に到るまでの表現形態はDivy.やAśで説かれる授記の定型表現に類似しているので，それを見てみよう。

> atha kho bhagavā maggā okkamma aññatarasmiṃ padese *sitaṃ* pātvākāsi. atha kho āyasmato ānandassa etad ahosi. ko nu kho hetu ko paccayo bhagavato sitassa pātukammāya. na akāraṇena tathāgatā sitaṃ pātukarontīti. atha kho āyasmā ānando ekaṃsaṃ cīvaraṃ katvā yena bhagavā ten' añjalim paṇāmetvā bhagavantaṃ etad avoca. ko nu kho bhante hetu ko paccayo bhagavato sitassa pātukammāya. na akāraṇena tathāgatā sitaṃ pātukarontīti (MN ii 45.3-11)
>
> さて世尊は道から逸れると，ある場所で微笑を現された。その時，同志アーナンダはこう考えた。〈世尊が微笑を現されたのには如何なる因•如何なる縁があるのだろうか。如来達は理由もなく微笑を現されることはない〉。そこで同志アーナンダは右肩を肌脱ぎ，世尊に向かって合掌礼拝すると，世尊にこう申し上げた。「大徳よ，世尊が微笑を現されたのには如何なる因・如何なる縁があるのですか。如来達は理由もなく微笑を現されることはありません」と（これに続いて過去物語が説かれる）[33]。

若干の相違は指摘し得るものの，その表現形態は Divy. や Aś といった有部系の説話に見られる授記の定型表現と類似し，独自の展開を遂げる有部系の授記の定型句の素地と見なすに充分である。また BP で始まる物語ではないが，微笑が授記との関わりの中で説かれている用例を挙げておく。ギッジャクータ山で時を過ごしていたモッガラーナが，ラッカナと共にラージャガハに乞食に行こうとして山から下る時の様子である。

atha kho āyasmā mahāmoggallāno gijjhakūṭā pabbatā orohanto aññatarasmiṃ padese *sitaṃ* pātvākāsi// atha kho āyasmā lakkhaṇo āyasmantaṃ mahāmoggallānam etad avoca// ko nu kho āvuso moggallāna hetu ko paccayo sitassa pātukammāyā ti// akālo kho āvuso lakkhaṇa etassa pañhassa/ bhagavato maṃ santike etam pañham pucchā ti// (SN ii 254. 22-28)

その時，同志マハーモッガラーナはギッジャクータ山から降りると，ある場所で微笑を現した。すると同志ラッカナは同志マハーモッガラーナにこう言った。「モッガラーナ君，微笑を現されたのには如何なる因・如何なる縁があるのか」。「ラッカナ君，〔今は〕その質問をする時ではない。世尊のもとで私にその質問をするがよい」と。

乞食を終えた二人はブッダのもとに行くと，ラッカナはモッガラーナに微笑の意味を問う。モッガラーナはその理由を「空を飛んでいる骨の鎖を鳥達が啄み，その有情が悲鳴を上げているのを見たから」と答えると，ブッダはそれを受けてその業果を説明するが，その前に次のような前置きをする。

pubbe pi me so bhikkhave satto diṭṭho ahosi/ api cāham na *vyākāsiṃ*// ahañ cetaṃ *vyākareyyam* pare ca me na saddaheyyuṃ/ ye me na saddaheyyuṃ/ tesaṃ tam assa dīgharattam ahitāya dukkhāya// (SN ii 255.24-27)

「比丘達よ，私はかつてその有情を見たことがあったが，〔その時〕私は〔彼のことを〕説明しなかった。私がそれを説明しても，他の者達は信用しなかったであろう。私を信用しない者達に対して，彼の〔ことを説明する〕ことは長夜に亘って不利益と苦とをもたらすだけだ」

ここでは有情の過去世の業とその果報とが説明され，来世に対する授記ではないが，言語的には vy-ā√kṛ が用いられ，またここでは微笑するのがブッダではなくモッガラーナではあるが，ある有情の生に関する話が微笑と vy-ā√kṛ との関連で説かれているので，これも後に授記へと展開する要素を持っていると考えられる(34)。

〔**真理の提示**〕続いて過去物語の後に，その話の内容に基づいて行われる何らかの「真理の提示」と，その提示に基づいてブッダの「訓誡」がなされる部分を比較する。Divy. では両者がセットであり，別々には説かれない。過去物語では黒業によって黒い異熟（苦果）が，白業によって白い異熟（楽果）が，そして黒白業によって黒白斑の異熟があることを，現在物語の人物（主に主人公）に因んで説き(35)，そして連結では過去物語の人物が現在物語の人物に比定された後に，次のような定型句が見られる。

> iti bhikṣava ekāntakṛṣṇānām ekāntakṛṣṇo vipākaḥ ekāntaśuklānāṃ dharmāṇām（→ karmāṇām）ekāntaśuklo vipākaḥ vyatimiśrāṇāṃ vyatimiśraḥ/ tasmāt tarhi bhikṣava ekāntakṛṣṇāni karmāṇy apāsya vyatimiśrāṇi caikāntaśukleṣv eva karmasv ābhogaḥ karaṇīyaḥ/ ity evaṃ vo bhikṣavaḥ śikṣitavyam/ (Divy. 23.27-24.1)
>
> 「このように，比丘達よ，完全に黒い〔業〕には完全に黒い異熟があり，完全に白い業には完全に白い異熟があり，〔黒白〕斑の〔業〕には〔黒白〕斑の〔異熟〕があるのだ。それゆえに，ここで比丘達よ，完全に黒い業と〔黒白〕斑の〔業〕とを捨て去って，完全に白い業にのみ心を向けるべきである。以上，このように比丘達よ，汝らは学び知るべきである」

まず前半部分（下線）は，過去物語の内容を総括する意味で「業の一般法則」あるいは「真理」が提示され，そして後半部分（点線）は，前半で提示された「真理」に基づく「訓誡」がなされるという流れが普通だが，この祖型と見なしうるものが，Pāli の BP で始まる物語に存在する。ただし Pāli での用例では，真理の「提示」とそれに基づく「訓誡」とがすべて別々に説かれており，二つ合わせて説く用例は存在しない。ではまず過去物語に基づいてなされる真理提示の用例を紹介する。

bhūtapubbam bhikkhave imassa vepullassa pabbatassa supasso tv eva samaññā udapādi// ..... tena kho pana samayena kassapo bhagavā arahaṃ sammāsambuddho loke uppanno hoti/ kassapassa bhikkhave bhagavato arahato sammāsambuddhassa tissabhāradvājaṃ nāma sāvakayugam ahosi aggam bhaddayugam// passatha bhikkhave sā cevimassa pabbatassa samaññā antarahitā te ca manussā kālaṃkatā so ca bhagavā parinibbuto// *evaṃ aniccā bhikkhave saṅkhārā evam addhuvā bhikkhave saṅkhārā* (SN ii 192.3-19)

「かつて比丘達よ，このヴェープッラ山は実はスパッサという名前であった。(中略) ちょうどその時，世尊・阿羅漢・正等覚者カッサパが世に現れた。比丘達よ，世尊・阿羅漢・正等覚者カッサパにはティッサとバーラドゥヴァージャという名の二人の声聞がいたが，彼らは最上で素晴らしい二人組であった。比丘達よ，見るがいい。その山の名前は消え去り，またその人達は死没し，そしてかの世尊は般涅槃してしまった。比丘達よ，このように諸行は無常である。比丘達よ，このように諸行は移ろい行くものである」

斜体で示した部分が，過去物語に基づく真理の提示であり，ここでは「諸行無常」という仏教の真理が提示されている。

〔訓　誡〕では次に「訓誡」の用例を見てみよう。ここでは過去物語として，過去仏カッサパの時代に在俗信者のリーダーのガヴェーシンが五百人の信者達とともに次第次第に精進し，最後には出家して無上なる解脱を証得した話が説かれ，これに基づいてブッダはアーナンダに次のように訓誡する。

iti kho ānanda tāni pañca bhikkhusatāni gavesipamukhāni uttaruttariṃ paṇītapaṇītaṃ vāyamamānā anuttaraṃ vimuttiṃ sacchākaṃsu. *tasmā ti ha* ānanda *evaṃ sikkhitabbaṃ.* uttaruttariṃ paṇītapaṇītaṃ vāyamamānā anuttaraṃ vimuttiṃ sacchikarissāmā ti. *evam hi vo* ānanda *sikkhitabban* ti (AN iii 218.19-25)

「このように，アーナンダよ，ガヴェーシンを上首とする五百人の比丘達は徐々に高次の，徐々に優れた努力を続けて，無上なる解脱を作証した。それゆえにここでアーナンダよ，このように学び知るべきである。『我々は徐々に高次の，徐々に優れた努力を続けて，無上なる解脱を作証しよう』と。アーナンダよ，このようにお前達は学び知るべきである」

斜体部分は，すでに見た Divy. の定型表現に酷似し，業に関する訓誡が説かれているが，さらに次のような訓誡も Divy. ではなされている。

tasmāt tarhy ānanda *evaṃ śikṣitavyaṃ* yat stokastokaṃ muhūrtamuhūrtam antato 'cchaṭāsaṃghātamātram api tathāgatam ākārataḥ samanusmariṣyāmīty *evaṃ te* ānanda *śikṣitavyam*/ (Divy. 142.10-13)

「それゆえにここでアーナンダよ，このように学び知るべきである。『私は，最低，指を弾くほどの非常に短い一瞬一瞬といえども，如来を姿形という点から憶念しよう』と。アーナンダよ，このようにお前は学び知るべきである」

tasmāt tarhi bhikṣava *evaṃ śikṣitavyam* yan no dharmaśravaṇābhiratā bhaviṣyāma ity *evaṃ vo* bhikṣavaḥ *śikṣitavyam*/ (Divy. 200.15-17)

「それゆえにここで比丘達よ，お前達はこのように学び知るべきである。すなわち『我々は法を聞くことを喜びとする者にならなければならない』と。比丘達よ，このようにお前達は学び知るべきである」と。

tasmāt tarhi bhikṣava *evaṃ śikṣitavyam*/ yad dagdhasthūṇāyām api cittaṃ na pradūṣayiṣyāmaḥ prāg eva savijñānake kāye ity *evaṃ vo* bhikṣavaḥ *śikṣitavyam*/ (Divy. 534.24-26, 197.24-26)

「それゆえにここで比丘達よ，このように学び知るべきである。『焼けた杭に対しても我々は怒りを生ずるべきではない。〔穴〕識を具えた身体に対しては言うに及ばぬ』と。比丘達よ，このようにお前達は学び知るべきである」

このように用例を比較する時，両者の密接な関係は一目瞭然であり(36)，av° の発生に BP で始まる物語が深く関与していることは間違いない。

〔業　報〕Divy. の過去物語では主人公が現世で享受した苦果や楽果を説明するために，過去世での彼の悪業や善業の物語が説かれるのを特徴とするが，このような業報をテーマとする物語は，すでに BP で始まる過去物語の中に存在する。中には極めて素朴な形で業報を説く物語も存在するが，しかしそのうちの幾つかは Divy. の説話と酷似するものも二例ではあるが存在するので，以下その内容を紹介してみたい。まずは SN[37] からの用例である。ここでは，大金持ではあったが粗末な食事・衣類・乗物しか享受していなかった長者が息子のないまま亡くなり，財産が国王のパセーナディに没収されてしまう話が説かれている。これを不思議に思ったパセーナディはブッダのもとに赴き，その理由を尋ねると，ブッダは彼が過去世でなした業とその果報とを説明するが，それを纏めると以下のとおり。

善業　：独覚に布施をする
悪業ａ：その布施を後悔する
悪業ｂ：財産目当てに兄弟の一人息子を殺す
楽果　：七度天界に生まれ，また七度長者として生まれる
苦果ａ：素晴らしい食事・衣類・乗物を享受する気にならない
苦果ｂ：長い間，地獄で苦しみ，今生でも財産を没収される

無論，善業は楽果に，悪業ａは苦果ａに，そして悪業ｂは苦果ｂにそれぞれ対応するが，このうち，楽果と苦果ｂとの説かれ方が Divy. などの説話のそれに極めて近い形で説かれているので，順次その原文を紹介しよう。

楽果：*yaṃ* kho so mahārāja seṭṭhi gahapati tagarasikhim paccekabuddham piṇḍapātena paṭipādesi/ *tassa kammassa vipākena* sattakhattum sugatiṃ saggaṃ lokam uppajji/ *tasseva kammassa vipākāvasesena* imissā yeva sāvatthiyā sattakkhattuṃ seṭṭhittam kāresi// (SN i 92.10-14)
「大王よ，組合長であった長者は独覚タガラシキンに施食を布施したが，その業の異熟によって，七度善趣なる天界に生まれ，その同じ業の異熟の残余によって，七度このサーヴァッティーの組合長の地位に就いたのである」

苦果ｂ：*yaṃ* kho so mahārāja seṭṭhi gahapati bhātu ca pana ekaputtakaṃ sāpateyyassa kāraṇā jīvitā voropesi/ *tassa kammassa vipākena* bahūni vassāni bahūni vassasatāni bahūni vassasahassāni bahūni vassasatasahassāni niraye paccittha/ *tasseva kammassa vipākāvasesena* idam sattamam aputtakaṃ sāpateyyaṃ rājakosam paveseti/ (SN i 92.22-27)

「大王よ，組合長であった長者は財産目当てに兄弟の一人息子の命を奪ったが，その業の異熟によって，何年・何百年・何千年・何百千年もの間，地獄で煮られ，その同じ業の異熟の残余によって，ここに七度〔生まれても〕息子がないために財産が王庫に没収されたのである」

下線部分はアヴァダーナによく見られる表現であり，また黒白業が説かれているのも注目に値する。もう一つの用例は Ud に見られる。ここにはハンセン病を患った男がブッダから聞法して優婆塞となったが，後に雌牛に倒されて死亡する話がある。比丘達が彼の将来について尋ねると，ブッダは彼が将来悟りを開くことを予言する。また比丘達は彼の過去世での業について尋ねると，ブッダは彼が過去世で独覚に暴言を吐くという悪業をなしたことを説き，その業の異熟を次のように説明する。

so tassa kammassa vipākena bahūni vassāni bahūni vassasatāni bahūni vassasahassāni bahūni vassasatasahassāni niraye pacittha. *tass' eva kammassa vipākāvasesena* imasmiṃ yeva rājagahe manussadaliddo ahosi manussakapaṇo manussavarāko. (Ud 50.19-23)

「彼はその業の異熟によって，何年・何百年・何千年・何百千年もの間，地獄で煮られ，その同じ業の異熟の残余によって，この同じラージャガハで貧しく哀れで愚かな者となったのである」

ここでも先ほどと同じ表現が見られ，また黒白業が説かれている点などは Divy. などの説話に極めて近い内容となっており(38)，その祖型と見なして大過はないであろう。またここで紹介した Pāli 聖典での用例はいずれの場合も「業の異熟の残余によって (kammassa vipākāvasesena)」という表現が使われていたが，Divy. では「業の残余によって (karmāvaśeṣena)」という類似の表現が第28章と第37章とに見られる。ここではいずれも阿羅漢になりながら殺されてしまったヴィータショーカとルドラーヤナとの過去物語が説かれた後に，連結でブッダ（第28章の場合はウパグプタ）がその異熟を説明する中に見られるので，その内容を順次紹介しよう。

kiṃ manyadhve āyuṣmantaḥ/ yo 'sau lubdhaḥ sa eṣa vītaśokaḥ/ yatrānena mṛgāḥ praghātitās *tasya karmaṇo vipākena* mahān vyādhir utpannaḥ/ yat pratyekabuddhaḥ śastreṇa praghātitas tasya karmaṇo vipākena bahūni varṣasahasrāṇi narakeṣu duḥkham anubhūya pañcajanmaśatāni manuṣyeṣūpapannaḥ śastreṇa praghātitaḥ/ tat*karmāvaśeṣeṇa*itarhi arhatprāpto 'pi śastreṇa praghātitaḥ/ (Divy. 428.19-25)

「同志の皆さん，どう思われるか。その猟師こそかのヴィータショーカだったのである。その時彼は鹿を殺したが，その業の異熟によって彼は重病にかかったのだ。独覚を刃で切り殺したというその業の異熟として，数千年もの間，地獄で苦しみを受け，人間に五百回生まれ変わっても，刃で殺されてきたのであり，その業の残余によって，今生においては阿羅漢になりながらも刃で殺されたのだ」

kiṃ manyadhve bhikṣavo yo 'sau tena kālena tena samayena lubdhaka eṣa evāsau rudrāyaṇo bhikṣuḥ/ *yad* anena pratyekabuddhaḥ saviṣeṇa śareṇa marmaṇi tāḍitas *tasya karmaṇo vipākena* bahūni varṣaśatāni bahūni varṣasahasrāṇi narakeṣu paktas tasminn api codapāne saviṣeṇa śareṇa marmaṇi tāḍitas *tenaiva* ca *karmāvaśeṣeṇa* etarhy api arhattvaprāptaḥ śastreṇa praghātitaḥ/ (Divy. 584.3-8)

「比丘達よ，どう思うか。その時その折に猟師だったのが，他ならぬこの比丘ルドラーヤナである。彼は毒を塗った矢で独覚の急所を射抜いたが，その業の異熟によって，何百年・何千年もの間，地獄において煮られたのである。そしてまたその泉において〔彼は〕毒を塗った矢で独覚の急所を射抜いたが，その業の残余によって，この世でもまた阿羅漢性を得ていながら刀で殺されたのだ」

このように，若干表現形態は異なるものの，両者の類似性は明らかである(39)。以上の考察から，Pāli 聖典所説の BP で始まる過去物語が itivuttaka という聖典分類形式の範疇に含まれるとする仮定が正しいならば，av° の起源は itivuttaka に求めることが可能だし，そうでないとしても，Pāli 聖典中の BP で始まる過去物語が av° の発生に深く関与していることは疑いない。また BP で始まってはいないが，先の「微笑」を考察する際に取り上げた SN の用例には最後の部分で業の異熟に言及しているので紹介しよう。モッガラーナの微笑の話を受けてブッダは先ほど見た前置きの後，その有情の業とその果報を次のように説明する。

eso bhikkhave satto imasmiññ eva rājagahe goghāṭako ahosi/ so tassa *kammassa vipākena* bahūni vassāni bahūni vassasatāni bahūni vassasahassāni bahūni vassasatasahassāni niraye pacitvā *tasseva kammassa vipākāvasesena* evarūpam attabhāvapaṭilābhaṃ paṭisaṃvediyatīti// (SN ii 255. 28-256.2)(40)

「比丘達よ，この有情はこの同じラージャガハにおいて屠牛者だったが，彼はその業の異熟によって，何年・何百年・何千年・何百千年もの間，地獄で煮られ，その同じ業の異熟の残余によって，このような身体の獲得を経験したのだ」

この後，屠牛者（goghāṭaka）・捕鳥者（sākunika）・屠羊者（orabbhika）・屠豚者（sūkarika）・猟師（māgavika）・懲罰者（kāraṇika）などに対するブッダの解説がある(41)。

avadānaとは何か(42)　従来の研究では，同じ過去物語を扱う jā° と av° とを区別する指標は，その主人公の違いに求められた。つまり，jā° の主人公はブッダ，av° はブッダ以外の仏弟子や仏教在俗信者が主人公，という解釈である。一般に jā° と言えば「ブッダの前生譚」を意味し，現存のパーリの jā° は実際にブッダの前生における物語の総称と言えるが，発生史的には，jā° がブッダの前生譚であるとは単純に定義できないと杉本は指摘する。ここでは，従来の成果を纏めてこの問題を詳細に論じている最近の研究から(43)，その要点を紹介する(44)。

(1) jā° とは，一般にブッダ前生の菩薩修行時代の物語と解されているが，バールフト彫刻の中で jā° の銘のある十九の浮彫を精査した結果，菩薩の登場しない jā° があるから，その原初形態においては必ずしもブッダ釈尊の前生のみを語るものではなく，菩薩とは関係なかった。

(2) その起源に関しては四部ニカーヤにその実例が見られるとされたが，その用例は「ブッダの前生物語」ではあっても，ブッダの前生における行為は低く見られ，決して「菩薩の修行時代の物語」とは言えない。所謂 jā° は律文献の中に見られ，jā° が経蔵ではなく，律蔵の中で展開した。
(3) jā° とは，本来，「この世に生まれてくるよりも前の生涯の物語」あるいは「現在の事件を過去の物語によって理由づけるという説法の一形式」に過ぎなかったものが，比較的後世になって，菩薩の理念と融合した。

そうなると av° と jā° との境界は一層曖昧になり，主人公が菩薩かそうでないかという基準からでは両者を峻別することはできなくなるが，杉本は別の研究において，両者の相違を次の五点に纏めている[(45)]。

(1) 古くは jā° が av° と呼ばれるものを含んでいたが，後世にはこれが逆転し，av° に jā° が含められ，過去物語に終始するのが av° で，過去物語の人物が現在物語の人物と結合される場合は jā° と名付けられた。
(2) jā° が民話を素材とした自然発生的な話が多いのに対し，av° は主として創作的な伝説であり，極めて仏教的潤色が濃厚な物語である。
(3) av° の中に jā° が含められた場合には，主人公が明確で彼の行為の目立つもののみが選ばれ，jā° が菩薩の修行時代とされた時点で av° と呼ばれるようになった。
(4) jā° が現在の事跡が過去においてもあったとして，同じ事の繰り返しを語るものであるのに対し，av° は今の因って来たった原因を過去の行為にもとめるもので，善悪の観点から物語られ，単なる事柄の繰り返しを説くのではない。
(5) jā° では現在物語よりも過去物語の方が主体をなしているが，av° では現在物語の方が主で，過去物語は付随的に語られる場合もある。

これらの相違点は av° と jā° との違いを明確にし，両者の特徴を端的に表してはいるが，もう少し歴史的に整理しておく必要がある。両方の語義はすでに見たように長い歴史の中でその意味内容が変容しているからである。たとえば(1)はその発生史的段階の最初期における相違であろうし[(46)]，(4)や(5)はその歴史の中でも後期における特徴と言えよう。(2)の相違も後期においては当てはまるかも知れないが，その最初期にまで遡りうるかどうかは疑問である。ともかく，最初期においては，過去物語に終始する av° が過去物語の人物を現在物語の人物と結合する jā° に包摂されることになり，av° は jā° よりも狭い概念となる。しかし，その後期において av° は，過去物語のみならずその前に現在物語が置かれ，また過去物語の次には過去物語の人物を現在物語の人物に比定する連結を具えているわけであるから，形式的には明らかに jā° の影響を受けていると言わねばならない。

このように見てくると，完成型としての av° の形式は発生的には itivṛttaka に端を発し，またその生成過程において jā° のスタイルを取り込むことにより，展開してきた。しかしそれはあくまで形式に関してであり，その内容に関しては itivṛttaka にも jā° にも起源を求めることはできない。杉本が av° と jā° との相違点として挙げた(2)からも分かるように，自然発生的な汎インド的寓話を素材にした jā° と違って，av° の内容は基本的に仏教的教訓あるいは価値観を強く意識して創作され，それが後期になると業報と結びついたものと考えられる。しかし，このように av° を形式やその内容から理解しても，なお av° と jā° とに関しては大きな問題が残る。それはすでに指摘したように，形式的には明らかに jā° である物語が av° と呼ばれる事実である。そこで次にこの問題を av° が漢訳仏典で「譬喩」と翻訳されている点から考察してみたい。

漢訳仏典の扱いに有利な日本の研究者は av° の語義に関して，漢訳者がこの語を「譬喩」と翻訳している点に注目し，ここから av° の語義を解明しようとしてきたが，ここでは平川彰の研究によりながらこの問題を考えてみたい(47)。『大智度論』には六つの阿波陀那（長阿波陀那・大阿波陀那・億耳阿波陀那・二十億阿波陀那・欲阿波陀那・菩薩阿波陀那）が説かれているが，平川はこれら六つの一々を現存の仏典中の経典や物語に比定し，それらに共通する特徴は，これらの阿波陀那がいずれも教訓的な譬喩として用いられたことを指摘する。まず長阿波陀那に比定される『中阿含経』第72経「長寿王本起経」はコーサンビーの比丘達の争いを諭すために，最初は争っていたが後には怨みを捨てて和解した長寿王等の例話を出して現実の争いを解決する目的で用いられていたのではないかとする。また大阿波陀那に比定される『長阿含経』第１経「大本経」も，波羅提木叉を中心とする教訓譬喩とし，億耳阿波陀那に比定される『十誦律』や『根本説一切有部毘奈耶皮革事』の説話は業報に基づく勧善懲悪の教訓譬喩とする。

さて，av° と jā° との関係で注目すべきは，最後の菩薩阿波陀那である。これに関しては単一の物語を比定してはいないが，『根本説一切有部毘奈耶薬事』に見られる一連の jā° を挙げている。ここでは貧女がブッダに一灯を捧げて当来作仏の記別を授かったのを見て，勝光王もブッダに布施をして作仏の記別を授かろうとしたため，その程度の布施では作仏の記に値しないことを告げる。そこでブッダは自分が過去世で行った布施の話，すなわち jā° を幾つか説いて聞かせ，それでも無上正等菩提の獲得には充分ではなかったのだと勝光王を教え諭すが，これが菩薩阿波陀那であろうと推定する。ここで説かれるのは明らかに布施をテーマにした jā° であるが，av° を「教訓譬喩」と理解すれば，これらの jā° は av° と呼ばれることになるという(48)。換言すれば「形式的には jā° と見なしうる話が av° として機能する」ということになる。これは内容や形式という点からではなく，用法という点に着眼した av° の定義と言えるが，この点に関しては前田も av° が「利用の仕方」に関係していることを指摘している(49)。このような理解により，形式的には明らかに jā° と見なされる話が av° と呼ばれる理由を見出すことができる。この段階になると，今度は av° が jā° を包摂するようになり，その関係が逆転してしまう(50)。av° を教訓譬喩という「利用の仕方」に基づいて定義するなら，あらゆる説話や物語は教訓譬喩としての機能を持ち得るわけであるから，様々な形式の話がすべて av° と呼ばれても何ら不思議はないわけである(51)。

ここでは平川の研究を手がかりに av° を「教訓譬喩」と位置づけ，その内容を吟味してきたが，それと関連して av° が律文献と深い関係にあることも多くの研究者が指摘している。そこでこの問題にも触れてみたい。まず平川は先述の研究の中で「アヴァダーナは比丘たちの日常行為に関連して説かれた譬喩であるから，これが律蔵と関係が深いと言われるのも理解できる。律は比丘たちの生活規範であり，正しくない行為を禁止して，正しい行為を命ずるものである。それ故不正の行為がなされたときそれを教誡するために，それと類似の教訓説話が語られることはありうることである。したがって律蔵にはアヴァダーナが保存されやすい」(52)とする。岩本の研究を受けた松村も同様に両者が密接な関係にあることを指摘しているのはすでに見たし，事実『大般涅槃経』(T. 375, xii 451c26-27) や『出曜経』(T. 212, iv 643c4-5)，さらには『十住毘婆沙論』(T. 1521, xxvi 63a10-12) などの諸経論にも両者の密接な関係を裏付ける文言が見られ，杉本もこの点に注目する(53)。実際に Divy. のような文献が仏教の歴史においていかなる機能を果たしたのかを知る術はないが，ただ杉本が注目した『十住毘婆沙論』の記述はその手がかりを考える上で重要である。ここでは在家の菩薩が持律者に会った時の心構えを「若遇持律者。応当請問起罪因縁罪之軽重滅罪之法及阿波陀那事」(T. 1521, xxvi 63a10-12) と説くが，これを杉本は「ここにはアヴァダーナが戒律と密接に関わっていたことが述べられており，それを聞くことによって身を律するよう誘発されるような機能を有していたことが窺い知られる」とする(54)。この記述によれば，av° 文献は持律者と深い関係を持ち，持律者が何らかの教訓を必要とする者に対して行う説教の種本として機能した可能性が考えられる。しかしこれはたった一つの記述に基づくものであるから推測の域を出ない。

両者の密接な関係は大衆部の一つである説出世部が伝えた Mv. の序文を見ても明らかである。

> āryamahāsāṃghikānāṃ lokottaravādināṃ madhyadeśikānāṃ (→ madhyoddeśikānāṃ)(55) pāṭhena vinayapiṭakasya mahavastuye ādi (Mv. i 2.13-14)
>
> 中間の言語で〔波羅提木叉を〕誦する聖なる大衆部の説出世部の律蔵に属する『マハーヴァストゥ』の始まり。

これに関して松村は，律蔵中の av° が異常に膨らんで本来の律的な要素を落とし，律から独立した例話集に変身していった証左ではないかと推定する(56)。またこれを裏付ける資料として『大智度論』の次の記述が参考になる。

> 亦有二分。一者摩偸羅国毘尼含阿波陀那本生有八十部。二者罽賓国毘泥除却本生阿波陀那。但取要用作十部 (T. 1509, xxv 756c3-5)

この記述は律文献の核をなす経分別や犍度部から jā° や av° といった二次的部分が分離独立した律も存在したことを示唆し，この独立した部分が Mahāvastu-avadāna と呼ばれるような文献に発展していった可能性は充分にある。そこで平川は，プロト大衆部のアヴァダーナが膨らんでそれを取り出して再編したのが現在の Mv. のもと，残りの律本来の部分を再整理したものが現『摩訶僧祇律』のもとであるという仮説を立てている。

これまで見てきたように，av° には大きく分けて二つの異なった次元からの定義付けが行われた。一つはその説話の形式あるいは内容からの定義であり，もう一つはその用法という観点からの定義である。「譬喩」とりわけ「教訓譬喩」という用いられ方をすれば，それらはすべて av° と呼ばれ得るのであれば，ほとんどの説話が av° という範疇に収まることになってしまうが，一方，形式や内容面から見れば，かなり具体的に絞り込んだ av° の特徴を指摘できそうである。ちなみに岩本は完成型としての av° を，外形とその内容から次のように定義する(57)。

—形式—

(1)　現在物語
(2)　業の威力を讃える詩頌
(3)　過去物語
(4)　過去仏の登場
(5)　業に関する教説

—内容—

(1)　現在物語の主人公はコーティカルナとかプールナのごとき仏弟子，またはスマーガダーのごとき敬虔な信者であること。
(2)　過去物語に登場する過去仏はいわゆる過去七仏のいずれかであり，特にヴィパッシンやカーシャパであること。

岩本の定義によれば，これらの条件を満たす物語が完成型としての av° の定義ということになるが(58)，それに倣って，以下には私の考える最大公約数的な av° の定義，すなわち，最低限いかなる条件を満たしていれば，形式・内容的に av° と呼ばれ得るかを提示してみたい。

形式的には jā° と同じで，現在物語・過去物語・連結という三つの構成要素から成る物語と定義しておくが，そうすると jā° との区別が曖昧になる。両者を区別するには，内容的な面からの条件をこれに加える必要がある。それにはすでに見た杉本の指摘の(4)「jā° が現在の事跡が過去においてもあったとして，同じ事の繰り返しを物語るものであるのに対し，av° は今の因って来たった原因を過去の行為にもとめるもので，善悪の観点から物語られ，単なる事柄の繰り返しを説くのではない」が参考になる。すなわち jā° のポイントが「今と同じような出来事が過去にもあったことを示す」点にあるのに対し，av° のポイントは「一つの業と一つの結果とが密接に関連して一対一の対応関係を示す」点にある。そこで本書ではその主人公がブッダであっても，彼の享受する果報が彼の過去の業によって説明されている場合には，それを av° と見なすことにする(59)。また逆にブッダが登場しなくても「今と同じような出来事が過去にもあったことを示す」物語は jā° に分類する。さらに av° を特徴づけるキーワードとして，その過去物語の導入となる比丘達の質問に「どのような業をなしたがために，その業の異熟として（karma kṛtaṃ yasya karmaṇo vipākena）～となったのですか」とある如く，「異熟（vipāka）」という語の有無も重要である。これまでは主に現在の果報を過去世の業で説明するものについて述べてきたが，この「過去→現在」を「現在→未来」にスライドさせれば，vyākaraṇa も広義の av° に含まれる。なぜなら vyākaraṇa は現世での業（主に善業）によって未来世の生のあり方を説明するからである。ここでも「一つの行為（業）が一つの結果と密接に関連して一対一の対応関係を示す」ことが説かれていると見ることができる。その点を加味して，最大公約数的な av° の定義を示しておく。

形式：現在物語・過去物語・連結の三部から構成されるのが基本であるが，授記タイプの説話では現在物語のみしか説かないものもある。

内容：一つの業（黒／白／斑）と一つの異熟（苦／楽／斑）とが密接に関連して「一対一」の対応関係にあることを示す。

このような条件を満たす物語を本書では av° と定義するが，最近新たな視点からこの av° の語義の解釈が試みられているので，最後にそれを紹介する。従来の研究者がこの言葉の語義から av° の意味に迫ろうと試みてはいるが，そのいずれも成功していないことはすでに注で紹介した。そこで河崎豊は Pāli 文献における実際の apadāna の用例を蒐集し，そこで apadāna がいかなる意味で用いられているかを検証した(60)。つまりここでは従来の語義のみからの解釈ではなく，実際に文献の中でこの語がいかなる意味で用いられているかを調べたのである。すると，それらの用例に共通していることは「全体から一部を（切り）分けたもの」という意味であるという。そして河崎は，Pāli の apadāna の意味が「切り分ける事→特徴〔全体から目立った一部を切り分けたもの〕→行状〔個人の一部〕」と変遷していったと結論づける。この解釈は Divy. などの説話の内容を極めてうまく説明することになる。つまり，av° 説話の特徴は現在（or 未来）の果報を過去（or 現在）の業で説明する話であり，現在物語から過去物語に移行する際には必ず疑問を抱いた比丘達が「(主人公）はいかなる業をなしたがために，その異熟として〜となったのですか」という質問をすることになっており，これを受けてブッダは主人公の過去の業を説明するために過去物語を説くことになるのだが，これはまさにその主人公の業の「際立った一部が切り取られて」説明されていると見ることができる。

有情である限り，生まれてから死ぬまで様々な業を積んで生活していくわけであるが，その中でも特に「彼が裕福な家に生まれたのはいかなる業の異熟か」，「阿羅漢になっていながら殺されたのはいかなる業の異熟か」，あるいは「あのような悲惨な殺され方をしたのはいかなる業の異熟か」といったように，数ある業の中から特に比丘（あるいは当時の仏教徒）の関心を引いた業とその異熟の関係がまさしく「切り取られて」説明されているのである。この意味において河崎の指摘は正鵠を得ており，従来より曖昧なままになっていた av° の意味に新たな視点から光を当てたと言えよう。

3　ま と め

研究に先立ち，考察の対象となる文献 Divy. を書誌学的な観点から概観した。まず刊本の依拠した写本の情報や，またそのタイトル名に関して若干の考察を試みた。すでに指摘したように，刊本が出版されてから，百年以上の歳月が流れ，その間には新たな写本の存在が確認されたが，その中には刊本とは説話の順序が違っていたり，また刊本には収められていない説話を有する写本も存在しているので，本来ならばこれらの写本も含めた上で Divy. という文献の研究を行わなければならないが，ここでは刊本を Divy. と規定し，刊本に基づいてこの文献を考察し，現存の写本すべてを視野に入れた総合的な Divy. の研究は将来の課題とした。

次に，av° の起源であるが，前田や田辺の研究に基づき，その起源を十二分教の一支である itivuttaka (Skt. itivṛttaka) に求め，とりわけ Pāli 聖典中に見られる BP で始まる過去物語にその祖型があることを確認した。恐らくこのような物語を素地にして，Divy. などに見られる説話が成立したと思われる。また BP で始まる過去物語以外にも，後にアヴァダーナ説話に発展しそうな話が幾つか存在した。

さらに問題になるのが av° と jā° との関係である。Divy. に見られる説話の中にはその内容が明らかにブッダの本生譚を扱った jā° でありながら，コロフォンはその話を av° として処理しているものがある。杉本などの研究の成果をもとにこの問題を考えたが，両者の包摂関係は複雑で，時代によっては jā° が av° を含んでいたり，また時代が下がれば逆転現象が起こったと推測され，両者の関係は発生的には詳細不明と言わざるを得ないのが現状である。そこで視点を変えて，av° が「譬喩」と漢訳されていることに注目したのが平川であった。彼は『大智度論』の記述に注目し，av° を「教訓譬喩」と理解した。そうすればブッダの本生譚を語る jā° が教訓譬喩として機能した場合には av° と呼ばれることになり，av° とは物語の内容を表す呼称ではなく，機能を意味する名称と理解され，両者の混同がうまく説明される。しかし，これでは事態をあまりに簡略化しすぎてしまう嫌いもある。そこでここではとりあえず最大公約数的に av° を形式面と内容面から定義し，形式としては基本的に jā° と同じように三部構成（現在物語・過去物語・連結）で，内容的には業（黒／白／斑）とその果（苦／楽／斑）とが一対一の対応関係を示している説話を av° と呼ぶことにするが，その際にキーワードとなるのが「異熟 (vipāka)」である。また河崎の研究を紹介し，av° 自体は「全体から一部を切り取ったもの」という彼の指摘はいわゆる av° 説話の内容を的確に表現したものとして評価できることを確認した。だが，av° の全容解明に向けては，以上の諸成果をふまえながら，さらなる考察が必要であろう(61)。

第1章　説話文献の内容とその分析

1　Divy. のプロット分析とその類型化

Divy. は三十七の独立した説話から成る文献であり[1]，実に多種多様な説話が雑然と並べられているので，干潟龍祥の指摘するように，特別な方針なしに集められたものであることは一目瞭然である[2]。また各説話も全体として統一がとれているものもあれば，様々な要素が詰め込まれ，パッチワークされていると思われるものもある。原型となる物語が長い歳月を通過し，また様々な地域を縫って伝承されていく時，それは時代的にも地域的にも様々な増広改変の過程を経てきたはずであるが，その痕跡は各説話の枠組を整理することで明らかになるし，またそのような作業は各説話の成立を考える上でも有益である。よってここでは Divy. 所収の各説話をプロット毎に纏めてその枠組を明らかにし，各説話の類型化を試みるが，その際，前章における考察に基づいて，Divy. に見られる説話を次の六種類に分類することにする。

(1)　avadāna (A)　：過去の悪善業で現在の苦楽果を説明する業報説話[3]
(2)　vyākaraṇa (V)：現在の悪善業で未来の苦楽果を説明する授記物語[4]
(3)　jātaka 1 (J1)　：現在世の出来事の繰り返しを説く過去物語[5]
(4)　jātaka 2 (J2)　：ブッダの前生を扱った本生物語[6]
(5)　itivṛttaka (I)　：avadāna にも jātaka にも属さない過去物語
(6)　sūtra (S)　：現在物語のみに終始する物語

この六タイプを基本にして，各説話を類型化していくが，単純にどれか一つのタイプに当てはまるものもあれば，複数の要素を含んだ説話も存在するので，その場合には，複数の要素をその数だけ順番に列挙する。また各プロットの末尾には，それに相当するカウエルの刊本の頁数と行数とを記す。また各章末には，その章の文献目録も併記する。従来，このような試みは高畠寛我や干潟によって断片的にはなされてきた[7]。高畠は Divy. の各説話と直接パラレルをなす Tib. 訳と漢訳とのパラレルを照合し，また干潟は Skt. や Pāli や漢訳の資料を中心に，直接関連しない文献の情報も盛り込んで目録を作成しているが，体系的な目録はいまだ存在しないのが実状である。さらに，これらの目録には Skt. の情報が乏しく，またその説話に関連する研究や翻訳の情報が盛り込まれていない(8)。そこで本節では先行の研究を参照しながら，そこで抜け落ちていた情報をできる限り蒐集して(9)，Divy. の文献に関する情報を整理しておく。その際，Ja, AvK, BKA, Jm, Aś に関しては章の番号，Sn や Th は偈の番号で記し，その他の文献に関しては，頁数と行数とを記す。

―凡例―

0．**Divyāvadāna** の章名（Cowell and Neil 本の頁数；Vaidya 本の頁数）：説話のタイプ　説話のプロットの分析とその要約（【現在】【過去】【連結】等で分析）。

❶Skt. のパラレル（MSV の場合は，GBM の対応箇所(10)）. Cf. 部分的にパラレルをなす，あるいは内容的に対応する Skt．あるいは Pāli の関連文献［部分的に対応している Divy. の箇所］❷Tib. のパラレル（北京版；デルゲ版［Taipei Edition］）❸漢訳のパラレル. Cf. 部分的にパラレルをなす，あるいは内容的に対応する漢訳文献［部分的に対応している Divy. の箇所］❹翻訳（2001年12月現在）［部分的に対応している Divy. の箇所］❺関連の研究等（2001年12月現在）.（❹❺に掲げる文献に関しては，巻末注記の冒頭に付した略号表も参照されたい。）

1．**Koṭikarṇāvadāna**（CN 1-24; V 1-14）: A.

【現在】長者の息子として誕生したシュローナは隊商主として海を渡るが，海から帰ってきた時，隊商に置き去りにされ，五つの違った餓鬼の城に迷い込み，そこで様々な業の果報を目の当たりにする。その後，十二年ぶりに人間界に戻ると，カーシャパのもとで出家して阿羅漢になり，後に五つの質問を携えてブッダに謁見し，その答えを乞うと，ブッダはそれに答える。そして次の過去物語への導入となる比丘達の質問［1.3-22.4］。【過去】シュローナが裕福な家に生まれ，また出家して阿羅漢になったことを説明するアヴァダーナ：ある隊商主（シュローナ）は壊れかけていたカーシャパ仏の塔を修繕し，供養して誓願を立てた［22.4-23.20］。【連結】［23.20-24.1］【現在】なぜシュローナが餓鬼界をさまよったのかという比丘達の質問にブッダは彼が現世で母親に暴言を吐いたことが原因であると答える［24.2-7］。

❶MSV iv 159.4-193.20 (GBM 80b[742]7-88a[758]3). Cf. AvK 19; Vin. i 194.18-198.10; Dhp-a iv 101.5-104.4 ❷1030 Khe 237a4-251b5; 1 Ka 251b4-268a5 ❸『根本説一切有部毘奈耶皮革事』巻上（T. 1447, xxiii 1048c5-1053c5). Cf.『大荘厳論経』巻4（T. 201, iv 275c12-276b28);『大智度論』巻32（T. 1509, xxv 301b13-15);『摩訶僧祇律』巻23（T. 1425, xxii 415c19-416a23);『四分律』巻39（T. 1428, xxii 845b5-846a14);『五分律』巻21（T. 1421, xxii 144a13-c4);『十誦律』巻25（T. 1435, xxiii 178a17-182a21);『大毘婆沙論』巻30（T. 1545, xxvii 153c4-28) ❹榊「研究並びに翻訳」pp. 11-61; GRÜNWEDEL, *Alt-Kutscha*, pp. 31-41; 岩本『仏教聖典選』pp. 179-213; 平岡「餓鬼界遍歴物語」❺Louis de LA VALLÉE POUSSIN, "Le Kotikarṇāvadāna dans le Svayambhūpurāṇa," *Compte Rendu du III Congr. Sc. Int. des Cath., Bruxelles*, Sect. VI, 1895, pp. 12-15; Ernst WALDSCHMIDT, "Zur Śroṇakoṭikarṇa-Legende," *Nachrichten der Akademie der Wissenschaften In Göttingen, Philologisch-Historische Klasse*, 6, 1952, pp. 129-151; 井ノ口泰淳「トカラ語 Koṭikarṇāvadāna 断片」『龍谷大学論集』358, 1958, pp. 1-24; 本庄「毘婆沙師の三蔵観」; Klaus WILLE, "Die Śroṇakoṭīkarṇa-Fragmente der Sammlung Pelliot," *Studien zur Indologie und Buddhismuskunde* (Indica et Tibetica 22), Bonn, 1993, pp. 293-302.

2. **Pūrṇāvadāna** (CN 24-55; V 15-33): A.

【現在】長者と奴隷女との間に生まれたプールナは海上貿易に乗り出すが，船上で同僚の商人が唱えていた仏典の一節を聞いたことが契機となり，後に出家してブッダのもとで修行し阿羅漢になると，二人の兄と共にブッダを食事に招待する。ブッダは様々な有情を教化しながらその町に到着するが，食事の供養を受ける前に，ブッダは目連と共に二龍王を教化する。その後，目連はブッダと共に神通力で自分の母が生まれ変わっている世界に行き，ブッダに自分の母を教化してもらう。そして次の過去物語への導入となる比丘達の質問［24.10-54.10］。【過去】プールナが裕福な家に奴隷女の子として生まれ，また出家して阿羅漢になった事を説明するアヴァダーナ：カーシャパ仏の世に僧伽の執事をしていた比丘（プールナ）は，ある時侍僧に暴言を吐き，後にそれを懺悔した［54.11-55.3］。【連結】［55.3-15］(11)

❶None. Cf. Mv. i 245.10; Kv. 63.3-64.3; SN iv 60.7-63.18, MN iii 267.2-270.7［37.5-39.15］❷1030 Khe 276a8-Ge 7b3; 1 Ka 295b4-Kha 8a3 ❸『根本説一切有部毘奈耶薬事』巻2（T. 1448, xxiv 7c7-17a21). Cf.『雑阿含経』巻13（T. 99, ii 89b1-c17),『満願子経』(T. 108, ii 502c-503a)［37.5-39.15］❹BURNOUF, *Introduction*, pp. 235-275; 榊「研究並びに翻訳」pp. 61-123; THOMAS, *The Quest of Enlightenment*, pp. 40-43［37.5-40.14］; 岩本『仏教聖典選』pp. 217-284; TATELMAN, *The Glorious Deeds of Pūrṇa*, pp. 46-95 ❺Charles DUROISELLE, “Notes sur la géographie apocryphe de la Birmanie, à propos de la légende de Pūrṇa,” *BEFEO* 5, 1905, pp. 146-167; 石上「Pūrṇāvadāna について」; 中川正法「Divyāvadāna における四句をめぐって」『印仏研』31-2, 1983, pp. 128-129; Dieter SCHLINGLOFF, “Die Pūrṇa-Erzählung in einer Kizil-Malerei,” *Zentralasiatische Studien* 21, 1988, pp. 180-195; TATELMAN, *The Glorious Deeds of Pūrṇa*.

3. **Maitreyāvadāna** (CN 55-66; V 34-40): I＋A＋V.

【現在】ブッダは弟子達と共にガンジス河を渡る時，マハープラナーダ王が沈めた柱を川から引き上げ，弟子達に見せるが，同志バッダーリンはその柱に興味を示さない。そのことに関する比丘の質問［55.18-57.8］。【過去1】バッダーリンがその柱に興味を示さなかったことに関するイティヴリッタカ(12)：マハープラナーダ王は非法を以て政治を行ったので，シャクラは彼が布施をし功徳を積めるような目印として柱を建立する。王は母方の叔父（バッダーリン）をその柱の管理者に任命した。しかしその柱は素晴らし過ぎて，人々はそれに見とれて仕事が手に着かず，税が入ってこなかったので，王はその柱をガンジス河に沈めた［57.9-60.9］。【連結】連結に続き，その柱の将来の行方に関する比丘達の質問［60.9-12］。【現在】質問を受けたブッダは，転輪王シャンカとその息子マイトレーヤの物語を語る。その後，次の過去物語への導入となる比丘達の質問［60.12-62.6］。【過去２】ヴァーサヴァ王とダナサンマタ王とが，将来それぞれ転輪王と正等覚者になることを説明するアヴァダーナ(13)：中国地方を治めていたヴァーサヴァ王の息子ラトナシキンは正等覚者となった。後に北路を治めていたダナサンマタ王は中国地方に嫉妬して攻め込んでくるが，そこは正等覚者ラトナシキンの住む地方であることを知って侵略を断念する。後にヴァーサヴァ王はラトナシキンを食事に招待し，転輪王になりたいと誓願する。一方のダナサンマタ王もラトナシキンを食事に招待し，正等覚者になりますようにと誓願をした［62.7-66.22］。【授記】ブッダは二人がそれぞれ転輪王と正等覚者になることを予言［66.22-25］。❶None. Cf. Ja 264, 489［57.9-60.9］; DN iii 75.19-77.3［60.12-62.6］❷1030 Ge 26b2-33b4; 1 Kha 28b4-36b3 ❸『根本説一切有部毘奈耶薬事』巻６（T. 1448, xxiv 23c8-26a29). Cf.『賢愚経』巻12（T. 202, iv 432b13-436c6);『大毘婆沙論』巻178 (T. 1545, xxvii 893c1-894c25) ❹榊「研究並びに翻訳」pp. 137-155; SHIRKEY, *A Study and Translation*, pp. 49-66 ❺Ernst LEUMANN, *Maitreyasamiti, das Zukunftsideal der Buddhisten. Die nordarische Schilderung in Text und Übersetzung nebst sieben andern Schilderungen in Text oder Übersetzung*, Erster Teil, Strassburg, 1919; SHIRKEY, *A Study and Translation*, pp. 1-47.

4. **Brāhmaṇadārikāvadāna** (CN 67-72; V 41-44): V.

【現在】ニャグローディカー村にやってきたブッダを見て，バラモンの娘はブッダに浄信を生じ，ブッダに麦焦の布施をする［67.2-16］。【授記】ブッダは微笑を示し，彼女が独覚になると予言する［67.16-70.4］。【現在】その記別に疑念を抱いた彼女の夫はブッダに文句を言うが，結局ブッダに教化され，流預果を証得して優婆塞となる［70.4-72.5］。

❶None ❷1030 Ge 88a5-89b7; 1 Kha 95a7-97a4 ❸『根本説一切有部毘奈耶薬事』巻８（T. 1448, xxiv 36a3-37a5). Cf.『大智度論』巻８（T. 1509, xxv 115a 14-c2) ❹榊「研究並びに翻訳」pp. 155-165; 平岡「如来の語源解釈」❺None.

5. Stutibrāhmaṇāvadāna (CN 72-74; V 45-46): V＋J2.

【現在】ハスティナープラにやってきたブッダを見たバラモンは，詩頌でブッダを賞賛する［72.8-15］。【授記】ブッダは微笑を示し，彼が独覚になると予言する。その後，次の過去物語への導入となる比丘達の質問［72.16-73.23］。【過去】バラモンがブッダを賞賛したことに関するジャータカ（J2）：ブラフマダッタ王が象（ブッダ）に乗って宮殿から外出すると，あるバラモンは王よりもその象を詩頌によって賞賛した［73.24-74.10］。【連結】［74.11-15］
❶None ❷1030 Ge 103a7-104a6; 1 Kha 112a5-113a6 ❸『根本説一切有部毘奈耶薬事』巻9（T. 1448, xxiv 37c6-38a21）❹榊「研究並びに翻訳」pp. 165-169; 平岡「世尊を賞賛する婆羅門の因縁譚」❺None.

6. Indranāmabrāhmaṇāvadāna (CN 74-80; V 47-50): S.

【現在】シュルグナーの町でインドラというバラモンを教化すると，ブッダはトーイカーの町に到着し，そこに埋められている正等覚者カーシャパの遺骨を比丘達に見せて，そこに集まっていた有情達に仏塔を供養することの福徳を賞賛する［74.18-80.9］。
❶MSV i 73.16-79.2 (GBM 161a[990]1-162a[992]8), Divy. 465.10-469.18[76.10-80.9]. Cf. Dhp-a iii 250.15-253.10; Mv. ii 379.12-395.19; Kv 153.15-17 [79.21-22] ❷1030 Ge 104a7-105a6; 1 Kha 113a6-114a6 [74.18-76.9]; 1030 Ge 148a6-151a2; 1 Kha 159b6-162b5 [76.10-80.9] ❸『根本説一切有部毘奈耶薬事』巻9 (T. 1448, xxiv 38a24-b27) [74.18-76.9]; 巻12 (53a11-c15) [76.10-80.9]. Cf.『四分律』巻52 (T. 1428, xxii, 958a25-b24);『五分律』巻26 (T. 1421, xxii 172c23-173a4);『摩訶僧祇律』巻33（T. 1425, xxii 497b18-498a10）❹榊「研究並びに翻訳」pp. 169-176 ❺Bareau, “La construction.”

7. Nagarāvalambikāvadāna (CN 80-91; V 51-57): A＋V.

【現在】ハンセン病にかかっていた町の洗濯婦は同志カーシャパに重湯を布施して臨終を迎え，兜卒天に生まれ変わる。さてプラセーナジット王はブッダに盛大な食事の供養をするが，その福徳は浄信を生じた乞食の福徳に劣ることを知って，落ち込む。その後，次の過去物語への導入となる比丘達の質問［80.12-87.12］。【過去】プラセーナジットが王として生まれたことを説明するアヴァダーナ：商売のために外国に行った父に代わって，息子（プラセーナジット）が父の友人の畑仕事を手伝って家計を助ける。母は畑で働く息子に麦団子を差し入れするが，息子はそこにやってきた独覚に自分の麦団子を布施した［87.13-88.24］。【連結】［88.25-89.4］【現在】貧しかった別の洗濯婦も少量の油を手に入れ，ブッダに灯明の布施をし，将来，ブッダと同じようになれますようにと誓願する［89.4-90.23］。【授記】ブッダはその誓願が成就し，仏になると予言する［90.23-91.3］。

❶MSV i 79.3-91.6 (GBM 162a[992]9-165b[999]6). Cf. Jm 3, Ja 415 [87.13-88.24]; Th 1054-1056 [82.10-30] ❷1030 Ge 151a2-157b2; 1 Kha 162b5-169a2 ❸『根本説一切有部毘奈耶薬事』巻12（T. 1448, xxiv 53c16-56a9）❹榊「研究並びに翻訳」pp. 177-192 [up to 90.14]; 平川彰「貧女の一灯」『仏典Ⅰ（世界古典文学全集６）』（中村元編）東京：筑摩書房，1966, pp. 101-102(14)；平岡「町の洗濯婦による布施物語」; 袴谷憲昭「貧女の一灯物語：小善成仏の背景(2)」『駒沢短期大学仏教論集』7, 2001, pp. 1-36 ❺袴谷憲昭「貧女の一灯物語：小善成仏の背景(1)」『駒沢短期大学研究紀要』29, 2001, pp. 449-470.

8．**Supriyāvadāna** (CN 91-123; V 58-76): J2.

【現在】ブッダは商人達と共にシュラーヴァスティーとラージャグリハとの間を遊行していると，その途中の森で千人の盗賊に七度も襲撃されるが，その都度，財宝で盗賊達を満足させて商人達の命を救い，また最終的にはその盗賊達を阿羅漢にする。そして次の過去物語への導入となる比丘達の質問［91.6-98.11］。【過去】ブッダが大勢の有情を様々な財で満足させ，十善業道に安住させたことに関するジャータカ(J2)：隊商主プリヤセーナの息子スプリヤ（ブッダ）は父の死後，一切の有情を財で満足させるという誓いを立てるが，千人の盗賊に七度も襲撃され，彼らすら財で満足させることはできなかった。落ち込んでいた彼に神（正等覚者カーシャパ）が「バダラ島にはあらゆる願いを叶える宝があるが，それを手に入れるように」と教える。幾多の難所を越えてバダラ島への航海を成功させ，その宝石を入手したスプリヤは，馬王バーラーハ（正等覚者マイトレーヤ）に乗ってヴァーラーナシーに戻り，一切の有情を財で満足させて彼らを十善業道に安住させた［98.12-122.16］。【連結】［122.17-123.14］

❶None. Cf. AvK 6; Ja 196; BKA 32 ❷None ❸None ❹None ❺Ratna HANDURUKANDE, *The Supriyasārthavāhajātaka* (Indica et Tibetica 15), Bonn, 1988.

9. Meṇḍhakagṛhapativibhūtipariccheda, 10. Meṇḍhakāvadāna[15] (CN 123-135; V 77-84): A.

【現在】バドランカラの都城に住んでいた長者メーンダカと彼の妻，彼の息子と嫁，彼の雇っていた男奴隷と女奴隷とはいずれも高徳で超自然的な力（(1) 長者：彼が空の倉庫を見るだけで，その倉庫が満たされる。(2) 妻：彼女が一人に食事を出すと，千人の人にも食事が給仕される。(3) 息子：彼が金を使ってもすぐに財布の中身が一杯になる。(4) 息子の嫁：彼女が一人に香を準備すると，千人がその香を享受する。(5) 男奴隷：彼が鋤を一回曳けば，それは七回曳かれたことになる。(6) 女奴隷：彼女が一つの物を管理すれば，それは七倍に増える）を有していたが，ブッダは彼らを教化する。その後，次の過去物語への導入となる比丘達の質問［123.17-131.15］。【過去】六人それぞれが高徳で超自然的な力を有するにいたったことを説明するアヴァダーナ：ヴァーラーナシーの都城で十二年間の飢饉が起こった。ある長者（メーンダカ）はその飢饉で食物が底をつき，ついには一升の穀物が残るのみであった。そこに独覚が現れると，彼は独覚にその一升の穀物から自分の取り分を布施した。それを見ていた彼の妻以下五人の者達も同様に自分の取り分を独覚に布施して，それぞれ誓願を立てた［131.16-135.13］。【連結】［135.14-26］

❶MSV i 241.1-255.10（GBM 229a[770]1-231b[775]10）[16]. Cf. Vin. i 240.5-245.7; Dhp-a iii 363.13-376.4 ❷1030 Ṅe 26a3-32b7; 1 Ga 28a5-35a4 ❸None. Cf.『五分律』巻22（T. 1421, xxii 150b25-151b18);『四分律』巻42（T. 1428, xxii 872b18-873a24);『十誦律』巻26（T. 1435, xxiii 191a26-b22）❹BURNOUF, *Intro-*

duction, pp. 190-194 ［131-135］ ❺Kenneth CH'EN, "Apropos the Meṇḍhaka Story," *HJAS* 16-3/4, 1953, pp. 374-403.

11．Aśokavarṇāvadāna (CN 136-142; V 85-88)：V＋A.

【現在】屠殺人に殺されそうになっていた牛はブッダの姿を見て心を浄らかにし，ロープを断ち切ってブッダの足を舐める。ブッダはシャクラに持ってこさせた金で屠殺人からその牛を買い取り，救出する［136.2-137.29］。【授記】ブッダは微笑を示し，その牛が独覚になると予言する。その後，次の過去物語への導入となるアーナンダの質問［137.29-141.15］。【過去】牛が畜生として生まれたことを説明するアヴァダーナ：正等覚者ヴィパッシンの時代に，六十人の比丘達が王都バンドゥマティーの郊外で時を過ごしていたが，そこにやってきた悪党達のうち，残忍な男（牛）がその比丘達の命を奪ってしまった［141.16-142.1］。【連結】［142.1-21］(17)

❶None ❷None ❸None. Cf.『生経』巻４（T. 154, iii 98a15-c9）❹平岡聡「アショーカヴァルナ・アヴァダーナ（ディヴィヤ・アヴァダーナ第11章）試訳〈付〉ディヴィヤ・アヴァダーナ各章翻訳一覧表」『佛教大学仏教文化研究所年報』9, 1991, pp. 1-16 ❺None.

12．Prātihāryasūtra (CN 143-166; V 89-103)：S.

【現在】六師外道の申し出により，プラセーナジット王の立ち会いのもと，ブッダは彼らと神通力による神変に関して競い合うが，ブッダは様々な神変を示して外道の者達を圧倒し，戦いに敗れたプーラナは池に身投げする［143.2-166.27］。

❶None. Cf. Kv 157.1-3; Ja 483; Dhp-a iii 199.9-230.14 ❷1035 Ne 37a8-50b2; 6 Da 40a1-53a5 ❸『根本説一切有部毘奈耶雑事』巻26（T. 1451, xxiv 329a5-333c13）. Cf.『四分律』巻51（T. 1428, xxii 947b23-950b1）❹BURNOUF, *Introduction*, pp.162-189; 宮治昭「Divyāvadāna 第12章 "Prātihāryasūtra" 和訳」『文化紀要』13, 1979, pp. 117-141 ❺宮治昭「舎衛城の神変」『東海仏教』16, 1971, pp. 40-60; 中川正法「舎衛城神変説話」『印仏研』30-2, 1982, pp. 150-

151; 村上『西域の仏教』pp. 308-316.

13. **Svāgatāvadāna** (CN 167-193; V 104-119): A.

【現在】長者ボーダの子として生まれたスヴァーガタは，過去世でなした悪業のために自ら物乞いに身を落とし，また彼に関わる人々が次々と災難に巻き込まれる。彼は自分の姉の主人であるアナータピンダダを通してブッダと巡り会い，出家して阿羅漢となる。ある時，世尊にスヴァーガタは邪悪な龍を退治するように命じられ，見事その任を果たすが，そのお礼にと食事の招待を受けた家で知らずに酒の入った水を飲み，酔っぱらってしまう。これに関してブッダは飲酒の咎を比丘達に説き示す。その後，次の過去物語への導入となる比丘達の質問［167.2-191.20］。【過去】スヴァーガタが裕福な家に生まれたが物乞いに身を落とし，また出家して阿羅漢となったことを説明するアヴァダーナ：ある村の長者（スヴァーガタ）は地方を遊行しながらその村にやってきた独覚を見て気分を害し，暴言を吐いてしまう。それを哀れんだ独覚が彼に神変を示すと，長者は改心し，独覚を供養して誓願を立てた［191.21-192.16］。【連結】連結に続いて，さらに彼に関する別のアヴァダーナをブッダが説明する。そこでは，彼がカーシャパ仏の比丘であった時，臨終の際「火界定に入る者達の最上者であると世尊シャーキャムニがお示しになるように」と誓願を立てたことが説かれる［192.17-193.17］。

❶None. Cf. Vin. iv 108.21-110.13[182.24-191.4] ❷1032 Te 17a8-33b1; 3 Ña 19a1-36b4 ❸『根本説一切有部毘奈耶』巻42（T. 1442, xxiii 857a14-860a16). Cf.『五分律』巻 8（T. 1421, xxii 59c26-60b23);『摩訶僧祇律』巻20（T. 1425, xxii 386c13-387a4);『四分律』巻16（T. 1428, xxii 671b21-672b19);『十誦律』巻17（T. 1435, xxiii 120b29-121c1）［182.24-191.4];『仏五百弟子自説本起経』(T. 199, iv 192b28-193a12) ❹Kenneth CH'EN, "A Study of the Svāgata Story in the Divyāvadāna in its Sanskrit, Pāli, Tibetan and Chinese Versions," *HJAS* 9-3/4, 1947, pp. 231-301 ❺Maurice BLOOMFIELD, "Notes on the Divyāvadāna," *JAOS* 40, 1920, pp. 336-352; LÉVI, "Notes sur des manuscrits."

14. Sūkarikāvadāna (CN 193-196; V 120-121): S.

【現在】豚として生まれ変わることになっていたために落ち込んでいた天子は，シャクラの勧めで三帰依したため，兜卒天に生まれ変わる。彼がどこに再生したかが気になったシャクラはブッダのもとに行き，彼の住処を尋ねた後，三帰依を賞賛する［193.20-196.14］。

❶None. Cf. Śikṣ 177.11-12 [196.5-6] ❷1014 U 300b6-302b6; 345 Aṃ 289b2-291a7 ❸『嗟韈曩法天子受三帰依獲免悪道経』(T. 595, xv 129b-130b) ❹Léon Feer, *Fragments extraits du Kandjour* (*AMG* 5), 1883, pp. 292-295; James R. Ware, "Studies in the Divyāvadāna," *JAOS* 48, 1928, pp. 159-165; 高畠寛我「佛説嗟韈曩法天子受三帰依穫免悪道經に就いて」『小西・高畠・前田三教授頌寿記念／東洋学論叢』1952, pp. 9-22 ❺月輪賢隆『仏典の批判的研究』京都：百華苑，1971, pp. 504-505(18).

15. Anyatamabhikṣuś cakravartivyākṛta (CN 196-197; V 122): V(19).

【現在】ある比丘は髪爪塔を礼拝する［196.17-197.6］。【授記】ブッダは彼が転輪王になると予言する［197.7-9］。【現在】何によって福徳が消滅するかというウパーリの問いに対し，ブッダは怒りの心を起こすことであると答える［197.9-27］。

❶Śikṣ. 148.13-149.4, BCAP 168.4-169.2 [197.5-26] ❷None ❸『大乗集菩薩学論』巻10 (T. 1636, xxxii 104b10-20) ❹None ❺Louis de La Vallée Poussin, "Staupikam," *HJAS* 2, 1937, pp. 276-289.

16. Śukapotakāvadāna (CN 198-200; V 123-124): V.

【現在】アナータピンダダの飼っていた二羽の鸚鵡は仏弟子の説法を聞き，仏教に浄信を抱く。ある時，猫に殺されてしまうが，その時，三帰依したため，四大王天に生まれ変わる。鸚鵡の来世に疑問を持った比丘達の質問［198.2-200.5］。【授記】ブッダは二羽の鸚鵡が最終的に独覚になると予言し，同時に聞法の功徳を比丘達に賞賛する［200.5-18］。

❶None ❷None ❸『賢愚経』巻12 (T. 202, iv 436c7-437a29) ❹None ❺None.

17. Māndhātāvadāna (CN 200-228; V 125-141): J2＋A＋A.

【現在】ブッダが入滅する直前に多くの有情を教化する。それに関して，次の過去物語への導入となるアーナンダの質問［200.21-210.12］。【過去１】ブッダが有情を教化したことに関するジャータカ（J2）：マーンダータ王（ブッダ）はその徳で様々な奇跡を起こし，最後には後宮に黄金の雨を降らせてしまう。その後，軍隊を引き連れて四洲を統治すると，最後は三十三天まで行き，閻浮提に戻ってきた時には臨終寸前であったが，家臣達に教えを説いて出家させた［210.13-225.11］。【連結１】連結と，次の過去物語への導入となる比丘達の質問［225.12-226.15］。【過去２】マーンダータ王が後宮に黄金の雨を降らせたことに関するアヴァダーナ：組合長の息子（ブッダ）は結婚し，その土地の風習に従って花嫁に花を撒くことになっていたが，偶然その場所に近づいたサルヴァービブー仏を目にして浄信を抱き，その花を花嫁にではなく，かの仏に撒いて誓願を立てた［226.16-227.11］。【連結２】連結と，次の過去物語への導入となる比丘達の質問［227.12-20］。【過去３】マーンダータ王が四洲を統治し，三十三天まで行ったことに関するアヴァダーナ：商人ウットカリカは乞食にきたヴィパッシン仏を見て浄信を抱き，持っていた一握りの豆をかの仏の鉢に投げ入れると，四粒の豆は鉢に入り，一つは鉢の縁に当たって地面に落ちてしまった。その後で彼は誓願を立てた［227.21-228.4］。【連結３】［228.5-19］

❶None. Cf. MSV i 92.16-97.8 [210.13-226.11]. Cf. AvK 4; Ja 258; DN ii 102.2-121.2, MPS 202-224 [200.21-208.26]; GBM 1350-1374.11; 1432.1-1451.8 [214.20-228.19] (parts of this avadāna) ❷1035 Ne 236a5-240a1; 6 Da 247b2-252a2 [200.21-209.2], 1030 Ge 158a6-171a1; 1 Kha 169b7-182b3 [210.13-226.11] ❸『根本説一切有部毘奈耶雑事』巻36 (T. 1451, xxiv 387c4-389b11) [200.21-209.2];『根本説一切有部毘奈耶薬事』巻12 (T. 1448, xxiv 56b4-57a15) [210.13-226.11]. Cf.『中阿含経』巻11 (T. 26, i 494b10-496a13);『六度集経』巻 4 (T. 152, iii 21c9-22b15);『頂生王故事経』(T. 39, i 822b-824a);『文陀竭王経』(T. 40, i 824a-825a) [210.13-226.11];『頂生王因縁経』(T. 165, iii 393a-406b) [210.13-228.19] ❹Burnouf, *Introduction*, pp. 74-89 (Imcomplete); Ralston, *Tibetan*

Tales, pp. 1-20 ❺WINDISCH, "Māra und Buddha," pp. 43-59; MATSUMURA, *Four Avadānas*; MATSUMURA, *The Mahāsudarśanāvadāna*; 熊谷「Māndhātāvadāna の研究」; 熊谷「Gilgit 写本 *Māndhātāvadāna* 翻刻」; 岩井昌悟「Avadānakalpalatā 第4章 Māndhātravadāna」『印仏研』45-1, 1996, pp. 123-125.

18. **Dharmarucyavadāna** (CN 228-262;V 142-161): A+I+I+V+I.

【現在】五百人の商人達が海を渡っていると，大魚に船ごと飲み込まれようとしていたが，彼らの一人は優婆塞だったので「仏に帰命いたします」と叫んだところ，危機一髪でその難を逃れる。それが縁となって彼らは出家し，阿羅漢となる。その後，次の過去物語への導入となる比丘達の質問［228.22-233.20］。【過去1】五百人の商人達が阿羅漢になったことを説明するアヴァダーナ：カーシャパ仏のもとで出家した彼らは彼の教えを読誦し暗唱したが，悟れなかったので，臨終の際に誓願を立てた［233.21-29］。【連結1】［234.1-4］【現在】その大魚は死没してバラモンの妻の胎内に再生する。人間として生まれた彼はダルマルチと名付けられたが，縁あってブッダのもとで出家し，阿羅漢となる。続いて次の過去物語への導入となる比丘達の質問［234.4-241.29］。【過去2】ブッダとダルマルチとの出会いに関するイティヴリッタカ(1)[20]：クシェーマンカラ仏に帰依していた商人（ブッダ）が海外に商売に出掛けている間に，かの仏は般涅槃してしまう。帰国後，それを知った商人はかの仏のために塔の建立を決意するが，バラモン達に邪魔される。そのことを王に奏上すると，王は自分の家来である猛者（ダルマルチ）を派遣したので，無事に立派な塔が完成した。商人はその塔に対して無上正等菩提の誓願を立て，またその猛者は彼の弟子になりたいという心を起こした［242.1-245.28］。【連結2】［245.29-246.4］【過去3】ブッダとダルマルチとの出会いに関するイティヴリッタカ(2)：ここに燃灯仏授記の物語が見られる。青年スマティ（ブッダ）は自分の見た夢に関しての疑念を晴らしてもらうために，ある仙人の指示でディーパンカラ仏のもとを訪れ，彼に近づこうとするが，大勢の人々が邪魔になって近づけない。そこでディーパンカラ仏は大風雨を化作して道を空けると，スマティは彼に近づいて蓮華を布施し，またその大風雨で道が泥濘んでいたので，そこに髪を解くと，かの仏はそこに足を降ろして彼に記別を授ける。その時，スマティの同僚マティ（ダルマルチ）はかの仏に対して暴言を吐き，後に懺悔して出家したが，死後地獄に再生する［246.5-253.22］(21)。【連結 3 】［253.23-254.2］【過去 4 】ブッダとダルマルチとの出会いに関するイティヴリッタカ(3)：クラクッチャンダ仏の時代に，ある長者の妻は商売に出掛けて夫がいない間に，我が子（ダルマルチ）と密通するようになる。暫くして父が戻ってくるという知らせを受けると，母は息子に毒を盛った食物をもたせて夫に食べさせ，帰宅する前に夫を殺害する。後に彼は自分の犯した非業に気づかれたと勘違いし，母と共謀して阿羅漢をも殺し，また母が他の男と密通しているのを知って母をも殺してしまう。後に彼は出家を決意して精舎に行くが，三無間業を犯していたために誰も彼を出家させない。怒った彼は精舎に火を放ち，多くの比丘を焼死させてしまう。その中に三蔵に精通した比丘（ブッダ）がいたが，彼はその子に三帰依することを教えた［254.3-261.24］。【連結 4 】［261.25-262.6］

❶None. Cf. AvK 89; Mv. i 231.17-243.11 [246.5-254.2], 243.12-248.4 [254.3-261.24, 228.22-233.16, and 234.4-241.16]; GBM 1374.11-1379; 1452-1483 (beginning of this Avadāna) ❷None ❸None. Cf.『四分律』巻31（T. 1428, xxii 782a26-785c22),『増一阿含経』巻11（T. 125, ii 597a22-599c4）[246.5-254.2] ❹ ZIMMER, *Karman*, pp. 1-79; 村上『西域の仏教』pp. 128-155 [246.5-254.2] ❺ Friedrich WELLER, "Divyāvadāna 244, 7ff.," *Mitteilungen des Instituts für Orientforschungen* 1, 1953, pp. 268-276; L. ALSDOLF, "Der Stūpa des Kṣemaṃkara," *Studia Indologica: Festschrift für W. KIRFEL zur Vollendung seines 70. Lebensjahres*, Bonn, 1955, pp. 9-16; BÉNISTI, "Étude sur le stūpa," pp. 74-81; 村上『西域の仏教』pp. 156-163; Gustav ROTH, "Remarks on the Stūpa of Kṣemaṃkara," *Journal of the Nepal Research Centre* 7, 1985, pp. 183-197; Jonathan SILK, "Oedipal Calumny and Schismatic Rhetoric in Indian Buddhism: A Study in the Narrative Structure and Doctrinal History of Heresy,"『クシャーナ』4-4, 1990, pp. 1-3, "Oedipal Calumny and Schismatic Rhetoric in Indian Buddhism: A Study in the Narrative Structure and Doctrinal History of

Heresy" (Unpublished); 飯渕「*Karmaśataka* における燃燈仏授記物語」; 平岡聡「仏典に説かれる「母子相姦」説話：インド原典とその中国・日本的変容」『人間学研究（京都文教大学人間学研究所）』1, 2000, pp. 23-36(22).

19. Jyotiṣkāvadāna (CN 262-289; V 162-179): V＋A.

【現在】長者スバドラの妻は妊娠し，ブッダはその子が阿羅漢になると予言するが，彼はある外道に「その子は不吉であるから殺すように」と唆され，流産させようとしたが結局失敗し，最後には妻を殺してしまう［262.8-265.14］。【授記】ブッダは微笑を示し，長者の妻が声聞(23)になると予言する［265.15-267.7］。【現在】荼毘に付された妻の母胎が裂けて一本の蓮華が生じ，そこから主人公のジョーティシュカが生まれる。彼はブッダの予言どおり，出家して阿羅漢となる。続いて次の過去物語への導入となる比丘達の質問［267.7-282.18］。【過去】ジョーティシュカが胎内にいる時，母と共に何度も焼かれ，また裕福な家に生まれて出家すると阿羅漢になったことに関するアヴァダーナ：ヴィパッシン仏の食事招待を巡って長者アナンガナ（ジョーティシュカ）と国王バンドゥマットとが争う。二人は食事の美味さで勝負することになるが，国王は長者に負け，その腹いせに料理用の薪を長者に売ってはならないと布告したので，長者は国王に対して暴言を吐く。王が財力に物を言わせて仏を招待した際の素晴らしさを見て長者は落ち込んでしまうが，それを不憫に思ったシャクラはヴィシュヴァカルマンを長者に派遣したので，国王以上の荘厳さで仏を招待することができた。その時，長者は仏の助言で暴言を吐いたことを国王に懺悔し，仏を供養すると誓願を立てた［282.19-289.9］。【連結】［289.10-25］

❶None. Cf. Mv. ii 271.1-276.15 [282.19-289.9]; GBM 1484-1485 (one folio of this Avadāna) ❷1035 De 10b2-28b1(24); 6 Tha 12a3-31a4 ❸『根本説一切有部毘奈耶雑事』巻2-3 (T. 1451, xxiv 210c5-217b19) ❹ZIMMER, *Karman*, pp. 105-174; 奈良『仏弟子と信徒の物語』pp. 19-68 ❺H. HÄRTEL, "Die Geburt des Jyotiṣka: Anmerkungen zu einem neu erworbenen Gandhāra-Relief, K. BRUHN und A. WEZLER hg., *Studien zum Jainismus und Buddhismus. Gedenkschrift für*

Ludwig ALSDORF, Wiesbaden, 1981, pp. 93-102.

20. Kanakavarṇāvadāna (CN 290-298; V 180-184): J2.

【現在】貪りの心を持たずに行う布施の果報は大きいことをブッダは説く[290.2-291.4]。【過去】ブッダの布施に関するジャータカ（J2）：カナカヴァルナ王（ブッダ）は飢饉で食物が底をついていたが，最後に残った自分の食物を独覚に布施すると，その功徳によって雨が降り，また穀物や七宝まで降ったために，その国の飢えや貧困は解消される[291.5-297.27]。【連結】[297.28-298.22]

❶None. Cf. AvK 42 ❷1019 Ke 52b5-57b8; 350 Aḥ 50a5-55b7 ❸『金色王経』(T. 162, iii 388a-390c). Cf.『菩薩本行経』巻上（T. 155, iii 109c1-110b18）❹BURNOUF, *Introduction*, pp. 90-98; ZIMMER, *Karman*, pp. 83-101 ❺Chandrabhal TRIPATHI, *Ekottarāgama-Fragmente der Gilgit-Handschrift*, Reinbek, 1995, pp. 162-164.

21. Sahasodgatasya prakaraṇāvadāna (CN 298-314; V 185-194): A.

【現在】ブッダが弟子達に描かせた図像（五趣・四洲・十二支縁起等の象徴的表現）を見て，長者の息子サハソーッドガタは比丘僧伽への食事の供養を決心し，その金を工面するために日雇いをして金を稼ぐと，それでブッダを供養する。後にもう一度，ブッダを供養した彼は預流果を証得する。続いて次の過去物語への導入となる比丘達の質問[298.25-311.23]。【過去】彼が日雇いになり，また突如として財を築いて真理を知見するに至ったことに関するアヴァダーナ：ある小村に住んでいた長者は，遊行してそこにやってきた独覚に対し，食事を布施するので近くの園林に逗留するよう懇願する。ある時，用事で出掛けている間に，彼の息子（サハソーッドガタ）がその独覚に対して暴言を吐いてしまう。帰宅後そのことを妻から聞かされた長者は，謝罪すべく息子を連れてその園林に出掛けると独覚は神変を現し，それを見た息子は浄信を抱いて誓願を立てた[311.24-313.25]。【連結】[313.26-314.9]

❶None. Cf. GBM 1486-1487.4 (end of this Avadāna) ❷1032 Ñe 106a7-113b

6; 3 Ja 113b3-122b1 ❸『根本説一切有部毘奈耶』巻34（T. 1442, xxiii 810c21-814b23）❹None ❺None.

22. Candraprabhabodhisattvacaryāvadāna (CN 314-328; V 195-203): J2.

【現在】シャーリプトラとマウドガリヤーヤナとが彼らの父より先に死んだことに関して，比丘達はブッダに質問する［314.12-315.4］。【過去】ブッダの実践した布施に関するジャータカ（J2）：北路バドラシラーの王チャンドラプラバ（ブッダ）は布施を実践していた。彼の二人の筆頭大臣マハーチャンドラ（シャーリプトラ）とマヒーダラ（マウドガリヤーヤナ）は不吉な夢を見，占い師に相談すると，王の頭を求める者が来るという。案の定，悪心を抱いたバラモンのラウドラークシャが王の決意を試しにやってきて，頭を布施するように要求する。二人の大臣は王が自分の頭を布施する決意が固いのを知ると，王が亡くなるのを見ることなどできないと考え，王よりも先に死没して梵天界に再生した。王は誓願を立て，バラモンの願いどおり，自分の頭を布施した［315.5-327.30］。【連結】［327.30-328.19］

❶None. Cf. GBM 1487.4-1507.3 (complete); HJM 5; MJM 48; AvK 5 ❷1017 Ke 24a4-33b2; 348 Aḥ 22a4-31b3 ❸『月光菩薩経』（T. 166, iii 406b-408b）. Cf.『六度集経』巻１（T. 152, iii 2b27-c20);『大方便仏報恩経』巻５（T. 156, iii 149 b28-150b29);『仏本行経』巻５（T. 193, iv 89a13-b15);『賢愚経』巻６（T. 202, iv 387b3-390b12);『菩薩本縁経』巻中（T. 153, iii 62c19-64c17);『大宝積経』巻80（T. 310, xi 462a2-3);『護国尊者所問大乗経』巻２（T. 321, xii 5b27-c3);『経律異相』巻25（T. 2121, liii 137a4-c4）❹None ❺Matsumura, *Four Avadānas*; Jens-Uwe Hartmann, "Notes on the Gilgit Manuscript of the Candraprabhāvadāna," *Journal of the Nepal Research Centre* 4 (Humanities), 1980, pp. 251-266.

23. Saṃgharakṣitāvadāna, 24. Nāgakumārāvadāna, 25. No name[25] (CN 329-348; V 204-215): I＋A.

【現在】導入（前口上：六群比丘とナンドーパナンダとの対話）[26]：最後身を

持して生まれたサンガラクシタは出家した後，幼なじみと共に航海に出掛けるが，その途中で龍達に連れ去られ，龍宮に行き，龍の童子を教化する。その帰り道に彼は地獄に行き，正等覚者カーシャパの弟子達の悪業の果報を目撃した後，またこの世に戻り，五百人の聖仙と五百人の商人とをブッダのもとに導くと，ブッダは彼らを出家させる。その後，彼はカーシャパ仏の弟子達の苦果に関してブッダに質問すると［329.2-342.13］，ブッダはカーシャパ仏の弟子達の悪業を説明する(27)。続いて次の過去物語への導入となる比丘達の質問［342.13-344.4］。【過去１】龍の童子が最初に信を獲得したことを説くイティヴリッタカ(28)：ガルダ鳥は龍の子をスメール山に運んで食べてしまうが，臨終直前に，彼はそこで禅定していたカーシャパ仏の弟子達をみて浄信を抱き，死後はバラモンの家に生まれると出家して阿羅漢となる。阿羅漢となった彼は両親の龍の住処に行き，食事の供養を受けていた。彼には沙弥がいたが，ある時彼は師匠について龍の住処を訪れると，自分に出された食事が粗末なことに腹を立て，邪な誓願を立てた(29)［344.4-346.14］。【連結１】連結と，次の過去物語への導入となる比丘達の質問［346.15-25］。【過去２】サンガラクシタが裕福な家に生まれ，また出家して阿羅漢になったことに関するアヴァダーナ：ある者（サンガラクシタ）はカーシャパ仏のもとで出家し，五百人の比丘達（五百人の聖仙）と共に暮らしていた。彼は臨終の際に来世で阿羅漢になるようにと誓願を立てると，共住の比丘達も同じ誓願を立て，また彼の見舞いにやってきた町人達（五百人の商人）も同じ誓願を立てた［346.25-347.23］。【連結２】［347.24-348.3］(30)

23（CN 329-343; V 204-212）❶MSV iv 27.1-46.15(31); Śikṣ. 57.11-59.6［342.13-343.23］. Cf. AvK 67　❷1030 Khe 99a3-114b1; 1 Ka 100a1-116a2　❸『根本説一切有部毘奈耶出家事』巻 4 (T. 1444, xxiii 1035b10-1037b26)(32). Cf.『因縁僧護経』(T. 749, xvii 565c-572b)　❹Burnouf, *Introduction*, pp. 313-335; Näther, *Das Gilgit-Fragment*, pp. 59-82　❺James R. Ware, "The Preamble to the *Saṃgharakṣitāvadāna*," *HJAS* 3, 1938, pp. 47-67; Lévi, "Notes sur des manuscrits"; Näther, *Das Gilgit-Fragment*; Eimer, *Rab tu 'byuṅ bai'i gži.*

24（CN 344-346; V 213-214）❶MSV iv 48.19-51.21. Cf. AvK 60 ❷1030 Khe 115b6-117b6; 1 Ka 117a7-119b1 ❸『根本説一切有部毘奈耶出家事』巻４（T. 1444, xxiii 1037c23-1038b27）❹NÄTHER, *Das Gilgit-Fragment*, pp. 83-87 ❺NÄTHER, *Das Gilgit-Fragment*; EIMER, *Rab tu 'byuṅ bai'i gži.*

25（CN 346-348; V 215）❶MSV iv 47.1-48.18 ❷1030 Khe 114b1-115b6; 1 Ka 116a2-117a7 ❸『根本説一切有部毘奈耶出家事』巻４（T. 1444, xxiii 1037 b26-c23）❹None ❺EIMER, *Rab tu 'byuṅ bai'i gži.*

26. Pāṃśupradānāvadāna (CN 348-382; V 216-241): J1＋V.

【現在】ブッダは，自分の死後，ウパグプタが無相の仏としてこの世に出現することを予言する［348.5-349.18］。【過去１】ウパグプタが過去世でも多くの人々を利益したことに関するジャータカ（J1）：ウルムンダ山に住んでいた猿の頭（ウパグプタ）は，同じ山の別の斜面で結跏趺坐している独覚達を見て，自分もそれを真似た。彼らが般涅槃すると，また別の斜面に行き，聖仙達の行じている苦行を止めさせて彼らに結跏趺坐を教えたので，彼らは独覚の悟りを得た［349.19-350.19］。【連結１】［350.20-24］(33)【未来１】(34)長老シャーナカヴァーシンは香水商グプタの次男ウパグプタを出家させると，彼は阿羅漢となった。阿羅漢となったウパグプタが説法していると，マーラが邪魔をするので，有情達はその説法に集中できない。そこで彼はマーラを完全に調伏する。マーラの妨害がなくなったので，ウパグプタは多くの有情達を教化した［350.24-364.18］(35)。【現在】ラージャグリハで乞食していたブッダに，泥遊びをしていた童子ジャヤは「麦焦がしを挙げましょう」と言って，土くれを布施し，誓願する［364.19-366.23］。【授記】ブッダは微笑を示し，ジャヤがアショーカという転輪王になると予言する［366.23-369.7］。【未来２】アショーカが他の太子を退け，王に選定される。残忍さゆえに「残忍アショーカ」と渾名された王は，死刑執行人として残忍なギリカを雇う。ギリカは，隊商主の子として航海中に生まれ，後に出家して比丘となったサムドラを捕まえて殺そうとするが，その比丘は王を教導する。そこで王はギリカを殺し，改心してインド各地に八万四千の塔を建立すると，今度は「法のアショーカ」

と呼ばれるようになった［369.8-382.2］。

❶None. Cf. MSV i 3.16-7.13［349.7-350.24］; GBM 1508-1517 (parts of this Avadāna) ❷None ❸『王経』巻6（T. 2043, l 149b22-150a8),『王伝』巻3（T. 2042, l 111b28-112a7)［348.20-350.24］;『王経』巻8（T. 2043, l 157b5-161a25),『王伝』巻5（T. 2042, l 117b14-120b8)［350.24-364.15］;『王経』巻1（T. 2043, l 131b5-135b3),『王伝』巻1（T. 2042, l 99a13-102b8),『雑阿含経』巻23（T. 99, ii 161b10-165b17)［364.19-382.2］. Cf.『大荘厳論経』巻9（T. 201, iv 307c 1-309b26)［357.18-363.4］;『雑阿含経』巻25（T. 99, ii 177b12-19)［348.23-349.15］;『雑譬喩経』(T. 204, iv 501a1-14) ❹BURNOUF, *Introduction*, pp. 146-148［352.28-356.2］, pp. 358-374［369.8-382.2］; WINDISCH, "Māra und Buddha," pp. 163-176［356.14-364.3］; STEVENS, *Legends of Indian Buddhism*, pp. 20-29［369.8-373.21］, pp. 30-41［373.22-380.17］, pp. 42-43［380.17-381.6］, pp. 43-47［381.12-383.19］; ZIMMER, *Karman*, pp. 177-194［348.20-356.5］; THOMAS, *The Quest of Enlightenment*, pp. 44-48［352.28-356.5］; 定方『アショーカ王伝』pp. 11-45［from 364.19］; STRONG, *The Legend of King Aśoka*, pp. 173-221 ❺ Edouard HUBER, "Trois contes du Sūtrālaṃkāra d'Aśvaghoṣa conservés dans le Divyāvadāna (Études de Littérature Bouddhique IV)," *BEFEO* 4, 1904, pp. 709-726; Jean PRZYLUSKI, "Le nord-ouest de l'Inde dans le Vinaya des Mūlasarvāstivādins et les textes apparentés, *JA* 11-4, nov.-déc., 1914, pp. 493-568; Andrzej. GAWROŃSKI, *Studies about the Sanskrit Buddhist Literature*, Krakowie, 1919, pp. 49-56; Friedrich WELLER, "Divyāvadāna 373.15," *AM*, 1923, p. 642; 花山勝道「雑阿含経の阿育王譬喩 Aśokāvadāna について」『大倉山学院紀要』1, 1954, pp. 42-54; V. S. AGRAWALA, "Notes on Sanskrit Words," *JAOS* 75, 1959, p. 30; MUKHOPADHYAYA, *The Aśokāvadāna*, pp. 1-55; Kuan-ju KAO, "Aśokāvadāna," *Encyclopaedia of Buddhism* 2, Fascicle 2, Colombo, 1967, pp. 198-200; Dilip Kumar BISWAS, *The Legend of Emperor Aśoka in Indian and Chinese Texts, by Jean PRZYLVSKI. Translated from the French with Additional Notes and Comments*, Calcutta, 1967 (The original PRZYLUSKI 1923); 山崎元一「于闐建国伝説の一考察：特にアショーカ王伝説との関係について」『山本博

士還暦記念／東洋史論叢』東京：山川出版社, 1972, pp. 469-480; 山崎元一「ウパグプタ伝説考：プシルスキイ説の紹介を中心に」『榎博士還暦記念／東洋史論叢』東京：山川出版社, 1975, pp. 465-480; 山崎『アショーカ王伝説の研究』; Jan Willem DE JONG, "Notes on the Text of Aśoka Legend, India and the Ancient World, History, Trade and Culture before A. D. 650," *Orientalia Lovaniensia Analecta* 25, 1987, pp. 103-113; 松村恒「アショーカ王伝の構成」『印仏研』41-1, 1992, pp. 82-86; John S. STRONG, *The Legend and Cult of Upagupta: Sanskrit Buddhism in North India and Southeast Asia,* Princeton, 1992.

27. **Kunālāvadāna** (CN 382-419; V 242-271): A＋A.

【未来】アショーカ王はウパグプタに謁見し，ブッダの遺跡を参詣したいと申し出ると，彼は王を連れて遺跡参拝に出掛け，またシャーリプトラやマウドガリヤーヤナ等の仏弟子の塔も順番に参拝し，金を布施して供養した。その後，王はブッダを見たことがあるという比丘に出会い，菩提樹を供養して五年大会を開催することを決めた。さてアショーカ王が八万四千の塔を建立した日に，王妃パドマーヴァティーハは男児を出産し，クナーラと命名される。後に王の第一王妃はクナーラに恋心を抱く。しかし彼に断られたために王妃はクナーラに敵意を抱き，彼女の策略にはまってクナーラは目を抉られてしまうが，真実語によって彼の目は再生する。その後，次の過去物語への導入となる比丘達の質問［382.5-418.6］。【過去１】クナーラの目が抉られたことに関するアヴァダーナ(36)：ある猟師（クナーラ）はヒマラヤ山に出掛け，ある洞窟で五百匹の鹿を捕らえると，その鹿達が逃げられないようにと鹿の目をすべて潰してしまった［418.7-14］。【連結１】連結と，次の過去物語への導入となる比丘達の質問［418.15-22］。【過去２】クナーラが容姿端麗で生まれたことに関するアヴァダーナ：ある商主の息子（クナーラ）は壊れかけていたクラクッチャンダ仏の塔を修復し，等身大の仏像を建立して，誓願を立てた［418.22-419.5］。【連結２】［419.6-12］

❶None. Cf. AvK 59 ❷None ❸『王経』巻2-3（T. 2043, l 135b10-141b5),『王

伝』巻1-2（T. 2042, l 102b10-106a19),『雑阿含経』巻23（T. 99, ii 165b18-170c20）[384.24-405.15];『王経』巻4（T. 2043, l 144a9-147c6),『王伝』巻3（T. 2042, l 108a4-110b9）[405.16-419.12]. Cf.『六度集経』巻4（T. 152, iii 17c23-18b19）[405.16-419.12];『大荘厳論経』巻3（T. 201, iv 274a12-275a27）[382.18-384.23];『阿育王息壊目因縁経』（T. 2045, l 172b-183a）❹BURNOUF, *Introduction*, pp. 374-415; STEVENS, *Legends of Indian Buddhism*, pp. 47-66 [383.25-394.16], pp. 67-73 [397.17-405.15], pp. 74-75 [405.16-406.7], pp. 75-83 [406.10-407.29], pp. 83-100 [408.5-419.12]; 定方『アショーカ王伝』pp. 45-136; STRONG, *The Legend of King Aśoka*, pp. 234-286 ❺MUKHOPADHYAYA, *The Aśokāvadāna*, pp. 71-125; G. M. BONGARD-LEVIN, *Legenda o Kunāla: Kunālāvadāna iz neopublikovannoj rukopisi Aśokāvadānamālā*, Moskva, 1963; G. M. BONGARD-LEVIN, *The Kunāka Legend and an Unpublished Aśokāvadānamālā Manuscript*, Calcutta, 1965, pp. 3-39; BONGARD-LEVIN, *Studies in Ancient India*, pp. 161-170; 松村淳子「ジャイナ所伝のクナーラ物語」『仏教研究』14, 1984, pp. 63-88; 岡本健資「クナーラ王子の物語：Ku-na-la'i rtogs pa brjod pa 試訳 (1)」『インド学チベット学研究』4, 1999, pp. 78-102.

28. Vītaśokāvadāna (CN 419-429; V 272-278): A＋A.

【未来】アショーカは，外道の信奉者だった弟のヴィータショーカを仏教に回心させる。彼は優婆塞であることに満足せず，出家して阿羅漢になる。その頃，ニルグランタ派の在俗信者がニルグランタの足下にブッダが平伏している絵を描いたことに腹を立てたアショーカは信者達を殺すように布告し，またニルグランタの行者の首に賞金をかけた。ちょうどその時，ヴィータショーカは重病に罹ったのが原因で衣は擦り切れ，髪・爪・髭は伸び放題となり，彼をニルグランタの行者と間違えたある牛飼いに刀で殺されてしまう。その首が王宮に持ってこられると，アショーカは気絶してしまい，自分の非を悔いてその布告を撤回する。その後，次の過去物語への導入となる比丘達の質問 [419.15-428.7]。【過去1】ヴィータショーカが刀で殺されたことに関するアヴァダーナ：ある猟師（ヴィータショーカ）は鹿を殺して生計を立てていたが，ある時自分の狩りをしている場所に独覚が来るようになってから鹿がその場に寄りつかなくなり，猟ができなくなったことに腹を立てた彼は独覚を刀で殺してしまった［428.8-18］。【連結１】連結と，次の過去物語への導入となる比丘達の質問［428.19-27］。【過去２】ヴィータショーカが高貴な家に生まれて，阿羅漢になったことに関するアヴァダーナ：カーシャパ仏のもとで出家した比丘プラダーナルチ（ヴィータショーカ）は気前のよい施主に僧伽への供養をさせたり，また自ら塔供養を実践した［428.27-429.4］。【連結２】[37]

❶None ❷None ❸『王経』巻３（T. 2043, l 141b7-144a4),『王伝』巻２（T. 2042, l 106a21-107c27) ❹BURNOUF, *Introduction*, pp. 415-425; STEVENS, *Legends of Indian Buddhism*, pp. 101-120; 定方『アショーカ王伝』pp. 137-159; STRONG, *The Legend of King Aśoka*, pp. 221-234 ❺MUKHOPADHYAYA, *The Aśokāvadāna*, pp. 56-70.

29. **Aśokāvadāna** (CN 429-434; V 279-282): S.

【未来】アショーカ王はブッダの遺跡やまた仏塔に金を布施して供養を捧げ，また死の直前には最後の偉大なる布施を僧伽に対して行い，最後にはアーマラカ果の半分しか彼の手元に残っていなかったが，それさえも僧伽に布施し，これが彼の最後の布施となる。さて時代は下り，彼の子孫プシュヤミトラが王位に就いた時，彼はアショーカが善事を行ってその名を残したのに対抗し，自分は悪事を行ってその名を後世に残そうと決心すると，仏教を破滅させようとクルクタ園に軍を派遣し，僧園を破壊する。その時，学処を受けていた夜叉は仏教を守護するためにプシュヤミトラを殺してしまう。そして彼の死後，マウリヤ王家は断絶した［429.7-434.27］。

❶None ❷None ❸『王経』巻５（T. 2043, l 147c11-149b17),『王伝』巻３（T. 2042, l 110b11-111b26),『雑阿含経』巻25（T. 99, ii 180a7-182a7). Cf.『大荘厳論経』巻５（T. 201, iv 283a26-284c1) ❹BURNOUF, *Introduction*, pp. 426-432; STEVENS, *Legends of Indian Buddhism*, pp. 121-128 [429.8-433.14]; 定方『アショーカ王伝』pp. 160-171; STRONG, *The Legend of King Aśoka*, pp. 286-294 ❺

MUKHOPADHYAYA, *The Aśokāvadāna*, pp. 126–135; 岡本「*Aśokāvadāna* における布施」,「アショーカ王の布施と誓願」.

30. Sudhanakumārāvadāna (CN 435–461; V 283–300): J2.

【現在】導入(38) [435.2–4]。【過去】ブッダが困難を乗り越えて，恋人であるキンナリーのマノーハラーを探し出したことに関するジャータカ（J2）：南パンチャーラの王は北パンチャーラの繁栄ぶりに嫉妬し，北パンチャーラに恵みをもたらしている龍の子ジャンマチトラカ強奪を目論んで蛇使いを派遣するが，その池に猟に来ていた猟師ハラカに助けられる。猟師はそのお礼に何でも捕らえられるアモーガという罠を手に入れた。ある時，北パンチャーラの王ダナに男児が誕生し，スダナと命名された。さて猟師ハラカは蓮池でその罠を使ってキンナリーのマノーハラーを捕まえるが，狩りに来ていたスダナ王子に彼女を与え，彼女の美貌に打たれた王子は彼女を連れて王宮に戻った。父王は邪悪なバラモンに唆され，マノーハラーを殺害しようとするが，彼女はその場から逃げ出し，自分の故郷に戻る。その際，ある仙人に自分の故郷までの道順を伝え，王子が尋ねてきたらそれを教えるように指示する。彼女が逃げたことを知った王子はその仙人に道を聞き，幾多の困難を乗り越えてキンナラの国に行って彼女と再会し，彼女を連れ戻し，王位について祭式を挙行した [435.5–460.28]。【連結】[460.29–461.8]

❶MSV i 123.15–159.16 (GBM 174a[1016]5–180b[1029]10)(39). Cf. AvK 64; BKA 29; Mv. ii 94.15–115.4; Ja 506 ❷1030 Ge 190b5–206b2; 1 Kha 202b5–219a6 ❸『根本説一切有部毘奈耶薬事』巻13–14（T. 1448, xxiv 59b16–64c25). Cf.『六度集経』巻 8（T. 152, iii 44b9–46b4）❹RALSTON, *Tibetan Tales*, pp. 44–74; 岩本『仏教聖典選』pp. 287–334; 奈良『仏弟子と信徒の物語』pp. 71–120 ❺FOUCHER, "Notes d'archéologie bouddhique," pp. 12–18; Padmanabh S. JAINI, "The Story of Sudhana and Manoharā: An Analysis of the Texts and the Borobudur Reliefs," *BSOAS* 29, 1966, pp. 533–558; Dieter SCHLINGLOFF, "Prince Sudhana and the Kinnarī: An Indian Love-story in Ajanta," *Indologica Taurinensia* 1, 1973, pp. 155–167; 田辺和子「Paṇṇāsa-jātaka 中の Sudhana-jātaka

について」『印仏研』28-2, 1980, pp. 58-63,「Paññāsa-jātaka 中の Sudhana-jātaka (I)」『仏教研究』10, 1981, pp. 99-126,「Paññāsa-jātaka 中の Sudhana-jātaka (II)」『仏教研究』13, 1983, pp. 105-121.

31. Sudhanakumārāvadāna (CN 461-469; V 301-306)(40): A.

【現在】シュラーヴァスティーでバラモンを教化した後，ブッダは別の場所で五百人の百姓を教化し，彼らは阿羅漢となる。彼らの連れていた牛も善業を積み，天界に生まれる。続いて次の過去物語への導入となる比丘達の質問[461.11-464.13]。【過去】彼ら五百人が百姓として生まれたことに関するアヴァダーナ：カーシャパ仏のもとで出家した五百人の百姓達は比丘となりながら怠惰に時を過ごし，放逸な生活を送った［464.14-20]。【連結】連結の中で彼らが阿羅漢になった業（彼らがカーシャパ仏のもとで梵行を修したこと）が説かれ，また付加的に牛の過去の悪業（出家しても些細な学処は守らなかった）とその苦果（牛に生まれ変わる)，並びに善業（カーシャパ仏のもとで梵行を修したこととブッダに対して心を清浄にしたこと）と楽果（天子となって真理を知見する）も説かれる［464.21-465.9]。【現在】その後，トーイカーの町に到着したブッダは，そこに埋められている正等覚者カーシャパの遺骨を比丘達に見せると，そこに集まってきていた有情達に仏塔を供養することの福徳を詩頌で賞賛する［465.10-469.18]。

❶MSV i 68.17-79.2 (GBM 159b[987]3-162a[992]8); Divy. 76.10-80.5［465.10-469.16]. Cf. Mv. ii 379.12-395.19; Kv 153.15-17［469.5-6］❷1030 Ge 145b4-151a2; 1 Kha 157a2-162b5 ❸『根本説一切有部毘奈耶薬事』巻12（T. 1448, xxiv 52a19-53c15) ❹None ❺None.

32. Rūpāvatyavadāna (CN 469-481; V 307-313): J2.

【現在】次の本生話への導入［469.21-470.28]。【過去】ブッダの布施に関するジャータカ (J2)：ルーパーヴァティー（ブッダ）が散歩に出掛けると，出産したばかりの女性が空腹のためにその子を食べようとしたので，彼女は自分の両の乳房を刀で切り落として与える。シャクラは彼女を試しにやってくるが，彼女はその時の自分にまったく後悔の念や心の動揺がなかったことに関して真実語をなし，男性として生まれ変わる。そして死後は組合長の息子チャンドラプラバとして生まれ変わるが，そこでも彼は自分の目を鳥に啄ませたり，自分の体を切り刻んで鳥に自らの体を餌として与える。さらにそこから死没すると，今度はバラモンの息子ブラフマプラバとして生まれ変わり，修行するために森で生活するようになる。さてそこには出産したばかりの虎が飢えのために我が子を食べようとしていたので，彼はその雌虎にも自分の体を与えた［470.29-479.16］。【連結】［479.17-481.23］

❶None. Cf. Jm 1; AvK 51, 95 ❷None ❸『銀色女経』（T. 179, iii 450a-452a）;『菩薩本行経』巻上（T. 155, iii 110b21-111a12）;『前世三転経』（T. 178, iii 447c-450a）. Cf.『大宝積経』巻80（T. 310, xi 462b9-10）;『護国尊者所問大乗経』巻2（T. 321, xii 5c29-6a2）［470.29-472.13］;『仏本行経』巻5（T. 193, iv 89b16-21）［476.6-20］;『六度集経』巻1（T. 152, iii 2b8-26）［476.21-479.16］❹None ❺Léon FEER, "Le Bodhisattva et la famille tigres," *JA* 9-14, 1899, pp. 272-303; 石橋「『ディヴィヤ・アヴァダーナ』第32章」; Reiko OHNUMA, *Dehadāna: The 'Gift of the Body' in Indian Buddhist Narrative Literature*, Ph. D. dissertation: The University of Michigan, 1997, "The Gift of the Body and the Gift of Dharma," *History of Religion*, 37-4, 1998, pp. 323-359, "Internal and External Opposition to the Bodhisattva's Gift of his Body," *Journal of Indian Philosophy*, 28-1, 2000, pp. 43-75, "The Story of Rūpāvatī: A Female Past Birth of the Buddha," *Journal of the International Association of Buddhist Studies*, 23-1, 2000, pp. 103-145.

33. Śārdūlakarṇāvadāna (CN 611-655; V 314-425): J2.

【現在】アーナンダがチャンダーラの娘プラクリティに水を乞うたのがきっかけで，彼女はアーナンダに一目惚れしてしまう。彼女は母に頼み，真言を駆使して彼を誘惑しようとするが，その真言はブッダの真言に破られてしまう。なおも執拗につきまとうプラクリティはブッダの計らいで出家し，阿羅漢となる［611.4-619.17］。【過去】プラクリティがアーナンダに恋をしたことに関するジャータカ（J2）：マータンガ王トリシャンク（ブッダ）は王子シャールドゥーラ（アーナンダ）に，バラモンのプシュカラサーリンの娘プラクリティ（プラクリティ）を嫁がせようとするが，身分が違うということでプシュカラサーリンは申し出を断る。トリシャンクは様々な観点から四姓平等を訴え，またヴェーダ等のあらゆる学識を備えていることも示すが，特に天文学に関する知識を披露され，すっかり圧倒されてしまったプシュカラサーリンは，娘のプラクリティをマータンガ王トリシャンクの息子に嫁がせる決心をした［619.18-654.2］。【連結】［654.3-655.9］

❶None. Cf. Ja 497 ❷1027 Ke 242a2-286b5; 358 Aḥ 232b1-277b5 ❸『摩登伽経』（T. 1300, xxi 399c-410b），『舎頭諫太子二十八宿経』（T. 1301, xxi 410b-419c）. Cf.『摩鄧女経』（T. 551, xiv 895a-c），『摩登女解形中六事経』（T. 552, xiv 895c-896b），『雑譬喩経』巻下（T. 205, iv 509a9-27），『大毘婆沙論』巻18（T. 1545, xxvii 90b17-19）［611.4-619.17］;『大毘婆沙論』巻101（T. 1545, xxvii 523c4-25）［619.18-655.9］❹None ❺神林隆浄「摩登伽経の内容に就て」『現代仏教』126, 1935, pp. 25-32; 林屋友次郎『異訳経類の研究』東京：東洋文庫, 1945, pp. 524-543; 善波周「摩登伽經の天文暦数について」『小西・高畠・前田三教授頌寿記念／東洋学論叢』1952, pp. 171-213,「佛典の天文暦法について」『印仏研』4-1, 1956, pp. 18-27; Sujitkumar MUKHOPADHYAYA, *The Śārdūlakarṇāvadāna*, Santiniketan, 1954, “A Critical Study of the Śārdūlakarṇāvadāna,” *Viśvabharati Annals* 12-1, 1967, pp. 1-108; 青山亨「Śārdūlakarṇāvadāna の研究」『印仏研』30-2, 1982, pp. 152-153; 宮坂宥勝「Saptotsada の語義について」『名古屋大学文学部研究論集』93（哲学31），1985, pp. 11-20.

34. Dānādhikāramahāyānasūtra (CN 481-483; V 426): S.

【現在】ここでは「賢者は三十七の様相を以て布施をする」との前置きに続き，その三十七の具体的な布施内容と，その布施の果報とがブッダによって詳細に説かれる［481.26-483.18］。

❶None ❷850 Mu 105b5-106b7; 183 Tsa 95b2-96b6 ❸『布施経』（T. 705, xvi 812c-813b）❹None ❺James R. WARE, “Studies in the Divyāvadāna,” *JAOS*

49, 1929, pp. 40–51; Kalpana UPRETI, "The Rationale of the Mahāyāna Sūtra Dānādhikaraṇa-Mahāyāna-Sūtra in the Hīnayāna Text Divyāvadāna," *Buddhist Studies: The Journal of the Department of Buddhist Studies: University of Delhi* 13, 1989, pp. 89–93.

35. Cūḍāpakṣāvadāna (CN 483-515; V 427-445): J1＋J2＋A＋J1.

【現在】シュラーヴァスティーのバラモンに二人の子供が産まれ，兄はマハーパンタカ，弟はパンタカと命名された。兄はある比丘からブッダの教えを聞き，出家して阿羅漢になる。兄の薦めで弟も出家するが，生来記憶力が鈍かったために一つの詩頌さえも覚えられず，兄は弟を見捨てるが，ブッダの計らいで弟パンタカも阿羅漢となる。ブッダはパンタカに比丘尼の教化を命じると，彼女達は彼に恥をかかせようと大勢の人々を呼び集めるが，そのためにかえってパンタカは大勢の人々を教化できた。続いて次の過去物語への導入となる比丘達の質問［483.21-495.26］。【過去１】比丘尼達はパンタカに悪事をなそうとしたが，かえってそれが好事に転じたことに関するジャータカ（J1）：バラモン（パンタカ）の息子の嫁達（比丘尼達）は，彼が盲目になった途端に悪しく振る舞うようになり，ある時，義父の殺害を目論んで，蛇使いから毒蛇を買ってそのスープを飲ませたが，そのことを察知した蛇使いは毒のある部分を除去して売ったので，そのスープを飲んだ途端に彼の目は見えるようになった［495.27-498.5］。【連結１】連結と次の過去物語への導入となる比丘達の質問［498.6-16］。【過去２】ブッダが僅かな教訓でパンタカを利益したことに関するジャータカ（J2）：息子（パンタカ）が生まれた長者は親友の組合長（ブッダ）に後を託して商売に出掛ける。組合長はその息子に「死んだ鼠でも財を築くもとになる」との教訓を与えたので，彼は傍らの死んだ鼠を拾い上げ，それを猫の飼主に売って豆の種を手に入れ，今度はそれを煎って材木商に与え，それと引き替えに材木を手に入れる。こうして彼は材木商→菓子商→金細工商へと商売を替え，海を渡って航海を成功させ，最後には組合長の娘と結婚［498.17-504.9］。【連結２】連結と次の過去物語への導入となる比丘達の質問［504.10-24］。【過去３】パンタカが記憶力に乏しく，愚者となったことに関するアヴァダーナ：カーシャパ仏のもとで出家した比丘（パンタカ）は三蔵に精通していながら，吝嗇だったので，一つの詩頌すら他の比丘達に教示したことがなかった。その後，彼は屠殺者として沢山の豚を殺した［504.25-505.23］。【連結3】［505.24-29］【現在】パンタカを軽蔑して食事にも招待しなかったジーヴァカだったが，一旦彼の徳を知ると，彼の足元に平伏して許しを乞う。続いて次の過去物語への導入となる比丘達の質問［506.1-509.5］。【過去4】パンタカを軽蔑していたジーヴァカが彼の徳を知った途端，彼に平伏して許しを乞うたことに関するジャータカ（J1）：北路の隊商主（ジーヴァカ）は自分の連れていた雌馬が産んだ子馬（パンタカ）を駄馬と勘違いし，ある陶芸家に渡してしまうが，それが名馬であることを知ったブラフマダッタ王は十万金でその馬を買い取り，王に匹敵するもてなしをしているのを見て，その隊商主は彼の足元に平伏して許しを乞うた［509.6-515.3］。【連結4】［515.4-10］

❶None. Cf. KSS 15.37-16.21［498.17-504.9］; Ja 4; Vin. iv 54.2-55.10; Dhp-a i 239.15-250.16 ❷1032 Ñe 58a3-81b7; 3 Ja 61a4-86b1 ❸『根本説一切有部毘奈耶』巻31-32（T. 1442, xxiii 794c25-803c23）. Cf.『六度集経』巻3（T. 152, iii 13c24-14a25）［498.17-504.15］❹None ❺None.

36. Mākandikāvadāna (CN 515-544; V 446-464): J2＋J2＋A＋A＋A＋A.

【現在】遊行者マーカンディカの娘アヌパマーを妻にできたのにブッダはそれを拒否したので，側にいた老人が彼女を娶ろうとしたが，マーカンディカに拒否されて激怒し，血を吐いて死亡する。続いて次の過去物語への導入となる比丘達の質問［515.13-521.9］。【過去1】ブッダは彼女を手に入れられたのに，そうしなかったことに関するジャータカ（J2）：青年バラモン（ブッダ）は施食を求めてある鍛冶屋（マーカンディカ）の家に入り，娘（アヌパマー）から施食を受けた。鍛冶屋は自分より技術の優れた男にしか娘を嫁がせないと決めていたので，バラモンは娘が欲しい訳ではなかったが，鍛冶屋の自惚れを取り除くために素晴らしい技を彼に見せた。鍛冶屋は娘を嫁がせようとするが，彼はそれを断る［521.10-522.25］。【連結1】連結と，次の過去物語への導入となる比丘達の質問［522.26-523.8］。【過去2】その老人が彼女を手に入れようとして，命を落としたことに関するジャータカ（J2）：航海を成功させた隊商主シンハラ（ブッダ）を追ってタームラ島の羅刹女（アヌパマー）が美しい女に変装し，彼の命を狙いにやってくるが，彼はそれを拒否する。一方，シンハケーサリン王（老人）は彼女を見てすっかり魅了されて彼女を後宮に入れるが，彼女は仲間の羅刹女達も呼び入れて後宮の者達を食べてしまう。［523.9-528.13］。【連結2】［528.14-19］【現在】アヌパマーはウダヤナ王に見初められて后となり，マーカンディカも大臣となる。王は仏教徒であった別の后シャーマーヴァティーを可愛がるので嫉妬し，大臣である父の助けを借りて彼女やその侍女達を王の遠征中に焼死させるが，その中で亀背の奴隷女クブジョーッタラーだけが難を逃れる。その後アヌパマーは地下室に監禁される。続いて次の過去物語への導入となる王の質問［528.20-538.13］。【過去3】シャーマーヴァティーが真理を知見しながら火に焼かれ，クブジョーッタラーだけが難を逃れたことに関するアヴァダーナ：ブラフマダッタ王の第一王妃（シャーマーヴァティー）は遊園に出掛けた時，寒気がしたので，暖をとるため独覚の庵を焼くよう召使（クブジョーッタラー）に命ずるが，独覚が中にいるので彼女の命令を聞かなかった。そこで王妃は自ら庵に火を放つ。彼は神変を現すと，改心した王妃は彼を供養し，誓願を立てる［538.14-539.12］。【連結3】連結と，次の過去物語への導入となる比丘達の質問［539.13-30］。【過去4】クブジョーッタラーが亀背になったことに関するアヴァダーナ：長者サンダーナの娘（クブジョーッタラー）は亀背のポーズを取って，ある独覚の真似をした［540.1-19］。【連結4】連結と，次の過去物語への導入となる比丘達の質問［540.19-23］。【過去5】クブジョーッタラーの記憶力が優れていることに関するアヴァダーナ(41)：長者サンダーナの娘（クブジョーッタラー）は通風で手が震える独覚の鉢を安定させるため，彼に腕輪を布施して誓願を立てた［540.24-541.1］。【連結5】連結に続き，クブジョーッタラーがなぜ女奴隷として生まれたのかという比丘達の質問にブッダは答える(42)。その後，次の過去物語への導入となる比丘達の質問［541.1-10］。【過去6】アヌパマーが食物なしで地下室に監禁されても衰弱しなかったことに関するアヴァダーナ(43)：[541.11-20]。【現在】その後，ウダヤナ王は長者ゴーシラの娘シュリーマティーと結婚する。彼女は仏教に浄信を抱き，ブッダに代わってシャーリプトラが彼女に説法する。その後，律に関する規定が続く[541.20-544.20]。

❶None. Cf. Sn 835-847, Dhp-a i 199.6-228.7, iii 193.3-195.4 [515.13-521.4]; Mv. ii 83.17-89.11, Ja 387 [521.10-523.3]; Ja 196 [523.9-528.19] ❷1032 Te 158b4-188b7; 3 Ña 170a5-202a6 ❸『根本説一切有部毘奈耶』巻47-48(T. 1442, xxiii 886a19-893c10) Cf.『六度集経』巻4（T. 152, iii 19c18-20b5）[523.9-528.19];『仏本行集経』巻13（T. 190, iii 712c26-713c4）[521.10-523.3] ❹None ❺Augustus Frederic Rudolf HOERNLE, "The Sutta Nipata in Sanskrit Version from Eastern Turkestan," *JRAS*, 1916, p. 709-732; Edward Joseph THOMAS, "Note on the Divyāvadāna," *BSOAS* 10-3, 1940, pp. 654-656; WALDSCHMIDT, "Ein Textbeitrag zur Udayana-Legende"; 松村恒「水平化の問題」.

37. Rudrāyaṇāvadāna (CN 544-586; V 465-492): V＋A＋A.

【現在】ビンビサーラ王との交流がきっかけで，ロールカの町を治めていたルドラーヤナ王は仏教徒になり，また后のチャンドラプラバーは出家してから死没すると天女になる。彼女は王のもとに行って出家を勧めると，王は息子のシカンディンに王位を譲り，筆頭大臣のヒルとビルとに息子を任せて出家して比丘となるが，息子は悪大臣に唆され，非法を以て政治をするようになり，最後には刺客を送って父を殺してしまう[544.23-568.6]。【授記】ブッダは微笑を示して，シカンディンが地獄に再生(44)すると予言する[568.7-570.6]。【現在】一度は父親殺しを後悔するが，シカンディンは母や悪大臣の方便で立ち直る。ある時，彼はカーティヤーヤナと道で出会い，彼に砂をかけて埋もれさせてしまうが，その業により，ロールカの町は土の雨で埋もれてしまう。筆頭大臣のヒルとビルとは首尾良くそこから脱出し，カーティヤーヤナも脱出すると，各地を遊行して有情を教化しつつブッダのもとに戻る。その後，次の過去物語への導入となる比丘達の質問[570.6-582.5]。【過去１】ルドラーヤナ王が裕福な家に生まれ，出家して阿羅漢となるも，刀で切り殺されたことに関するアヴァダーナ：ある村の猟師（ルドラーヤナ）は鹿が沢山生息する泉の近くに罠を仕掛けたが，その日は独覚がそこにやってきていたので，一匹の鹿も罠に掛かっていなかった。怒った猟師は矢で独覚の急所を射抜くと，独覚は彼を憐んで神変を示し，それを見て改心した猟師は彼の遺体を供養し，塔を建立して誓願を立てた［582.6-584.2］(45)。【連結１】連結と，次の過去物語への導入となる比丘達の質問［584.3-21］。【過去２】シカンディン，ロールカの人々，カーティヤーヤナ，そしてヒルとビルとがそれぞれの果報を受けたことに関するアヴァダーナ：ある村の長者の娘（シカンディン）は家を掃除しその塵を裏庭に捨てると，それが独覚の頭に落ちたが後悔の念はなかった。さてその日に限って偶然彼女に求婚者があらわれたので，兄（カーティヤーヤナ）から何をしたのかと尋ねられ，独覚に塵を落としたと答えると，彼は笑ってしまった。それからというもの，求婚者を求める者は独覚の頭上に塵を落とせばよいという噂が広まり，女達（ロールカの人々）は仙人達の頭上に塵を落とし始めたが，その村に住んでいた二人の長者（ヒルとビル）に諭されて女達はそれを止めたのである［584.22-585.18］。【連結２】［585.19-586.8］

❶None. Cf. AvK 40 ❷1032 Te 95a7-125a8; 3 Ña 102a7-133a2 ❸『根本説一切有部毘奈耶』巻45-46 (T. 1442, xxiii 873b29-882a13). Cf.『雑宝蔵経』巻10 (T. 203, iv 495a1-496b11) ❹Albert GRÜNWEDEL, *Die Teufel des Avesta und ihre Beziehungen zur Ikonographie des Buddhismus zentral-asiens*, Berlin, 1925, pp. 5-27; NOBEL, *Udrāyaṇa, König von Roruka*, Erster Teil, pp. 49-112 (from Tibetan) ❺FOUCHER, "Notes d'archéologie bouddhique," pp. 23-33; N. R. KROM, *Archaeological Description of Barabudur* I, 1909, pp. 64-68; NOBEL, *Udrāyaṇa, König von Roruka*; 渡辺照宏「Udāyaṇa 王と Rudrāyaṇa 王」『干潟博士古稀記念論集』福岡：干潟博士古稀記念会, 1964, pp. 81-95; WALDSCHMIDT, "Ein Textbeitrag zur Udayana-Legende"; 羽渓了諦「西域に於いて創作された譬喩譚」『羽渓博士米寿記念／佛教論説選集』東京：大東出版社, 1971, pp. 667-679; Georg VON SIMSON, "Die Buddhistische Erzählung von Udrāyaṇa von Roruka und ihr mythologischer Hintergrund," *Indologica Taurinensia* 10,

1982, pp. 199-214.

38. **Maitrakanyakāvadāna** (CN 586-609; V 493-512)[46]
❶None. Cf. Aś 36; AvK 24, 92; Kv 50.12-55.16, 58.3-6; Ja 41, 82, 104, 369, 439; Pv i 10 ❷None ❸None. Cf.『仏本行集経』巻50 (T. 190, iii 884c20-887a24);『六度集経』巻4 (T. 152, iii 21a10-c7);『雑宝蔵経』巻1 (T. 203, iv 450c18-451c8) ❹GRÜNWEDEL, *Alt-Kutscha*, pp. 41-50; Konrad KLAUS, *Das Maitrakanyakāvadāna* (*Divyāvadāna* 38): *Sanskrittext und deutsche Übersetzung* (Indica et Tibetica 2), Bonn, 1983 ❺John BROUGH, "Some Notes on Maitrakanyaka: Divyāvadāna XXXVIII," *BSOAS* 20, 1957, pp. 111-132; Lēon FEER, "Maitrakanyaka-mittavindaka; La piētē filiale," *JA* 7-11, 1878, pp. 360-443.

文献情報に関しては，見落としたものもあるであろうが，大体の資料はこの中に盛り込むことができたと思う[47]。さて，ここでは文献情報を盛り込みながら Divy. に説かれる説話のプロットを分析し，その類型化を試みた。単純にいずれかの範疇に分類することができない話も少なからず存在したが，以上の分類をタイプ別に纏めると，次のようになる（なお数字は延数）。

(1) avadāna (A)　：25話	(4) jātaka (J2)　：11話
(2) vyākaraṇa (V)：11話	(5) itivṛttaka (I)：5話
(3) jātaka (J1)　：3話	(6) sūtra (S)　：5話

このように，Divy. にはアヴァダーナ説話を中心に様々なタイプの話が各説話の中に組み込まれていることが確認できた。各説話の枠組を纏めれば，その構造が明らかになり，説話の接合部分が見えてくる。今後はこれを基に他の関連資料と比較研究することにより，各説話の成立過程を明らかにしていく必要がある。

2　Mv. の内容

Mv. も Divy. と同様にインド仏教を考える上では極めて重要な位置を占めているアヴァダーナ文献であるが，その厖大な分量と比較すれば，充分な研究がなされてきたとは言い難い(48)。分量の膨大さに加え，その内容が多義に亘っていること，その構造が複雑なこと，さらには文献学的問題点等(49)がこの文献に関する研究を遅らせている要因と考えられる。Mv. は自ら大衆部の説出世部の律蔵に属する仏典であることを表明しているので，部派仏教時代の所産と考えられ，その発達した仏陀観ゆえに(50)大乗仏教の興起を考える上では欠かすことのできない資料であるが(51)，これが部派の典籍であるという理由だけで，果たしてその成立を大乗仏教興起以前と見なしうるかは疑問である。このような厖大な資料が短期間で成立したことは常識的に考え難く，かなりの年月を費やして現在我々が手にする形に纏められていったのであろうし(52)，その中には確かに紀元前に遡り得る要素も含んではいるだろうが，しかし説話によっては明らかに六世紀以降の大乗仏典の影響を受けていると考えられる痕跡も残している(53)。資料の成立に関しては，他の仏典との綿密な比較研究が必要不可欠になるが，その前段階として，まず Mv. 自体の構造を明らかにする必要があろう。そこでまず Mv. を構成する説話別に話の内容を要約して紹介し，続いて全体を幾つかのグループに分類して構造上の問題点を指摘し，最後に構造上の問題に関して若干の考察を加えることにしたい。

Mv. は全体としては燃灯仏授記からヴァイシャーリーを訪問して疫病を治すまでの仏伝がベースになり，出来事によってはそれに関連したジャータカを随所に挿入するという体裁を取るが，すでに指摘したように，その配列には混乱が見られ，編年体ではないため，話が不意に変わってしまうことも多々あるし，まったく文脈に不相応な話が突然顔を出すことがある。Mv. の内容に関してはジョーンズの英訳があり(54)，日本では平等通昭が『仏本行集経』と比較しながらその内容を要約して紹介しているが(55)，その中には原典の読みを誤っている箇所や省略している箇所もあるし，またその要約の仕方も一貫性を欠き，第1巻・第2巻と比較すると，第3巻の要約の仕方は極めて冗長である。またその構造に関しては水野弘元の研究があり(56)，歴史的な事跡に照合させて混乱した Mv. の説話の順序を並べ替えているが，これでは Mv. が有する問題点が隠れてしまうので，ここでは文献の構造上の問題点を浮き彫りにするために，混乱した順序のままで各説話の内容をスナールの刊本に従って紹介する。

説話の要約にあたっては可能な限り全体像が把握できるように努めたが，冗長さを避けるため，簡略を旨として必要最小限度の紹介に留めたために，説話によっては話の大筋とは直接関係のない話を省略した。また各説話の見出しに関してはジョーンズの章立てを参照したが，必ずしも一致していない。コロフォンが付されているものに関してはそれを（　）内に示し，その後に［　］でスナールのテキストの巻数・頁数・行数を示した(57)。

序偈 (nidānagāthā) [i 1.2-4.11]　帰敬偈に続き，ブッダが過去世の仏達のもとで四菩薩行（自性行・誓願行・随順行・不退行）を実践したことが説かれる。続いて「中間の言語で〔波羅提木叉を〕誦する，聖なる大衆部の説出世部の律蔵に属する『マハーヴァストゥ』の始まり」という一節に続いて四種の具足戒に言及し，この後でブッダの燃灯仏授記から今生の成道までが極めて簡略に説かれている。

地獄巡回経 (narakaparivartaṃ nāma sūtram) [i 4.12-27.1]　マウドガリヤーヤナの八熱地獄訪問に関連して，それぞれの地獄の苦しみが説かれる。彼はジェータ林に戻り，地獄の有り様を四衆に告げると，多くの有情達は希有法を獲得する。この後，詩頌を以て地獄の有り様が描写され，再び散文で八熱地獄の有り様と，いかなる業の異熟によってその地獄に生まれるかが説明されるが，ここでは極焼熱と熱灰の記述を欠く。最後に無間大地獄の説明。

他趣巡回 [i 27.2-33.17]　マウドガリヤーヤナは畜生・餓鬼・阿修羅の世界に出掛けてその有り様を観察し，ジェータ林に戻ってきてその様子を四衆に告げると，多くの有情達は不死を獲得する。続いて彼は四大王天から浄居天に至るまでを訪問してその素晴らしさを目の当たりにするが，そこから死没した有情が悪趣に生まれ変わるのを見て，天界も無常と変異とを本性とすることを見極める。彼がジェータ林に戻ってそのことを四衆に告げ，梵行の実践を勧めると，多くの有情達は不死を獲得する。

アビヤ物語 (abhiyavastuṃ sānugītam) [i 34.1-45.16]　マウドガリヤーヤナは浄居天に出向くと，浄居天衆の天子は彼を出迎え，彼にアビヤと呼ばれる比丘の話をする。【アビヤの過去物語】過去世においてサルヴァービブー仏に浄信を抱いていた組合長ウッティヤ（浄居天の天子）のもとに比丘ナンダとアビヤ（ブッダ）が近づいたが，ウッティヤの娘はナンダに浄信を抱いていたので，嫉妬心の強いアビヤは腹を立て，二人に関する虚偽の噂を流す。後に自分の愚行を恥じたアビヤはナンダに許しを乞い，またサルヴァービブーのもとで罪を告白するために，自分に浄信を抱いていた二人の香商（シャーリプトラとマウドガリヤーヤナ）から香粉を手に入れ，それで仏を供養すると，将来ブッダになりたいと誓願し，それに対して仏はアビヤに無上正等菩提の記別を授ける。続いて内容反復の詩頌。最後はブッダによるこのジャータカの連結。

多仏経 (bahubuddhasūtram) [i 46.1-54.8]　ブッダがマウドガリヤーヤナに四菩薩行のうち，自性行と誓願行とを説明するが，誓願行を説明する中で，ブッダは自分が過去世において，シャーキャムニ，サミターヴィン，ローコーッタラ，パルヴァタ，ラタネーンドラという五人の仏達のもとでそれぞれ誓願を立てたことを説く。

浄居天訪問 [i 54.9-63.14][58]　マウドガリヤーヤナは浄居天に赴き，そこから戻ると世尊に近づいて菩提がいかに得難いかについて説明を求めると，ブッダは過去世における自分の行を説く。すなわちブッダは過去の無数の生涯において無数の仏達を供養し，そこで梵行を修し，また誓願を立てたことを詳細に説く（仏によってはブッダに記別を授ける)。これも誓願行の一部として説明されており，最後に四菩薩行のうちの最後の二つである随順行と不退行とが説明されているが，ここでは夥しい数の過去仏が列挙される。

十地 [i 63.15-78.10]　冒頭に「十地とディーパンカラ事とを説こう」とあり，これに続いて帰敬偈が説かれる。その後，詩頌によりブッダが般涅槃してからカーシャパが薪に火を付けて荼毘に付されるまでの様子が説かれる。この後カーティヤーヤナがカーシャパに対して十地を説くと，カーシャパはカーティヤーヤナに十地を説明するよう懇願する。

第一地 (prathamā bhūmiḥ) [i 78.11-84.10]　カーティヤーヤナはカーシャパに，初地に住する菩薩達の八つの行いと，また菩薩が初地から第二地に進むことができない六つの理由とを具体的に説明し，正等覚者になろうという心を起こすことの福徳の大きさもあわせて説かれる。続いて不退転の菩薩が立てる誓願の時期はいつか，不退転の菩薩はいかにして堅忍不抜となるのか，さらには不退転の菩薩が最初の心を起こした時にはいかなる希有法が現れるのか，といったカーシャパの質問にカーティヤーヤナは詩頌を以て答える。

第二地 (dvitīyabhūmiḥ) [i 84.11-90.19]　第二地の菩薩が有する二十の意向がそれぞれ説明され，続いて菩薩が第二地から第三地に進むことができない二十八の理由が具体的に説かれる。

第三地 (tṛtīyā bhūmiḥ) [i 91.1-100.12]　カーティヤーヤナは，第二地から第三地に進む菩薩にいかなる心が生じるかをカーシャパに説く。ここでは，ブッダの前生である菩薩が真理を伝える詩頌を獲得するために，自らの命をも喜捨したジャータカが例証として挙げられる。続いて菩薩が第三地から第四地に進むことができない十四の理由が具体的に説かれるが，最後には突如としてナーマデーヴァという三十三天の神が菩薩となり，詩頌を以てブッダを賞賛する話が見られ，また一転してブッダ降誕時の様子が詩頌で説かれる。

第四地 (caturthī bhūmiḥ) [i 101.1-110.13]　カーティヤーヤナはカーシャパに不退転の菩薩が行わない不適切な行を説明し，さらに不退転の菩薩は悪趣に堕ちないことを説く。また第八地以上の菩薩は正等覚者とみなされ，特別な存在であることが強調される。この後，不退転の菩薩の特性が説かれ，最後に菩薩が第四地から第五地に進むことができない七つの理由が具体的に説かれる。

第五地 (paṃcamī bhūmiḥ) [i 110.14-120.16]　カーティヤーヤナはカーシャパに，第五地に住していたブッダが供養した仏とその種姓とを詳細に説明し，ブッダの布施や誓願もあわせて説く。最後に菩薩が第五地から第六地に進むことができない四つの理由が具体的に説かれる。

第六地 (ṣaṣṭhī bhūmiḥ) [i 121.1-127.12]　カーティヤーヤナはカーシャパに，一つの仏国土に二人の正等覚者が出現しない理由を説いた後，今存在する仏国土の名前とそこに住する仏の名前とを記す。最後に菩薩が第五地から第六地に進むことができない二つの理由が具体的に説かれる。

第七地（**saptamā bhūmiḥ**）［i 127.13-136.7］　カーティヤーヤナはカーシャパに不退転の菩薩の行を説くが，ブッダが第七地に住していた時の話として，クシャ王ジャータカ〔ジャタラ王（デーヴァダッタ）がクシャ王（ブッダ）の后であるアプラティマー（ヤショーダラー）を横取りしようとするが，クシャ王はジャタラ王を許す話〕が見られる。この後，同様のジャータカ（自分に悪事を働くデーヴァダッタをブッダが許す話）が四つ説かれる。そして不退転の菩薩の勝れた行状が列挙される。またここで様々な文字の名前が列挙されるが，それは菩薩がもたらしたものであるとされる。最後には不退転の菩薩が第八地に進む時，大悲の心が生じると説かれる。

第八地（**aṣṭamā bhūmiḥ**）［i 136.8-139.3］　カーティヤーヤナはカーシャパに，ブッダが初地から第七地へと進む中で善根を植えてきた二百五十名近い正等覚者達の名前を詳細に列挙する。

第九地（**navamī bhūmiḥ**）［i 139.4-141.17］　第八地に続いて，ブッダが仕えてきた過去仏の名前が列挙され，その数は二百五十名以上にも及ぶ。

第十地（**abhiṣekavatī nāma daśamā bhūmiḥ**）［i 142.1-157.16］(59)　カーティヤーヤナはカーシャパに，第十地を成満したブッダが兜卒天からマーヤーに入胎するまでの様子を説く。また妊娠中のマーヤーの様子，また出産の様子が詩頌を以て描写され，最後にはブッダの出家踰城の様子が詩的に語られる。

諸仏の特性［i 157.17-177.12］　カーティヤーヤナはカーシャパに，正等覚者の有する五眼・十力・十八不共仏法の各項目を説明する。この後，正等覚者達の諸徳が詩頌によって賞賛されるが，この後半は，彼らが行う世俗的なことはすべて世間に随順してのことであることが説かれる(60)。また正等覚者達の言葉が備えている六十の特性が詩頌で説明され，彼らの説法が賞賛され，これに関して過去世でシカラダラという菩薩が正等覚者の説法を賞賛した話が説かれる。最後も正等覚者達の説法が詩頌によって賞賛される。

幻影［i 177.13-193.12］　ブッダは，業果や来世を信じていなかったカリンガの王アバヤの前に，彼の亡き父王の幻影を化作して彼を教導する。また王妃クスマーが両親を毒殺しようとしたので，ブッダは両親を幻影とすり替え，二人の命を救うとともに彼女を改心させ，さらには両親に対して邪悪な心を起こした組合長ドゥルヴァに羅刹の幻影を化作し，彼も改心させる。最後にブッダは罪深い見解を有しているタール王に比丘の化身を送り，彼も見事に教導する。

燃灯仏の歴史 [i 193.13-215.9][61]　遙か昔のアルチマト転輪王の王都ディーパヴァティーが，極楽さながらの描写で説明される。続いて，菩薩ディーパンカラが兜卒天から彼の第一王妃スディーパーに入胎する（この時の説明は基本的にブッダの降兜卒から入胎に準ずる)。また菩薩が胎内にある時の様々な奇瑞が説かれ，それはすべて菩薩の威光によるとされる。

燃灯仏の誕生 [i 215.10-227.18]　続いて菩薩ディーパンカラの誕生時の様子が説かれる（これもブッダの誕生に準ずる)。マヘーシュヴァラ神が誕生した菩薩に謁見し，菩薩が三十二相を具足しているのを見る（以下，三十二相の各項目が列挙)。最後に父王はバラモン達に命名を依頼し，ディーパンカラという名前が付けられる。この後，大きくなった菩薩は後宮での贅沢な暮らしに入るが，後宮の女達に対して嫌悪感を抱く。

燃灯仏の成道 [i 227.18-231.16]　池の中央に車輪ほどの蓮華が現れ，その中で菩薩が結跏趺坐すると，在家的な特徴はすべて消え去り，袈裟衣が現れる。この後，菩薩は初禅から第四禅へと進み，ついには無上正等菩提を正等覚すると，光明が現れ，世間の闇をすべて光で満たす。そして世尊ディーパンカラは八万人の比丘を連れて父の都に戻ってくる。

燃灯仏物語(dīpaṃkaravastu) [i 231.17-248.5][62]　学識を備えた青年僧メーガ（ブッダ）は，少女プラクリティ（ヤショーダラー）から世尊ディーパンカラが王都にやってくると聞き，世尊を供養するために彼女から蓮華を手に入れると，それで世尊を供養し，将来ブッダになろうと決心すると，世尊は彼に記別を与える。直ちに光明が現れ，世間の闇をすべて光で満たす。メーガは世尊のもとで出家したが，友人のメーガダッタはそのことにまったく興味を示さなかった。メーガダッタは五つの無間業を犯し，長時に亘って地獄を遍歴するが，ブッダが今生において悟りを開いた時に怪魚ティミンギラとして生まれ変わり，船員から「ブッダ」という言葉を聞いて死没すると，ダルマルチとして人間に再生し，ついにはブッダのもとで出家して阿羅漢となる。

マンガラ物語（maṃgalasya vastu）［i 248.6-252.19］　世尊ディーパンカラの後に世尊マンガラが世に現れたが，その時にアトゥラというナーガの王であったブッダは彼を供養して誓願を立て，記別を授かる。最後に内容反復の詩頌。

日傘物語［i 253.1-271.18］(63)　夜叉女の産んだ子供達のせいで，ヴァイシャーリーに疫病が流行る。人々は六師外道を招いて疫病を鎮めてもらおうとしたが，一向に治まる気配はない。そこで彼らはブッダを招待することを決める。使者は賢者のトーマラであった。ヴァイシャーリーの人々はガンジス河までを荘厳し，河に船橋を作ってブッダの到来を待ちわびている。その時，信心深かったゴーシュリンギーは自分の飼っていた鸚鵡を対岸のブッダのもとに飛ばし，一足先にブッダを食事に招待する約束を取りつける。船橋を渡っているブッダに対し，大勢の人間や神々がそれぞれ日傘を差し掛けたので，ブッダはその日傘の数だけブッダを化作した。この後，ブッダは比丘ヴァーギーシャに自分と彼が過去世で一緒だった時のことを思い出させ，それを彼は詩頌で説明する。さてブッダがヴァイシャーリーに入ると，疫病は癒える。後にブッダは，自分がゴーシュリンギーに食事の招待を受けていることをヴァイシャーリーの住人達に知らせる。彼らは鸚鵡が人間の言葉を喋ったことを奇異に思うが，ブッダはそれが何等不思議ではないことを説き，これが次のジャータカの導入となる。

三羽の鳥ジャータカ（triśakunīyaṃ nāma jātakam）［i 271.19-283.6］(64)　三羽の鳥が人間の言葉を喋ったことに関するジャータカ：子供のなかったブラフマダッタ王が，その理由を知るために隠棲処に住む聖仙達に会いに行く途中，梟（アーナンダ）・百舌（シャーリプトラ）・鸚鵡（ブッダ）の卵をそれぞれ一つ手に入れる。聖仙達にその卵を大事に孵化させれば息子ができると言われ，そのとおりに実行すると三羽の雛が孵り，人間の言葉を喋るようになる。ブラフマダッタが王の果たすべき義務を尋ねると，梟と鸚鵡とはそれを事細かに説明する。連結の後，菩薩の十自在が詩頌で説かれる。

昔の疫病［i 283.7-290.8］　ブッダがヴァイシャーリーの境界を越えると，非人達が逃げ出したことに関して三つのジャータカが説かれる。(1) カンピッラを統治する王ブラフマダッタ（ビンビサーラ王）の祭官の息子ラクシタ（ブッダ）は，出家して四禅・五神通を獲得した。ある時，カンピッラに疫病が流行ったが，ラクシタが都城に入ると，疫病をもたらした非人達は退散し，有情達に十善業道を教示する。最後に連結。(2) カーシ国王（ビンビサーラ王）の象（ブッダ）は，その福徳ゆえに疫病を癒す力があったが，ミティラーの町で疫病が流行った時，王（将軍シンハ）はあるバラモン（トーマラ）に依頼し，その象をミティラーに連れてくると，疫病をもたらした非人達は退散し，疫病は癒える。最後に連結。(3) アンガ国王の所有する雄牛（ブッダ）はその福徳ゆえに疫病を癒す力があったが，ラージャグリハで疫病が流行った時，王（将軍シンハ）はあるバラモン（トーマラ）に依頼し，その雄牛をラージャグリハに連れてくると，疫病をもたらした非人達は退散し，疫病は癒える。最後に連結(65)。

ヴァイシャーリーでのブッダ [i 290.9-301.2]　ブッダはヴァイシャーリーに到着し，様々な真実語によって厄払いをする。ゴーシュリンギーはブッダに食事を供養してサーラ樹の森を布施すると，ヴァイシャーリーのリッチャヴィ族の人達もブッダをもてなし，園林を布施し，続いてチャーパーラ霊廟を初めとする六つの霊廟を僧伽に布施する。最後にアームラパーリーがマンゴー園を，バーリカーがバーリカーチャヴィー園を布施したことが説かれる。

マーリニー物語（mālinīye vastu） [i 301.3-317.3]　乞食しても施食が手には入らなかった独覚を哀れみ，庄屋は娘と共に彼に施食を布施した。後に般涅槃した独覚のために庄屋は塔を建立し，娘はその塔を供養したが，その善業のために彼女はクリキン王の娘マーリニーとして生まれ変わった（この後，内容反復の詩頌）。彼女は世尊カーシャパを食事に招待する。それまで招待を受けていたバラモン達は嫉妬してマーリニー殺害を計画し，娘を見捨てなければ暴動を起こすと王を脅したので，娘の身柄はバラモン達に委ねられる。死刑執行まで七日間の猶予を得た彼女はカーシャパを供養し，その間カーシャパは宮廷の人々を次々と教導したので，彼らは彼女の死刑を阻止する行動に出た。仕方なくバラモン達はカーシャパに刺客を送るが，彼らも次々とカーシャパに教導される。ついにバラモン達は自らカーシャパを殺害しようとするが，大地の神に追い払われる。

ジョーティパーラ経（jyotipālasūtram）［i 317.4-335.8］　【現在物語】ある時，世尊がコーサラ国のマーラカランダの町で散歩している時に微笑を現し，その意味をアーナンダが尋ねると，そこは過去仏のクラクッチャンダ，カナカムニ，カーシャパの活躍した地であるとブッダは答え，その町に関する過去物語を説いて聞かせる。【過去物語】カーシャパ仏の時代，その町の陶師ガティカーラは彼の侍者であった。陶師は仏教に関心を示さなかった友人の青年僧ジョーティパーラ（ブッダ）を，やっとの思いでカーシャパ仏のもとに連れていくと，青年僧は仏教に帰依して出家する。ある時クリキン王は仏を食事に招待し，コーカナダという楼閣を布施する。王は自分の都城内で雨安居を過ごすよう仏に願い出るが，仏は王が自分にとって完全な侍者ではないことを理由にその申し出を断り，ガティカーラこそが完全な侍者であると王に告げて彼の所行を賞賛する。その頃，ジョーティパーラは隠棲処に独座し，将来ブッダになりたいという心を起こすと，仏は彼に記別を授ける。その声は神々によって梵衆天にまで届く。この後，仏は上空に舞い上がって比丘達に説法する。最後に連結。

ジョーティパーラの授記（jyotipālasya vyākaraṇam）［i 335.9-338.12］　ジョーティパーラはカーシャパ仏に粥を作り，粉香で供養し，黄金の座と一対の衣を布施して将来ブッダになりたいという誓願を立てると，仏は彼に無上正等菩提の記別を授ける。最後にはブッダが過去の多くの仏達のもとで修行したことが詩頌で説かれる。

コーリヤ族の起源（koliyānām utpatti）［i 338.13-355.14］　世間が生成されると，世間消滅の際に光音天に避難していた有情が再びこの世に現れて様々な食物を口にし，最後には米を収穫するようになるが，公平な米の分配を巡って王という存在が誕生することになる。最初の王はマハーサンマタで，ここからカルヤーナ，ラヴァ，ウポーシャタ，マーンダータ，スジャータと相続する。さてスジャータには五人の王子と五人の王女がおり，さらに妾の子ジェーンタがいたが，王は妾に唆され，五人の王子を追放し，妾の子を王子にしてしまう。追放された王子と王女達は聖仙カピラの隠棲処近くの森に行き，それぞれ兄妹同士で結婚する。彼らは聖仙に許可を得てそこに都城を造営する（これが後のカピラヴァストゥ）。さて五王子のうちで最年長のオープラ王子が王位に就き，そこから数代下ったシンハハヌ王には息子四人と娘一人がいたが，その長子がシュッドーダナである。さてある時，シャーキャ族の長老の娘は病気治癒のためにヒマラヤ山麓に連れてこられたが，それが縁で聖仙コーラと知り合って性交し，十六組の双子を産むが，彼らは母に自分の故郷であるカピラヴァストゥに行くよう勧められ，そこに行くと温かく迎えられる。彼らはコーラから生まれたので，コーリヤと呼ばれた。

鹿野苑の歴史［i 355.15-366.11］　シュッドーダナ王はスブーティの七人の娘をすべてカピラヴァストゥに迎え入れ，マーヤーとプラジャーパティーとを後宮に入れると，後の五人を兄弟に与えた。次に突然，犀角偈（khaḍgaviṣāṇagāthā）が説かれて，リシパタナの由来が説明され，また一転して鹿のジャータカが説かれる。鹿王ニャグローダは妊娠した雌鹿の命を救うために自ら彼女の身代わりになってブラフマダッタ王の生け贄となるが，そのことを知った王は心を打たれ，鹿達の安全を保障する。連結なし。

ゴータマ降誕［ii 1.2-30.6］　菩薩が生まれる家に備わる六十の徳目が列挙される。菩薩はマーヤーこそ自分の母に相応しいと知り，彼女に入胎する。菩薩の入胎によるマーヤーの様々な奇瑞が説明され，さらにはルンビニー園での出産の様子が描写され，またその時の奇瑞もあわせて説かれる。父王のもとに連れてこられた菩薩を，マヘーシュヴァラ神が拝見しにやってくる。続いて三十二相が列挙される。

アシタ仙の占相［ii 30.7-45.3］　菩薩の誕生を知って駆けつけた聖仙アシタは，菩薩を見て涙を流す。自分は老齢で，彼がブッダになるのを見ることができないからであった。以下，菩薩誕生からアシタの予言までが詩頌を以て説かれ，最後に三十二相と八十種好とが列挙される。

青年期のゴータマ［ii 45.4-48.8］　菩薩は父王に連れられて遊園を逍遥している時，ある少年が鋤を引いて蛇と蛙とを掘り起こし，蛇を捨ててしまったが，蛙は食用に拾い上げたのを見て，大きな衝撃を受け，解脱の獲得を決意して初禅に入ると，閻浮樹の影は太陽が傾いても菩薩を離れなかった。それを見た父王は，アシタの予言が実現するのを恐れ，世俗の楽を享受させるために菩薩を後宮に入れ，妻を娶らせようとする。その時，ヤショーダラーは恥じらいながら菩薩に近づく。

吝嗇家ジャータカ(mamjarījātakam) [ii 48.8-64.7][66]　ヤショーダラーが恥じらいながら菩薩に近づいたことに関するジャータカ：バラモンのナーラダ（ブッダ）は修行して四禅・五神通を獲得したが，吝嗇家であった。彼の親戚の一人は死後に神となり，シャクラと共にナーラダのもとに行って布施の徳を説くと，ナーラダは改心する。後にシャクラの四人の娘がナーラダのもとで甘露を求めるが，一人の娘フリー（ヤショーダラー）だけがナーラダに気に入られて甘露を獲得し，恥じらいながら彼に近づく。最後に連結。

蜥蜴ジャータカ(śrīgodhājātakam) [ii 64.8-67.14][67]　ヤショーダラーが菩薩の高価な贈物に満足しなかったことに関するジャータカ：スプラバ王に追放された息子のステージャス（ブッダ）は，妻（ヤショーダラー）と共に森に住むようになった。ある日，王子は猫がもたらした蜥蜴を一人で食べてしまい，妻はそれに腹を立てる。後に父王が亡くなり，王位に就いた彼は妻に高価な贈物をするが，妻は蜥蜴の件を根に持ち，それに満足しなかった。最後に連結。

首飾の布施ジャータカ(śrīyaśodharāye hārapradānajātakam) [ii 67.15-68.19]　菩薩がヤショーダラーにだけ多くのものを与えたことに関するジャータカ：ヴァーラーナシーの王（ブッダ）は，第一王妃（ヤショーダラー）にとりわけ沢山のものを与えていた。最後に連結。

雌虎ジャータカ(śrīyaśodharāye vyāghrībhūtāye jātakam) [ii 68.20-72.15][68]　菩薩が出家した後，デーヴァダッタとスンダラナンダがヤショーダラーに求婚したが，彼女は菩薩だけを望んでいたことに関するジャータカ：ヒマラヤ山麓に住んでいた四足動物達は，山頂に一番早く登ったものを王に選ぼうとした。結果は雌虎（ヤショーダラー）が一番だったので，彼女が夫に選ぶものを王にすることになった。牛（スンダラナンダ）や象（デーヴァダッタ）が彼女に言い寄るが，彼女は獅子（ブッダ）を夫に選ぶ。最後に連結。

武勇に秀でたゴータマ [ii 72.16-76.16]　菩薩がヤショーダラーに好意を持っているのを知って，父王は彼女を息子に嫁がせたいと彼女の父マハーナーマンに申し出るが，彼は菩薩がひ弱であるとして申し出を断る。これを知った菩薩は自らの力を示すことにする。すなわちデーヴァダッタは平手打ちで象を殺し，スンダラナンダはその象を七歩分引っ張ったが，菩薩はその象を七重に巡らされた城壁の外へと運んで見せた。また弓矢でも菩薩は誰も引くことのできなかった祖父シンハハヌの弓を握ると，七本のターラ樹を一本の矢で射抜き，二人よりも卓越した力を発揮する。

ダルマパーラ・ジャータカ（śrīdharmapālasya jātakam）［ii 76.17-82.3］　久しく失われていたシャーキャ族の拳（祖父シンハハヌの弓を握ったこと）をブッダが知らしめたことに関するジャータカ：ブラフマダッタ王の祭官ブラフマーユス（ブッダ）にはダルマパーラ（ラーフラ）という息子がいたが，祭官は息子をある隠棲処に住むバラモンに預けた。ある時，その隠棲処近くの湖でダルマパーラそっくりの子供が羅刹に殺される。そのバラモンはダルマパーラが死んだと思い，死体を荼毘に付して遺骨を父のもとに届けるが，自分達の家系は善を実践しているので，若死にする者はおらず，その遺骨は息子のものではないと言う。戻ってみると，ダルマパーラは隠棲処にいた。最後に連結。

放矢ジャータカ（śrīśarakṣepaṇaṃ jātakam）［ii 82.4-83.12］　菩薩が誰よりも遠くに矢を放ったことに関するジャータカ：ヴァーラーナシーの王（ブッダ）は弟に本国を任せ，自分はタクシャシラーに住していると，敵国の王がヴァーラーナシーを包囲し，弟は兄王に使者を送って国情を告げる。王はタクシャシラーからヴァーラーナシーに矢を放ち，敵国の王は驚いて退散する。最後に連結。

アマラー・ジャータカ（amarāye karmāradhītāye jātakam）［ii 83.13-89.11］　菩薩が技術を以てヤショーダラーを手に入れたことに関するジャータカ：知恵者マハウシャダ（ブッダ）は鍛冶屋の娘アマラーの両親に彼女との結婚を願い出る。彼女の父（マハーナーマン）は鍛冶屋の男でなければ娘は嫁がせないと言うので，彼は持ち前の技術で素晴らしい針を作り，彼女の父を納得させる。最後に連結。

シリ・ジャータカ（śrīśirijātakam）［ii 89.12-94.14］(69)　ブッダが精進を以てヤ

ショーダラーを獲得したことに関するジャータカ：ヴァーラヴァーリ在住のバラモンの代理として海外の犠牲祭に参加した青年僧（ブッダ）は，そこで沢山の宝石を貰い受けて帰ってきたが，その宝石を海に落とし，それを取り戻すために偉大な精進力を以て海の水をすべて掻き出そうとする。それを見かねた女神は彼のためにその宝石を海底から拾い上げ，彼に手渡す。最後に連結。

キンナリー・ジャータカ（**śrīkinnarījātakam**）[ii 94.15-115.5][70]　菩薩が大変な苦労の末にヤショーダラーを獲得したことに関するジャータカ：隣国の王スチャンドリマから犠牲祭への招待を受けたハスティナープラのスバーフ王（シュッドーダナ）は，王子のスダヌ（ブッダ）を派遣するが，彼はそこで犠牲獣として捕らえられていたキンナリーのマノーハラーに一目惚れし，隣国の王に十善業道を説いて犠牲祭を止めさせ，彼女と共に自国に戻ったが，王子は彼女に夢中で仕事をしなかったので，父王は王子に内緒で彼女を追い出してしまう。彼女は王子が自分を捜してくれることを期待して，様々な手がかりを残しながら故郷に帰る。それを知った王子は彼女を求めてヒマラヤに分け入り，彼女の残した手がかりを辿りながら，大変な困難を伴ってキンナラ王ドゥルマ（マハーナーマン）の都城に到着し，そこで二人は再会する。しばらくそこで時を過ごすと，再び二人はハスティナープラに戻り，人々の歓迎を受ける。最後に連結。

宮殿の生活から成道まで [ii 115.6-133.13][71]　ブッダ自身が自分の幼少期の贅沢な暮らしを回想して弟子達に聞かせる。「ある時，私は出家を思い立ち，アーラーダ仙やウドラカ仙に師事して非想非非想処等を修したが，それは苦の滅に役立たないと知り，新たな師を求めてガヤーシールシャ山に行った。そこに住していた私に三つの比喩が閃き，ナイランジャナーの川岸に行くと，そこで過酷な苦行（呼吸を止める行や減食・断食）に打ち込んだ。しかし苦行もまたその道にあらずと知り，かつて修したことのある静慮こそ悟りの道であるという思いに至る。そう決心した私はしっかりした食事を取り，村娘スジャーターから乳粥を受け取ると，初禅から第四禅へと進み，天眼通・宿命通を獲得し，ついには無上正等菩提を正等覚した」と。

浄飯王の五大夢（**śuddhodanasya paṃca mahāsvapnā**）［ii 133.14-140.1］(72) シュッドーダナは珠宝の網で覆われた最上の象の夢を見，プラジャーパティーは高貴な牛の夢を見，またヤショーダラーは稲妻を伴った雲が三界に雨を降らせる夢を見た。ブッダも五つの夢を見る。すなわち，(1) スメール山を枕にして寝ている夢，(2) クシリカー草がブッダの臍から芽を出して天に届く夢，(3) 体が赤く頭が黒い生物がブッダの足の裏から膝までを覆う夢，(4) 四羽の鷲が四方から飛んできてブッダの足にキスをすると，足の裏が真っ白になった夢，(5) 糞の山を経行しても足の裏が汚れなかった夢である。そして最後にその夢の果報が説かれる。

偉大なる出家［ii 140.2-166.14］　出家を決意した菩薩を父王は引き止めようとするが，永遠の若さ・健康・生命が手に入らない限り出家を諦めないと言う。父王は世俗の快楽を菩薩に満喫させて出家の阻止を試みるが，菩薩の心は翻らない。この後，四門出遊の挿話に続き，神々はブッダを激励して出家を勧める。ラーフラが母の胎内に入った夜，菩薩は後宮の女達の醜態を目にすると，嫌悪感を抱いて出家を決意し，チャンダカに命じて馬のカンタカを連れてこさせ，それに乗ると城から出ていった。菩薩はアノーミヤという地方でチャンダカに自分の持ち物を手渡し，刀で自分の髪を切り落とした。

シュヤーマー・ジャータカ（**śyāmāye jātakam**）［ii 166.14-177.3］　菩薩がヤショーダラーに未練を残さずに出ていったことに関するジャータカ：タクシャシラーの隊商主ヴァジュラセーナ（ブッダ）はヴァーラーナシーに商売に行く途中，泥棒に襲われ，おまけに濡れ衣を着せられて王に捕らえられ，死刑場に連行される途中，遊女シュヤーマー（ヤショーダラー）に見初められる。彼女は一計を案じて彼とそっくりの男を身代わりにし，隊商主を救うが，後に彼女の非行を知った彼は彼女を恐れ，遊園に出掛けた時に彼女に酒を飲ませ，水中に沈めて気絶させると逃げ去った。後に蘇生した彼女は，タクシャシラーからやってきた役者達にヴァジュラセーナの安否を尋ねるように依頼する。彼らがヴァジュラセーナに彼女のことを話すと，彼はさらに遠いところに逃げる決心をした。最後に連結。

チャンパカ・ジャータカ（**śrīcampakanāgarājasya jātakam**）［ii 177.4-188.

22][73] ヤショーダラーがブッダを助けたことに関するジャータカ：ヴァーラーナシーの龍王チャンパカ（ブッダ）は斎日に四つ辻で斎戒を実践していたが，捕蛇人に捕らえられてしまう。龍王の第一王妃（ヤショーダラー）が国王ウグラセーナに夫の徳を説き，夫の救出を願い出ると，王は捕蛇人に金を与え，龍王を救出する。龍王はお礼に国王を龍宮に招待し，国王の宮殿を守護した。後半は韻文で散文の内容が反復される。最後に連結。

出家後のゴータマ [ii 189.1-209.3] アノーミヤで菩薩と別れたチャンダカとカンタカは宮殿に戻るが，菩薩との別離を悲しんだカンタカは食事も喉を通らず，死して三十三天に再生する。この後マウドガリヤーヤナが天界を遊行して天子カンタカを見つけ，両者の会話が詩頌で説かれる[74]。さて菩薩はヴァシシュタ仙の隠棲処を訪ね，両者の会話が詩頌で説かれる。次に菩薩はアーラーダ仙とウドラカ仙とを訪ねるが，いずれも解脱の道にあらずと知り，両者のもとから去る。出家から苦行までの様子，スジャーターの乳粥の布施までが詩頌で説かれ，最後には菩薩が彼女に対して独覚の記別を与える[75]。シュッドーダナ王は使者を送り，息子の様子を報告させたが，苦行の末に菩薩は死んだと聞かされても，父王はそれを信じなかった。使者がそこに戻ってみると，確かに菩薩は死んでいなかった。

シュヤーマカ・ジャータカ（śyāmakajātakam） [ii 209.3-231.6] 息子の死を告げられてもシュッドーダナ王はそれを信じなかったことに関するジャータカ：あるバラモン（シュッドーダナ）は妻（マーヤー）と共に隠棲し，シュヤーマカ（ブッダ）という子を儲ける。親孝行な彼は老齢の両親によく仕えていたが，ある時，森で狩りをしていたペーリヤクシャ王は誤ってシュヤーマカを矢で射てしまう。彼は年老いた両親の世話を王に託すと死んでしまい，王は両親に自分の非を詫びたが，そのバラモンは真実語で死んだはずのシュヤーマカを蘇らせた。連結に続き，韻文で散文の内容が反復される。

苦行者ゴータマ [ii 231.7-234.7] 菩薩は減食・断食の行に専心するが，その報告を聞いたヤショーダラーは自分も粗末な食事をし，粗末な衣装を身に纏い，粗末な寝床で寝ることを決意する。話は転じ，シュッドーダナ王がブッダのもとに遣わしたチャンダカとカーローダインとが，ブッダによって出家する挿話が見られる。

シリプラバ・ジャータカ（śiriprabhasya mṛgarājasya jātakam）［ii 234.8-237.16］　ヤショーダラーがブッダに対して献身的であったことに関するジャータカ：鹿王シリプラバ（ブッダ）は猟師（アーナンダ）の罠にかかり，他の鹿達は逃げ出してしまったが，彼の第一王妃（ヤショーダラー）だけは彼を見捨てず，猟師がやってきても，彼女は動ずることなく自らの命を犠牲にしてまで王を守ろうとしたので，猟師は感心し，その鹿王を解放した。最後に連結。

マーラの誘惑［ii 237.17-240.17］　ウルヴィルヴァー郊外の苦行林で苦行を実践していた菩薩にマーラが近づき，苦行を止めるように誘惑する。両者のやりとりは詩頌で説かれている。

鳥ジャータカ（śakuntakajātakam）［ii 240.18-243.20］　菩薩が贅沢な食物を取ったことに五人の苦行者達は愛想を尽かす。またマーラも菩薩を誘惑できないことを知って退散した。一転して菩薩が解脱を目的として苦行を実践したことに関するジャータカ：捕鳥者（マーラ）は鳥を捕まえ，丸々と太らせてはその肉を売りさばいていた。捕鳥者に捕らえられた賢い鳥（ブッダ）はそれに気づくと，必要最小限度の餌しか取らなかったので，痩せ細っていった。こうして最後には病気の振りをして捕鳥者を欺き，そこから脱出した。最後に連結。

亀ジャータカ（kacchapajātakam）［ii 244.1-245.16］　菩薩がマーラの手に落ちた時，優れた覚知によって脱出したことに関するジャータカ：花環職人（マーラ）は亀（ブッダ）を見つけて持ち帰って花籠籠に入れたが，その亀は自分の身体についた泥が美しい花を汚すから，自分を水で洗うよう花環職人に求める。彼は同意して亀を川岸に連れていくと，亀は巧みに彼の手から滑り落ちて難を逃れた。最後に連結。

猿ジャータカ（markaṭajātakam）［ii 245.17-250.13］　菩薩がマーラの領域から逃れたことに関するジャータカ：森に住んでいた猿（ブッダ）とその近くの海辺に住んでいた鰐（マーラ）とは友人であったが，鰐の妻は猿に嫉妬し，猿の心臓を食べたいと言い出す。鰐は対岸に美味しい果物があると偽って猿を海中に誘い出し，事の真相を告げると，猿は心臓を無花果の木にぶら下げてきたから引き返すようにと言う。愚かな鰐を欺いて海岸に戻った猿は，見事に難を逃れた。最後に連結。

鳥ジャータカ（śakuntakajātakam）［ii 250.14-255.6］　マーラが菩薩に取り憑くことに失敗して退散したことに関するジャータカ：森に一羽の賢い鳥（ブッダ）が住んでおり，他の鳥達を外敵から守っていた。ある時，捕鳥人（マーラ）が森に様々な罠を仕掛けて鳥を捕まえようとしたが，賢い鳥の知恵に翻弄され，ついには嫌気がさして立ち去った。最後に連結。

スルーパ・ジャータカ（surūpasya mṛgarājño jātakam）［ii 255.7-257.5］(76)　見事に説かれた言葉のために，菩薩は自らの血や肉をも犠牲にしたことに関するジャータカ：猟師に変装したシャクラはヒマラヤ山麓に住む鹿(ブッダ)の前に現れ，自らの血や肉を犠牲にすれば，見事に説かれた詩頌を聞かせてやると言う。喜んだ鹿は自らの命を犠牲にして猟師からそれを聞く。最後に連結。

観察経〔前半〕(avalokitaṃ nāma sūtram)［ii 257.6-270.19］　天子ナンダの願いでブッダはこの経を説く(以下,語り手はブッダ)。まず最初に浄居天の神々が獲得する十八法が説かれ，次に菩薩が身口意の三業に関する安定性を獲得する前と後とでの相違点が比較される。また菩薩がその安定性を獲得できる場所の十六の特質が列挙される。さて龍王カーラは苦行を修していた菩薩に過去仏と同じ道を歩むことを勧めると，菩薩もそれに同意し，悟りを開くことを宣言する。不愉快なマーラは十種の嘲笑（各項目の列挙）を以て菩薩を嘲笑したが，菩薩は十四の様相（各項目の列挙）を以てマーラに叫んだ。

アナンガナ・アヴァダーナ［ii 271.1-276.15］(77)　長者ジョーティシュカ(78)が出家して煩悩を滅したことに関するアヴァダーナ：ヴァンドゥマ王は，長者アナンガナと交代でヴィパッシン仏を食事に招待することにしたが，長者の財力に嫉妬した王は長者が料理できないように薪の売買を禁止する。長者は落胆したが，そこにシャクラが現れて彼の手助けをする。長者は仏を手厚く供養した後，誓願を立てた。その誓願の成就したことが連結で説かれる。

観察経〔後半〕［ii 276.16-293.15］　するとマーラは十六の様相（各項目の列

挙）を備えた悲痛な叫び声をあげた。以下，菩薩の三十二種の聖者の誇り・五種の微笑・四種の観察・四種の欠伸・四種の咳払が各自説明される。この後，菩薩が右手で地面を打つと，マーラの軍勢は崩壊し，菩薩は初禅から第四禅へと進み，中夜には宿住を随念し，十二因縁によって悟りを開く。一週間の間，神々が様々な仕方でブッダを供養するが，浄居天の神々がマーラに面と向かい，八十の様相（各項目の列挙）を以て叫び，マーラを侮辱する。

観察経〔付録〕(avalokitaṃ nāma sūtraṃ mahāvastusya parivāram) [ii 293.16-397.7]　ブッダは比丘ヴィシュッダマティの要請に応えてこの経を説く。まず菩薩の白象降下から，出家して菩提樹の根元に向かうまでが詩頌で，またその時の奇瑞の様子が散文で説かれ，龍王カーラは詩頌で菩提樹に向かう菩薩を賛嘆する。菩薩が近づいた菩提樹やその下の獅子座に対して神々は様々な思いを抱いた様子が散文で説かれる。再び詩頌で，神々が菩提樹を飾り付けたこと，マーラが菩薩を誘惑したこと，菩薩がそれに屈しなかったこと，マーラの子供達が父の敗北を予言したこと，そして十二因縁による悟りまでが説明される。成道後の世間の奇瑞の様子が様々に説かれ，また未来仏を供養することなど，有情に喜びが生じる種々の善行が列挙される。過去世で菩薩が具足した四法が散文で説かれた後，再び詩頌で戒の功徳がブッダによって賞賛される。如来を供養することの功徳が散文で賞賛され，続いて韻文で如来の供養や仏塔供養の功徳を賞賛すると同時に，そうしなかった者の悲惨な状況が説明され，続いて法を護持することの功徳，再び塔供養の功徳が詳細に説明される。

マーラの最後 [ii 397.8-419.15]　龍王カーラは，ナイランジャナー川に近づく菩薩がもうすぐブッダになることを予言し（詩頌），菩薩に過去仏と同じ道を歩むことを勧め（散文），またそのときの菩薩を詩頌で賞賛した。これに対し，菩薩も自分がブッダになることを龍王に告げると，龍王は姿を消す。後にマーラが近づき，菩薩は彼を言葉で牽制すると（詩頌），マーラは菩薩への戦いを決意するが，マーラの息子は父にその無益さを説く。それでもマーラは菩薩に攻撃を仕掛けたが，菩薩の咳払いで彼の軍勢は退散してしまう。マーラは軍を補強して再攻撃に出たが，菩薩が右手で大地を叩くと，マーラの軍勢はすっかり崩壊してしまった。この後，菩薩は悟りを開き，感興の言葉を発した。続いてブッダが比丘達に解脱に関する説法をし，最後には成道後のブッダの生活と教化の様子や時の過ごし方が簡略に説かれている。

クシャ・ジャータカ〔前半〕(kuśajātakam) [ii 419.16-496.18] 菩薩が咳払いだけでマーラの軍勢を退散させたことに関するジャータカ：黍の茎から生まれたイクシュヴァーク王には息子がなかった。天王シャクラは老い耄れたバラモンに変装して王に謁見し，王妃アーリンダーを求め，王の許可を得て嫌がる王妃を無理矢理連れ出し，自分の世話をさせる。後に本当の姿を現したシャクラは，その褒美として息子が生まれる丸薬を彼女に与えるが，その世話が充分でなかったから，生まれてくる子供は醜くなると告げる。醜い息子の誕生を望まなかった王は四百九十九人の王妃達にはその丸薬を与え，アーリンダーには与えなかったが，彼女も隠れてそれを服用し，五百人の息子が生まれたが，案の定アーリンダーの産んだ子クシャ（ブッダ）だけは醜かった。王は自分の跡継ぎを選定すべく様々なテストを試みたが，クシャだけがすべてに合格したので王位を継承する。王になったクシャは母に頼んでマヘーンドラカ王（マハーナーマン）の娘スダルシャナー（ヤショーダラー）を妻に迎えることになったが，母はスダルシャナーが息子の醜い顔を見ないで済むような手段を色々と講じた。しかし，王宮で起こった火事がきっかけでクシャ王の顔を見てしまった彼女は愕然とし，姑は諦めて彼女を実家に帰した。それを知ったクシャは弟に王位を譲り，彼女の後を追う。クシャは様々な技芸を駆使して見事な花環や陶器等を作り，自分の名前を刻んで彼女に送ったが，彼女はそれがクシャの作であることを知ると無視した。最後に彼は料理の腕前を披露してマヘーンドラカ王の厨房に出入りすることを許され，ついに彼女と再会するが，まだ彼女はクシャを拒み続ける。その時，隣国のドゥルマティ（マーラ）を始めとする七人の王が軍隊を率い，スダルシャナーを求めてマヘーンドラカ王を脅迫するが，クシャが王門の外で獅子吼をすると，その軍隊は退散し，七人の王を生け捕りにした。難を逃れた王は娘を再びクシャに委ね，今度ばかりはスダルシャナーも納得した。クシャは彼女を連れて自国に帰る途中，遊園の池の水面に映った自分の顔を見て悲観し自殺を図るが，それを憐れんだシャクラは，それを身につければ男前になるという宝石を与え，これによって彼は醜い顔から解放された。最後に連結。

クシャ・ジャータカ〔後半〕［iii 1.1-27.21］[79]　同内容のジャータカが詩頌を中心に反復して説かれる。最後には，クシャ王が醜い姿で生まれたアヴァダーナ[80]がある。パンチャーラ地方にある夫婦（クシャとスダルシャナー）が住んでいたが，妻が独覚に食事を布施したことに怒った夫は妻を罵倒した。この業の異熟としてクシャ王は醜い姿で生まれたことが連結で説かれる。

雄牛ジャータカ（vṛṣabhajātakam）［iii 28.1-29.4］　マーラが菩薩に取り憑こうとしたが，ついには嫌気がさし，退散したことに関するジャータカ：睾丸の垂れ下がった牛王（ブッダ）の後ろには，常にジャッカルのギリカ（マーラ）が付き従った。睾丸が落ちてきたら食べようと考えたからである。しかしそれが落ちないことを知ると，ジャッカルは諦めて退散した。最後に連結。

猿ジャータカ（vānarajātakam）［iii 29.5-30.16］　マーラが菩薩に取り憑くことができなかったことに関するジャータカ：猿達は池に水を飲みに行っては羅刹（マーラ）に引きずり込まれていたが，そのことを知った猿の頭（ブッダ）は，葦をストロー代わりに使って水を飲むように指示したので，羅刹は猿を引きずり込むことができなくなった。最後に連結。

猿ジャータカ（vānarajātakam）［iii 31.1-33.7］　菩薩が智恵を使ってマーラの領域を首尾良く超越したことに関するジャータカ：猿の頭（ブッダ）は水を飲もうとして誤って池に落ち，大蛇（マーラ）の餌食になりかけたが，蛇の頭を踏み台にして，首尾良く陸地に生還した。最後に連結。

プンヤヴァンタ・ジャータカ（puṇyavantajātakam）［iii 33.8-41.12］[81]　ブッダが福徳を賞賛したことに関するジャータカ：ヴァーラーナシーのアンジャカ王の息子プンヤヴァンタ（ブッダ）と王の四人の大臣の息子，すなわち精進に長けたヴィールヤヴァンタ（シュローナコーティヴィンシャ），技芸に長けたシルパヴァンタ（ラーシュトラパーラ），容姿に長けたルーパヴァンタ（スンダラナンダ），そして智恵に長けたプラジュニャーヴァンタ（シャーリプトラ）と，カンピッラの都城で誰が一番優れているか勝負する。各自自分の長所を生かして偉業を披露するが，最後に福徳の賞賛に長けたプンヤヴァンタは，その実直さでカンピッラの王に気に入られ，王位と王女とを手に入れると，福徳を賞賛する。最後に連結。

ヴィジターヴィン・ジャータカ（**vijitāvisya vaideharājño jātakam**）[iii 41.13-47.9] ブッダが福徳を賞賛したことに関するジャータカ(82)：ミティラーの王ヴィジターヴィン（ブッダ）は何でも布施し，施物が尽きると国から追放されて森に隠棲した。彼を試そうとしたシャクラは彼に地獄を見せ，布施すれば地獄に堕ちると言うが，王は布施が昇天の因であると説き，たとえ地獄に再生しても布施に励むとの決意を示したので，シャクラは大いに満足する。さて王を追放したため，その国は様々な苦難を経験したので，人々は王に許しを乞い，再び王国に迎え入れると，その難を逃れた。連結に続き，韻文での反復。

大迦葉出家経（**mahākāśyapasya vastupravrajyāsūtram**）[iii 47.10-56.5](83) アーナンダとその同行の比丘三十人とが諸根を制御せず，食事に関しても足るを知らずに生活しているのを聞いたカーシャパはアーナンダを訪れ，その非を正そうとするが，それを聞いていた比丘尼ストゥーラナンダーはカーシャパを咎めた。アーナンダは自らの非を認めてカーシャパに謝ると，カーシャパは「自ら出家を決意し，ブッダに師事して阿羅漢となり，ブッダに自らの衣を布施すると，その見返りにブッダは自分の糞掃衣を貰い受けた」ことから，自分が法の相続人であることを理由に，自分の考えが正当であることを述べる。アーナンダはカーシャパを尊敬したが，ストゥーラナンダーは依然として怒りが鎮まらず，死後，地獄に生まれ変わる。

舎利弗・目連の出家 [iii 56.6-67.7] 親友であったバラモンのウパティシュヤとコーリタとは出家を決意してサンジャインに師事したが，その教えに満足しなかった。ある時，シャーリプトラは仏弟子ウパセーナから縁起の法を聞いて法眼を浄め，マウドガリヤーヤナも彼からその法を聞いて法眼を浄めると，五百人の弟子を連れてブッダのもとに赴き，出家するとブッダの説法を聞いて解脱する(84)。

五百比丘ジャータカ（**śāriputramaudgalyāyanapramukhānāṃ paṃcānāṃ bhikṣuśatānāṃ rākṣasīdvīpakṣiptānāṃ jātakam**）[iii 67.8-90.10] ブッダがシャ

ーリプトラ・マウドガリヤーヤナを始めとする五百人の弟子をサンジャインのもとから引き離して解脱させたことに関するジャータカ：五百人の商人達は航海の途中に船が難破して羅刹女の島に流れ着き，様々な快楽を享受するが，隊商主はそこで自分達よりも前に羅刹女に捕らえられていた老人と出会い，そこが羅刹女の島であること，またそこから脱出するには馬王ケーシン（ブッダ）の助けが必要であることを聞き出す。後にケーシンの助けを借りて彼らは無事にその島から脱出する(85)。連結に続いて，内容反復の詩頌。

父子再会（pitāputrasamāgamaḥ）［iii 90.11-125.4］　ブッダの成道後，父王はカピラヴァストゥにブッダを招待しようとしてチャンダカとウダーインとを派遣するが，二人はブッダのもとで出家してしまう。ブッダはシャーリプトラにシッキン仏の遊行の様子を説明し，そのとおりに自分も遊行してカピラヴァストゥに遊行すると，ニヤグローダ園に留まった。息子に会うのを躊躇していた父王もウダーインの説得により，息子との再会を決意する。気位の高いシャーキャ族のことを考えたブッダは，神変を行使して彼らを教化する。ブッダの出家が原因で盲目になっていたプラジャーパティーは，その神変によってブッダの体から流れ出た水で視力を回復した。最後は父と子との会話が詩頌で説かれ，父の世俗的な質問にブッダは出世間的な観点から返答する。

烏ジャータカ（kākajātakam）［iii 125.5-129.17］　ウダーインがシュッドーダナ王を説得したことに関するジャータカ：ブラフマダッタ王（シュッドーダナ）の治世，烏王スパートラ（ブッダ）の妻スパールシュヴァー（ヤショーダラー）は妊娠し，ブラフマダッタ王の食物が欲しくなる。烏王の命を受けた彼の大臣（ウダーイン）はその任務を見事に遂行していたが，ついには摑まって王に咎められる。しかし，王は自分が主の命に忠実で自らの任務を遂行しただけだと言う烏の大臣に説得されてしまった。最後に連結。

牝象ジャータカ（hastinījātakam）［iii 129.18-137.16］　プラジャーパティーがブッダのお陰で視力を回復したことに関するジャータカ：カーシ王（ナンダ）は素晴らしい子象（ブッダ）を捕まえ，王宮に迎え入れたが，母象（プラジャーパティー）に会いたい気持ちを王に伝えると，王は快諾し，子象を森に返す。母象は子象と別れたことが原因で盲目となったが，子象は母象の目に水をかけ，汚れを濯いで母の視力を回復させた。連結に続いて(86)，内容反復の詩頌。

阿修羅の授記とカピラ城入城 [iii 137.17-143.7]　ブッダが三つの神変によってニヤグローダ園の有情を教化したことが説かれた後，阿修羅達がそこに近づき，ブッダを供養して誓願を立てると，ブッダは微笑を示し，無上正等菩提の記別を授けた。さて次の日，父王はブッダをニヤグローダからカピラヴァストゥに迎え入れて供養するが，ヤショーダラーはラーフラに糖菓を持たせ，ブッダに渡すように言いつけた。ブッダはラーフラに出家を勧める。

ナリニー・ジャータカ（naliniye rājakumārīye jātakam） [iii 143.8-152.19]　ヤショーダラーが糖菓でブッダを誘惑しようとしたことに関するジャータカ：息子がなかったカーシ王（マハーナーマン）は，聖仙カーシャパ（シュッドーダナ）と牝鹿（プラジャーパティー）との間に生まれたエーカシュリンガ（ブッダ）のことを知り，娘のナリニー（ヤショーダラー）の婿として迎えようとして彼のもとに娘を派遣する。彼女は糖菓で彼を誘惑し，ついに彼はカーシの王位に就くと，沢山の息子を設けた後に長男を王位に就け，再び聖仙として出家した。最後に連結。

パドマーヴァティー・ジャータカ（padumāvatīye parikalpaḥ） [iii 153.1-170.10]　シュッドーダナ王が無実のヤショーダラーを有罪として見捨てたことに関するジャータカ：聖仙マーンダヴヤ（ブッダ）と牝鹿との間に生まれたパドマーヴァティー（ヤショーダラー）の足跡には，過去の善業によって蓮華が現れ出た。さて狩りに来ていたブラフマダッタ王（シュッドーダナ）は，彼女を見初めて王妃とする。彼女は二人の男児を出産するが，それを妬んだ後宮の女達は子供を川に捨て，王には彼女が子供を食べてしまったと虚偽の報告をする。怒った王は事実を確認せずに彼女を追い出し殺そうとするが，神が王に真実を告げる。王は前非を悔いて謝罪するが，王妃は城を出て遊行者の生活をしていた。後に王は王妃を探し，連れ戻した。最後に連結。

パドマーヴァティーの前行（padumāvatīye pūrvayogam） [iii 170.11-172.4]　パドマーヴァティーの足跡に蓮華が現れ出たこと等に関するアヴァダーナ(87)：長者の女召使（パドマーヴァティー）は蓮華を手にして都城に入ろう

とした時，独覚に出会って浄信を生じ，持っていた美しい蓮華を布施するが，手元には萎れた蓮華しか残らなかったので，交換してほしいと頼む。しかしそれを後悔した彼女は再び萎れた蓮華を引き取り，美しい蓮華を布施した。最初の布施の異熟として彼女の足跡に蓮華が咲き，萎れた蓮華と交換した業の異熟として殺されそうになり，再び美しい蓮華を布施し直した業の異熟により王に連れ戻されたことが連結で説明される。

ラーフラの前行（rāhulabhadrasya pūrvayogam）［iii 172.5–175.19］　ラーフラが六年間，母胎に留まったことに関するアヴァダーナ(88)：ミティラーの王には，スールヤ（ブッダ）とチャンドラ（ラーフラ）という二人の息子がいた。兄のスールヤは弟のチャンドラに王位を譲り，聖仙として出家したが，ある時，不与の水は決して飲まないという誓いを破ってしまった。罪の意識に苛まれる彼は，王となった弟に刑を科すよう懇願する。罪の意識がなくなるのであればと考えた弟は，六日間だけアショーカの森に兄を拘束した。この業の異熟として，ラーフラは六年間，母胎に留まったことが連結で説明される(89)。

釈子五百人の出家［iii 176.1–182.3］　シュッドーダナはシャーキャ族の各家から一人ずつ誰かを出家させるように命じ，デーヴァダッタやアヌルッダを始めとする五百人の釈子達が出家した。さて母に連れられてブッダのもとに出向いたウパーリンは，母の勧めでブッダの髪を剃ったが，それが縁で彼も出家し，五百人の釈子達よりも先に具足戒を受けたので，彼らはウパーリンの足に礼拝した。

ガンガパーラ・ジャータカ（upāligaṃgapālānāṃ jātakam）［iii 182.4–197.4］生まれの卑しいウパーリンが王家の者達に足を礼拝されたことに関するジャータカ：二人の貧しい青年は独覚に布施した後に立てた誓願が成就して，一人はブラフマダッタ（シュッドーダナ）として，もう一人は王の祭官の息子ウパカ（ブッダ）として再生した。王はウパカを気に入り，ついにはすべてを彼と二分して国を治めるが，後にウパカは出家して聖仙となる。また王はガンガパーラ（ウパーリン）という腕のいい理髪師を可愛がったが，彼も出家してウパカの弟子となる。後に王は従者を従えて彼らを訪問し，ガンガパーラの足に礼拝した。この後，ガンガパーラが神に変装して，自分の妻の夫に対する忠誠を試す挿話がある。最後に連結。

ゴーヴィンダ経 (**govindīyaṃ bhagavato pūrvanivāsasaṃprayuktaṃ sūtram**) [iii 197.5-224.9] ブッダに従って大勢の人々が出家したことに関するジャータカ：ガンダルヴァのパンチャシカは「ディシャーンパティ王の祭官ゴーヴィンダが死んだ後，王はレーヌ王子の勧めで祭官の息子マハーゴーヴィンダ（ブッダ）を後任にする。レーヌが王位を継承した時，以前からの約束で六人の王と王国を分割して七人の王が誕生すると，マハーゴーヴィンダは七人の王の助言者となったが，後に彼はブラフマンに勧められて出家を決意した」という話をブッダにし，それを受けてブッダは，自分がどのように出家したか，すなわち六人の王は種々の手段を講じて彼の出家を思い止まらせようとするが，結局彼らも出家し，また彼らにつられて大勢の者達が出家したことをパンチャシカに説いたのである。最後に連結。

多仏経(**bahubuddhasūtram**) [iii 224.10-250.8] ブッダはアーナンダにこの経を説く。過去仏インドラドゥヴァジャの国土の荘厳が詳細に説かれた後，インドラドゥヴァジャからマハードゥヴァジャを最初として仏から仏の授記による相続が仏名を一々列挙して説かれ，全部で八百人近い仏（ただし実際に列挙されている仏名はシャーキャムニを入れて百二十五）が順に相続することを説明するが，その最後に過去七仏が置かれ，シャーキャムニがマイトレーヤを授記することを以てこの相続は終わる。最後に内容反復の詩頌(90)。

サルヴァンダダ物語 [iii 250.9-254.6] 自らの地位を脅かされると考えたシャクラは，高徳なサルヴァンダダを堕落させようとするが，彼はその誘惑にも負けず，どんなことがあっても一切智性獲得の誓願を翻さないと決心する。

ラーフラの出家 [iii 254.7-272.17] ブッダの神変や説法で預流果を得たシュッドーダナ王はブッダを食事に招待し，ブッダは城内に入る。その時，釈子達はブッダが父であることをラーフラに知らせる者は死刑に処すという取り決めをしたので，ヤショーダラーは最初は躊躇したものの，ラーフラに真実を告げると，ラーフラは家族の反対を押し切って出家を決意し，シャーリプトラが彼を出家させた。ヤショーダラーは着飾り，糖菓でブッダを誘惑しようとしたが，ブッダは残された王宮の者達に説法して立ち去った(91)。

成道直後 [iii 272.18-286.8]　ブッダが成道した後一週間の奇瑞の様子が詩頌で説かれる。その時，なおもマーラの三人娘がブッダを誘惑しようとするが，ブッダは動じない。ブッダと彼女達の会話が詩頌で説かれた後，マーラはブッダに一言残して消え去る。

ダルマラブダ・ジャータカ (dharmalabdhasya sārthavāhasya jātakam) [iii 286.9-300.9]　マーラの娘達がブッダに取り憑こうとして失敗したことに関するジャータカ：いつも自分達の領域を首尾よく通過して，航海を成功させる隊商主ダルマラブダ（ブッダ）に腹を立てた羅刹女達は彼の町に行き，彼そっくりの息子を化作すると，自分達の面倒を見るよう隊商主を説得する。周囲の者達はその妻子を憐れんで彼を責めるが，隊商主は無視する。王も隊商主を責めるが，彼女の美貌に負けた王は彼女を王宮に入れてしまったために，王宮内の生物は，王も含めてすべて食べられてしまった。王を失った人々はダルマラブダを王位に就けた(92)。最後に連結。

龍宮訪問 [iii 300.10-301.7]　龍王の招待で，成道後の第四週目は龍王カーラの龍宮で，また第五週目は龍王ムチリンダの龍宮で時を過ごした。

羊飼によるニヤグローダ樹の布施 [iii 301.8-302.19]　ブッダがナイランジャナー川の岸で苦行していた時，羊飼はニヤグローダの苗木をブッダに布施し，また死後に神となった彼は，龍王ムチリンダの龍宮に留まっていたブッダのもとに現れ，その大きく成長した木を享受するように懇願した。

トラプシャとバッリカ [iii 302.20-311.6]　ブッダは成道後の第六週目をそのニヤグローダの根元で，また第七週目はクシーリカーの森で過ごしていたが，そこにトラプシャとバッリカという二人の商人が通りかかり，ブッダに食物を布施すると，ブッダは二人の旅の無事を祈願した後（詩頌），三帰依を唱えさせ，髪と爪とを与えて塔を作らせた。

梵天勧請後ベナレスへ [iii 311.7-330.16]　ウルヴィルヴァーでブッダに麻の糞掃衣を布施して死後神となった洗濯婦はブッダのもとに現れ，その糞掃衣を享受するよう懇願すると，ブッダはそれを川で洗濯し，羊飼の布施したニヤグローダの根元に佇んだ。続いて梵天勧請の挿話があり，説法を決意したブッダは，アーラーダ仙・ウドラカ仙がすでに他界しているのを知って五比丘を説法の相手に選び，リシパタナに出向くと，神々がその道を荘厳する。道中，ブッダと外道ウパカとの会話が詩頌で説かれる。ブッダはさらに進んで白鳥の王の如くガンジス河を越え，リシパタナに到着する。彼らはブッダを無視しようとしたが，無視しきれなくなり，彼らは出家するとブッダから具足戒を授かる。最後に賢劫の仏の名号とその光明の大きさとが列挙される。

初転法輪 [iii 330.17-347.13]　ブッダは，中道•四諦•八正道の説法をすると，カウンディンニャは法眼を浄め，大地の振動等の奇瑞が世間に現れた。さらに五蘊が無我であり無常であるというブッダの説法を聞いて，五比丘全員が法眼を浄める。こうしてブッダの説法する声は他の仏国土にも及び，その声が聞こえるや，世尊ドゥシュプラサハは驚いて説法を止めてしまった。梵天はブッダを詩頌で賞賛する。さてブッダは四度『転法輪経』を説き，大勢の有情を教化し，最後は神のシカラダラがブッダを詩頌で賞賛する。

カウンディンニャ・ジャータカ（ājñātakauṇḍinyasya jātakam） [iii 347.14-349.3]　カウンディンニャが誰よりも先に法を理解したことに関するアヴァダーナ[(93)]：病気を患った独覚を陶工（カウンディンニャ）が看病して善業を積み，その独覚と同様に誰よりも先に法を理解できるようにという誓願を立てた。

カウンディンニャ・ジャータカ（ājñātakauṇḍinyasya jātakam） [iii 349.4-353.13]　ブッダがカウンディンニャを利益したことに関するジャータカ：高徳なコーサラの王（ブッダ）は，カーシの王との戦争で多くの人命を傷つけたことを悔いて国を去り，南路を進んだ。その時，航海に失敗してコーサラの王に助けを求める隊商主（カウンディンニャ）に出会ったが，無一物の王は自らの命を犠牲にして彼を助けようとする。すなわち，自分をカーシの王に差し出せと言うのだ。しかし事情を知ったカーシの王は，コーサラの王の正義感に打たれて彼を再び王位に就け，また隊商主には多くの財を与えた。最後に連結。

五人衆ジャータカ（pañcakānāṃ bhadravargikānāṃ jātaka） [iii 353.14-356.19]　ブッダが五比丘を輪廻から救済し，涅槃に安住させたことに関するジャータカ：隊商主（ブッダ）は五人の商人達（五比丘）と航海に出たが，マカラ魚によって難破してしまう。そこで隊商主は自らの命を犠牲にして彼らを救済した。最後に連結。

クシャーンティヴァーダ [iii 356.20-361.3]　ブッダが神や人間の衆会の中で説法したことに関するジャータカ：残忍なカーシの王カラバは後宮の女達を連れて遊園に出掛けたが，王が寝ている間に女達が聖仙クシャーンティヴァーダ（ブッダ）から聞法していたことに腹を立て，彼が忍辱論者であることをいいことに，王は彼の身体を切り落としたが，聖仙は怒りの心を起こさず，それに耐えた。死後，王は阿鼻大地獄に落ちた。連結なし(94)。

サラバンガ・ジャータカ（sarabhaṃgajātakam） [iii 361.4-375.12]　現在物語はないが，連結からして，ブッダが神や人間の衆会の中で説法したことに関するジャータカ：祭官の息子ヤジュニャダッタ（ブッダ）は弓術に長け，他の者達の射る矢をすべて己の矢で打ち落としたのでシャラヴァンガという名が付き，後に彼は聖仙カーシャパのもとで出家した。さて南路のダンダキン王は，カーシャパの弟子ヴァッツァに悪事を働いたために，その都城は妖怪達に潰されてしまった。その災難を目撃した近隣の諸王（アーナンダ・シャーリプトラ・マウドガリヤーヤナ）はその理由を尋ねに聖仙を訪問することにし，シャクラ（アナータピンダダ）の勧めでシャラバンガのもとに赴く。シャラバンガは彼らの質問に答え，聖仙に対する悪業とその果報とを説き，大勢の有情に種々の説法をした。最後に連結。

三十人の出家（triṃśagoṣṭhikānāṃ pravrajyā） [iii 375.13-376.16]　三十人の仲間が遊園に出掛けて遊女と遊ぼうとした。そのうちの一人の母は他界して神となっていたが，その神は手段を講じて彼らをブッダのもとに導くと，ブッダは彼らを出家させ，具足戒を授けた。

プールナ物語（āyuṣmato pūrṇasya maitrāyaṇīputrasya vastu） [iii 377.1-382.7]　ブッダは別の三十人を出家させ，具足戒を授けた。さてマイトラーヤニーの息子プールナは，ブッダが出家したのと同じ日に出家して聖仙となり，二十九人の弟子を持っていたが，ブッダが出現されたと知るや，弟子達を連れてブッダのもとに赴いて出家した。力の自在性を獲得したプールナは詩頌を以てブッダを賛嘆する。

ナーラカの質問 (nālakapraśnam) [iii 382.8-389.12]　ヴェーダに精通し，頭脳明晰な祭官の息子ナーラカとウッタラとは，両親の勧めでブッダのもとに赴く。その時ヴァーラーナシーでは祭りが行われ，そこで龍王エーラパトラとブッダとの会話が詩頌でなされる。続いてナーラカの質問とブッダの答えとが詩頌で説かれるが，この質問に答える中でブッダは様々な説法をする。

サビカ物語 (sabhikasya vastu praśnā ca āśravakṣayā pravrajyā) [iii 389.13-401.18]　組合長の父に捨てられた娘は出家し，聖仙としての教育を受けると，議論で負けることはなかった。ある時，南路より弁の立つバラモンがやってきて彼女と論争することになるが，二人は恋に落ちて子供を儲け，サビカと命名した。サビカも頭脳明晰であったが，諸国を遍歴する中でブッダと出会い，ブッダに様々な質問をすると，ブッダはそれに答える形で様々な説法をし，彼を出家させると具足戒を授けた。

ヤショーダ物語 (yaśodasya śreṣṭhiputrasya vastum) [iii 401.19-413.16]　子供のなかった組合長は，どんな願いも叶えるというニヤグローダ樹に祈願すると，シャクラの計らいで子供を授かり，ヤショーダと命名する。ある時，両親の留守中，彼は親戚の者からブッダの素晴らしさを聞かされて出家を決意し，ブッダのもとに赴く。息子の不在に気づいた両親は泣きながらブッダのもとに行くと，神変を行使するようブッダに示唆されたヤショーダは両親に種々の神変を見せ，後にブッダは彼らに説法をすると，両親は息子の出家を快諾し，ヤショーダは比丘となった。

ヤショーダ・ジャータカ (yaśodajātakam) [iii 413.17-415.5]　ヤショーダが高貴な家に生まれ，在家でありながら速やかに法を理解し，力の自在性を獲得したことに関するアヴァダーナ(95)：貧しい善男子（ヤショーダ）は独覚バドリカに食物を布施して誓願を立てたが，この誓願が成就して彼は高貴な家に生まれ，在家でありながら速やかに法を理解し，力の自在性を獲得した。

マーラの誘惑 [iii 415.6-418.16]　ブッダは五比丘に二人で遊行してはならないと説き，自らはウルヴィルヴァーのセーナーパティ村に行くことを伝える。その時，マーラはブッダの邪魔をしようとするが，失敗に終わり姿を消す。この後二回，マーラはブッダの邪魔をしようとして失敗したことが説かれる。

乞食の作法 [iii 418.17-424.3]　弟子に施物を受け取る前の作法を聞かれたブッダはそれを教え，乞食に関して「アスティセーナ・ジャータカ」を説く。この後ブッダは施物を受け取った後の作法を指示すると，比丘達は遊行に出掛けた。ブッダも遊行に出掛け，ガンジス河を渡る際，船頭に詩頌を以て説法し，彼を出家させて具足戒を授けた。

カーシャパ三兄弟の出家 [iii 424.4-432.6]　ブッダはウルヴィルヴァーのセーナーパティ村でカーシャパ三兄弟に種々様々な神変を示し，祭火壇に住む獰猛な龍の調伏という最後の神変によって，三兄弟は完全にブッダに教化されてしまう。この後，三兄弟とその従者とを出家させて具足戒を授け，またブッダは彼らの母方の叔父で聖仙のウパセーナも出家させて具足戒を授けた。こうして仏弟子は千二百五十人となった。

カーシャパ三兄弟ジャータカ（āyuṣmantānāṃ uruvilvākāśyapanadīkāśyapagayākāśyapānāṃ jātakam） [iii 432.7-434.7]　カーシャパ三兄弟が偉大な威神力を有し，速やかに法を理解したことに関するアヴァダーナ(96)。王国を統治していた三兄弟（カーシャパ三兄弟）は世尊プシュパを自国に招待し，世尊が般涅槃すると，遺体を供養し塔を建立した。

外道に対するダルマパダの説法 [iii 434.8-436.20]　ブッダはウルヴィルヴァー・カーシャパの隠棲処から千二百五十人の比丘を連れてダルマーンニャに行き，『ダルマパダ』の「千章（sahasravarga）」を七百人の弁髪行者に説いて彼らを教導し，般涅槃させ，遺体を供養して塔を建立し，ニヤグローダに戻った。

ブッダに謁見するビンビサーラ王 [iii 436.21-449.10]　落ち込んでいるビンビサーラ王を見かねた祭官が，ブッダを賞賛して王を元気づけると，王はその大臣に沢山の褒美を与えた。さてブッダがラージャグリハにやってきたことを知った王は，大勢の者達と共にブッダのもとに近づいた。そこでブッダとウルヴィルヴァー・カーシャパとを見た彼らは，どちらが師匠でどちらが弟子か分からなかった。それを察知したブッダは，カーシャパとの会話で主従関係を明らかにした。この後，ブッダは五蘊の無常・苦・無我なることを説き，さらに縁起・中道・十二支縁起の説法をすると，王を始めとするマガダの人々は法眼を浄めた。

アリンダマ王ジャータカ（arindamarājajātakam）［iii 449.11-461.10］　ビンビサーラ王がブッダを賞賛した祭官に沢山の褒美を与えたことに関するジャータカ：アリンダマ王（ビンビサーラ）の祭官の息子シュローナカ（ブッダ）はヒマラヤ山麓に隠棲し，出家して聖仙となったが，後に王を出家させようと近くのマンゴー園に姿を現した。それを王の祭官が見つけて王に知らせると，王は彼に沢山の褒美を与え，聖仙のもとに出向いた。聖仙は王に説法すると，王は王子を王位に就け，自分は出家することを決意し，彼のもとで出家した。最後に連結。

結び［iii 461.11-14］（以下全訳紹介）このように世尊が言われると，心を喜ばせた天・阿修羅・ガルダ・キンナラ・マホーラガ達，それに衆会の者達すべてと比丘達とは，世尊の言われたことに満足した。以上，聖なる大衆部中の説出世部の資料である，吉祥なる『マハーヴァストゥ・アヴァダーナ』を終わる。

3　Mv. の構造とその問題

Mv. の内容の全体像が明らかになったので，次にその説話を幾つかのグループに分類し，その構造上の問題点を考察する。細かく見れば，一つの説話にも幾つかの断層が見られ，その成立に関しては複雑な経緯を読みとることができるが，今はその問題には立ち入らず，全体的な視野から Mv. の構造上の断層に留意し，Mv. を(A)から(G)までの七つのグループに分類する。その際，各説話の主従関係を明確にするために，ベースになる説話を基準にして，それに関連するジャータカは二段下げて表記し，またそのジャータカに関連するジャータカやアヴァダーナが説かれる場合には，そこからさらに二段下げて表記した。なお数こそ少ないが，コンテクストから判断して，まったく不相応な説話と思われる場合には，見出し全体を｛　｝に入れて表示する。

序偈（nidānagāthā）［i 1.2-4.11］

(A)

地獄巡回経（narakaparivartaṃ nāma sūtram）［i 4.12-27.1］
他趣巡回［i 27.2-33.17］
アビヤ物語（abhiyavastuṃ sānugītam）［i 34.1-45.16］
多仏経（bahubuddhasūtram）［i 46.1-54.8］
浄居天訪問［i 54.9-63.14］

(B)

十地［i 63.15-78.10］
　第一地（prathamā bhūmiḥ）［i 78.11-84.10］
　第二地（dvitīyabhūmiḥ）［i 84.11-90.19］
　第三地（tṛtīyā bhūmiḥ）［i 91.1-100.12］
　第四地（caturthī bhūmiḥ）［i 101.1-110.13］
　第五地（paṃcamī bhūmiḥ）［i 110.14-120.16］
　第六地（ṣaṣṭhī bhūmiḥ）［i 121.1-127.12］
　第七地（saptamā bhūmiḥ）［i 127.13-136.7］
　第八地（aṣṭamā bhūmiḥ）［i 136.8-139.3］
　第九地（navamī bhūmiḥ）［i 139.4-141.17］
　第十地（abhiṣekavatī nāma daśamā bhūmiḥ）［i 142.1-157.16］
{諸仏の特性［i 157.17-177.12］}
{幻影［i 177.13-193.12］}

(C)

燃灯仏の歴史［i 193.13-215.9］
燃灯仏の誕生［i 215.10-227.18］
燃灯仏の成道［i 227.18-231.16］
燃灯仏物語（dīpaṃkaravastu）［i 231.17-248.5］
マンガラ物語（maṃgalasya vastu）［i 248.6-252.19］

(D)

日傘物語　［i 253.1-271.18］
　三羽の鳥ジャータカ（triśakunīyaṃ nāma jātakam）［i 271.19-283.6］
　昔の疫病［i 283.7-290.8］
ヴァイシャーリーでのブッダ［i 290.9-301.2］

{マーリニー物語（mālinīye vastu）[i 301.3-317.3]}

(E)

ジョーティパーラ経（jyotipālasūtram）[i 317.4-335.8]

ジョーティパーラの授記（jyotipālasya vyākaraṇam）[i 335.9-338.12]

コーリヤ族の起源（koliyānām utpatti）[i 338.13-355.14]

鹿野苑の歴史 [i 355.15-366.11]

ゴータマ降誕 [ii 1.2-30.6]

アシタ仙の占相 [ii 30.7-45.3]

青年期のゴータマ [ii 45.4-48.8]

吝嗇家ジャータカ（maṃjarījātakam）[ii 48.8-64.7]

蜥蜴ジャータカ（śrīgodhājātakam）[ii 64.8-67.14]

首飾の布施ジャータカ（śrīyaśodharāye hārapradānajātakam）[ii 67.15-68.19]

雌虎ジャータカ（śrīyaśodharāye vyāghrībhūtāye jātakam）[ii 68.20-72.15]

武勇に秀でたゴータマ [ii 72.16-76.16]

ダルマパーラ・ジャータカ（śrīdharmapālasya jātakam）[ii 76.17-82.3]

放矢ジャータカ（śrīśarakṣepaṇaṃ jātakam）[ii 82.4-83.12]

アマラー・ジャータカ（amarāye karmāradhītāye jātakam）[ii 83.13-89.11]

シリ・ジャータカ（śrīśirijātakam）[ii 89.12-94.14]

キンナリー・ジャータカ（śrīkinnarījātakam）[ii 94.15-115.5]

宮殿の生活から成道まで [ii 115.6-133.13]

浄飯王の五大夢（śuddhodanasya paṃca mahāsvapnā）[ii 133.14-140.1]

偉大なる出家 [ii 140.2-166.14]

シュヤーマー・ジャータカ（śyāmāye jātakam）[ii 166.14-177.3]

チャンパカ・ジャータカ（śrīcampakanāgarājasya jātakam）[ii 177.4-188.22]

出家後のゴータマ [ii 189.1-209.3]

シュヤーマカ・ジャータカ（śyāmakajātakam）[ii 209.3-231.6]

苦行者ゴータマ [ii 231.7-234.7]

シリプラバ・ジャータカ（śiriprabhasya mṛgarājasya jātakam）[ii 234.8-237.16]

マーラの誘惑［ii 237.17-240.17］

鳥ジャータカ（śakuntakajātakam）［ii 240.18-243.20］

亀ジャータカ（kacchapajātakam）［ii 244.1-245.16］

猿ジャータカ（markaṭajātakam）［ii 245.17-250.13］

鳥ジャータカ（śakuntakajātakam）［ii 250.14-255.6］

{スルーパ・ジャータカ（surūpasya mṛgarājño jātakam）［ii 255.7-257.5］}

観察経〔前半〕(avalokitaṃ nāma sūtram)［ii 257.6-270.19］

{アナンガナ・アヴァダーナ［ii 271.1-276.15］}

観察経〔後半〕［ii 276.16-293.15］

観察経〔付録〕(avalokitaṃ nāma sūtraṃ mahāvastusya parivāram)［ii 293.16-397.7］

マーラの最後［ii 397.8-419.15］

クシャ・ジャータカ〔前半〕(kuśajātakam)［ii 419.16-496.18］

クシャ・ジャータカ〔後半〕［iii 1.1-27.21］

雄牛ジャータカ（vṛṣabhajātakam）［iii 28.1-29.4］

猿ジャータカ（vānarajātakam）［iii 29.5-30.16］

猿ジャータカ（vānarajātakam）［iii 31.1-33.7］

{プンヤヴァンタ・ジャータカ（puṇyavantajātakam）［iii 33.8-41.12］}

{ヴィジターヴィン・ジャータカ（vijitāvisya vaideharājño jātakam）［iii 41.13-47.9］}

(F)

大迦葉出家経（mahākāśyapasya vastupravrajyāsūtram）［iii 47.10-56.5］

舎利弗と目連の出家［iii 56.6-67.7］

五百比丘ジャータカ（śāriputramaudgalyāyanapramukhānāṃ paṃcānāṃ bhikṣuśatānāṃ rākṣasīdvīpakṣiptānāṃ jātakam）［iii 67.8-90.10］

父子再会（pitāputrasamāgamaḥ）［iii 90.11-125.4］

烏ジャータカ（kākajātakam）［iii 125.5-129.17］

牝象ジャータカ（hastinījātakam）［iii 129.18-137.16］

阿修羅の授記とカピラ城入城［iii 137.17-143.7］

ナリニー・ジャータカ（nalinīye rājakumārīye jātakam）［iii 143.8-152.19］

パドマーヴァティー・ジャータカ（padumāvatīye parikalpaḥ）［iii 153.1-170.10］

パドマーヴァティーの前行（padumāvatīye pūrvayogam）［iii 170.11-

172.4]

ラーフラの前行（rāhulabhadrasya pūrvayogam）[iii 172.5-175.19]

釈子五百人の出家 [iii 176.1-182.3]

ガンガパーラ・ジャータカ（upāligaṃgapālānāṃ jātakam）[iii 182.4-197.4]

ゴーヴィンダ経（govindīyaṃ bhagavato pūrvanivāsasaṃprayuktaṃ sūtram）[iii 197.5-224.9]

{多仏経（bahubuddhasūtram）[iii 224.10-250.8]}(97)

{サルヴァンダダ物語 [iii 250.9-254.6]}

ラーフラの出家 [iii 254.7-272.17]

(G)

成道直後 [iii 272.18-286.8]

ダルマラブダ・ジャータカ（dharmalabdhasya sārthavāhasya jātakam）[iii 286.9-300.9]

龍宮訪問 [iii 300.10-301.7]

羊飼によるニヤグローダ樹の布施 [iii 301.8-302.19]

トラプシャとバッリカ [iii 302.20-311.6]

梵天勧請後ベナレスへ [iii 311.7-330.16]

初転法輪 [iii 330.17-347.13]

カウンディンニャ・ジャータカ（ājñātakauṇḍinyasya jātakam）[iii 347.14-349.3]

カウンディンニャ・ジャータカ（ājñātakauṇḍinyasya jātakam）[iii 349.4-353.13]

五人衆ジャータカ（pañcakānāṃ bhadravargikānāṃ jātaka）[iii 353.14-356.19]

{クシャーンティヴァーダ [iii 356.20-361.3]}

サラバンガ・ジャータカ（sarabhaṃghajātakam）[iii 361.4-375.12]

三十人の出家（triṃśagoṣṭhikānāṃ pravrajyā）[iii 375.13-376.16]

プールナ物語（āyuṣmato pūrṇasya maitrāyaṇīputrasya vastu）[iii 377.1-382.7]

ナーラカの質問（nālakapraśnam）[iii 382.8-389.12]

サビカ物語（sabhikasya vastu praśnā ca āśravakṣayā prvrajyā）[iii 389.13-401.18]

ヤショーダ物語（yaśodasya śreṣṭhiputrasya vastum）[iii 401.19-413.16]

ヤショーダ・ジャータカ（yaśodajātakam）［iii 413.17-415.5］
マーラの誘惑［iii 415.6-418.16］
乞食の作法［iii 418.17-424.3］
カーシャパ三兄弟の出家［iii 424.4-432.6］
カーシャパ三兄弟ジャータカ（āyuṣmantānāṃ uruvilvākāśyapanadīkāśyapagayākāśyapānāṃ jātakam）［iii 432.7-434.7］
外道に対するダルマパダの説法［iii 434.8-436.20］
ブッダに謁見するビンビサーラ王［iii 436.21-449.10］
アリンダマ王ジャータカ（arindamarājajātakam）［iii 449.11-461.10］

結び［iii 461.11-14］

このように，Mv. 全体は大きく七つのグループに分けることができる。以下，その内容を要約して示せば，以下のとおりである。

(A) 序偈で説かれる四菩薩行を踏まえた話
(B) 十地の説明
(C) 燃灯仏授記等，ブッダの過去世での善業・誓願・授記(1)
(D) ブッダによるヴァイシャーリーでの疫病退治とアームラパーリーのマンゴー園寄進
(E) ブッダの過去世での善業・誓願・授記(2)→降兜卒→降誕→出家→降魔成道
(F) 舎利弗・目連の出家→カピラ城帰郷→ラーフラの出家
(G) 成道直後→初転法輪→五比丘や迦葉三兄弟の出家→ビンビサーラ王のブッダ謁見

Mv. 全体は大きく七つに分類できるが，常識的に考えて Mv. のような膨大な典籍が一度にでき上がったとは考え難く，核になる部分がまず存在し，それに様々な話が付加され増広されていったと考えられる。比較的古い伝承を伝えていると考えられるパーリ律の大品を見ても，そこに出てくるのは現在物語のみで，現在物語の何らかのエピソードに関連させて過去物語のジャータカが説かれることはないから，仏伝の原型は現在物語のみから成る素朴な形態のものであったと推察されるが，後代これをベースにして様々なジャータカやアヴァダーナが挿入され，Mv. や MSV 破僧事を頂点とする輻輳した大部な仏伝が形成されたと思われる。したがって，ジャータカやアヴァダーナはその成立自体は Mv. の核になる部分より古いものでも，Mv. に組み込まれたのは Mv. の核になる部分が成立した後ということになろう。

そしてその新古を判断する指標の一つが，すでに岡野潔が指摘しているように，コロフォンの有無である。すでに纏めた見出しからも分かるように，後代の挿入と思われるジャータカ等の過去物語にはほとんどコロフォンが付されていることからも，コロフォンの有無が新古層を決める重要な手がかりと言える(98)。そこで，各グループの内容をわかりやすくするために，今纏めた見出しから，過去物語や文脈から見て不相応な話を抜き取り，また現在物語でもコロフォンの付された話も省略して示すと，次のような一覧ができ上がる(99)。

(C) 燃灯仏の歴史［i 193.13-215.9］→燃灯仏の誕生［i 215.10-227.18］→燃灯仏の成道［i 227.18-231.16］

(D) 日傘物語［i 253.1-271.18］→ヴァイシャーリーでのブッダ［i 290.9-301.2］

(E) 鹿野苑の歴史［i 355.15-366.11］→ゴータマ降誕［ii 1.2-30.6］→アシタ仙の占相［ii 30.7-45.3］→青年期のゴータマ［ii 45.4-48.8］→武勇に秀でたゴータマ［ii 72.16-76.16］→宮殿の生活から成道まで［ii 115.6-133.13］→偉大なる出家［ii 140.2-166.14］→出家後のゴータマ［ii 189.1-209.3］→苦行者ゴータマ［ii 231.7-234.7］→マーラの誘惑［ii 237.17-240.17］→マーラの最後［ii 397.8-419.15］

(F) 舎利弗と目連の出家［iii 56.6-67.7］→阿修羅の授記とカピラ城入城［iii 137.17-143.7］→釈子五百人の出家［iii 176.1-182.3］→ラーフラの出家［iii 254.7-272.17］

(G) 成道直後［iii 272.18-286.8］→龍宮訪問［iii 300.10-301.7］→羊飼によるニヤグローダ樹の布施［iii 301.8-302.19］→トラプシャとバッリカ［iii 302.20-311.6］→梵天勧請後ベナレスへ［iii 311.7-330.16］→初転法輪［iii

330.17-347.13]→マーラの誘惑［iii 415.6-418.16]→乞食の作法［iii 418.17-424.3]→カーシャパ三兄弟の出家［iii 424.4-432.6]→外道に対するダルマパダの説法［iii 434.8-436.20]→ブッダに謁見するビンビサーラ王［iii 436.21-449.10]

こうして纏めてみると，真偽のほどはともかく，Mv. の原初形態とも思える姿が浮かび上がり，複雑怪奇に見える Mv. も各グループの順番を少し入れ替えるだけで編年体の仏伝ができ上がることが分かる。まず(A)は序偈で説かれる四菩薩行を踏まえた話で，ブッダがマウドガリヤーヤナに四菩薩行を説明しているので，これを一つのグループと見なすことができる。続く(B)は十地に関する話として独立している。さて(C)以下が実質の仏伝と考えられるが，(C)と(D)と(E)に関しては(D)が(C)と(E)との間に割って入る形になっている。(D)を除けば，話はブッダが燃灯仏に始まる過去仏のもとで修行をし，そして兜卒天からこの世に降誕するところへと繋がり，流れとしては自然である。さてここに割り込んでいる(D)は，ブッダが般涅槃するところまでは説かない Mv. の仏伝にあって，一番最後に付されるべき内容を有する話で，なぜここに置かれているかということに関してはまったくの謎である。

この後，(E)はブッダの誕生から出家を経て，苦行を修し，ついにはマーラの誘惑を退けるところまでが説かれるが，この後，(F)の冒頭で唐突に「大迦葉出家経」や「舎利弗と目連の出家」の話が始まり，ここに大きな断層が認められる。(F)はこの後，ブッダが故郷のカピラヴァストゥに戻って父と再会し，ラーフラを出家させるまでが説かれる。そして再び(G)の冒頭では成道直後のブッダの様子が説かれ，ここに大きなギャップが存在する。つまりここでは先ほどと逆の現象，すなわち成道からビンビサーラのブッダ謁見までの事跡を伝える(G)が抜き取られた形になっている。したがって(E)と(F)との間に(G)を戻して(E)(G)(F)という順序にし，また(D)を全体の末尾におけば，編年体の仏伝としてはほぼ自然な流れが構成されるのである。

すなわち(A)から(G)までを，(A)(B)(C)(E)(G)(F)(D)と置き換えれば，四菩薩行と十地とに続いて，燃灯仏授記→過去仏のもとでの修行→降兜卒→降誕→出家→苦行→降魔→成道→梵天勧請→初転法輪→五比丘出家→舎利弗・目連出家→父子再会→ラーフラ出家→ヴァイシャーリー訪問という歴史的な順序で，ブッダの事跡を整理することができる。無論，細かく見ていけば文脈に不相応な話が介在するし，また各説話の内容にも様々な断層や齟齬が多数見受けられ，問題は山積であるが，しかし大枠ではこのように(D)と(G)の場所を移動させるだけで自然な流れが復元できるのである(100)。もし仮に Mv. が本来，(C)(E)(G)(F)(D)という構成をしていたとすれば，(D)と(G)との順序が本来の位置から外れた場所に紛れ込んでしまったことになるが，物語の配列順序を変換するにあたっては充分な注意が必要である。なぜならこのような配列の混乱が意図的なものなのか無意図的なものかを見極める必要があるからである。もしもその配列の混乱が意図的に操作された結果生じたものならば，その意図を探る必要があるし，また逆に無意図的に生じた混乱ならば，それにもっともらしい理由を探し出して長々と説明することは滑稽でしかない(101)。

では Mv. の場合はどうか。(D)に関して言えば，現在物語の末尾に位置すべき(D)が，過去物語の，しかも「世尊マンガラ」と「ジョーティパーラ経」の間に入る必然性はまったく理解できない。これに対し(G)に関しては何か意図的なものを感じる。すなわち，(G)に出てくる話で特徴的なのは，出家に関する物語が多いということである。すでに内容の要約で紹介したとおり，この中にはブッダが誰かを出家させて具足戒を授けるという話が目立つ。また Mv.という名前が他部派の律蔵の「大犍度 (Mahākandhaka)」，すなわち，出家や授戒に関する犍度に相当することが平川や水野によって指摘されているが(102)，そうすれば，なおさらこの典籍と出家授戒との密接な関係が浮かび上がってくる。そもそもこの文献の最初の序偈で，

> caturvidhā upasaṃpadā svāmaupasaṃpadā ehibhikṣukāya upasaṃpadā daśavargena gaṇena upasaṃpadā paṃcavargena gaṇena upasaṃpadā ca// (Mv. i 2.15-16)
>
> 具足戒には四種がある。(1) 自分で戒を具足するもの，(2)「善来，比丘よ」という〔決まり文句〕によって戒を具足するもの，(3) 十衆〔の比丘〕によって戒を具足するもの，そして(4) 五衆〔の比丘〕によって戒を具足するもの，である。

として四種具足法に言及しているのも注目に値する[103]。さらには他の律の授戒犍度ないしは出家事が成道直後から話が始まることを考えれば[104]，何らかの意図のもとにこの(G)の部分だけが別出された可能性も出てくる。ただ，どうして末尾に置かれたのかという疑問は残る。これに関しては現段階でこれ以上のことは知り得ないが，Mv. という資料を理解する鍵はこの(G)が握っているように思われる。問題は多々あるが，以上の考察から，Mv. の構造上の問題点だけは明らかにできたと思う。今後はこれを土台にして，『摩訶僧祇律』や他の律文献，さらには仏伝資料との比較考察により，Mv. の成立に関する問題の考察を進めていきたい。

4　まとめ

本章では，Divy. 所収の各説話を六つの類型に分類し，プロットの分析を行った。この作業は，今後，各説話の成立を考える上での基礎作業となる。また Divy. と同様にアヴァダーナと呼ばれている Mv. もここで取り上げ，説話毎にその内容を紹介し，また構造上の問題点を指摘した。細部に目を配ると，Mv. には文脈から外れる説話が随所に顔を出すし，また同じ物語の中にも文脈から逸れる話が突然現れ，かなりの混乱が予想されるが，しかし巨視的な視点から俯瞰すれば，若干の配置を修正するだけで，編年体の仏伝が復元できることを確認した。Divy. は独立した三十七の説話から成るのに対し，Mv. は全体が仏伝の体裁を取り，随所に過去物語が挿入されているので，同じアヴァダーナ文献でも両資料はその内容を著しく異にしているが，両資料は思想的な面では極めて対照的であるから，二つの資料を突き合わせることで，それぞれの特徴が明瞭になり，第4章以降でその思想を扱う際には大いに両者を比較し，両文献の特徴を際立たせてみることにする。その準備作業として，ここでは両文献の内容を簡単に紹介し，説話の類型化やその構造に関する考察を行った。なお，本来なら Divy. に次いで本書での引用頻度の高い MSV に関しても，その内容を要約して呈示すべきだったかも知れないが，これに関してはすでにパンルンが MSV の Tib. 訳から同様の研究を発表しているので，ここでは省略した[105]。

第2章　文献の成立史

1　Divy. と根本有部律との関係

Divy. は三十七の説話から成るが，そのうち六割近くに相当する二十一話は MSV の説話と共通する。したがって Divy. のテキストがカウエルとネイルとによって校訂出版されて以来，その二つのテキストの前後関係が問題にされてきた。すなわち「どちらがオリジナルであり，どちらがコピーか」ということが議論されてきたのである。この両者の関係を巡る問題を最初に取り上げたのはフランスのユベールであったが(1)，彼は MSV が Divy. に先行することを論証し，後にレヴィも彼の意見を支持した(2)。これに対し，プシルスキーは彼らとは逆の立場を取ったが(3)，その後この問題は余り取り上げられることはなかった。そこで Divy. の成立に関する問題の解明にあたっては，まずこの問題を考察の対象としなければならない。結論を先取りするなら，ここで得られる結論はユベールやレヴィと同じく MSV が Divy. に先行するという立場に立つことになるが，その結論を裏付ける例証は従来取り上げられることのなかったものがほとんどである。では実際に用例の検討に入ろう。

律典的記述　律典の中心をなしているのは，波羅提木叉（prātimokṣa）と経分別（sūtravibhaṅga），それに犍度部（skandhaka）の二つである。前者は，戒律の一々の条項，すなわち学処（śikṣāpada）とその注釈であり，出家者個人に関わる規則である。これに対して後者は，授戒や安居等の教団内の規則を項目別に整理したものであり，僧伽という集団に関わる規則である。このうち前者の論述形式は，Pāli 律以来，基本的なパターンがある。すなわち，まず最初にある規則（学処）が制定されるに至った因縁譚が説かれる。そしてその後，ある規則がブッダによって制定され，最後にその制定された規則の語句に関する注釈が置かれるのである。つまり「因縁譚→規則（学処）の制定→注釈」という順序で話が進行する。Pāli 律も MSV も基本的にはこのような構成を保持しているが，両者には次の二点において大きな相違点がある。

(1) MSV に見られる因縁譚の部分が Pāli 律に比べ，かなり発達している。

(2) MSV では，その因縁譚に登場する主人公はもとより，脇役の過去物語も豊富に盛り込まれている。

このように，MSV の特徴は，その因縁譚がかなり豊富にあるという点にあるが，この豊富な因縁譚に Divy. の編集者が注目し，何らかの意図に基づいて，MSV の中から幾つかの説話を借用して Divy. という一つのテキストを作り出したのではないか，というのが私の立場である。その際，MSV の因縁譚の部分だけを上手く抽出した章もあれば，その後に続く律典特有の部分，すなわち学処の制定の部分や，極端な場合には最後の注釈の部分までも取り込んでいる用例が見られるのである。これは取りも直さず，MSV の説話が Divy. の説話の原型であることを物語っていると言えよう。では実際に Divy. に見られる律典的記述を紹介する(4)。

〔**第1章**〕ここでは阿羅漢となったコーティーカルナが次のような五つの質問を携えてブッダのもとに赴く話が見られる。

(1)辺境地のアシュマカ地方では比丘が少なく，十人の比丘僧伽を組織するのは容易ではないから，具足戒を授ける場合はどうすればよいか。(2)この地方の大地は牛に踏み荒らされ，ごつごつして，他の滑らかな大地とは違う。この場合，我々はどのような履物を履いたらよいか。(3)この地方では，羊の皮，牛の皮，鹿の皮，山羊の皮といった敷物や座具がある。これに対し，その他の地方では，草，樹皮，絹，綿の敷物や座具がある。この場合，我々はどのような敷物や座具を使えばよいか。(4)アシュマカ地方の人々は必要以上に水中での沐浴を大切にして，沐浴に気を配っている。よってこの場合，我々は常に沐浴をしてもよいか。(5)比丘Aが遠く離れた比丘Bに衣を譲与した場合，その衣が比丘Aの手から離れてはいるが，比丘Bに届かなかった場合，それは誰の捨堕になるか。

これに対するブッダの答えは次のとおりである。

tasmād anujānāmi/ pratyantimeṣu janapadeṣu vinayadharapañcamenopasaṃpadā sadāsnātaḥ ekapalāśike upānahe dhārayitavye na dviputāṃ na triputāṃ sā cet kṣayadharmaṇī bhavati tāṃ tyaktvā punar navā grahītavyā/ bhikṣur bhikṣoś cīvarakāni prekṣayati itaścyutāni tatrāsaṃprāptāni na kasyacin naiḥsargikāni/ (Divy. 21.16-21; MSV iv 189.14-18)
「では，〔汝の申し出を〕許そう。(1) 辺境の地方においては持律者を五人目とする〔僧伽〕によって具足戒を〔授けてもよい〕。(2)〔そこに住む比丘〕は常に沐浴〔してよい〕。(3)〔道の悪い辺境地では〕一枚のパラーシャ樹の葉で作られた草履を所有してよいが，二重・三重のものはいけない。それが擦り減ってしまったら，それを捨てて再び新しいものを持ってよい。(4) 比丘Aが比丘Bに衣を譲与する場合，〔その衣〕がその〔比丘A〕から離れてはいるが，〔相手の比丘Bに〕届かなかった場合，それは誰の捨堕にもならない」

シュローナの出した五つの質問に対するブッダの答えは，第三番目の「敷物・座具」に関する答えを欠いているが，その第三番目の質問に代表されるように，この説話は比丘の持ち物である敷物や座具，特に動物の皮革から作られた敷物や座具に関する規定を含むものであるから，MSV の皮革事にパラレルが存在し，同様の話は Pāli 律(5)にも見られる。五つの質問とその答えはすべて比丘の生活に関する規定であるという点，また第五番目の質問に対するブッダの答えに「捨堕 (naiḥsargika)」という律典独特の用語が見られる点からして，この部分は明らかに律典特有の記述であり，したがってこのような律典特有の記述を含む説話が Divy. に見られるということは，Divy. の編集者が MSV の説話を借用したことを物語っていると見て間違いない。

〔**第7章**〕シャクラはカーシャパへの布施を独占しようとして上空から天の飲物を彼の鉢に落としたので，他の貧者が布施の功徳を積めなくなるのを危惧したカーシャパは，それが鉢に入る度に捨てていく話があるが，その最後に次のような表現が見られる。

etat prakaraṇaṃ bhikṣavo bhagavata ārocayanti/ bhagavān āha/tasmād anujānāmi piṇḍopadhānaṃ dhārayitavyam iti/ (Divy. 84.21-23; MSV i 84.

1-2)

比丘達はこの出来事を世尊に告げた。世尊は言われた。「では〔お前達に〕鉢の蓋を持つことを許そう」と。

このように比丘達が何らかの事件を目撃し，それをブッダに告げると，それに対してブッダは比丘の生活に関して「何々することを許す」，あるいは「何々すれば突吉羅に陥る」とする用法は律に特有なものである。また比丘達がブッダに事件を告げる際に見られる斜体の表現は定型化しており，MSVにも多用されているので，これも律典特有の用法と見なすことができよう(6)。

〔第13章〕長者ボーダの息子スヴァーガタは出家し，阿羅漢となってシュシュマーラギリに生息する邪悪な龍を退治したので，住民達は彼を食事に招待する。あるバラモンも彼を食事に招待し，食後の消化を助けるためにと水を用意したが，その際，彼はその中に発情期の象のこめかみから出る液を指一本分だけ入れた。それを知らずに飲んだスヴァーガタは彼の家を後にし，シュラーヴァスティーに向かう途中，直射日光が背中に当たり，酔っぱらって大地に倒れてしまう。

asaṃmoṣadharmāṇo buddhā bhagavanto/ bhagavatā suparṇikā kuṭir nirmitā maitam kaścid dṛṣṭvā śāsane 'prasādaṃ pravedayiṣyatīti/ ..... tatpradeśam anuprāptaḥ/ atha bhagavāṃs tān ṛddhyabhisaṃskārān pratiprasrabhya bhikṣūn āmantrayate sma/ ayaṃ sa bhikṣavaḥ svāgato bhikṣur yenāśvatīrthiko nāgas tāvac caṇḍo vinītaḥ kiṃ idānīm eṣa śakto durbhuktasyāpi viṣam apanetum/ no bhadanta iti/ bhikṣava ime cānye cādīnavā madyapāne tasmān na bhikṣuṇā madyaṃ pātavyaṃ dātavyaṃ vā/ atha bhagavān āyuṣmantaṃ svāgataṃ madyavaśāt suptam utthāpyedam avocat/ svāgata kim idam/ asamanvāhāro bhagavann asamanvāhāraḥ sugata/ tato bhagavān āyuṣmantaṃ svāgatam ādāya vihāraṃ gatvā purastād bhikṣusaṃghasya prajñapta evāsane niṣaṇṇaḥ/ niṣadya bhikṣūn āmantrayate sma/ māṃ bho bhikṣavaḥ śāstāram uddhiśyadbhir madyam apeyam adeyam antataḥ kuśāgreṇāpi/ (Divy. 190. 11-191.4)

——諸仏・諸世尊というものは〔何時でも〕注意力を失うことはない。——

世尊は〔スヴァーガタが寝込んだ場所に〕美しい葉で作った小屋を化作し〔人目につかぬように彼をその中に隠し〕た。〈誰も彼を見て〔仏の〕教えに嫌悪の情を抱くことがあってはならない〉と考えてのことだった。(中略)〔世尊〕はその場所に到着した。その時，世尊はその神通力の働きを止めて〔その小屋を消し〕，比丘達に告げられた。「比丘達よ，これが，あれほど獰猛だったアシュヴァティールティカという龍を調伏した比丘スヴァーガタであるが，今，彼が悪い食物の毒さえ避けることができたか」。「いいえ，大徳よ」と。「比丘達よ，飲酒にはこのような，また別の過失がある。それゆえ，比丘は酒を飲んでも，〔他人に〕与えてもいけない」。そして世尊は，酒のために眠っていた同志スヴァーガタを起こして，次のように言われた。「スヴァーガタよ，これは一体何事だ」。「世尊よ，気が付きませんでした。善逝よ，気が付きませんでした」。そこで世尊は同志スヴァーガタを連れて精舎に行き，比丘僧伽の前に設けられた座にお坐りになった。お坐りになると，比丘達にお告げになった。「おお，比丘達よ，私を師と認める者は，たとえクシャ草の先端〔程の少量〕といえども，酒を飲んでも，〔他人に〕与えてもいけない」

このように，この説話は，一滴の酒と非常に獰猛な龍とを対比させ，獰猛な龍を倒した，徳高い阿羅漢のスヴァーガタでさえも，一滴の酒によって大地に倒れてしまうことを説くことにより，飲酒に関する咎，あるいは過失の大なることを強調している。この部分に相当する MSV の Skt. 原典は発見されていないが，MSV の Tib. 訳と漢訳にはこの説話の平行文が存在し，この飲酒に関する規定は，MSV の第七十九番目の学処に相当する (Pāli 律では第五十一番目の波逸提に相当)。上に引用した部分の直後，Divy. ではスヴァーガタが過去世においてなした業に疑問を持った比丘達がブッダに彼の宿業を尋ね，その質問に答える形でスヴァーガタの過去物語が説かれているが，Tib. 訳と漢訳では，この後，引き続いてブッダが「もしも比丘が酒を飲んだ場合は波逸提 (pātayantika) である」と言って学処を制定し，次にその制定された規則に関する注釈が置かれ，そして最後にスヴァーガタの過去物語が説かれて，この学処は終わる。すなわち Divy. では律典特有の部分である学処の制定とその注釈の部分が除かれているために，この説話そのものを見ていると，Divy. の説話が MSV から借用されたということを積極的に論証する根拠とはなり得ないかに見える。

しかしながら Pāli 律（Vin. iv 108.21-110.26）以来，漢訳の諸律，すなわち『四分律』（T. 1428, xxii 671b21-672b19），『五分律』（T. 1421, xxii 59c26-60b23），『摩訶僧祇律』（T. 1425, xxii 386c13-387a4）そして『十誦律』（T. 1435, xxiii 120 b29-121c1）や『根本説一切有部毘奈耶』（T. 1442, xxiii 857a13-860a16）では，この学処が制定された因縁譚の主人公はいずれの律においてもスヴァーガタであり，彼が獰猛な龍を調伏した後，信者の布施した酒入りの水を飲んで酔っぱらうということが各律に共通して説かれていることを考えると，Divy. 第13章に見られるスヴァーガタの物語が先に存在し，その後で Pāli 律や漢訳諸律のもとになった律典の編纂者が Divy. の説話を借用したと考えるよりは，Pāli 律に説かれるスヴァーガタの説話がかなり増広され，また過去物語が付加された後で，それを Divy. の編纂者が抜き出したと考える方が自然である。したがって，この説話には律典特有の記述——学処の制定とその注釈の部分——，あるいは律典の専門用語は見られないが，Divy. の編纂者が MSV に見られるスヴァーガタの物語を依用したと考えられる。その際，Divy. の編纂者は，律典特有の記述を巧みに外して，スヴァーガタの現在物語，過去物語，そして連結の部分を残すことにより，一つの独立したアヴァダーナを作り上げたと考えられるのである。

〔**第21章**〕この章は典型的なアヴァダーナの形式を取り，現在物語・過去物語・連結の三部から成るが，その連結が説き終わった直後に，次のような一節が見られる。

> iyaṃ tāvad utpattir na tāvad buddho bhagavāñ śrāvakāṇāṃ *vinaye śikṣāpadam*/ (Divy. 314.8-9)
>
> まずこのようなことが起こったが，まだ仏・世尊は声聞達の律に関する学処を〔制定されたの〕ではなかった。

ここではあからさまに「律に関する学処 (vinaye śikṣāpadam)」という語が見られるが，この表現は『根本説一切有部毘奈耶』や『根本説一切有部苾芻尼毘奈耶』に頻出し(7)，この説話も『根本説一切有部毘奈耶』にパラレルが存在することから，これが律文献から抜き取られたことを物語っている。

〔第23章〕この章の冒頭には老比丘に化けた龍と六群比丘との会話が見られるが，六群比丘はその老比丘が自分達に口答えしたとして次のように言う。

pratįvadaty eṣo 'smākaṃ mahallaḥ kurutāsy*otkṣepanīyaṃ karma* (Divy. 329.10-11)

「あの老人は我々に口答えしたぞ。あいつに捨置羯磨をなせ」

ここには「捨置羯磨 (utkṣepanīyaṃ karma)」という律特有の術語が見られるが，これもこの説話の起源が律典に由来することを暗示している。

〔第36章〕先に引用したスヴァーガタの物語では，律典特有の記述を除去することで，現在物語・過去物語・連結という，ジャータカに類似した構成を有する形を作り上げることに成功した例を見たが，この章では，学処の制定とその注釈の部分までも，その説話の中に取り込んでしまった用例を紹介する。ウダヤナ・ヴァッツア王の妃シュリーマティーは実父の計らいで，シャーリプトラから聞法の機会を得る。シャーリプトラは王妃に説法したが，彼女は四諦を知見しなかったので，何とか彼女に四諦を知見させようと努力している間に日が暮れてしまう。シャーリプトラがブッダのもとに帰ると，ブッダは次のように言う。

sādhu sādhu śāriputra saptānām ājñā akopyā tathāgatasyārhataḥ samyaksaṃbuddhasyārhato bhikṣoḥ kṣīṇāśravasya rājñaḥ kṣatriyasya mūrdhnābhiṣiktasya saṃghasthavirasyopadhivārikasya ācāryasyopādhyāyasya/ ..... yaḥ punar bhikṣur anirgatāyāṃ rajanyām anudgate 'ruṇe anirhṛteṣu ratneṣu ratnasaṃmateṣu vā rājñaḥ kṣatriyasya mūrdhnābhiṣiktasya indrakīlaṃ vā indrakīlasāmantaṃ vā samatikrāmed anyatra tadrūpāt pratyayāt pāpāntiketi/ yaḥ punar bhikṣur ity udāyī iti so vā punar anyo 'py evaṃjātīyaḥ/ anirgatāyāṃ rajanyām ity aprabhātāyām anudgata iti anudite aruna iti aruṇāḥ nīlāruṇaḥ pītāruṇaḥ tāmrāruṇaḥ tatra nīlāruṇo nīlābhāsaḥ pītāruṇaḥ pītābhāsaḥ tāmrāruṇaḥ tāmrābhāsaḥ/ iha tu tāmrāruṇo 'bhipretaḥ/ ratneṣu veti ratnāny ucyante maṇayo muktā vaiḍūryaṃ pūrvavad yāvad dakṣiṇāvartaḥ/ ratnasaṃmateṣu veti ratnasaṃmatam ucyate sarvaṃ saṃgrāmāvacaraśastraṃ sarvaṃ ca gandharvāvacaraṃ bhāṇḍam/ rājñaḥ kṣatriyasya mūrdhnābhiṣiktasyeti yā rājye stry api rājyābhiṣekeṇābhiṣiktā bhavati rājā saḥ kṣatriyo mūrdhnābhiṣiktaḥ kṣatriyo 'pi brāhmaṇo 'pi vaiśyo 'pi śūdro 'pi rājyābhiṣekeṇābhiṣikto bhavati rājā kṣatriyo mūrdhnābhiṣiktaḥ/ indrakīlaṃ veti traya indrakīlāḥ/ nagare indrakīlo rājakule indrakīlo 'ntaḥpura indrakīlaś ca/ indrakīlasāmantaṃ veti tatsamīpam/ samatikramed api vigacchet/ anyatra tadrūpāt pratyayād iti tadrūpaṃ pratyayaṃ sthāpayitvā/ pāpāntiketi dahati pacati yātayati pūrvavat/ tatrāpattiḥ kathaṃ bhavati/ bhikṣur aprabhāte prabhātasaṃjñī nagarendrakīlaṃ samatikrāmaty āpadyate duṣkṛtām/ aprabhāte vaimatikaḥ āpadyate duṣkṛtām/ prabhāte aprabhātasaṃjñī āpadyate duṣkṛtām/ prabhāte vaimatikaḥ āpadyate duṣkṛtām/ bhikṣur aprabhāte aprabhātasaṃjñī antaḥpurendrakīlaṃ samatikrāmaty āpadyate pāpāntikām/ prabhāte aprabhātasaṃjñī āpadyate duṣkṛtām prabhāte vaimatika āpadyate duṣkṛtām/ (Divy. 543.14-544.17)

「善いかな，善いかな，シャーリプトラよ，阿羅漢の如来，阿羅漢の正等覚者，漏尽の比丘，クシャトリアの灌頂王，僧伽の長老，〔精舎の〕物品管理者，先生・師匠，という七人の命令には従わなければならない。（中略）まだ夜が明けず，太陽が昇らず，宝あるいは宝と見なされている物が外に運び出されていない間に，クシャトリアの灌頂王の門の敷居あるいは敷居の側を越え行く比丘は，このような理由（上述の七人の命令）のある時以外は波逸提となる」

【波羅提木叉の注釈】**比丘**とは：ウダーイン，あるいはまた彼と同類の他の者のことである。**夜が明けていない時**とは：〔辺りがまだ〕明るくなっていない時のことである。**太陽が昇っていない時**とは：太陽には，青い太陽，黄色い太陽，赤い太陽があり，そのうち青い太陽は青く輝き，黄色い太陽は黄色く輝き，赤い太陽は赤く輝くが，ここでは，赤い太陽が意図されている。**宝**とは：宝は宝珠，真珠，猫眼石――前に同じ。乃至――右巻貝のことである。**宝と認められているもの**とは：宝と認められているものは，戦争に関わる，あらゆる武器，またはガンダルヴァに関わる楽器のようなものである。**クシャトリアの灌頂王**とは：女でも，王の即位式を以て王位に即位した者はクシャトリアの灌頂王であり，バラモンでも，ヴァイシャでも，シュードラでも，王の即位式を以て王位に即位した者はクシャトリアの灌頂王である。**あるいは敷居**とは：三種類の敷居がある。都城の敷居，王宮の敷居，そして後宮の敷居である。**敷居の付近**とは：その近くのことである。**越え行く**とは：また，通り過ぎる〔の意〕。**このような理由のある〔時〕以外は**とは：このような理由を除いて〔の意〕。**波逸提**とは：苦しめ，悩まし，困らせる，——前に同じ——。この場合，どのような罪があるか。夜が明けていないのに夜が明けたと思い込み，都城の〔門の〕敷居を跨ぐ比丘は突吉羅に陥る。夜が明けていないのに〔それについて〕迷う〔比丘〕は突吉羅に陥る。夜が明けているのに夜が明けていないと思い込んでいる〔比丘〕は突吉羅に陥る。夜が明けているのに〔それについて〕迷う〔比丘〕は突吉羅に陥る。夜が明けていない時，夜が明けていないと知りながら後宮の〔門の〕敷居を跨ぐ比丘は突吉羅に陥る。夜が明けているのに夜が明けていないと思い込んでいる〔比丘〕は突吉羅に陥る。夜が明けているのに〔それについて〕迷う〔比丘〕は突吉羅に陥る。

ここでも比丘の生活に関する規定が詳細に説かれるが，この規定は，その因縁譚こそ違うが，Pāli 律における第八十四番目の学処(8)に相当する。また後半はここで制定された波羅提木叉の注釈部分で，律特有の論述形式になっている。ここでは学処制定の因縁譚に続き，ブッダによる学処の制定と学処の注釈の部分までも取り込んだ説話が見られ，これまで見てきた用例の中でも一番極端な例と言えよう。

ここで引用した五例はいずれも MSV にパラレルが存在するが，Divy. の中に律典的記述が見られるということは，Divy. が MSV の説話を借用したことを物語っている。比丘の生活を規定する時，律典ではその規定制定の因縁譚を付すのが普通であり，MSV では特にその因縁譚の部分がかなり発達している。因縁譚を豊富に含む MSV から何らかの意図で説話を採用する際，Divy. の編纂者は，その説話のみならず，律典的記述までも取り入れてしまったために，このような律特有の記述をも含んだ説話が Divy. の中に混在していると見ることができる。これに関して，ユベールは「Divy. を書写した者が怠慢だったにせよ，聖典に対する敬意からにせよ，Divy. の編纂者は何も手を加えずに，その説話を蒐集していった。つまり，Divy. の編纂者は，一旦元の場所から切り離されれば，もはや存在理由のない文章を取り除くべきであると判断さえしなかったのだ」(9)と述べている。Divy. の編纂者が MSV から説話を借用する際，その説話に取捨選択を加え，巧みに一つの説話を構築している章もあるから，彼の指摘は，Divy. に見られる説話のすべてに適応できないが，最後に考察した用例はその典型の一つと言えるであろう。

またここで取り上げた四つの用例のうち，シュローナの説話とスヴァーガタの説話とはすでに指摘したように，Pāli 律にも同じ内容の物語が存在する。無論，Divy. や MSV に見られる話とは違って，かなり簡素なものであり，この二つの説話の祖型と考えてもよいかと思われる。したがってもしも Divy. が MSV に先行するとすれば，原型となる Pāli 律の説話が律典でない Divy. にまず伝承され，それからその説話が再び律典である MSV に取り入れられたことになり，その流れが極めて不自然になってしまう。そうではなく，Pāli 律の説話が同じ律典である MSV にまず伝承され，そこでかなりの改変を被った後で Divy. に取り込まれたと考える方が自然であろう。

文　脈　律典的記述とは関係ないが，先程引用したユベールの指摘を適応できる用例が Divy. 第31章に見られる。ここで鍵を握るのが「前に同じ。乃至 (pūrvavad yāvat)」という，すぐ先に述べた定型句を省略する時に用いる語であり，この用法が Divy. と MSV との前後関係を決定するのに非常に役立つ。では実際に用例の検討に入ろう。

〔**第31章**〕Divy. 第31章は，ブッダが各地を遊行しながら，有情を教化していく物語を扱っている。まず世尊はシュラーヴァスティーで，あるバラモンを教化し，彼を優婆塞とした後，ある地方に遊行に出掛け，そこでもまた，五百人の百姓を教化すると彼らを出家させる。その直後，その百姓たちが農耕に飼っていた牛達は世尊のもとにやって来たので，ブッダはその牛達に説法し，その牛達は真理を知見する。疑いを生じた比丘達は，その五百人の百姓ならびにその牛達が過去世でどのような業をなしたのかをブッダに尋ね，ブッダは比丘達のためにそれを説いて聞かせる。その後，現在物語と過去物語との連結があり，再び別の地方での出来事へと話は移行していく。

さてこの話の中に問題の pūrvavad yāvat の用例は八つあり，そこで省略される内容は，大抵が Divy. や MSV の説話の中では頻出する定型表現であり，pūrvavad yāvat で省略されるべきものであるが，この中で一つの例外（第五番目の用例）を除く六例は，いずれも pūrvavad yāvat で言及される元の部分が，この章からかなり離れた所に存在している。これを表に纏めてみよう（表2参照)。

表 2　Divy. 第31章の pūrvavad yāvat の位置（A）とその対応箇所（B）(10)

	(A)	(B)
(1)	462.11	310.26.
(2)	463.12	461.17.
(3)	463.25	341.27.
(4)	463.27	344.25→342.6→341.1→282.1.
(5)	464.4	None.
(6)	464.12	311.22.
(7)	464.15	344.5.
(8)	465.8	348.3→314.4.

このように刊本に従うと，いずれも百頁以上離れた所にその対応部分，すなわち定型句の原文が存在し，pūrvavad yāvat で省略するにはその原文が余りに離れた所にあるため，何か不自然な印象を与える。この章は MSV の薬事に平行文が存在するが，こちらでも同じことを調べてみると，次のようになる（表3参照)。

するとこのように，いずれの用例も元の場所からかなり近い場所に原文を見出すことができ，MSV 薬事の pūrvavad yāvat の用例の方が Divy. のそれよりも遙かに自然な感じがする。よってこれらの用例を見る限り，Divy. の説

表 3　MSV 薬事の pūrvavad yāvat の位置（A）とその対応箇所（B）

	(A)	(B)
(1)	70.1	54.1→21.5.
(2)	71.7	69.1.
(3)	71.19	25.7.
(4)	71.20	25.11→Ch (T.1448, xxiv 15b3)(11).
(5)	72.4	57.19.
(6)	72.11	61.14→59.6→55.5→46.6→29.18→22.1→Tib.(1030Ge6b7).
(7)	72.14	61.17→59.10→55.9→46.9.
(8)	73.14	62.15→59.17→55.6→48.2→24.5→Tib.(1030Ge7b2).

話は MSV から抜粋された印象を受けるが，無論この事実のみで MSV が Divy. に先行すると結論づけることは不充分である。しかし Divy. に見られる第五番目の pūrvavad yāvat の用例を詳しく考察してみると，この仮説を決定づけることができる。ここで我々は次のような奇妙な一節に出くわす。それは，ブッダがその牛達を教化する場面である。

te 'pi balīvardā yoktrāṇi varatrāṇi ca chittvā yena bhagavāṃs tenopasaṃkrāntāḥ/ upasaṃkramya bhagavantaṃ sāmantakenānuparivāryāvasthitāḥ/ teṣām bhagavatā *tribhiḥ padārthair dharmo deśitaḥ pūrvavad yāvad yathā gaṅgāvatāre haṃsamatsyakūrmāṇāṃ yāvad* ḍṛṣṭasatyāḥ svarbhavanaṃ (→svabhavanaṃ) gatāḥ/ (Divy. 464.1-5)

かの牛達もまた縄やロープを断ち切って世尊のもとに近づいた。近づくと，世尊の回りをぐるりと取り囲んで立っていた。〔そこで〕世尊は彼らに三句を以て説法し，――前に同じ。乃至――〔それは世尊が〕ガンジス河を渡る際に，白鳥・魚・亀に対して〔説法した時〕の如くであった。乃至〔四〕諦を知見した〔牛〕達は，自分達の住処に帰っていった。

下線を施した部分が問題の箇所だが，「この部分は pūrvavad yāvat で紹介されているにもかかわらず，この章の前には〔その原文を〕見出すことができない」と Divy. の校訂者は指摘している[12]。今までの pūrvavad yāvat の用例では，この語によって言及される箇所が，この章から遠く隔たってはいても，少なくとも Divy. の中には存在していた。しかしこの箇所は第31章はおろか，Divy. のどの章にもまったく存在せず，また「三つの句義（tribhiḥ padārthair）」も pūrvavad で省略され，それが何を指すかは不明である。そこで，これも MSV 薬事の平行文を手がかりに考えてみたい。Divy. のこの部分と，それに対応する MSV の文章を比較してみよう。

Divy.: te 'pi balīvardā yoktrāṇi varatrāṇi ca chittvā yena bhagavāṃs tenopasaṃkrāntāḥ/ upasaṃkramya bhagavantaṃ sāmantakenānuparivāryāvasthitāḥ/ teṣām bhagavatā tribhiḥ padārthair dharmo deśitaḥ pūrvavad yāvad yathā gaṅgāvatāre haṃsamatsyakūrmāṇāṃ yāvad dṛṣṭasatyāḥ svabhavanaṃ gatāḥ/ (Divy. 464.1-5)

MSV: te valīvardā yoktrāṇi varatrāṇi cchittvā yena bhagavāṃs tenopasaṃkrāntāḥ/ upasaṃkramya bhagavataḥ [pādau śirasā vanditvā] samantakena parivāryāvasthitāḥ/ teṣām bhagavatā tribhiḥ padair dharmo deśitaḥ/ pūrvavad yāvad yathā gaṅgāvatāre haṃsamatsyakūrmāṇāṃ yāvad dṛṣṭasatyāḥ svabhavanaṃ gatāḥ/ (MSV i 72.1-5)

このように両者はほぼ一致し，パラレルであることが分かる。当然 MSV にも今問題とする一節があり，この前の部分ではブッダが各地を遊行しながら有情を教化し，ガンジス河を渡ると，また別の地方を遊行して有情を教化していく様子が描かれるが，この中でブッダがガンジス河を渡る時の話が問題を解く鍵となる。この箇所は今問題とする文章のやや前(13)にあるが，そこに次のような話が見られる。

bhagavān nadīṃ gaṅgām avatīrṇas tatra paṃcabhir haṃsamatsyakūrmaśataiḥ parivṛtaḥ pradakṣiṇīkṛtaś ca/ teṣām bhagavatā *tribhiḥ padair dharmaḥ deśitaḥ/* iti hi bhadramukhāḥ sarvasaṃskārā anityāḥ/ sarvadharmā anātmānaḥ/ śāntaṃ nirvāṇam/ mamāntike cittam abhiprasādayata/ apy evaṃ tiryagyoniṃ virāgayiṣyatheti/ (MSV i 57.19-58.3)

世尊はガンジス河を渡っていると，そこで五百匹の白鳥・魚・亀に取り囲まれ，右遶された。〔そこで〕世尊は，彼らのために<u>三句を以て説法した</u>。すなわち，「汝等よ，諸行は無常である。諸法は無我である。涅槃は寂静である。私に対して心を浄らかにせよ。そうすれば畜生の胎を厭離するであろう」と。

今見た pūrvavad yāvat の用例は二つのことを我々に伝える。一つは，Divy. 第31章の「三つの句義」が，「諸行無常（sarvasaṃskārā aniyāḥ)」「諸法無我（sarvadharmā anātmānaḥ)」「涅槃寂滅（śāntaṃ nirvāṇam)」を意味すること，もう一つは，Divy. 第31章に見られる五番目の pūrvavad yāvat の後に説かれる五百匹の白鳥・魚・亀の話が，明らかに今見た MSV の説話を前提としていること，換言すれば，Divy. の編纂者が MSV からこの説話を借用したことが分かる。その際，Divy. の編纂者は，Divy. にはまったく存在しない部分，すなわち，pūrvavad yāvat で始まる五百匹の白鳥・魚・亀の話を削除することなく，不注意にもそれをそのまま依用したために，Divy. ではまったく意味をなさない一節がその中に紛れ込んだと考えられるのである。

〔**第30章**〕続いて先ほどと同じく文脈に注目しながら Divy. 第30章 Sudhanakumārāvadāna（SA）を手がかりにして，MSV と Divy. との前後関係を考察し，さらにはこの SA と兄弟関係にある他のアヴァダーナ，すなわち Māndhātāvadāna（MA）や Mahāsudarśanāvadāna（MSA）の出自にも考察を加えてみたい。まず最初に Divy. 第30章 SA を取り上げることにする。この章の冒頭部分は次のような唐突な始まり方をしている。

> *namaḥ punar api mahārāja* yan mayānuttarasamyaksaṃbodhiprāptaye dānāni dattāni puṇyāni kṛtāni vīryapāramitā ca paripūritā anuttarā samyaksaṃbodhir nārādhitā tac chrūyatām/ (Divy. 435.2-4)
>
> 「さらにまた大王よ，私は無上正等菩提を得るために布施を行い，福徳を積み，さらに精進波羅蜜を成満しても，無上正等菩提を獲得することはできなかったが，その話を聞かれるがよい」

このように，突然「さらにまた，大王よ（namaḥ punar api mahārāja)」という唐突な出だしでこの章は始まる。また「大王よ」とあるが，これも誰を指しているのかが不明である。この部分には写本に乱れがあることを校訂者自身が脚注で指摘し[14]，またこの章を和訳した奈良康明は「この冒頭部分は幾分唐突で原文に脱落が予想されるが，他の伝承から見て，ブッダがビンビサーラ王に物語る形式をとっている」と注記している[15]。続いてこの章を締め括る最後の部分を見てみよう。

> yan mayā manoharānimittaṃ balavīryaparākramo darśito dvādaśavarṣāṇi nirargaḍo yajña iṣṭo na tena mayānuttarā samyaksaṃbodhir adhigatā kiṃtu tad dānaṃ tac ca vīryam anuttarāyāḥ samyaksaṃbodher hetumātrakaṃ pratyayamātrakaṃ saṃbhāramātrakam (Divy. 461.2-6)
> 「私はマノーハラーのために，力・精進・勇気を示し，十二年間，滞りなく祭式を挙行したが，私はそれによって無上正等菩提を獲得したのではない。そうではなく，その布施とかの精進とは，〔私が〕無上正等菩提を得るための単なる因，単なる縁，単なる資糧にすぎなかったのである」

この部分もDivy.の文脈では意味をなさない。そこでMSVに立ち戻って，この章を吟味してみる必要がある。この章もそのままMSV薬事に平行文が見られるが，本来この話が語られる発端となったのは，Divy.でいえば第7章の貧女が灯明を布施する物語である。ブッダは彼女に無上正等菩提の記別を授けるが，それを知ったプラセーナジット王は，財力に物を言わせて千もの油壺を手に入れて灯明の環を形作り，それを布施して自分にも無上正等菩提の授記を授けてくれるようにブッダに懇願する。ブッダは無上正等菩提の獲得が百千もの布施や福徳を以てしても困難であることを王に説くと，王は泣きながら無上正等菩提を求める者がどれほどの布施をしたり福徳を積むものなのかをブッダに問う。すると，ブッダは次のように答える。

> tiṣṭhantu tāvan mahārāja ye 'tītāḥ kalpāḥ/ yan mayāsminn eva bhadre kalpe anuttarāṃ samyaksaṃbodhiṃ prārthayitā dānāni dattāni puṇyāni cānekaprakārāṇi kṛtāni tac chṛṇuta sādhu ca suṣṭhu ca manasikuruta bhāṣiṣye/ (MSV i 92.12-15)
> 「大王よ，過去の劫はしばらくおくとして，この同じ賢劫において，無上正等菩提を求めていた私は様々な種類の布施をし，福徳を積んだが，それをしっかりと聞き，上手く作意されるように。では説くとしよう」

これは「貧女一灯」として知られる物語であり，ブッダはプラセーナジット王に自分が過去世で実践してきた布施の話を説いて聞かせるが，その意図は「この私がそれほどの布施をしても，それは無上正等菩提を得るための単なる因，単なる縁，単なる資糧にすぎなかったのだから，王の行った布施くらいでは無上正等菩提の記別に値しない」ことを説くことにあることが分かる。さてここで説かれるブッダの過去世における布施物語を纏めると，(1) マーンダータ王 (MSV i 92.16 ff.)，(2) マハースダルシャナ転輪王 (MSV i 97.11 ff.)，(3) ヴェーラーマ婆羅門 (MSV i 98.12 ff.)，(4) クシャ力転輪王 (MSV i 99.10 ff.)，(5) トリシャンク王 (MSV i 109.12 ff.)，(6) マハーデーヴァ転輪王 (MSV i 111.18 ff.)，(7) ニミ転輪王 (MSV i 112.17 ff.)，(8) アーダルシャムカ王 (MSV i 114.7 ff.)，(9) スダナ転輪王 (MSV i 122.20 ff.)，そして(10) スダナ王子 (MSV i 123.15 ff.)，という十の物語が説かれ，またこれらの物語の出だしは，(2)スダルシャナ王の過去物語以降，(8)を除けば「また，大王よ」で始まり，また連結の最後には必ず「この布施は無上正等菩提を得るための単なる因，単なる縁，単なる資糧にすぎなかったのである」という定型句が置かれている。そして(9)スダナ転輪王の過去物語が説かれた後で，今問題にしている SA が「さらにまた，大王よ，私は無上正等菩提を得るために布施を行い，福徳を積み，さらに精進波羅蜜を成満したが，無上正等菩提を獲得することはできなかった。その話をお聞きになられるように」という出だしで説かれ，またこの過去物語が終わった後で，ブッダ自身が「私はマノーハラーのために，力・勇猛さ・勇気を示し，十二年間，自由に祭式を挙行したが，それによって私は無上正等菩提を獲得したのではない。そうではなく，その布施とかの精進とは〔私が〕無上正等菩提を得るための単なる因，単なる縁，単なる資糧にすぎなかったのである」と説かれて，この物語は終わる。このようにこれら一連の過去物語は，僅かな布施で無上正等菩提の授記を懇願したプラセーナジット王を諌める目的で説かれていることが分かる。

このように，SA はその出だしも締め括りの定型句も，また「大王よ」という呼びかけも，「僅かの布施で無上正等菩提の記別を授かろうとしたプラセーナジット王をブッダが自分の過去世での布施物語を説いて諌める」という MSV の文脈において始めて意味をなすのであり，この部分だけが切り取られて Divy. に収められたのではまったく意味をなさないのも当然である。この用例は MSV の説話が Divy. のそれに先行するということを如実に物語っている。奈良は冒頭部分が唐突であることから，本章の原文の脱落を指摘したが，冒頭部分の唐突さは原文の脱落ではなく，文脈を無視した抜粋に起因している。またここでの「大王よ」という呼びかけも，奈良が指摘する「ビンビサーラ王」ではなく，「プラセーナジット王」でなければならない。

では次にこの SA と兄弟関係にある MA や MSA についても同様の見地から考察する。この二つはギルギットの仏教写本 (GBM)の中に存在し，そのコロフォンにも明確に Māndhātāvadāna あるいは Mahāsudarśanāvadāna というタイトルが確認されるので，独立したアヴァダーナとして扱われていたことが分かる。この二つのアヴァダーナは，すでに見たように，僅かの布施で無上正等菩提の記別を願ったプラセーナジット王をブッダが諌める目的で説いた説話の一つであり，その始めと終わりとは，今ここで取り上げた SA と同様の定型句を共有していた。ただし両者ともにその反復を嫌い，前者は「詳しくは『中阿含』の王相応部にある「マーンダータ経」にあり (vistareṇa māndhātṛsūtraṃ madhyamāgame rājasaṃyuktakanipāte)」(MSV i 93.10)，また後者は「詳しくは『長阿含』六経品中[16]の「マハースダルシャナ経」にあり (vistareṇa mahāsudarśanasūtre dīrghāgame ṣaṭsūtrikanipāte)」(MSV i 97.13) として省略されており，GBM のようにコロフォンも存在しない。したがって GBM に含まれる幾つかのアヴァダーナは MSV 薬事から抜き出され，自派の伝持した阿含乃至は律蔵中の話から省略された部分を補って独立したアヴァダーナを形成したものと思われる[17]。

そこで GBM に見られる二つのアヴァダーナのうち，まず MA を見てみよう[18]。冒頭部分は欠損しており，「さらにまた，大王よ」という出だしは確認できないが，連結の後には次のような記述が見られる。

> yat mayā iyaṃ taṃ satvahitaṃ (kṛtaṃ tena nānuttaraṃ jñānam adhi) gataṃ api tv asty etad anuttarāyāḥ samyaksaṃbodhe hetumātrakaṃ pratyayamātrakaṃ sambhāramāttrakaṃ (整理番号 1448.8-1449.1)
>
> 「私はこのように有情を利益したが，これによって無上智を獲得したのではなかった。そうではなく，これは〔私が〕無上正等菩提を得るための単なる因，単なる縁，単なる資糧にすぎなかったのだ」

この後，GBM では MSV 薬事には見られない二つの過去物語が新たに付与され，さらにこれを増広したものが Divy. 第17章の MA であると熊谷泰直は指摘する(19)。では次に MSA を見てみよう(20)。この物語の始まりと終わりは次のとおりである。

Opening: punar api mahārāja yan mayā anuttarāṃ samyaksaṃbodhiṃ prārthayatā satva(hitaṃ kṛtaṃ tac chrūyatāṃ (整理番号 1451.8 & 1550.1)

「さらにまた，大王よ，私は無上正等菩提を求めて有情を利益したが，その話をお聞きになられるように」

Ending: (syāt khalu mahārā)ja 'te'〈na〉 mayā dānena vā dānasaṃvibhāgena vā anuttarā samyaksaṃbodhir adhigateti na khalv evaṃ draṣṭavyaṃ api tu tad dānam anuttarāyās samyaksaṃbodheḥ (hetumātrakaṃ pratyaya)mātrakaṃ saṃbhāramātrakam (整理番号 1567.7-8)

「大王よ，実に私はこの布施により，布施の分与により，無上正等菩提を獲得したに違いないと見てはならない。そうではなく，この布施は〔私が〕無上正等菩提を得るための単なる因，単なる縁，単なる資糧にすぎなかったのだ」

これらの事実から，GBM の二つのアヴァダーナ(21)も MSV 薬事の話をベースにしていることが理解されよう。Divy. の第2章から第7章までは MSV 薬事からシステマティックに抜き出され，そして最後の第7章 Nagarāvalambikāvadāna に相当する「貧女一灯」の説話を軸にして様々なブッダの過去物語が説かれることになるが，そのうちあるものは GBM や Divy. へ，またあるものは GBMを経て Divy. へ，という変遷を辿ったことが確認された。MSV 薬事とそこから独立したアヴァダーナの一覧を纏めてみよう（表4参照)。

Divy. 第30章 SA を手がかりに，MSV と Divy. の前後関係を考察して MSV が Divy. に先行することを論証し，その結果を踏まえて，これと兄弟関係にある二つの独立した GBM のアヴァダーナ，すなわち MA と MSA も併せて考察の対象としたが，いずれの説話も貧女の布施と授記の物語を起点にした

表 4 薬事の出典とそこから独立したアヴァダーナの一覧(22)

(1) (Khe276a8-Ge7b3) [Pūrṇa] → Pūrṇāvadāna (Divy. 2)
(2) (Ge26b2-33b4) [Maitreya] → Maitreyāvadāna (Divy. 3)
(3) (Ge88a5-89b7) [Brāhmaṇadārikā] → Brāhmaṇadārikāvadāna (Divy. 4)
(4) (Ge103a7-104a6) [Stutibrāhmaṇa] → Stutibrāhmaṇāvadāna (Divy. 5)
(5) 73.16-79.2 [Indranāmabrāhmaṇa] → Indrabrāhmaṇāvadāna (Divy. 6)
(6) 79.3-91.6 [Nagarāvalambikā] → Nagarāvalambikāvadāna (Divy. 7)
　① 92.16-97.8 [Māndhātṛ] → MA (GBM) → MA (Divy. 17)
　② 97.9-98.9 [Mahāsudarśana] → MSA (GBM)
　③ 123.15-159.16 [Sudhanakumāra] → SA (Divy. 31)
　④ (Ge208a8-214a4) [Viśvantara] → Viśvantarāvadāna (GBM)
(7) 241.1-255.10 [Mendhaka] → Mendhakāvadāna (Divy. 9-10)

MSV 薬事を発生の母胎としていたことが理解された。そして各アヴァダーナの「さらにまた，大王よ」という冒頭部分と，「無上正等菩提を得るための単なる因，単なる縁，単なる資糧にすぎなかったのである」という最後の部分に見られる定型句，特に後者は有機体の DNA にも喩えることができる。すなわちどんなに増広改変されて独立したアヴァダーナの体裁を取っても，この定型句を有している限りその母胎は MSV 薬事であり，またこの定型句を共有する説話は兄弟関係にあることを証明することになるからだ。また前出の一覧表からも分かるとおり，「貧女一灯」の物語以前では Divy. 第 2 章から第 7 章までが組織的に，またそれ以降では Divy. 第 9 -10章が抽出されているので，全体として見た場合，MSV 薬事は実に数多くの独立したアヴァダーナを産出したことになり，Divy. や GBM において独立するに至ったアヴァダーナの発生母胎になっていたのである。

他文献への引用 Divy. 第15章では，同志ウパーリンの「どのような場合に福徳の集まりはなくなるのか」という質問に対して，ブッダはこう答える。

nāham upālinn ito vahiḥ samanupaśyāmy eva kṣatiṃ copahatiṃ ca yathā sabrahmacārī sabrahmacāriṇo 'ntike/ tatropālinn imāni mahānti kuśalamūlāṇi tanutvaṃ parikṣayaṃ paryādānaṃ gacchanti/ tasmāt tarhi te upālinn eva (→ evaṃ) śikṣitavyam yad dagdhasthūṇāyā api cittaṃ na pradūṣayiṣyāmaḥ prāg eva savijñānake kāye/ (Divy. 197.21-26)

「ウパーリンよ，以下の場合を除いては，〔福徳の集まりの〕損害や損失を私は見ない。〔それは〕同梵行者が〔別の〕同梵行者に対して〔悪心を起こすような〕場合である。この場合，ウパーリンよ，かの大いなる善根は減少し，尽き果て，消滅してしまうのである。ゆえに，ウパーリンよ，汝はここでこのように学び知るべきである。すなわち，『焼けた杭に対しても我々は怒りを生ずるべきではない。〔六〕識を具えた身体に対しては言うに及ばぬ』」

ほぼ同内容の話は Śikṣ. や BCAP に引用されているが[23]，これは「『ディヴィヤ・アヴァダーナ』に曰く」ではなく，「聖なる説一切有部に曰く(āryasarvāstivādānāṃ ca paṭhyate)」[24]として引用されているのである。ここでは「説一切有部の律 (Vinaya)」と明記されていないため，「説一切有部の Divy. に曰く」という可能性も考えられなくはない。しかし Tib. 訳にも漢訳にも Divy. という名で翻訳された典籍がないことを考えると，「説一切有部の Divy. に曰く」というよりは「説一切有部の律に曰く」という可能性の方が高いように思われる。したがってこの話は，本来，説一切有部律に属していたものと考えられ，そこから Divy. の編纂者が抜き出したものと考えられる。よってこれも，MSV が Divy. に先行することを裏付ける用例と考えられよう。

以上，様々な用例を検討しながら，MSV が Divy. に先行するということ，換言すれば，Divy. の編纂者が MSV の説話の豊富さに目を付け，そこから，何らかの意図のもとに，幾つかの説話を抜き出したことを見てきた。これらの考察によって，MSV が Divy. に先行することは確実である[25]。

2　Divy. の編纂に関する問題

続いて Divy. の編纂に関する問題を考えてみたい。Divy. の成立に関しては，二つの異なった視点が必要である。すなわち各説話の成立と，Divy. という文献の成立とであり，両者は切り離して考えなければならない。当然各説話の成立の方が古く，編纂時期はそれ以前には遡り得ない。各説話を詳細に吟味すれば，その中のある説話やプロットは紀元前に端を発するものもあろうが，しかしそれと編纂時期とは明らかに別次元で論じられるべき問題であり，決して両者は混同されるべきではない。従来この文献の成立時期に言及した研究では，この点が曖昧に扱われている[26]。Divy. の成立の問題を扱うには，他文献との綿密な比較研究によって各説話の成立の時期や地域を特定する必要があるが，これは早急に結論を出せる問題ではないので今後の課題とし，ここでは編纂された時期や地域に関して若干の考察を試みる。

時　代　Divy. に留まらず，インドの仏典の成立時期を決定するのが至難の業であることは多言を要しない。よってこれから試みようとする Divy. の編纂時期に関しても，その時期をある特定の年代に設定することは期待できない。よってここでは現在我々に与えられた資料やこれまでの研究の成果を手がかりにして，可能な限りその年代時期の特定を試みようと思う。これには様々なアプローチが考えられるが，ここでは二つの側面からこの問題を考えてみたい。Divy. の大半は MSV と説話を共有し，それを核に様々な単独の説話が挿入されるという体裁を取るが，それらの多くは漢訳されているので，まず年代設定にあたっては，漢訳資料の活用が有効である。そこで，Divy. 所収の説話でその漢訳の存在が知られている漢訳仏典とその漢訳者・漢訳年代を列挙してみよう。

(1)　『根本説一切有部毘奈耶』（T. 1442-1451, xxiii 627）義浄（702-710）
(2)　『嗟韈曩法天子受三帰依獲免悪道経』（T. 595, xv 129）法天（？-1001）
(3)　『賢愚経』（T. 202, iv 436）慧覚（445）
(4)　『金色王経』（T. 162, iii 388）般若流支（542）
(5)　『月光菩薩経』（T. 166, iii 406）法賢（1001）
(6)　『阿育王経』（T. 2043, l 131）僧伽婆羅（460-524）
(7)　『阿育王伝』（T. 2042, l 99）安法欽（281-306）
(8)　『銀色女経』（T. 179, iii 450）仏陀扇多（？）[27]
(9)　『摩登伽経』（T. 1300, xxi 399）竺律炎・支謙（230）

⑽『布施経』(T. 705, xvi 812) 法賢 (1001)

これを見ると，最も後代の漢訳文献は⑵と⑸と⑽であり[28]，ちょうど十世紀後半から十一世紀前半の訳出となる。漢訳された年代からその原典の成立を推定するのは困難であるが，仮に漢訳年代から百年遡らせると，この二つの原典の成立は九世紀後半から十世紀前半の成立ということになり，漢訳文献という側面から Divy. の編纂年代を考えると，それは十世紀以降ということになる。

では次に GBM の年代からこの問題を考察してみたい。Divy. 第17章は MSV から直接 Divy. に収められたのではなく，大幅にリヴァイズされて GBM 所収の単独のアヴァダーナとなり，それがさらなる増広改変を被った後に Divy. に組み入れられたことはすでに見たが，そうだとすれば，GBM 写本の年代が設定できれば，Divy. 編纂時期の上限を特定することができる。しかし，この写本の年代に関しては本格的な研究が進んでおらず，若干の研究者が断片的にこの問題に言及しているに過ぎないので断定的なことは言えないが，従来の研究者の諸説を総合すれば[29]，GBM の成立はおよそ六世紀頃ということになる[30]。またこの写本の中には様々な仏典が含まれており，中国において何度も漢訳された原典も含まれており，それらの漢訳とこの写本の原典とを比較考察し，その原典がどの時代の漢訳と一番近いかを確認することで，ある程度この写本の年代が設定できる。たとえば，薬師経（Bhaiṣajyagurusūtra）の場合，GBM の中には本経の梵文原典が断片も含めて五種確認され，この写本の校訂ならびに研究はショペンが行っているが[31]，薬師経の漢訳にはまったく触れていない。そこで本経の対応漢訳四本を年代順に並べてみよう。

⑴『灌頂経』(T. 1331, xxi 495) 帛尸梨蜜多羅 (5C)

⑵『薬師如来本願経』(T. 449, xiv 401) 達摩笈多 (615)

⑶『薬師瑠璃光如来本願功徳経』(T. 450, xiv 404) 玄奘 (650)

⑷『薬師瑠璃光七仏本願功徳経』(T. 451, xiv 409) 義浄 (707)

日本において本経の本格的な研究を行っている長尾佳代子によると，この中では達摩笈多訳が GBM の薬師経の内容に一番近いと言う[32]。とすればこの用例からも，GBM の成立は六世紀頃周辺に設定されることになる[33]。しかしここでの用例は五世紀から八世紀という比較的短い時期に限定されるから，これのみで GBM の成立を六世紀とするわけにはいかない。より長い年月をかけて何度も漢訳された文献でこの問題を検証する必要があるが，この条件を満たしているのが岩本裕の校訂した Sumāgadhāvadāna である。この仏典も GBM に含まれるアヴァダーナの一つであるが，岩本はこれに相当する漢訳を五本挙げている[34]。

(1) 『三摩竭経』(T. 129, ii 843) 竺律炎 (230)

(2) 『須摩提女経』(T. 128, ii 835) 支謙 (240)[35]

(3) 『増一阿含経』(T. 125, ii 660) 僧伽提婆 (397)

(4) 『分恕檀王経』沮渠京声 (455)[36]

(5) 『給孤長者女得度因縁経』(T. 130, ii 845) 施護 (980-)

この中で現行の梵文写本に一番近い漢訳は施護訳であると岩本は指摘する。この用例の利点は最古の訳から最新の訳まで七百五十年以上の年月があることだが，短所は沮渠京声訳から施護訳までの時期があまりに隔たっており，施護訳に一番近いといっても，その梵文原典の成立を直ちに八世紀初頭位に位置付けられない点にある。しかし現存の資料で考察する限り，本経は最も後期の漢訳に近いことになる。

また GBM に収められている写本中には Avikalpapraveśasūtra (整理番号 1668-1683) として整理されている文献があり，松田和信がこの写本の研究を行っているが[37]，その中で松田はこの文献がスティラマティ以前の文献に直接的には遡り得ないことを指摘し，またこれに相当する漢訳として，施護訳『入無分別法門経』(T. 654, xv 805) を挙げている[38]。この他にも GBM 所収の写本には同じく宋の天息災訳『較量寿命経』(T. 759, xvii 601) に比定される Āyuḥparyantasūtra[39] や法護訳『大乗大方広仏冠経』(T. 438, xiv 110) に相当する Buddhamakuṭa も存在する。このような状況を踏まえると，GBM には六世紀前後に比定できる写本も存在するには違いないが[40]，宋代に施護や天息災によって漢訳されたと考えられる原典も同時に存在する。無論，彼らが用いた原典が GBM と同内容のものと確定はできないし，また彼らが用いた原典の成立を漢訳年代から単純に百年前と設定することもできないので，GBMの成立を安易に九世紀後半から十世紀前半に置くことはできないが，しかしダットや岩本や渡辺照宏が設定した六世紀というのはGBMすべてに当てはめるわけにはいかない。

では最後にGBMの書体からこの問題を考えてみる。この写本の書体は，丸みを特徴とする Gilgit/Bamiyan-Type I と角張った特徴を有する Gilgit/Bamiyan-Type II との二種類だが，今ここで問題としているMSVや Māndhātāvadāna の書体は Gilgit/Bamiyan-Type II に分類され，ザンダーによると，碑文等との照合から，この書体が使用された年代を六世紀から十世紀の間と推定する(41)。

以上の考察を総合すれば，Divy. の核となる説話が収められたGBMの成立は，最大幅で六世紀から十世紀頃の成立と考えられ，またGBM中に宋代の施護や天息災によって漢訳された経典に比定される写本が存在することを考えると，その幅は十世紀に近い方へシフトしそうである。Divy. 所収の説話に宋代の漢訳が三本存在し，そのうち『月光菩薩経』に相当する第22章は，現存のすべての写本に収録されていることを考えれば，Divy. 編纂の上限は限りなく十世紀に近くなり，また現存する Divy. の写本で最古のベンガル写本等は初期ネパール文字で刻まれているので，Divy. 編纂の上限は十世紀前後に落ち着きそうである。

地　域　では次に Divy. が編纂された地域について考えてみたい。これに関して重要な手がかりを与えてくれるのが Divy. 所収のジャータカである。ジャータカの発生地に関して最初に興味深い説を提唱した杉本卓洲は，玄奘の『大唐西域記』や法顕の『高僧法顕伝』などの旅行記の記述を手がかりに，北東インドと西北インドによってジャータカの内容が異なることを指摘する(42)。すなわちクシナガラ，バーラーナシー，ヴァイシャーリー，そしてマガダ等の北東インド地帯では，「雉王本生」，「救生鹿本生」，「六牙象本生」，「兎王本生」など動物を主人公にしたものが多いのに対し，西北インドには菩薩の修行処に記念のストゥーパが建立され，そこで菩薩は自分の目を施したり，自らの頭を布施するといった血生臭い話が目立つという。

またこの後，宮治昭も同じ点に着目し[43]，西北インドには，体を裂いて鷹に与えて鳩を救ったシビ王本生処（スワート），眼を人に施したという善目王本生処（ガンダーラ），頭を切って人に施した月光王本生処（タキシラ），そして身を餓虎に喰わせた捨身飼虎本生処（西北インド，現在の場所不明）という四つの本生処の聖蹟があり[44]，これらはいずれも中インドの記念碑的な場所としての聖地とは異なった，血生臭い自己犠牲の説話に基づいている聖蹟であるとし，「むごたらしい話は，さすがに不殺生を重んじるインド内のひとびとには受け容れられなかったようである。たんなる布施の本生譚ならばとにかくとして，こうした血なまぐさいまでの自己犠牲の説話には，もとになるインドの神話・民族説話などがない。おそらくガンダーラ地方でつくられたものではなかろうか。またこれとは逆に，中インドで好まれた輪廻世界に身をおいた動物を主人公とする寓話的な説話はガンダーラ地方では消えてしまっている」と指摘する。

この両者の説は，中インドないし東北インドにおいては動物を主人公とする寓話的なジャータカが，また西北インドでは人間を主人公とする血生臭い自己犠牲のジャータカが好んで説かれていることを示唆している[45]。西北インドは常に異民族の侵入に曝され，戦闘に明け暮れた場所であるから，この地に血生臭い説話が流行するのは自然であると思われるし[46]，またこの地域は残忍な野蛮人の住む国とされている[47]。では，Divy. に収められているジャータカが西北インド型か中部・北東インド型かを確認してみよう。

(1)　第5章　Stutibrāhmaṇāvadāna：象
(2)　第8章　Supriyāvadāna：隊商主
(3)　第17章　Māndhātāvadāna（過去物語1）：王
(4)　第20章　Kanakavarṇāvadāna：王
(5)　第22章　Candraprabhabodhisattvacaryāvadāna：王
(6)　第30章　Sudhanakumārāvadāna：王子
(7)　第32章　Rūpāvatyavadāna：女／組合長の息子／バラモンの息子
(8)　第33章　Śārdūlakarṇāvadāna：王

(9)　第35章　Cūḍāpakṣāvadāna（過去物語2）：組合長

(10)　第36章　Mākandikāvadāna（過去物語1）：青年バラモン

(11)　第36章　Mākandikāvadāna（過去物語2）：隊商主

これから分かることはブッダの本生が(1)の象を除けば，他のすべての説話ではブッダの本生が人間であるということである。つまり Divy. にはブッダの本生を動物とする寓話的な説話が極端に少ないことが分かる。またここで重要なのは，(5)と(7)の二章である。この二つのアヴァダーナは刊本のみならず現存のすべての写本に含まれるアヴァダーナであることはすでに指摘したが，この二つのアヴァダーナの特徴はその血生臭さにある。第22章ではブッダの本生であるチャンドラプラバ王が自らの頭を切って悪心を抱いたバラモンに喜捨したし，また第32章ではブッダの本生であるルーパーヴァティーが飢えた女性に自らの乳房を切って与えたり，生まれ変わっては自分の体を切り刻み鳥達に自らの体を餌として与えたし，再び生まれ変わると出産したばかりの虎に自らの目や身体を餌として与えるという内容であった。刊本のみならず，現存のすべての写本においてこの血生臭い説話が二つとも伝承されているという事実は，Divy. が西北インドと深い関わりにあったことを示しており，西北インドが Divy. の編纂に深く関与した地域として浮かび上がってくる(48)。Divy. のジャータカは杉本と宮治とが指摘した西北インド型の特徴を示す二つの条件（動物を主人公とする寓話でないこと，血生臭い話を伝えていること）を満たしている。以上の考察から，Divy. の編纂地は北西インドに特定できそうだ。

3　Mv. の成立

年　代　Mv. 全体の成立を総合的に論ずることは無理なので，極めて部分的ではあるが，Mv. の成立解明に向けての試論という形で，この問題に挑戦してみたい。まずは成立年代であるが，これに関しても Divy. と同様の視点が必要である。つまり Mv. は仏伝を核にして種々様々なジャータカなどの過去物語が随所に挿入されているから，その核になる部分の成立と，後から組み込まれた過去物語の成立とは峻別して考えなければならない。また核になったと考えられる仏伝も，その伝承過程においては何らかの増広改変を被ったと考えられるから，事態は複雑であり，単純な作業で Mv. の成立した時代を明らかすることは不可能であるが，ここではかなり後代に大乗経典の影響を受けたと考えられる箇所に焦点を絞り，現存の Mv. の編纂時期の下限がどこまで下がるかについて考察を進めていく。

従来，Mv. の成立に関してはその語形や韻律といった観点からの考察が中心であった。無論そのような視点からの考察により，我々は重要な手がかりを得ることができるが，そのような研究はすでになされているので，ここでは従来とは違った視点，すなわち翻訳年代の明確な漢訳資料を駆使して，Mv. のある部分の成立を考えてみたい。その部分とは阿修羅に対する授記物語であり，ここではこの部分の成立を考察する。有部系の資料に見られる授記には，授記に関する定型句が付随するのが普通であり，次章で詳しく取り上げるが，その基本的な形は，誰かに記別を授ける際に，ブッダは微笑を現し，その口から光明が放たれ，その光明が世界を巡って再びブッダに帰入し，アーナンダがその微笑の意味を尋ねると，ブッダはそれに答える形で誰かに記別を授ける，というものである。このような定型句は有部系のアヴァダーナや大乗経典では珍しくないが(49)，Mv. ではここだけにしか見られない特異な用例である。これは無上正等菩提に心を起こして誓願を立てた阿修羅にブッダが記別を授ける話の中に見られるが，その定型句は以下のとおりである。

> atha khalu bhagavān teṣām asurāṇām idam evaṃrūpaṃ cetopraṇidhānaṃ viditvā tasyāye velāye smitaṃ prāduṣkare samanantaraṃ prāduṣkṛte ca bhagavato mukhadvārāto nānāvarṇā anekavarṇā arciṣo niścaritvā nīlapītamāñjiṣṭhā raktaśvetāvadātā kanakavarṇā sarvaṃ buddhakṣetraṃ obhāsayitvā yāvad akaniṣṭhā devanikāyā bhagavantaṃ trikhuttaṃ pradakṣiṇīkṛtvā bhagavato purato aṃtarahitāḥ// atha khalv āyuṣmān aśvakī yena bhagavāṃs tenopasaṃkramitvā tenāṃjaliṃ praṇāmayitvā bhagavantam etad uvāca// nāhetukaṃ nāpratyayaṃ tathāgatā arhantaḥ samyaksaṃbuddhāḥ smitaṃ prāduṣkaronti/ko bhagavaṃ hetuḥ kaḥ pratyayo smitasya prāduṣkaraṇāya// (Mv. iii 138.19-139.7)

さてその時，世尊はそのアスラ達のそのような心の誓願を知って，その時に微笑を現された。現された直後，世尊の口から，青・黄・紅・赤・白・純白・金色といった，種々の色彩，様々な色合いの光線が放たれ，有頂天衆に至るまで一切の仏国土を照らし出すと，世尊を三たび右に回り，世尊の前に消えていった。その時，同志アシュヴァキンは世尊に近づくと，合掌礼拝し，世尊にこう申し上げた。「如来・阿羅漢・正等覚者達は因なく縁なくして微笑を現すことはありません。世尊よ，微笑を現されたのには，いかなる因やいかなる縁があるのですか」

このような定型句の最古の用例は『道行般若経』に見られる。そこでこのMv. の定型句をまず小品系般若経の梵本 AṣP のものと比較してみよう。ここでは授記に関する定型句が二箇所で説かれている。一つは，六千人の比丘達に対してブッダが記別を授ける第28章，もう一つは，ブッダが天女ガンガデーヴィーに記別を与える第19章であるが，その前にそれぞれ次のような定型句が見られる。

(**A**) atha khalu bhagavāṃs tasyāṃ velāyāṃ smitaṃ prādurakarot/ dharmatā khalu punar eṣāṃ buddhānāṃ bhagavatām yadā smitaṃ prāduṣkurvanti atha tadā nānāvarṇā anekavarṇā raśmayo bhagavato mukhadvārān niścaranti tadyathā nīlapītalohitāvadātamāñjiṣṭhasphaṭika-rajatasuvarṇavarṇāḥ/ te niścarya anantāparyantān lokadhātūn ābhayā avabhāsya yāvad brahmalokam abhyudgamya punar eva pratyudāvṛtya bhagavantaṃ triḥ pradakṣiṇīkṛtya bhagavato mūrdhany antardhīyante// atha khalv āyuṣmān ānanda uttāyāsanād ekāṃsam uttarāsaṅgaṃ kṛtvā dakṣiṇaṃ jānumaṇḍalaṃ pṛthivyāṃ pratiṣṭhāpya yena bhagavāṃs tenāñjaliṃ praṇamayya bhagavantam etad avocat nāhetukaṃ nāpratyayaṃ tathāgatā arhantaḥ samyaksaṃbuddhāḥ smitaṃ prāduṣkurvanti/ ko bhagavan hetuḥ kaḥ pratyayaḥ smitasya prāduṣkaraṇāya// (AṣP 226. 10-18)

さてその時，世尊は微笑を現された。ところで，以下が微笑を現される時の諸仏・諸世尊の慣わしである。すなわちその時，青・黄・赤・白・朱・水晶・銀・金色といった，種々の色彩，様々な色合いの光線が世尊の口から放たれた。放たれると，それらは光輝によって限りなく果てしない世界を照らし出し，梵天の世まで昇って行き，再び還ってくると，世尊を三たび右に回り，世尊の頭頂に消えていった。その時，同志アーナンダは座より立ち上がり，右肩を肌脱いで，右膝を地面に著け，世尊に向かって合掌礼拝し，世尊にこう申し上げた。「如来・阿羅漢・正等覚者達は因なく縁なくして微笑を現すことはありません。世尊よ，微笑を現されたのにはいかなる因やいかなる縁があるのですか」

(**B**) atha khalu bhagavāṃs tasyāṃ velāyāṃ suvarṇavarṇa smitaṃ prādurakarot/ tad anantāparyantān lokadhātūn ābhayā spharitvā yāvad brahmalokaṃ abhyudgamya punar eva pratyudāvṛtya bhagavantaṃ triḥ pradakṣiṇīkṛtya bhagavata eva mūrdhni antaradhīyata/ ..... atha khalv āyuṣmān ānanda utthāyāsanād ekāṃsaṃ uttarāsaṅgaṃ kṛtvā dakṣiṇaṃ jānumaṇḍalaṃ pṛthivyāṃ pratiṣṭhāpya yena bhagavāṃs tenāñjaliṃ praṇamya bhagavantam etad avocat ko bhagavan hetuḥ kaḥ pratyayaḥ smitasya prāduṣkaraṇāya nāhetukaṃ nāpratyayaṃ tathāgatā arhantaḥ samyaksaṃbuddhāḥ smitaṃ prāduṣkurvanti/ (AṣP 180.24-181.2)

さてその時，世尊は金色の微笑を現された。それは光輝によって限りなく果てしない世界を満たすと，梵世まで昇って行き，再び還ってくると，世尊を三たび右に回り，世尊の頭頂に消えていった。(中略) その時，同志アーナンダは座より立ち上がり，右肩を肌脱いで，右膝を地面に著け，世尊に向かって合掌礼拝し，世尊にこう申し上げた。「世尊よ，微笑を現されたのにはいかなる因やいかなる縁があるのでしょうか。如来・阿羅漢・正等覚者達は因なく縁なくして微笑を現されることはありません」

私の知る限り，この Mv. の定型句に類似するのは，梵文原典が確認されている大乗経典中ではこの AṣP の用例だけである。なお Mv. の帰属部派である大衆部と般若経とが密接な関係にあることは，ハリソンや下田正弘によって指摘されているが(50)，この事実から考えて，小さな相違点は存在するが大筋で両者の定型句は共通し，また点線を施した部分はほぼ一致，下線を施した部分は逐語的に一致するので，両資料は密接な関係にあることが窺えよう。ではこの Mv. の授記に関する定型句の成立年代を考えてみる。この般若経はその歴史の中で何度も翻訳し直されており，その都度，授記の定型句も徐々に増広されているので，それらの定型句と Mv. のそれとの比較を通し，どの漢訳に Mv. の定型句が一番近いかを確認することで，Mv. の授記に関する定型句の成立年代がある程度確定できる。では年代順に授記の定型句を紹介するが，紙面の都合上，Mv. の定型句により近い(A)に相当する部分のみを挙げる。順序は古い順に，①『道行般若経』(179年：支婁迦讖訳)，②『大明度経』(222〜228年：支謙訳)，③『摩訶般若波羅蜜鈔経』(265〜272年：竺法護訳)，④『小品般若波羅蜜経』(408年：羅什訳)，⑤『大般若波羅蜜多経第四会』(660〜663年：玄奘訳)，⑥『仏母出生三法蔵般若波羅蜜多経』(982年以降：施護訳）とする。

①是時仏笑。口中出若干色。其明至十方仏刹悉為明。其明還遶仏三匝従頂上入。阿難従坐起整衣服。為仏作礼長跪問仏。仏不妄笑。既笑当有意 (T. 224, viii 468b5-8)

②時仏笑。口中出若干色。其明至十方仏国悉為其明。還遶仏三匝従頂上入。阿難従坐起正衣服。為仏作礼長跪問仏。仏不妄笑。願説笑意 (T. 225, viii 502b28-c2)

③相当箇所なし。

④仏即微笑。諸仏常法若微笑時。青黄赤白無量色光。従口而出。是諸光明。遍照無量無辺世界。上至梵天。還遶身三匝従頂上入。阿難即従座而起。偏袒右肩右膝著地。合掌向仏白仏言。世尊。何因縁故微笑。諸仏不以無因縁而笑 (T. 227, viii 577b24-29)

⑤爾時世尊即便微笑。如仏常法従其面門。放種種光青黄赤白紅紫碧緑金銀頗胝。傍照無辺諸仏国土。上至梵世下徹風輪。漸復還来繞仏右転。経三匝已従頂上入。時阿難陀即従座起。礼仏合掌白言。世尊。何因何縁現此微笑。諸仏現笑非無因縁。唯願如来哀愍為説 (T. 220, vii 854c13-19)

⑥爾時世尊。即従口門放大光明。所謂青黄赤白等種種色光。遍照無量無辺仏刹乃至梵界。普遍照耀已其光旋還。繞仏三匝却従世尊頂門而入。爾時尊者阿難。即従座起遍袒右肩右膝著地。合掌向仏作如是言。何因何縁放斯光明。若無因縁如来応供正等正覚不放光明 (T. 228, viii 664a1-7)

このように翻訳年代順に並べて授記に関する定型句を比較してみると，その発展の経緯がよく分かるが，今ここで注目したいのはアーナンダの質問である。下線で示すように，Mv. や AṣP の梵本には「如来・阿羅漢・正等覚者達は因なく縁なくして微笑を現すことはありません」とあるが，この表現に注意しながら漢訳を見てみると，下線で示したように，玄奘訳以前の諸訳ではほとんどが「(諸) 仏」とし，また梵本の(B)に相当する漢訳も事情は同じである(51)。ところが最も後代の漢訳である施護訳になって初めてここが「如来応供正等正覚」とされ，梵本(B)に相当する部分も「諸仏如来応供正等正覚」(T. 228, viii 648b24) という表現に変わり，Mv. や AṣP の梵本に一致する。つまり AṣP の(A)でも(B)でもこの傾向はまったく同じで，「如来・阿羅漢・正等覚者」という表現は施護訳を待たねばならなかったと言える。

「如来・阿羅漢・正等覚者」という表現自体は初期経典以来セットで用いられているから，必ずしも成立の新しさを示す根拠とは言えないが，今比較した経典のほとんどがこの部分を「(諸) 仏」とし，施護訳以外に「如来・阿羅漢・正等覚者」とする資料は一つとして存在しないから，授記の定型句という文脈においては，この「如来・阿羅漢・正等覚者」という表現が年代を設定する上での一つの基準となり得るであろう。とすれば，この授記に関する梵本の AṣP や Mv. の定型句の成立は，玄奘が用いた梵本よりも後の成立ということになる。仮にその成立時期を漢訳年代から単純に百年遡らせて六世紀中盤と考えれば，成立の古いと考えられてきた Mv. にかなり新しい要素も混在しており，Mv. が現在の形に纏め上げられるまでには想像以上に長い年月が費やされたことになる。また Mv. と AṣP との関係に関しては，一方が他方を引用したか，あるいは両方が共通の源泉から引用したことも考えられるが，最古の大乗経典と見なされる『道行般若経』以来，脈々と小品系の般若経において授記の定型句が小さな改変を被りながら展開してきた事実や，Mv. のこの箇所にしかこの授記の定型句が見られないこと等を勘案すると，Mv. の編纂者が AṣP の定型句を借用した可能性の方が高い。

ここまで Mv. と小品系般若経との関係を前提として考察を進めてきたが，次に Mv. と他の仏典との関係を見ておきたい。これを考える上で役に立つのが，ブッダに対する質問，すなわち「如来・阿羅漢・正等覚者達は因なく縁なくして微笑を現すことはありません。世尊よ，微笑を現されたのには，いかなる因やいかなる縁があるのですか」という表現である。ここでは下線で示したように，因と縁とを違った形で二回続けて用いるのを特徴とするが，これと類似の表現を取るのは漢訳仏典の中では『大宝積経・菩薩蔵会』(52)と『有徳女所問大乗経』(53)の二つのみで，しかもその主語を「如来・阿羅漢・正等覚者」とする仏典は一つも存在しない。この点から考えても，Mv. の定型句が小品般若経系の資料で説かれる定型句と深い関係にあることが分かる。

では授記の大好きな有部系のアヴァダーナ文献との関係はどうであろうか。確かに「如来・阿羅漢・正等覚者は因なく縁なくして微笑を現じることはない」という表現は Divy. や Aś にもあるにはあるが(54)，その話者が両者でまったく異なっている。すなわち，これは Mv. や AṣP ではブッダに対する問いの中で説かれるものであったのに対し，Divy. や Aś では，微笑の意味を問うたアーナンダに対し，ブッダ自身が「如来・阿羅漢・正等覚者達は因なく縁なくして微笑を現じることはないのだ」と答える中で説かれており，表現は同じでもその用法はまったく逆なのである。ただし，次章でも指摘するように，漢訳の『根本説一切有部毘奈耶』で説かれる授記の定型句を見てみると，微笑の意味を問うたアーナンダの質問の中に「如来・阿羅漢・正等覚者は因なく縁なくして微笑を現じることはない」という表現が存在するのは確かである。しかしこれと併用される Mv. や AṣP の「いかなる縁やいかなる因があるのですか」に相当する表現は，有部系の梵文資料はもちろん，漢訳の根本有部律にも見られないし，また Mv. や AṣP では，アーナンダの質問を受けたブッダが「如来・阿羅漢・正等覚者は因なく縁なくして微笑を現じることはない」という表現を取らずに直ちに授記を説くという事実よりすれば，Mv. の定型句は有部系の文献よりは小品系般若経の影響を受けたと考えるのが現段階で最も穏当であろう。

従来，Mv. に関しては語形や韻律といった方面からの研究が主流だったため，成立年代の確定にあたっては決定打を欠くものであったことは否めない。しかし翻訳年代の明確な漢訳資料を用いた研究は，ここでの考察からも明らかなように，これからの Mv. 研究にとって重要な手がかりを与えてくれることになるだろう。では以上の考察から，次の三点を指摘しておきたい。

(1) 大衆部と般若経との密接な関係はすでに指摘されてはいるが，授記の定型句に関しても両者の結びつきは顕著であり，Mv. の定型句はその他の大乗経典や有部系のアヴァダーナ文献よりも小品系般若経との類似性を示している。

(2) 授記の定型句に関しては，Mv. の編纂者が AṣP の定型句を借用した可能性が高く，その年代は六世紀中盤以降と考えられる。無論，Mv. の核となる部分は古い時代の成立と考えられるが，しかしその中にはかなり新しい要素も入り込んでおり，Mv. の成立を考える上ではこの点に充分注意する必要がある。

(3) 従来より Mv. と大乗経典との関係を考える際に，Mv. は大乗経典に先行し，その発生に深く関与した仏典として位置づけられてきた。しかし場所によっては Mv. の方が大乗経典の影響を受けており，従来の「Mv.→大乗経典」という方向に加え，「大乗経典→Mv.」という別の方向も無視するべきではない。

地　域　次に Mv. の成立地，さらに正確に言うなら，現在我々が手にする Mv. が編纂された地域を考えてみよう。すでに第１章でその内容を紹介したとおり，Mv. では Divy. とは逆にアヴァダーナよりもジャータカの方が圧倒的に多く収められており，数的に言えばアヴァダーナが七に対しジャータカは四十話存在する(55)。このうち，ブッダを動物として描く寓話的なジャータカは十七例あり，全体の四割強に当たるが，これは Divy. の用例に比較すれば，格段に動物の登場する寓話的なジャータカが多くなっているのが分かる。では Mv. に自己犠牲型の血生臭い話がどの程度説かれているかを見てみると，注で指摘した(22)スルーパ・ジャータカと(38)クシャーンティヴァーダの話がこれに当たり，数こそ少ないが，Mv. にもこのタイプの説話が存在する。しかし興味深いことに，この二つの話はいずれも前章でも示したように，文脈と齟齬をきたす話なのである。このような話は Mv. では珍しくなく，この二つ以外にも何例かが存在していた。つまりこれらの話は何らかの理由で後から挿入されたか竄入した可能性が高いが，このような自己犠牲型の血生臭い話がいずれも文脈に不相応であるという事実から，Mv. の成立に関して次のような仮説が成り立つ。つまり，動物を主人公とする寓話的な説話を中心として Mv. の核になる部分がまず中インドで成立し，後にこれが西北インド，あるいはそこに近い地域にこのテキストが伝播した際，当時その辺りで流行した自己犠牲型の血生臭い話が，文脈を無視して Mv. 中に取り込まれていったと考えられるのである。

4　ま と め

本章では，最初に Divy. の成立に関して考察を加えた。まず明らかにしなければならない問題は MSV との関係であるが，これに関しては Divy. の律典的記述や文脈など様々な観点から MSV が Divy. に先行すること，換言すれば Divy. が MSV から説話を借用したことを論証できたと思う。恐らく律規定の因縁譚に端を発して発展を遂げた過去物語は，何らかの影響で業報譬喩を中心とした過去物語が MSV において大量に創作され，その潤沢な説話に目を付けた Divy. の編纂者が何らかの意図のもとに MSV から説話を借用し(56)，Divy. という文献に纏めていったものと考えられる。

続いて Divy. が編纂された時代と地域の特定を試みた。まず時代であるが，これに関しては漢訳年代を参照した。Divy. の説話の中には，最も後代で十世紀後半から十一世紀前半に訳出された説話があるから，その原典の成立はそれよりやや早い時代に設定され，その時代が Divy. 編纂の上限となる。次に Divy. がその説話を抜粋したとされる MSV は，GBM の中に保存されていたから，この写本の年代を設定できれば，そこから説話を抜粋した Divy. の編纂年代はそれ以降ということになり，それが Divy. 編纂の上限と考えられるが，これに関しては決定打がなく，ザンダーの研究によれば，その文字から GBM の年代が六世紀から十世紀という広い幅を持たせた設定しかされていない。また刊本発刊後に新たに発見された Divy. の写本の書体がネパール文字であり，この文字がおよそ十一世紀から十二世紀のものであることを考えれば，その編纂年代は十世紀前後に集束してくる。

編纂年代に関しては，その漢訳年代と GBM の成立年代という二つの視点から考察した。しかし，いずれも Divy. の編纂年代確定に関して決定的な証拠になり得ないことは，残念ながら認めなければならない。というのも，漢訳年代の遅さはそのインド原典の成立の遅さを必ずしも意味しないし，また Divy. の編纂者がその説話抜粋に当たって使用したのが，GBM 乃至はそれと同系統・同時代の写本である証拠はないからである。したがって，これから発見されるかも知れない新たな資料次第では，その編纂年代が大幅に修正されることもあるだろう。ここでは，現在我々の手元にある限られた資料に基づいての考察に留まったが，しかし Divy. として漢訳されたり，Tib. 訳されたりした文献がないことを考えれば，Divy. という文献の成立がそれほど古いものとも思えない(57)。ただし，個々の説話に注目すれば，『嗟韈曩法天子受三帰依獲免悪道経』(Divy. 第14章に相当)，『月光菩薩経』(Divy. 第22章に相当)，そして『布施経』(Divy. 第34章に相当) の三つを除く説話は，七百年前後には漢訳されているので，Divy. は古代インドの仏教事情を知る上で貴重な資料となることは間違いない。

次に編纂された地域であるが，これに関しては宮治や杉本の研究を手がかりに西北インドであると推定した。宮治や杉本はジャータカを大きく二つに分類し，中インドにはブッダの本生を動物とする寓話的な説話が多いのに対し，西北インドには自己犠牲を内容とする血生臭いジャータカが説かれているという。このような観点から Divy. の説話を見直してみると，ブッダの本生を動物とする寓話的な説話は少なく，また自己犠牲を内容とする血生臭いジャータカが二話説かれていることから，Divy. が編纂された地域を西北インドと推定した。ここでは Divy. の編纂された時代と地域とに焦点をしぼったが，今後は各説話の成立した時代と地域というさらに細かな作業が必要になるであろう。

続いて，本書で Divy. の比較の対象となる Mv. の成立に関しても，その編纂の時代と地域という観点から若干の考察を試みた。編纂の年代に関しては，小品系般若経に説かれる授記の定型句を手がかりにして，Mv. が六世紀以降の小品系般若経の影響を受けていることを確認し，その編纂の下限が六世紀にまで下がることを推定した。また編纂地に関しては，Divy. と同様の見地から Mv. に説かれるジャータカに焦点を絞り，現存の Mv. の中核部分は本来中インドで成立したが，後に西北インドにもたらされた際に自己犠牲型の血生臭い二つのジャータカが文脈から見て不相応な箇所に竄入したものと推定した。これは膨大な資料の一部分のみを考察したにすぎないので，今後は多角的な視点からこの問題に取り組む必要がある。

第3章　定型句を巡る問題

部派仏教時代に，インドにおいて大きな勢力を保持していたと考えられる部派は，上座部系の説一切有部であり，現存の部派仏教時代の所産と見なされる Skt. 文献の多くがこの部派の伝授したものとされ，大衆部系の一部の文献を除けば，その他の部派の Skt. 原典は極めて乏しい状況にある。したがって，これから整理する Divy. を中心とした有部系の資料の定型句も，極めて限られた文献との比較しか可能でない現状においては，それが有部独自の定型句であるかどうかを確定することには慎重でなければならないが，有部系の文献には，短いものは一行から，長いものは微笑放光の定型句の如く極めて長文に及ぶものまで，多種多様の定型化した表現が数多く見出せるので，まずは Divy. を中心に MSV や Aś の定型句を整理しておく。

その整理が終われば，次にその定型句を Mv. や他部派の広律資料の同等表現と比較し，その異同を確認する。この作業はこれから発見されるであろう Skt. 資料の比定にも役立つし，また Divy. 所収のうち，MSV に起源を求めることができない説話の起源を考える上でも有効である。前章で Divy. の説話の大半は MSV から抜粋されたことを論証したが，しかし，そのことは MSV に起源を持たない残りの四割近くの説話の出自までもが，説一切有部に帰属することを必ずしも保証するものではないからである。そして最後に説一切有部の律蔵に関する若干の私見を述べる。

1　有部系説話文献の定型句の整理

有部系の資料に見られる定型句の整理に関しては，出本充代がすでに Aś において行っている。そこで，ここでは出本が採った手法を踏襲し(1)，Divy. と MSV の定型句を Skt. 文献のある部分に限って抽出し，また同時に Aś の定型句の出典も出本の研究から引用して掲載することにする(2)。これによって，現存する有部系の Skt. 文献の定型句はほぼ網羅することができるであろう。また定型句の整理にあたっては，ある程度その内容に即して定型句をいくつかのグループに分類した。

—凡例—

出本が採った手法を参考に，次のような手順で定型句を纏めることにする。

(1)　**出典**：梵文テキストの出典は，Divy. と Aś とに関しては説話番号（頁・行）を表示する。ただし Aś の説話番号が70以上のものは，第2巻の頁数となる。なお出典の行数に関しては，その定型句が始まる最初の行数のみを記した。

(2)　**出典の右肩の印**：*印が付いているものは例文と比較してやや変形した用例であることを示しており（Aś の場合，定型表現は基本的に細部に至るまで統一して用いられているので，出本は少しの変化でも *印を付して示しているが，Divy. や MSV の場合，Aś と比較すると，定型表現の一致は比較的甘く，それに比例して *印の付け方も甘くなっている。したがって出本が *印を付していても，ここではそれを省略した場合もあることを断っておく），⁻印は例文として挙げた定型句と比較して内容が省略されているもの，⁺印は増広しているもの，ᵖ印は pūrvavat で，ʸ印は yāvat で，ᵖʸ印は pūrvavad yāvat で，また ᵛ印は（iti）vistaraḥ で省略されていることを意味する。

(3)　**例文**：例文中に斜体で示した箇所は，固有名詞などの可変部分を示す。

(4)　**その他**：単発的な単語の出入りや交替は，簡略を旨として注記しなかったので，言語学的な観点等からの詳細な比較が必要な場合は，個々の出典に直接当たって用例を確認されたい。その代わり，定型句の異同に関しては，全体的な傾向を注記する。また定型句の見出しは出本の研究を参考にしたが，必ずしも一致していない。

(5)　**漢訳の出典**：漢訳の根本有部律の出典は Chi. として示し，続いて大正新脩大蔵経の巻数を xxiii と xxiv とで記す。また漢訳の出典に付された *印は「広説如余」「乃至広説」「乃至」などでその定型句が省略されていることを示している(3)。

1.　物語の枠

A.　冒　頭

buddho bhagavān *śrāvastyāṃ* viharati *jetavane 'nāthapiṇḍadasyārāme* satkṛto gurukṛto mānitaḥ pūjito rājabhī rājamātrair dhanibhiḥ pauraiḥ śreṣṭhibhiḥ sārthavāhair devair nāgair yakṣair asurair garuḍaiḥ kinnarair mahoragair iti devanāgayakṣāsuragaruḍakinnaramahoragābhyarcito buddho bhagavān lābhī cīvarapiṇḍapātaśayanāsanaglānapratyayabhaiṣajyapariṣkārāṇāṃ saśrāvaka-saṅghaḥ/

仏・世尊は，シュラーヴァスティー郊外にあるジェータ林・アナータピンダダの園林で，王・大臣・資産家・市民・商主・天・龍・夜叉・アスラ・ガルダ・キンナラ・マホーラガ達に尊敬され，恭敬され，崇敬され，供養されながら，時を過ごしておられた。かくして天・龍・夜叉・アスラ・ガルダ・キンナラ・マホーラガ達に敬われていた仏・世尊は，弟子の僧伽と共に，衣・食事・臥具・座具・病気を治すための薬といった資具を得ていた(4)。

■ **Divy.** 8(91.6+) 11(136.2) 12(143.2) 20(290.2*+) 32(469.21*+); **MSV** none; **Aś** 1-100; **Chi.** xxiv(329a5)

B. 結　語

idam avocad bhagavān āttamanasas te bhikṣavo bhagavato bhāṣitam abhyanandan

世尊がこう言われると，かの比丘達は歓喜し，世尊の説かれたことに満足した(5)。

■ **Divy.** 1(24.6) 2(55.13) 3(66.23) 5(74.14) 7(91.2) 8(123.13) 10(135.25) 11(142.20) 16(200.17) 18(262.4) 19(289.24) 20(298.19+) 22(328.17+) 30(461.7+) 32(481.21+) 33(655.8) 34(483.17) 37(586.7−); **MSV** none; **Aś** 1-36, 38-40, 53-99; **Chi.** xxiii(674b21, 794a16, 837b10, 891c13, 1053c4) xxiv(17a20, 29c9, 260b29, 327b12, 357a8, 363a6, 369b14, 377b18)(6)

2. 社　会

A. 富　者

sūrpārake nagare bhavo nāma gṛhapatiḥ prativasati āḍhyo mahādhano mahābhogo vistīrṇaviśālaparigraho vaiśravaṇadhanasamudito vaiśravaṇadha-napratispardhī/

都城スールパーラカには，バヴァという名の長者が住んでいた。彼は裕福で巨額の財産と巨大な資産とを有し，広大で多大な富を具え，毘沙門天ほどの財を蓄え，毘沙門天の財に匹敵するほどであった(7)。

■ **Divy.** 1(1.5⁻) 2(24.11) 8(98.17⁻) 13(167.3, 191.21⁻) 19(262.9⁻, 283.1) 21(311.24) 23(330.3⁻) 36(540.7py); **MSV** ii(139.6) iv(24.19⁻, 28.6⁻, 159.5⁻) v(11.7, 32.3) vi (33.12, 92.7, 162.30) vii(14.21, 58.3⁻, 91.3⁻, 134.3); **Aś** 1(2.1) 3(13.6) 6(28.8) 10 (55.5) 20(112.6) 26(144.6) 36(195.3) 37(206.6) 41(244.3) 46(261.6) 48(271.6) 49 (275.14) 51(289.7) 61(345.6) 62(350.6) 63(354.6) 64(359.6) 65(363.6) 66(367.6) 67(371.6) 68(375.5) 69(380.6) 70(384.6) 71(1.8) 73(14.6) 74(19.6) 77(36.6) 82 (67.6) 83(72.6) 85(83.6) 87(98.6) 92(133.6) 93(147.6) 94(152.6) 95(161.6) 96 (166.8) 97(173.6) 98(179.6); **Chi.** xxiii(628a14, 631b29, 643c16, 654b29, 666a9, 691b10, 727b2, 755a11, 799c25, 814a5, 857a15, 866a1, 869b25, 887b5, 908b11, 909b 26*, 909c27, 914c7, 916a7, 993c17, 994c25, 1008a7, 1009a3, 1023c5, 1042b5, 1048c6) xxiv(4b11, 7c8, 68b26, 105b15, 117c27, 137b22, 166b9, 184b26, 216a1, 261b21, 325 b18, 352b24, 356a7, c13, 366b14, 15, 369a18, 375a3, c22)(8)

B.　王国の繁栄

(**x**) *madhyadeśe vāsavo* nāma rājā rājyaṃ kārayati ṛddhaṃ ca sphītaṃ ca kṣemaṃ ca subhikṣaṃ cākīrṇabahujanamanuṣyaṃ ca (**y**) praśāntakalikalahaḍimbaḍamaraṃ taskararogāpagataṃ (**z**) śālīkṣugomahiṣīsaṃpannaṃ
(**a**) akhilam akaṇṭakam ekaputrakam iva rājyaṃ pālayati (**b**) priyam ivaikaputrakaṃ rājyaṃ pālayati (**c**) dhārmiko dharmarājo dharmeṇa rājyaṃ kārayati (**d**) sadā puṣpaphalā vṛkṣāḥ/ devaḥ kālena kālaṃ samyagvāridhārām anuprayacchati/ atīvaśasyasaṃpattir bhavati/

(**x**) 中国地方では，ヴァーサヴァという名の王が王国を統治していた。〔そこ〕は栄えて繁盛し，平和で食物に恵まれ，多くの人々で賑わい，(**y**) 闘争・喧嘩・暴動・騒動は鎮まり，強盗や疫病もなく，(**z**) 米・砂糖黍・牛・水牛に恵まれていた。

(**a**) 素直でおとなしい一人息子の如くに王国を守護していた; (**b**) 愛しい一人息子の如くに王国を守護していた; (**c**) 正義の法王は，法に基づいて王国を統治していた; (**d**) 木々は常に花や実を付け，雨が適時に降り，穀物は大豊作だった(9)。

■ (**x**) **Divy.** 5(73.24) 17(213.16, 214.10, 27, 215.15) 18(246.9) 20(291.13, 16) 22

(315.5, 316.8) 32(470.29) 37(545.6); **MSV** i(25.16, 67.5, 96.6, 109.18) ii(3.16, 132.12) iii(17.18, 20) iv(3.15^{-}, 4.1^{-}, 11.4, 6, 11) vi(33.6, 8) vii(4.20, 14.24, 18.15^{y}, 20.10^{y}, 22.2^{-}, 64.13^{y}, 86.29^{y}, 96.16, 108.30, 110.31, 115.29, 150.12, 170.29, 178.25^{y}, 195.3^{y}, 267.19^{y}); **Aś** none.

(x)-(y)-(z) **Divy.** 30(436.1, 437.19); **MSV** i(125.3, 127.4^{py}); **Aś** none.

(x)-(y)-(z)-(a) **Divy.** 9(131.16); **MSV** none; **Aś** 31(169.6) 32(174.14) 33(178.4) 34(183.14) 35(188.1) 38(218.6) 39(225.6) 54(307.6) 56(319.6) 60(341.6)

(x)-(y)-(z)-(b) **Divy.** none; **MSV** none; **Aś** 75(27.6) 76(31.6) 80(52.6) 84(78.6) 88(102.6)

(x)-(y)-(b) **Divy.** 8(98.12); **MSV** none; **Aś** none.

(x)-(y)-(z)-(c) **Divy.** 19(282.25) 30(435.6) 36(523.9^{py}, 538.14^{py}); **MSV** i(123.20) vii(119.12); **Aś** 21(120.3) 24(134.11) 88(109.12) 90(118.6[10], 124.14) 100(200.7)

(x)-(d) **Divy.** 3(62.7, 11) 37(544.25, 545.13, 17); **MSV** none; **Aś** none.

(x)-(d)-(y) **Divy.** none; **MSV** i(63.5); **Aś** none.

Chi. xxiii(723c25, 869b3, 887b1, 908b10, 915c13, 941a1, 1020b21, 1053a26) xxiv (25b11, 13, 38a4, 46b18, 51a24, c19, 59b18, c2, 60a2, 64c27, 68b18, 95b26, 105b10, 106b3, 152a8, 155c22, 157a4, 175a25, 180a20, 181a23, 188a4, 193b3, 195b22, 199c6, 215c28, 267a3, 290c16, 297c2, 299c27, 307c10, 326c22, 393a2)[11]

C. 都城の荘厳

tan nagaraṃ apagatapāṣāṇaśarkarakaṭhallam vyavasthāpitaṃ candanavāripariṣiktaṃ surabhidhūpaghaṭikopanibaddham āmuktapaṭṭadāmakalāpam ucchritadhvajapatākam nānāpuṣpāvakīrṇam ramaṇīyam

石・砂利・瓦礫を取り除き，栴檀の水を撒き，香しい香炉を備え付け，布・紐・帯を懸け，旗や幟を立て，種々なる華を撒き散らして，その都城を麗しく設えた[12]。

■ **Divy.** 2(45.10^{-}) 12(155.23*) 19(286.11) 30(441.12, 460.16); **MSV** i(132.11^{-}) v(67.2) vi(119.28, 203.27) vii(100.10, 114.6, 140.4); **Aś** 11(64.3*) 13(76.2*) 17(97.3*) 19(107.9*) 26(144.11*); **Chi.** xxiv(20b7, 60c16, 64c8, 124b25, 145a21, 216c2)

3. 家庭生活

A. 結　婚

(**a**) tena sadṛśāt kulāt kalatram ānītam/ sa tayā sārdhaṃ krīḍati ramate paricārayati/ tasya krīḍato ramamāṇasya paricārayataḥ (**b**) patnī āpannasattvā saṃvṛttā/ sāṣṭānāṃ vā navānāṃ vā māsānām atyayāt prasūtā (**c**) *putro* jātaḥ/

(**a**) 彼は〔自分の家に〕相応しい家から妻を迎えた。彼は彼女と遊び，戯れ，快楽に耽っていた。彼が〔妻と〕遊び，戯れ，快楽に耽ると，(**b**) 妻は妊娠した。八，九ヵ月が過ぎると彼女は出産した。(**c**) 息子が生まれた[13]。

■ (**a**)-(**b**) **Divy.** 2(24.13) 8(98.18^{-}) 13(167.6) 19(262.11^{-}) 21(311.26) 23(330.4); **MSV** iii(19.11^{+}) iv(28.7) v(11.9) vi(27.22^{-}, 33.26^{-}, 92.9^{-}, 162.32^{-}) vii(4.22^{-}, 5.3^{-}, 91.4, 110.33^{-}, 111.15^{-}, 119.18^{-}, 134.5, 174.23, 178.27^{-}, 184.18, 185.9, 214.19, 269.29); **Aś** 37(206.7) 46(261.7) 52(295.6) 61(345.8) 68(375.7) 71(1.9) 74(19.9) 77(36.7) 87(98.7) 93(147.7) 94(152.7) 95(161.7) 96(166.9) 97(173.7)

(**a**)-(**c**) **Divy.** 7(87.14) 18(254.7) 21(301.5) 35(495.28, 498.18^{-}) 37(584.23); **MSV** i(87.2) ii(3.20, 4.3^{-}, 52.14) iv(15.11, 53.18) v(13.2) vii(32.20, 50.12, 57.6, 115.31^{-}); **Aś** none.

others Divy. 35(483.23*, 485.10*) 36(521.11^{py}); **MSV** ii(23.4^{P}); **Aś** none.

Chi. xxiii(631b4, 642b26, 654c1, 658b8, 668a9, 671c11, 708b14, 727b4, 800a1, 857a16, 881c17, 897a24, 909b28, 993c18, 1028c23, 1029b18) xxiv(7c10, 55a24, 65a2, 94a22, 103c26, 117c29, 152c16, 174a11, 184b27, 194b13, 195b23, 197a20, b7, 221a7, b29, 227c20*, 235c16, 239a25, 269c26, 278a29, 290b8, 325b19, 352b2, 24, 369a19)[14]

B. 不妊の悩み

tena sadṛśāt kulāt kalatram ānītam/ sa tayā sārdhaṃ krīḍati ramate paricārayati/ tasya krīḍato ramamāṇasya paricārayato na putro na duhitā/ sa kare kapolaṃ dattvā cintāparo vyavasthitaḥ/ anekadhanasamuditaṃ me gṛhaṃ na me putro na duhitā/ mamātyayāt sarvasvāpateyam aputrakam iti kṛtvā rājavidheyaṃ bhaviṣyatīti/ sa śramaṇabrāhmaṇanaimittikasuhṛtsaṃbandhibāndhavair ucyate devatāyācanaṃ kuruṣveti//

彼は〔自分の家柄に〕相応しい家から妻を迎えた。彼は彼女と遊び，戯れ，快楽に耽っていた。彼は〔彼女と〕遊び，戯れ，快楽に耽っていたが，息子も娘もできなかった。彼は頬杖をついて物思いに沈んでいた。〈我が家は多くの財産で栄えているのに，私には息子も娘もない。私が死んだら，我が財産は息子がいないという理由で王に管理されることになってしまうであろう〉と。沙門・バラモン・占い師・友人・親戚・親類達は言った。「神々に祈願せよ」と。

■ **Divy.** 1(1.7⁻) 30(439.26*); **MSV** i(130.4*) iv(24.21⁻, 159.7⁻) v(69.17); **Aś** 3(13.7) 36(195.5*) 49(275.15⁻) 73(14.7) 83(72.7⁻) 98(179.7); **Chi.** xxiii(631c2, 691b12, 698b24, 887b8, 1023c6, 1048c7)[15]

C.　子宝祈願

so 'putraḥ putrābhinandī śivavaruṇakuberaśakrabrahmādīn anyāṃś ca devatāviśeṣān āyācate tadyathārāmadevatā vanadevatāś catvaradevatāḥ śṛṅgāṭakadevatā balipratigrāhikā devatāḥ sahajāḥ sahadhārmikā nityānubandhā api devatā āyācate

息子がなかった彼は子供を望んで，シヴァ・ヴァルナ・クヴェーラ・シャクラ・ブラフマンを始め，その他の特別な神々，すなわち，園林の神，森林の神，四辻の神，三叉路の神，供物を受ける神，そして〔生まれた時から〕常に〔人間の体に〕結びつき，〔その人間と〕同じ運命を辿る倶生神にも祈願した[16]。

■ **Divy.** 1(1.8) 30(440.4); **MSV** i(130.12) ii(139.9) iv(25.2, 159.10) v(69.23); **Aś** 3(14.2) 21(120.6) 24(134.14) 36(195.10) 49(276.2) 73(14.12) 98(179.12⁻); **Chi.** xxiii(631c3, 691b14, 724a3, 887b9, 1023c7, 1048c12) xxiv(60b26)[17]

D.　受胎の条件

asti caiṣa loke pravādo yad āyācanahetoḥ putrā jāyante duhitaraś ceti/ tac ca naivam/ yady evam abhaviṣyad ekaikasya putrasahasram abhaviṣyat tadyathā rājñaś cakravartinaḥ/ api tu trayāṇāṃ sthānānāṃ saṃmukhībhāvāt putrā jāyante duhitaraś ca/ katameṣāṃ trayāṇām/ mātāpitarau raktau bhavataḥ saṃnipatitau mātā kalyā bhavati ṛtumatī gandharvaś ca pratyupasthito bhavati/ eṣāṃ trayāṇāṃ sthānānāṃ saṃmukhībhāvāt putrā jāyante duhitaraś ca/

世間では，祈願を因として息子や娘が生まれるとよく言うが，それはそうではない。もしそうならば，転輪王のように，それぞれの人が千人の子供を持つことになるであろう。そうではなく，三つの条件が合致することで息子や娘が生まれるのである。三つとは何か。(1) 父と母が愛し合って交わること，(2) 母が健康であり，妊娠に適した周期にあること，(3) ガンダルヴァが近くにいること，この三つの条件が合致することで，息子や娘が生まれるのである(18)。

■ **Divy.** 1(1.11) 30(440.8); **MSV** i(130.15) ii(139.13) iv(25.6, 159.12) v(69.27); **Aś** 3(13.12) 21(120.8) 36(195.12) 49(276.5) 73(14.14) 83(72.10) 98(179.14); **Chi.** xxiii(631c4, 691b15, 724a4, 887b10, 1048c17) xxiv(60b28)(19)

E.　賢女の五不共法

pañcāveṇikā dharmā ekatye paṇḍitajātīye mātṛgrāme/ katame pañca/ raktaṃ puruṣaṃ jānāti viraktaṃ puruṣaṃ jānāti/ kālaṃ jānāti ṛtuṃ jānāti/ garbham avakrāntaṃ jānāti/ yasya sakāśād garbho 'vakrāmati taṃ jānāti/ dārakaṃ jānāti dārikāṃ jānāti/ saced dārako bhavati dakṣiṇaṃ kukṣiṃ niśritya tiṣṭhati saced dārikā bhavati vāmaṃ kukṣiṃ niśritya tiṣṭhati//

一部の賢明な女性には五つの特別な性質がある。五つとは何か。(1) 夫が欲情しているかいないかを知る。(2)〔受胎に〕適した時を知り，〔妊娠に〕都合のよい時期を知る。(3) 妊娠したことを知る。(4) 誰から受胎したかを知る。(5)〔妊娠した胎児が〕男であるか女であるかを知る。もし男の子であれば右の脇腹に依りかかっているし，もし女の子であれば左の脇腹に依りかかっているのである(20)。

■ **Divy.** 1(2.3) 8(98.22) 30(440.16); **MSV** i(131.1) iv(160.4); **Aś** 3(14.7) 36(196.6) 83(73.2) 98(180.5); **Chi.** xxiii(628c17, 691b22*, 724a12*, 887b15, 908c23, 1048c23) xxiv(60c3*, 307b10)(21)

F.　妊娠を報告する妻と喜ぶ夫

sāttamanāttamanāḥ svāmina ārocayati/ diṣṭyāryaputra vardhasvāpannasattvāsmi saṃvṛttā yathā ca me dakṣiṇaṃ kukṣiṃ niśritya tiṣṭhati niyataṃ dārako bhaviṣyati/ so 'py āttamanāttamanāḥ pūrvakāyam abhyunnamayya dakṣiṇaṃ bāhum abhiprasārya udānam udānayati/ apy evāhaṃ cirakālābhilaṣitaṃ putramukhaṃ paśyeyaṃ jāto me syān nāvajātaḥ kṛtyāni me kurvīta bhṛtaḥ pratibibhṛyād dāyādyaṃ pratipadyeta kulavaṃśo me cirasthitiko bhaviṣyati/ asmākaṃ cātyatītakālagatānām alpaṃ vā prabhūtaṃ vā dānāni dattvā puṇyāni kṛtvāsmākaṃ nāmnā dakṣiṇām ādekṣyata idaṃ tayor yatra tatropapannayor gacchator anugacchatv iti//

彼女は大喜びで夫に告げた。「あなた，喜んでください。妊娠したみたい。私の右の脇腹に依っているので，きっと男の子が生まれるわ」。彼もまた大喜びで上体を反らし，右腕を伸ばして歓声を上げた。「この私は，長い間待ち望んでいた息子の顔を見ることができる。我が〔子〕が〔無事に〕生まれ，流産しませんように。私の家業を継ぎ，扶養した代わりに扶養してくれるように。遺産を相続してくれますように。〔そうすれば〕私の家系は永続するだろう。そして我々が死んだら，多少の布施をして功徳を積み，我々の名で布施〔の功徳〕を回向してくれるように。『この〔功徳〕は両親が何処に再生して行こうと〔二人に〕随行するように』と」(22)

■ **Divy.** 1(2.8-) 8(98.27-) 30(440.22); **MSV** i(131.6) iv(160.10-); **Aś** 3(14.11) 36(196.10) 49(276.13) 83(73.5) 98(180.9); **Chi.** xxiii(691b23, 724a13*, 887b19, 908c26, 1048c27) xxiv(60c4)

G. 妊婦の保護

āpannasattvāṃ caināṃ viditvopariprāsādatalagatām ayantritāṃ dhārayati/ śīte śītopakaraṇair uṣṇe uṣṇopakaraṇair vaidyaprajñaptair āhārair nātitiktair nātyamlair nātilavaṇair nātimadhurair nātikaṭukair nātikaṣāyais tiktāmlalavaṇamadhurakaṭukaṣāyavivarjitair āhārair hārārdhahāravibhūṣitagātrīm apsarasam iva nandanavanavicāriṇīṃ mañcān mañcaṃ pīṭhāt pīṭham anavatarantīm adharimāṃ bhūmim/ na cāsyāḥ kiñcid amanojñaśabdaśravaṇaṃ yāvad eva garbhasya paripākāya//

〔彼〕は彼女が妊娠したのを知ると，楼閣の平屋根の上で気儘に暮らさせた。冬には冬用の器具を夏には夏用の器具を〔与え〕，医者が処方した，苦すぎず，酸っぱすぎず，塩辛すぎず，甘すぎず，渋すぎず，辛すぎない食物，〔すなわち〕苦味・酸味・塩味・甘味・渋味・辛味を取り去った食物で〔彼女を養った〕。瓔珞・半瓔珞で身を飾った〔彼女〕は，まるでナンダナ園をそぞろ歩く天女の如く，床から床へ椅子から椅子へと下の地面を踏むことがなかった。そして胎児が充分に成長するまで，彼女には不快な音を聞かせないようにした(23)。

■ **Divy.** 1(2.17) 8(99.9) 13(167.8*) 30(441.1⁻); **MSV** i(131.17) iv(161.2) v(63.20⁻) vii(134.7*); **Aś** 3(15.2) 36(197.4) 49(277.3*) 83(73.12) 98(180.15); **Chi.** xxiii(691c2, 887b25, 909a3, 1049a6) xxiv(60c9)

H. 誕　生

dārako jāto 'bhirūpo darśanīyaḥ prāsādiko gauraḥ kanakavarṇaś chattrākāraśirāḥ pralambabāhur vistīrṇalalāṭa uccaghoṣaḥ saṃgatabhrūs tuṅganāsaḥ sarvāṅgapratyaṅgopetaḥ

生まれた男の子は，男前で，見目良く，麗しく，色は白く，金色の肌で，頭は天蓋の形をし，腕は長く，額は広くて大きく，声は大きく，眉は濃く，鼻は高く，五体満足で，細部に至るまで完璧であった(24)。

■ **Divy.** 1(2.25) 2(26.2) 3(58.2) 8(99.17) 13(167.16⁻) 23(330.18) 30(441.7) 36(515.16⁻, 523.17); **MSV** i(67.9^py, 132.6) ii(15.9⁻) iv(23.3*, 29.3, 161.10) v(63.26⁻) vi(34.14*) vii(4.25⁻, 111.2, 119.21); **Aś** 21(120.16*) 24(135.5*) 36(197.9) 38(219.4) 75(27.11); **Chi.** xxiii(628c29, 691c7, 724a26*, 800a1*, <u>857a17</u>, 869c13, 887c2, 909a9, 1023b15*) xxiv(<u>8a16</u>, 23a3, 24b10*, <u>60c13</u>, <u>65a4</u>, <u>103c28</u>, <u>105c2</u>, <u>14</u>, 178c26, 181a26, <u>195b26</u>, <u>197b9</u>, <u>236b12</u>, 267a11*, <u>290c17</u>, <u>307b22</u>, <u>325b21</u>, <u>335c1</u>, <u>361a20</u>)(25)

I. 命　名

tasya trīṇi saptakāni ekaviṃśati divasāni vistareṇa jātasya jātimahaṃ kṛtvā nāmadheyaṃ vyavasthāpyate kiṃ bhavatu *dārakasya* nāmeti/ *jñātaya ūcuḥ/ ayam dārakaḥ koṭimūlyayā ratnapratyuptikayā āmuktayā jātaḥ śravaṇeṣu ca nakṣatreṣu/* bhavatu *dārakasya śroṇaḥ koṭikarṇa* iti nāma/

三七・二十一日の間，一日も欠かすことなく，生まれてきた子のために誕生の儀式を挙行すると，名前をつけることになった。「この子の名前は何がよいであろうか」と。親戚の者達が言った。「この子は，一千万金もの価値のある宝石を散りばめた〔耳飾り〕を着けてシュラヴァナの星宿に生まれてきたのだから，子供にはシュローナ・コーティーカルナという名前がよかろう」[26]

■ **Divy.** 1(3.5) 2(24.17, 26.7^{py}) 3(58.4^{-}) 8(99.20) 13(167.17*) 21(301.7*, 311.30*) 23(330.21) 30(441.16) 36(515.18, 523.19); **MSV** i(132.15) ii(4.2^{py}, 4^{p}) iii(19.15) iv(23.6^{-}, 29.6, 161.17) v(11.12) vi(27.26^{-}, 34.4) vii(4.26^{-}, 5.6^{-}, 31.5^{-}, 48.15, 52.26^{-}, 57.9*, 64.16^{-}, 21^{-}, 91.8^{-}, 10^{*-}, 111.5^{-}, 119.23^{-}, 135.3, 174.26^{-}, 179.1^{-}, 214.22^{*-}, 269.32^{*-}); **Aś** 3(15.8^{-}) 36(197.11^{-}) 38(219.6^{-}) 46(261.10^{-}) 52(295.9^{-}) 61(346.2^{-}) 62(350.10^{-}) 63(354.10^{-}) 64(359.9^{-}) 65(363.10^{-}) 66(367.10^{-}) 67(371.10^{-}) 69(380.9^{-}) 70(384.12^{-}) 71(1.13^{-}) 72(7.8^{-}) 73(15.10^{-}) 74(19.12^{-}) 75(27.12^{-}) 76(31.11^{-}) 77(36.10^{-}) 83(74.5^{-}) 85(83.12^{-}) 87(98.11^{-}) 91(128.2^{-}) 93(147.12^{-}) 95(161.11^{-}) 97(174.1^{-}) 100(201.3^{-}); **Chi.** xxiii(629a2, 631b6, 654c3, 671c12, 691c9, 724a27*, 869c15, 887c4, 897a27, 909a11, 1023b17*, 1049a16) xxiv(7c13, 8a17, 24b10, 25b18, 60c18, 65a4, 105c5, 15, 152c18, 166a26, 167a10, 174a13, 179a1, 181a28, 184c11, 194b15, 195b26, 221c10, 227c21, 236b13, 290c18, 325c3, 334a8, b7, 335c2, 352c7, 361a28, 366b26, c6)[27]

J. 八人の乳母

koṭīkarṇo 'ṣṭābhyo dhātrībhyo datto dvābhyām aṃsadhātrībhyāṃ dvābhyāṃ kṣīradhātrībhyāṃ dvābhyāṃ maladhātrībhyāṃ dvābhyāṃ krīḍanikābhyāṃ dhātrībhyām/ so 'ṣṭābhir dhatrıbhir unnıyate vardhyate kṣīreṇa dadhnā navanītena sarpiṣā sarpimaṇḍenānyaiś cottaptottaptair upakaraṇaviśeṣair āśu vardhate hradastham iva paṅkajam//

コーティーカルナは八人の乳母に預けられた。二人はおんぶし，二人は授乳し，二人は襁褓の世話をし，二人は遊び相手をした。彼は八人の乳母に養育され，育てられ，ミルク・サワーミルク・バター・チーズ・ヨーグルト，その他にも充分火を通した特別な食材によって，池に生えた蓮の如く速やかに成長した[28]。

■ **Divy.** 1(3.12) 3(58.10) 8(99.24) 13(167.19*) 19(271.17) 23(330.27^{-}) 30(441.21); **MSV** i(132.19) iii(19.19^{-}) iv(6.13, 15.14^{-}, 23.16^{-}, 29.11^{-}, 162.6) v(11.17, 64.5) vi(28.1^{py}, 34.11^{py}) vii(4.31, 52.29^{-}, 111.10, 119.27, 135.8, 179.5); **Aś** 3(15.10) 6(28.13*) 24(135.13) 36(198.1) 38(219.8) 61(346.4) 62(350.13) 63(355.1) 64(359.11) 65(363.12) 66(367.12) 67(371.12) 69(381.1) 70(385.2) 71(1.16) 73(15.12) 75(27.

15) 76(31.13) 77(36.12) 83(74.8) 85(83.14) 87(98.13) 88(102.11) 93(147.14) 95 (161.14) 98(181.6) 100(201.5); **Chi.** xxiii(629a4, 631c16, 691c16, 724a29*, 869c19, 887c6, 909a14, 1021a16, 1023b24, c11, 1049a21) xxiv(8a18, 24b13, 60c21*, 65a6*, 103c28, 105c10, 17, 165a19, 179a3*, 181a29, 184c12, 195b28*, 213a14*, 236b23*, 325 c5*, 334a9, b9, c25, 366b28, c8)[29]

K.　子供の成長と学習

[sa] yadā mahān saṃvṛttas tadā lipyām upanyastaḥ saṃkhyāyāṃ gaṇanāyāṃ mudrāyām uddhāre nyāse nikṣepe vastuparīkṣāyāṃ vastraparīkṣāyāṃ ratnaparīkṣāyāṃ hastiparīkṣāyāṃ aśvaparīkṣāyāṃ strīparīkṣāyāṃ puruṣaparīkṣāyāṃ dāruparīkṣāyāṃ so 'ṣṭāsu parīkṣāsūdghaṭako vācakaḥ paṇḍitaḥ paṭupracāraḥ saṃvṛttaḥ/

彼は大きくなると，文字・初等算数・算術一般・筆算[30]・ウッダーラ算・ニアーサ算・ニクシェーパ算，〔それに〕物品・衣料・宝石・象・馬・少女・少年・材木の鑑定という八種の鑑定術に関する教育を受け，彼は〔それを〕明らかにし，解説し，教授し，巧みに活用する者となったのである[31]。

■**Divy.** 1(3.17^{-}) 2(26.11^{-}) 3(58.16^{-}) 8(99.29^{+}) 30(441.27^{-}) 36(523.25^{py}); **MSV** i (133.2^{py}) iii(19.21^{*-}) iv(162.11) vii(135.14); **Aś** none; **Chi.** xxiii(629a8, 887c10, 1049a24) xxiv(8a23)

L.　王子の技芸

sa yāni tāni rājñāṃ kṣatriyāṇāṃ mūrdhnābhiṣiktānāṃ janapadaiśvaryasthāmavīryam anuprāptānāṃ mahāntaṃ pṛthivīmaṇḍalam abhinirjityādhyāsatāṃ pṛthagbhavanti śilpasthānakarmasthānāni tadyathā hastigrīvāyām aśvapṛṣṭhe rathe śare dhanuṣi prayāṇe niryāṇe 'ṅkuśagrahe pāśagrahe tomaragrahe chedye bhedye vedhye muṣṭibandhe padabandhe śikhābandhe dūravedhe śabdavedhe marmavedhe 'kṣuṇṇavedhe dṛḍhaprahāritāyāṃ pañcasu sthāneṣu kṛtāvī saṃvṛttaḥ/

国土に対する主権・権力・武勇を獲得し，広大な大地一円を制覇して君臨するクシャトリアの灌頂王には，独自の技術・技芸がある。すなわち，象に乗ること・乗馬・車・矢・弓・〔戦車の〕前進と後退・鉤棒の握り方・輪投げの握り方・槍の握り方・切断・破壊・貫通・拳の結わえ方・足の結わえ方・髪の房の結わえ方・遠方からの射法・声による射法・急所の射法・的の射法・堅固なものの破り方，五事(?)であるが，彼は〔これらに〕熟達する者となった(32)。

■ **Divy.** 3(58.21⁻) 8(100.7) 30(442.2); **MSV** i(133.4[py]) iv(6.19⁻) vii(119.33, 179.11); **Aś** none; **Chi.** xxiii(1021a17) xxiv(24b17, 60c22, 65a7*, 181a29, 195c1)

M. 養育費を稼ぐ父

bhadre jāto '*smākam* ṛṇadharo dhanahārakaś ca gacchāmi paṇyam ādāya deśāntaram [*or* mahāsamudram avatarāmi]/

「お前，我々には借金を増やし，財産を食い尽くす〔子供〕が産まれた。私は商品を携えて外国に行くぞ〔or 大海を渡るぞ〕」(33)

■ **Divy.** 7(87.17) 18(254.10⁺) 21(301.10) 35(498.20⁻); **MSV** i(87.5) ii(23.5⁻) vii(32.22, 91.11); **Aś** none; **Chi.** xxiii(800a2, 811c8) xxiv(55a26, 159b17, 174a16)

4. 神

A. 天子（天女）の御礼参

dharmatā khalu devaputrasya vā devakanyakāyā vāciropapannasya trīṇi cittāny utpadyante kutaś cyutaḥ kutropapannaḥ kena karmaṇeti/ *sa paśyati/ yakṣebhyaś* cyutaḥ *praṇīteṣu trayastriṃśeṣu* deveṣūpapannaḥ *bhagavato 'ntike cittam abhiprasādya/* atha *yakṣapūrviṇo devaputrasya* etad abhavat/ na mama pratirūpam syāt yad ahaṃ paryuṣitaparivāso bhagavantaṃ darśanāyopasaṃkrameyam yan nv aham aparyuṣitaparivāsa eva bhagavantaṃ darśanāyopasaṃkrāmeyam iti/ atha *sa yakṣapūrvī devaputraś* calavimalakuṇḍaladharo hārārdhahāravirājitagātras tām eva rātriṃ divyānām utpalapadmakumudapuṇḍarīkamandārakādīnāṃ puṣpāṇām utsaṅgaṃ pūrayitvā *sarvaṃ gṛdhrakūṭaṃ parvatam* udāreṇāvabhāsenāvabhāsya bhagavantaṃ puṣpair avakīrya bhagavataḥ purastān niṣaṇṇo dharmaśravaṇāya//

〔天に〕生まれ変わった天子や天女は直ちに，(1) 何処から死歿したのか，(2) 何処に生まれ変わったのか，(3) どのような業によってか，という三つの心を起こすことになっている。彼は知った。〈夜叉界より死没し，麗しい三十三天に生まれ変わった。世尊に対し心を浄らかにして〉と。その時，以前は夜叉だった天子はこう考えた。〈私が〔天界での〕滞在期間を終了させてから世尊に会いに行くのは適切ではない。いざ私は滞在期間を終了させる前に世尊に会いに行こう〉と。その時，以前は夜叉だった天子は，揺れる綺麗な耳飾りを付け，体を瓔珞・半瓔珞で飾ると，その同じ夜，神々しい青蓮華・黄蓮華・赤蓮華・白蓮華，それに曼陀羅華を膝に盛り，グリドラクータ山全体を大光明で照らすと，世尊に花を撒きながら，法を聞くために世尊の前に座った(34)。

■ **Divy.** 37(554.5); **MSV** i(53.15^{py}, 58.7^{py*}) iv(58.2) vii(168.33, 189.28); **Aś** 45 (259.6) 50(281.13) 51(292.1) 52(296.6) 53(304.5) 54(310.8) 55(316.5) 56(322.3) 57(327.13) 58(332.11) 60(342.3); **Chi.** xxiii(673c17, 836b23, 876a15, 894c8, 1039c 14) xxiv(49c1, 50b23*, 192c19, 225a10, 243a11, 436a5)

B. 天子（天女）の帰還

atha *candraprabhā devakanyā* labdhalābhā iva vaṇijaḥ saṃpanna iva karṣakaḥ śūra iva vijitasaṃgrāmaḥ sarvarogaparimukta ivāturo yayā vibhūtyā bhagavatsakāśam āgatā tayaiva vibhūtyā svabhavanaṃ saṃprasthitā//

その時，天女チャンドラプラバーは，あたかも商人が利益を得た如く，農夫が穀物を〔沢山〕刈り入れた如く，勇者が戦争で勝利を収めた如く，また病人があらゆる病気から解放された如く，世尊のもとにやって来た時とまったく同じ神々しさで，自分の住居に向けて立ち去った(35)。

■ **Divy.** 31(462.16*) 37(555.14); **MSV** i(54.8, 58.18^{py}, 70.5*) iv(60.3) vii(170.1, 191.3); **Aś** 50(282.11^{+}) 51(293.9*) 52(297.13) 53(305.9) 54(311.12) 55(317.9) 56 (323.7) 57(329.1) 60(342.11); **Chi.** xxiii(674a18) xxiv(27b7, 49c13, 52b12, 193a 16, 198c4, 225b12, 243b13)

C. 神々の知見

(**a**) adhastād *devānāṃ* jñānadarśanaṃ pravartate (**b**) no [tu] *upariṣṭāt*/

(**a**) 神々の知見は下には働くが，(**b**) 上には働かない。

■ (**a**)-(**b**) **Divy.** 7(83.7) 14(194.26); **MSV** i(81.19); **Aś** none.

(**a**) **Divy.** 19(287.14); **MSV** vi(110.16) vii(52.22); **Aś** 16(89.4) 32(175.16) 34 (185.1) 35(189.3) 37(210.8) 38(220.5); **Chi.** none.(36)

5. 過去仏と独覚

A. 過去仏

① **Kāśyapa:** bhūtapūrvaṃ *bhikṣavo* ['tīte 'dhvany] asminn eva bhadrakalpe viṃśativarṣasahasrāyuṣi prajāyāṃ kāśyapo nāma samyaksaṃbuddho (*or* śāstā) loka udapādi vidyācaranasaṃpannaḥ sugato lokavid anuttaraḥ puruṣadamyasārathiḥ śāstā devamanuṣyāṇāṃ buddho bhagavān/

比丘達よ，かつて〔過去世の〕この同じ賢劫において，人間の寿命が二万歳の時，カーシャパと呼ばれる正等覚者（or 師）が世に現れた。彼は明行足・善逝・世間解・無上士・調御丈夫・天人師・仏・世尊であった[37]。

■ **Divy.** 1(22.4^{*-}) 2(54.11) 24(344.4^{+}) 31(464.14^{p}) 35(504.25^{+}); **MSV** i(55.8^{py}, 59.9^{py}, 61.16^{py}, 72.13^{py}, 260.15^{py}) iv(47.7^{p}, 49.1^{+}, 190.14^{*-}) v(29.22^{py}, 69.5) vi(162.20^{+}) vii(2.6, 66.29^{y}, 191.29); **Aś** 40(237.10) 42(247.15) 43(250.11) 47(269.1) 56(324.5) 58(334.16) 59(337.14) 60(343.16) 72(12.3) 73(17.8) 74(22.15) 77(38.15) 79(50.20) 83(76.10) 84(80.3) 85(85.11) 86(96.13^{+}) 90(124.10) 91(132.1) 92(144.10) 93(149.15) 95(163.15); **Chi.** xxiii(670c20, 699b3, 799b11, 837a13, 850b12, 869b1, 917b13, 918a2, 1029c28, 1030b9, 1037a27, c1, 25, 1053a24) xxiv(16c24, 29b17, 50a2, c8, 51a4, 52c23, 137b15, 164c25, 167c14, 198c24, 222c28, 228a18, 243b21, 249a28, 261c19, 269b10, 304b23, 326c20, 356c11, 369a16, 377b2, 394b29, 398a29)

② **Vipaśyin:** bhūtapūrvaṃ *bhikṣava*['tīte 'dhvany] ekanavatikalpe(*or* aśītivarṣasahasrāyuṣi prajāyāṃ) vipaśyī nāma samyaksaṃbuddho (*or* śāstā) loka udapādi vidyācaranasaṃpannaḥ sugato lokavid anuttaraḥ puruṣadamyasārathiḥ śāstā devamanuṣyāṇāṃ buddho bhagavān/

比丘達よ，かつて過去世において，九十一劫の昔に（or 人間の寿命が八万歳の時に），ヴィパッシンと呼ばれる師が世に現れた。彼は如来・阿羅漢・正等覚者・明行足・善逝・世間解・無上士・調御丈夫・天人師・仏・世尊であった[38]。

■ **Divy.** 11(141.16) 17(227.21^{*-}) 19(282.19^{+}); **MSV** i(46.9, 216.8^{py}) v(27.22) vii(147.24); **Aś** 24(137.7^{+}) 61(349.3) 62(352.12) 63(356.15) 64(361.10) 65(365.9) 66(369.14) 67(373.6) 68(377.8) 69(382.16) 70(387.1) 71(5.13) 82(70.11) 86(96.3^{+}) 88(109.3); **Chi.** xxiii(915c12) xxiv(48b11, 95a8, 96a16, 187b16, 215c24, 260c15, 278b25)[39]

B. 独　覚

asati buddhānām utpāde pratyekabuddhā loka utpadyante hīnadīnānukampāḥ prāntaśayanāsanabhaktā ekapradakṣiṇīyā lokasya/

諸仏が〔世に〕現れない時には独覚達が世に現れる。彼らは貧しく哀れな者達を哀れみ，人里離れた場所で寝起や食事をし，世間で唯一の応供者なのである[40]。

■ **Divy.** 7(88.13) 10(132.20) 13(191.24) 21(312.5) 28(428.11[v]) 36(538.16, 540.11[PY], 541.12) 37(582.6[+], 584.28); **MSV** i(88.2, 108.11, 251.12) v(32.8) vii(15.3, 46.21, 55.16, 58.5, 159.27, 210.35); **Aś** 41(244.5) 80(57.15) 89(116.13) 90(124.2) 94(159.9); **Chi.** xxiii(657c7, 698a28, 814a8, 859c23, 881b27, c20*, 917a10, c2) xxiv(55b12, 68c2, 94c11, 163b13, 165c16, 166b11, 190c9, 239a28, 261b23, 316c21, 327a22, 362c12)

6. 業

A. 業報の原理

bhikṣavaḥ saṃśayajātās sarvasaṃśayacchettāraṃ *buddhaṃ bhagavataṃ* papracchuḥ/ kiṃ bhadant*āyuṣmatā pūrṇena* karma kṛtaṃ yen*ādhye mahādhane mahābhoge kule jātaḥ* kiṃ karma kṛtaṃ yena *dāsyāḥ kukṣāv upapannaḥ pravrajya ca sarvakleśaprahāṇād arhattvaṃ sākṣātkṛtam/ bhagavān* āha/ *pūrṇena* bhikṣavo *bhikṣuṇā* karmāṇi kṛtāny upacitāni labdhasaṃbhārāṇi pariṇatapratyayāny oghavat pratyupasthitāny avaśyaṃbhāvīni/ *pūrṇena* karmāṇi kṛtāny upacitāni ko 'nyaḥ pratyanubhaviṣyati/ na bhikṣavaḥ karmāṇi kṛtāny upacitāni bāhye pṛthivīdhātau vipacyante nābdhātau na tejodhātau na vāyudhātāv api tūpātteṣv eva skandhadhātvāyataneṣu karmāṇi kṛtāni upacitāni vipacyante śubhāny aśubhāni ca/

na praṇaśyanti karmāṇi api kalpaśatair api/
sāmagrīṃ prāpya kālaṃ ca phalanti khalu dehinām//

疑念を生じた比丘達は，あらゆる疑念を断じてくれる仏・世尊に尋ねた。「大徳よ，同志プールナは，いかなる業を為したがために，裕福で巨大な財産と広大な資産とを有する家に生まれたのですか。いかなる業を為したがために，彼は奴隷女の胎内に生まれ，そして出家すると一切の煩悩を断じて阿羅漢果を証得したのですか」。世尊は言った。「比丘達よ，比丘プールナによって為され積み上げられた業は[41]，資糧を獲得し機縁が熟すと，暴流の如く押し寄せてきて避けることはできないのだ。プールナが為し積み上げた業を，他の誰が享受しようか。比丘達よ，為され積み上げられた業は，外の地・水・火・風界で熟すのではない。そうではなく，為され積み上げられた業は，善であれ悪であれ，感覚のある〔五〕蘊・〔十二〕処・〔十八〕界においてのみ熟すのである。

業は何百劫を経ても決して滅することはない。

〔因縁〕和合と時機を得て，必ずその身に果を結ぶ」[42]

■ **Divy.** 2(53.27) 10(131.2) 11(141.3[*]) 13(191.5) 18(233.17[*-]) 19(282.6) 21(311.11) 28(428.3[*-]) 31(464.6[py]) 35(504.16[-]) 36(538.8[*-], 539.26[py], 541.7[py]) 37(581.21, 584.9); **MSV** i(18.10[v], 22.15[py], 29.18[py], 45.20[py], 55.1[py], 59.3[py], 61.11[py], 72.6[py], 107.19, 216.3[py-], 217.7[py-], 218.3[py-], 231.7[py], 249.18[py], 260.9[p]) ii(77.3[*], 78.20[py-], 137.3[-]) iv(47.1[p]) v(31.23, 68.25) vi(145.20, 160.33, 162.13[py]) vii(1.11[-], 4.11[py], 14.13[py], 21.29[py], 41.31[py], 42.18, 44.17, 48.26[py], 49.15[py], 55.8[py], 56.34[py], 59.1[py], 64.5[py], 66.22[py], 147.5, 157.21[-], 158.7[-], 159.11, 191.19[py], 210.15[py]); **Aś** 13(73.14) 14(80.6) 15(85.12) 16(91.4) 17(100.3) 18(104.10) 19(110.1) 20(117.1) 24(136.11) 31(168.12[-]) 39(224.10) 40(237.3[-]) 50(285.7) 56(323.16) 58(334.7) 60(343.7) 61(348.7) 62(352.3) 63(356.6) 64(361.1) 65(364.17) 66(369.5) 67(372.17) 68(376.17) 69(382.7) 70(386.8) 71(5.3) 72(11.4) 73(16.17) 74(22.6) 75(28.12) 76(34.1) 77(38.6) 78(43.10) 79(50.11) 80(57.5) 82(70.1) 83(76.1) 84(79.12) 85(85.1) 86(95.10) 87(99.17) 88(108.11) 89(115.10) 90(123.4) 91(131.7) 92(143.12) 93(149.4) 94(157.3) 95(163.6) 96(170.7) 97(175.5) 98(183.12) 99(195.5) 100(204.1); **Chi**. xxiii(657b23, 674b1, 698a14, 799b2, 813c24, 826c25, 837a3, 850b9, 859c19, 865a11*, 869a21*, 881b18*, c12*, 885b29, c19, 898c28, 914b15*, 915c7*, 917a1*, b9*, 20*, c27, 918a12, 1028c18*, 1029b15, c23, 1030a10*, 1037b26*, 1053a14) xxiv(16c13, 22c21*, 29b10*, 44c8, 48b3*, 49c23*, 50b29*, c26*, 52c15*, 94a11, b13*, c6*, 95a4*, b6*, 96a12*, b8*, 21*, c8*, 22*, 136c27, 137b10*, 162a29*, b11*, 164c23, 165c10*, 166a19*, c5*, 167a3*, c9*, 187b5*, 198c15, 203c7, 215c17*, 222b29*, c26, 223a11, 228a14*, b11, 240a2*, 242a6*, 243b16*, 249a22*, 260c6*, 261b18*, c15*, 269b5*, 278b21*, 290b5*, 304b17*, 316c11, 326c14*, 355c28*, 362c6, 369a7*, 377a25*, 394b25*, 398a26*)[43]

B．黒白業

iti hi bhikṣava ekāntakṛṣṇānāṃ karmaṇāṃ ekāntakṛṣṇo vipāka ekāntaśu-

klānām ekāntaśuklo vyatimiśrāṇāṃ vyatimiśras tasmāt tarhi bhikṣava ekānta-kṛṣṇāni karmāṇy apāsya vyatimiśrāṇi caikāntaśukleṣv eva karmasv ābhogaḥ karaṇīya ity evaṃ vo bhikṣavaḥ śikṣitavyam//
こういうわけで比丘達よ，完全に黒い業には完全に黒い異熟があり，完全に白い〔業〕には完全に白い〔異熟〕があり，〔黒白〕斑の〔業〕には〔黒白〕斑の〔異熟〕がある。それゆえ比丘達よ，この場合，完全に黒い業と〔黒白〕斑の〔業〕とを捨て去って，完全に白い業においてのみ心を向けるべきである。このように比丘達よ，お前達は学び知るべきである」[44]

■ **Divy.** 1(23.27) 2(55.9) 10(135.21) 13(193.12) 19(289.20) 21(314.4) 25(348.2^{p}) 31(465.7^{py}) 36(539.21^{py}) 37(586.3); **MSV** i(18.20^{v}, 24.4^{py}, 48.2^{py}, 57.16^{py}, 62.14^{py}, 73.13^{py}, 109.6, 255.6) ii(138.20) iv(48.16^{p}, 193.12) v(32.29, 70.26) vi(146.11, 162.8) vii(4.4, 11.2^{py}, 12.4^{y}, 16.12^{py}, 17.30^{y}, 30.20^{py}, 42.15^{py}, 44.14^{py}, 47.18^{py}, 49.9^{py}, 52.13^{py}, 67.16^{y}, 149.9, 161.1, 170.17, 192.8^{py}, 211.12^{py}); **Aś** 39(226.2) 41(245.8) 47(269.14) 56(324.10) 60(344.4) 61(349.14) 62(353.6) 63(358.3) 64(362.5) 65(366.7) 66(370.10) 67(374.3) 68(379.1) 69(383.12) 70(387.15) 71(6.6) 72(13.11) 73(18.5) 74(23.10) 75(30.7) 76(35.3) 77(40.7) 78(44.10) 79(51.13) 80(59.4) 81(66.12) 82(71.8) 83(77.3) 84(82.3) 85(88.6) 86(97.11) 87(101.12) 88(110.5) 89(117.10) 90(125.13) 91(132.12) 93(151.5) 94(160.5) 95(165.4) 96(172.11) 97(178.1) 98(185.7) 99(196.10) 100(205.8); **Chi.** xxiii(658a27, 674b18, 699a28, 726b4, 814b19, 827b3, 837b7, 860a14, 882a11*, 1029b14*, 1029c20*, 1030b5*, 1037c22*, 1053c2) xxiv(4c9, 17a17, 23b29*, 29c5, 45a1*, 48c8, 50b13, 51a17*, 53a8*, 97a9, 137b3, 155c8, 162c22, 163c5, 164a11*, 165a5*, c22*, 167a6*, c23, 187c18, 190b27, c3, 191a15, 193a26, 199a3*, 203c28, 217b17*, 223a25*, 236b7*, 239b15, 242b13, 262a16, 278c18*, 304c7*, 316c29, 327b11*, 357a5, 363a4*, 369b12, 377b16)[45]

7. 比　丘

A. 出家の表明

labhey*āhaṃ bhadanta* svākhyāte dharmavinaye pravrajyām upasaṃpadaṃ bhikṣubhāvaṃ careyam *ahaṃ bhagavato* 'ntike brahmacaryam/
「大徳よ，私は見事に説かれた法と律とに従って出家し，具足戒を受けて比丘になりとうございます。私は世尊のもとで梵行を修したいのです」[46]

■ **Divy.** 1(15.18, 18.3^{y}) 2(36.8^{-}, 24^{*-}, 48.16, 49.14^{py}) 8(97.21) 12(159.5) 19

(281.20) 23(341.10^{*-}, 24^{*-}) 28(423.17) 31(463.23); **MSV** i(22.5, 25.6^{py}, 53.10, 71.16, 222.21, 265.4, 20) ii(82.3, 139.21^{*-}) iv(42.6, 180.13, 184.1) v(22.11, 23.25) vi(147.8, 148.6, 175.12, 177.6) vii(24.29^{*-}, 141.14); **Aś** 40(233.10^{*-}) 50(284.5^{*-}) 61(347.5) 71 (3.9) 76(33.3) 89(113.4) 90(122.4) 99(194.11); **Chi.** xxiii(1028a19, 1052a13) xxiv (15a21, b23, 44b28, 45a17*, 52c5, 129c21, 130a10, 140c13, 141b3, 157b19, 215c2, 268c10, 276c16, 277b2, 303c7, 304c11, 331c18, 355c7, 396c23)

B. 善来比丘

[sa bhagavatā ehibhikṣukayā ābhāṣitaḥ] ehi bhikṣo cara brahmacaryam iti/ bhagavato vācāvasānam eva muṇḍitaḥ saṃvṛttaḥ saṃghāṭīprāvṛtaḥ pātrakaravyagrahastaḥ saptāhāvaropitakeśaśmaśrur varṣaśatopasaṃpannasya bhikṣor īryapathenāvasthitaḥ

ehīti coktaḥ tathāgatena muṇḍtaś ca saṃghāṭīparītadehaḥ/
sadyaḥ praśāntendriya eva tasthau nopasthito buddhamanorathena//

〔世尊は「さあ比丘よ」と出家を許す言葉で彼に声をかけられた。〕「さあ比丘よ，梵行を修しなさい」と。世尊の言葉が終わるや否や，彼は剃髪し，衣を身に着け，鉢とそれを受ける輪とをそれぞれの手に持ち，髪と髭とは七日前に剃り落とした〔如く自然で〕，百年前に具足戒を受けた比丘の如き立ち居振る舞いであった。

「さあ」と如来に言われた彼は，剃髪して衣を身に着けると，
直ちに諸根は寂静となり，仏の心願に従う者となった[47]。

■ **Divy.** 2(36.29, 48.18, 49.15^{*y}) 12(159.8) 19(281.22) 23(341.27) 31(463.25^{py}) 37 (558.18); **MSV** i(25.7^{*-}, 71.18^{*py}, 223.2^{py}) iv(44.6) vi(206.15) vii(141.22); **Aś** 50 (284.7^{*-}) 61(347.7^{*-}); **Chi.** xxiii(674c28, 876c22, 1028a21, 1037a17*) xxiv(11c23, 15a24, b24*, 45a19*, 52c8*, 129c24, 130a11, 145c26, 215c4, 268c12, 304c12, 331c20, 396c27)[48]

C. 阿羅漢

tena yujyamānena ghaṭamānena vyāyacchamānena idam eva pañcagaṇḍakaṃ saṃsāracakraṃ calācalaṃ viditvā sarvasaṃskāragatīḥ śatanapatanavikiraṇavidhvaṃsanadharmatayā parāhatya sarvakleśaprahāṇād arhattvaṃ sākṣātkṛtam/ arhansaṃvṛttas traidhātukavītarāgaḥ samaloṣṭakāñcana ākāśapāṇitalasamacitto vāsīcandanakalpo vidyāvidāritāṇḍakośo vidyābhijñāpratisaṃvitprāpto bhavalābhalobhasatkāraparāṅmukhaḥ sendropendrāṇāṃ devānāṃ pūjyo mānyo 'bhivādyaś ca saṃvṛttaḥ//

彼は勤め励み精進して，五つの輻を具えた輪廻の輪は実に不安定であることを知り，有為の行く末はすべて衰滅し，衰え，崩壊し，滅び去る性質のものとして〔それを〕打破すると，一切の煩悩を断じて阿羅漢性を証得した。阿羅漢となった彼は三界の貪を離れ，土塊も黄金も等しく，虚空と掌とを等しく見る心を持ち，斧〔で切られても〕栴檀香〔を塗られても〕同じことで，智で〔無知の〕殻を破り，智と神通力と特別の能力とを獲得し，有・利益・貪・名声から顔を背け，インドラ神やインドラ神に付き従う神々に供養され，恭敬され，礼拝される者となったのである[49]。

■ **Divy.** 1(18.25^{y-}) 8(97.25^{-}) 13(180.21) 18(240.22^{-}) 19(281.28) 23(340.29^{py-}, 342.4^{py-}) 24(344.24^{py-}) 31(463.27^{p}) 35(488.5^{-}, 492.3^{-}) 37(551.14, 567.10); **MSV** i(22.8^{p-}, 25.11^{py-}, 223.21^{py-}) ii(130.18) iii(27.17^{py}) iv(43.2^{py-}, 44.12^{py-}, 49.19^{py-}) v(22.14^{-}, 23.28) vi(175.15^{-}, 177.9); **Aś** 17(96.4) 18(104.4) 37(207.8) 46(262.8) 50(284.12) 61(348.1) 62(351.12) 63(356.1) 64(360.12) 65(364.11) 66(368.12) 67(372.11) 68(376.13^{-}) 69(382.1) 70(385.14) 71(4.9) 72(9.10) 73(16.11) 74(21.7) 75(26.5) 76(33.5) 77(37.12) 78(43.1) 79(50.3) 80(56.10) 81(65.1) 82(68.10) 83(75.13) 84(79.6) 85(84.9) 86(95.5) 87(99.11) 88(108.5) 89(114.3) 90(122.6) 91(129.8^{-}) 92(138.14) 93(148.12) 94(153.5) 95(162.11) 96(168.2) 98(183.4) 100(203.5); **Chi.** xxiii(629a13, 656a25, 695a23, 723c7, 796a15, 797a19*, 817c26, 878c19, 1036c27, 1037a21*, 1052a24*) xxiv(4a2, 12c6, 15b3, 44c2*, 45a22*, 49a10*, 52c12, 130a13, 140c16, 141b6, 162a25, 215c9, 246a3, 276c22*, 277b17, 278b19*, 331c23*, 355c10, 368b21)[50]

D.　阿羅漢（or 独覚・声聞）の知見

asamanvāhṛtyārhatāṃ jñānadarśanaṃ na pravartate/

阿羅漢は精神を集中しないと知見が働かない[51]。

■ **Divy.** 7(84.6) 13(190.8) 21(313.10) 35(492.9); **MSV** i(83.5^{+}) iv(63.1) vii(160.2, 205.17); **Aś** 41(244.16) 44(255.5) 94(159.13); **Chi.** xxiii(797a23) xxiv(190c14)[52]

8. シャーキャムニ（仏・如来・菩薩）

A. ブッダの救済

atrāntare nāsti kiñcid buddhānāṃ bhagavatām ajñātam adṛṣṭam aviditam avijñātam/ dharmatā khalu buddhānāṃ bhagavatāṃ mahākāruṇikānāṃ lokānugrahapravṛttānām ekārakṣāṇāṃ śamathavipaśyanāvihāriṇāṃ tridamathavastukuśalānāṃ caturoghottīrṇānāṃ caturṛddhipādacaraṇatalasupratiṣṭhitānāṃ caturṣu saṃgrahavastuṣu dīrgharātrakṛtaparicayānāṃ pañcāṅgaviprahīṇānāṃ pañcagatisamatikrāntānāṃ ṣaḍaṅgasamanvāgatānāṃ ṣaṭpāramitāparipūrṇānāṃ saptabodhyaṅgakusumāḍhyānām aṣṭāṅgamārgadeśikānāṃ navānupūrvavihārasamāpattikuśalānāṃ daśabalabalināṃ daśadiksamāpūrṇayaśasāṃ daśaśatavaśavartiprativiśiṣṭānāṃ trī rātres trir divasasya buddhacakṣuṣā lokaṃ vyavalokya jñānadarśanaṃ pravartate/ ko hīyate ko vardhate kaḥ kṛcchraprāptaḥ kaḥ saṃkaṭaprāptaḥ kaḥ saṃbādhaprāptaḥ kaḥ kṛcchrasaṃkaṭasaṃbādhaprāptaḥ ko 'pāyanimnaḥ ko 'pāyapravaṇaḥ ko 'pāyaprāgbhāraḥ kam aham apāyād uddhṛtya svarge mokṣe ca pratiṣṭhāpayeyaṃ kasya kāmapaṅkanimagnasya hastoddhāram anupradadyāṃ kam āryadhanavirahitam āryadhanaiśvaryādhipatye pratiṣṭhāpayeyaṃ kasyānavaropitāni kuśalamūlāny avaropayeyaṃ kasyāvaropitāni paripācayeyaṃ kasya paripakvāni vimocayeyam/ āha ca/

apy evātikramed velāṃ sāgaro makarālayaḥ/
na tu vaineyavatsānāṃ buddho velām atikramet//

さて諸仏・諸世尊が分からないことや見ていないことや知らないことや識別できないことは何もない。大悲の持ち主であり，世間の利益に邁進し，唯一の保護者で，止観に住し，三〔業〕の調御に巧みで，四暴流を渡り，四神足という足の裏の上にしっかりと立ち，四摂事に久しく慣れ親しみ，五支を離れ，五趣を超越し，六支を具え，六波羅蜜を完成し，七菩提分という花に富み，八支聖道を示し，九次第定に巧みで，十力で力強く，その名声は十方を満たし，千人の自在者の中で最も優れている諸仏・諸世尊には，夜に三度・昼に三度，仏眼を以て世間を観察すると，知見が働くことになっている。〈誰が衰え，誰が栄えているのか。誰が不幸に陥り，誰が困難に陥り，誰が危機に陥っているのか。誰が不幸・困難・危機に陥っているのか。誰が悪趣に向かい，誰が悪趣に傾き，誰が悪趣に落ちようとしているのか。私は誰を悪趣から引き上げ，天界や解脱に安住せしめようか。愛欲の泥沼に沈んでいる誰に救いの手を差し伸べようか。聖なる財産をなくした誰を，聖なる財産を自由に支配できる地位に安住せしめようか。未だ植えられざる善根を誰に植えようか。すでに植えられた誰の〔善根〕を成熟させようか。すでに成熟した誰の〔善根〕を〔果あるものとして〕解き放とうか〉〔と〕。〔詩頌〕に曰く。

魚の住処である海は岸を越えていくことがあっても，

仏が教化すべき愛し子達の時機を逸することはない(53)。

■ **Divy.** 8(95.11*+) 9(124.11) 19(264.25+); **MSV** vii(53.2, 156.30−); **Aś** 3(16.9) 6(30.7) 13(72.3) 14(78.13) 15(84.3) 17(94.7) 18(102.10) 23(129.11) 50(283.1) 79(48.3) 80(54.6) 81(63.7) 92(138.1); **Chi.** xxiii(669a22, 674c1*, 682a23, 694a5, 911a21) xxiv(190a8, 211b2, 305a25, 355b10, 367c7)(54)

B.　ブッダの相好

adrākṣus *tā* buddhaṃ bhagavantaṃ dvātriṃśatā mahāpuruṣalakṣaṇaiḥ samalaṅkṛtam aśītyā cānuvyañjanair virājitagātraṃ vyāmaprabhālaṅkṛtaṃ sūryasahasrātirekaprabhaṃ jaṅgamam iva ratnaparvataṃ samantato bhadrakam/

彼女らは，三十二の偉人相で完全に装飾され，八十種好で体は光り輝き，一尋の光明で飾られ，千の太陽をも凌ぐ光を放ち，宝の山が動いている如く，何処から見ても素晴らしい仏・世尊を眼にした(55)。

■ **Divy.** 2(46.27, 49.3py) 4(67.5) 5(72.8) 6(75.1, 76.13) 11(136.23) 31(461.16, 465.13py); **MSV** i(8.16, 20.12, 69.1, 71.6py, 73.19) vi(111.26) vii(2.13); **Aś** 1(3.5) 3(17.12) 7(37.7) 18(103.13, 105.7) 22(124.8) 23(130.14) 24(137.12) 28(153.9) 30(163.9) 37(206.13) 39(223.8) 48(271.8, 272.6) 50(281.6, 284.2) 51(291.4) 53(302.9) 61(346.14) 62(351.5) 63(355.8) 64(360.5) 65(364.4) 66(368.4) 67(372.3) 68(376.7) 69(381.7) 70(385.7) 73(17.12) 74(21.1) 78(41.9) 83(74.16) 84(80.6) 85(84.4) 87(99.4) 90(118.11, 124.16) 91(129.1) 93(148.5) 95(162.6) 96(167.12) 97(176.7); **Chi.** xxiii(830b6) xxiv(14c3, 15b13, 36a5, 37c6, 38b1, 43a3, 44b6, 52a22, b28*, 53a13*, 122c5, 261b4, 303b25, 331c9, 355b7, 362b5, 395c17)

C. 仏弟子達に囲繞されて遊行するブッダ

atha bhagavān dānto dāntaparivāraḥ śāntaḥ śāntaparivāro mukto muktaparivāra āśvasta āśvastaparivāro vinīto vinītaparivāro 'rhann arhatparivāro vītarāgo vītarāgaparivāraḥ prāsādikaḥ prāsādikaparivāro ṛṣabha iva goganaparivṛto gaja iva kalabhagaṇaparivṛtaḥ siṃha iva daṃṣṭrigaṇaparivṛto haṃsarāja iva haṃsagaṇaparivṛtaḥ suparṇīva pakṣigaṇaparivṛto vipra iva śiṣyagaṇaparivṛtaḥ suvaidya ivāturagagaṇaparivṛtaḥ śūra iva yodhagaṇaparivṛto deśika ivādhvagaṇaparivṛtaḥ sārthavāha iva vaṇiggaṇaparivṛtaḥ śreṣṭhīva pauragaṇaparivṛtaḥ koṭṭarāja iva mantrigaṇaparivṛtaś cakravartīva putrasahasraparivṛtaś candra iva nakṣatragaṇaparivṛtaḥ sūrya iva raśmisahasraparivṛto dhṛtarāṣṭra iva gandharvagaṇaparivṛto virūḍhaka iva kumbhāṇḍagaṇaparivṛto virūpākṣa iva nāgagaṇaparivṛto dhanada iva yakṣagaṇaparivṛto vemacitrir ivāsuragaṇaparivṛtaḥ śakra iva tridaśagaṇaparivṛto brahmā iva brahmakāyikaparivṛtaḥ stimita iva jalanidhiḥ sajala iva jaladharo vimada iva gajapatiḥ sudāntair indriyair asaṃkṣobhiteryāpathapracāro dvātriṃśatā mahāpuruṣalakṣaṇaiḥ samalaṅkṛto aśītyanuvyañjanair virājitagātro vyāmaprabhālaṅkṛtamūrtiḥ sūryasahasrātirekaprabho jaṅgamam iva ratnaparvata samantato bhadrako daśabhir balaiś caturbhir vaiśaradyais tribhir āveṇikaiḥ smṛtyupasthānair mahākaruṇayā samanvāgato *bhikṣusaṃghena śrāvastīṃ nagarīṃ prāptaḥ*//

その時,〔自己を〕調御し,寂静で,解脱し,安穏であり,〔自己を〕調伏し,阿羅漢であり,離貪し,端正な世尊が,〔自己を〕調御し,寂静で,解脱し,安穏であり,〔自己を〕調伏し,阿羅漢であり,離貪し,端正な〔弟子達〕に取り囲まれている様は,雄牛が牛の集団に,象が若象の集団に,獅子が牙を有する動物の集団に,白鳥王が白鳥の集団に,ガルダが鳥の集団に,バラモンが弟子の集団に,名医が患者の集団に,勇者が武士の集団に,導師が旅人の集団に,隊商主が商人の集団に,組合長が市民の集団に,城主が大臣の集団に,転輪王が千人の息子に,月が星の集団に,太陽が千の光線に,ドゥリタラーシュトラがガンダルヴァの集団に,ヴィルーダカがクンバーンダの集団に,ヴィルーパークシャが龍の集団に,クベーラが夜叉の集団に,ヴェーマチトリンがアスラの集団に,シャクラが三十〔三〕天に,ブラフマンが梵衆〔天〕に囲遶されているが如くであった。〔また世尊〕は凪いだ大海の如く，水を湛えた大海の如く，興奮せぬ象王の如くであり，よく調御された諸根によって〔その〕振る舞いと行動は落ち着いており，三十二の偉人の相によって見事に飾られ，八十種好によって身体は光り輝き，一尋の光明で飾られ，千の太陽をも凌ぐ光を放ち，動く宝の山の如く，何処から見ても素晴らしく，十力，四無畏，三不共念住，そして大悲を具えた〔世尊〕は，偉大なる比丘僧伽と共にシュラーヴァスティーの都城に到着した(56)。

■ **Divy.** 2(46.19⁻) 8(96.14^PY) 9(125.24) 12(148.7⁻) 13(182.1) 19(267.14); **MSV** v(25.17) vi(179.5); **Aś** 19(108.1); **Chi.** xxiii(670a2, 718b5, 829c14*) xxiv(141c19, 212a3)

D. 微笑放光

dharmatā khalu yasmin samaye buddhā bhagavantaḥ smitaṃ prāviṣkurvanti tasmin samaye nīlapītalohitāvadātā arciṣo mukhān niścārya kāścid adhastād gacchanti kāścid upariṣṭhād gacchanti/ yā adhastād gacchanti tāḥ saṃjīvaṃ kālasūtraṃ saṃghātaṃ rauravaṃ mahārauravaṃ tapanaṃ pratāpanam avīcim arbudaṃ nirarbudam aṭaṭaṃ hahavaṃ huhuvam utpalaṃ padmaṃ mahāpadmaṃ narakān gatvā ye uṣṇanarakās teṣu śītībhūtā nipatanti ye śītanarakās teṣūṣṇībhūtā nipatanti/ tena teṣāṃ sattvānāṃ kāraṇāviśeṣāḥ pratiprasrabhyante/ teṣām evaṃ bhavati/ kiṃ nu vayaṃ bhavanta itaś cyutā āhosvid anyatropapannā iti/ teṣāṃ prasādasaṃjananārthaṃ bhagavān nirmitaṃ visarjayati/ teṣāṃ nirmitaṃ dṛṣṭvaivaṃ bhavati/ na hy eva vayaṃ bhavanta itaś cyutā nāpy anyatropapannā api tv ayam apūrvadarśanaḥ sattvo 'syānubhāvenāsmākaṃ kāraṇāviśeṣāḥ pratiprasrabdhā iti/ te nirmite cittam abhiprasādya tan narakavedanīyaṃ karma kṣapayitvā devamanuṣyeṣu pratisandhiṃ gṛhṇanti yatra satyānāṃ bhājanabhūtā bhavanti/ yā upariṣṭhād gacchanti tāś cāturmahārājikāṃs trayastriṃśān yāmāṃs tuṣitān nirmāṇaratīn paranirmitavaśavartino brahmakāyikān brahmapurohitān mahābrahmaṇaḥ parīttābhān apramāṇābhān ābhāsvarān parīttaśubhān apramāṇaśubhāñ śubhakṛtsnān anabhrakān puṇyaprasavān bṛhatphalān abṛhān atapān sudṛśān sudarśanān akaniṣṭhān devān gatvā 'nityaṃ duḥkhaṃ śūnyam anātmety udghoṣayanti gāthādvayaṃ ca bhāṣante/

ārabhadhvaṃ niṣkrāmata yujyadhvaṃ buddhaśāsane/
dhunīta mṛtyunaḥ sainyaṃ naḍāgāram iva kuñjaraḥ//
yo hy asmin dharmavinaye apramattaś cariṣyati/
prahāya jātisaṃsāraṃ duḥkhasyāntaṃ kariṣyati/ iti//

atha tā arciṣas trisāhasramahāsāhasraṃ lokadhātum anvāhiṇḍya bhagavantam eva pṛṣṭhataḥ pṛṣṭhataḥ samanugacchanti/ tad yadi bhagavān atītaṃ karma vyākartukāmo bhavati bhagavataḥ pṛṣṭhato 'ntardhīyante/ anāgataṃ vyākartukāmo bhavati purastād antardhīyante/ narakopapattiṃ vyākartukāmo bhavati pādatale 'ntardhīyante/ tiryagupapattiṃ vyākartukāmo bhavati pārṣṇyām antardhīyante/ pretopapattiṃ vyākartukāmo bhavati pādāṅguṣṭhe 'ntardhīyante/ manuṣyopapattiṃ vyākartukāmo bhavati jānunor antardhīyante/ balacakravartirājyaṃ vyākartukāmo bhavati vāme karatale 'ntardhīyante/ cakravartirājyaṃ vyākartukāmo bhavati dakṣiṇe karatale 'ntardhīyante/ devopapattiṃ vyākartukāmo bhavati nābhyām antardhīyante/ śrāvakabodhiṃ vyākartukāmo bhavati āsye 'ntardhīyante/ pratyekabodhiṃ vyākartukāmo bhavati ūrṇāyām antardhīyante/ anuttarāṃ samyaksaṃbodhiṃ vyākartukāmo bhavati uṣṇīṣe 'ntardhīyante// atha tā arciṣo bhagavantaṃ triḥ pradakṣiṇīkṛtya bhagavata *ūrṇāyām* antarhitāḥ/ athāyuṣmān ānandaḥ kṛtakarapuṭo bhagavantaṃ papraccha/

nānāvidho raṅgasahasracitro vaktrāntarān niṣkasitaḥ kalāpaḥ/
avabhāsitā yena diśaḥ samantād divākareṇodayatā yathaiva//

gāthāś ca bhāṣate/

vigatoddhavā dainyamadaprahīṇā buddhā jagaty uttamahetubhūtāḥ/
nākāraṇaṃ śaṅkhamṛṇālagauraṃ smitam upadarśayanti jinā jitārayaḥ//
tatkālaṃ svayam adhigamya dhīrabuddhyā śrotṛṇāṃ śramaṇa jinendra kāṅkṣitānāṃ/
dhīrābhir munivṛṣa vāgbhir uttamābhir utpannaṃ vyapanaya saṃśayaṃ śubhābhiḥ//
nākasmāl lavaṇajalādrirājadhairyāḥ saṃbuddhāḥ smitam upadarśayanti nāthāḥ/
yasyārthe smitam upadarśayanti dhīrāḥ taṃ śrotuṃ samabhilaṣanti te janaughā iti//

bhagavān āha/ evam etad ānandaivam etat/ nāhetvapratyayam ānanda tathāgatā arhantaḥ samyaksaṃbuddhāḥ smitaṃ prāviṣkurvanti/

諸仏・諸世尊が微笑した時には，青・黄・赤・白の光線が〔世尊の〕口から放たれ，ある〔光線〕は下に行き，ある〔光線〕は上に行くことになっている。下に行った〔光線〕は，等活・黒縄・衆合・叫喚・大叫喚・炎熱・大炎熱・無間と，アルブダ・ニラブダ・アタタ・ハハヴァ・フフヴァ・ウトパラ・パドマ・マハーパドマの諸地獄に行くが，熱地獄には涼しくなって落ちて行き，寒地獄には暖かくなって落ちて行く。これにより〔各地獄に〕特有な有情達の苦しみは和らげられる。彼らは次のように考える。〈おい皆，我々はここから死歿してしまったのだろうか，あるいは別の場所に生まれ変わったのであろうか〉と。世尊は，彼らに浄信を生ぜしめんがために，化〔仏〕を放つ。彼らは化〔仏〕を見てこう考える。〈皆，我々はここから死歿したのでもなく，別の場所に生まれ変わったのでもない。そうではなく，ここには以前に見たこともない有情がいるが，彼の神通力によって〔各地獄に〕特有な我々の苦しみが和らげられたのだ〉と。彼らは化〔仏〕に対して心を浄らかにし，地獄で感受すべき業を滅尽すると，天界や人間界に再生し，そこで〔四〕諦の器となる。上に行った〔光線〕は，四大王天・三十三天・夜摩天・兜率天・化楽天・他化自在天・梵衆天・梵輔天・大梵天・少光天・無量光天・光音天・少浄天・無量浄天・遍浄天・無雲天・福生天・広果天・無想天・無熱天・善現天・善見天・色究竟天に行って「無常・苦・空・無我」と声を発し，二つの詩頌を唱える。

「〔精進〕を積め。出家せよ。仏の教えに専念せよ。死の軍隊を打ち破れ。
象が葦の小屋を〔踏み潰す〕ように。この法と律とに従って放逸なく修
行する者は，生〔死を繰り返す〕輪廻を断じて，苦を終らせるだろう」

さてその光線は三千大千世界を駆け巡り，それぞれ世尊の背後に随行する。この時，世尊が過去の業を説明される場合，〔光線〕は〔世尊の〕背後に消える。未来の事を予言される場合，前方に消える。地獄への再生を予言される場合，足の裏に消える。畜生への再生を予言される場合，踵に消える。餓鬼への再生を予言される場合，足の親指に消える。人間への再生を予言される場合，膝に消える。力転輪王の地位を予言される場合，左の掌に消える。転

輪王の地位を予言される場合，右の掌に消える。天への再生を予言される場合，臍に消える。声聞の悟りを予言される場合，口に消える。独覚の悟りを予言される場合，眉間に消える。無上正等菩提を予言される場合，仏頂に消える。さてその光線は世尊を三回右繞して眉間に消えた。その時，同志アーナンダは合掌をして世尊に尋ねた。

「種類は様々で，何千色もの美しき〔光の〕束が口より放たれ，
それによって，あたかも太陽が昇るが如く〔十〕方は遍く照らされたり」

そして〔さらに同志アーナンダ〕は詩頌を唱えた。

「高慢より離れ，卑下と驕りを断じた諸仏は，世間における最高の因なり。法螺貝や蓮の繊維の如く希有なる微笑を，敵を征した勝者達は故なくして現ぜず。沙門よ，勝者の主よ，聴衆は〔微笑の意味を〕聞きたいと望んでいるので，〈〔今や〕その時である〉と堅固なる智を以て知り，最高の聖者よ，堅固で浄らかな最上の言葉を以て，〔彼らに〕生じた疑念を取り除きたまえ。大海や山の王の如く堅固なる〔大〕師・正覚者達は理由なく微笑を現ずることなし。堅固なりし〔諸仏〕が微笑を現じたその意味を大群集は聞かんと欲するなり」

世尊は言われた。「そのとおり，アーナンダよ，そのとおりなのだ。アーナンダよ，如来・阿羅漢・正等覚者達は因縁なくして微笑を現ずることはない」[57]

■ **Divy.** 4(67.17) 5(72.16^{py}) 11(138.1) 16(199.10^{*-}) 19(265.15^{-}) 26(366.24) 37(568.7); **MSV** vii(161.21, 172.17, 173.28); **Aś** 1(4.6) 2(10.6) 3(19.2) 4(25.5) 6(32.12) 7(37.18) 8(43.7) 9(51.7) 10(59.7) 17(97.7) 20(113.12) 22(125.7) 23(131.1) 25(140.9) 26(145.7) 27(150.1) 28(154.7) 29(159.9) 30(164.7); **Chi.** xxiii(669b19, 835a22, 879a19) xxiv(6a19, 29c18, 36a13*, 37c12*, 191a26*, 193c17*, 194a17*, 211b21, 367c25)[58]

E.　ブッダが都城の敷居を跨いだ時の希有未曾有法

yadā bhagavatā śrāvastīṃ nagarīṃ praviśatā sābhisaṃskāraṃ nagarendrakīle dakṣiṇaḥ pādo nyastaḥ tadā ṣadvikāraḥ pṛthivīkampo jātaḥ iyaṃ mahāpṛthivī calati saṃcalati saṃpracalati vyathate pravyathate saṃpravyathate pūrvo digbhāga unnamati paścimo 'vanamati paścima unnamati pūrvo 'vanamati dakṣina unnamati uttaro 'vanamati uttara unnnamati dakṣiṇo 'vanamati anta unnamati madhyo 'vanamati madhya unnamati anto 'vanamati sarvaś cāyaṃ loka udāreṇa avabhāsena sphuṭaḥ saṃvṛttaḥ sārdhaṃ lokāntarikābhiḥ antarīkṣe ca devadundubhayas tāḍitāḥ gaganatalasthā devatā bhagavata upariṣṭād divyāny utpalāni kṣeptuṃ ārabdhāḥ padmāni kumudāni puṇḍarīkāṇy agarucūrṇāni tagarucūrṇāni candanacūrṇāni kuṅkumacūrṇāni tamālapatrāni divyāni ca māndārakāni puṣpāṇi kṣipanti cailavikṣepāṃś cākārṣuḥ bhagavataḥ purapraveśe imāny evaṃvidhāścaryāṇy abhūvan aparāṇi ca saṃkṣiptāni viśālībhavanti nīcāny uccāni bhavanti uccāni samāni bhavanti hastinaḥ krauñcanti aśvā heṣante ṛṣabhā nardanti gṛhagatāni vividhāni vāditrabhāṇḍāni svayam nadanti andhāś cakṣuṃṣi pratilabhante badhirāḥ śrotram mūkāḥ pravyāharaṇasamarthā bhavanti pariśiṣṭendriyavikalā indriyāṇi pratilabhante madyamadākṣiptā vimadībhavanti viṣapāyitā nirviṣībhavanti anyonyavairiṇo maitrīṃ pratilabhante gurviṇyaḥ svastinā prasūyante bandhanabaddhā mucyante adhanā dhanāni pratilabhante imāni cānyāni ca bhagavataḥ purapraveśe adbhutaśatasahasrāṇi prādurbhavanti

シュラーヴァスティーの都城に入ろうとした世尊が意を決して都城の敷居に右足を降ろした時，大地は六種に振動した。この大地は揺れ，揺れ動き，激しく揺れ，振れ，振れ動き，激しく振れ動いた。東方が浮くと西方が沈み，西方が浮くと東方が沈み，南方が浮くと北方が沈み，北方が浮くと南方が沈み，周辺が浮くと中央が沈み，中央が浮くと周辺が沈んだ。そしてこの世間全体は世間の中間も含めて広大な光明によって満たされ，虚空では天の太鼓が鳴り響き，空中に留まった神々は世尊の頭上から神々しい青蓮華・黄蓮華・赤蓮華・白蓮華を撒き，また沈水香・零陵香・白檀香・鬱金香・タマーラ樹の葉・神々しい曼陀羅華を撒き，布片を降り注いだのである。世尊が町に入る時，他にも次のような希有なることが起こることになっている。〔すなわち〕狭い所は広くなり，低い所は高くなり，高い所は〔低くなって〕平坦となる。象が鳴き，馬が嘶き，牛は吠える。家にある様々な楽器が独りでに鳴り出す。盲目の者達の眼が見えるようになる。耳の聞こえなかった者達の耳が聞こえるようになる。口の効けなかった者達は言語能力を回復する。不完全なままになっていた諸根は正常なものとなる。狂者達は正気を取り戻す。毒を飲んだ者達は毒を吐き出す。互いに憎みあっている者達は慈しみの心を起こす。妊婦達は無事に出産する。鎖に繋がれた者達は自由になる。財のない者達は財を得る。世尊が町に入る時，この他にも百千という未曾有なることが起こるのである[59]。

■ **Divy.** 12(158.5^{-}) 18(250.19) 26(364.26^{-}); **MSV** v(26.5) vi(179.27); **Aś** 19(109.1^{*-}); **Chi.** xxiv(20b15, 142a12)

F. 世俗の心を起こすブッダ

bhagavatā laukikaṃ cittam utpāditam/ dharmatā khalu yasmin samaye buddhā bhagavanto laukikaṃ cittam utpādayanty tasmin samaye kuntapipīlikādayo 'pi prāṇino (*or* śakrabrahmādayo devāḥ) bhagavataś cetasā cittam ājānanti/

世尊は世間の心を起こされた。諸仏・諸世尊が世俗の心を起こした時，虫や蟻といった生物でも（or シャクラやブラフマン等の神々は）世尊の心を〔自らの〕心で知ることになっている[60]。

■ **Divy.** 3(63.12) 6(77.14) 12(161.23) 31(466.10); **MSV** i(75.5^{-}, 164.3^{-}, 255.19) ii(129.2*) vi(196.17^{*+}); **Aś** 6(31.15^{*-}) 12(67.8^{*-}) 13(73.3^{*-}) 17(95.8^{*-}) 88(105.2^{*-}); **Chi.** xxiii(791a21) xxiv(53a24, 76c19, 242c24, 266c1, 320a12, 332b7)[61]

G. 注意力を怠らないブッダ

asaṃmoṣadharmāṇo buddhā bhagavantaḥ/

諸仏・諸世尊は常に注意を怠らない性質を持っている。

■ **Divy.** 2(50.21) 12(154.15) 13(178.6, 190.11); **MSV** vii(40.22); **Aś** none; **Chi.** xxiii(857b19, 859b15)[62]

H. 知って尋ねるブッダ

jānakāḥ pṛcchakā buddhā bhagavantaḥ/

諸仏・諸世尊は知っていながら尋ねることがある[63]。

■ **Divy.** 13(184.26) 21(299.15); **MSV** i(37.5) iv(195.18, 197.8, 203.6*, 204.20^{+}, 209.17) v(47.8^{+}, 53.8^{+}); **Aś** 38(216.9); **Chi.** xxiii(675c20*, 680c18*, 704c1*, 706c14*, 710b20*, 913a10, 930a3) xxiv(355c24)[64]

I.　如来への贈物

tena khalu samayena bhagavān anekaśatāyā bhikṣuparṣadaḥ purastān niṣaṇṇo dharmaṃ deśayati/ adrakṣīd bhagavān *āyuṣmantaṃ saṃgharakṣitam* dūrād eva dṛṣṭvā ca punar bhikṣūn āmantrayate sma/ eṣa bhikṣavaḥ *saṃgharakṣito bhikṣuḥ* saprābhṛta āgacchati/ nāsti tathāgatasyaivaṃvidhaṃ prābhṛtaṃ yathā vaineyaprābhṛtam/

ちょうどその時，世尊は何百もの比丘の集まりの前に坐って法を説いておられた。世尊は同志サンガラクシタを遠くから御覧になられた。御覧になられると，再び比丘達に告げられた。「比丘達よ，かの比丘サンガラクシタが贈物を持ってやって来る。如来にとって所化者に勝る贈物はないのだ」(65)

■ **Divy.** 2(36.16) 23(341.16) 37(558.7); **MSV** iv(43.17); **Aś** none; **Chi.** xxiii(876c14, 1037a9) xxiv(11c15)

J.　芸達者な菩薩

kuśalāś bhavanti bodhisattvās teṣu teṣu śilpasthānakarmasthāneṣu/

菩薩たる者，あれやこれやの技芸や技能に巧みなものである。

■ **Divy.** 8(109.20) 30(459.1); **MSV** i(103.9, 156.18) ii(133.10) vii(13.30, 19.19, 21.16, 101.24, 110.2, 113.1*); **Aś** none; **Chi.** xxiv (64b7, 156a25, c19, 176b27, 178c1) (66)

9.　ブッダと在家信者

A.　ブッダの説法

sa yena *bhagavāṃs* tenopasaṃkrāntaḥ/ upasaṃkramya bhagavataḥ pādau śirasā vanditvaikānte niṣaṇṇaḥ/ ekāntaniṣaṇṇaṃ *anāthapiṇḍadaṃ gṛhapatiṃ bhagavān* dharmyayā kathayā saṃdarśayati samādāpayati samuttejayati saṃpraharṣayati/ anekaparyāyeṇa dharmyayā kathayā saṃdarśya samādāpya samuttejya saṃpraharṣya tūṣṇīm/

彼は世尊がいらっしゃる所に近づいた。近づくと，彼は世尊の両足を頭に頂いて礼拝し，一隅に坐った。一隅に坐った長者アナータピンダダを，世尊は法話を以て説示し，鼓舞し，励まし，勇気づけられた。法話を以て様々な仕方で〔長者を〕説示し，鼓舞し，励まし，勇気づけると，〔世尊〕は沈黙された[67]。

■ **Divy.** 7(80.16, 84.28, 89.6) 8(91.14) 12(147.13) 13(189.3) 19(283.7, 27) 21 (310.1) 35(506.10) 36(542.6); **MSV** i(1.1^{py}, 15.10^{py}, 26.8^{py+}, 42.16^{py}, 79.7^{py}, 84.6^{py}, 89.1^{py}, 225.8^{py}, 228.15^{y}, 282.13^{py}) ii(72.16^{py}, 83.9^{py}) iii(21.16) v(10.23, 17.5^{*+}) vi (142.19^{*+}, 144.13^{*+}, 150.12^{*+}, 153.4^{*+}, 165.19, 169.21^{*+}) vii(23.2, 24.10*, 25.13, 54.2*, 147.32) **Aś** 11(63.6) 25(140.6^{-}) 26(145.3^{-}) 51(290.6) 86(89.8, 90.5); **Chi.** xxiii (727b13, 814b26, 818c3, 827b19, 829b6, c3, 830b14, 858b12, 896a23) xxiv(3c6, 7a 27, 20c7*, 22a24, 28b23, 35a7, 40a11, 41b3, 45b4, 47c23, 53c17, 54c9, 97a14, 138a 24, 157b25, 216a6, 324c24, 384b27, c26, 386a20, b22)

B. 食事に招待されるブッダ

atha *sa* uttāyāsanād ekāṃśam uttarāsaṅgaṃ kṛtvā yena bhagavāṃs tenāñjaliṃ praṇamya bhagavantam idam avocat/ adhivāsayatu me bhagavāñ śvo 'ntargṛhe bhaktena sārdhaṃ bhikṣusaṃghena/ adhivāsayati bhagavān *tasya* tūṣṇībhāvena/ atha *sa* bhagavatas tūṣṇībhāvenādhivāsanāṃ viditvā bhagavato bhāṣitam abhinandyānumodya bhagavataḥ pādau śirasā vanditvā bhagavato 'ntikāt prakrāntaḥ/ atha *sa* tām eva rātriṃ śuci praṇītaṃ khādanīyabhojanīyaṃ samudānīya kālyam evotthāyāsanakāni prajñapyodakamaṇīṃ pratiṣṭhāpya bhagavato dūtena kālam ārocayati/ samayo bhadanta sajjaṃ bhaktaṃ yasyedānīṃ bhagavān kālaṃ manyata iti/ tato bhagavān pūrvāhne nivāsya pātracīvaram ādāya bhikṣugaṇaparivṛto bhikṣusaṅghapuraskṛto yena *tasya gṛhapater* niveśanaṃ tenopasaṃkrāntaḥ/ upasaṃkramya purastād bhikṣusaṅghasya prajñapta evāsane niṣaṇṇaḥ/ atha *sa* sukhopaniṣaṇṇaṃ buddhapramukhaṃ bhikṣusaṅghaṃ viditvā śucinā praṇītena khādanīyabhojanīyena svahastaṃ saṃtarpayati saṃpravārayati/ anekaparyāyeṇa śucinā praṇītena khādanīyabhojanīyena svahastaṃ saṃtarpya saṃpravārya bhagavantaṃ bhuktavantaṃ viditvā dhautahastam apanītapātraṃ nīcatarāsanaṃ gṛhītvā bhagavataḥ purastān niṣaṇṇo dharmaśravaṇāya/

その時，彼は座から立ち上がって右肩を肌脱ぎ，世尊に向かって合掌礼拝すると，世尊にこう申し上げた。「明日，世尊は，私の屋敷内で，比丘の僧伽と共に食事されますことを御同意下さいませ」[68]。世尊は沈黙を以て彼に同意された。その時，彼は世尊が沈黙を以て同意されたのを知ると，世尊の説かれたことに歓喜して，世尊の両足を頭に頂いて礼拝すると，世尊のもとから退いた。さてその日の夜，彼は清浄で美味なる軟硬〔二種の〕食物を用意した。次の日の朝〔早く〕起きて，座席を設け，水瓶を設置すると，彼は使者を送って世尊に時を告げさせた。「大徳よ，お時間です。食事の用意ができました。世尊は今がその時とお考えください」と。そこで世尊は午前中に衣を身に付け，衣鉢を持つと，比丘の僧伽に囲遶され，比丘の僧伽に恭敬されながら，その長者の家に近づかれた。近づかれると，〔世尊〕は指定された座に坐られた。彼はブッダを上首とする比丘僧伽が心地好く坐られたのを確認すると，清浄で美味なる軟硬〔二種の〕食物によって，手ずから喜ばせ，満足させた後，世尊が食事を終えて手を洗い，鉢を片付けられたのを見届けると，一段低い座具を手にして法を聞くために世尊の前に坐った[69]。

■ **Divy.** 3(64.21^{*-}, 65.24*) 7(80.21, 85.3) 8(96.22^{-}) 13(183.6) 19(284.26^{-}) 21(310.6) 35(506.15*) 36(542.11^{py}); **MSV** i(43.16^{*py}, 79.10^{p}, 84.10^{py}, 220.12^{py-}, 225.9^{py}, 227.14^{py}, 228.11^{py}, 265.8^{*py}, 281.7^{*py}, 283.12^{*py}) ii(72.18^{py}, 83.12^{*py}) iii(22.2^{*-}) vi(145.2^{*-}, 151.25^{*-}, 153.21^{*-}, 165.24*, 198.22*) vii(25.18*); **Aś** 11(63.9*) 25(139.13^{*-}) 26(144.13^{*-}); **Chi.** xxiii(705b14, 727b15, 801b21, 808b17, 812c24, 813c4*, 814b27, 818c6, 827b21, 830b19, 858b14, 859a13, 869a2, b29, 896a25, 941c6) xxiv(7b1, 21c1, 22a26, 26a3, 21, 28b25, 35a9, b15, 41b7, 47b14*, 48a11, 53c19*, 54c11*, 97a15*, 129b23, c4, 131a5, 138a26, 157b27, 216a8, 231b3, 268c28, 305c16, 325a1, 368c9, 384c29, 386a22, 390b11)[70]

C.　預流果

tato bhagavatā tasya āśayānuśayaṃ dhātuṃ prakṛtiṃ ca jñātvā tādṛśīṃ caturāryasatyasaṃprativedhikīṃ dharmadeśanāṃ kṛtā yāṃ śrutvā *tena* viṃśatiśikharasamudgataṃ satkāyadṛṣṭiśailaṃ jñānavajreṇa bhittvā srotaāpattiphalam sākṣātkṛtam/

そこで世尊は彼の性質・気質・性格・本性をお知りになると，四聖諦を洞察させる，彼に相応しい法を説かれ，それを聞くと，彼は二十の峰がそびえる有身見の山を智の金剛杵で粉砕し，預流果を証得した[71]。

■ **Divy.** 2(46.22, 47.9^{y}, 48.12*, 49.11*, 52.22) 4(71.23) 6(75.23) 8(97.11^{+}) 9(128.20^{py}, 129.19^{y}) 21(310.26) 31(462.9^{py}, 463.17^{py}) 36(543.7^{*py}) 37(549.16^{-}, 554.17,

580.11); **MSV** i(21.5, 54.1^{py}, 58.12^{py}, 69.20^{py}, 71.12^{py}, 230.17, 245.10^{*py}, 262.11*) ii (73.14^{*py}) iv(58.14^{+}) v(23.19, 67.19^{-}) vi(152.18^{*-}, 176.28, 194.10^{-}, 198.6) vii(37.15^{-}, 41.23^{-}, 141.9, 167.11, 169.9, 190.11); **Aś** 15(85.9^{-}) 27(148.15^{-}) 50(282.8) 51 (292.10) 52(296.14, 300.6^{-}) 53(304.12) 54(310.15) 55(316.11) 56(322.11) 57(328.4) 58(333.2) 59(336.9) 60(342.9) 62(351.9) 63(355.11) 64(360.8) 65(364.8) 66 (368.8) 67(372.7) 68(376.10) 69(381.11) 70(385.10) 71(3.5) 74(21.4) 75(26.1) 78 (42.7) 80(55.4^{*-}) 83(75.9) 87(99.8) 88(108.3^{*-}) 91(129.5) 93(148.9)[72]; **Chi.** xxiii(673c27, 720a23, 753a20, 813c10, 836c4, 869c7, 876a22, 895a9, 1052a9) xxiv(14b28, c14, 16b13, 27a26, 30b23, 31b15, 35b19, c23, 36c28*, 38b16*, 39a2*, 44b14, 49c10, 50b27, 52b10*, c3*, 140c23, 141a28, 161a4, 162a23, 192b10, 193a1, 198b18, 225a20, 230a16, 243a21, 268c7, 303c3, 331c15, 355c3, 395c20, 436a15)[73]

D. 預流者の歓声

(**a**)*sa* dṛṣṭasatyas trir udānam udānayati/ idam asmākaṃ bhadanta na mātrā kṛtaṃ na pitrā na rājñā na devatābhir neṣṭena svajanabandhuvargeṇa na pūrvapretair na śramaṇabrāhmaṇair yad bhagavatāsmākaṃ kṛtam/ ucchoṣitā rudhirāśrusamudrā laṅghitā asthiparvatāḥ pihitāny apāyadvārāṇi vivṛtāni svargamokṣadvārāṇi pratiṣṭhāpitāḥ smo devamanuṣyeṣu/

(**b**)āha ca/

tavānubhāvāt pihitaḥ sughoro hy apāyamārgo bahudoṣayuktaḥ/
apāvṛtā svargagatiḥ supuṇyā nirvāṇamārgaś ca mayopalabdhaḥ//
tvadāśrayāc cāptam apetadoṣaṃ mayādya śuddhaṃ suviśuddhacakṣuḥ/
prāptaṃ ca śāntaṃ padam āryakāntaṃ tīrṇaś ca duḥkhārṇavapāram asmi//
naravarendra narāmarapūjita vigatajanmajarāmaraṇāmaya/
bhavasahasrasudurlabhadarśana saphalam adya mune tava darśanam//
avanamya tataḥ pralambahāraḥ caraṇau dvāv abhivandya jātaharṣaḥ/
parigamya ca dakṣiṇaṃ jitāriṃ suralokābhimukho divaṃ jagāma//

(**c**)āha ca/

yat kartavyaṃ suputreṇa mātur duṣkarakāriṇā/
tat kṛtaṃ bhavatā mahyaṃ cittaṃ mokṣaparāyaṇam//
durgatibhyaḥ samuddhṛtya svarge mokṣe ca te aham/

sthāpitā putra yatnena sādhu te duṣkṛtaṃ kṛtam//

(d) abhikrānto 'ham bhadanta abhikrāntaḥ/ *eṣo 'ham* bhagavantaṃ śaraṇaṃ gacchāmi dharmaṃ ca bhikṣusaṃghaṃ copāsakaṃ ca māṃ dhārayādyāgreṇa yāvajjīvaṃ prāṇopetaṃ śaraṇaṃ gataṃ abhiprasannam/

(a) 真理を知見した彼は，三たび喜びの声を上げた。「大徳よ，世尊が我々にして下さったことは，我々の母・父・王・神・親しい親戚や親類の者達・先祖・沙門・バラモンもしてくれなかったことです。血と涙の海は乾き，骨の山を越え，悪趣の門は閉じ，天界と解脱への門は開き，私は天人〔界〕に安住いたしました」

(b) そして彼は言った。

「あなたのお力で，多くの過失に繋がれた，実に恐ろしき悪趣への道は閉ざされ，非常に優れた天界への道が開かれて，私は涅槃への道を獲得しました。あなたにお頼りしたお陰で，私は今，過失より離れたる清浄の上にも清浄なる眼を得たのです。そして聖者の好む寂静の境地を得ました。そして私は苦海の彼岸に渡りました。優れた人々の主よ，人間や神々に供養されるお方よ，生・老・死を厭離せるお方よ，千回生まれ変わっても実に会い難き牟尼よ，あなたとの出会いが，今日，実を結びました」

こうして歓喜を生じた彼は〔体に〕瓔珞を垂らし，〔世尊に〕恭敬し，両足に礼拝すると，敵を征服せる〔世尊〕を右遶して天界に向かい，天に戻った。

(c) そして彼は言った。

「なし難き事をなす素晴らしき息子が母親になすべきことをあなたは私になし，心は解脱に向かう者となりました。あなたは私を悪趣より救い上げ，そして天界と解脱とに安住させてくれました。息子よ，あなたはよく努力して，なし難きことをしてくれました」

(d)「私は前進しました。大徳よ，前進したのです。私は世尊と法と比丘僧伽とに帰依いたします。今日から命のある限り，死ぬまで，〔三〕帰依し，浄信を抱いた優婆塞として我々を護念したまえ」(74)

■ **(a)-(b) Divy.** 37(554.21); **MSV** iv(58.19) vii(169.13, 190.14); **Aś** 27(149.1^{-}) 51(292.13) 52(297.1) 53(304.15) 54(310.18) 55(316.14) 56(322.14) 57(328.7) 58(333.5) 59(336.11)(75)

(a)-(b)-(d) Divy. 2(52.26^{py-}); **MSV** none; **Aś** none.

(a)-(c) Divy. 37(580.14); **MSV** i(21.9^{*py}) vi(198.10^{+}); **Aś** none.

(a)-(d) Divy. 2(47.11^{-}) 21(310.30); **MSV** i(231.1^{py}) vii(167.14^{+}); **Aś** none.

(a) Divy. 8(97.14*); **MSV** vii(157.19^{-}, 158.5^{-}); **Aś** none.

(d) Divy. 4(71.27) 31(462.13); **MSV** i(54.5, 58.16, 70.3, 245.12^{py}) ii(46.21) v(17.26, 68.6) vi(141.12, 145.4, 151.3, 153.23, 160.23, 170.9); **Aś** none.

Chi. xxiii(673c29, 720a25, 813c13, 836c7, 895a11) xxiv(14c17, 16b16, 27a28, 30b25, 38b18, 44b17*, 130c16, 131a3, 136c21, 139b10, 192b12, 193a3, 198b20, 225a22, 243a24, 395c22, 436a17)(76)

E. 聞法の果報

bagavatā tasyāḥ parṣada āśayānuśayaṃ dhātuṃ prakṛtiṃ ca jñātvā tādṛśī dharmadeśanā kṛtā yāṃ śrutvānekaiḥ prāṇiśatasahasrair mahān viśeṣo 'dhigataḥ/ kaiścic chrotaāpattiphalaṃ sākṣātkṛtaṃ kaiścit sakṛdāgamiphalaṃ sākṣātkṛtaṃ kaiścid anāgamiphalaṃ sākṣātkṛtaṃ kaiścit sarvakleśaprahāṇād arhattvaṃ sākṣātkṛtaṃ kaiścic chrāvakabodhau cittāny utpāditāni kaiścit pratyekabobhau kaiścid anuttarāyāṃ samyaksaṃbodhau yad bhūyasā sā parṣad buddhanimnā dharmapravaṇā saṃghaprāgbhārā vyavasthitā/

世尊はその衆会の者達の性質・気質・本質・本性を知ると，彼らに相応しい法を説かれ，それを聞いた何百千もの生類たちは偉大なる卓越性を証得した。ある者達は預流果を，ある者達は一来果を，ある者達は不還果を証得し，またある者達は一切の煩悩を断じて，阿羅漢性を証得した。ある者達は声聞の悟りに，ある者達は独覚の悟りに，ある者達は無上正等菩提に心を起こした。そして衆会の者達は今まで以上に仏に傾倒し，法に傾注し，僧に傾斜するようになったのである(77)。

■ **Divy.** 2(50.4^{+}) 6(79.25^{+}) 12(166.12^{+}) 17(209.12*) 19(271.7^{+}) 31(469.9^{+}) 35(495.2^{*-}) 37(550.27); **MSV** v(22.22) vi(175.23, 194.22); **Aś** 11(64.12) 12(68.8) 13(73.8) 14(80.2^{-}) 96(166.7^{-}); **Chi.** xxiii(673c8, 719c1, 798a5, 818a4, 875b18) xxiv (15c16, 53c8, 140c25, 213a9, 232a24, 239c19, 289a26, 333a11, 347b29)(78)

F. 見仏の喜び

na tathā dvādaśavarṣābhyastaḥ śamathaś cittasya kalyatāṃ janayaty aputrasya ca putralābho daridrasya vā niddhidarśanaṃ rājyābhinandino vā rājyābhiṣeko yathopacitakuśalamūlahetukasya sattvasya tatprathamato buddhadarśanam/

十二年間止を反復修習すること，息子のない人が息子を得ること，貧乏人が埋蔵された財宝を発見すること，あるいは王位を望んでいる者が王として即位することは〔すべて〕心の安らぎを生じるが，善根を積んで条件を整えた有情が最初に仏に見える時ほどではない。

■ **Divy.** 2 (47.3) 12 (158.27+) 31 (461.20, 463.12PY); **MSV** i (69.4); **Aś** none; **Chi.** xxiii (830b10) xxiv (14c6, 52a25, 303b28, 331c12)

G. 「ブッダ」という音

tasya buddha ity aśrutapūrvaṃ *ghoṣaṃ* śrutvā sarvaromakūpāṇy āhṛṣṭāni/

彼は「ブッダ」という今まで聞いたことのない音を聞いて，全身の毛穴が粟立った。

■ **Divy.** 2 (35.4) 37 (548.18); **MSV** i (264.12) v (14.29, 64.25) vi (167.1) vii (137.21); **Aś** 61 (346.12) 74 (20.11); **Chi.** xxiii (874c20) xxiv (11b10, 138b28, 185a21)

2　他部派の律典等との異同

Divy. に見られる定型句の整理が完了したので，ここではその定型表現を他部派の文献と比較することにより，それが有部特有の用法か，あるいは別の部派との共通伝承なのかを確定していくことにする。この作業は，MSV に起源を持たない Divy. の説話の部派比定に役立つし，またこれまで部派が規定できなかった文献の部派帰属の問題に寄与することになろう。ただし，すでに整理したすべての定型句が比較の俎上に上るわけではなく，比較が可能な，あるいは有効な用例に限って考察する。インド仏教史上，十八乃至二十の部派が存在したとされるが，その部派の文献すべてが現存しているわけではないから，ここでは部派の所属が明らかで，しかもこれまで取り上げてきた定型句が律文献の MSV や律文献と深い関わりを持つ Divy. の用例であるということから，現存の広律の用例を比較の対象とし，場合によっては大乗経典もその視野に入れて比較考察していく。

その際，有部系の文献では定型句となっていても，他部派の律典ではそれが定型表現になっていない場合もあるし，また漢訳でしか現存しない文献が主であるから，単純に Skt. と漢訳の表現とを比較してその異同を確認することは危険である。しかし，過去においてこのような試みはまったくなされたことがなかったし，インド原典が発見されていない現状では，このような作業も無益ではないと思われるので，その危険性を充分認識した上で，順次，定型表現を比較考察していく。

—凡例—

❶Pāli 律 ❷Mahāvastu ❸『摩訶僧祇律』（T. 1425, xxii）❹『五分律』（T. 1421, xxii）❺『四分律』（T. 1428, xxii）❻『十誦律』（T. 1435, xxiii）(79) ■各定型句の比較考察

1-A （冒頭）

❷bhagavān samyaksaṃbuddho yad arthaṃ samudāgato tad artham abhisaṃbhāvayitvā rājagṛhe viharati gṛdhrakūṭe parvate śāstā devānāñ ca manuṣyāṇāṃ ca satkṛto gurukṛto mānito pūjito apacito lābhāgrayaśograprāptaḥ lābhī cīvarapiṇḍapātraśayanāsanaglānapratyayabhaiṣajyapariṣkārāṇāṃ *tatra anupalipto padmam iva jale* (i 34.1-4) 世尊・正等覚者は，そのためにやって来たところの，その目的を果たすと，ラージャグリハ郊外のグリドラクータ山で時を過ごしておられた。彼は天人師であり，尊敬され，尊重され，恭敬され，供養され，敬われ，最上の所得と最上の名声とを獲得し，衣・施食・臥具・座具・病気を治すための薬といった資具を得てはいたが，水上の蓮のように，それら〔の資具〕に執着することはなかった。■これはここに一回だけしか見られず，Mv. において定型表現とはなっていないが，有部系の定型句と同類のものと考えられる。Divy. 20(290.2) と 32(469.21) の二つの用例に限って

増広の跡が見られるが[80]，その一部が斜体で示した部分であり，若干 Skt. の表現に違いは見られるが，ここが Divy. の二つの用例と Mv. とで共通する内容となっている。

2-A（富者）

❷kṛtapuṇyo maheśākhyo āḍhyo mahādhano mahābhogo prabhūtasvāpateyo prabhūtadhanadhānyakośakoṣṭhāgāro prabhūtajātarūparajatavittopakaraṇo prabhūtahastyaśvagaveḍako prabhūtadāsīdāsakarmakarapauruṣeyo (i 36.3-6; cf. iii 56.7, 14, 377.8, 382.11, 389.15, 402.10) 彼は福徳を積み，立派で，裕福であり，巨大な財産と広大な資産とを有し，多くの財を有し，多くの財産•穀物•蔵・倉庫を所有し，多くの金・銀・財宝・資具を持ち，多くの象・馬・牛・羊を保有し，多くの奴隷女・奴隷男・労働者・召使を持っていた。❺多饒財宝生業無量田地穀食不可称計。金銀車渠馬瑙真珠虎魄水精琉璃。象馬奴婢庫蔵溢満威相具足（689b19-22）; 大富多諸珍宝。多有象馬車乗奴婢僕使食飲。倉庫溢満有大威力（872b21-22）❻富貴多財種種成就（1a7-8）; 多饒財宝穀米豊盈。多諸産業田地人民奴婢作使。種種成就（71b25-26）; 多有田宅人民金銀財物。種種福徳威相成就（87a4-5）; 大富田業殷実宝物豊足（173c12-13）; 財宝豊盈種種具足（178a18-19）; 大富多財穀帛充溢。田宅宝物悉皆豊足。無量福徳成就（189a7-8）; 饒財多宝田宅人民奴婢眷属（224b2-3）; 大富多饒財宝。大有田宅力勢（270c15-16）; 大富多饒財宝田宅牛羊（272b5-6）; 有威徳多饒財宝。人民田宅琿渠馬瑙。種種富貴相貌成就（309a17-18）; 大富多財田宅種種富相成就（326b6）; 大富多銭財。有大徳力（464b9）■ Mv. の定型句の前半は有部系のそれと似通っているが，後半部分の表現が異なる。すなわち，Mv. では三種の所有（蔵•金銀•家畜）に言及する部分が有部系の定型句には見られない。また『四分律』や『十誦律』では，田畑や人的所有（奴婢や使用人など）がこれに加わることがあり，より詳細な内容となっている。これは漢訳の根本有部律には若干見られる傾向であるが，梵文の有部系資料には見られない。また逆に毘沙門天との比較で裕福さを強調する部分が梵文の有部系資料の定型句には見られるが，これはここで取り上げた諸資料にはまったく見出すことができ

ず，梵文の有部系の定型句に特有の用法と考えられ，同じ有部系の資料である『十誦律』にも毘沙門天に言及する用例が一例も見られない。ただし漢訳の有部律でもすべての用例が毘沙門天に言及しているわけではないので，これに関しては考察の余地が大いにあるが，ともかく富者の形容句に毘沙門天が用いられていたら，有部の可能性が極めて高いと言える。なお Mv. には簡素化された表現で富者を形容する用例も存在する(81)。

2-B （王国の繁栄）

この定型句のうち，(x) に関しては Pāli 文献にその祖型になったと考えられる表現が見出せる。たとえば Pāli 律ではヴェーサーリーを次のように形容している。

❶tena kho pana samayena vesālī iddhā c' eva hoti phītā ca bahujanā ākiṇṇa-manussā subhikkhā ca (i 268.4-6) さてその時，ヴェーサーリーは栄え，繁栄し，多くの人々で賑わい，また食物に恵まれていた(82)。❷vasumataṃ nāma nagaraṃ abhūṣi ṛddhaṃ ca sphītaṃ ca kṣemaṃ ca subhikṣaṃ ca ākīrṇajana-manuṣyaṃ ca sukhitajanamanuṣyaṃ ca bahujanamanuṣyaṃ ca praśāntadaṇḍa-ḍamaraṃ sunigṛhītataskaravyavahārasaṃpannaṃ// (i 35.14-36.2) ヴァスマタと呼ばれる都城があったが，そこは繁栄し，栄え，平和で，食物に恵まれ，多くの人々がおり，幸せな人々がおり，沢山の人々がおり，暴力や暴動は静まり，盗賊はすぐに逮捕され，商業は繁盛していた(83)。❸人民殷盛。富楽豊実。聚落村邑雞飛相接。挙国人民更相敬愛。種種衆伎共相娯楽 (228a12-14); 五穀豊熟民多受楽 (241a25); 彼国中人民。豊楽三毒熾盛 (260a8-9) ❹長十二由旬広七由旬。多諸人衆安隠豊楽 (145c21-22) ❺米穀豊熟人民熾盛。土地極楽 (782a28; cf. 854a25, 910c25, 950b11) ■これに関しては，その祖型と見られる表現が Pāli 文献に見られ，また他の律文献などにも同様の用例が確認できるので，これは部派の枠を越えた共通伝承と考えられる。この表現は般若経典にも存在する (AṣP 240.10)。

2-C（都城の荘厳）

❷kapilavastunagaraṃ siktasaṃmṛṣṭaṃ kṛtvā apagatarajaṃ apagatapāṣāṇa-śarkarakaṭhallaṃ muktapuṣpāvakīrṇaṃ gandhaghaṭikādhūpitadhūpanaṃ ci-traparikṣiptaṃ vitatavitānaṃ osaktapaṭṭadāmakalāpaṃ/ yāvac ca kapilava-stuṃ yāvac ca nyagrodhārāmaṃ *naṭanartakaṛllamallapāṇisvarikāṃ kumbhatūṇi-kaśobhikāṃ dvistvalavelambakāṃ deśedeśeṣu sthāpayitvā* (iii 141.15-18; cf. i 259.3, ii 100.8, 150.2, 153.14, 156.6) カピラヴァストゥの都城に水を撒いて掃除し，塵を取り除き，石・砂利・小石を除去し，摘んだ花を撒き，香炉に香を焚き，様々な色を撒き，天蓋を広げ，帯や紐の束を吊り下げた。またカピラヴァストゥからニヤグローダ園までのあちこちに，踊り子，舞踊者，運動選手，力士，カスタネット奏者，太鼓奏者，影絵師，ドゥヴィストゥヴァラ(84)，道化師を配置し，❺汝等荘厳此蓮花大城。除去糞土石沙穢悪。以好細土泥塗其池。懸繒幡蓋。焼種種好香。復敷種種氍毹。以種種好花布散其地（783c24-27）■

Mv. の用例は，部分的に有部系の定型句と一致する。Mv. において，この表現は定型化するほど表現が統一されていないが，斜体で示した箇所は Mv. に特有な表現で，すべての用例に顔を出し，Mv. 特有の用法と見られる。また『四分律』には，有部系の梵文資料に見られる定型句と比較的近い用例が存在するが，この一例だけであり，定型表現とは見なせない。有部系の資料に見られる定型句も，概ねこれらの用例と同じであり，これから有部のみの特徴を抽出することはできない。

3-A（結婚）(85)

❶atha kho sālavatī gaṇikā tassa gabbhassa paripākaṃ anvāya puttaṃ vijāyi (i 269.11-13; i 343.28, iii 19.5) さて娼婦サーラヴァティーはその胎児が成熟したので，男児を出産した(86)。❷菩薩の場合は満十ヶ月（Mv. i 148.1, 4, 199.2, 10, 215.10, ii 2.20, 3.8, 19, 18.7）; navānāṃ vā daśānāṃ vā māsānām atyayena (Mv. i 303.6, ii 432.13, iii 394.3, 404.15) 九，十ヶ月が経過すると(87); kālena samayena (Mv. iii 153.16, 183.17) 時が経過して❸月満生子（or 女）(229b7-8; 243c4, 273b22); 菩薩の場合は十ヶ月（279c5）❹月満生子（or 女）(3a28; 25a11,

159b7)❺処胎九月生男（570a25; cf. 911a21）; 至十月満已。生一男児（782b21-22; cf. 950b25）; 後日月満。生一男児（851a14-15）❻月満而生（1b14）; 九月已過娩身生男（178b2-3）■すでに指摘したように，MSV でも漢訳では妊娠期間を九ヶ月乃至十ヶ月とするもの，あるいは単に「月が満ちて」と表現する用例がほとんどであり，この傾向は他の律文献等でも同じである。インドでは本来妊娠期間を九ヶ月乃至十ヶ月と考えていたと推測されるが，ある時期に説一切有部内での教学が整備されたことに伴い，受胎から出産までの期間が三十八週とされ，それに伴って，有部系の梵文資料では妊娠期間が「八乃至九ヶ月」に変更されたと考えられる。よって，妊娠期間を八乃至九ヶ月とする資料は，有部との強い関わりを示している。

3-C（子宝祈願）

❷vārāṇasyāṃ ca nagare śreṣṭhi ... aputro/ tena dāni putrāya bahūni yaṣṭopayācitaśatāni yathā me putro bhaveyā ti na ca bhavati/（iii 402.10-13）さてヴァーラーナシーの組合長には息子がいなかった。そこで彼は息子を求め，自分に息子が産まれますようにと，何百という多くの供犠を行い祈願したが，〔息子は〕生まれなかった。❺王第一夫人。字慧事。無児息。彼為兒故。礼事種種諸天河水池水満善天宝善天日月天帝釈梵天王地水火風神摩醯首羅天子園神林神巷陌諸神鬼子母聚落諸神処処供養求願有子（950b15-20; cf. 910c29）❻無有児息。従諸神祇池神家神交道大神満賢大神高賢大神大自在天神那羅延神韋紐天神下至鉢婆羅神。為有子故求請乞索。而不能得（178a19-22）; 無有児息。求一切天神。所謂水神樹神。為求児故。窮極不能得（272b6-7）■これも，有部系の資料とその他の資料との間で興味深い相違点が認められる。Mv. の用例では，この祈願自体奏功しないが，この後で子供を欲した夫婦は何でも願い事を叶えてくれるニヤグローダに対して子宝祈願をし,「願いが叶えられない場合は根こそぎその木を切り倒してしまうぞ」と脅迫したために，最終的には子供を授かっている。また『四分律』ではこのような祈願が功を奏し，二例とも子宝に恵まれている。『十誦律』では結果的に子供を授かっているが，これが祈願の結果なのかどうかは文脈から判断できない。しかし少なくとも

「神々に祈願しても子供は授からない」ことを積極的には説いていないようだ。これに対して，有部系の資料では 3-D（受胎の条件）で明確に規定されているように，子供を求めて神々に祈願するのはナンセンスであるとする。これも有部特有の用法と考えられる。

3-E（賢女の五不共法）

❺婦人有三種智慧。如実不虚。一自知有娠。二自知従某甲許得。三知男子有愛心於我（782b16-18; cf. 911a12, 950b20）❻利根女人有四不共智。何等四。一知男愛。二知男不愛。三知姙娠時。四知所従得（178a23-25）■これに言及する資料は少ないが，賢女の不共法は『四分律』が三，『十誦律』が四，そして『十誦律』以外の有部系の資料が五と明確に分類される。

3-F（妊娠を報告する妻と喜ぶ夫）

❻婦自知有娠語居士言。我已有娠。居士聞之。心歓喜踊躍。或当生男（178a25-26）■これに相当する用例は『十誦律』に一例しか存在せず，定型化していないし，またその表現も有部律などと比較すれば，極めて簡素である。

3-G（妊婦の保護）

❺供給供養第一飲食衣服臥具。一切所須皆加一倍（782b20-21; cf. 911a15, 950b23）❻好加供給洗浴浄潔。以香塗身随時将息。令身安隠。若有所至。多人衛従莫令憂悩（178a26-b2）■『四分律』と『十誦律』のみがこれに言及するが，その内容は，根本有部律などに見られる定型句の方が遙かに詳細であることは一目瞭然である。

3-H（誕生）

❷sā ... dārikāṃ darśanīyāṃ akṣudrāvakāśāṃ paramayā śubhavarṇapuṣkalatayā samanvāgatāṃ gaurīṃ navanītapiṇḍasaṃnibhāṃ prasūtā// (iii 153.16-18) 彼女は女児を出産した。その女児は見目麗しく，見た目も素晴らしく，最高に清らかな容姿と品性とを備え持ち，新鮮なバターの塊のように色白であ

った; dārako jāto prāsādiko darśanīyo paramāye śubhavarṇapuṣkalatayā samanvāgato// (iii 394.5-6) 生まれた男児は男前で，見目麗しく，最高に清らかな容姿と品性とを備え持っていた。❸端正無双（360c14）❹顔貌殊絶（141a6; cf. 159b7）❺顔貌端政与世無双（570a25-26; cf. 782b22）; 顔貌端正（851a15; cf. 911a21, 950b25）❻面貌端正顔色清浄（287c4-5）; 端正姝好（295b11）■根本有部律などでは単に容姿端麗であることを説くだけではなく，皮膚・頭・腕・額・声・眉・鼻など具体的な身体部位を挙げて詳細に美しさを形容しており，同じ有部系の『十誦律』とも一線を画する用例と言える。

3-I（命名）

❷ubhayeṣām saptāhaṃ ramaṇīyāni jātakarmāṇi kṛtāni saptāhasyātyayena rājaputrasyāpi brahmadatto ti nāma kṛtaṃ purohitaputrasyāpi upako ti nāma kṛtaṃ// (iii 183.18-184.1; cf. ii 422.10, 433.7, iii 404.17) 二人〔の男児〕のために，めでたい誕生の儀礼が七日間挙行され，七日が過ぎると，王の息子にはブラフマダッタという名前が付けられ，祭官の息子にはウパカという名前が付けられた。❸生子七日施設大会。集諸群臣相師道士。為子立字（279c6-7）; 満月已為作吉祥会（360c14）■これに類する用例は，Mv. と『摩訶僧祇律』という大衆部系の資料にのみ見出せるが，ここではいずれも誕生の儀礼の期間を一週間とする。一方，根本有部律などでは一貫して三週間とし，三倍もの日数が誕生の儀礼に費やされている。

3-J（八人の乳母）

❷tena dāni rājñā subandhunā tasya kumārasya catvāro dhātrīyo saparivārā anurūpā upasthāpitā yā kumāraṃ anyā udvarteti supeti anyā stanaṃ pāyeti anyā uccāraprasrāvam ākarṣati anyā utsaṃgena dhārayati// evaṃ dāni so ikṣuvākū rājakumāro caturhi dhātrīhi samyagupasthihiyamāno samyakparicarīyamāno yathā utpalaṃ vā padumaṃ vā kumudaṃ vā puṇḍarīkaṃ vā kūlāṃtehi evaṃ sa bahvīyati// yathoktaṃ bhagavatā// kṛtapuṇyo hi vardhati nyagrodho iva subhūmiyā/ jāto nupanthake va drumo so lpapuṇyaḥ viruhyati// (ii 423.6-13; cf. ii 433.11, iii 184.1, 405.6) さてかのスバンドゥ王の童子には，〔童子の世話をするのに〕相応しい四人の乳母が従者を従えて傅いた。ある者達は童子に油を擦り込んで〔童子を〕寝かしつけ，ある者達は乳を飲ませ，ある者達は大小便を取り除き，〔また〕ある者達は〔童子を〕腰に抱くのである。さて，かの王子イクシュヴァークは，こうして四人の乳母に大事に世話され，大切に面倒を見てもらったので，岸辺に〔咲く〕青蓮華，黄蓮華，赤蓮華，あるいは白蓮華の如く速やかに成長していった。世尊が言われる如く，「福徳を積んだ人は，肥沃な大地の無花果の樹の如く成長する。福徳少なき人は，沿道の木の如く破壊されてしまう」❸以四乳母供給抱養。一人摩拭洗浴。一人除棄不浄。一人懐抱。一人乳哺。此四乳母昼夜給侍。譬如蓮花日日増長 (279c10-13) ❺差四乳母。扶侍瞻視定光菩薩。一者肢節乳母。二者洗浴乳母。三者与乳乳母。四者遊戯乳母 (782c13-15; cf. 911a29, 950c5) [88] ❻居士令五種養母養視。何等五。一者治身母。二者除垢母。三者乳母。四者吉母。五者戯笑母 (178b14-16) [89] ■Pāli 律には乳母に関する記述が見出せないが，その他の律文献ではその人数に違いが見られ，興味深い対比をなしている。まず Mv. と『摩訶僧祇律』といった大衆部系の文献と法蔵部の『四分律』とは乳母の数を四人とするのに対し，『十誦律』では五種の乳母を認める。これに対し，根本有部律などでは，種類は四種であるが，各種目に二人の乳母が配置されるので，乳母の数自体は八人となる。これは各部派でその数や内容が異なっているので，部派を規定する際には有効である[90]。

3-K（子供の成長と学習）

❷yatra kāle so māṇavako vijñaprāpto saṃvṛtto tato pi lipiṃ śikṣāpito gaṇanāṃ dhāraṇaṃ nikṣepaṇaṃ sarvāṇi ca parivrājakaśāstrāṇi adhīyāpito vādipravādī (iii 394.8-10; cf. iii 405.12) その子が分別の付く頃になると，文字・計算・暗算・算術を学ばされ，またあらゆる出家者の聖典を修得させられて，論師の中の論師となった。❻便教書数算印。善知諸物価相貴賤 (178b23-24) ■これに関しても言及する資料が少なく，しかも用例の数が少ないことから，これらの資料においては定型化した表現と見ることはできない。また内容を

見ても，有部系の梵文資料に説かれる定型句と比較すれば，脆弱さは否めない。

3-L（王子の技芸）

❷evaṃ dāni te kumārā vivardhamānā yaṃ kālaṃ vijñaprāptā saptavarṣā vā aṣṭavarṣā vā tato śekhīyanti lekhāyaṃ pi lipiyaṃ pi saṃkhyāyaṃ pi gaṇanāyaṃ pi mudrāyaṃ pi dhāraṇīyaṃ pi hastismiṃ pi aśvasmiṃ pi rathasmiṃ pi dhanusmiṃ pi veṇusmiṃ pi dhāvite javite plavite iṣvastrajñāne yuddhe vā niyuddhe vā chedye vā bhedye vā heṭhye vā saṃgrāmaśīrṣāyāṃ vā rājamāyācāre sarvatra niścitā gatigatāḥ// (ii 434.9-14; cf. ii 423.14, iii 184.6) そしてかの童子達はこのように成長して七歳か八歳になり，分別の付く頃になると，書簡，文字，計算，数，指算，暗算，象に乗ること，馬に乗ること，車に乗ること，弓や竹棒の使い方，走り方，短距離走，泳ぎ方，弓道に関する知識，戦争，戦い，切断，分断，攪乱，戦いの前線，王術に関する教育を受け，すべてのものを確固たるものとし，〔そのすべてに〕通達した。❹修学伎芸算書射御乗調象馬音楽之事莫不過人。偏奉象師尽調象術（159b11-13）❺定光菩薩。年向八歳九歳時王教菩薩学種種技術。書算数印画戯笑歌舞鼓弦乗象乗馬乗車射御捔力。一切技術無不貫練（782c21-24; cf. 690a4, 911b3, 950c20）■Mv.,『五分律』,『四分律』の三資料に類似の用例が見出せる。仔細に比較すれば若干の異同は存在するが，概ね同内容の項目が列挙されている。

4-A（天子の御礼参）

❷tasya samanantaropapannasya etad abhūṣi/ kiṃ mayā manuṣyabhūtena kuśalaṃ karma kṛtaṃ upacitaṃ kasya karmasya vipākena iha trāyastriṃśabhavane upapanno haṃ// so dāni nyagrodho devaputro kuśalamūlaṃ samanvāharanto paśyati bhagavantam uddiśya nyagrodhaṃ nadīye nairaṃjanāye tīre ropitaṃ// so dāni nyagrodho devaputro anekadevaputrasahasrehi parivṛtaḥ abhikrāntavarṇo abhikrāntavarṇena kevalakalpaṃ mucilimdasya nāgarājño bhavanaṃ udāreṇa varṇena obhāsetva yena bhagavāṃs tenopasaṃkramitvā bhagavataḥ pādau śirasā vanditvā ekānte asthāsi// (iii 302.6-12; cf. iii 311.15) 彼は生まれ変わると，直ちにこう考えた。〈私は人間だった時，いかなる善業をなし，積み上げ，いかなる業の異熟によってこの三十三天に生まれ変わったのであろうか〉〔と〕。こうしてその天子ニヤグローダは〔自分のなした〕善根に精神を集中すると，世尊のためにナイランジャナー川の岸にニヤグローダの木を植えたことが分かった。そこでかの天子ニヤグローダは何千という多くの天子達に取り囲まれながら，超越した容姿を備え，超越した容姿と高貴な容姿とによって，龍王ムチリンダの住居全体を照らしながら，世尊のもとに近づき，世尊の両足を頭に頂いて礼拝すると，一隅に立った。■有部系の定型句にかなり近い用例を Mv. に二つ確認できる。ただし有部系の梵文資料では，天子が起こす心が三つ（何処から／何処へ／如何なる業によって再生したか）明記されていたが，ここではその内容が業に関するものに限定されている点が異なる。また天子がブッダのもとに近づく時の描写は，Mv. が抽象的であるのに対し，有部系の梵文資料はかなり具体的である点も対照的である。

5-B（独覚）

❷buddhānām anutpāde pratyekabuddhā loke utpadyanti// tuṣṇīkaśobhanā mahānubhāvā ekacarā khaḍgaviṣāṇakalpā ekam ātmānaṃ damenti parinirvāyanti// (i 301.3-4) 諸仏が〔世に〕出現しない時は独覚達が世に出現する。彼らは寂静さに卓越し，偉大な威神力を持ち，犀の角のように一人で遊行し，自分一人を調御して，般涅槃する。■これも Mv. にのみ類似の例を指摘できるが，独覚の形容に関しては相違が見られる。Mv. の形容句はいずれも独覚 (pratyekabuddha) の「独 (pratyeka-)」に注意を払った内容になっているが，有部系の梵文資料では「貧しく哀れな者達を哀れむ」という利他的な側面も独覚の形容として用いられている。

7-A（出家の表明）

❶labheyyāhaṃ bhante bhagavato santike pabbajjaṃ labheyyaṃ upasampadan (i 12.22-23; i 12.35, 13.13, 17.34, 19.29, 20.26, 24.2, 32.33, 33.9, 24, 34.1, 43.2)「大徳よ，私は世尊のもとで出家し，具足戒を受けたいのです」❷pravrājetu māṃ bhagavān upasaṃpādetu māṃ sugato// (iii 64.22-65.1; iii 180.11, 181.2, 379.11, 413.8; cf. iii 92.6)「世尊は私を出家させて下さい。善逝は私に具足戒を授けて下さい」❹願与我出家受具足戒 (105a3; 105, c6, 28, 107a12, 27, 146a20; cf 2c26, 109b6, 20); 於仏法中願得出家 (25b23) ■上記の用例に共通するのは，「出家」と「受具足戒」との表明であるが，有部系の梵文資料では，これに「比丘になること」と「梵行を修すること」とが付加されている。

7-B（善来比丘）

❶ehi bhikkhū ti bhagavā avoca svākkhāto dhammo cara brahmacariyaṃ sammā dukkhassa antakiriyāyā 'ti (i 12.23-25; i 12.37, 13.14, 17.36, 19.30, 20.28, 24.4, 33.10, 26, 34.3, 43.4) 世尊は言われた。「さあ比丘よ，法は見事に説かれた。完全に苦を終わらせるために梵行を修するがよい」❷atha khalu bhagavāṃ ..... ehibhikṣukāye ābhāṣe// etha bhikṣavaḥ caratha tathāgate brahmacaryaṃ// teṣāṃ dāni bhagavatā ehibhikṣukāye ābhāṣṭānāṃ yaṃ kiṃci parivrājakaliṃgaṃ parivrājakaguptaṃ parivrājakadhvajaṃ parivrājakakalpaṃ sarveṣāṃ samantarahitaṃ tricīvarā sānaṃ prādurbhavensuḥ sumbhakā ca pātrā prakṛtisvabhāvasaṃsthitakā ca keśā īryāpatho sānaṃ saṃsthihe sayyathāpi nāma varṣaśatopasaṃpannānāṃ bhikṣūṇāṃ/ (iii 65.1-6; iii 92.6, 180.12, 181.3, 379.12, 413.11, 430.12, 431.19; cf. iii 377.4, 423.7) その時，世尊は「さあ比丘よ」という，出家を許す言葉で話し掛けられた。「さあ比丘達よ，如来のもとで梵行を修しなさい」。さて彼らが世尊に「さあ比丘よ」という，出家を許す言葉で話し掛けられた時，遊行者としての特徴，遊行者としての身なり，遊行者としての表相，遊行者としての仕草は，何であれすべて消え去り，彼らに三衣と〔一〕鉢とが現れ，今までの状態にあった彼らの髪や立ち振る舞いは見事に確立され，まるで百年前に具足戒を授かった比丘の如くであった。❸仏言。善来比丘。作是語時。五百群賊挙身被服変為三衣。自然鉢器威儀庠序。如似百歳旧比丘 (384b14-17) ❹善来比丘修諸梵行。我善説法断一切苦。仏説是

已。須提那鬚髪自落袈裟著身鉢盂在手。即成沙門得具足戒（2c26-29; 105a3, c6, 29, 107a13, 28, 109b7, 21, 146a21）■Pāli の用例は極めて簡素であるが，Mv. の用例は有部系の梵文資料と比較しても詳細な内容となっており，しかもその数もかなり多いので，Mv. においては定型化した表現と見ることができる。また「百年前に具足戒を授かった比丘の如く」という表現は有部と大衆部系の資料とで共通するが，Mv. や『摩訶僧祇律』では有部系の梵文資料のように最後に偈を置くことはない。

7-C（阿羅漢）

❹阿羅漢になるという表現だけ（3a29; 25b25, 105a24, 106a1, 107a28）❻出家学道勤行精進。逮得漏尽成阿羅漢（1b15-16）; 是比丘在草座上。一切諸法不受。得阿羅漢（205b15）; 我是阿羅漢。生分已尽更不受身（12b16-17; 12b21）■上記の用例と比較すれば，有部系の梵文資料に見られる阿羅漢の定型句がかなり詳細であり，独自の展開を遂げていることが理解される。

7-D（阿羅漢の知見）

❷samanvāharitvā ṛṣīṇāṃ [paṃcābhijñānāṃ] jñānaṃ pravartati（iii 144.4-5; iii 153.19）精神を集中すると，〔五神通を具えた〕聖仙には智が生じる。■Mv. には阿羅漢ではないが，聖仙に関して類似の用例が二例だけ存在する。

8-A（ブッダの救済）

❸如来仏眼。無事不見。無事不聞。無事不識（238b16-17）■『摩訶僧祇律』には，詳細な有部系の梵文資料に見られる定型句の最初の一文に相当する部分のみが存在するが，この後は有部系の梵文資料に独自の表現である。

8-B（ブッダの相好）

❶addasaṃsu kho gopālakā ..... bhagavantaṃ dūrato 'va āgacchantaṃ（iv 108.22-24; iv 168.15）牛飼達は世尊が遙か彼方からやってくるのを見た。❷addaśāsi ..... megho māṇavo bhagavantaṃ dīpaṃkaraṃ dūrato yeva āgacchantaṃ (a)dvātriṃśatīhi mahāpuruṣalakṣaṇehi samanvāgatam aśītihi anuvyaṃjanehi upaśobhitaśarīraṃ aṣṭādaśehi āveṇikehi buddhadharmehi samanvāgataṃ daśahi tathāgatabalehi balavaṃ caturhi vaiśāradyehi samanvāgataṃ/ (b)nāgo viya kāritakāraṇo antogatehi indriyehi avahirgatamānasena sthito dharmāvasthāprāptaḥ śāntendriyo śāntamānaso uttamadamaśamatha-pāramiprāpto gupto nāgo jitendriyo (c)hradam iva accho anāvilo viprasanno prāsādiko darśanīyo āsecanako apratikūlo *darśanāye yojanagatāye prabhāye obhāsayanto*// (i 237.7-14) 青年メーガは世尊ディーパンカラが遠くからやって来るのを見た。(a) 彼は三十二の偉人の相を具足し，八十種好で〔その〕体は美しく，十八不共仏法を具足し，如来の十力で力強く，四無畏を具足していた。(b) 彼はナーガの如くなすべきことをなし終え，諸根は内を向き，意も外に向くことなく留まっていて，法に安住することを獲得し，諸根は寂静で，意も寂静であり，最高の調御と寂滅との奥義を極め，〔諸根を善く〕護り，ナーガの如く諸根を征服し，(c) 池のように清らかで，透き通っていて，澄んでおり，清浄であり，見目麗しく，魅力的で，〔意に〕適い，一ヨージャナにも及ぶ麗しい光明で光り輝いていた(91)。❹遙見世尊姿容殊特猶若金山 (106c9; 107a20, 149b9, c1, 151a3, b26, 166b28, 167a5, 172a23, 185b6); 遙見世尊姿容挺特諸根寂定。円光一尋猶若金山 (104a22-23); 遙見世尊。姿容挺特諸根寂定。有三十二大人之相。円光一尋猶若金山 (103a19-21; 134a3, 135b23) ❺遙見如来。顔貌端正 (789b25-26; cf. 855c16); 遙見世尊顔貌端正。諸根寂定得上調伏第一寂滅。諸根堅固如調龍象。意不錯乱猶水澄清内外清徹 (592c7-9; 627b11, 939a7; cf. 690a18) ❻遙見仏在樹林中。善摂諸根成就第一寂滅。身出光焔如真金聚端正殊特令人心浄 (87b10-12); 遙見仏在林間。端正殊特諸根寂滅。身出無量光焔如真金聚 (98c10-11); 見世尊。在林樹間大衆囲繞説上妙法。諸根静黙容貌端正如紫金山 (187b15-16); 有一切智三十二相八十種好。身真金色頂有円光。有梵音声。視之無厭 (99b2-3)(92) ■Pāli 律ではブッダをことさら視覚的に形容しないが(93)，その他の文献ではブッダを視覚的に形容するようになっている。その中には三十二相八十種好，また「一尋の光」に言及するもの，さらには黄金に喩えるものもあり，有部系の梵文資料に見られる各要素は断片的に他の文献にも見られるが,「千の太陽をも凌ぐ光」に言及するのは有部系の梵文資料に固有の用法と考えられる。また有部系の梵文資料に見られる定型句には，精神的な徳でブッダを形容することはないが，その他の文献では「諸根寂静」に言及する用例が多い。

8-C（仏弟子囲繞）

❷mukto muktaparivāro dānto dāntaparivāro tīrṇo tīrṇaparivāro pāragato pāragataparivāro sthalagato sthalagataparivāro kṣemaprāpto kṣemaprāpta-parivāro śramaṇo śramaṇaparivāraḥ bāhitapāpo bāhitapāpaparivāro brāhmaṇo brāhmaṇaparivāraḥ śrotriyo śrotriyaparivāraḥ snātako snātakaparivāraḥ bāhitapāpadharmo bāhitapāpadharmaparivāraḥ// (iii 64.10-14; cf. iii 407.9) 解脱した彼は解脱者達を従者とし,調御した彼は調御者達を従者とし,〔彼岸に〕渡った彼は〔彼岸に〕渡った者達を従者とし，彼岸に達した彼は彼岸に達した者達を従者とし，陸地にいる彼は陸地にいる者達を従者とし，安寧を獲得した彼は安寧を獲得した者達を従者とし，沙門である彼は沙門達を従者とし，悪を厭離した彼は悪を厭離した者達を従者とし，バラモンである彼はバラモン達を従者とし,〔多〕聞の彼は〔多〕聞の者達を従者とし，沐浴者である彼は沐浴者達を従者とし，悪法を厭離せる彼は悪法を厭離せる者達を従者としていた。■Mv. に類似の用例が存在するが，その分量は有部系の梵文資料に見られる定型句には遙かに及ばない。

8-D（微笑放光）

❷atha khalu bhagavān ..... tasyāye velāye smitaṃ prāduṣkare samanantaraṃ prāduṣkṛte ca bhagavato mukhadvārāto nānāvarṇā anekavarṇā arciṣo niśca-ritvā nīlapītamāñjiṣṭhā raktaśvetāvadātā kanakavarṇā sarvaṃ buddhakṣetraṃ obhāsayitvā yāvad akaniṣṭhā devanikāyā bhagavantaṃ trikhuttaṃ pradakṣi-ṇīkṛtvā bhagavato purato aṃtarahitāḥ// atha khalv āyuṣmān aśvakī yena bhagavāṃs tenopasaṃkramitvā tenāṃjaliṃ praṇāmayitvā bhagavantam etad uvāca// nāhetukaṃ nāpratyayaṃ tathāgatā arhantaḥ samyaksaṃbuddhāḥ smitaṃ prāduṣkaronti/ ko bhagavaṃ hetuḥ kaḥ pratyayo smitasya prāduṣkaraṇāya// (iii 138.19-139.7) さて世尊はその時に微笑を現された。現された直後，世尊の口から，青・黄・紅・赤・白・純白・金色といった，種々の色彩，様々な色合いの光線が放たれ，有頂天衆に至るまで一切の仏国土を照らし出すと，世尊を三たび右に回り，世尊の前に消えていった。その時，同志アシュヴァキンは世尊に近づくと，合掌礼拝し，世尊にこう申し上げた。「如来・阿羅漢・正等覚者達は因なく縁なくして微笑を現すことはありません。世尊よ，微笑を現されたのには，いかなる因やいかなる縁があるのですか」■すでに見てきたように有部系の梵文資料には数多くの定型句が説かれ，その中でも授記の際に見られるブッダの微笑放光の定型句は分量的に最も顕著であるが，それと比較すれば，この Mv. の表現は実に簡素である。

8-E（都城の敷居）

❷dharmatā khalu punar buddhānāṃ bhagavatāṃ nagarapraveśe yadā bhagavān nagaraṃ praviśati aśvā heṣanti hastinaḥ krauñcanādaṃ muṃcanti morā nṛtyanti kokilā tuṇatuṇāyaṃti aghaṭṭitāni vādyāni vādyanti peḍāgatāny ābharaṇāni rasanti/ andhā cakṣuṃ tan muhūrtaṃ pratilabhanti/ vadhirās taṃ muhūrtaṃ śrotam pratilabhante/ unmattakās taṃ muhūrtaṃ smṛtiṃ pratilabhante/ viṣapītakā nirviṣā bhavanti/ ye janā asrāddhā mandaprasādās te dāni pratisaṃviditā bhavanti// atha bhagavāṃ nagaraṃ praviśati// samanantaraṃ bhagavatā kapilavastunagaradvāre pādatalā upakṣiptā tad iyaṃ mahāpṛthivī ṣaḍvikāraṃ kampe saṃprakampe saṃpracale saṃpravedhe purastimaṃ unnamati paścimakaṃ onamati paścimam unnamati purastimaṃ onamati dakṣiṇaṃ unnamati uttarā onamati uttarā unnamati dakṣiṇā onamati// (iii 255.17-256.9) 諸仏・諸世尊が都城に入られる時には，決まって起こることがある。世尊が都城に入られる時，馬が嘶き，象が叫び声を上げ，孔雀が踊り，郭公が鳴き，誰も演奏しないのに楽器が鳴り出し，箱の中にある瓔珞がガタガタ鳴る。その瞬間，盲人達は視力を回復し，その瞬間，聾者達は聴力を回復し，その瞬間，狂人達は記憶を回復し，毒を飲んだ者達は毒が消え，不信心な者達や信

仰心の薄い者達は弁才を獲得するようになるのである。さて世尊は都城に入られた。世尊がカピラヴァストゥの都城の門に足下ろされるや否や，この大地は六種に震え，揺れ，振動し，揺れ動き，東が浮くと西が沈み，西が浮くと東が沈み，南が浮くと北が沈み，北が浮くと南が沈んだ; bhagavato nagaraṃ praviśantasya onatā bhūmir unnamati samaṃ bhūmitalaṃ jātaṃ saṃsthāti/ aśucipāṣāṇaśarkarakaṭhallā bhūmiṃ praviśanti muktapuṣpāvakīrṇā mahī saṃsthāti/ puṣpopagā vṛkṣā puṣpanti phalopagā vṛkṣā phalanti/ ye tatra mārge vāmadakṣiṇena vāpīyo vā puṣkariṇīyo vā śītalasya vārisya bharitā bhavanti utpalapadumakumudapuṇḍarīkanalinīsaugandhikāpracchannā/ udupānamukhā toyaṃ prasyandati/ ..... vyādhitā vyādhito muṃcanti gurviṇīyo arogāḥ prasūyanti nagnānāṃ cailāḥ prādurbhavanti bandhanabaddhānāṃ bandhanāni sphuṭanti peḍākaraṇḍāvṛtāni ratanāni saṃghaṭṭanti bhājanāni raṇanti/ ye bhavanti nagare parivādinīyo vallakīyo veṇuvīṇāmṛdaṃgabherīpaṇavā asaṃkhatāny api aghaṭṭitāni saṃpravādyanti/ śukasārikakokilahaṃsamayūrāḥ svakasvakāni rutāni muṃcanti/ (i 308.1-13; cf. i 235.9) 世尊が都城に入ると，凹んでいた地面は浮き上がって，平らな地面となった。不浄物・石・瓦礫・砂利は地中に潜り，大地には摘まれた花が撒き散らされた。花の咲く木々には花が咲き，実の生る木々には実が生った。その道の左右にある池や蓮池は冷水を湛え，青蓮華・赤蓮華・黄蓮華・白蓮華といった蓮華や睡蓮で覆われた。井戸の口からは水が溢れ出ていた。(中略) 病気をしていた者は病気から回復し，妊婦は安産で〔子を〕生み，裸の者達には衣服が現れ，手枷・足枷に拘束されている者達の手枷・足枷は外れ，大きな鞄や小さな箱に隠れていた宝石はカタカタと音を立て，食器もガタガタと鳴った。都城にある七弦琵琶，琵琶，笛，胡琴，太鼓，鼓，小太鼓は〔誰も〕演奏せず弾いてもいないのに，一斉に鳴り始めた。鸚鵡，鶫，郭公，白鳥，孔雀もそれぞれの声で囀った。❻諸仏常法。若以神通力入城邑聚落時。現如是希有事。謂象申鳴馬悲鳴諸牛王吼鵝鴈孔雀鸚鵡舍利鳥倶均羅猩猩諸鳥。出和雅音。大鼓小鼓箜篌箏笛琵琶簫瑟箄篥鐃鈸不鼓自鳴。諸貴人舍所有金器内外荘厳具。若在箱篋中自然作声。盲者得視。聾者得聴。瘂者能言。拘躄者得伸跛蹇者得手足。眯眼得正。病痩者得除。苦痛者得楽。毒者得消。狂者得正。殺者離殺。偸者離偸。邪婬者不邪婬。妄語者不妄語。両舌悪口無義語者。不無義語。貪者不貪。瞋者不瞋。邪見者離邪見。牢獄閉繋枷鎖杻械。悉得解脱。憒閙処者皆得空閑。未種善根者種。已種者増長。已増長者得解脱。諸伏蔵宝物自然発出。現如是希有事。諸衆生得利益（134c4–19; 261b25, 262b3）■ほぼ同内容の用例は Mv. と『十誦律』とに見られるが，この希有法が阿閦仏国経や無量寿経等の他方仏土を説く大乗経典の表現と部分的に一致するのは面白い(94)。

8–H（知って尋ねるブッダ）

❻諸仏常法。知而故問（1c3）; 諸仏常法。有知而問知而不問。知時問知時不問。有益問無益不問。有因縁問。今仏知故問（148a22–24）■これに関しては，同じ有部系の『十誦律』にのみ類似の用例を確認することができ，有部系の資料にのみ共通する用法と思われる。

9–A（ブッダの説法）

❶atha kho bhagavā suddhodanaṃ sakkaṃ dhammiyā kathāya sandassesi samādapesi samuttejesi sampahaṃsesi. atha kho suddhodano sakko bagavatā dhammiyā kathāya sandissito samādapito samuttejito sampahaṃsito uṭṭhāyāsanā bhagavantaṃ abhivādetvā padakkhiṇaṃ katvā pakkāmi（i 83.5–10; cf. ii 16.8, iii 11.8）さて世尊はサッカ族のスッドーダナを法話を以て説示し，鼓舞し，励まし，勇気づけられた。その時，サッカ族のスッドーダナは世尊に法話を以て説示され，鼓舞され，励まされ，勇気づけられると，座から立ち上がり，世尊に挨拶すると〔世尊を〕右繞して退いた。❷atha khalv ānanda bhagavāṃ kāśyapo ghaṭikāraṃ kumbhakāraṃ jyotipālaṃ ca māṇavaṃ dhārmyayā kathayā saṃdarśayitvā samādāpayitvā samuttejayitvā saṃpraharṣayitvā udyojayi//（i 322.5–7; cf. iii 272.10）さてアーナンダよ，世尊カーシャパは法話を以て陶師ガティカーラと青年ジョーティパーラとを説示され，鼓舞され，励まされ，勇気づけられると，〔彼らを〕帰らせた。❻仏以種種因縁説法示教利喜。示教利喜已黙然（126b18–19; 91c4, 96c3, 98c12, 126b18, 128a12, 195 b12, 272b18,c16) ■ブッダの説法を説明する表現はすでに Pāli 律に見られ，また Mv. や『十誦律』にも類似の表現が見られることから，この表現は他部派によって共有されたものと見られ，これを以て有部特有の表現とは断定できないが，最後の「ブッダが黙然とする」という表現は『十誦律』と有部系の梵文資料に限られているようである。

9-B（食事に招待されるブッダ）

❶ekamantaṃ ṭhito kho so brāhmaṇo bhagavantaṃ etad avoca. adhivāsetu me bhante bhavaṃ gotamo svātanāya bhattaṃ saddhiṃ bhikkhusaṃghenā 'ti. adhivāsesi bhagavā tuṇhibhāvena. atha kho so brāhmaṇo bhagavato adhivāsanaṃ viditvā pakkāmi. atha kho so brāhmaṇo tassā rattiyā accayena paṇītaṃ khādaniyaṃ bhojaniyaṃ paṭiyādāpetvā bhagavato kālaṃ ārocāpesi. kālo bho gotama niṭṭhitaṃ bhattan ti. atha kho bhagavā pubbaṇhasamayaṃ nivāsetvā pattacīvaraṃ ādāya yena tassa brāhmaṇassa nivesanaṃ ten' upasaṃkami, upasaṃkamitvā paññatte āsane nisīdi saddhiṃ bhikkhusaṃghena. atha kho so brāhmaṇo buddhapamukhaṃ bhikkhusaṃghaṃ paṇītena khādaniyena bhojaniyena sahatthā santappetvā sampavāretvā bhagavantaṃ bhuttāviṃ onītapattapāṇiṃ ekamantaṃ nisīdi. ekamantaṃ nisinnaṃ kho taṃ brāhmaṇaṃ bhagavā dhammiyā kathāya sandassetvā samādapetvā samuttejetvā sampahaṃsetvā uuṭṭhāyāsanā pakkāmi (i 212.34-213.14; i 37.38, 217.29, 229.19, 231.22, 243.1, 244.5, ii 16.13, 127.33, 147.9, 157.15, 164.5, iv 76.8; cf. i 18.27, 237.37, 245.33, 246.2, 249.2, iii 11.10, iv 19.4, 162.31) 一隅に立ったそのバラモンは世尊にこう申し上げた。「大徳よ，ゴータマ様は明日〔我家で〕比丘の僧伽と共に食事されますことを私に同意して下さい」と。世尊は沈黙を以て同意された。するとそのバラモンは世尊が同意されたのを知って立ち去った。さてそのバラモンはその夜が過ぎると，美味なる軟硬〔二種の〕食事を用意して，世尊に時を告げた。「ゴータマよ，お時間です。食事の用意ができました」と。そこで世尊は午前中に衣を身に付け，衣鉢を持つと，そのバラモンの家に近づいた。近づくと〔世尊〕は比丘の僧伽と共に設けられた座に坐られた。その時，かのバラモンはブッダを上首とする比丘の僧伽を美味なる軟硬〔二

種の〕食事によって手ずから喜ばせ，満足させた後，世尊が食事を終えて鉢を片づけられたのを〔見届けて〕一隅に坐った。一隅に坐ったかのバラモンを世尊は法話を以て説示され，鼓舞され，励まされ，勇気づけられると，座から立ち上がって退かれた。❷atha khalu mahāprajāpatī gautamī yena bhagavāns tenopasaṃkramitvā bhagavataḥ pādau śirasā vanditvā yena bhagavāṃs tenāṃjaliṃ praṇāmayitvā bhagavantam etad avocat// adhivāsayatu bhagavāṃ śuvetanāye bhaktena svake niveśane// adhivāsayati bhagavāṃ tūṣṇībhāvena// atha khalu mahāprajāpatī gautamī bhagavataḥ tūṣṇīṃ bhāvenādhivāsanāṃ viditvā prabhūtaṃ khādanīyabhojanīyaṃ pratijāgaritvā tasyaiva rātryā atyayena svakaṃ niveśanaṃ siktasaṃmṛṣṭaṃ kārāpitaṃ osaktapaṭṭadāmakalāpaṃ muktapuṣpāvakīrṇaṃ dhūpitadhūpanaṃ/ bhagavato mahārhaṃ āsanaṃ prajñapitaṃ yathopakaṃ ca bhikṣusaṃghasya// atha khalu bhagavāṃ kālyam eva nivāsayitvā pātracīvaram ādāya bhikṣusaṃghapuraskṛto yena prajāpatīye gautamīye niveśanaṃ praviṣṭo/ niṣīdi bhagavān prajñapta evāsane yathāsanaṃ ca bhikṣusaṃghaḥ// atha khalu mahāprajāpatī gautamī svahastam eva prabhūtena khādanīyabhojanīyena buddhapramukhaṃ bhikṣusaṃghaṃ saṃtarpayi saṃpravārayi// bhagavāṃ dāni yaṃ kālaṃ bhuktadhautapāṇir apanītapātro bhikṣusaṃgho ca tato bhagavāṃ mahāprajāpatīgautamīye antaḥpurikānāṃ ca anupūrvīyadharmadeśanāṃ praṇāmeti/ (iii 256.15-257.12; i 307.7, 324.4; cf. iii 141.14, 255.2, 271.14) そこでマハープラジャーパティー・ガウタミー（以下ガウタミー）は世尊のもとに近づき，世尊の両足を頭に頂いて礼拝すると，世尊に向かって合掌礼拝し，世尊にこう申し上げた。「世尊は，明日，私の家で食事されますことに御同意下さいませ」。世尊は沈黙を以て同意された。その時，ガウタミーは世尊が沈黙を以て同意されたのを知ると，沢山の軟食・硬食を用意し，その日の夜が明けると，自分の家に水を撒いて掃除させ，布や紐の束を吊り下げ，摘んだ花を撒き，香を焚き，世尊や比丘僧伽のために，地位に準じて高価な座を設けさせた。さて世尊は朝早く衣を身に纏い，衣鉢を持つと，比丘僧伽に敬われながら，ガウタミーの家に入っていった。世尊は設けられた座に坐り，比

丘の僧伽も〔自分の地位に〕見合った座に坐った。そこでガウタミーは，ブッダを上首とする比丘僧伽を手ずから沢山の硬食・軟食を以て満足させ，楽しませた。その時，世尊と比丘僧伽とは食事を終えて手を洗い，鉢をしまうと，世尊はガウタミーと後宮の女達のために次第説法をされた。❹時耶舎父従坐起頂礼仏足。白仏言。惟願世尊。与耶舎受我明日食。仏黙然受之。更頂礼足繞三匝而去。環家弁種種多美飲食。仏至時将耶舎著衣持鉢往到其家就座而坐。長者夫婦手自下食。食已行澡水畢。婦取小床於仏前坐（105c9-14）❺唯願世尊。与衆僧受我明日請食。時世尊黙然受請。給孤独食。従坐起前礼仏足。遶已而去。（中略）給孤独食即還其家。夜弁種種多美飲食。夜過已清旦往白時到。世尊著衣持鉢。与千二百五十比丘僧俱。往給孤独食家就座而坐。時給孤独食。手自斟酌種種多美飲食。供養仏及衆僧令得飽満。食已捨鉢。更取卑床於仏前坐（939a27-b14; 790a15, 856b26, 857b27, 868c28, 947a21; cf. 630c12, 637c18, 653b1, c22, 675c8, 702b25, c23, 703a20, b17, c21, 704a20, b20, c22, 705a25, b24, c23, 706a18, b15, c10, 707a1, b5, 25, c20, 708a12, b4, 24, c16, 750b6, 768a2, 864c7, 868a22, 872a17, 873a7, 934c24, 941b14, 950a26）❻便従坐起偏袒右肩合掌白仏言世尊。受我明日請食并比丘僧。仏黙然受。知仏黙然受已。頭面作礼繞仏而去。通夜弁具多美飲食。弁竟晨朝布座。遣使白仏。食具已弁唯聖知時。仏著衣持鉢大衆囲繞。往到其家在衆中坐優婆塞見大衆坐竟。自行澡水。行澡水已。自手与飲食随意所須。大衆食訖。澡手執鉢。持一小床在仏前坐。聴仏説法（186a5-12; cf. 87b14, 88b21, 91c6, 96c5, 98c14, 126b20, 128a14, 189b20, 192a10, 195b14, 215b7, 272b19, 272c17, 287b4, 347c26, 464b13）；爾時有一居士。請仏及僧明日食。仏黙然受請～（49b11-12; 76c24, 77c8, 85b8, 114a23, 123c26, 131b19, 134a25, 137b17, 138a21, 139a12, 141a12, 183c7, 187a15, 190b25, c8, 205a18, 242c26, 267b18, 281c8, 282b16, 290a28, 297a4, 18, 299a7, 341a29, 345a24, 429b23, c9, 463c22, 469c8）■ブッダを食事に招待する際の表現は幅広い資料に見られ，またその内容も大同小異であるが，細かな点に注目すると，幾つかの相違点が浮き彫りになってくる。まずブッダの同意を受けて食事を用意する時期であるが，Pāli律や Mv. ではその夜が過ぎて翌日とするのに対し，その他の資料ではその日の夜のうちに食事の用意をしている。またブッダを迎えるにあたって家の周りを飾り付ける表現があるが，その中で「水瓶の設置」は有部系の梵文資料に限られるようである。

9-C（預流果）

❷yat tad buddhānāṃ bhagavatāṃ anupūrvīyadharmadeśanā/ tadyathā dānakathāṃ śīlakathāṃ svargakathāṃ puṇyakathāṃ puṇyavipākakathāṃ// prasīdi mahāprajāpatī gautamī prasannacittāya punaḥ bhagavāṃ catvāryārya-satyāni prakāśayati/ duḥkhaṃ duḥkhasamudayaṃ duḥkhanirodhaṃ mārgaṃ// mahāprajāpatīye dāni gautamīye tatrāsane niṣaṇāya virajaṃ vigatamalaṃ dharmeṣu dharmacakṣur viśuddhaṃ// (iii 257.12-16) 諸仏・諸世尊の次第説法とは，即ち施論・戒論・天界論・福徳論・福徳の異熟論である。マハープラジャーパティー・ガウタミーは浄心を以て〔それを〕信受すると，世尊は続いて，苦・苦集・苦滅・道という四聖諦を明らかにされた。その時，マハープラジャーパティー・ガウタミーはその座に坐ったままで，諸法に対する，清浄で無垢なる法眼を浄らかにした。❻我等因大徳迦留陀夷故。破二十身見。断三悪道。無量苦悩令作有量。入正定見四諦（122b28-c1）■「二十の有身見」に関する記述は Mv. には見られないが，『十誦律』には見られることから，これは有部系の文献の共通伝承と見なすことができる。

9-D（預流者の歓声）

❶es' āhaṃ bhante bhagavantaṃ saraṇaṃ gacchāmi dhammañ ca bhikkhusa-ṃghañ ca upāsakaṃ maṃ bhagavā dhāretu ajjatagge pāṇupetaṃ saraṇaṃ gatan ti (i 16.35-38; i 37.35, 226.9, 236.16, 27, 242.37, 243.16, ii 157.13, 192.38, iii 6.10, iv 19.17; cf. i 4.23)「大徳よ，この私は世尊に帰依します。法に帰依します。比丘僧伽に帰依します。どうか世尊は今日から死ぬまで私を〔三〕帰依する優婆塞として護念したまえ」❺我今帰依仏帰依法帰依僧。唯願世尊。聴為優婆塞。自今已去尽形寿。不殺生乃至不飲酒（789c26-28; 790b2, 792b11, 798a2, 843c18, 856c21, 870a21, 873a6, 874a2, 939a19）❻我従今日。帰依仏帰依法帰依僧；(a) 我尽形作仏優婆夷（113a25-26; 121a5, 122a29, b15, 273a12）；(b) 我是優

婆塞。憶念。従今日尽形寿不殺生 (189b19-20); (c) 証知。我是仏弟子。従今日尽形寿帰依三宝 (191c28-192a1; 192a8); (d) 我作優婆塞。憶念。我従今尽寿不殺生心信清浄 (180c12-14); (e) 持五戒為優婆塞 (464c22); 我心楽仏法。知我尽寿作優婆塞 (244b15-16)[95] ■ Pāli 律では優婆塞の条件を三帰のみとするが，その他の資料では三帰と五戒とする。この傾向は漢訳の根本有部律にも見られたが，しかし有部系の梵文資料には五戒の代わりに浄信を説くことはすでに指摘した。そこで次に『十誦律』の用例を見てみよう。『十誦律』でも概ね優婆塞の条件は三帰と五戒とであるが，(d)の用例にのみ「心信清浄」，すなわち優婆塞の条件として abhiprasanna が見られ，その他の文献には出てこないことから，これは有部に特有の用法と見られるが，ただし有部系の漢訳資料には僅かな用例しか存在せず，梵文資料との間に大きな隔たりがある。また「預流果の証得」と「ブッダを食事に招待すること」との前後関係に注目すれば，有部系以外の文献では預流果を証得してからブッダを食事に招待するという順序で説かれる場合が目立つが，有部系の文献ではまずブッダを食事に招待し，それから聞法して預流果を証得するという順序になっている点が大きく異なる。

9-E（聞法の果報）

❻衆中有得須陀洹果斯陀含果阿那含果阿羅漢果。有種声聞道因縁有種辟支仏道因縁。有発阿耨多羅三藐三菩提因者。爾時衆中。得如是種種大利益 (80c12-16); 是衆中有人得暖法者。頂法者。順道忍法者。三毒薄者。離欲者。世間第一法者。有得須陀洹果斯陀含果阿那含果者。有種声聞乗因縁者。有種辟支仏乗因縁者。有種仏乗因縁者。如是利益無量衆生 (263a2-6) ■この定型句は『十誦律』に二例存在し，その内容も有部系の梵文資料の用例と極めて近く，また他の律文献には見られないから，有部に特有の用法と思われる。

9-G（ブッダという音）

❷buddheti śrutva ghoṣaṃ aśrutapūrvam abhūṣim ahaṃ prīto/ hṛṣṭo udagracitto tvaritaṃ saṃmīlayesi mukhaṃ// (i 247.5-6) かつて聞いたことのなかっ

たブッダという音を聞いて私は喜びを感じ，感動して心が高揚したので，急いで口を閉じた; buddho ti śruṇitva ghoṣaṃ loke kutūhalaṃ aśrutapūrvaṃ/ adhikataraṃ sā prasīde (i 306.17-18) 彼女はかつて世間で聞いたことのなかったブッダという最高の音を聞き，一層浄信を生じた(96)。❻給孤独氏初聞仏名。心喜毛竪 (243c29-244a1) ■他の律文献にはこのような用例が見出せないが，Mv. には「ブッダという音」を aśrutapūrvam で形容する用例が二つあり，極めて有部系の形容句に近い内容となっている。しかしそれを聞いた結果生じる sarvaromakūpāny āhṛṣṭāni の表現が一致しない。これに比して『十誦律』には「毛竪」とあり，これが sarvaromakūpāṇy āhṛṣṭāni に相当するから，この定型句は有部に特有の用法と考えてよかろう(97)。

以上，本節では有部系の梵文資料に見られる定型句と，現存の広律等に見られる類似の表現とを比較考察した。他の広律においてはその用例が少なく，それらの表現が定型化していないものが多かったが，およそ有部系の梵文資料とその他の資料との類似点と相違点とを明確にできた。比較の対象が，Pāli 律や Mv. を除けば，言語体系の違う漢訳資料であるため，厳密な比較という点では疑問が残るが，資料的制約がある現状に鑑みれば，これも致し方ない。ここでは部派の明確な律文献のみを中心にその用例を蒐集したので，資料的には不充分であり，今後はこれをベースに，部派の明確な論書等の用例もこれに加えていく必要があろう。従来，部派研究といえば，教理的な面からのアプローチが主であったが，今回ここで行ったように，説話レヴェルでの比較からも，各部派の性格というものがある程度明確にできる。本来は伝承の源を同じくする仏教が，ブッダの滅後，部派分裂を契機として複数の部派に分裂していったのであるから，その伝承を詳細に考察すれば，各部派に共通の伝承も存在するし，また袂を分かったがゆえに生じた異なる伝承もあるはずである。今後はこれらの点を考慮に入れながら，各部派で何が共通し何が違っているのかを様々なレヴェルから明らかにする必要があるだろう(98)。

3　定型句の提起する問題

ではこれまでに得られた結果に基づき，定型句を手がかりにして，MSV に起源を持たない Divy. の説話の部派帰属の問題を考えてみたい。まず Divy. の各説話において，どれだけの定型句が説かれているかを纏めてみる[99]。

表5　Divy. 各説話に説かれる定型句の種類とその数

1: 2-A^{-}, 3-B^{-}, 3-C, 3-D, 3-E, 3-F, 3-G, 3-H, 3-I, 3-J, 3-K^{-}, 5-A^{*-}, 6-B, 7-A, 7-A^{y}, 7-C^{y-}(16)

2: 2-A, 2-C^{-}, 3-A, 3-H, 3-I, 3-I^{py}, 3-K^{-}, 5-A, 6-A, 6-B, 7-A^{-}, 7-A^{*-}, 7-A, 7-A^{py}, 7-B, 7-B, 7-B^{*y}, 8-B, 8-B^{py}, 8-C^{-}, 8-G, 8-I, 9-C, 9-C^{y}, 9-C*, 9-C*, 9-C, 9-D^{py-}, 9-D^{-}, 9-E^{+}, 9-F, 9-G (32)

3: 2-B, 2-B, 3-H, 3-I^{-}, 3-J, 3-K^{-}, 3-L^{-}, 8-F, 9-B^{*-}, 9-B*(10)

4: 8-B, 8-D, 9-C, 9-D(4)

5: 2-B, 8-B, 8-D^{py}(3)

6: 8-B, 8-B, 8-F, 9-C, 9-E^{+}(5)

7: 3-A, 3-M, 4-C, 5-B, 7-D, 9-A, 9-A, 9-A, 9-B, 9-B(10)

8: 1-A^{+}, 2-A^{-}, 2-B, 3-A^{-}, 3-E, 3-F, 3-G, 3-H, 3-I, 3-J, 3-K^{+}, 3-L, 7-A, 7-C^{-}, 8-A^{*+}, 8-C^{py}, 8-J, 9-A, 9-B^{-}, 9-C^{+}, 9-D*(21)

9: 2-B, 8-A, 8-C, 9-C^{py}, 9-C^{y}(5)

10: 5-B, 6-A, 6-B(3)

11: 1-A, 5-A, 6-A*, 8-B, 8-D(5)

12: 1-A, 2-C*, 7-A, 7-B, 8-C^{-}, 8-E^{-}, 8-F, 8-G, 9-A, 9-E^{+}, 9-F^{+}(11)

13: 2-A, 2-A^{-}, 3-A, 3-G*, 3-H^{-}, 3-I*, 3-J*, 5-B, 6-A, 6-B, 7-C, 7-D, 8-C, 8-G, 8-G, 8-H, 9-A, 9-B(18)

14: 4-C(1)

15: None.

16: 8-D^{*-}(1)

17: 2-B, 2-B, 2-B, 2-B, 5-A^{*-}, 9-E*(6)

18: 2-B, 3-A, 3-M^{+}, 6-A^{*-}, 7-C^{-}, 8-E(6)

19: 2-A^{-}, 2-A, 2-B, 2-C, 3-A^{-}, 3-J, 4-C, 5-A^{+}, 6-A, 6-B, 7-A, 7-B, 7-C, 8-A^{+}, 8-C, 8-D^{-}, 9-A, 9-A, 9-B^{-}, 9-E^{+}(20)

<u>**20**</u>: 1-A^{*+}, 2-B, 2-B(3)

21: 2-A, 3-A, 3-A, 3-I*, 3-I*, 3-M, 5-B, 6-A, 6-B, 7-D, 8-H, 9-A, 9-B, 9-C 9-D (15)

<u>**22**</u>: 2-B, 2-B(2)

23: 2-A^{-}, 3-A, 3-H, 3-I, 3-J^{-}, 7-A^{*-}, 7-A^{*-}, 7-B, 7-C^{py-}, 7-C^{py-}, 8-I(11)

24: 5-A^{+}, 7-C^{py-}(2)

25: 6-B^{p}(1)

<u>**26**</u>: 8-D, 8-E^{-}(2)

<u>**27**</u>: None.

<u>**28**</u>: 5-B^{v}, 6-A^{*-}, 7-A(3)

<u>**29**</u>: None.

30: 2-B, 2-B, 2-B, 2-C, 2-C, 3-B*, 3-C, 3-D, 3-E, 3-F, 3-G^{-}, 3-H, 3-I, 3-J, 3-K^{-}, 3-L, 8-J(17)

31: 4-B*, 5-A^{p}, 6-A^{py}, 6-B^{py}, 7-A, 7-B^{py}, 7-C^{p}, 8-B, 8-B^{py}, 8-F, 9-C^{py}, 9-C^{py}, 9-D, 9-E^{+}, 9-F, 9-F^{py}(16)

<u>**32**</u>: 1-A^{*+}, 2-B(2)

<u>**33**</u>: None

<u>**34**</u>: None

35: 3-A, 3-A^{-}, 3-A*, 3-A*, 3-M^{-}, 5-A^{+}, 6-A^{-}, 7-C^{-}, 7-C^{-}, 7-D, 9-A, 9-B*, 9-E^{*-}(13)

36: 2-A^{py}, 2-B^{py}, 2-B^{py}, 3-A^{py}, 3-H^{-}, 3-H, 3-I, 3-I, 3-K^{py}, 5-B, 5-B, 5-B, 6-A^{*-}, 6-A^{py}, 6-A^{py}, 6-B^{py}, 9-A, 9-B^{py}, 9-C^{*py}(19)

37: 2-B, 2-B, 2-B, 2-B, 3-A, 4-A, 4-B, 5-B^{+}, 5-B, 6-A, 6-A, 6-B, 7-B, 7-C, 7-C, 8-D, 8-I, 9-C^{-}, 9-C, 9-C, 9-D, 9-D, 9-E, 9-G(24)

このうち，下線を施した説話が MSVに直接その起源を求めることができなかった説話であるが，定型句という観点を中心にして，順次その説話を吟味していこう。

〔**第8章**〕この話はその起源を直接 MSV に求められないが，この中には二十一もの定型句が説かれており，その帰属を説一切有部に求めることには問題がない[(100)]。

〔**第11章**〕全体としては短い物語ながら五つの定型表現が見られ，その中には有部特有の微笑放光の定型句も含まれているので，これも有部系の説話と考えられる。

〔**第14章**〕この章には一つの定型句しか見出せないので，この事実のみを以てこの説話を有部系のものと断定できない。そこで，少し違った観点からこの問題を考えてみよう。この章の冒頭部分には天人五衰の説明が見られる。

dharmatā khalu cyavanadharmiṇo devaputrasya pañca pūrvanimittāni prādurbhavanti/ akliṣṭāni vāsāṃsi kliśyanti amlānāni mālyāni mlāyanti daurgandhaṃ kāyena niṣkrāmati ubābhyāṃ kakṣābhyāṃ svedaḥ prādurbhavati cyavanadharmā devaputraḥ sva āsane dhṛtiṃ na labhate/ (Divy. 193.20-24)

死没の運命にある天子には五つの兆候が現れることになっている。(1) 汚れていなかった衣が汚れる，(2) 萎れていなかった花蔓が萎れる，(3) 体から悪臭が出る，(4) 両腋から汗が出る，(5) 死没の運命にある天子は自分の座に安定感がない。

天人五衰は，Divy. 第3章にも平行文が存在するが (Divy. 57.18-22)[(101)]，この章は MSV を起源とし，両資料との間で天人五衰の内容と順番とが一致する。この天人五衰は初期経典中より様々な仏典に説かれているが，その内容や順番は必ずしも一致していないので，Divy. で説かれる天人五衰の内容と順番とを他の仏典のそれと比較し，この説話の出自を考えてみよう。では諸仏典に説かれる天人五衰の用例を紹介し，最後にその内容と順番とを纏める。

イティヴッタカ

yadā bhikkhave devo devakāyā cavanadhammo hoti pañca pubbanimittāni pātubhavanti mālā milāyanti vatthāni kilissanti kacchehi sedā muccanti kāye dubbaṇṇiyaṃ okkamati sake devo devāsane nābhiramatīti (It. 76.13-17)

「比丘達よ，神が神の身体より死没を運命づけられた時には五つの兆候が現れる。(1) 華蔓が萎れる，(2) 衣が汚れる，(3) 両腋から汗が出る，(4) 体から悪臭が出る，(5) 神は自分の神の座を楽しまない」と。

『増一阿含経』[(102)]

(A) 爾時三十三天有一天子。身形有五死瑞応。云何為五。一者華冠自萎。二者衣裳垢坋。三者腋下流汗。四者不楽本位。五者玉女違叛（T. 125, ii

677b29-c3); ⒝当天子欲命終時。有五未曾有瑞応。而現在前云何為五。一者華萎。二者衣裳垢。三者身体汚臭。四者不楽本座。五者天女星散（T. 125, ii 693c11-14); ⒞爾時三十三天有一天子名曰須菩提。命将欲終有五応瑞自然逼己。云何為五。(中略) 此天子華冠自萎 (中略) 衣生垢坋 (中略) 身体臭処不可親近 (中略) 玉女離散 (中略) 不楽本座（T. 125, ii 814c7-17）

『仏本行集経』(103)

爾時護明菩薩大士。天寿満已。自然而有五衰相現。何等為五。一者頭上花萎。二者腋下汗出。三者衣裳垢膩。四者身失威光。五者不楽本座（T. 190, iii 676c21-24）

『摩訶摩耶経』(104)

爾時摩耶即於天上見五衰相。一者頭上花萎。二者腋下汗出。三者頂中光滅。四者両目数瞬。五者不楽本座（T. 383, xii 1012a16-18）

『大般涅槃経』(105)

釈提桓因命将欲終。有五相現。一者衣裳垢膩。二者頭上花萎。三者身体臭穢。四者腋下汗出。五者不楽本座（T. 375, xii 478a25-28）

『大毘婆沙論』(106)

謂諸天中将命終位先有二種五衰相現。一小二大（中略）云何名為大五衰相。一者衣服先浄今穢。二者花冠先盛今萎。三者両腋忽然流汗。四者身体欻生臭気。五者不楽安住本座（T. 1545, xxvii 365a21-b7）

倶舎論

pañca punar nimittāni maraṇaṃ nātivarttante/ vāsāṃsi kliśyanti mālā mlāyanti kakṣābhyāṃ svedo mucyate daurgandhyaṃ kāye 'vakrāmati sve cāsane devaputro nābhiramate/（AKBh 157.9-11）

また五つの死の〔大〕相からは逃れられない。⑴ 衣が汚れる，⑵ 華蔓が萎れる，⑶ 両腋から汗が出る，⑷ 体から悪臭が出る，⑸ 天子は自分の座を楽しまない。

Divy. 第14章で説かれる天人五衰の内容は，イティヴッタカ，『大般涅槃経』，『大毘婆沙論』，そして倶舎論と一致し，さらにその順番ということになると『大般涅槃経』のそれと一致する。『大般涅槃経』の帰属部派に関しては

表6　諸資料に説かれる五衰の内容と順番

	衣裳	華蔓	悪臭	発汗	座席	玉女	光明(107)	目瞬
Divy. 14	**1**	**2**	**3**	**4**	**5**			
Divy. 3	1	2	3	4	5			
イティヴッタカ	2	1	4	3	5			
『増一』(A)	2	1		3	4	5		
『増一』(B)	2	1	3		4	5		
『増一』(C)	2	1	3		5	4		
『仏本行集経』	3	1		2	5		4	
『摩訶摩耶経』		1		2	5		3	4
『大般涅槃経』	1	2	3	4	5			
『大毘婆沙論』	1	2	4	3	5			
倶舎論	1	2	4	3	5			

大衆部との関係が深いが，断定的なことは分からない。若干順番に相違点は認められるが，『大毘婆沙論』や倶舎論といった有部系の論書との共通点も見逃すべきではないし，本章の天人五衰の記述が MSV の薬事に起源を持つ Divy. 第3章のそれとほぼ同内容であることを勘案すれば，Divy. 第14章の帰属部派としては有部系の部派とするのが妥当であるが，しかし内容・順番ともに一致する『大般涅槃経』との結びつきも無視すべきではない(108)。また衣裳・華蔓・悪臭・発汗・座席を内容とする天人五衰説は有部系の部派と大衆部系の部派の共通の伝承という可能性も残されている。

〔**第15章**〕この話は，前章で考察したように，Śikṣ. や BCAP の中で説一切有部の資料として引用されていたので，定型表現こそ見られないが，これも有部に所属すべき文献と言える。またこの物語におけるブッダの対告者がウパーリンであることを考えると，その起源は律文献に求められそうである。またこの章の最後には，

tasmāt tarhi te upālinn eva (→ evam) śikṣitavyam yad dagdhasthūṇāyā api cittaṃ na pradūṣayiṣyāmaḥ prāg eva savijñānake kāye/ (Divy. 197. 24-26)

「それゆえにここでウパーリンよ，このように学び知るべきである。すなわち『焼けた杭に対しても我々は怒りを生ずるべきではない。〔六〕識を具えた身体に対しては言うに及ばぬ』と」

という訓誡が見られるが，これに相当する部分が Divy. 36章に存在する。

tasmāt tarhi bhikṣava evam śikṣitavyam/ yad dagdhasthūṇāyām api cittaṃ na pradūṣayiṣyāmaḥ prāg eva savijñānake kāye/ (Divy. 534.24-25)

両者がパラレルであることは明白であり，この章は MSV に起源を持つ説話であるが，梵本は現存しない。ただ漢訳の『根本説一切有部毘奈耶雑事』には「是故汝等応如是知。於諸枯木尚息悪心。豈況其余含識之類」(T. 1451, xxiv 242a4-5) とあるので，極めて短い箇所ではあるが，これもこの章が有部系の伝承であることの傍証となるであろう[109]。

〔**第16章**〕ここでは 8-D (微笑放光) の定型句しか説かれておらず，しかもそれは標準的な用法から外れ，以下に示すように，有部の定型句と比してその内容は脆弱である。

atha bhagavān anyatamasmin pradeśe smitam akārṣīd/ adrākṣīd āyuṣmān ānando bhagavantaṃ smitaṃ prāviṣkurvantaṃ dṛṣṭvā ca punar bhagavantaṃ idam avocat/ nāhetupratyayaṃ bhadanta tathāgatā arhantaḥ samyaksaṃbuddhāḥ smitaṃ prāviṣkurvanti ko bhadanta hetuḥ kaḥ pratyayaḥ smitasya prāviṣkaraṇe/ *evam etad ānandaivam etad nāhetupratyayaṃ tathāgatā arhantaḥ samyaksaṃbuddhāḥ smitaṃ prāviṣkurvanti/* (Divy. 199.10-16)

その時，世尊はある場所で微笑を示された。同志アーナンダは世尊が微笑を示されたのを見た。見ると，世尊にこう申し上げた。「大徳よ，如来・阿羅漢・正等覚者達は因縁なくして微笑を示されることはありません。大徳よ，微笑を示されたのには，いかなる因・いかなる縁があるのですか」。「アーナンダよ，それはそのとおりである。そうなのだ。如来・阿羅漢・正等覚者達は因縁なくして微笑を示すことはないのである」

ここでは，ブッダが微笑を示して光を放ってからその光がブッダに帰入するまでの部分がすっかり省略され，辛うじて下線を施した部分が実に長い微笑放光の定型句の最後の部分と重なっているに過ぎない。そこでここでは斜体部分を手がかりにこの章の部派帰属の問題を考えてみたい。ここでは，この下線部分がアーナンダの質問とそれに対するブッダの答えの中で二回繰り返されているが，8-D（微笑放光）において注記したように，Skt. の定型句においてはアーナンダの質問の中にこの一節は見られないので有部との関係は見えてこないが，しかし漢訳の有部律にはこれが存在するので，その扱いは慎重を要する。一方，アーナンダの質問に対するブッダの回答において「如来・阿羅漢・正等覚者達は因縁なくして微笑を示すことはないのである」という表現が用いられるのは，すでに見た Mv. や小品系般若経には存在せず，有部系の文献に限られているから，この点を重視すれば有部との接点は見出せるのであるが，微笑放光の定型句からこの説話の所属を有部と断定できない。そこで少し観点を変え，次の表現に注目してみよう。これは本章の主人公である二羽の鸚鵡がブッダを見た時の表現である。

adrāṣṭām tau śukaśāvakau bhagavantaṃ dūrād evāgacchantaṃ *prāsādikaṃ prasādanīyaṃ śāntendriyaṃ śāntamānasaṃ parameṇa cittamatyupaśamena samanvāgataṃ suvarṇayūpaṃ iva śriyā jvalantaṃ* (Divy. 198.19-22)
その二羽の若いオウムは，美しく，見目麗しく，諸根を制し，意を静め，心と意との最高な寂静を具え，黄金の柱が美しく光り輝いているような世尊がやって来られるのを遠くから見た。

これはブッダの相好を形容する表現であるが，これが本来有部の内部で創作されたか，あるいは外部から取り込んだとしても有部的に正しく消化されたものであれば，この表現は 8-B（ブッダの相好）の定型句が用いられて当然の箇所である。この定型句は有部系の文献ではかなり使用頻度が高いからだ。またこの形容句の中の「諸根を制し」という表現は，すでに指摘したように，『十誦律』を始め，Mv. や『五分律』や『四分律』にも見られるが，有部系の梵文資料には基本的に見られないものであった。しかしすでに紹介したように，有部系の文献にあって唯一例外的な用法が Divy. 第36章に見られ，斜体部分が上記の表現とほぼパラレルになっている。

adrākṣīn mākandikaḥ parivrājako bhagavantaṃ dūrād evānyataravṛkṣamūlaṃ niśritya suptoragarājabhogaparipiṇḍīkṛtaṃ paryaṅkaṃ baddhvā niṣaṇṇaṃ *prāsādikaṃ pradarśanīyaṃ śāntendriyaṃ śāntamānasaṃ paramena cittavyupaśamena samanvāgataṃ suvarṇayūpaṃ iva śriyā jvalantaṃ* (Divy. 516.9-13)

この章は MSV に平行話があるので，やや例外的ではあるが，有部系の文献との接点が確認される。以上の考察から，本来有部とは関係がなかったこの説話は有部に取り込まれ，有部的に消化されたが，それは不完全なままに終わったと推察するのが妥当であろう。そう考えれば，微笑放光の表現の曖昧さも説明がつく。しかし，少なくともこの説話が有部のフィルターを潜り抜けていることは確かなようだ。

〔**第18章**〕ここでは六つの定型表現が見られるが，それらのほとんどは極めて使用頻度の高いもので，その帰属を有部系として大過はない(110)。

〔**第20章**〕ここには三つの定型句が説かれており，有部の潤色が施されていることは間違いないが，しかしその起源まで有部に求められるかどうかは分からない。本章は漢訳や Tib. 訳では独立した経典として扱われているので，有部の内部で作られたものが独立して単独のアヴァダーナになったか，あるいはすでに単独のアヴァダーナ乃至は説話を有部が取り込んで潤色したかのいずれかということになる(111)。この問題に答えるだけの証拠は現時点では提示できないが，手がかりになるのは菩薩（bodhisattva）の用法である。本経はブッダの本生を扱ったジャータカで，ブッダが過去世でカナカヴァルナ王だった時の布施物語が説かれている。王が布施する相手は独覚だが，この独覚は独覚の悟りを獲得するまで bodhisattva という呼称で呼ばれている（Divy. 293.19, 294.1）。よって，ここでの菩薩はブッダを意味する呼称でないことは明白であるが，有部系の文献において，菩薩といえば基本的にブッダの本生を意味するので，ここに見られる用法は有部系の Skt. 文献には見られない特異な用法のように思われる。したがって，この説話も有部内部で創作されたというよりは，外部から有部に取り込まれた後で改変を被ったと考えるのが妥当ではないか。

〔**第22章**〕この章で説かれる定型句は二つと決して多くはないが，6-A（業報の原理）の定型句で注記したように，過去物語の導入となる部分には「疑念を生じた比丘達は，あらゆる疑念を断じてくれる仏・世尊に尋ねた（bhikṣavaḥ saṃśayajātāḥ sarvasaṃśayacchettāraṃ buddhaṃ bhagavantaṃ papracchuḥ)」(Divy. 314.14-15）とあり，例文で下線を施した有部特有の表現と重なるので，この章も有部との関わりを認めてもよい。

〔**第26章〜第29章**〕ここでは第26章から第29章までを纏めて扱う。この四章は漢訳の『阿育王経』や『阿育王伝』に平行文が見られ，説話の順番は若干前後するが，四章で一纏まりの文献と見なせる。まず定型表現から見てみよう。ここでは四章全体でも五つの定型句しか説かれていないが，有部特有の 8-E（微笑放光）の定型句が見られることや，部分的にではあるが，MSV 薬事に対応する箇所が Divy. 第26章に見られることなどを考えれば，有部との関わりは疑えない[112]。まず最初に指摘できるのは，この説話でアショーカ王を教導する役割を演じるウパグプタが有部系の比丘であるという点である。ウパグプタの役割が極めて重要であるのは，このアヴァダーナの中で彼が「無相(alakṣaṇaka)」という限定はつくものの「仏（Buddha)」と呼ばれていることや，またブッダさえも調伏できなかったマーラをウパグプタが調伏していることなどを挙げることができる。特に現在仏としてシャーキャムニしか認めない有部系の資料において，無相という限定がつくとはいえ，歴史上の人物と見られるウパグプタがブッダと呼ばれていることは注目に値する。彼は『根本説一切有部毘奈耶雑事』(T. 1451, xxiv 410b1 ff.）で，Śākyamuni→Mahākāśyapa→Ānanda→Śāṇakavāsin→Upagupta→Dhītika という付法相承の中に位置づけられているから，有部においては法を相続する重要な地位にあったと推測でき，そのウパグプタがこのアヴァダーナにおいてアショーカ王の指導的立場にあるということは，有部とこの説話とが浅からぬ関係にあることを示唆しているようである[113]。

〔**第32章**〕ここでは二つの定型句が見られるのみであるが，有部との結びつきは一応認められる。ただし，本章に見られる定型句に近い表現を細部に亘って吟味すると，Divy. 第16章や第20章と同様に，その起源を有部内部に求めることはできない。たとえば，過去物語の導入となる比丘の質問に言及する部分を見てみよう。ここでは bhikṣavaḥ saṃśayajātāḥ *sarvasaṃśayānāṃ chettāraṃ* buddhaṃ bhagavantaṃ *apṛcchan* (Divy. 470.25-26) という表現がみられるが，斜体の箇所は，6-A (業報の原理) の定型句の冒頭部分で見たように，必ず複合語として sarvasaṃśayachettāraṃ という表現を取るので，ここでの用例はそれから少し外れるし，最後の √prach も完了形で用いられるのが一番多く，次いで現在形が多用されるが，ここでは直説法過去が使われ，極めて異例である。次に出産に関する表現を見てみる。

sā pūrṇānām aṣṭānāṃ vā navānāṃ vā māsānām atyayād dārakaṃ janayaty abhirūpaṃ darśanīyaṃ prāsādikaṃ śubhavarṇapuṣkalatayā samanvāgatam/ (Divy. 474.15-17, 476.22-24)

彼女は八，九ヶ月が過ぎると男児を生んだ。その男児は男前で，見目麗しく，愛らしくて，輝かんばかりの容姿に溢れていた。

前半は 3-A (結婚) の定型句の終わりに相当するが，若干表現形態が異なっている。また産まれた子供の描写も 3-H (誕生) と比べると abhirūpaṃ darśanīyaṃ prāsādikaṃ は共通するものの，最後の śubhavarṇapuṣkalatayā samanvāgatam という表現は有部系の資料では見慣れない表現である。さらに乳母に関する表現を見てみよう。

atha śreṣṭhī gṛhapatis ..... candraprabhasya dārakasya catasro dhātrīr anuprayacchati aṅkadhātrī maladhātrī stanadhātrī krīḍāpaṇikā dhātrīḥ/ aṅkadhātrīty ucyate yā dārakam aṅkena parikarṣayaty aṅgapratyaṅgāni ca saṃsthāpayati maladhātrīty ucyate yā dārakaṃ snapayati cīvarakān malaṃ prapātayati stanyadhātry ucyate yā dārakaṃ stanyaṃ pāyayati krīḍāpanikā dhātry ucyate ..... purataḥ parikṣyante/ sa ābhiś catasṛbhir dhātrībhir unnīyate vardhate mahatā śrīsaubhāgyena/ (Divy. 475.10-23)

さて組合長の長者は (中略) チャンドラプラバ童子に四人の乳母を与えた。すなわちだき抱え，襁褓の世話をし，乳を与え，そして遊び相手をする乳母である。だき抱える〔乳母〕とは，膝で子供を運び，〔子供の〕全肢体を安定させる〔乳母〕のことである。襁褓の世話をする〔乳母〕とは，子供を沐浴させ，〔子供の〕衣から汚れを落とす〔乳母〕のことである。乳を与える〔乳母〕とは，子供に乳を飲ませる〔乳母〕のことである。遊び相手をする〔乳母〕とは，（中略）〔玩具を子供の〕前まで運ぶ〔乳母〕のことである。彼は大いなる幸せと幸福に恵まれながら，これら四人の乳母達によって育てられはぐくまれた。

有部系の文献であれば，ここは間違いなく 3-J（八人の乳母）の定型句が説かれなくてはならない。また乳母の人数も四人となり，半分に減っている(114)。これは大衆部系の Mv. や『摩訶僧祇律』それに法蔵部の『四分律』の伝承と一致する。最後に子供の成長と学習に関する表現を見ておきたい。

yadā candraprabho dārako 'ṣṭavarṣo jātyāḥ saṃvṛttas tadainaṃ mātāpitarau susnātaṃ suviliptaṃ sarvālaṃkāravibhūṣitaṃ kṛtvā saṃbahulair dārakaiḥ parivṛtaṃ lipiṃ prāpayante (Divy. 475.23-26)

チャンドラプラバ童子が生まれてから八年経った時，両親は彼を充分に洗い清めて〔体に〕よく油を塗ると，あらゆる飾りで〔彼を〕荘厳し，多くの子供達に取り囲まれながら文字を習わせた。

ここも有部系の文献であれば，3-K（子供の成長と学習）の定型句が説かれるべきところである。このように，本来の定型句が説かれるべき箇所でこのような表現が少なからず見られるということは，この説話が本来有部内部で発生したものではなく，外部から取り込んで有部的潤色(115) を加えた感は否めない(116)。

〔第33章〕この章も定型表現という意味では有部との関係が希薄であり，またその他の記述から見ても，現時点では有部との繋がりを示す手がかりは見出せない。

〔第34章〕 本章は自らを大乗経典と名乗ってはいるが，内容的には布施とその果報とが列挙されているにすぎず，最後にある「〔賢者〕は無上正等菩提を異熟として獲得するのに資する，あらゆるものの放棄という布施を布施する (sarvārthaparityāgaṃ dānaṃ dadāti anuttarasamyaksaṃbodhivipākapratilābhasaṃvartanīyaṃ)」(Divy. 483.14-16) という一節を除けば，内容的には小乗的なものとなっているが，この章も第33章と同様に有部系の資料に見られる定型句と重なる部分がまったくない。

以上，MSV に起源を持たない Divy. の説話十五話を取り上げ，定型表現を中心にそれらの説話と有部との関係を考察してきたが，MSV に起源を持たない Divy. の説話の中でも第 8 章・第11章・第18章のように，極めて潤沢な有部特有の定型句を含んでいるものもあれば，第16章や第32章のように，外部から取り込まれて有部的改変を被った可能性のあるものなどが混在した。そして，第33章と第34章の二つを除けば，その起源が有部内部に求められるにせよ求められないにせよ，残りの十三話は何らかの形で有部の「手垢」が付着したものであり，有部と接触した痕跡を留めていることが分かった。とすれば Divy. 全三十七話中三十五話が有部の伝承した説話ということになり，これによって Divy. を「説一切有部の文献」と確定してほぼ間違いないと考えられる。ではこの結果を踏まえ，説一切有部の律蔵について考えてみたい。

ここまで定型表現を中心にして MSV に起源を持たない Divy. の説話を考察したが，そのほとんどが有部との関わりを示していた事実が明らかにされた今，これらの説話と律蔵との結びつきは否定できない。すなわち，実際に MSV 中に取り込まれていなくても，ここで考察したような説話が「MSV 説話予備軍」として律蔵に存在していたのではないかという仮説が成り立つ。つまり律蔵という概念を狭く解釈した場合，たとえば説一切有部においてそれは根本有部律を意味する呼称となるが，律蔵を広く理解した場合，それは現行の根本有部律に加えて，この「MSV 説話予備軍」，あるいは根本有部律への採用に漏れた説話をも包含する文献の総称として理解する可能性があるように思われるのである[117]。ではここで，Divy. の各説話を，その母胎である MSV との関係で整理してみよう（表 7 参照）。

1-A は MSV から直接 Divy. に取り込まれたもので，数的には一番多く，標準的な経路である。1-B は MSV に起源を持つが，一度独立したアヴァダーナの体裁を整えて Divy. に取り込まれたもので，第17章がこれに当たる。2-A は MSV には起源を求めることができなかったが，定型表現などから見て，有部との関わりを示す説話である。この場合，第 8 章や第11章や第18章のように，定型句から見て確実に有部内部で創作された可能性の高いもの（内部起源説話）と，外部から有部内部に取り込まれた後に有部的改変を被ったと

表7　説一切有部の律蔵から Divy. への移行経路

1. MSV に起源を持つ説話
  A. MSV から直接 Divy. へ (1, 2, 3, 4, 5, 6, 7, 9,10, 12, 13, 19, 21, 23, 24, 25, 30, 31, 35, 36, 37: 21話)
  B. MSV から独立したアヴァダーナの体裁を整えた後に Divy. へ (17: 1話)
2. MSV に起源を持たない説話
  A. 有部を通過して Divy. へ (8, 11, 14, 15, 16, 18, 20, 22, 26, 27, 28, 29, 32: 13話)
  B. 有部的改変を被らずに Divy. へ (33, 34: 2話)

考えられるもの（外部起源説話）とが混在したが，両者の峻別は困難である。2-B は定型表現などからまったく有部との接点が見出せない説話で，第33章と第34章とがこれに当たる。この場合，有部の内部を通過してはいるが有部的改変を被らなかったか，あるいは Divy. が編纂される際まったく新たに外部から取り込まれたかのいずれかの可能性が考えられるが，現段階ではそれを決定する証左を見出せない。

このように，MSV あるいは説一切有部の律蔵との関係で Divy. の説話の出自を整理してみると，再び河崎豊の指摘した avadāna の語義，すなわち「切り取られた」という意味が，以前とは違った意味で重要性を帯びてくる(118)。先ほどはこの意味を業とその果報との関係で考えたが，説一切有部の律蔵との関係で見れば，それはまさしく「律蔵から切り取られて独立したのがアヴァダーナ説話」という考え方も可能になってくる。そう考えれば一旦律蔵に収められた説話であれば，内容的にはジャータカであっても，あるいはどのような内容の話でも，そこから独立した説話はすべて「アヴァダーナ」と呼ばれ得ることになり，Divy. の混乱した実状をうまく説明することになる。ただし，Aś など他のアヴァダーナ文献を視野に入れれば，そのすべてが律蔵に起源を求められるわけではないから，この説は崩れてしまうが，しかし本来の形態は律蔵から独立した説話がアヴァダーナと呼ばれ，後代になると何らかの理由で律蔵に起源を持たない説話でも，これと同様の説話が創作されると，それがアヴァダーナと呼ばれるようになったと考えれば，理論上は辻褄が合う。現時点では憶測でしかないので，今後このような観点からもアヴァダーナの問題を考えていきたい。

4　まとめ

ここでは Divy. を中心に，その他の有部の Skt. 資料である MSV と Aś とに見られる定型句を整理し，その際，二次的な資料ではあるが，漢訳の『根本説一切有部毘奈耶』の用例もリファレンスとして呈示した。またそれらと類似する表現を現存の他部派の広律に見られる表現と比較して，その類似点と相違点とを指摘した。類似点に関しては，説一切有部とその他の部派とが共通の伝承を共有していることになる。無論，他部派といっても元を辿れば同じ仏教という主流から分かれた支流に他ならないから，共通の伝承が異なった部派間で見られることは何ら不思議ではない。しかし何らかの理由で部派という支流ができたのであるから(119)，そこには教理的，あるいは政治的な相違が部派間であったに違いない。その違いは表現の違いという形で文献に顕在化することがあるであろうし，またその違いを明確にしておくことは，今後の部派仏教研究に欠かすことのできない重要な手がかりを我々に提供してくれるであろう。つまり，どの教理やどの思想において，どの部派とどの部派とが共通しており，また相違しているのかが分かれば，その部派の独自性や特徴がより一層明確に把握できると思われる。その基礎作業として，ここでは有部の Skt. 資料に見られる定型表現を中心に，他部派の広律に見られる表現との比較を試みた。

ここでは充分な考察ができなかったが，この比較を通して分かったことは，同じ有部の資料でも『十誦律』と根本説一切有部律との間にはかなりのギャップを感じるし，また漢訳の『根本説一切有部毘奈耶』(そしてその漢訳の元になったインド原典)と現存の MSV との間にも，定型句によっては表現の食い違ったものや伝承の違う用例も存在したし，さらには同じ MSV でも，他の場所と比べれば破僧事において著しい増広の跡が見られたということである(120)。このように説一切有部の律に説かれる定型句を比較考察することにより，説一切有部の律が決して一枚岩ではなく，その成立はかなり輻輳した経緯を経ていることが朧げながらに見えてきた。これからの課題としては，時代差や地域差を考慮に入れながら，さらに詳細な考察によって説一切有部の律の成立を考えていかねばならない。その際には漢訳の定型句に関するさらに詳細な分析が必要になってくるだろう。

ともかく，現在我々に与えられた資料に基づいて，可能な限りの用例を比較考察してきたこの作業は，これから発見されるであろう新たな梵文資料の比定に役立つであろうし，また現在我々が手にしている文献で，その部派が特定できていない文献の帰属部派や，またすでにある程度その帰属部派が確定している文献に違った角度から新たな証拠を提供することにもなろう。またここでの比較考察をより完全なものにしていくためには，帰属部派が明確な論書や経典などの用例も新たに加えていく必要がある。

さて次章からは説一切有部の思想史を考察していくが，これまでの考察により，Divy. を説一切有部の文献として位置づけることに問題がないことが確認されたので，その考察に当たっては，Divy. と MSV の両 Skt. 文献を大いに駆使したい。また，Divy. の編纂年代自体は十世紀前後に設定したが，これはあくまで編纂年代であって，個々の説話の成立までもが新しいことを意味しているわけではない。Divy. の母胎である MSV は，定型表現の細部に目を配れば，漢訳と Skt. との間に相違が見られたが，基本的には大差がないので，そこで扱われる思想は，おおよそ根本有部律の漢訳年代，すなわち七世紀までには成立していたものと考えられる。ただし，その思想の成立が，他の漢訳文献等にパラレルが存在し，その上限が引き上げられる場合，あるいは逆にその思想が Divy. と MSV の Skt. 文献に存在しても漢訳に存在しない場合等，思想の成立史に問題がある場合はそれを指摘するが，ない場合にはあえて指摘はしない。

第4章　業思想

1　Divy. で強調される黒白業とその背景

アヴァダーナの語義を巡っては，すでに序章において形式・内容と用法という二つの違った側面から検討したが，そこで内容面からのアヴァダーナの最大公約数として「一つの業（黒／白／斑）と一つの結果（苦／楽／斑）とが密接に関連して「一対一」の対応関係にあることを示す」という点を指摘した。アヴァダーナの語義に関しては未解決の問題が多いが，しかしその典型的な説話においては，必ず業とその異熟とがテーマになっている。ただ一口に業と言っても様々な側面があるので，ここでは Divy. に見られる主人公の過去物語を中心にして，多面性を持つ業のいかなる側面が強調され，またそれが何を意味するのか，その背景について考えてみたい。第3章において見たように，Divy. には業に関する定型表現が二つ見られた。すなわち，6-A（業報の原理：本書 p. 167）と 6-B（黒白業：本書 p. 168）とであるが，いずれもその使用頻度は極めて高く，有部系の説話文献には，この業に関する定型句が横溢していた。この定型表現から，Divy. が強調する業の側面は次の二点であることが分かる。

(1)　業は必ずそれに見合った果報をその作者にもたらし，その果報をもたらすまでは途中で消滅しない。

(2)　黒業と白業とは，相殺する関係，または引き算の関係にはない。すなわち，質量三の黒業と質量二の白業とをなした者は，その差の質量一の黒業の果報のみを享受するのではなく，質量三の黒業と質量二の白業の果報を両方とも享受しなければならない。これが「〔黒白〕斑（vyatimiśra）業」の意味であり，したがって「斑（vyatimiśra）」は白と黒とが混ざった「灰色」を意味しない。

(1) では業果の不可避性・必然性，(2) では黒業と白業との不混和性が強調されており，以下の考察ではこのうちの(2)に焦点を当てて，その内容を吟味する(1)。Divy. の六割近くの話が MSV と共通し，その関係は Divy. が MSV の説話を借用したことはすでに論証し，また二話を除く残りの説話も有部内部で創作されたか，あるいは何らかの形で有部のフィルターを潜り抜けた痕跡を留めていることもすでに見たとおりであるから，Divy. 全体として見た場合，そこで説かれている業思想は有部の業思想を反映していると見て大過はない。よってここでは Divy. の説話に見られる黒白業の用例を検討する前に，有部の論書においてこの黒白業がどのように定義され，また体系づけられているかを概観しておく。善悪業を黒白という色に喩え，業を，黒業・白業・黒白業・非黒非白業という四種類に分類する仕方は，すでに初期経典にその萌芽が見られるが，これは有部の論書『集異門足論』(T. 1536, xxvi 396a5-398a26) や『大毘婆沙論』(T. 1545, xxvii 589c16-591c19)，さらには倶舎論で議論されている。ここでは，倶舎論において黒白業がどのように説かれているかを見ておこう。倶舎論において黒白業が問題とされるのは，第4章「業品」であり，ここでは業が黒白という観点から四種類に分類される。

kṛṣṇaśuklādibhedena punaḥ karma caturvidham//
asti karma kṛṣṇaṃ kṛṣṇavipākam/ asti karma śuklaṃ śuklavipākam/ asti karma kṛṣṇaśuklaṃ kṛṣṇaśuklavipākam/ asti karmākṛṣṇam aśuklam avipākam/ yattakarma (→ yat tat karma?) karmakṣayāya saṃvartata iti/ tatra
aśubhaṃ rūpakāmāptaṃ śubhaṃ caiva yathākramam/
kṛṣṇaśuklobhayaṃ karma tatkṣayāya nirāsravam// (AKBh 234.26-235.5)

また黒白等の区別によって，業は四種類である。
黒なる業で黒なる異熟を有するものもあり，白なる業で白なる異熟を有するものもあり，黒白なる業で黒白なる異熟を有するものもあり，非黒非白なる業で異熟がなく，業の滅尽に資する業もある，と。そのうち，
不善なる〔業〕と，色〔界〕と欲〔界〕で獲得される善なる〔業〕とが，ちょうど順序に従って，黒〔業〕と白〔業〕と〔その〕両方

の業であり，それら〔の業〕を滅尽するための無漏〔業〕とである。

ここでは，Divy. に見られる「斑 (vyatimiśra)」という用語は使用されてはいないけれども，これに相当する語は「黒白 (kṛṣṇaśukla)」と考えられる(2)。これによると，問題の黒白業とは「欲界で獲得される善業」を意味し，また黒白なる異熟を有するものとされる。この後，引き続いて倶舎論では黒白業を次にように説明する。

kāmāptaṃ śubhaṃ karma kṛṣṇaśuklam akuśalavyavakīrṇatvāt kṛṣṇaśuklavipākaṃ vyavakīrṇavipākatvāt/ saṃtānata etad vyavasthāpitaṃ na svabhāvataḥ/ na hy evaṃjātīyakam ekaṃ karmāsti vipāko vā yat kṛṣṇaṃ ca syāt śuklaṃ cānyonyavirodhāt/ nanu caivam akuśalasyāpi karmaṇaḥ kuśalavyavakīrṇatvāt kṛṣṇaśuklatvaṃ prāpnoti/ nāvaśyam akuśalaṃ kuśalena vyavakīryate/ kāmadhātau tasya balavattvāt/ kuśalaṃ tu vyavakīryate/ durbalatvād iti/ (AKBh 235.10-15)

欲界繫の善業は黒白である。不善が混じっているからであり，黒白の異熟を有するものである。〔好ましくない〕異熟が混じっているからである。これは〔有情の生涯に亘る〕相続に関して立てられたのであって，自性という点からではない。なぜならば，一つの業，あるいは〔一つの〕異熟があって，それが黒でもあり白でもあるような，そのような種類に属するものではないからである。互いに矛盾するからである。【問】また不善の業についても，同じように善が混じっていれば，黒白であるということになるではないか。【答】不善は必ずしも善と混ざるとは限らない。欲界においては，それ（不善）は力が強いから。一方，善は〔不善と〕混ざる。力が弱いからである，と。

ここで大切なのは，黒白業といっても，業の「自性」という点から一つの業や一つの異熟に「黒白」という二つの矛盾した自性が存在するというのではなく，個体の相続に関して黒白がある，つまり有情の身体に彼が過去になした黒業と白業の異熟が，時間を異にしてそれぞれ別々に顕現してくることを指摘している点である。これをヤショーミトラの注釈は次のように説明する。

saṃtānata etad vyavasthāpitam iti ekasmin saṃtāne kuśalaṃ cākuśalaṃ ca samudācaratīti kṛtvā kuśalam akuśalena vyavakīryate/ anyonyavirodhād iti kuśalaṃ akuśalena virudhyate/ akuśalaṃ ca kuśaleneti/ dvirūpatā na yujyate/ (AKV 397.31-398.1)

これは〔有情の生涯に亘る〕**相続に関して立てられた**とは：一つの相続において，善〔業の異熟〕と不善〔業の異熟〕とが〔別々に〕現行するから，善が不善と混じるのである。**互いに矛盾するからである**とは：善は不善と，不善は善と矛盾するから〔同じものに〕二つの体性があることは理に叶っていない。

つまり，「黒白業」という場合，それは一つの業が善・不善，あるいは一つの異熟が苦・楽という二つの異なった性質を自性として持つのではなく，有情の身心の相続 (saṃtāna) に，黒業の異熟としての苦果と白業の異熟としての楽果とが別々に現れ出てくるという意味において，「黒白業」と定義されているのである。この「黒白業の異熟がそれぞれ別個に現れ出てくる」というのが，すでに指摘した「黒業と白業とは互いに相殺しない」ことの意味内容である。ではこの黒白業の性質が，実際の Divy. の説話，特に主人公の過去物語において，どのように反映され，どのように説かれているかを見ていく。

Divy. の説話に登場する主人公は，現世で苦果と楽果とを別個に経験し，多くの場合は最後に阿羅漢となるのであるが，主人公が阿羅漢になった直後，比丘達はその主人公が過去世において積んだ業に疑問を抱いて，「世尊よ，誰某はいかなる業をなしたがために各々然々の苦果を経験し，またいかなる業をなしたがために各々然々の楽果を享受したのですか」とブッダに質問するところが，過去物語の導入となる。このような質問を受けて，ブッダは 6-A (業報の原理：本書 p. 167) の定型句を説いた後に主人公の過去物語を説明し，その説明が終わると，6-B (黒白業：本書 p. 168) の定型句を説いて物語は終わる。では Divy. に見られる各説話の主人公および脇役を演じている登場人物の過去世の黒業・白業と，その苦果・楽果とを纏めてみよう。

第1章／シュローナコーティーカルナ長者 (Divy. 23.21-24.6)

黒業：母親に暴言を吐く（現世）[3]。

苦果：餓鬼の世界を彷徨い，悪趣を見る。

白業：塔供養をする。

楽果：裕福な家に生まれる（それが縁となり，出家して阿羅漢となる）。

第2章／プールナ長者（Divy. 54.11-55.9）

黒業：侍僧に暴言を吐く。

苦果：五百生もの間，奴隷女の胎内に生まれる。

白業：執事として僧伽に奉仕する。

楽果：裕福な家に生まれる（それが縁となり，出家して阿羅漢となる）。

第3章／ヴァーサヴァ王とダナサンマタ王（Divy. 62.7-66.22）

白業：仏に食事を供養し，誓願を立てる。

楽果：誓願が成就し，それぞれ転輪王と正等覚者になる。

第7章／プラセーナジット王（Divy. 87.13-89.1）

白業：独覚に対して食物の布施をする。

楽果：クシャトリヤの灌頂王となる。

第10章／メーンダカ長者（Divy. 131.2-135.25）[4]

白業：独覚に対して善事をなし，誓願を立てる。

楽果：四諦を知見する。

第11章／牛（Divy. 141.16-142.10）

黒業：悪党であった彼は比丘達の命を奪う。

苦果：九十一劫もの間，悪趣に生まれ，常に刃物で殺される。

白業：ブッダに浄心を抱く（現世）[5]。

楽果：天界と人界との楽を享受した後，独覚となる（来世）。

第13章／スヴァーガタ長者（Divy. 192.17-24）

黒業：独覚に対し悪事を働く。

苦果：五百生もの間，物乞いとして生まれる。

白業：それを反省して，独覚を供養すると誓願する。

楽果：裕福な家に生まれる（それが縁となり，出家して阿羅漢となる）。

第19章／ジョーティシュカ長者（Divy. 289.10-18）

黒業：真理を洞察したバンドゥマト王に暴言を吐く。

苦果：五百生もの間，胎内にいる時，母親と共に薪の上に載せられて焼かれる。

白業：正等覚者ヴィパッシンを供養した後，誓願する。

楽果：裕福な家に生まれる（それが縁となり，出家して阿羅漢となる)。

第21章／サハソードガタ長者（Divy. 313.26-314.2)

黒業：独覚に暴言を吐く。

苦果：五百生もの間，日雇いの身として生まれる。

白業：それを反省すると，独覚に浄信を生じて誓願する。

楽果：突如として財産を築き，真理を知見する。

第25章／サンガラクシタ長者（Divy. 346.25-348.2)

白業：世尊カーシャパに仕える。

楽果：裕福な家に生まれる（それが縁となり，出家して阿羅漢となる)。

第27章／クナーラ（Divy. 418.7-419.9)

黒業：かつて猟師であった時，五百匹の鹿の眼を潰す。

苦果：五百生もの間，眼を抉り取られる。

白業：壊れていた正等覚者クラクッチャンダの塔を修復して誓願する。

楽果：高貴な家に生まれ，その容姿は美しく，真理を知見する。

第28章／ヴィータショーカ（Divy. 428.19-429.4)

黒業：独覚を刀で切り殺す。

苦果：長年地獄で苦しみ，さらに悪業の残余によって刀で切り殺される。

白業：塔供養し，梵行を実践し，正しい誓願を立てる。

楽果：高貴な家に生まる（それが縁となり，出家して阿羅漢となる)。

第31章／五百人の百姓（Divy. 464.14-20)

黒業：比丘であった彼らは施物だけを享受し，怠惰に時を過ごす。

苦果：五百生もの間，百姓となる。

白業：正等覚者カーシャパのもとで出家し，梵行を積む。

楽果：ブッダの教えに従って出家する（それが縁となり，阿羅漢となる)。

第31章／牛（Divy. 465.2-7)

黒業：比丘であった彼らは些細な学処も守らなかった。

苦果：牛として生まれる。

白業：梵行を修し（過去世），ブッダに浄信を抱く（現世）。

楽果：真理を知見して天界に生まれる。

第35章／パンタカ（Divy. 504.25-505.23）

黒業：他の比丘に教えを教示せず，次生では屠殺者として殺生を重ねる。

苦果：愚かで愚鈍なものとなる。

第36章／シャーマーヴァティー王妃（Divy. 538.14-539.12）

黒業：ブラフマダッタの後宮だった彼女は独覚の庵を焼いて面白がる。

苦果：長年の間，地獄で焼かれ，今生でも火で焼かれる。

白業：その後，独覚の現じた神変を見て改心し，彼を供養して誓願を立てる。

楽果：真理を知見して，焼け死んだ後は天界に生まれる。

第36章／クブジョーッタラー（Divy. 540.1-9, 540.24-541.2, 541.5-6）

黒業：独覚のことを嘲笑し，また彼女の侍者を奴隷呼ばわりする。

苦果：亀背として生まれ，女奴隷となる。

白業：独覚を供養し，誓願を立てる。

楽果：一度耳にしたことは忘れない。

第36章／アヌパマー王妃（Divy. 541.11-20）

白業：独覚に対して浄信を生じ，食事を布施する。

楽果：一週間食事を摂らなくても，衰えることがなかった(6)。

第37章／ルドラーヤナ王（Divy. 582.6-584.2）

黒業：猟師だった彼は独覚の急所を矢で射抜いてしまう。

苦果：長年地獄で苦しみ，さらに悪業の残余によって刀で切り殺される。

白業：改心した彼は独覚の遺体を供養し，舎利塔を建立して誓願を立てる。

楽果：裕福な家に生まれる（それが縁となり，出家して阿羅漢となる）。

第37章／シカンディン・ロールカ市民・カーティヤーヤナ（Divy. 584.22-585.18）

黒業：独覚の頭上に塵を落とす（シカンディンとロールカ市民）。

黒業：そのことを聞いて笑ってしまう（カーティヤーヤナ)。

苦果：土に埋もれる。

第37章／ヒルとビル (Divy. 584.22-585.18)

白業：独覚の頭上に塵を落とすのを止めさせる。

楽果：土に埋もれるという難から逃れる。

以上，Divy. の説話に見られる登場人物の過去物語を中心に，彼らがなした黒業と白業，ならびにそれがもたらす苦果と楽果とを纏めてみたが，これらの結果からも，「黒業の果報は黒業の果報として，また白業の果報は白業の果報として，それぞれ別々に享受しなければならない」，あるいは「黒業と白業とは相殺しない」という業説を見事に反映する形で説話が構成されているのが分かる。

では次に黒白業という観点から，Mv. および現存の広律文献で説かれている過去物語の用例を渉猟し，それと Divy. の用例とを比較してみたい。両者の説話を比較することにより，Divy. で説かれている説話の特徴が明らかにされるであろう。ただし過去物語といっても，ジャータカは現世の出来事と過去世の出来事との共通性を説くに留まり，黒白業そのものが話のテーマになっていないので省略し，アヴァダーナ説話に絞って考察する。その際，各資料の過去物語を，[a] 黒業→苦果，[b] 白業→楽果，[c] 黒白業→苦楽果，という三つのタイプに分類して用例を整理するが，出典はその過去物語が始まる最初の巻数・頁数・行数のみを記す。

Mahāvastu

[a] クシャ王 (Mv. iii 26.20)(7); ラーフラ (Mv. iii 172.8)(8)

[b] ジョーティシュカ長者 (Mv. ii 271.5)(9); カウンディンニャ (Mv. iii 347.16); ヤショーダ (Mv. iii 414.1); カーシャパ三兄弟 (Mv. iii 432.10)

[c] パドマーヴァティー (Mv. iii 170.18)

『摩訶僧祇律』（[a] [c] の用例なし）(10)

[b]二十億童子 (T. 1425, xxii 481c3); 跋陀羅比丘尼 (T. 1425, xxii 529a9)

『四分律』（[a]［c］の用例なし）(11)

［**b**］世尊（T. 1428, xxii 950b10）

『五分律』（[a]［c］の用例なし）

［**b**］二十億童子（T. 1421, xxii 145c19）

『十誦律』（[a]［b］［c］の用例なし）

根本有部律(12)

［**a**］**薬事 (Skt. MSV i)**／ブッダと四百九十八人の弟子達 (46.9, 216.8); ブッダ (212.14); ブッダ (213.11); ブッダ (217.11); ブッダ (218.7):(**Chi. T. 1448, xxiv)**／ブッダ (94a22); ブッダ (94b18); ブッダ (94c10); ブッダ (95a8); ブッダ (96c11); ブッダ (96c25) : **衣事 (Skt. MSV ii)**／ヴィシャーカーの息子達 (79.4): **破僧事 (Skt. MSV)**／ブッダ (vii 22.2); ヤショーダラー (vii 42.5); ラーフラ (vii 43.2); アーナンダ (vii 55.15); ブッダ (vii 210.23): **雑事 (Chi. T. 1451, xxiv)**／勝光王 (239a25); ブッダ (242a13); 五百釈子 (242b4); 目連 (290b8); 医羅鉢 (304b23); 出光王 (316c20); 痩瞿答弥の両親と夫と子 (356c11); 訶利底母 (362c11)(13): **毘奈耶 (Chi. T. 1442, xxiii)**／愚路 (799b11) [＝Divy. 35]; 賊師等 (865a16); 頂髻と迦多演那等 (881c17) [＝Divy. 37]: **尼毘奈 (Chi. T. 1443, xxiii)**／妙賢 (917a5); 妙賢 (917a23)

［**b**］**出家事 (Skt. MSV iv)**／サンガラクシタ (47.7) [＝Divy. 23]; (**Chi. T. 1444, xxiii)**／舎利弗 (1028c22); 舎利弗 (1029b18); 舎利弗 (1029c28); 目乾連 (1030a15); 目乾連 (1030b9); 憍陳如 (1030b13): **薬事 (Skt. MSV i)**／シャーリプトラとマウドガリヤーヤナ (46.9, 216.8); プラセーナジット (87.1) [＝Divy. 7]; ダニカ一族 (231.14); メーンダカ一族 (250.5) [＝Divy. 10]; 四天王 (260.15): (**Chi. T. 1448, xxiv)**／ブッダ (22c25); 餉佉輪王と弥勒仏 (25b11) [＝Divy. 3]; 栗姑毘種 (29b17): **衣事 (Skt. MSV ii)**／ヴィシャーカー (77.8): **臥座事 (Skt. MSV v)**／アナータピンダダ (27.22); アナータピンダダ (32.3): **破僧事 (Skt. MSV)**／ヤシャス (vi 146.2)(14); ビンビサーラ (vi 161.11); カーシャパ三兄弟 (vi 162.20); カウンディンニャ (vii 2.6); ブッダ (vii 4.20); カウンディンニャ (vii 14.21); バドリカ (vii 44.31); マドゥヴァーシシュタ (vii 49.2); ウパーリン (vii 49.23); ウパーリン (vii 50.11); ウパーリン (vii 51.29); アーナンダ

(vii 57.6); プラセーナジット王 (vii 58.3); アーナンダ (vii 59.10); アーナンダ (vii 64.13); アーナンダ (vii 66.29); シュローナ・コーティヴィンシャ(vii 147. 24): **雑事(Chi. T. 1451, xxiv)**／善和 (222c28); 善和 (223a14); 牛主 (228b13); 勝鬘と行雨 (235c15); 喬答弥と五百比丘尼 (249a28); 難陀 (260c15); 難陀 (261b 20); 難陀 (261c19); 難陀 (262a6); 明月 (278b25); 妙光女 (326c20); 妙光女と五百群賊(327a4); 痩瞿答弥(356b25); 法与(369a16); 鄔波摩那(394b29); 善賢(398 a29): **毘奈耶 (Chi. T. 1442, xxiii)**／阿尼盧陀 (850b12); 阿尼盧陀 (850b20); 二大臣 (881c17) [＝Divy. 37]; 妙音 (883c6); 曠野手 (885c22); 無比 (893a12) [＝Divy. 36]; 青蓮華 (899a3): **尼毘奈 (Chi. T. 1443, xxiii)**／迦摂波と妙賢 (914b 18); 大迦摂波と妙賢 (914c7); 妙賢 (915c12); 妙賢 (916a6); 妙賢 (917b13); 迦摂波 (917b27); 迦摂波 (918a2)

[c] **皮革事 (Skt. MSV iv)**／シュローナ・コーティーカルナ (190.14) [＝Divy. 1]: **薬事 (Skt. MSV i)**／百姓と牛 (18.15); カチャンガラー (23.3); ナンダ (55.8); 蛙 (56.20); 鷲鳥と魚と亀 (59.9); 餓鬼 (61.16); 百姓 (72.13) [＝Divy. 31]; 牛 (73.8) [＝Divy. 31]; クシャ (108.10): **(Chi. T. 1448, xxiv)**／円満 (16c 24) [＝Divy. 2]: **衣事 (Skt. MSV ii)**／王子と独覚 (137.13): **諍事 (Skt. MSV v)**／ムクティカー (69.5): **破僧事 (Skt. MSV vii)**／ビンビサーラ (159.27); ダナパーラカ (191.29): **雑事 (Chi. T. 1451, xxiv)**／火生 (215c24) [＝Divy. 19]; 善和 (222c6); 牛主 (228a18); 五百釈女 (243b21); 駄索迦と波洛迦 (269b10); 痩瞿答弥 (356a7); 瞋毒 (377b2): **毘奈耶 (Chi. T. 1442, xxiii)**／小軍 (657c7); 実力子(698a26)(15); 善生 (814a4) [＝Divy. 21]; 大哥羅 (827a5); 獅子王 (837a13); 善来 (859c23) [＝Divy. 13]; 鄔陀夷 (865b7)(16); 難陀と鄔波難陀 (869b1); 仙道 (881b27) [＝Divy. 37]; 紺容夫人 (892c11) [＝Divy. 36]; 曲脊女 (892c27) [＝Divy. 36].

これから見ても，MSV においていかに豊富なアヴァダーナ (業報譬喩) が説かれているかが分かるであろう。ここで MSV のアヴァダーナを整理して纏めてみよう (表8参照)。

さてここで律文献に見られる過去物語を手がかりに Divy. の特異性を考え

表8 黒・白・黒白業から見たMSVとDivy.の過去物語の内容とその数

	[a]	[b]	[c]	計
出家事	0	7	0	7
皮革事	0	0	1	1
薬　事	11	8	10	29
衣　事	1	1	1	3
臥座事	0	2	0	2
諍　事	0	0	1	1
破僧事	5	17	2	24
雑　事	8	16	7	31
毘奈耶	3	7	11	21
尼毘奈	2	7	0	9
計	30	65	33	128
Divy.	**2**	**6**	**13**	**21**

てみる。まず有部系以外の律文献では，部派を問わず，業報譬喩の過去物語はほとんど説かれていないので，これがMSVやDivy.に際だった特徴であることが分かる。では次にMSVとDivy.との違いはどうか。この表から明らかなように，MSV全体や，あるいはMSVのどのヴァストゥと比較しても，Divy.全体の中で占める黒白業の割合が極めて高いので，Divy.は黒白業をテーマとする説話がその核をなしていると考えられる。Divy.はMSVからその大半の説話を抽出したことはすでに論証したが，その抽出の仕方は無作為ではなく，黒白業を内容とする説話に焦点が当てられていた可能性がある。もしも無作為に抽出されたとすれば，[a]：[b]：[c]の割合はMSVとDivy.とでほぼ同じのはずだが，実際には両者の間に著しい格差が生じている。つまり律文献全体を眺めた場合，「業報譬喩の豊富さ」という点から，MSVやDivy.といった根本有部系の文献とそれ以外の律文献とに明確な線を引くことができ，また同じ根本有部系の文献でも「黒白業の豊富さ」という点から，MSVとDivy.との間にはさらに明確な線を引くことができるから，Divy.は二重の篩を潜り抜けて選び取られた説話の集成と考えられ，ここにDivy.の特徴を認めることができよう(17)。

Divy. の説話の特徴が「黒白業」にあることは今見たとおりであるが，この業説をより明確な形で説話化したのが，Divy. 第1章である。主人公のシュローナは航海に出掛ける前，自分の母親に暴言を吐いたために，餓鬼の世界を遍歴する羽目になるが，そこで彼は様々な餓鬼に出逢い，彼らが享受する業の果報を目の当たりにする。彼は餓鬼の世界を彷徨っていると，ある宮殿にやってくるが，そこでは，ある男が夜には四人の天女達と遊び戯れているものの，太陽が昇って昼になると，その宮殿と天女達とは忽然と姿を消し，代わって黒い斑点のある四匹の犬が現れ，その男をうつ伏せにし，太陽が沈むまでその男の背肉を貪り食べていた。そして太陽が沈むと再び宮殿と天女達が現れ，その男は以前と同じように彼女達と遊び戯れる。疑問を抱いたシュローナは，その男に生前どのような業を積んだのか尋ねると，彼は自分の業を説明する。彼は羊飼いをしていて殺生を重ねていたが，聖者マハーカーティヤーヤナに殺生を止めるよう説得された。しかし彼は殺生を止めなかったので，昼間に殺生をするのなら，せめて夜だけでも戒律を守るようにと聖者に諭された。その後，彼はこう言う。

yat tad rātrau śīlasamādānaṃ gṛhītaṃ tasya karmaṇo vipākena rātrāv evaṃvidhaṃ divyaṃ sukhaṃ pratyanubhavāmi yan mayā divā urabhrāḥ praghātitāḥ tasya karmaṇo vipākena divā evaṃvidhaṃ duḥkhaṃ pratyanubhavāmi/ gāthāṃ ca bhāṣate/

divasaṃ paraprāṇapīḍako rātrau śīlaguṇaiḥ samanvitaḥ/

tasyaitat karmaṇaḥ phalaṃ hy anubhavāmi kalyāṇapāpakam// (Divy. 10.12-18; MSV iv 172.10-15)

「夜間に戒を守ったという業の異熟により，夜にはこのような天界の快楽を享受するが，昼間，私が羊を殺した業の異熟により，昼にはこのような苦しみを受ける」。そして彼は詩頌を唱えた。

「昼には他の命を奪い，夜には〔持〕戒の徳を具えたが，

その善不善の業果を〔交互に〕享受する」

この後，シュローナは再び餓鬼界を彷徨い，別の宮殿に到着する。そこでも，ある男が艶やかな天女と太陽が沈むまで遊び戯れていたが，一旦太陽が

沈んでしまうと，その宮殿と天女とは突然姿を消し，代わって強大な百足が出現するや，その男の体を七重に巻き付け，日の出まで男の頭を貪り食っていた。太陽が昇ると，その百足は姿を消し，再び宮殿と天女とが現れて，男は彼女と遊び戯れていた。シュローナは彼にも同じ質問をすると，彼は自分の業を説明する。彼は夜に人妻と浮気をしていたが，聖者マハーカーティヤーヤナに邪淫を止めるよう説得された。しかし彼は邪淫を止めなかったので，夜間に邪淫を犯すなら，せめて昼だけでも戒律を守るようにと聖者に諭された。その後，彼はこう言う。

yat tan mayāryasya kātyāyanasyāntikād divā śīlasamādānaṃ gṛhītaṃ tasya karmaṇo vipākena divā evaṃvidhaṃ divyasuḥkhaṃ pratyanubhavāmi yat tad rātrau paradārābhigamanaṃ kṛtaṃ tasya karmaṇo vipākena rātrāv evaṃvidhaṃ duḥkhaṃ pratyanubhavāmi/ gāthāṃ ca bhāṣate/

rātrau paradāramūrchito divasaṃ śīlaguṇaiḥ samanvitaḥ/

tasyaitat karmaṇaḥ phalaṃ hy anubhavāmi kalyāṇapāpakam//(Divy. 11.28-12.4; MSV iv 175.1-7)

「私は聖者カーティヤーヤナから戒を授かったので，その業の異熟により，昼間にはこのような天界の快楽を享受するが，夜間，私が人妻と浮気した業の異熟により，夜にはこのような苦しみを受ける」。そして彼は詩頌を唱えた。

「夜は人妻にうつつをぬかし，昼は〔持〕戒の徳を具えたり。

その善不善の業果を〔交互に〕享受する」

ここでは，先の例とは逆の展開になっているが，その意図するところは同じである。この二つの用例が如実に語っているように，前世でなした「黒業→白業→黒業→白業」の果報が，これに対応する形で現世に「苦果→楽果→苦果→楽果」となって現れ出ている。前者の例で言えば，夜に戒を保ったという白業のために，餓鬼界においては夜に四人の天女達と戯れるという楽果があり，また昼には羊を殺したという黒業のために，餓鬼界においては犬に貪り食われるという苦果を享受せねばならないようになっており，これがその業の尽きるまで交互に繰り返される。

このように黒業と苦果，白業と楽果との間には厳密な「一対一の対応関係」が認められ，決して黒業と白業とが相殺することなく，その果報としての苦果と楽果とがそれぞれ別個に一人の有情に現行するのである。一旦，業をなした者は，善であれ悪であれ，必ず両方の果報をそれぞれ別々に享受することになるが，Divy. の説く黒白業は，このシュローナの餓鬼界遍歴の説話に凝縮される形で描かれている。Divy. に黒白業をテーマとする説話が数多く説かれている事実に鑑みれば，この章が Divy. の最初に置かれているのも偶然とは思えない。このような用例を見る時，倶舎論の「これ（黒白業）は〔有情の生涯に亘る〕相続に関して立てられたのであり，自性としてではない」という記述，またヤショーミトラの「一つの相続において，善〔業の異熟〕と不善〔業の異熟〕とが〔別々に〕現行するから，善が不善と混じるのである」という注釈部分がよく理解されるであろう。

では次に「どうして黒業や白業ではなく，黒白業を強調しなければならなかったか」という問題について考えてみたい。そこでもう一度，黒白業の特徴に注目してみよう。黒白業で強調されていたのは，黒業と白業とが相殺する関係にはないという点であった。実際にこの考え方は Divy. の説話に反映されていたが，これはいかなる黒業も認めないという点が重要である。もしも両者が相殺されてしまえば，たとえ黒業を積んだとしても，それを補うだけの白業を積めば，その黒業は帳消しにされてしまい，結果として黒業を認めることになる。ところが両者は引き算される関係にはないとしたら，少しの黒業を積んだ後にいくら多くの白業を積んでも，その黒業は消えず，黒業の果報は苦果として，白業の果報は楽果として，それぞれ別個に享受しなければならないことになるから，勧善懲悪の立場よりすれば，この方が業報説話として効力を持つことは明白である。

「黒業により苦果を味わう」，「白業により楽果を享受する」というのは極めて常識的な論理であるから，問題は「黒業と白業の両方を積んだ場合，その果報はどうなるのか」という点に絞られる。当時の仏教徒の関心も当然この点に収斂していったのではないだろうか。だからこそ黒白業に関する説話が多く作り出され，黒業と白業とが相殺しないことを強調する必要があったが，そのためには黒業だけや白業だけではなく，黒白業が重要なテーマとして取り上げられたと推定される。両者が相殺する関係にない以上，黒業はもちろん，黒白業をも捨て去らねばならない。こう理解すれば，定型句で強調される「完全に黒い業と〔黒白〕斑の〔業〕とを捨て去って，完全に白い業においてのみ心を向けるべきである」という記述が物語の締め括りとして最後に置かれているのも納得がいく。

ではどうして「黒業と白業とが相殺しない」ことを過度に強調する必要があったのだろうか。これは「黒白業を主題とする業報説話が多く作り出されるようになった背景は何か」という問題である。これに関して平川彰は「これは時代を経るにしたがって律の規範が乱れてきたことと併せ考える必要があろう。原始教団の初期においては戒律の規則は「ブッダの制定した規則であるから破ってはならない」ということだけで充分にその権威を承認せられていた。しかし後世になると律儀は次第に乱れてきたために，業報の譬喩によって戒律の客観性を基礎づけんとしたのであると考えられる（要約）」と指摘する(18)。そうだとすれば，MSV や，そこから説話を借用した Divy. 等の業報説話が作り出された背景には，それだけ深刻な戒律の乱れがあったと考えられるが，平川は実例を挙げて「戒律の乱れ」という事実を指摘していないので，次にこの点をさらに踏み込んで考えてみたい。

戒律の乱れという歴史的事実が何らかの文献に明確に記述されているわけではないので，ここでは業報譬喩で説かれる黒白業の中の悪業の中でも特に「雑砕戒（kṣudrakānukṣudrakāṇi śikṣāpadāni）を軽んじる」という用例に注目し，これを手がかりにして戒律の乱れの問題を考えたい。この雑砕戒が実際にどのような内容の戒を指すかに関して，平川は「雑砕戒とは，波羅夷と僧残とを除いた，波逸提罪以下を指すのか，あるいは衆学法等の「悪作」になる条文だけを指すのかという問題になる」とし，その内容を明確には規定していないが，「ともかく雑砕戒とは微細な戒であり，重罪ではないという意味である」としている(19)。この戒の性格を伝える挿話として，ブッダは入滅に際してアーナンダに「もしも欲するならば，僧伽は雑砕戒を捨ててもよい」（Vin. ii 287.30-32）とまで遺言したことが Pāli 律に伝承されているが，では

Divy. や MSV において，この雑砕戒を軽んじたり犯したりするという悪業がいかなる苦果をもたらす行為として描かれているかを順次見てみよう。

(1) 薬事（MSV i 18.15 ff.）：畜生として生まれ変わる

(2) 薬事（MSV i 59.9 ff.）：鶩鳥・魚・亀として生まれ変わる

(3) 薬事（MSV i 73.8 ff.; Divy. 465.2 ff.）：牛に生まれ変わる

(4) 破僧事（MSV vii 191.29 ff.）：畜生として生まれ変わる

このように，雑砕戒を軽んじたり犯したりすると，いずれも畜生として生まれ変わるという苦果を享受しており，Pāli 律の用例と比較すれば，かなり厳しい内容である。そのような重罪とは見なされない戒を犯しても，かなりの苦果を経験しなければならないことを強調している点から推察すれば，これらの過去物語は，すでに平川が指摘した「戒律の乱れ」に当時の出家者達がかなり敏感になっていた事実を反映していると考えられるのである[20]。

また黒白業の中の黒業には，比丘が暴言を吐くという内容も少なからず存在するし[21]，また Divy. 第23章では，比丘サンガラクシタが地獄で遭遇した者達が実は正等覚者カーシャパの弟子で，その時の悪業によって様々な苦を経験していることを説くものなど，比丘の素行の悪さを題材にした説話が少なくない。このような状況を踏まえて総合的に判断すれば，黒白業を内容とする業報譬喩の説話は，このような出家者の律の乱れを背景にして成立したものと見ることができる。

2 ブッダをも拘束する説一切有部の業観

ここまで，Divy. において黒白業が強調され，またそれが何を意味するかという背景について考えてみた。そしてその背景として当時の戒律の乱れを指摘し，その乱れを是正する目的で黒白業を内容とする業報譬喩の説話が創作されていったのではないかと推論したが，では次にこのような業観がブッダの位置づけにどのような影響を与えたかについて考えてみよう。結論を先取りすれば，ブッダすらもこのような業観から自由ではなく，時としてブッダが経験した苦果は彼が過去世でなした悪業に求められる。では MSV におけるブッダの黒業と苦果の内容とを整理する。

薬事（MSV i 46.9 ff., 216.8 ff.）

黒業：正等覚者ヴィパッシンの弟子達に暴言を吐く。

苦果：粗悪な麦を食べる羽目になる。

薬事（MSV i 212.14 ff.）

黒業：聖仙を中傷する。

苦果：地獄で苦しみ，今生では外道女に偽りの中傷をされる。

薬事（MSV i 213.11 ff.）

黒業：独覚に虚偽の中傷をする。

苦果：地獄で苦しみ，今生では外道女に偽りの中傷をされる。

薬事（MSV i 217.11 ff.）

黒業：プドガラを非難する。

苦果：六年間の苦行を実践しても菩提を正覚できなかった。

薬事（MSV i 218.7 ff.）

黒業：治療費がもらえなかった腹いせに，不適切な薬を患者に与える。

苦果：消化不良の病を患う。

薬事（T. 1448, xxiv 94a22 ff.）

黒業：財産目当てに山から石を落として異母兄弟を殺す。

苦果：地獄で苦しみ，今生では石の破片で足の指を怪我する。

薬事（T. 1448, xxiv 94b18 ff.）

黒業：財目当てに同僚の商人の船に穴を開けて溺死させる。

苦果：地獄で苦しみ，今生では木が足に刺さって怪我をする。

薬事（T. 1448, xxiv 94c10 ff.）

黒業：嫉妬心を抱き，独覚に施食を布施しなかった。

苦果：地獄で苦しみ，今生では施食が得られなかった。

薬事（T. 1448, xxiv 95a8 ff.）

黒業：兄の阿羅漢を侮辱し，中傷する。

苦果：地獄で苦しみ，今生では出家女に偽りの誹謗をされる。

薬事（T. 1448, xxiv 96c11ff; cf. T. 1451, xxiv 242a13 ff.）

黒業：魚が殺されるのを見て喜ぶ。

苦果：頭痛を患う。

薬事（T. 1448, xxiv 96c25 ff.）

黒業：王の力士と相撲を取って背骨を折り，殺してしまう。

苦果：地獄で苦しみ，今生では背中痛を患う。

破僧事（MSV vii 22.2 ff.）

黒業：正等覚者カーシャパに暴言を吐く。

苦果：六年間の苦行を実践する羽目になる。

破僧事（MSV vii 210.23 ff.）

黒業：聖仙の衆会を分裂させる。

苦果：自分の僧伽が分裂する。

このように，薬事を中心にブッダの過去世での悪業が詳細に説明され，その中には財産目当ての人殺しなど，およそ教祖の所行とは思えないものも多くあるが，業報の原理を強調すれば当然このような極端なケースも出てくることになる(22)。

では次にブッダの「黒業→苦果」を扱った一つの説話から，仏教における業観の変遷を考えてみたい。仏教史上，悪玉として名高いデーヴァダッタがブッダに対して数々の悪事を働いたことは多くの仏典が言及しているが，「悪心を抱いたデーヴァダッタがブッダを殺そうとして山の上から大きな岩を落すと，その岩の破片でブッダの足は傷つき，血が流れ出た」という「悪心出仏身血」説話もその一つであり，初期経典中より説かれている。ここでは，この説話の変遷を整理することで，有部系の部派が業果の必然性を極度に強調している点を改めて浮き彫りにし，デーヴァダッタ伝承の問題点をも指摘してみたい。まず最初に「悪心出仏身血」説話がいかなるものであるか，Vin. の用例を手がかりにして，その内容を紹介しよう。

tena kho pana samayena bhagavā gijjhakūṭassa pabbatassa pacchāyāyaṃ caṅkamati. atha kho devadatto gijjhakūṭaṃ pabbataṃ abhirūhitvā mahantaṃ silaṃ pavijjhi imāya samaṇaṃ gotamaṃ jīvitā voropessāmiti. dve pabbatakūṭā samāgantvā taṃ silaṃ sampaṭicchiṃsu, tatopapatikā uppatitvā bhagavato pāde ruhiraṃ uppādesi. atha kho bhagavā uddhaṃ ulloketvā devadattaṃ etad avoca. bahuṃ tayā moghapurisa apuññaṃ pasutaṃ yaṃ tvaṃ duṭṭhacitto vadhakacitto tathāgatassa ruhiraṃ uppādesīti. atha kho bhagavā bhikkhū āmantesi. idaṃ bhikkhave devadattena paṭhamaṃ ānantarikakammaṃ upacitaṃ yaṃ duṭṭhacittena vadhakacittena tathāgatassa ruhiraṃ uppāditan ti. (Vin. ii 193.27-38)

ちょうどその時，世尊はギッジャクータ山の西側を経行しておられた。その時，デーヴァダッタはギッジャクータ山に昇り，〈これで沙門ゴータマの命を奪ってやろう〉と考えて，大きな岩を投下すると，二つの山の峰が相寄ってきて，その岩を受け止めた。〔しかし〕そこから岩の破片が飛び散って〔世尊の足に命中し〕，世尊の足から血が流れ出た。その時，世尊は上を見上げると，デーヴァダッタに次のように言われた。「愚か者め，お前はひどい非福をなした。邪悪な心を持ち，殺戮者の心を持って，如来〔の体〕から血を出したのだからな」と。その時，世尊は比丘達に告げられた。「比丘達よ，デーヴァダッタは〔ここで〕最初の無間業を積んだのである。邪悪な心を持ち，殺戮者の心を持って，如来〔の体〕から血を出したのだからな」と。

これが「悪心出仏身血」説話の内容である。Pāli 系の資料ではこの他に Ja や Dhp-a や Spk がこれとほぼ同じ内容の説話を伝えているので，順次その内容を紹介する。

devadattena hi silāya paviṭṭhāya bhagavato pāde sakalikāya khate balavedanā uppajjiṃsu. tathāgatassa dassanatthāya bahū bhikkhū sannipatiṃsu. atha bhagavā parisaṃ sannipatitaṃ disvā bhikkhave imaṃ senāsanaṃ atisambādhaṃ sannipāto mahā bhavissati mamañ ca sivikāya maddakucchiṃ nethā 'ti āha. bhikkhū tathā kariṃsu. jīvako tathāgatassa pādaṃ phāsukaṃ akāsi. (Ja iv 430.12-17)

デーヴァダッタは岩を投げつけ，〔その〕岩の破片で世尊の足が傷つき，非常な苦痛が生じた。〔その時〕如来を拝見するために，多くの比丘達が集まってきた。そこで世尊は集まってきた衆会の面々を見て，「比丘達よ，この臥座処は余りにも狭すぎる。大きな集会が開かれるのであるから，私を担架と駕籠とでマッダクッチに連れて行け」と言われた。比丘達は言われたとおりにした。ジーヴァカが如来の足を安楽にして差し上げたのである。

ekasmiṃ pana samaye devadatto ajātasattunā saddhiṃ ekato hutvā gijjhakūṭaṃ abhiruhitvā paduṭṭhacitto satthāraṃ vadhissāmī 'ti silaṃ pavijjhi. taṃ dve pabbatakūṭāni paṭicchiṃsu tato bhijjitvā gatā papatikā bhagavato pādaṃ abhihanitvā lohitaṃ uppādesi bhusā vedanā pavattiṃsu bhikkhū satthāraṃ maddakucchiṃ nayiṃsu. (Dhp-a ii 164.7-13)

さてある時，デーヴァダッタはアジャータサットゥと一緒になって，ギッジャクータ〔山〕に昇り，邪悪な心を持って〈師を殺してやろう〉と考えて岩を投下すると，二つの山の峰がそ〔の岩〕を受け止めた。すると〔岩が〕壊れ，〔下に落ちて〕行った破片が世尊の足に当たり，血が流れた。非常な苦痛が〔世尊に〕生じた。比丘達は師をマッダクッチに連れて行ったのである。

devadatto hi ajātasattaṃ nissāya dhanuggahe ca dhanapālakañ ca payojetvā pi tathāgatassa jīvit' antarāyaṃ kātuṃ asakkonto sahatthā va naṃ māressamī ti gijjhakūṭapabbataṃ abhiruhitvā mahantaṃ kūṭāgārappamāṇaṃ silaṃ ukkhipitvā samaṇo gotamo cuṇṇavicuṇṇa hotū ti pavijjhi. mahāthāmavā kir' esa pañcannaṃ hatthīnaṃ balaṃ dhāreti. aṭṭhānaṃ kho pan' etaṃ yaṃ buddhānaṃ parūpakkamena jīvit' antarāyo bhaveyyā ti. taṃ tathāgatassa sarīr' ābhimukhaṃ āgacchantaṃ ākāse aññā silā uṭṭhahitvā sampaṭicchi. dvinnaṃ silānaṃ sampahārena pāsānasakalikā uṭṭhahitvā bhagavato piṭṭhipādapariyantaṃ abhihani. pādo mahāpharasunā pahaṭo viya, samuggatalohito lākhārasarañjito viyā ahosi. bhagavā uddhaṃ ulloketvā devadattaṃ etad avoca. bahuṃ tayā moghapurisa apuññaṃ pasutaṃ, yo tvaṃ paduṭṭhacitto vadhakacitto tathāgatassa lohitaṃ uppādesī ti. tato pahṭṭhāya bhagavato aphāsujātaṃ. bhikkhū cintayiṃsu. ayaṃ vihāro ujjangalo visamo bahunnaṃ khattiyādīnañ c' eva pabbajitānañ ca anokāso ti. te tathāgataṃ mañcasivikāya maddakucchiṃ nayiṃsu. (Spk i 77.31-78.19)

実にデーヴァダッタは，アジャータサットゥの助けを借りて，弓の射手達や〔酔象の〕ダナパーラカを用意しても，如来の命を奪うことはでき

> なかったので，〈〔今度は〕自らこの手で彼を殺そう〉と考えて，ギッジャクータ山に昇ると，楼閣ほどの大きな岩を持ち上げ，〈沙門ゴータマは〔この岩で〕粉々になるがよい〉と考えて，〔その岩を〕投下した。彼は大変な怪力で，象五頭分の力を持っていたと言われている。しかし，攻撃によって諸仏の命が害されることはあり得ないので，別の岩が虚空に立ちはだかり，如来めがけて転がり落ちてきたそ〔の岩〕を受け止めた。二つの岩がぶつかり合うことで岩の破片が飛び散り，世尊の足の甲の周辺を傷つけた。〔世尊の〕足は，大きな斧で割かれたように血が溢れ出て，ラックの色で〔真っ赤に〕染められたようになった。世尊は上を見上げると，デーヴァダッタに次のように言われた。「愚か者め，お前はひどい非福をなした。お前は邪悪な心を持ち，殺戮者の心を持って，如来〔の体〕から血を出したのだからな」と。それ以来，世尊には不快感が生じた。比丘達は，〈この住処はごつごつし，でこぼこしており，多くのクシャトリヤを始めとする者達や，出家者達の〔住む〕場所ではない〉と考えた。彼らは如来を担架と駕籠とでマッダクッチに連れて行った。

このように多少の異同はあるが，いずれも同内容の説話を伝えている。ただここで注意すべき相違点は，これら三つの資料に，Vin. には見られなかった「マッダクッチ」という地名が登場していることである。すなわち，ブッダの足が傷ついた後，いずれの資料も，比丘達がブッダを「マッダクッチ」に連れていったことを伝えている。これはこの説話の伝承およびデーヴァダッタ伝承を考える上で非常に重要なので，後ほど改めて考察するが，ともかく，ここで見た資料ではデーヴァダッタが主人公となり，ブッダを傷つけることを内容とする説話が説かれている[(23)]。

さて，この説話には異なった別の伝承が存在し，今見た「デーヴァダッタがブッダの足を傷つけた」とする説話は，「ブッダの足の怪我は，彼が過去世でなした悪業による」という内容に変化し，ここではデーヴァダッタが脇役に回り，代わってブッダが主役を努めている。よってデーヴァダッタ伝承としては何ら進展は見られないが，「悪心出仏身血」説話としては新たな展開と言えよう。つまり業観の変遷がこの説話に大きく影響し，ブッダさえも過去世でなした業の果報を免れられないことを強調する話になっているのである。このような記述は，諸部派の中でも特に MSV 破僧事，『鼻奈耶』[24]，そして『十誦律』といった有部系の文献に見られる。『鼻奈耶』（T. 1464, xxiv 870a6-26）の内容は『十誦律』とほぼ同内容なので，ここでは MSV破僧事[25]と『十誦律』の用例を順次紹介しよう。

bhagavān abhyavakāśe sthitvā parvatavivare praviṣṭaḥ devadattena pañcaśataparivāreṇa yantram āmreḍya bhagavataḥ śilā kṣiptā vajrapāṇinā yakṣeṇa cūrṇitā ardham bhagavataḥ sthāne patitukāmaṃ kumbhīrayakṣeṇa gṛhṇatā na sugṛhītaṃ kṛtam sa tena praghātitaḥ bhagavatā utplutya pāṣāṇaśarkarayā pādaḥ kṣataḥ kṛtaḥ bhagavāṃs tasyāṃ velāyāṃ gāthām bhāṣate

naivāntarikṣe na samudramadhye na parvatānāṃ vivaraṃ praviśya/
na vidyate 'sau pṛthivīpradeśo yatra sthitau na prasaheta karma//[26]
iti (MSV vii 168.22-31)

世尊は露地に立った後，山の洞窟に入った。デーヴァダッタは五百人の従者を従えて装置を作動させ，世尊めがけて岩を放った。〔それを〕夜叉ヴァジュラパーニが粉砕し，世尊のいた場所に落ちてこようとしたその半分を夜叉クンビーラが摑もうとしたが，巧く摑めず岩に当たって死んでしまった。世尊は飛び上がったが，石の破片で足が傷ついたのである。世尊はその時に詩頌を唱えた。

「虚空でも大海の中でも，山の洞窟に入っても，
業の力が及ばない場所は何処にも存在しない」と。

仏晡時従石窟出。在石窟前陰中経行。時四悪人共調達。推石欲擲仏上。爾時欽婆羅夜叉深敬念仏。見已以両手接石擲著余処。有砕石迸来向仏。仏欲令衆生生厭畏心。及示諸業不失果報。以是因縁故。入定於経行頭沒現於東方。砕石随去。南西北方亦復如是。仏爾時沒大海水中。砕石亦随。仏復入須弥山中。石亦随逐。到四天王上。石亦随逐。仏従四天王上至忉利天（中略）阿迦尼吒天。石亦随逐。爾時世尊。摂神足力還経行頭立。石堕仏足上。傷足上血出。深生苦悩。仏以精進力遮是苦已。而説偈言。

非空非海中　非入山石間　非天上地中　可遮業報処

非空非海中　非入山石間　非天上地中　得免宿悪殃（T. 1435, xxiii 260a18-b8)

仏は，夕暮れ時，石窟より出て，石窟の前にある日陰の中を経行されていた。その時，四人の悪漢は調達と共に石を押して，仏の〔頭〕上に投げつけようとした。その時，欽婆羅夜叉は深く仏を敬念していた〔ので，それを〕見終わるや，両手で以てその石を受け止め，別の場所に投げ捨てた。〔その時に〕砕けた石が迸り，仏に向かって来た。仏は衆生に厭畏心を生ぜしめ，また諸々の業の果報は決して滅しないことを示そうとされた。このような理由で，禅定に入ると，経行している場所から没し，東方に現れられた。砕けた石も随行した。南西北〔に現れて〕も同様であった。その後，仏は大海の水中に没したが，砕けた石もまた随った。また仏は須弥山の中に入ったが，石もまた追いかけて行った。仏は四大天王に行ったが，石もまた追いかけて行った。仏は四大天王から三十三天（中略）色究竟天にまで逃げ回ったが，石もまた追って行った。その時，世尊は神足通〔の行使〕を止め，経行していた地点に帰り，立っておられた。石は仏の足に落ち，〔仏の〕足を傷つけて血を出し，〔仏〕は深く苦しまれた。仏は精進力を以てこの苦悩を遮断し終わると，偈を説いて言われた。

「空中でも海中でも山石の間でも，天上でも地中でも業の果報から逃れられる場所はない。空中でも海中でも山石の間でも，天上でも地中でも過去世でなした悪〔業〕の災いを免れられない」

特に最後に紹介した『十誦律』の用例では，砕けた石を避けるため，ブッダはあちこちに逃げ回るが，何処に行ってもその石はブッダに随い，ついにその石はブッダの足に落ちて，ブッダの足を傷つける結果となっている。ブッダといえども業の果報を逃れることはできないのである。ただ律典編纂者は「衆生に厭畏心を生ぜしめ，また諸々の業の果報は決して滅することはないということを示さんがために」という一節を付することによって，何とかブッダの面目を保たせようと努力している。

有部系の律典では，業果の必然性や不可避性を強調する余り，教祖ブッダといえども，過去の業から自由ではないと言わざるを得なくなる。したがって「ブッダの足に石が当たって傷ついた」という苦果も，必然的に過去世においてブッダがなした悪業の果報として理解されるようになるのである。これは，Pāli 系の資料に見られなかった，この説話の新しい展開と言えよう。このようにブッダの足が傷ついたことをブッダの宿業の果報として捉えるところに，有部系の伝承の特徴がある。宿業を持ち出してブッダの足が傷ついたことを伝える資料がいずれも有部系の律典であり，化地部の『五分律』，法蔵部の『四分律』や『毘尼母経』(27)にはこのような記述が見られないという事実は(28)，諸部派中，特に説一切有部において，いかに宿業というものが強調されていたかを如実に物語っている(29)。

さて有部系の律典資料等はブッダの足が傷ついたことを彼の悪業で説明するが，Mil. はこれと正反対の解釈をする。ここでは，二箇所においてこの問題が取り上げられているが，そのうち，業との関係においてこの問題を議論している箇所を見てみよう。ミリンダはナーガセーナに「世尊は過去世で悪業をなしたがために，石の破片で足を怪我するという苦果を現世で享受したのではないか」という趣旨の質問をし (Mil. 134.9-28)，ナーガセーナはこれを受けてその問いに答えるが，以下，その要点だけを引用する。

> na hi mahāraja sabban taṃ vedayitaṃ kammamūlakaṃ. aṭṭhahi mahārāja kāraṇehi vedayitāni uppajjanti, yehi kāraṇehi puthusattā vedanā vediyanti (Mil. 134.29-31). iti kho mahārāja appaṃ kammavipākajaṃ, bahutaraṃ. avasesaṃ. tattha bālā sabbaṃ kammavipākajaṃ yevā ti atidhāvanti (ibid. 135.31-136.1) yathā mahārāja mahāpaṭhavī evaṃ tathāgato daṭṭhabbo yathā leḍḍu pubbe akatena mahāpaṭhaviyaṃ nipatati evam eva kho mahārāja tathāgatassa pubbe akatena sā sakalikā pāde nipatitā (ibid. 137.2-5)
>
> 「大王よ，実に感受されたもののすべては，業を根本とするものではありません。大王よ，八つの原因（すなわち，風，胆汁，粘液，その三つの和合，季節の変化，不正な姿勢，障害，そして業の異熟）によって感受されたものが生じますが，それらの原因によって，多くの人々は〔苦し

みの〕感覚を感受します。(中略) 大王よ，それ故に〔感受されるもの〕は業の異熟から生じることは少く，残りのもの〔から生じること〕の方がより多いのです。これについて愚者達は『すべてのものは業の異熟から生じたものだけである』と極論するのです。(中略) 大王よ，如来は大地のように，そのように見られるべきです。たとえば,〔虚空に投げられた〕土塊が大地に落下するのは，前世でなした業によって〔大地に落下するの〕ではないように，それと同様に，大王よ，如来の足にその石の破片が落下したのは前世でなした業によるものではないのです」

このように，業の因果関係は認められなければならないが，我々が感受する苦・楽がすべて前世でなした業の結果ではないことをナーガセーナは指摘する。この後，彼はブッダがモーリヤ・シーヴァカの宿命論に関する質問に答えたことを伝える SN の用例を引用する。その内容は，先述の「八つの原因によって，ある感受が生じる」というもので,「人間がどのような楽，苦，あるいは不苦不楽を感受しようとも，そのすべては前に為されたものを原因としている」というのは極論であり，そのような見解は邪であるとする (Mil. 138.7-12; cf. SN iv 231.6-11)。このような「すべては前に為されたものを原因としている」とする宿作因論に対するブッダの論駁からも明らかなように，Mil. は，ブッダの足が石の破片で傷ついたことを，ブッダが前世でなした悪業の果報とは理解していない。このような Mil. の解釈と対比する時，有部系の律典に見られる記述の特異性は一層明らかになるであろう。

ここまで「悪心出仏身血」説話に関する二つの異なった伝承を見てきた。一つはデーヴァダッタが悪玉として主人公を演じるもの，もう一つはデーヴァダッタが脇役として登場し，代わって主役を務めるブッダが自ら過去世でなした悪業の果報を享受するというものであったが，ではこれらの伝承の源泉は存在するのであろうか。また存在するとすれば，それは何処に求められるか。この問題を解く鍵は，先に触れた「マッダクッチ」という地名にある。この地名を初期経典の中に探っていくと，ブッダの足が岩の破片で傷ついたことを，マッダクッチとの関係で説く資料が存在する。それは SN に見られる話であり，これはその韻文が初期経典の中で最古層の一つと考えられている有偈品に含まれるものである。

evaṃ me sutam ekaṃ samayaṃ bhagavā rājagahe viharati maddakucchismiṃ migadāye// tena kho pana samayena bhagavato pādo sakalikāya khato hoti/ bhūsā sudaṃ bhagavato vedanā vattanti sarīrikā vedanā dukkhā tibbā kharā kaṭukā asātā amanāpā/ tā sudaṃ bhagavā sato sampajāno adhivāseti avihaññamāno// atha kho bhagavā catuggunạm saṅghāṭiṃ paññāpetvā dakkhiṇena passena sīhaseyyam kappesi pāde pādam accādhāya sato sampajāno// atha kho sattasatā satullapakāyikā devatāyo abhikkantāya rattiyā abhikkantavaṇṇā kevalakappaṃ maddakucchim obhāsetvā yena bhagavā tenupasaṅkamiṃsu// upasaṅkamitvā bhagavantam abhivādetvā ekam antam aṭṭhaṃsu// ekam antaṃ ṭhitā kho ekā devatā bhagavato santike imam udānam udānesi// nāgo vata bho samaṇo gotamo/ nāgavatā ca samuppannā sārīrikā vedanā dukkhā tibbā kharā kaṭukā asātā amanāpā/ sato sampajāno adhivāseti avihaññamāno ti// (SN. i 27.13-28.3)

このように私は聞いた。ある時，世尊はラージャガハ郊外の，マッダクッチ〔と呼ばれる〕鹿野苑で時を過ごしておられた。ちょうどその時，世尊の足が石の破片で傷つけられた。〔すると〕実に強力で，激しく，荒々しく，辛く，不快で，心に叶わぬ身体的な苦痛が世尊に生じたが，世尊はまったく気を取り乱すことなく，心を落ち着け，悩ませることなく，そ〔の苦痛〕を耐え忍んでおられた。その時，世尊は大衣を四つに折り畳み，右脇を下に〔してその上に横に〕なると，〔右〕足の上に〔左〕足を載せ，気を取り乱すことなく，心を落ち着けておられ，獅子が臥しているかの如き姿をされた。すると，七百のサトゥッラパ神の集まりは，夜が明けると，麗しい容姿をして，マッダクッチ全域を照らしながら，世尊がいらっしゃる所に近づいた。近づくと，世尊を礼拝し，一隅に立った。一隅に立った一人の神は，世尊のもとで次のような歓喜の言葉を発した。「おお，沙門ゴータマは実にナーガです。激しく，荒々しく，辛く，不快で，好ましくない身体的な苦痛が生じました〔が，世尊は〕ナーガの如くに気を取り乱すことなく，心を落ち着け，悩ませることなく，

〔その苦痛〕を耐え忍んでおられます」[30]

これが，この伝承の源泉になったと考えられる部分である。だが不思議なことに，この話の何処にも「デーヴァダッタ」という名前は出てこない。彼が本当にブッダを殺そうとして大きな岩を山の上から落とし，その岩の破片でブッダの足が傷ついたのなら，彼を悪玉とすることに躊躇しない初期仏教の経典が，この話の中でデーヴァダッタに言及しないはずがない。にもかかわらず，散文の部分にさえも彼の名前はまったく登場しない。また散文の部分は，これと平行話が，同じく SN 有偈品の別の箇所（SN i 110.14-111.7）にも見られるが，ここでもマッダクッチでブッダは足を怪我されたことだけが記されており，デーヴァダッタの名前は出てこない。この事実は，この話が本来，デーヴァダッタとは何ら関係がなかったことを意味していると考えられる。この話は，偶然ブッダが石の破片で自らの足を怪我したことを説くのみであり，またこの話の主眼は，神々がブッダを賛嘆している箇所からも明らかなように，「ブッダは足の怪我で激しい痛みを被ったが，ブッダは心を落ち着け，気を取り乱すことなく，それを耐え忍び，痛みに悩まされなかった」ことにあり，「悪心を抱いたデーヴァダッタがブッダに石を投げつけて，ブッダの足を怪我させた」ことにはないのである。これがこの伝承の源泉である。

さて源泉が明確になったところで，Pāli 文献に見られる「悪心出仏身血」説話の伝承を整理してみよう。まず最初にデーヴァダッタとは何の関係もなく，ただブッダの足が石の破片で傷ついたことを説く SN の話ができる。この説話にやや遅れて，デーヴァダッタを悪玉に仕立てた Vin. の話が創作される[31]。ここではマッダクッチという地名に言及せず，ギッジャクータ山でデーヴァダッタがブッダに石を投げつけ，その石の破片でブッダの足が傷ついたとする。この二つの異なった伝承を一つの説話に纏めたのが，Spk や Ja や Dhp-a 等の資料である。すなわち「ブッダはギッジャクータ山麓で足を怪我し（Vin. の伝承），その後で比丘達がブッダをマッダクッチ[32]（SN の伝承）に連れていった」と記しているのである。しかし，この二つの伝承を結合させて一つの説話を作り上げると，無理が生じることになる。SNの注釈書である Spk を例に取ると，次の二点に関して矛盾が生じる。一つはブッダが足を怪我した場所である。SNでは「マッダクッチでブッダは足を怪我した」とあるのに，その注釈の Spk によると，それは「ギッジャクータ山麓」となっている。この後，注釈書は「比丘達がブッダをギッジャクータ山麓からマッダクッチに連れて行った」という一節を付加することにより，「ブッダの足が傷つけられたこと」と，経典に見られる「マッダクッチ」という地名とを強引に結び付け，二つの異なった伝承を会通しようとしている。もう一つは，比丘達がブッダをギッジャクータ山からマッダクッチに運ぶ理由づけである。Spk では比丘達が〈この住処はごつごつし，でこぼこしており，多くのクシャトリヤを始めとする者や，出家者達の〔住む〕場所ではない〉と考えてブッダをマッダクッチに運んだとするが，ギッジャクータ山はブッダが数々の説法をした地として有名な山であり，それを〈この住処はごつごつし，云々〉というのは実に不自然な理由づけと言わねばならない。

何の関係もない二つの伝承を無理に会通した理由は次のように推測される。つまり，Vin. で「ギッジャクータ山麓でデーヴァダッタがブッダに石を投じ，その石の破片でブッダの足が傷ついた」という話が一旦作られると，デーヴァダッタを悪玉に仕立てようとする教団内ではそれが既成事実となり，そのような先入観を持った仏典編纂者達の目には，本来，デーヴァダッタとは何ら関係のなかった SN の伝える話，すなわち「マッダクッチでブッダは石の破片で足を怪我した」ことも彼の仕業と映り，必然的にデーヴァダッタとの関連において捉えられたのであろう(33)。

以上，ブッダとデーヴァダッタに関する説話を取り上げ，その伝承形態を整理してみた。まずこの伝承の元になったのは，SN 有偈品の話であった。ここでは，ただ単にブッダの足が石の破片で傷ついたことを記すのみであり，本来，デーヴァダッタとは何の関係もない話であったと考えられる。しかし後の Pāli 文献によると，ブッダの足が傷ついたのは，ブッダに敵意を抱いたデーヴァダッタが投げた石によるとする話に様変りする。初期経典以来，デーヴァダッタはしばしば悪玉として登場し，数々の悪行を重ねたことが仏典に記されている。しかしここで取り上げた説話からも明らかなように，仏典編纂者がデーヴァダッタを悪玉に仕立てようとして意図的にこの説話を改変した跡が見て取れる(34)。そしてその伝承を受けて，有部系の律典資料等では，ブッダの足が傷ついたことをブッダの宿業で説明するようになる。Mil. ではSN に見られるブッダの説を引用して，宿作因論的考え方を否定しているが，有部系の律典資料ではこのような考え方が採用され，宿業のせいでブッダの足が傷ついたと説くことになる。業観の変遷がこの伝承に大きく影響を与えたと考えられるのである。以上の考察から，次の二点を指摘できよう。

(1) 「悪心出仏身血」説話には，デーヴァダッタを「悪玉」に仕立てようとする，仏典編纂者の意図が見て取れる。このことは，取りも直さず，仏典に記載されている彼の悪行すべてを史実として受け入れることに我々は慎重な態度を取るべきで(35)，デーヴァダッタ伝承は再考の余地が充分にある。

(2) 後代の有部系律典では，初期仏教でブッダが否定した宿作因論的考え方が登場し，過去の業で現世のすべてを説明するような傾向が見られる。「ブッダといえども宿業の果報を免れられない」とする記述は，後代，有部系の部派において「業果」の必然性と不可避性とがいかに強調されていたかを物語っている。

以上「悪心出仏身血」説話を取り上げ，その変遷を整理することにより，有部系の部派における業観を概観してきたが，他部派の律文献やまた Mil. などの Pāli 文献と比較する時，その特異性は明らかである(36)。

3　業の消滅

ここまで有部系の資料に見られる業説，すなわち極度に業とその異熟との結びつきを強調し，この世のすべてを業の因果関係で説明しようとする用例を見てきたが，このような業説は，時にはブッダをもその支配下に置くという極端なものであることを確認した。しかしそのような有部系の資料にあって，一旦なされた業がその果報をもたらす前に消滅してしまう，あるいは軽減されてしまう，という用例が存在する。そこで，ここでは業の消滅（以下，業滅）の問題，特に Divy. に見られる業滅の問題を取り上げて考察を加えていくが，その前に Divy. で説かれる業滅の特徴を明確にするために，まず初期仏教と部派仏教（特に説一切有部）に見られる業滅について概観しておく。

初期仏教経典の中で業に言及する経説は枚挙に暇がなく，また様々な角度から業を説明しているため，その内容は複雑多義に亘っているが，まずここでは業滅を考える上で重要な意味を持つ業の側面を一つだけ見ておく。それはこれまで見てきた有部系の資料でしばしば強調されていた「業はその果報をもたらすまでは，途中で消滅することはない」という点であるが，このような考え方はすでに初期経典に見られる。Sn と AN の用例を見てみよう。

na hi nassati kassaci kammaṃ eti ha taṃ labhat' eva suvāmī
dukkhaṃ mando paraloke attani passati kibbisakārī (Sn 666)

いかなる人の業も滅しない。それは必ずやって来て作者がそれを受ける。愚者は罪を作り，来世で身に苦しみを受ける。

nāhaṃ bhikkhave sañcetanikānaṃ kammānaṃ katānaṃ upacitānaṃ appaṭisaṃveditvā[37] vyantibhāvaṃ vadāmi, tañ ca kho diṭṭh' eva dhamme upapajjaṃ vā apare vā pariyāye (AN v 292.2-5)[38]

比丘達よ，故意に為され積み上げられた業が，〔その果報を〕受けずに消滅してしまうと私は説かない。その〔果報〕は現世，来世，あるいはその次の世において必ず受けるべきものである。

このように，一旦なされた業は，途中でその果報をもたらさずに消滅することがないと明記されている。ところが，このような業も消滅することが可能であるとする説が初期仏典に見られる。この問題に最初に着目した研究者は，ドゥ・ラ・ヴァレ・プサンである[39]。初期仏教の段階で業滅を可能にするのは，改悔，四無量心等の修習，帰仏 (MN ii 93.27 ff.)，罪の告白等であると彼は指摘する。

この中でも特に四無量心に注目しながら，初期仏教における業滅の問題を取り上げたのが榎本文雄である[40]。榎本によると，この四無量心の修行によって業が消滅したり，また本来ならば，来世で感受すべき業果を先取りして，この世でその果報を受けることが可能になり，またその修行によって悪業の影響力が相対的に小さくなる（業の無力化）という。このような四無量心の修行による業の先取りや無力化の思想，そしてその修行も三学のような通常の仏教の修行に一般化されることを受けて，アングリマーラの物語（MN 86, Aṅgulimālasutta）[41]が成立すると結んでいる。この榎本の研究は「煩悩を断じた阿羅漢はもう輪廻することがないとすると，業が現世で果報を受けないままで残ることはないであろうか。その場合，罪業の償いはどうなるのか」という問いに答えようとするもので，「この点を，初期仏教は，業の先取り，無力化という思想で解決しようとした」と指摘する[42]。

次に説一切有部がこの業滅の問題をどのように考えていたかについて，倶舎論と『大毘婆沙論』の用例を参考にしながら概観してみたい。まず倶舎論からであるが，ここでも初期仏教と同じように，業とその果報を四句分別して説明している箇所に業滅に関する説明がなされている。すでに本章で引用したが，そこでは「業は，白・黒で区別すると四種になる」（AKBh 234.26）と説かれた後，「非黒非白なる業で無異熟であり，業の滅尽に資する業〔も〕ある（asti karmākṛṣṇam aśuklam avipākam/ yat tat karma karmakṣayāya saṃvartata）」（AKBh 235.2-3）とあったように，異熟をもたらさない非黒非白の無漏業が，白業・黒業・白黒業の三業を滅尽するのに役立つと説かれている。では具体的にどのような無漏業が業を滅尽するのに役立つのかという問題については，業品第61偈以下で説明されているが（AKBh. 236. 1-13），それを纏めるとこうなる。

(1) 黒業を滅尽する業：見道の四つの法智忍と欲界の染を離れる八つの無間道とにおける意思の，合わせて十二種の意思。

(2) 黒白業を滅尽する業：欲界の染を離れる第九の無間道における意思。

(3) 白業を滅尽する業：四静慮の一一の染を離れる時の無間道所生の四つの意思。

これは，次に引用する『大毘婆沙論』の説に基づいている。

此無漏業令前三業畢竟滅尽等尽遍尽。永断永害棄捨変吐離欲寂滅。是故説名能尽諸業。如是則説十七学思。謂見道中四法智忍相応学思。離欲界染八無間道相応学思。此十二思能尽黒黒異熟業。離欲界染第九無間道相応学思。能尽黒黒異熟業。及黒白黒白異熟業。離初静慮染第九無間道相応学思。乃至離第四静慮染第九無間道相応学思。能尽白白異熟業。如是

十七無漏思。説名能断諸業学思 (T. 1545, xxvii 591b26-c7)

この無漏業は前の三業を最終的に滅尽し，等尽し，遍尽し，〔また〕永断し，永害し，棄捨し，変吐し，離欲し，寂滅せしめる。こういうわけで〔この業は〕「能尽諸業」と呼ばれる。そこで次のような十七の意思を説く。すなわち，見道の中で四法智忍に相応する意思と，欲界の染を離れる八つの無間道に相応する意思，この十二の意思が黒い異熟をもたらす業を滅尽することができる。欲界の染を離れる第九の無間道に相応する意思は，黒い異熟をもたらす業及び白黒の異熟をもたらす業を滅尽することができる。初静慮の染を離れる第九の無間道に相応する意思，乃至第四静慮の染を離れる第九の無間道に相応する意思は，白い異熟をもたらす業を滅尽することができる。これら十七の無漏なる意思が諸業を断ずることのできる意思と呼ばれる。

このように，説一切有部における業滅は，煩悩の滅を段階的に説きながら，阿羅漢果を得るための道程を示したアビダルマの修道体系に基づいたもので，ここでの「業」は「煩悩」と極めて近い意味で用いられている(43)。

有部系の部派では，業の定型句 6-A (業報の原理：本書 p. 167) や 6-B (黒白業：本書 p. 168) からも明らかなように，業果の必然性や不可避性が過度に強調され，とりわけ黒白業に重点を置いて黒業と白業とが相殺しないという前提で様々な説話が Divy. や MSV に説かれていたことはすでに見たとおりであり，またこのような業観は，ブッダさえもその支配下に置くという極端なものであることもすでに考察してきたとおりである。有部系の文献でも特に Divy. は黒白業をその核とし，第28章のヴィータショーカや第37章のルドラーヤナが阿羅漢となった後でさえも刀で切り殺されたりする用例は,「業果の不可避性」を端的かつ顕著に表現していると見ることができよう。すべての煩悩を断じて阿羅漢となった者は，それ以後，新たに業を作ることはないが，しかし阿羅漢といえども，過去において作った業の果報までは断ずることはできず，また業果を逃れることはできないということをこの二つの用例は物語っている(44)。だが奇妙なことに，これまで見てきた業観に合致しない用例が Divy. に少なからず存在する。すなわち，それらの用例では，何らかの善業あるいは行為によって悪業が結果をもたらす前に軽減されたり，また取り除かれたりするのである。以下，善業と悪業が相殺関係にある業滅の用例を検討してみよう。

〔懺悔〕 Divy. 第2章では「懺悔」による悪業の軽減が説かれている。主人公のプールナは過去世で僧伽の執事をしていたが，彼はある阿羅漢の侍者に暴言を吐く。それを耳にしたその阿羅漢が彼を諭すが，当該箇所は次のとおり。

> kharaṃ te vākkarma niścāritam atyayam atyayato deśayāpy evaitat karma tanutvaṃ parikṣayaṃ paryādānaṃ gacched iti/ tenātyayam atyayato deśitam/ yat tena naraka upapadya dāsīputreṇa bhavitavyaṃ tan narake nopapannaḥ pañca tu janmaśatāni dāsyāḥ kukṣāv upapannaḥ/ yāvad etarhy api carame bhave dāsyā eva kukṣāv upapannaḥ/ (Divy. 54.27-55.5)
>
> 「お前の発した口業は粗悪である。罪を罪として懺悔しなさい。そうすれば，きっとその業は減少し，尽き果て，消滅するであろう」と。彼は〔その〕罪を罪として懺悔した。彼は地獄に生まれ変わってから〔さらに〕奴隷女の子として生まれ変わるはずだったが，こ〔の懺悔〕のために地獄に生まれ変わることは免れた。しかし五百生もの間，奴隷女の胎内に生まれ変わり，乃至この世の最後生においても，同じ奴隷女の胎内に生まれ変わったのである。

ここでは，「懺悔すれば，その悪業は減少し，尽き果て，消滅するだろう」とその阿羅漢は説いているが，実際にはそのようなことは起こっていない。しかし完全に業が消滅しないまでも，懺悔によって「地獄に生まれ変わる」という果報は免れている。すなわち，地獄への再生をもたらす業は懺悔によって消滅し，全体として悪業は軽減されていることになる。ところで「罪を罪として告白する／懺悔する (atyayam atyayato √diś)」という表現は，Divy. に散見される。第1章では，主人公のシュローナが母親に対して暴言を吐くと，彼女は次のように言う。

> putra kharaṃ te vākkarma niścāritam atyayam atyayato deśaya/ apy

evaitat karma tanutvaṃ parikṣayaṃ paryādānaṃ gaccheta/ sā tenātyayam atyayato kṣamāpitā/ (Divy. 5.4-7)

「息子よ，お前の発した口業は粗悪です。罪を罪として懺悔しなさい。そうすれば，きっとその業は減少し，尽き果て，消滅するでしょう」。彼は彼女に罪を罪として〔懺悔して〕許しを乞うた。

第1章では，この懺悔の効果が直接説かれていない。連結ではただ「母親に暴言を吐いたために，彼は悪趣を見た（すなわち餓鬼の世界に迷い込んでしまったこと）のである」(Divy. 24.3-4) と説かれるのみである。Divy. の他の箇所によると，暴言を吐くという悪業をなした者は，かなり厳しい果報を享受している。たとえば，第2章では，懺悔しても五百生もの間，奴隷女の胎内に再生し，第19章では，主人公のジョーティシュカの前生は真理を知見した王を罵ったために，五百生もの間，胎内にいる時，母親とともに薪の上に載せられて焼かれ (Divy. 289.11-14)，また第21章では，主人公のサハソードガタが独覚に暴言を吐いたために，五百生もの間，日雇いの身として生まれている (Divy. 313.27-29)。これらの用例と比較すると，第1章のシュローナの場合，その果報はかなり軽いもののように思われ，懺悔には業滅の効果がありそうだが，第2章のように文章化されてはいない。「罪を罪として告白する／懺悔する (atayam atyayato √diś)」という表現は，第37章にも見られるが (Divy. 567.29-568.1, 570.23-24)，懺悔の効果はともかく，いずれの場合も「そうすれば必ずその〔悪〕業は減少し，尽き果て，消滅するであろう (apy evaitat karma tanutvaṃ parikṣayaṃ paryādānaṃ gaccheta)」と説かれていることには注目しておこう(45)。

〔浄信〕 定型句 8-D（微笑放光：本書 p. 175）ですでに見たように，誰かを授記しようとする時，ブッダが微笑を示すと，ブッダの口から放たれた光線は，地獄と天界とを巡行する。その後，ブッダは地獄の住人に浄信を生ぜしめんがために化仏を地獄に送り込むが，これを見た地獄の住人は，浄信を起こして悪業を滅することが説かれている。

te nirmite cittam abhiprasādya *tan narakavedanīyaṃ karma kṣapayitvā* devamanuṣyeṣu pratisaṃdhiṃ gṛhṇanti yatra satyānāṃ bhājanabhūtā bhavanti/ (Divy. 68.9-11)

彼らは化〔仏〕に心を浄らかにすると，地獄で〔苦しみを〕感受すべき〔悪〕業を滅尽して，天界や人間界に生まれ変わり，そこで〔四〕諦〔を悟る〕器となったのであった。

〔**善業**〕第13章ではスヴァーガタの出家物語を扱っている。過去世でなした悪業のせいで，物乞いに身を落としたスヴァーガタを憐れみ，ブッダは彼を出家させようとするが，その前に「彼の〔悪〕業を取り除いてやらねばならない」と考えたブッダは，彼に青蓮華を買ってこさせ，それを比丘達に配るように指示する。ブッダの指示に従い，青蓮華を手に入れたスヴァーガタはそれを比丘達に配ろうとしたが，比丘達はそれを受け取らなかったので，ブッダは次のように言う。

gṛhnīdhvaṃ bhikṣavaḥ sarvasugandhaṃ cakṣuṣyaṃ *karmāpanayo* 'sya kartavya iti/ (Divy. 180.14-16)

「比丘達よ，あらゆる芳香を具えた〔その〕美しい〔青蓮華〕を受け取るのだ。〔それにより〕彼の〔悪〕業を取り除いてやらねばならない」と(46)。

ここで見た「業を取り除くこと (karmāpanaya)」という語は，第35章にも見られ，生まれつき記憶力が悪いパンタカに関しても使われている。

bhagavān saṃlakṣayati/ *karmāpanayo* 'sya kartavyam iti/ tatra bhagavān āyuṣmantam ānandam (→ panthakam)(47) āmantrayate/ śakṣyasi tvaṃ panthaka bhikṣūṇāṃ upānahān mūlāc (→ pūlāṃś)(48) ca poñcchitum/ paraṃ bhadanta śakṣyāmi/ gaccha poñcchasva/ sa bhikṣūṇām upānahān mūlāc (→ pūlāṃś) ca poñcchitum ārabdhaḥ/ tasya te bhikṣavo nānuprayacchanti/ bhagavān āha/ anuprayacchata *karmāpanayo* 'sya kartavya iti padadvayasva dāsye svādhyāyanikām anuprayacchata/ sa bhikṣūṇām upānahān mūlaṃ (→ pūlān) kramataś ca poñcchate/ tasya te bhikṣavaḥ padadvayasya svādhyāyanikām anuprayacchanti/ (Divy. 491.4-13)

世尊はお考えになった。〈彼の〔悪〕業を取り除いてやらねばならない〉と。そこで世尊は同志パンタカに告げられた。「パンタカよ，お前は比丘達の靴と草履とを綺麗にできるか」。「はい，大徳よ，できます」。「さあ，綺麗にしなさい」。彼は比丘達の靴と草履とを綺麗にし始めた〔が，その都度〕かの比丘達は彼に〔「私は塵を払おう。私は垢を落とそう」と〕唱えてやらなかった。世尊は言われた。「彼の〔悪〕業を取り除いてやらねばならないから，〔彼がお前たちの靴と草履を綺麗にしている時は，彼に『私は塵を払おう。私は垢を落とそう』と〕唱えるのだ。私は〔彼にその〕二句を唱えるつもりだ。〔お前達も〕唱えなさい」。彼は，順次，比丘達の靴と草履を綺麗にしていった。〔そしてその都度〕かの比丘達は彼に〔その〕二句を唱えた。

こうして皆にこの二句を唱えられながら，比丘達の靴と草履を掃除していると，彼は忽然として閃き，ついに悟りを開くのである。

〔三帰依〕 シャクラは，畜生として再生することが運命づけられ悲しんでいる天子に，仏・法・僧の三宝に帰依するように勧める。三帰依した天子は，そこで臨終を迎えると，兜卒天に再生している。この章の終わりで，三帰依の功徳を賛嘆する詩頌がシャクラによって唱えられる。

ye buddhaṃ śaraṇaṃ yānti na te gacchanti durgatim/
prahāya mānuṣān kāyān divyān kāyān upāsate// (Divy. 195.26-27)
仏に帰依する者達は，悪趣に行くことはない。
人の身を捨て去って，神の身を経験する（以下，法と僧）(49)。

ここでも，三帰依することにより，本来ならば畜生界への再生をもたらすはずであった業は消滅し，天子は兜卒天に再生している(50)。

〔陀羅尼〕 ブッダは，アーナンダに恋をして彼に付きまとうマータンガ種の娘プラクリティを巧みに教導して出家させるが，その前に次のような記述が見られる。

atha bhagavān yat tasyāḥ prakṛter mātaṅgadārikāyāḥ pūrvasaṃcitapāpaṃ durgatigamanībhūtaṃ tat sarvaṃ pāpaṃ sarvadurgatipariśodhanyā dhāraṇyā niravaśeṣeṇa pariśodhya mātaṅgajāter vimocayitvā śuddhaprakṛtinirmalībūtāṃ tāṃ prakṛtiṃ mātaṅgadārikām idam avocat/ ehi tvaṃ bhikṣuṇi cara brahmacaryam/ (Divy. 616.12-17)
その時，世尊はどんな悪趣〔への業〕も浄める陀羅尼で，マータンガ種の娘プラクリティが前世で積んだ，悪趣に導く一切の罪〔業〕を，余すところなく清浄にし，〔彼女を〕マータンガの生まれから解放すると，浄らかな本性で汚れなき者となったマータンガ種の娘プラクリティに次のように言われた。「さあ，比丘尼よ，お前は梵行を修しなさい」(51)

ここでは，彼女が過去世に積んだ罪業が陀羅尼によって浄化されている。

以上，初期仏教，部派仏教を代表して説一切有部，そして Divy. に見られる業滅思想を見てきたが，最初に問題となるのが Divy. に見られる業滅思想の起源である。Divy. の業滅思想を初期仏教や説一切有部のそれと比較すると，改悔や罪の告白等において両者は共通するが，Divy. で説かれている業滅の方法は非常に特異であることが分かる。すなわち，初期仏教では，改悔，罪の告白，八聖道，七覚支，四無量心の修習，出家者としての修行が，また説一切有部では，アビダルマの修道体系に基づいた無漏業が業滅をもたらすというように，業滅の方法が極めて出家的色彩の濃いものであるのに対し，Divy. のそれは，懺悔，三帰依，浄信，善業，陀羅尼等，非常に在家的である。したがって懺悔や罪の告白等を除いては両者の間には接点が見出せず，Divy. の業滅思想は両者とは異なった次元で展開したものと考えられる。

また次に問題となるのが Divy. の業説に関する矛盾である。一方では「業の不可避性・必然性」を極端なまでに強調しながらも，また別の箇所では「業滅の可能性」を説いている。この矛盾をいかに解釈すべきであろうか。一つは，仏教における業説の位置づけである。初期仏教でもそうであったように(52)，一般的な常識としての通俗的業説というものは世俗的な立場の教説として位置づけられるから，それは仏教の中心教義ではありえず，したがって在家者を仏の教えに，また悟りに導くためであれば，「方便」として様々な説かれ方をしても問題はないことになろう。たとえば，業果の必然性や不可避性を説かなければ悪業を積んでしまう可能性のある者に対しては，業果の不可避性を強調することが必要であろうし，またすでに悪業を積み，その果報に苦しんでいる者や，自分のなした悪業を心から悔い改めている者に対しては，業滅の可能性を示唆する必要がある。このように方便あるいは対機説法ということで「有情を悟りに導く」という意図が背後にあると理解すれば，一応，業説に関して互いに矛盾する教説が仏典に見られても不思議ではない。もう一つは大乗仏教の影響である。すでに指摘したように，Divy. の業滅の方法は在家的であり，大乗仏教と共通するものが少なくない。Mv. の成立を考えた時にも指摘したが，部派文献が大乗仏典に影響を受けた可能性は充分にあるから，業滅に関してもその可能性は無視できないであろう。ここでは，可能性の指摘に留めておくが，今後，このような観点からも，Divy. の業滅の問題を考えていく必要があろう(53)。

4 有部の業観がもたらした対社会的問題

出家者の条件 ここまで説一切有部の業観をみてきたが，業滅という若干の例外は認められるものの，あらゆる果報をすべて業で説明するという極端な姿勢が説一切有部には見られ，その最たるものは教祖ブッダさえもその業の縛りからは自由ではないと説く用例であり，その数も決して少なくはなかった。このような業観に従えば，現在世の生（jāti）はすべて過去の業によって説明されることになり，生まれの高貴な者は，過去において何らかの善業を積んだ者と見なされる一方で，生まれの卑賤な者や社会的地位の低い者は，過去世の悪業を引きずっていることになってしまうが，これは物質的な援助を全面的に在家者に依存していた当時の教団にとって，重要な問題を引き起こすことになる。つまり，在家者の物質的な援助がなければ，出家者は安心して修行に打ち込めなくなるのであるから，社会の目あるいは世間体を否が応でも無視できなくなり，その在家者達の目から見て非難の対象になるような者が出家すれば，在家者の印象を悪くすることになるし，ひいては経済的援助が断たれることにもなりかねない。したがって，すでに見てきた有部の極端な業観は，自ずと出家者の資格に関わる問題に発展し，社会の目から見て非難されるような人の出家には，自ずと制限が設けられるようになる。そこで，ここでは有部の業観がもたらした対社会的問題を考えてみようと思う。

佐々木閑は律文献が規定する「比丘になれない人」に関して考察を行っているが，それによると，出家集団と俗世間との関係を踏まえて，律文献の有する二つの異なった性格を「律蔵は悟りのための指針となるべき部分と，社会との円滑な共存関係を維持する部分から成る。前者の場合，律は絶対不変の権威として出家者の生活を拘束するという性格を有するが，後者の場合は社会状況の変化に応じて律内容も変化する（要約）」と理解し，後者の場合，律規定は「僧団が社会の尊敬を失って乞食生活に支障が生じることのないように，その活動を規制することだったのではないだろうか。これはもちろん確証のあるアイデアではないが，律の中の多くの規定が，一般の人々からの非難をかわすために制定されているという事実を重視するなら，そのように推測することも無理ではない」と指摘している[54]。

赤沼智善は，原始仏教における四衆に関して，その数，階級，地理的分布を整理し，ブッダ在世時の教団の一側面を明らかにしたが，それによると，数こそ少ないが，最下層のシュードラ階級からの出家者も存在していたことが確認されている[55]。ブッダ在世当時の教団がバラモン教の確立した四姓制度を否定し，四姓平等を積極的に唱えたかどうかは，軽率に結論を出すことのできない複雑な問題であるが，赤沼の報告によると，シュードラ階級からの出家者も存在していたから，出家は四姓すべてに開かれていたことは間違いのない事実であろう。しかし，これが直ちに「仏教は四姓平等を積極的に唱えていた」という判断を下す根拠にはならない。なぜなら，その出家者の数は，他の三階級のそれに比べると極めて少ないからである。この数の少なさは，シュードラ階級の人々が宗教的な熱意を持っていなかったことに由来するのか，あるいは仏教がインドに教線を布く際，当時の教団が彼らを対象にしなかったことによるのかは定かでない。しかし，少なくともブッダ在世当時にシュードラを含めた下層階級の人々が出家者となったのは紛れもない事実である。では後世の教団がこの問題にどう対処したのであろうか。この点を明らかにするには，律文献に見られる出家者の用例をすべて抽出し，その出家者を階級別に整理する必要があるが，ここではその端緒として，Divy. に説かれる出家者の用例[56]，特に各章の主人公に注目する。Divy. の中で物語の主人公が出家する章，あるいは主人公の出家に関する話が中心になっている章は以下のとおりである。

第１章（コーティーカルナ）長者

第2章（プールナ）長者
第11章（アショーカヴァルナ）王
第13章（スヴァーガタ）長者
第18章（ダルマルチ）バラモン
第19章（ジョーティシュカ）長者
第23章（サンガラクシタ）長者〔彼の過去物語は第25章〕
第24章（龍の子の生まれ変わり）バラモン
第28章（ヴィータショーカ）王
第35章（パンタカ）バラモン
第37章（ルドラーヤナ）王

これからも分かるように，Divy. では社会的地位の高い者の出家話が中心となっている。しかもただ単に社会的地位が高いというだけではなく，その主人公が生まれた家は「巨大な財産と広大な資産とを有する裕福な家に生まれた」という形容句が定型化していた。これに関しては，定型表現 2-A（富者：本書 p. 154）で紹介したとおりである[57]。とすれば，Divy. の主人公で出家したのは，社会的地位の高い金持ちの出身者が中心になっているのが分かる。したがって，Divy. の記述によるかぎり，当時の有部教団の出家者の条件として，社会的地位あるいは階級の高いことと，また金持ちで裕福な家の出身者であることが浮かび上がってくる。これを確定するには，MSV や『十誦律』といった有部系の律文献やその他の現存の律などを渉猟して，出家者の分析を行う必要があるので，ここでは推定に留めておきたいが，この推定を傍証する用例を次に考察してみたい。つまり身分や社会的地位の低い者が出家した場合の状況が，Divy. でいかに説かれているかを検討するのである。

Divy. に見られる出家者は社会的地位が高い者が多いが，三例だけ例外が存在し，またこれらの用例は，当時の有部教団の出家の状況を知る上で重要な手がかりを提供してくれる。これに関しては，すでに前の業滅を考察した箇所で取り上げたが，まず第13章のスヴァーガタ，第33章のプラクリティ，そして第35章のパンタカ弟である。スヴァーガタは長者の子として生まれてはいるが，過去世においてなした悪業のせいで物乞いに身を落とすので，世間体という点では問題がある。プラクリティはマータンガ種というアウトカーストの出身者であるから，卑賤な生まれの出身者であるが，では最後のパンタカ弟の場合はどうであろうか。Divy. の伝承に従うと，この兄弟はバラモンの子となっている。ところがパーリの伝承によると，この兄弟は富豪の娘とその家の奴隷（dāsa）との間にできた子として描かれている。これはパーリ所伝の三つの資料が共通して説いているから(58)，こちらの伝承の方が信憑性は高い。ところで山崎元一が論じているように(59)，四姓のうち，女の身分が上で男の身分が下の逆毛結婚（pratiloma）の場合，その間にできた子は賤民階級に属するとされるが(60)，もしそうだとすると，パンタカ兄弟は賤民階級に属することになる(61)。そして，いずれの場合も何らかの方法で彼らの悪業を払拭し，彼らの業を消滅させているのはすでに確認したとおりであるから，当時の有部教団においては，彼らの出家が歓迎されていたとは考えがたい。それは，教団内部の事情というよりも，対社会的な面での要因が考えられる。なぜなら，彼ら三人の出家が認められたことに関しては，必ず外道の者達や世間の人々の非難の声が聞かれるからである。どのような非難が仏教教団に浴びせられているかを順次見てみよう。

yadāyuṣmān svāgataḥ svākhyāte dharmavinaye pravrajitas tadā sāmantakena śabdo visṛtaḥ/ śramaṇena gautamenāsau durāgataḥ kroḍamallakaḥ pravrajitaḥ/ tīrthyaiḥ śrutam/ te 'vadhyāyanti kṣipanti vivādayanti/ śramaṇo bhavanto gautama evam āha sāmantaprāsādikaṃ me śāsanam ity atra kiṃ sāmantaprāsādikam ity asya yatredānīṃ durāgataprabhṛtayo 'pi kroḍamallakāḥ pravrajantīti/ (Divy. 181.11-16)

同志スヴァーガタが見事に説かれた法と律とに従って出家した時，近くの者が声を発した。「沙門ガウタマが物乞いのドゥラーガタ(62)を出家させたぞ」と。外道の者達が聞いた。彼らは悪口を言い，軽蔑し，非難した。「おい，皆，沙門ガウタマは次のように言っていた。『我が教えはどこをとっても素晴らしい』と。どうして彼の教えがどこをとっても素晴らしいのだ。今ここでドゥラーガタを始めとする物乞い達も出家しているのに」と。

aśrauṣuḥ śrāvastīyakāḥ brāhmaṇagṛhapatayo bhagavatā kila caṇḍāladārikā pravrājiteti/ śrutvā ca punar avadhyāyanti/ kathaṃ hi nāma caṇḍāladārikā bhikṣūṇāṃ samyakcaryāṃ cariṣyati bhikṣuṇīnām upāsakānām upāsikānāṃ samyakcaryāṃ cariṣyati/ kathaṃ hi nāma caṇḍāladārikā brāhmaṇakṣatriyagṛhapatimahāśālakuleṣu pravekṣyati/ (Divy. 618.10-15)

シュラーヴァスティーに住むバラモンや長者達は，世尊がチャンダーラの娘を出家させたらしいと聞いた。そして聞くと，彼らは軽蔑した。「一体どうしてチャンダーラの小娘が比丘達の行を正しく修することなどできようか。比丘尼達の，優婆塞達の，優婆夷達の行を正しく修することなどできようか。一体どうしてチャンダーラの小娘が〔乞食のために〕バラモン，クシャトリヤ，長者，偉大な金持ち達の家に入ることなどできようか」(63)

yadā āyuṣmatā panthakena sarvakleśaprahāṇād arhattvaṃ sākṣātkṛtam anyatīrthikā avadhyāyanti dhriyanti vivācayanti/ śramaṇo gautama evam āha gambhīro me dharmo gambhīrāvabhāso durdṛśo duranubodho 'tarko 'tarkāvacaro 'sūkṣmo 'nipuṇapaṇḍitavijñavedanīyaḥ/ atredānīṃ kiṃ gambhīro 'sya yasyedānīṃ panthakaprabhṛtayaś cūḍāḥ paramacūḍā dhanvāḥ paramadhanvāḥ pravrajanti/ (Divy. 492.16-21)

同志パンタカが一切の煩悩を断じて阿羅漢性を証得した時，ある外道の者達は悪口を言い，罵り，軽蔑した。「沙門ガウタマは次のように言っていた。『我が教えは深遠にして，奥深き異彩を放ち，見難く，悟り難く，推量し難く，推量の領域を超えており，微細にして，聡明な賢者，智者によって〔のみ〕知られるべきものである』と。今，パンタカを始めとする馬鹿者，どうしようもない愚か者で，鈍感でどうしようもない薄のろどもが，彼のもとで出家したのに，この場合どうしてそれが深遠でありえようか」

このように，身分の低い者や愚か者の出家は，必ず世間で非難の対象となっている。ブッダ在世当時は，カリスマ性を持ったブッダが世間の非難に左右されることなく教団運営を行ったからか，あるいはまだ仏教が社会的に認知されるだけの教団として発展していなかったからか，その理由は定かでないが，身分の低い者や愚か者の出家は問題にならなかったと思われる。しかし仏滅後，部派仏教の時代を迎えて教団が拡大し，社会的な地位を確立した時代に入ると，有部教団は世間の顔色を伺わなくては教団運営ができなくなってしまったのではないかと考えられる。そしてその最も簡単な方法は，生まれの賤しい人の出家を避けると同時に，高貴な家に生まれた人の出家のみを認めることにより，高貴な生まれの人だけのエリート教団を形成することだったと推測される。このように考えると，プラクリティがマータンガ種の娘のままの状態で，またスヴァーガタが物乞いに身を落とす原因となった悪業を持ったままで教団に入ったり，さらには出家して阿羅漢となったパンタカ兄弟が賤民階級出身の人間では都合が悪かったために，陀羅尼でプラクリティの生まれを変えてしまったり，スヴァーガタに比丘への供養をさせることにより彼の悪業を滅したり，さらにはパーリの伝承を曲げてまでパンタカ兄弟をバラモンの生まれにしたこと等は，すべて上手く説明がつく。当時の有部教団にそのような意識があったとすれば，さきほど見た「巨大な財産と広大な資産とを有する裕福な家に生まれること」も，ただ単に長者の形容句ではなく，生まれ（あるいは家柄）の良さを特徴づける一つの属性と考えられなくもないだろう。

ブッダの系譜　では次に，同じ問題を違った角度からさらに考察してみたい。先には Divy. に説かれる出家者と社会的地位の問題を考察したが，ここではブッダの系譜に焦点を絞って，当時の有部教団がいかに社会の目を意識していたかを見ていきたい。仏教の開祖であるブッダはただ一人であるが，ではこのブッダをどのように見，いかに解釈するか，あるいはどう位置づけるか，という釈尊観・仏陀観は時代や地域によって複数存在することになる。そこで，部派仏教の時代に有部系の教団が教祖ブッダをどのように位置づけていたかという問題を，「血脈／法脈」(64)という観点から考察してみたい。資料としては MSV 破僧事を中心に見ていくが，MSV のブッダの位置づけは Mv. と好対照であるので，両者を比較し，その特徴を浮き彫りにしたいと思う。では二つの資料における実際の用例を検討してみよう。両資料とも世界の起源を説明し，その中でいかに王 (rājan) が誕生したかを説く箇所があるが[65]，その王の系譜の中にシャーキャ族が位置づけられている。

まず MSV 破僧事の用例から紹介しよう。この部分はブッダの意を受けたマウドガリヤーヤナが語り手となって，自分達の家系に疑問を持ったシャーキャ族の者達に，世界の起源から始まって，シャーキャ族の家系を余すところなく説き示すという体裁を取る。詳細は望月信亨や赤沼に譲るが[66]，ここでは最初の王マハーサンマタから始まり，ブッダに至るまで，実に百三十人以上の王の名前に言及し，この王の系譜の中にブッダが位置づけられているので，執拗なまでに血脈に執着しているのが分かる。また王によっては，その王都の名前や相続した子孫の数にまで言及する場合もあり，血統を重視した位置づけに心血を注いでいる[67]。一方，法脈の中でブッダを位置づけようとする試みは破僧事の中には見られないが，その他の MSV や Divy. 等を参照すれば，燃灯仏授記，もしくは過去七仏の系列の中でブッダを位置づけているに過ぎない。しかも過去七仏の名前がすべて列挙され，それぞれの仏が相続してその最後にブッダを位置づけるといった記述は，有部系の梵文文献の中には存在しないようだ[68]。したがって，説一切有部では，ブッダを位置づける際に，法脈よりも血脈を重視していたのではないかと推察されるのである[69]。

これに対し，Mv. はどのような態度を取っているかを見ておこう。Mv. にも世界の起源を説き明かす中で，最初の王マハーサンマタに言及し，その流れの中でブッダを位置付けようとする試みが見られるが，その相続は次のとおりである。

マハーサンマタ→カルヤーナ→ラヴァ→ウポーシャダ→マーンダータ[70]→スジャータ→オープラ→ニプラ→カラカンダカ→ウルカームカ→ハスティカシールシャ→シンハハヌ→シュッドーダナ→[71]シッダールタ→ラーフラ (Mv. i 348.3-352.13)

これからも分かるとおり，マハーサンマタからブッダまで僅か十四名を挙げるのみで，その数は破僧事の十分の一ほどに過ぎない。この事実は Mv. がブッダを王の系譜の中に位置づけることに興味を示さなかったことを物語っている。しかし，法脈ということになると，この淡泊な態度も一変し，Mv. は破僧事がブッダを血脈の中で位置付ける際に見せた拘りを法脈の中で位置づける際に発揮する。Mv. に含まれる「多仏経 (Bahubuddhasūtra)」には，過去仏インドラドゥヴァジャの国土の荘厳が詳細に説かれた後，インドラドゥヴァジャからマハードゥヴァジャを二番目として，仏から仏の授記による相続が仏名を一々列挙して説かれ，全部で八百人近い仏（ただし実際に列挙されている仏名はシャーキャムニを含め百二十五）が順に相続することを詳細に説明しているが，その最後に過去七仏が置かれ，シャーキャムニがマイトレーヤを授記することを以てこの相続は終わる(72)。ここでは「如来Aが如来Bを授記し，如来Bが如来Cを授記し」という形で授記による相続を逐一説明し，この相続の中にブッダが位置づけられている。よって Mv. は法脈という出世間的な流れの中でブッダを位置づけることに腐心した痕跡が窺える。このように，同じ内容の話を伝える二つの資料も，教祖ブッダの理解の仕方は対蹠的で，まったく違った観点からブッダを位置づけようとしているのが理解されよう。MSV の破僧事が血脈という世間的な系譜に拘ったのに対し，説出世部の Mv. はその部派の名の示すとおり，出世間的な法脈という系譜に拘りを見せているのである。

ところで，同様の試みは Pāli 文献にも見られる。法脈の立場を取るのは，過去七仏を説く Mahāpadānasuttanta (DN 14) や，過去二十五仏を説く Bv. 等であるが，その仏名を Mv. のそれと比較してみると，過去七仏を除けば仏の名前の共通性は低く，またその数にも大きな隔たりがあるものの，法脈の系譜の中でブッダを位置づけようとする点では一致する(73)。これに対し，血脈の立場を取るのは Dīp. であり，八十名以上の王の名前に言及し，その中でブッダの位置づけを行っている(74)。もう一つの歴史書 Mhv は，Bv. の法脈の流れと Dīp. の血脈の流れとを両方含んだ形で編纂されている。血脈に関しては，望月や赤沼がここで扱った以外の仏典に見られる王の系譜を比較して表にしているが，これを見ても破僧事で言及される王の名前の数が一番多く，王の系譜に言及する仏典の中で頂点をなしているのが分かる。

では次に説一切有部が王の系譜という血脈にこれほどまでに拘った理由は何かという問題を，菩薩の誕生に関する記述から考えてみたい。これに関しても両資料が等しく言及しているので，両者の記述を比較する。Mv. では菩薩が兜卒天から死没する際，時（kāla），場所（deśa），洲（dvīpa），家（kula），という四項目を考慮するとされるが（Mv. ii 1.1-3），ここではそのうち最初の三項目に関する記述はなく，最後の家に関する項目が次のように説かれる。

dvīhi kulehi bodhisatvā jāyanti/ kṣatriyakule vā brāhmaṇakule vā/ yadā kṣatriyākrāntā pṛthivī bhavati tadā kṣatriyakule jāyanti/ yadā brāhmaṇākrāntā pṛthivī bhavati tadā brāhmaṇakule jāyanti// yasmiṃ ca bhikṣavaḥ kule bodhisatvā jāyanti taṃ kulaṃ ṣaṣṭīhi aṅgehi samanvāgataṃ bhavati (Mv. ii 1.3-6; cf. i 197.12 ff.)

菩薩達は二つの家柄に生まれる。クシャトリヤの家かバラモンの家かである。大地がクシャトリヤ達によって治められている時，菩薩達はクシャトリヤの家に生まれ，大地がバラモン達によって治められている時，菩薩達はバラモンの家に生まれる。比丘達よ，菩薩達が生まれる家は六十の支分を具足する。

そしてこの後，その六十の項目が列挙される(75)。当然，教祖の生まれる家であるから，あらゆる点で優れていることが強調されているが，その中には家柄の良さに加えて，徳が優れている点に言及するものもある。一方の破僧事では，菩薩が兜卒天から死没する時に思いを凝らす項目は，(1)出生（jāti），(2)場所（deśa），(3)時代（kāla），(4)家系（vaṃśa），(5)女性（strī）の五項目であり，各項目に関して詳細な記述が見られるが，その要点のみを纏めると，各項目で菩薩が選択した内容は次のとおり(76)。

(1)　出生：クシャトリヤ

(2)　場所：中国地方

(3)　時代：人の寿命が百歳の時代

(4)　家系：母父の両方ともに七世遡ってもその行いが非難されない高貴な家系

(5)　女性：美しく，戒を保ち，家系が優れ，高貴で，家を繁栄させ，過去仏のもとで「ああ，私はブッダの母になりますように」という誓願を立て，菩薩を十ヶ月間，胎内に保持することが出来，自らの目的を断念することのない女性

ここで興味深いのは菩薩がそれらを選択した理由であるが，それを列挙してみよう。

(1) mā me syur atonidānaṃ pare vaktāraḥ bodhisattvena garhaṇīyāyāṃ jātau pratisandhir gṛhīta iti (MSV vi 36.14-15)
他の者達がそれ（出生）を理由に「菩薩は非難されるべき生まれに再生した」という〔非難〕を私に浴びせるようなことがあってはならない。

(2) mā me syur atonidānaṃ pare vaktāraḥ, bodhisattvena pratyanteṣu janapadeṣu pratisandhir gṛhīta iti (MSV vi 36.25-37.1)
他の者達がそれ（私の生まれる場所）を理由に「菩薩は辺境の地方に再生した」という〔非難〕を私に浴びせるようなことがあってはならない。

(3) mā me syur atonidānaṃ pare vaktāraḥ pañcakaṣāyodrikte kāle bodhisattvena pratisandhir gṛhīta iti (MSV vi 37.15-16)
他の者達がそれ（私の生まれる時代）を理由に「菩薩は五濁が蔓延する時に再生した」という〔非難〕を私に浴びせるようなことがあってはならない。

(4) mā me syur atonidānaṃ pare vaktāraḥ pratyavare kule bodhisattvena pratisandhir gṛhīta iti (MSV vi 37.25-26)
他の者達がそれ（私の生まれる家系）を理由に「菩薩は賤しい家系に再生した」という〔非難〕を私に浴びせるようなことがあってはならない。

(5) mā ca me syur atonidānaṃ pare vaktāraḥ alakṣaṇasaṃpannāyā striyāḥ kukṣau bodhisattvena pratisandhir gṛhīta iti (MSV vi 38.13-15)
そして他の者達がそれ（私の入胎する女性）を理由に「菩薩は相を具足していない女性の胎内に再生した」という〔非難〕を私に浴びせるようなことがあってはならない。

これらの記述は，説一切有部が世間体をかなり意識していたことの証左となるであろう。このような記述は Mv. には見られない。この差異は，その部

派の経済的援助を担った在家信者の支持層とも関連する問題だが，すでに考察してきたように，生産活動に携わらない教団が世間の目を無視しては，その運営自体が成立しないということに関して有部系の教団はかなり敏感になり，より多くの支持者を取り込むためには，社会通念としてインドに深く根を降ろしたヴァルナの制度を無視できなくなって，教祖ブッダの出生を権威づけるために壮大な王の系譜を作成したのではないか，という推論が成り立つのである(77)。この血脈重視の仏典は種々あるが，その中でもここで見たMSV 破僧事はその頂点をなし(78)，いかに有部教団がこの問題に敏感になっていたかが窺える。この生まれ重視の立場は，すでに見た定型表現にも如実に現れており，前章で整理した 3-A（結婚：本書 p. 157）から 3-M（養育費を稼ぐ父：本書 p. 164）に関する定型句が実に多種多彩だったことからも首肯されるであろう。特に 3-A（結婚）の定型句はこの問題を考える上で重要なので，和訳だけをもう一度ここで紹介する。

彼は〔自分の家に〕相応しい家から妻を迎えた。彼は彼女と遊び，戯れ，快楽に耽っていた。彼が〔妻と〕遊び，戯れ，快楽に耽ると，妻は妊娠した。八，九ヵ月が過ぎると彼女は出産し，子供が生まれた。息子が生まれた。

まずここで強調されているのは，彼が自分の家に相応しい家から妻を迎えたことであり，これはその結婚が逆毛婚でないことや家柄の良さを強調している。また次に「彼は彼女と遊び，戯れ，快楽に耽っていた。彼が〔妻と〕遊び，戯れ，快楽に耽ると，妻は妊娠した」と彼の妻が妊娠に至る経緯を説く箇所があるが，ここでは彼が自分の妻と性交したことを執拗に説くことで，誕生した子供が彼の嫡子であり，逆毛婚や妻の浮気でできた子供でないことを明示しているとも理解できる。さらには 3-G（妊婦の保護：本書 p. 160），3-H（誕生：本書 p. 161），3-I（命名：本書 p. 161），3-J（八人の乳母：本書 p. 162），3-K（子供の成長と学習：本書 p. 163）などの定型句も，家柄の高貴さを強調していると解釈することもできよう。このような表現が定型化している背景には，ここで考察したような有部教団の対社会的な配慮があったと推察できるのである。

5　まとめ

ここではアヴァダーナ文献の中核となる業思想を取り上げた。アヴァダーナ説話の特徴が，現在や未来の楽果・苦果を過去や現在の善業・悪業で説明するのを特徴とする以上，まずこの業思想を明らかにする必要がある。そこで最初に考察の対象としたのが黒白業である。Divy. に見られる説話を業という観点から整理すると，そこには主人公が過去世で白業（善業）と黒業（悪業）とを両方行い，そして現世ではその果報をそれぞれ別々に享受するという話が中心を占めていることから，業の不可避性，あるいは白業と黒業の不混和性が Divy. の業思想の特徴であることを確認した。そして次に，黒業→苦果，白業→楽果，黒白業→苦楽果という三つの観点から，現存の広律に説かれている業報譬喩の過去物語を整理してみたが，MSV 以外はそのほとんどがジャータカであり，業報譬喩を内容とするものはごく僅かであったことから，業報譬喩を内容とする物語が，Divy. や MSV といった有部系の文献に特有のものであることが分かった。

さらに同じ業報譬喩を説く Divy. と MSV とを比較してみると，両者の違いは黒白業→苦楽果を内容とする物語の割合にあった。すなわち，MSV では全業報譬喩話のうち，黒白業→苦楽果を内容とする物語の占める割合が全体の四分の一程度であるのに対し，Divy. ではその割合が六割を越えていた。この事実から，Divy. の編纂者が MSV から説話を借用する際には，この黒白業→苦楽果を内容とする物語が優先的に選ばれたのではないかと推察した。そしてこの黒白業こそが Divy. の主要なテーマであるとすれば，これを如実に反映させたシュローナの餓鬼界遍歴物語がその第1章に置かれているのは偶然とは言えず，それなりの必然性があったと見ることができる。岩本裕が指摘したように，他の章はその順番に混乱が見られるが，どの写本においてもこのシュローナを主人公とする章が冒頭に置かれているのである。

次にその黒白業が強調されるに至った背景を，雑砕戒という観点から考察した。つまり Pāli 律ではそれほど重要視されなかった雑砕戒だが，有部系の梵文資料ではそれを守らなければ畜生に再生したという物語が四例存在することから，「戒律の乱れ」に当時の出家者達がかなり敏感になっており，そのような戒律の乱れを背景として，黒白業を内容とする物語が創作されたのではないかと推定した。

続いて有部の業観の特徴を理解するに際し，ブッダ自身がこの業報譬喩の物語でいかに説かれているかを見た。そこに浮かび上がってきたブッダ像は，およそ教祖としての面影はなく，業報という法則に縛られた不自由な姿であったが，すでに見た有部の業観に従えば，ブッダといえども，現世での苦果は当然過去世での悪業によってもたらされたと説かざるを得なくなるし，逆に言えば，ブッダさえも業報という法則からは自由ではないことを説くことによって業報の理を強調したのであろうが，これこそ有部系教団の業観を端的に物語っている(79)。それは業報さえも超越したとする Mv. のブッダ理解と比較する時，その性格の違いは自ずと明確になる。

しかしそのような雁字搦めの業観にあって，過去の業がその果報をもたらす前に消滅するという業滅の用例も少なからず存在し，そのような用例に考察を加えた。その方法は，初期経典や有部の論書に説かれる方法と比較すれば，極めて在家的な内容であったが，一般的な常識としての通俗的業説というものは世俗的な立場の教説として位置づけられるから，それは仏教の中心教義ではありえず，よって在家者を仏の教えに，また悟りに導くためであれば，方便として様々な説かれ方をしても差し支えないことになる。しかし，ブッダさえも拘束する業観を説く有部系の資料にあって，このような業の消滅を説く用例には極めて特異な印象を抱かざるを得ない。大乗仏典の影響も視野に入れて，さらなる考察が必要である。

そして最後に，このような白黒をはっきりさせる有部の業観がもたらした対社会的問題を考察した。このような業観に従えば，生まれの高貴さや社会的地位の高さは，その人の過去世の善業を無言で証明することになる一方，生まれの卑賤さや社会的地位の低さは，そのまま過去世での悪業を証明する結果となる。これは経済的援助を全面的に在家者に依存していた教団にとっては，出家者の資格という問題に行き着く。つまり社会的に問題のある人を出家させることは教団のイメージを悪くし，ひいては在家者からの経済的援助を断たれる結果となる。

事実，Divy. には身分の高い者達の出家話が中心を占めていたが，社会的に見て非難の対象になる者が出家する用例も三例あり，その場合には，いずれも悪業払拭の儀礼を行ったり，また彼らの出家に対しては社会からの非難があったことからも，当時の出家に纏わる状況が垣間見られた。またこれはブッダの位置づけにも影響を及ぼし，Mv. などは法脈の系譜にブッダを位置づけようとしたのに対し，有部系の資料は，血脈である王の系譜の中にブッダの居場所を見出そうとした。このような態度は部派によっても若干異なるであろうが，有部系の部派は対社会的な問題に関して特に敏感になっていたことが理解された[80]。

第5章　再生に関する思想

前章では，Divy. という文献を考える上で最も重要な業の思想を様々な観点から考察し，前世や現世での悪業や善業で現世や来世での苦果や楽果を説明する説話が頻出しているのを確認したが，その生まれ変わりを説明する中で，重要な役割を果たしているのが誓願と授記とである。Divy. に限らず，アヴァダーナ文献においてはこの誓願と授記とが頻繁に説かれ，この二つはアヴァダーナ文献の説話において欠かすことのできない重要な要素となっているし(1)，場合によっては両者が密接な関係のもとで説かれる場合も見られるが，その原型は燃灯仏授記に求めることができる。よって，ここでは章を改め，再生を考える上で重要な役割を果たしている誓願と授記とを考察の対象とし，その思想を探っていく。

1　Divy. の誓願説

普通「誓願 (pra-ṇi √dhā, praṇidhi, praṇidhāna)」と言えば，それは仏・菩薩に特有な概念と考えられやすい。特に浄土教においては，その傾向が強いようである。しかしながら，実際に浄土経典を繙いてみると，有情を救済する仏・菩薩の誓願と平行し，その仏・菩薩に救済される有情の誓願も少なからず説かれているのに気づく。そこで初期仏教から初期大乗仏教に至る誓願説を整理し，無量寿経の用例を中心にその問題点を拙稿で論じたことがあるが(2)，その際「誓願を成就させる行為」という観点から誓願説を整理してみると，同じ誓願という行為でも，両者の間には著しい相違点が見出せた。すなわち，一般の有情の誓願の場合，その誓願を成就させる行為は誓願前の「善業」あるいは「善根 (kuśalamūla)(3)」にあるのに対し，仏・菩薩の誓願説の場合，それは誓願後の「行 (caryā)」にある。これを図式化すると，前者は「善根→誓願」，後者は「誓願→行」となり，便宜上，前者の誓願説を誓願説 I，後者を誓願説 II とした(4)。本書でもこの分類に従い，Divy. に見られるすべての誓願説を整理した後，両者の特徴を明らかにしてみたい[5]。

誓願説 I　まず「善根→誓願」と図式化される誓願説 I の用例を，幾つかの主題別に纏めてその内容を概観する。これは，ある有情が仏（仏弟子，独覚，仏塔の場合もある）に対して供養（大抵の場合は布施）し，「仏の両足に平伏して（pādayor nipatya）」誓願するのが基本的なパターンである。またこの誓願説 I の最大の特徴として，その誓願文の中に「この善根によって（anena kuśalamūlena）」という句を含んでいることが挙げられる[6]。ではこのタイプの誓願説を実際に見てみよう。

〔**一般的な型**〕Divy. の基本的な説話の構造はジャータカのそれと類似しており，「現在物語・過去物語・連結」という三つの部分から構成されているが，その中でも過去物語で誓願が説かれることが極めて多い。まず第１章の用例であるが，ここでは主人公コーティーカルナの前生をブッダが説明する箇所に彼の誓願が見られる。

カーシャパ仏が入滅すると，クリキン王が彼のために塔を建立したが，王の死後，その塔は老朽化し，ひび割れや欠損が生じる始末だった。その老朽化した塔を見た隊商主（コーティーカルナ）は，その塔がカーシャパ仏のものであることを知ると，それを修繕しようと決心する。彼は商売で儲けた金を持ち帰って塔を修繕し，余った金をその塔に布施すると，盛大な供養をして誓願を立てる。

> tena prasādajātena yat tatrāvaśiṣṭam aparaṃ ca dattvā mahatīṃ pūjāṃ kṛtvā *praṇidhānaṃ* ca kṛtaṃ/ anenāhaṃ kuśalamūlenāḍhye mahādhane mahābhoge kule jāyeyam evaṃvidhānāṃ ca dharmāṇāṃ lābhī syām evaṃvidham eva śāstāram ārāgayeyaṃ mā virāgayeyam iti/ (Divy. 23. 16-20)
>
> 浄信を生じた彼は，〔商売で〕残してきた〔金〕と〔塔の修繕で〕余った〔金〕とをそこに布施して盛大な供養をし，誓願を立てた。「私はこの善根によって巨大な財産と広大な資産とを有する裕福な家に生まれますように。そして，あなたのような諸徳を得た者となりますように。ちょう

どあなたとまったく同じ様な師を喜ばせ，不快にさせることがありませんように」と。

このように，彼の誓願を成就させる原因となっているのは，誓願前の善業，すなわち，塔の修繕と金の布施と盛大な塔供養とによって生じた善根であることが分かる。

また，第3章ではヴァーサヴァ王とダナサンマタ王がそれぞれ正等覚者ラトナシキンに食事の供養をした後，次のように誓願する。

pādayor nipatya *praṇidhānaṃ* kartum ārabdhaḥ/ anenāhaṃ bhadanta kuśalamūlena rājā syāṃ cakravartīti (Divy. 65.9-11); pādayor nipatya sarvam imaṃ lokaṃ maitreṇāṃśena sphuritvā *praṇidhānaṃ* kartum ārabdhaḥ/ anenāhaṃ kuśalamūlena śāstā loke bhaveyaṃ tathāgato 'rhan samyaksaṃbuddha iti/ (Divy. 66.17-20)

〔ヴァーサヴァ王は世尊の〕両足に平伏して誓願を立て始めた。「大徳よ，私はこの善根によって転輪王になりますように」と;〔ダナサンマタ王は世尊の〕両足に平伏し，この一切世間を慈みで満たすと，誓願を立て始めた。「私はこの善根によって世間の師・如来・阿羅漢・正等覚者になりますように」と。

この誓願のために，転輪王シャンカと如来マイトレーヤとが，将来，同時に出現するとブッダは説明する。ここでもまず正等覚者に対する食事の供養をなし，それによって生じた善根によって，誓願の成就を願っている。Divy. に見られる誓願説は過去物語で説かれることが一番多いことはすでに指摘したが，現在物語で説かれる誓願説が一つだけ，第7章に存在する。ここでは，都城の清掃婦がブッダに灯明の布施をした後，次のように誓願する。

pādayor nipatya *praṇidhānaṃ* kṛtam/ anenāhaṃ kuśalamūlena yathāyaṃ bhagavāñ śākyamunir varṣaśatāyuṣi prajāyāṃ śākyamunir nāma śāstā loka utpanna evam aham api varṣaśatāyuṣi prajāyāṃ śākyamunir eva śāstā bhaveyaṃ yathā cāsya śāriputramaudgalyāyanāgrayugaṃ bhadra-yugam ānando bhikṣur upasthāyakaḥ śuddhodhanaḥ pitā mātā mahāmāyā rāhulabhadraḥ kumāraḥ putro yathāyaṃ bhagavān dhātuvibhāgaṃ kṛtvā parinirvāsyaty evam aham api dhātuvibhāgaṃ kṛtvā parinirvāpayeyam iti/ (Divy. 90.3-11)

〔彼女は世尊の〕両足に平伏すると，誓願を立てた。「人間の寿命が百歳の時代に，シャーキャムニ世尊がシャーキャムニと呼ばれる師として世に出現されたように，私もこの善根によって，人間の寿命が百歳の時代に，〔あなた様と〕同じシャーキャムニという師となりますように。またあなた様と同じように，シャーリプトラとマウドガリヤーヤナという最上の二人，有能な二人を有し，比丘アーナンダを待者とし，シュッドーダナを父とし，マハーマーヤーを母とし，ラーフラという美しい王子を息子としますように。また世尊が遺骨を分配されて涅槃に入られるように，私も遺骨を分配して涅槃に入れますように」と。

この後，ブッダは彼女の誓願が成就するであろうと予言しているが，これも灯明の布施による善根が誓願成就の決め手になっている。このような誓願説は Divy. において枚挙に暇がないし(7)，MSV においてもその傾向はまったく同様で，かなりの数の用例を指摘できる(8)。このように誓願の内容は世間的なものから出世間的なものまで多種多様であるが，その基本構造には何ら変わりがない。

〔悪業の果報と誓願〕 誓願説 I の用例を見てみると，何らかの善業をなした後に誓願すれば，それによって生じた善根の力により，必ずその誓願は叶うことになっているが，唯一その誓願が叶わない場合がある。それは「自らなした悪業の果報を享受しませんように」と誓願する場合である。そのパターンは，ある者が独覚に対して何らかの悪業を働くと，その独覚は彼のことを憐れんで神変を示し，それを見た者は改心して，その独覚に供養を捧げた後に誓願するというものだ。たとえば第37章の過去物語では，前世で猟師だった主人公ルドラーヤナ王の誓願が見られる。彼は，独覚が森に住み着くようになったことが原因で，動物達がその場所に寄りつかなくなってしまったことに腹を立て，その独覚の急所を矢で射抜いてしまった。するとその独覚は彼のことを憐れみ，神変を示現しながら死んでいった。その神変を目にした猟師は改心し，その独覚を手厚く供養すると，葬式を挙行して誓願する。

pādayor nipatya *praṇidhānaṃ* kṛtam/ yan mayaivaṃvidhe sadbhūtadakṣiṇīye 'pakāraḥ kṛto māham asya karmaṇo bhāgī syāṃ yat tu kārā kṛtā anenāhaṃ kuśalamūlenāḍhye mahādhane mahābhoge kule jāyeyam evaṃ-vidhānāṃ ca guṇānāṃ lābhī syāṃ prativiśiṣṭataraṃ cātaḥ śāstāram ārāgayeyaṃ na virāgayeyam iti/ (Divy. 583.27-584.2)

〔彼はその塔を独覚に見立て，独覚の〕両足に平伏して(9)誓願を立てた。「私は〔あなた〕の如き真の応供者に悪事を働きましたが，私はこの〔悪〕業を享受する者となりませんように。一方〔私はあなたのために舎利塔を建立し，これに対して手厚い〕供養をしました。この善根によって，私は〔将来〕巨大な財産と広大な資産とを有する裕福な家に生まれますように。そして〔あなた〕のような諸徳を得た者となって，あなたよりも優れた師を喜ばせ，不快にさせることがありませんように」と。

この誓願のうち，後半の部分は現世で成就しているが，誓願の前半の「私はこの悪業を享受する者となりませんように」という点は成就していない。なぜなら，連結の部分で世尊は「彼は独覚の急所を矢で射抜いたという悪業の異熟として，何百年，何千年という長い間，地獄において煮られ，またその業の残余として，現世でも阿羅漢になりながら刀で殺されたのである」と説明しているからである。Divy. では，業果の必然性・不可避性が過度に強調されていることを考慮する時，一旦なされた業がその果報をもたらす前に消滅するということは基本的に道理に合わず，そのような誓願が成就しないことは不思議ではない。換言すれば，業報思想を覆すような，余りに都合のよい誓願は成就しないことになっているのである(10)。

〔臨終直前の比丘の誓願〕 誓願説 I は基本的に在家者の立てる誓願であるが，ある特別な場合に限って，出家した比丘もこの類の誓願を立てることがある。それは，ある比丘が梵行を修したが，その生涯に悟りを得ることができなかった場合であり，未来世に悟りを得ることを期待しながらその比丘は臨終の直前にこのタイプの誓願を立てる。第13章では，主人公のスヴァーガタが過去世において，正等覚者カーシャパのもとで出家して比丘となり，命ある限り梵行を修したが，いかなる徳の集まりも獲得できなかったので，臨終の直前に次のような誓願を立てる。

sa maraṇasamaye *praṇidhānaṃ* kartum ārabdhaḥ/ yan mayā bhagavati kāśyape samyaksaṃbuddhe 'nuttare dakṣiṇīye yāvadāyur brahmacaryaṃ caritaṃ na ca kaścid guṇagaṇo 'dhigato 'nenāhaṃ kuśalamūlena yo 'sau bhagavatā kāśyapena samyaksaṃbuddhenottaro māṇavo vyākṛto bhaviṣyasi tvaṃ māṇava varṣaśatāyuṣi prajāyāṃ śākyamunir nāma tathāgato 'rhan samyaksaṃbuddha iti tasyāhaṃ śāsane pravrajya sarvakleśaprahāṇād arhattvaṃ sākṣātkuryāṃ yathā ma upādhyāyo bhagavatā kāśyapena samyaksaṃbuddhenābhīkṣṇaṃ tejodhātuṃ samāpadyamānānām agro nirdiṣṭa evaṃ mām api sa bhagavāñ śākyamuniḥ śākyādhirājo 'bhīkṣṇaṃ tejodhātuṃ samāpadyamānānām agraṃ nirdiśed iti/ (Divy. 192.29-193.10)

彼は死ぬ時に誓願を立て始めた。「私は，世尊・正等覚者・無上の応供者カーシャパのもとで，命ある限り梵行を修したが，いかなる徳の集まりも獲得することができなかった。〔しかし，梵行を修したという〕この善根によって，私は，世尊・正等覚者カーシャパが『青年よ，お前は〔将来〕，人の寿命が百歳の時に，シャーキャムニと呼ばれる如来・阿羅漢・正等覚者になるであろう』と授記された最上の青年の教えに従って出家し，一切の煩悩を断じて阿羅漢性を証得しますように。〔また〕私の師匠が，世尊・正等覚者カーシャパによって『即座に火界定に入る者達の中で最上のものである』と示されたように，またシャーキャ族の王である世尊シャーキャムニも私のことを『即座に火界定に入る者達の中で最上の者である』とお示しになるように」と。

このように，その生涯で悟りを得ることができなかった比丘は，それまで梵行を修したという善根により，次世での悟りを願うのであり，この場合，スヴァーガタが過去世で立てた誓願は悉く現世で実現している。このような用例を見る時，悟りに到達しなかった比丘が臨終の直前にこのような誓願を立て，次の世で悟ることを願うというようなことが実際に行われていたのかも知れない(11)。このような用例は MSV においてかなり頻繁に説かれており(12)，この用例と同様に「ブッダが『お前は〜する比丘達の中で最上の者である』と示してくれますように」という内容を含むのが特徴である。またもう一つの特徴として，このような誓願が立てられるのは，必ず過去仏カーシャパの時代であることが指摘できる。

〔邪な誓願〕 その数は極めて少ないが，「正しい誓願 (samyakpraṇidhāna)」という用例と並んで「邪な誓願 (mithyāpraṇidhāna)」という語の見られる用例も一例だけ存在する。それは第1章の現在物語に見られる。主人公コーティーカルナは餓鬼の世界を彷徨い，ある餓鬼の城で大神通力を持った女餓鬼に出会う。彼は，彼女がどうして餓鬼の世界に生まれたのかと聞くと，その女餓鬼は次のように説明する。

> yayā mayāryamahākātyāyanaṃ piṇḍakena pratipādya praṇīte trayastriṃśe devanikāye upapattavyaṃ sāhaṃ *mithyāpraṇidhāna*vaśāt pretamahardhikā saṃvṛttā/ (Divy. 14.17-19)
>
> 「〔生前〕私は聖者カーティヤーヤナに食物の布施をしたので，妙なる三十三天衆に再生するはずだったのですが，この私は〔『家族の者達全員がそれぞれなした悪業の果報を見ることができる場所に生まれ変わりますように』という〕邪な誓願を立てたせいで大神通力を持つ女餓鬼になってしまったのです」

ここでも，聖者カーティヤーヤナに食物の布施をすることによってまず善根を作り，その後で誓願するという順序で説かれている。このように，本来，三十三天衆に自分を再生させる力と方向性とを持った善根の向きを，「誓願」という行為を介することにより，餓鬼の世界に生まれるという方向に変えているのである。

また mithyāpraṇidhāna という言葉こそ見られないものの，その誓願の内容が明らかに「邪」である誓願の用例は第24章に見られる。前世が龍であった阿羅漢は，龍の世界に赴き，両親に再会すると，両親は彼に「毎日ここまで我々の食事の供養を受けに来てほしい」と願い，彼もその申し出を受け入れた。ある時，彼に師事していた沙弥も彼について龍の世界に赴いた。しかしその沙弥は，龍達が自分よりも師匠を手厚くもてなしたことに腹を立て，次のように誓願する。

> sa *praṇidhānaṃ* kartum ārabdhaḥ/ yan mayā bhagavati kāśyape samyak-

saṃbuddhe 'nuttare mahādakṣiṇīye brahmacaryaṃ cīrṇaṃ anenāhaṃ kuśalamūlenaitaṃ nāgam asmād bhavanāc cyāvayitvā 'traivopapadyeyam iti/ (Divy. 346.4-7)

彼は誓願を立て始めた。「私は世尊・正等覚者・無上の応供者カーシャパのもとで梵行を修したが，どうかこの善根によって私はこの〔龍〕宮から龍どもを死歿せしめ，この同じ場所に生まれ変わりますように」と。

ここでは mithyāpraṇidhāna という言葉こそ見られないものの，誓願の内容は明らかに邪なものであり，この後，彼の誓願は見事に成就している。ここで見た二例で注目すべきは，何らかの善根を持つ者が誓願すると，その誓願の内容が邪であれ，それを成就させるという働きを「誓願」という行為が持っていることである(13)。

〔その他〕 今まで見てきた用例は，誓願者がまず善業をなし，それによって善根を作った後，「この善根によって」という定型句を含んだ誓願文を説くのがパターンであったが，ここでは，誓願説Ⅰに属すとは考えられるものの，このような型から外れる用例を挙げておく。まず誓願前の善業はなされているものの，今まで見てきたように，「この善根によって」という定型句がその願文にない用例が存在する。まず第27章の用例を見てみよう。前世で隊商主の息子であったクナーラは，壊れていた仏塔を再建し，仏像を修復した後，誓願を立てる。

samyakpraṇidhānaṃ ca kṛtam/ yādṛśaḥ krakucchandaḥ śāstedṛśam eva śāstāram ārāgayeyam mā virāgayeyam iti/ (Divy. 419.4-5)

そして〔彼は〕正しい誓願を立てた。「〔正等覚者〕クラクッチャンダのような師を私は喜ばせ，不快にさせることがありませんように」と。

ここでは，仏塔再建と仏像修復という善業をなした後に誓願を立て，それが現世で成就しているので，「この善根によって」という定型句は見られないものの，これも誓願説Ⅰの用例と言えよう。

また，第36章の用例では，「クブジョーッタラーはいかなる業をなしたがために，一度耳にしたことをよく覚えているのですか」という比丘達の質問を受けたブッダが彼女の前生を説明する中に，同様の用例が見られる。ある独覚が痛風を患って食事をする際に鉢が震えていたのを見た彼女は，その鉢が安定するようにと考え，自分の腕輪を外して独覚に布施してから次のような誓願を立てる。

> tayā pādayor nipatya *praṇidhānaṃ* kṛtam/ yathaiva tat pātraṃ niṣkampam avasthitam evam eva mamāpi saṃtāne ye dharmāḥ praviśeyus te niṣkampaṃ tiṣṭhantu iti/ yat tayā praṇidhānaṃ kṛtaṃ tasya karmaṇo vipākena śrutadharā saṃvṛttā/ (Divy. 540.28-541.2)
>
> 彼女は〔彼の〕両足に平伏して誓願を立てた。「その鉢が震えることなく留まっているのとまったく同じように，私の〔心の〕相続に入ってくる法もまた，このように震えることなく〔しっかりと〕留まりますように」と。彼女が誓願を立てたというこの業の異熟として，〔一度〕聞いたことはよく覚えているのだ。

ここでも，彼女の立てた誓願には「この善根によって」という定型句は見られないが，誓願前に彼女は自分の腕輪を独覚に与えるという布施をなしているので，これも誓願説Ｉの用例と構造的には同じ用例である(14)。

次に誓願の内容が明らかでない用例を二つ紹介する。これはいずれも連結で説かれているもので，まずは第17章の用例からであるが，ここではブッダが弟子達に対して次のように説いている。

> yasmād evaṃ buddhe bhagavati mahākāruṇike kārāḥ kṛtā atyarthaṃ mahāphalā bhavanti mahānuśaṃsā mahādyutayo mahāvaistārikā iti tasmād bhavadbhiḥ kiṃ karaṇīyaṃ buddhe dharme saṃghe kārāḥ karaṇīyāḥ *samyakpraṇidhānāni* ca karaṇīyānīti// (Divy. 228.16-19)
>
> 「大悲を有する仏・世尊に供養をすれば，非常に大きな果・大きな利益・大いなる光輝・大きな繁栄があるから，何をすべきかというと，お前達は仏・法・僧に対して供養をなし，そして正しい誓願を立てるべきである」と。

誓願の内容は具体的には説かれていないが，「三宝への供養→誓願」という順序で説かれているから，これも三宝への供養によって善根を作り，その善根によって何かを誓願するという構造になっていることが分かる。もう一つの用例は第28章に見られる。ここではヴィータショーカが阿羅漢になったことを，長老ウパグプタは次のように説明する。

yāvad daśavarṣasahasrāṇi brahmacaryaṃ caritvā *samyakpraṇidhānaṃ* kṛtaṃ tasya karmaṇo vipākenārhattvaṃ prāptam iti/ (Divy. 429.2-4)

「〔彼は〕一万年の間，梵行を修して正しい誓願を立てたが，その業の異熟として阿羅漢性を獲得したのである」

ここでも誓願の内容は明らかではないが，梵行を修するという善根を積んでから誓願しているので，これも誓願説Ｉの用例と考えられよう(15)。

誓願説 II　次に「誓願→行」と特徴づけられる誓願説IIの用例を見ていくことにする。大乗経典ではブッダ以外の者（たとえば一般の菩薩）もこのような誓願を立てるが，本生経類ではその誓願者がブッダに限られ，その他の者がこのような誓願を立てることは，管見の及ぶ限り存在しない。では Divy. に見られる用例を実際に見てみよう。まず最初の用例は第８章の過去物語に見られる。これはブッダの本生スプリヤが隊商主として活躍する物語であるが，彼の誓願が見られる箇所は次のようになっている。

tena sārthavāhabhūteneyam evaṃrūpā *mahāpratijñā* kṛtā sarvasattvā mayā dhanena saṃtarpayitavyāḥ/ (Divy. 100.22-23)

隊商主となった彼は，次のような大いなる誓いを立てた。〈私は一切有情を財によって満足させよう〉

このような誓いを立てた後，彼はその誓いを実現すべく，五百人の商人達と海を渡った。首尾よく航海を成功させ，陸地に戻った彼らが道を進んでいると，千人の盗賊に道を阻まれ，商人達の命と引換えにスプリヤは宝石を盗賊達に手渡した。そして同じことが七回も繰り返された。スプリヤは，かつて〈一切有情を財によって満足させよう〉という大いなる誓い（mahatī pratijñā: Divy. 102.2）を立てたが，この千人の盗賊達すら財によって満足させることができないと考えて落ち込んでいると，ある神が現れて次のように彼を勇気づける。

mā tvaṃ sārthavāha khedam āpadyasva ṛddhiṣyati te *praṇidhir* iti/ asti khalu mahāsārthavāhāsminn eva jambudvīpe badaradvīpo nāma mahāpattano 'manuṣyāvacarito maheśākhyamanuṣyādhiṣṭhitaḥ/ santi tasmin badaradvīpe pradhānāni ratnāni sarvasattvavicitramanorathaparipūrakāni/ yadi mahāsārthavāho badaradvīpayātrāṃ sādhayed evam imāṃ *mahatīṃ pratijñāṃ* pratinistareta/ (Divy. 102.9-15)

「隊商主よ，あなたは塞ぎ込んではいけない。あなたの誓願は実を結ぶであろう。大隊商主よ，この同じ閻浮提にはバダラ島と呼ばれる大都市があり，前人未踏で，立派な者によって支配されている。そのバダラ島には，一切有情の様々な望みを叶える最高の宝がある。もし大隊商主がバダラ島への航海を成功させたなら，その大いなる誓いを成就することができるであろう」

この後，スプリヤはこの神からバダラ島への道順を聞き，幾多の困難を乗り越えてバダラ島へと行くと，そこでその宝石を手に入れ，無事に戻ってくると一切有情を財で満足させ，彼の誓願が成就したところで物語は終わる。このように「一切有情を財によって満足させよう」という誓いを成就させる行為は，誓願後のスプリヤの行にあることが分かる。これが誓願説IIの典型的な用例であるが，ここでは pratijñā という語が後に praṇidhi と言い換えられ，両者が同義で用いられている。

次の用例は第22章である。正義の王チャンドラプラバは菩薩として何でも布施していた。悪心を抱いたバラモンは，王が「私は一切を布施する者となろう」と自ら誓いを立てた（pratijānīte: Divy. 320.22）ことを聞き，彼の頭を手に入れようと企む。彼は王のもとに行き，彼の頭を与えるように言うと，王は自分の頭を布施するために，彼を連れてマニラトナガルバという園林に行き，次のように誓願する。

atha rājā candraprabhaḥ *samyakpraṇidhānaṃ* kartum ārabdhaḥ/ śṛṇvantu bhavanto ye daśadikṣu sthitā devatāsuragaruḍagandharvakinnarā adhyuṣitā ihāhaṃ udyāne tyāgaṃ kariṣyāmy asmin tyāgaṃ svaśiraḥparityāgaṃ yena cāhaṃ satyena svaśiraḥ parityajāmi na rājyārthāya na svargārthāya na bhogārthāya na śakratvāya na brahmatvāya na cakravartivijayāya nānyatra katham aham anuttarāṃ samyaksaṃbodhiṃ abhisaṃbuddhyādāntān sattvān damayeyam aśāntāñ chamayeyam atīrṇān tārayeyam amuktān mocayeyam anāśvastān āśvāsayeyam aparinirvṛtān parinirvāpayeyam anena satyena satyavacanena saphalaḥ pariśramaḥ syāt parinirvṛtasya ca sarṣapaphalapramāṇadhātavo bhaveyur asya ca maṇiratnagarbhasyodyānasya madhye mahān stūpaḥ syāt sarvastūpa-prativiśiṣṭaḥ/ ye ca sattvāḥ śāntakāyā mahācaityaṃ vanditukāmā gaccheyus te taṃ sarvastūpaprativiśiṣṭaṃ dhātuparaṃ dṛṣṭvā viśrāntā bhaveyuḥ parinirvṛtasyāpi mama caityeṣu janakāyā āgatya kārāṃ kṛtvā svargamokṣaparāyaṇā bhaveyur iti/ (Divy. 326.13-29)

その時，チャンドラプラバ王は正しい誓願を立て始めた。「聞け，皆の者，十方に住し留まっている神・アスラ・ガルダ・ガンダルヴァ・キンナラ達よ。私はこの園林で喜捨をなすであろう。ここでの喜捨は，自らの頭の喜捨である。私はこの真実〔語〕を以て自らの頭を喜捨するが，それは王権のためでもなく天界のためでもなく，財のためでもなく，帝釈天の地位のためでもなく，梵天の地位のためでもなく，転輪王の勝利のためでもなければ，その外のためでもない。必ずや私は無上正等菩提を正等覚し，調御されざる有情達を調御し，寂静ならざる〔有情達〕を寂静ならしめ，〔彼岸に〕渡らざる〔有情達〕を〔彼岸に〕渡らしめ，解脱せざる〔有情達〕を解脱せしめ，安穏ならざる〔有情達〕を安穏ならしめ，般涅槃せざる有情達を般涅槃せしめよう。この真実により，真実語により，〔私の〕努力が実り多きものとなり，入滅した〔私の体〕が芥子の実ほどの大きさの遺骨になり，そしてこのマニラトナガルバ園の中央にどの塔よりも優れた大きな塔が立つように。また大塔に礼拝しようとやって来る身体の寂静な有情達が，最高の遺骨を蔵し，どの塔よりも優れたこ〔の塔〕を見て安堵するように。私が般涅槃しても塔に人々がやって来て〔塔〕供養し，必ず天界か解脱かに確定した者となるように」と[16]。

ここでは王の誓願説が二つ見られる。最初は「私は一切を布施する者となろう」という誓願である。これを成就させるためには，当然この誓願後の布施行が必要であるから，その構造は「誓願→行」である。問題なのは次の用例で，この誓願の「私の努力が実り多きものとなるように」以下の内容を直接的に成就させる要因は，その前にある真実語であり[17]，一見すると誓願後の行がこの誓願を成就させるようには見えない。しかし，その真実語の内容は，将来自分が正等覚して利他行に専心することであるから，これが真実として確定していなければ，この誓願は成就しないことになる。とすれば，間接的にはこの誓願を成就させるのは将来の行と考えられるので，ここではこの用例を誓願説IIとしておく。Divy. では誓願説Ｉに比べると誓願説IIの用例は極めて少ないが，この傾向は根本有部律においても同様である[18]。

ここでは，「誓願を成就させる行為」という観点から，Divy. に見られる誓願説を二種類に分類して考察してきたが，最後にそれぞれの誓願説の特徴を纏めてみよう。これまでの考察から，Divy. の誓願説Ｉの用例は，「誓願」とは言っても「願」を内容としていたことが理解されるが，この誓願説の特徴は，何らかの善根を持つ者が何かを願うと，その願いは必ず成就するというところにある。善業や梵行によって善根を蓄えた者は，その善根が成熟すると，それは必ず何らかの楽果をその人にもたらすから，楽果を得るのに必ずしも誓願は必要ではない。しかし，誓願しなければ，どんな楽果を得るかは分からない。そこで数ある楽果の中から自分の希望するものを選択したい時には，この誓願が必要になるのである。

したがって，この誓願説Ｉの特徴は，すでに指摘したように「すでになされた善業の方向性を決定するもの」と言える。天に生まれたい者は，善業をなした後，「将来，天に生まれますように」と誓願するであろうし，また来世で金持ちの家に生まれたいと希望する者は，「金持ちの家に生まれますように」と誓願するのである。Divy. では「悪業の果報を受けませんように」という誓願を除けば，善根ある人の誓願は必ず成就している。そして興味深いのは，「邪な誓願」で見たように，その誓願の内容が悪いことでも，しかるべき善根のある人が誓願すれば，それが成就してしまう点にある。要するに，善根を有する人の誓願は，その内容の如何に係わらず，成就してしまう。この意味において，誓願説Ｉの特徴は「すでになされた善根の方向性を決定するもの」[19]と言えるのであり，悪い方向にでも善根の方向を変えることができるのは実に興味深い。ここに誓願説Ｉの特徴があると言えよう。

誓願説IIの用例は Divy. には僅かだったが，その特徴は「誓願」のうち「誓」の方に重点が置かれる。すなわち，まず「誓い」を立て，そしてその誓いを実現するために「行」を実践するのである。誓願説Iと誓願説IIとは，これまで考察してきたように，「誓願 (praṇidhāna)」という言葉は同じでも，その構造はまったく違うものであり，異なった思想基盤の上に展開していったと考えられる。pra-ṇi√dhā という用語そのものは，本来「善根→誓願」を内容とする誓願説Iと結びついたものであったと推測されるから，「誓願→行」という構造を持つ誓願説IIには適さない用語だったと考えられる。だからこそ，誓願説IIを表現する場合には必ずしも pra-ṇi√dhā に類する言葉が用いられていないのである(20)。それがいつの時代からかは明確に規定できないが，後代，何らかの理由で誓願説IIを言い表す場合にも，pra-ṇi√dhā という用語が用いられるようになったと考えられる。ではなぜ本来性格の違う誓願説IIを表現するのに pra-ṇi√dhā という言葉が使われるようになったかは現在のところ不明であり，今後この点を中心に誓願説の起源と展開を明らかにしていかねばならない(21)。なお，根本有部律に見られる誓願説の一覧は注に記しておく(22)。

2　Mv. の誓願説

Mv. にも誓願の用例は枚挙に暇がないほど夥しい数に上り，また Mv. の誓願説に関しては，すでに藤村隆淳の研究があるが(23)，そこで紹介されている用例は最初の十地に見られるものが中心で，Mv. 全体の用例を網羅しているわけではない。よって，ここでは同じ視点から Mv. の用例を考察してみたい。

誓願説 I　仏や独覚に布施や供養をなしてから，その願文に善根の定型句を含んだ誓願を立てるという用例は，Divy. ほど多くはないが，Mv. にも散見されるので，まずはその用例から紹介しよう。ガンガパーラ・ジャータカでは，ブラフマダッタ王とその祭官の息子ウパカとが，独覚に食を施してから誓願を立てる話が見られる。

te dāni prītisaumanasyajātāḥ *praṇidhānaṃ* utpādenti// eko āha// ahaṃ anena kuśalamūlena rājā bhaveyaṃ kṣatriyo mūrdhnābhiṣikto// dvitīyo āha// anena kuśalamūlena brāhmaṇamahāśālakule upapadyeyaṃ āḍhyo mahādhano mahābhogo// (Mv. iii 183.7-10)

さて，彼らは喜悦を生じて誓願を立てた。一人が言った。「私はこの善根によってクシャトリヤの灌頂王となりますように」。二人目が言った。「私はこの善根によってバラモンの大家に生まれ，裕福で巨大な財産と広大な資産とを有しますように」

また Divy. と同様に邪な誓願の用例がアビヤ事に一例だけ存在する。ここでは組合長ウッティヤの娘が世尊サルヴァービブーに供養を捧げた後に誓願を立てる。

uttiyasya śreṣṭhisya dhītā ..... *praṇidhānaṃ* utpādesi// mama abhiyena bhikṣuṇā īrṣyāprakṛtena abhūto abhyākhyāno dinno// yan mayā bhagavato sarvābhibhūsya saśrāvakasaṃghasya adhikāraṃ kṛtvā kuśalam arjitam aham etena kuśalamūlena yatra yatra abhiyo bhikṣur utpadyeya tatra tatra naṃ abhūtena abhyākhyānena abhyācikṣeyaṃ yāvat paramasaṃbodhiprāptaṃ// (Mv. i 44.11-45.1)

組合長ウッティヤの娘は（中略）誓願を立てた。「比丘アビヤは生まれつき嫉妬心が強かったので，私に対して虚偽の中傷をなしました。私は声聞の僧伽と共なる世尊サルヴァービブーに対して供養をなして善根を獲得しましたが，この善根によって，私は比丘アビヤが何処に生まれようとも〔彼が〕最上なる正等菩提を獲得するまでは虚偽の中傷によって彼を非難しますように」

この誓願が成就したことが連結で説かれているので（Mv. i 45.10-11），Divy. と同様に，善根さえあればその内容の正邪に関係なく，その誓願は成就することになっている。

さて，Mv. の誓願説Ｉで特徴的なのは，ここで紹介した用例のように世俗的なことを内容とするものが極めて少なく(24)，そのほとんどが成仏や菩提獲得といった自利や，有情の利益を願った利他を内容とする誓願になっている点にある。理由は，その誓願者がブッダの本生である場合が多いからであろう。Divy. では，自利といっても出家して阿羅漢になるというものが圧倒的に多かったが，Mv. ではそのような用例は僅かである[25]。では第五地に見られる用例を紹介しよう。ここではブッダが過去世で仏を供養し，誓願を立てた話が頻出する。

gotreṇa gautamo sau ayaṃ ca bhagavān tadāsi śreṣṭhisuto/
yvāgūdānaṃ datvā buddhapramukhe kṛtā *praṇidhiḥ*//
yaṃ maye kuśalam upacitaṃ saṃśliṣya saṃghe arhante dattvā/
tena paramārthadarśī bhaveyam akhilaṃ mamaṃ puṇyaṃ// (Mv. i 111. 9-12)

彼の種姓はガウタマであり，その時，かの世尊は組合長の息子だった。彼は粥を布施すると，仏の面前で誓願を立てた。「私は供養に値する僧伽にすべてを布施して善を積んだが，これによって私は勝義を知見し，私の福徳は完全なものとなるように」

またこの少し後ではブッダの本生であるアチュタ転輪王がラタナパルヴァタという仏に宮殿を布施して次のように誓願する。

kuśalena anena ahaṃ kuśalopacitavarāṇāṃ caritānāṃ/
durantakavīryakarmo bhaveya nātho anāthānāṃ// (Mv. i 114.4-5)

「私はこの善根により，善によって積み上げられた最高の行為に向かって，無限なる精進の実践者となり，拠り所のなくなった人々の導師となりますように」

このように，誓願説 I に分類可能な用例のうち，願文中にその誓願を成就させる行為が誓願前の善根であることを明記し，あるいは文脈からそれが推察され，しかもその誓願の内容が自利や利他を内容とするブッダの過去世の誓願は Mv. には幾つか存在するし[26]，またブッダ以外にも一般の菩薩[27]や，あるいは過去物語の主人公がこのような誓願を立てる話が見られるが[28]，自利を内容とする誓願では，内容転換の廻向の思想が，また利他を内容とする誓願では，自らの積んだ功徳を他者に振り向ける方向転換の廻向の思想も見られ，大乗仏教の用法と共通する点が注目される。

誓願説 II　この用例に関しては，まず燃灯仏授記に先だってブッダの本生であるメーガが立てた誓願を見ておこう。

so kamaṇḍalum ekānte nikṣipitvā ajinaṃ ca prajñapetvā bhagavato dīpaṃkarasya krameṣu praṇipatitvā keśehi pādatalāni saṃparimārjanto *evaṃ cittam utpmādeti*// aho punar ahaṃ pi bhaveyaṃ anāgatam adhvānaṃ tathāgato 'rhaṃ samyaksaṃbuddho vidyācaraṇasaṃpannaḥ sugato lokavid anuttaraḥ puruṣadamyasārathiḥ śāstā devānāṃ ca manuṣyāṇāṃ ca yathāyaṃ bhagavāṃ dīpaṃkaro etarahiṃ// evaṃ dvātriṃśatihi mahāpuruṣalakṣaṇehi samanvāgato bhaveyaṃ aśītihi anuvyaṃjanehi upaśobhitaśarīro aṣṭādaśahi āveṇikehi buddhadharmehi samanvāgato daśahi tathāgatabalehi balavāṃ caturhi vaiśāradyehi suviśārado yathāyaṃ bhagavāṃ dīpaṃkaro etarahiṃ// evaṃ ca anuttaraṃ dharmacakraṃ pravarteyaṃ yathāyaṃ bhagavāṃ dīpaṃkaro etarahiṃ// evaṃ samagraṃ śrāvakasaṃghaṃ parihareyaṃ/ evaṃ ca devamanuṣyāḥ śrotavyaṃ śraddhātavyaṃ manyensuḥ/ evaṃ tīrṇo tārayeyaṃ mukto mocayeyaṃ āśvasto āśvāsayeyaṃ yathāyaṃ bhagavāṃ dīpaṃkaro etarahi// bhaveyaṃ bahujanahitāya bahujanasukhāya lokānukampāya mahato janakāyasyārthāya hitāya sukhāya devānāṃ ca manuṣyāṇāṃ ca// (Mv. i 238.12-239.3)

彼は水器を一隅に置き，毛皮の衣を広げて世尊ディーパンカラの足元に平伏すと，〔自分の〕髪で〔世尊の〕足の裏を綺麗に拭いて次のような心を起こした。〈ああ，私もまた未来世に，今の世尊ディーパンカラのように，如来・阿羅漢・正等覚者・明行足・善逝・世間解・無上士・調御丈夫・天人師になろう。今の世尊ディーパンカラのように，私も三十二の偉人の相を具足し，八十種好で体は美しく，十八不共仏法を具足し，如来の十力で力強く，四無畏によってまったく恐れのない者となろう。そして，今の世尊ディーパンカラのように，私も無上の法輪を転じよう。彼と同じように，私は声聞の僧伽を和合させよう。また彼と同じように，神々や人間達が《〔私に〕耳を傾けるべきである。〔私を〕信用すべきである》と考えてくれるようにしよう。今の世尊ディーパンカラのように，〔自ら〕渡って〔他を〕渡らしめ，〔自ら〕解脱して〔他を〕解脱せしめ，

〔自ら〕安穏になって〔他を〕安穏ならしめよう。多くの人々の利益のために，多くの人々の安楽のために，世間を憐愍せんがために，大勢の人々の利益のために，そして神々と人々との利益と安楽とのために，私は〔仏に〕なろう〉

これとほぼ同内容の誓願は Mv. に全部で四例が確認されるが，そのうち三例（Mv. i 38.10 ff., 49.16 ff., 335.11 ff.）はブッダが過去世において過去仏のもとで立てた誓願である(29)。また Mv. には，マイトレーヤの過去世の誓願も説かれている。転輪王であったマイトレーヤは，世尊スプラバーサを供養した後，次のような心を起こす。

aho punar ahaṃ bhaveyam anāgate dhvāne tathāgato 'rhaṃ samyaksaṃbuddho vidyācaraṇasaṃpannaḥ sugato lokavid anuttaraḥ puruṣadamyasārathiḥ śāstā devānāṃ ca manuṣyāṇāṃ ca yathāyaṃ bhagavān suprabhāso etarahi/ evaṃ sarvākārasaṃpannaṃ sarvākārapratipūraṃ dharmaṃ deśeyaṃ yathāpīha bhagavān suprabhāso etarahi/ evaṃ samagraṃ śrāvakasaṃghaṃ parihareyaṃ yathāpi bhagavān suprabhāso etarahi/ evaṃ ca me devāś ca manuṣyāś ca śrotavyaṃ śraddhātavyaṃ manyensuḥ yathāpīdaṃ bhagavato suprabhāsasya etarahiṃ/ taṃ bhaveyaṃ bahujanahitāya bahujanasukhāya lokānukaṃpāya mahato janakāyasyārthāya hitāya sukhāya devānāṃ ca manuṣyāṇāṃ ca// (Mv. i 60.3-10)

〈ああ，私もまた未来世に，今の世尊スプラバーサのように，如来・阿羅漢・正等覚者・明行足・善逝・世間解・無上士・調御丈夫・天人師となろう。今の世尊スプラバーサのように，一切の行相を具足し，一切の行相を満足させた法を私は説こう。また今の世尊スプラバーサのように，声聞僧伽を和合させよう。そしてまた今の世尊スプラバーサのように，神々や人々が《私に耳を傾けるべきである。信用すべきである》と考えてくれるようにしよう。多くの人々の利益のために，多くの人々の安楽のために，世間を憐愍せんがために，大勢の人々の利益のために，神々と人々との利益と安楽のために，私はそうなろう〉

この他にも，Mv. にはブッダが過去世で立てた誓願を中心に夥しい数の誓願の用例を指摘できるが，Divy. の場合のように，誓願説Ⅰと誓願説Ⅱとに分類できない用例が数多く見出せる。これまで見てきたように，誓願説Ⅰであれ誓願説Ⅱであれ，その誓願の前にはブッダに対して布施などの善業がなされ，その後で誓願を立てるというのが基本であった。その場合，願文の中に「この善根によって」などの表現が見られる場合には，それを誓願説Ⅰに分類することが可能であり，その誓願を成就させるのが誓願前の善根であることは明瞭であるが，しかし願文にそのような定型表現が見られない場合，そしてそれがブッダの過去世での誓願である場合には，その誓願を成就させる行為が誓願前の善根にあるのか，あるいは誓願後の菩薩としての行にあるのかが明確でない(30)。なお Mv. の誓願説一覧も注に纏めておく(31)。

3　Divy. の授記思想

ブッダの神格化に伴い，彼の今生での悟りも今生だけの修行の成果とは見なされず，過去世における様々な善行がその資糧になったと考えられ，輪廻思想を背景としてジャータカという膨大な文学が誕生した。つまりブッダは数限りない過去世において数多の善行を積んできたとされるが，その起点になったのが燃灯仏授記(32)の物語である。Pāli の伝承に依れば，ブッダの本生であるスメーダが，将来ブッダになることを決意して泥の上に自らの髪を布き，ディーパンカラ仏を渡そうとしたので，それを見たディーパンカラ仏は，スメーダの成仏を予言したという(33)。これが授記思想の始まり(34)と考えられるが，この授記思想はアヴァダーナ文献や大乗経典が好んで取り上げる題材となり，その内容も多種多様であるが，ここではこの授記思想を考察していく(35)。その際，前と同様に Mv. との比較を行い，また有部系の Aś も視野に入れながら(36)，有部系のアヴァダーナと大衆部系のアヴァダーナの授記思想(37)を比較することにより，両者の特徴を明らかにしてみたい。では次に Divy. に説かれる授記の用例を見ていくが，ここでもまず最初に「燃灯仏授記」の用例を紹介し，続いて章ごとにその他の用例を概観していく。

①第18章　Divy. ではこの章に燃灯仏授記の物語が見られる。Mv. の用例と比

較すれば，主人公であるブッダの本生スマティの誓願もなく[38]，かなり簡素な内容になっている。

sumatir māṇavo buddhaṃ bhagavantaṃ sakardamaṃ pṛthivīpradeśam upāgataḥ/ tasmin sakardame pṛthivīpradeśe jaṭāṃ saṃtīrya bhagavataḥ purato gāthāṃ bhāṣate/

yadi buddho bhaviṣyāmi bodhāya budhabodhana/
ākramiṣyasi me padbhyāṃ jaṭāṃ janmajarāntakām (→ -ntaka?)//

tatas tena dīpaṅkareṇa samyaksaṃbuddhena tasya sumater māṇavasya jaṭāsu pādau vyavasthāpitau ..... paścād dīpaṅkareṇa samyaksaṃbuddhena sumatir māṇavo *vyākṛtaḥ/*

bhaviṣyasi tvaṃ nṛbhavād dhi mukto mukto (→ om.) vibhur lokahitāya śāstā/
śākyātmajaḥ śākyamunīti nāmnā trilokasāro jagataḥ pradīpaḥ//
(Divy. 251.29-252.14)

青年スマティは泥濘んだ地所に〔立っている〕仏・世尊に近づくと，その泥濘んだ地所に〔自分の〕弁髪を敷き，世尊の前で詩頌を唱えた。

「賢者を悟らせる人よ，もしも私が仏となれるのでしたら，生・老を滅したお方よ，〔我が〕悟りのために私の弁髪を両足で踏み越えられんことを」

そこで正等覚者ディーパンカラは，青年スマティの弁髪に両足を下ろされた。（中略）それから正等覚者ディーパンカラは，青年スマティに記別を与えた。

「汝は人間という生存の状態から完全に解脱して，世間を利益せんがために，有能な師となるだろう。汝はシャーキャムニという名の，シャーキャ族の息子として，三界の中で最も優れた者，世間の光明となるだろう」

②第３章　ここでは，すでに見た，ヴァーサヴァとダナサンマタという二人の王の誓願を受けて，正等覚者ラトナシキンが二人にそれぞれ記別を授ける。

tatsamanantaraṃ ca śaṅkha āpūritaḥ/ tato ratnaśikhī samyaksaṃbuddho vāsavaṃ rājānam idam avocat/ bhaviṣyasi mahārājāśītivarṣasahasrāyuṣi prajāyāṃ śaṅkho nāma rājā cakravartīti/ (Divy. 65.11-14)

そしてその直後，法螺貝が吹かれた。その後，正等覚者ラトナシキンはヴァーサヴァ王にこう言った。「大王よ，汝は人間の寿命が八万歳になった時，シャンカという名の転輪王になるであろう」と。

ratnaśikhī samyaksaṃbuddhaḥ kathayati/ bhaviṣyasi tvaṃ mahārājāśītivarṣasahasrāyuṣi prajāyāṃ maitreyo nāma tathāgato 'rhan samyaksaṃbuddha iti/ (Divy. 66.20-22)

正等覚者ラトナシキンは言った。「大王よ，汝は人間の寿命が八万歳になる時，マイトレーヤという如来・阿羅漢・正等覚者になるであろう」と。

③第4章　バラモンの娘は，ニャグローディカー村にやってきたブッダを見て浄信を抱き，麦焦の布施をすると，ブッダは微笑を示して彼女が独覚になると授記するが，ここで授記の定型句 8-D（微笑放光：本書 p. 175）が説かれている。授記に関する部分のみを示そう。

dṛṣṭā tavaiṣā sānanda brāhmaṇadārikā yayā prasādajātayā mahyaṃ śaktubhikṣānupradattā/ dṛṣṭā bhadanta/ asāv ānanda brāhmaṇadārikā anena kuśalamūlena trayodaśakalpān vinipātaṃ na gamiṣyati/ kiṃ tarhi devāṃś ca manuṣyāṃś ca saṃvācya saṃsṛtya paścime bhave paścime nikete paścime samucchraye paścima ātmabhāvapratilambhe supraṇihito nāma pratyekabuddho bhaviṣyati/ (Divy. 69.27-70.4)

「アーナンダよ，浄信を起こして私に穀粉の布施をした，かのバラモンの娘をお前は見たか」。「見ました，大徳よ」。「アーナンダよ，かのバラモンの娘は，その善根により，十三劫の間，悪趣に落ちることはないであろう。そうではなく，彼女は人間〔界〕と天〔界のみ〕を行き来し彷徨った後，最後の生存において，最後の住処において，最後の身体において，最後身を得た時に，スプラニヒタと呼ばれる独覚になるであろう」

④第5章　ハスティナープラにやってきたブッダを目にしたバラモンが詩頌を以てブッダを称賛すると，ブッダは微笑を示し，彼に独覚の記別を授ける。ここにも授記の定型句 8-D（微笑放光：本書 p. 175）が説かれているが（Divy. 72.16-73.17），第4章の直後の章ということで，定型句の前半部分は pūrvavad yāvat で省略されている。

dṛṣṭas te ānanda brāhmaṇo yena tathāgato gāthayābhiṣṭutaḥ/ dṛṣṭo bhadanta/ asāv anena kuśalamūlena viṃśatikalpaṃ vinipātaṃ na gamiṣyati kiṃ tu devāṃś ca manuṣyāṃś ca gatvā saṃsṛtya paścime nikete paścime samucchraye paścima ātmabhāvapratilambhe stavārho nāma pratyekabuddho bhaviṣyati/ (Divy. 73.13-17)

「アーナンダよ，如来を詩頌で賞賛したバラモンをお前は見たか」。「見ました，大徳よ」。「アーナンダよ，その善根により，二十劫の間，彼は悪趣に落ちることはないであろう。そうではなく，彼は人間〔界〕と天〔界のみ〕を流転し輪廻した後，最後の住処において，最後の身体において，最後身を得た時に，スタヴァールハと呼ばれる独覚になるであろう」

⑤第7章　これも，すでに誓願の用例を検討したところで取り上げた貧女の誓願を受けての授記話である。

ānanda bhaviṣyaty asau dārikā varṣaśatāyuṣi prajāyāṃ śākyamunir nāma tathāgato 'rhan samyaksaṃbuddhaḥ śāriputramaudgalyāyanau tasyāgrayugaṃ bhadrayugaṃ ānando bhikṣur upāsakaḥ (→ upasthāyakaḥ?) śuddhodanaḥ pitā mahāmāyā mātā kapilavastu nagaraṃ rāhulabhadraḥ kumāraḥ putraḥ sāpi dhātuvibhāgaṃ kṛtvā parinirvāsyatīti/ (Divy. 90.27-91.2)

「アーナンダよ，人間の寿命が百歳の時代に，かの婦人はシャーキャムニと呼ばれる如来・阿羅漢・正等覚者となり，シャーリプトラとマウドガリヤーヤナという最上の二人，有能な二人が彼の〔弟子となり〕，比丘アーナンダが侍者となるであろう。〔また彼には〕カピラヴァストゥの都城が〔故郷となり〕，シュッドーダナが父，マハーマーヤーが母，〔そして〕ラーフラという美しい王子が息子となるであろう。彼はまた遺骨を分配して涅槃に入るであろう」と。

⑥第11章　屠殺人に殺されそうになっていた牛はブッダの姿を見て心を浄らかにし，ロープを断ち切ってブッダの足を舐める。ブッダは屠殺人からその牛を救い出すと，ブッダは微笑を示し，その牛が独覚になると予言する。ここでも授記の定型句 8-D（微笑放光：本書 p. 175）が説かれているので，最後の記別を授ける部分のみを紹介する。

eṣa ānanda govṛṣas tathāgatasyāntike prasannacittaḥ saptame divase kālaṃ kṛtvā cāturmahārājikeṣu deveṣūpapatsyate vaiśravaṇasya mahārājasya putro bhaviṣyati ..... tad anayā saṃtatyā navanavatikalpasahasrāṇi vinipātaṃ na gamiṣyati/ tataḥ kāmāvacareṣu deveṣu divyaṃ sukham anubhūya paścime bhave paścime nikete samucchraye paścime ātmabhāvapratilambhe manuṣyatvaṃ pratilabhya rājā bhaviṣyati aśokavarṇo nāma cakravartī ..... so 'pareṇa samayena dānāni dattvā cakravartirājyaṃ apahāya keśaśmaśrūṇy avatārya kāṣāyāṇi vastrāṇi samyag eva śraddhayā 'gārād anagārikāṃ pravrajya pratyekāṃ bodhiṃ sākṣātkariṣyaty aśokavarṇo nāma pratyekabuddho bhaviṣyati/ (Divy. 140.8-141.2)

「アーナンダよ，あの牛は如来に対して心を浄らかにしたが，七日後に死歿すると四大王天に生まれ変わり，大王ヴァイシュラヴァナの息子になるであろう（以下，三十三天・夜摩天・兜卒天・化楽天・他化自在天への再生が説かれる)。その結果，この連続性によって九万九千劫の間，彼は悪趣に落ちないであろう。それから彼は欲界繫の諸天において天界の楽を享受した後，最後の生存において，最後の住処において，〔最後の〕身体において，最後の身体を獲得した時に，人間として生まれ，アショーカヴァルナと呼ばれる転輪王になるであろう。(中略) 後に彼は布施をして転輪王の位を捨て，髪と髭とを剃り落とすと袈裟衣を身に纏い，正しい信念を以て家から家なき状態へと出家し，独覚の悟りを作証すると，アショーカヴァルナという名の独覚となるであろう」

⑦第15章　比丘が髪爪塔を礼拝しているのを見て，ブッダは彼が転輪王になると予言する。

paśyata yūyaṃ bhikṣava etaṃ bhikṣuṃ keśanakhastūpe sarvaśarīreṇa praṇipatya cittam abhiprasādayantam/ evaṃ bhadanta/ anena bhikṣuṇā yāvatī bhūmir ākrāntā adho 'śītiyojanasahasrāṇi yāvat kāñcanacakram ity atrāntarā yāvantyo vālukās tāvanty anena bhikṣuṇā cakravartirājyasahasrāṇi paribhoktavyāni/ (Divy. 197.5-9)

「比丘達よ，お前達はあの比丘が髪爪塔に対して全身を以て平伏し，心を浄らかにしたのを見たか」。「見ました，大徳よ」。「あの比丘はこの大地を下は八万ヨージャの金輪に至るまで覆ったが，あの比丘は〔その〕中間にある砂の数に等しい何千もの転輪王の王権を享受するであろう」

⑧第16章　長者アナータピンダダの飼っていた二羽の鸚鵡が仏弟子の説法を聞き，仏教に浄信を抱く。ある時，猫に殺されてしまうのを見たブッダは微笑を示し，それを見たアーナンダがその意味を尋ねる件があるが，ブッダは次のように予言する(39)。

dṛṣṭau tvayānanda tau śukaśāvakau/ dṛṣṭau bhadanta/ tāv ānanda śukaśāvakau mama samanantaraprakrāntasya viḍālena prāṇinā jīvitād vyaparopitau/ tau buddhadharmasaṃghāvalambanayā smṛtyā kālagatau cāturmahārājakāyikeṣu deveṣūpapannau/ (Divy. 199.16-20)

「アーナンダよ，お前はあの二羽の若い鸚鵡を見たか」。「見ました，大徳よ」。「アーナンダよ，あの二羽の若い鸚鵡は，私が帰った直後，猫という生物に殺されたが，その二羽は仏・法・僧を所縁とする念を持して死んで行き，四大王衆天に生まれ変わったのである」

この後，二羽の鸚鵡の来世に疑問を持った比丘達にブッダはこう告げる。

tau bhikṣavaḥ śukaśāvakau tasya śaraṇagamanasya vipākena ṣaṭtriṃśat-kṛtvaś cāturmahārājakāyikeṣu deveṣūpapatsyate ṣaṭtriṃśatkṛtvas tra-yastriṃśeṣu yāmeṣu tuṣiteṣu nirmāṇaratiṣu paranirmitavaśavartiṣu deveṣū-papatsyete tatas tāvat ṣaṭsu kāmāvacareṣu deveṣu sattvā vyapasaṃsṛtya paścime bhave paścime nikete paścima ātmabhāvapratilambhe manuṣya-pratilābhaṃ labdhvā pratyekāṃ bodhim abhisaṃbhotsyete dharmaś ca sudharmaś ca pratyekabuddhau bhaviṣyataḥ/ (Divy. 200.6-13)

「比丘達よ，その二羽の若い鸚鵡は〔三〕帰依したその異熟によって，三十六回，四大王衆天に生まれ変わり，三十六回，三十三天・耶摩天・兜卒天・化楽天・他化自在天に生まれ変わるであろう。こうして実に六欲天の中を有情として輪廻し，最後の生存において，最後の住処において，最後生を獲得した時に，人として生まれると，独覚の悟りを証得し，〔それぞれ〕ダルマ，スダルマという独覚になるであろう」

⑨第19章　長者スバドラの妻は妊娠し，ブッダはその子が阿羅漢になると予

言するが，彼はある外道に「その子は不吉であるから殺すように」と唆され，流産させせようとしたものの結局失敗し，最後には妻を殺してしまう。ブッダは微笑を示すと，その光明は世界を経巡ってブッダの口に入る（bhagavata āsye 'ntarhitāḥ: Divy. 266.15–16)。ここではブッダ自身が彼女に記を授けていないが，その光明の帰入場所から判断して，これは独覚の記別であると推測できる(40)。

⑩**第26章**　ここではまず始めにブッダの死後，ウパグプタが無相の仏としてこの世に出現することが次のように説かれる。

> asyām ānanda mathurāyāṃ mama varṣaśataparinirvṛtasya gupto nāma gāndhiko bhaviṣyati/ tasya putro bhaviṣyaty upagupto nāmālakṣaṇako buddho yo mama varṣaśataparinirvṛtasya buddhaṃ kāryaṃ bhaviṣyati (→ buddhakāryaṃ kariṣyati ?)/ tasyāvavādena bahavo bhikṣavaḥ sarva-kleśaprahāṇād arhattvaṃ sākṣātkariṣyanti/ (Divy. 348.23–349.3)

> 「アーナンダよ，私が般涅槃して百年の後，このマトゥラーにグプタと呼ばれる香水商が現れるであろう。彼にはウパグプタと呼ばれる息子があり，私が般涅槃して百年後に，彼が仏の義務を果たす無相の仏となるであろう。彼の教えによって多くの比丘達が一切の煩悩を断じ，阿羅漢性を証得するであろう」

またこの後，アショーカ王の前生である童子がブッダに土くれを布施して誓願すると，ブッダは微笑を示し，次のように予言する。

> ayam ānanda dārako 'nena kuśalamūlena varṣaśataparinirvṛtasya tathāgatasya pāṭaliputre nagare aśoko nāmnā rājā bhaviṣyati caturbhāga-cakravartī dhārmiko dharmarājā yo me śārīradhātūn vaistārikān kari-ṣyati caturaśītiṃ dhārmarājikāsahasraṃ pratiṣṭhāpayiṣyati/ bahujanahi-tāya pratipatsyata iti (Divy. 368.24–29)

> 「アーナンダよ，あの童子はこの善根によって，如来が般涅槃して百年後，パータリプトラの都城でアショーカと呼ばれる王になるであろう。彼は〔世界の〕四分の一〔を支配する準〕転輪〔王〕であり，正義を愛する法王として私の遺骨を広め，八万四千の塔を建立し，多くの人々の利益に邁進するだろう」と。

⑪**第37章**　ルドラーヤナ王は息子のシカンディンに王位を譲り出家するが，彼は悪い大臣に唆され，刺客を送って父親を殺害する。そこでブッダは微笑を示すと，その光明は世界を経巡った後，ブッダの足の裏に帰入しているので（atha tā arciṣo ..... bhagavataḥ pādatale 'tarhitāḥ: Divy. 569.14–15），ブッダは彼の来世を予言していないが，この記述から彼が地獄に再生したことが分かる(41)。

ここまで，Divy. の授記の用例を概観してきたが，根本有部律も基本的には Divy. と同じ立場を取る。ここでは断片的な記述を省略し(42)，授記の定型句が見られる用例を中心にその内容を吟味したい。Divy. の用例と重ならない箇所で授記の定型句が見られるのは破僧事であり，ここに三つの用例が存在する。一つ目は，ある舞踊家がブッダに浄信を抱いて太鼓を打ち鳴らすと，ブッダは彼がドゥンドゥビーシュヴァラという独覚になると予言する話（MSV vii 163.18），二つ目は，ある商人がブッダに浄信を抱いて牛頭栴檀を布施すると，ブッダは彼がチャンダナという独覚になると予言する話（MSV vii 172.24），そして三つ目は，ある女性がブッダに浄信を抱いて乳を布施すると，ブッダは彼女がクシーラプラダという独覚になると予言する話（MSV vii 173.33）である。

また破僧事の最後には，デーヴァダッタに関する授記が見られる。彼は聖者を誹謗して邪見を獲得したために一切の善根が断たれたので，ブッダは彼が悪趣に赴き，一劫の間地獄に留まると予言する（MSV vii 257.9, 20, 23, 258.16, 260.10）。この後，デーヴァダッタは爪に毒を塗ってブッダ殺害を目論むが，逆にその毒に中り，命を失うことになる。では臨終の直前からブッダの授記までの様子を紹介しよう。

> athāyuṣmān ānandaḥ kāruṇiko maitryātmakaḥ svajanavatsalaḥ sa kathayati ehi devadatta tathāgatam arhantaṃ buddhaṃ śaraṇaṃ gaccheti tena duḥkhavedanābhibhūtena pratyakṣakarmaphaladarśinā āśayataḥ cittam utpāditam vāg bhāṣitā eṣo 'ham asthito 'pi buddhaṃ bhagavantaṃ śaraṇaṃ gacchāmīty uktvā svaśarīreṇāvicau mahānarake patitaḥ. tatra bhagavān bhikṣūn āmantrayate sma pratisaṃhṛtāni bhikṣavo devadattena kuśala-

mūlāni kalpam avīcau mahānarake sthitvā pratyekāṃ bodhiṃ sākṣātkariṣyati asthimān nāma pratyekabuddho bhaviṣyati (MSV vii 261.20-262.6)

その時，大悲を有し，慈愛を本性とし，〔他人を〕身内のように慈しむ同志アーナンダは言った。「さあデーヴァダッタよ，如来・阿羅漢・仏に帰依せよ」と。彼は苦痛に苛まれながら，現前に迫った業果を目の当たりにすると，誠の心を起こして言葉を発した。「この私は心の底から仏・世尊に帰依いたします」と。こう言うと，身体ごと阿鼻大地獄に落ちていったのである。そこで世尊は比丘達に告げた。「比丘達よ，デーヴァダッタは善根を取り戻した。彼は一劫の間，阿鼻大地獄に留まった後に独覚の覚りを作証し，アスティマットと呼ばれる独覚になるであろう」

以上見てきたように，有部系の梵文資料には独覚の授記の用例が一番多く，次いで転輪王の授記が多く見られたが(43)，漢訳の毘奈耶には有部系の文献には異例の「如来授記」を説く話が見られるので，次にこの用例を検討してみよう。ここでは，それぞれ太鼓と弓とを手にした二人の童子が猛獣の出没する険道を進むブッダに対し，先導役を買って出て，太鼓と弓とで猛獣の危険からブッダを守ろうとする話がある。しかし，ブッダたるものは怖れなどないから先導は必要ないと二人を帰した後で微笑を示すと，その微笑の意味を尋ねたアーナンダに対してブッダはこう予言する。

以此善根於当来世十三劫内。不堕悪趣生人天中。於最後身得<u>成無上正等菩提。一名法鼓音如来。二名施無畏如来</u> (T. 1442, xxiii 835c5-8)

これに従えば，有部系の文献に如来授記を説く説話が存在することになり，極めて特異な用例ということになるが，この部分に相当する Tib. 訳を見てみると，漢訳との間に齟齬が見られる。以下，下線に相当する箇所を紹介する。

ran byang chub mngon du byed par 'gyur te/ gcig ni *rang sangs rgyas* rnga sgra zhes bya bar 'gyur/ cig shos ni *rang sangs rgyas* mi 'jigs sbyin zhes bya bar 'gyur ro/ (P. 1032 Ñ 181b1; D. 3 Ja 193b7)

斜体で示したように，Tib. 訳は二人の悟りを「無上正等菩提」ではなくて「独覚の悟り」，したがって彼らが将来なりうるのは「如来」ではなく「独覚」

である。これに関して西本龍山は次の三つの可能性を示唆している[44]。

(1) 漢訳者である義浄が準拠した梵本と Tib. 訳者が依拠した梵本とが違っていた。

(2) 両方とも pratyekabuddha だったが，漢訳者の義浄がこれを「如来」と翻訳した。

(3) 如来も独覚も最初は大差なかった。

次章で詳しく考察するが，独覚と如来とは有部系の文献において厳密に区別されている点，また若干の例外はあるが，有部系の文献ではブッダ以外の有情に対して無上正等菩提の記別が授けられることはなく，授記の定型句を伴う授記説話では，これまでに見てきたように，独覚の記別が一番多い点などを勘案すると，西本が呈示した(2)の可能性が一番高いと考えられる。

さて無上正等菩提の授記ということになると，Aś の用例を無視するわけにはいかない。この文献はその名のとおり，全部で百の物語から成る。その内容は各テーマ別に十章に分けられ，そのテーマに沿った十の物語がそれぞれの章に纏められるという形式を取っているが，その第1章と第3章とに授記を扱った物語が収められ，授記の定型句が説かれている。第1章では正等覚者の授記話，第3章では独覚の授記話が見られ[45]，その表現形態に関してDivy. と Aś の授記思想は見事に一致するが，内容に関しては両文献に大きな溝が存在する。つまり，冒頭の十話は正等覚授記を内容とするが，これはすでに見た独覚の授記を中心とする Divy. や MSV の用例と正面から衝突する[46]。定型句の整理で見たように，Divy. と Aś とは多くの定型句を共有し，また先学の研究から Aś が有部系の文献であることが指摘されているので，この文献が有部と深い関わりのあることは否定すべくもなく，Aś が創作されて伝承されるいずれかの過程で有部が関わっていることは間違いなかろうが，内容的・思想的にはまだまだ未解決の問題が残っている[47]。形式面での類似性と内容面での相違性の矛盾をどう解決するかが Aś を解明する鍵となるであろう[48]。

3　Mv. の授記思想

では次に Mv. に説かれる授記の用例を見ていくが(49)，まず最初にその核となる「燃灯仏授記」の用例を紹介し，その後，順を追ってその他の用例を概観していく。

①燃灯仏物語　燃灯仏授記の物語はこのディーパンカラ事に詳しく説かれている。ブッダの本生であった青年メーガは自分の毛皮の衣を広げて，世尊ディーパンカラの足元に平伏す。そして自分の髪で世尊の足の裏を綺麗に拭き，成仏の決心をして，自利利他を内容とする誓願を立てると，それに対してディーパンカラが授記する。

bhagavān dīpaṃkaro meghasya māṇavasya anuttareṇa buddhajñānena mahāsamudāgamanaṃ ca jñātvā kuśalamūlasambhāraṃ ca cetopraṇidhānaṃ jñātvā akhaṇḍam acchidram akalmāṣam avraṇaṃ anuttarāye samyaksaṃbodhaye *vyākārṣīt*// bhaviṣyasi tvaṃ māṇava anāgatam adhvānaṃ aparimite asaṃkhyeye kalpe śākyānāṃ kapilavastusmiṃ nagare śākyamunir nāma tathāgato ’rhaṃ samyaksaṃbuddho vidyācaraṇasampannaḥ sugato lokavid anuttaraḥ puruṣadamyasārathiḥ śāstā devānāṃ ca manuṣyāṇāṃ ca yathāpy aham etarhiṃ dvātriṃśatīhi mahāpuruṣalakṣaṇehi samanvāgato aśītihi anuvyaṃjanehi upaśobhitaśarīro aṣṭādaśehi āveṇikehi buddhadharmehi samanvāgato daśahi tathāgatabalehi balavāṃ caturhi vaiśāradyehi suviśārado// evaṃ tīrṇo tārayiṣyasi mukto mocayiṣyasi āśvasto āśvāsayiṣyasi parinirvṛto parinirvāpayiṣyasi yathāpi aham etarhi/ evaṃ cānuttaraṃ dharmacakraṃ pravartayiṣyasi/ evaṃ ca samagraṃ śrāvakasaṃghaṃ parihariṣyasi/ evaṃ ca devamanuṣyā śrotavyaṃ śraddhātavyaṃ maniṣyanti/ yathāpi aham etarhiṃ taṃ bhaviṣyasi bahujanahitāya bahujanasukhāya lokānukaṃpāya mahato janakāyasyārthāya hitāya sukhāya devānāṃ ca manuṣyānāṃ ca// (Mv. i 239.4-17)

世尊ディーパンカラは，無上の仏智によって，青年メーガが偉大な〔仏果を〕獲得することを知り，〔彼の〕善根の集積を知り，〔彼の〕心の誓願を知って，完全無欠にして汚れがなく，完璧な彼を無上正等菩提に授記した。「青年よ，お前は無量無数劫を経た未来世に，シャーキャ族のカピラヴァストゥという都城で，シャーキャムニと呼ばれる如来・阿羅漢・正等覚者・明行足・善逝・世間解・無上士・調御丈夫・天人師となるだろう。また今の私のように，三十二の偉人相を具足し，八十種好でその体は美しく，十八不共仏法を具足し，如来の十力で力強く，四無畏によってまったく恐れのない者となるだろう。今の私のように，お前は〔自ら〕渡って〔他を〕渡らしめ，〔自ら〕解脱して〔他を〕解脱せしめ，〔自ら〕安穏になって〔他を〕安穏ならしめ，〔自ら〕般涅槃して〔他を〕般涅槃せしめるであろう。そしてお前は〔私と〕同じように声聞僧伽を和合させるだろう。また〔私と〕同じように〔お前のことを〕神々や人間達が〈〔彼に〕耳を傾けるべきである，〔彼を〕信用すべきである〉と考えてくれるだろう。また今の私のように，多くの人々の利益のために，多くの人々の安楽のために，世間を憐愍せんがために，大勢の人々の利益のために，そして神々や人々の利益と安楽とのために，お前は〔仏〕になるだろう」

②序偈　ここではブッダが過去世で多くの仏達に授記されたことが説かれる。

namo dīpaṃkarāya tathāgatāyārhate samyaksaṃbuddhāya/ yenāyaṃ bhagavān prathamata evaṃ *vyākṛtaḥ*/ bhaviṣyasi tvaṃ māṇavakānāgate dhvani aparimitāsaṃkhyeyāprameyehi kalpehi śākyamunir nāma tathāgato rhaṃ samyaksaṃbuddha iti ..... ataḥ prabhṛty anivartanacaryāyāṃ dīpaṃkarasya tathāgatasya tasyottareṇāparimāṇehi tathāgatehi *anuvyākṛto* buddho bhaviṣyasīti// tataḥ paścāt sarvābhibhuvāpi bhagavat *ānuvyākṛtaṃ*// bhaviṣyasi tvaṃ abhiji bhikṣo 'nāgate dhvani śatasahasrakalpe śākyamunir nāma tathāgato 'rhaṃ samyaksaṃbuddha ity ..... namaḥ kāśyapāya tathāgatāyārhate samyaksaṃbuddhāya/ yena bhagavatā ayam eva bhagavāṃ chākyamunir *anuvyākṛto* yuvarājye cābhiṣikto/ bhaviṣyasi tvaṃ jyotiṣpālānāgate dhvani mamānantaram eva śākyamunir nāma tathāgato rhaṃ samyaksaṃbuddha iti (Mv. i 1.13-2.9)

ディーパンカラ如来・阿羅漢・正等覚者に帰命し奉る。こ〔の仏〕によって，かの世尊は初めて次のように授記されたのである。「青年よ，無量無数不可思議劫を経た未来世に，お前はシャーキャムニと呼ばれる如来・阿羅漢・正等覚者になるであろう」と。（中略）それ以来，今まで不退行〔の位〕にあった〔菩薩〕は，かのディーパンカラ如来の後に続く無量の如来達によって，「お前は仏になるだろう」と授記され，その後，世尊サルヴァービブーによっても授記された。「アビジット比丘よ，百千劫の未来世に，お前はシャーキャムニと呼ばれる如来・阿羅漢・正等覚者になるであろう」と。（中略）カーシャパ如来・阿羅漢・正等覚者に帰命し奉る。この世尊によって，かの世尊シャーキャムニは「ジョーティシュパーラよ，お前は未来世において，私のすぐ後にシャーキャムニと呼ばれる如来・阿羅漢・正等覚者になるであろう」と授記され，そして太子の位に灌頂せられたのである。

③アビヤ物語　ブッダの本生である比丘アビヤが，声聞の僧伽を引き連れた世尊サルヴァービブーに食事の供養を捧げ，百千金分の香粉を世尊サルヴァービブーに撒き，散布し，振り掛けてから，自分も将来，世尊サルヴァービブーのような仏になりたいという心を起こすと，世尊サルヴァービブーは，このような比丘アビヤの誓願を知って彼に記別を与えるが，その発心の内容と授記の内容とは，すでに見た燃灯仏授記のものをそのまま踏襲しているので（Mv. i 39.8-40.5）[50]，内容の紹介は省略する。

④多仏経　ブッダは転輪王として世尊サミターヴィンを供養し，素晴らしい楼閣を布施した後，自分も将来，世尊サミターヴィンのような仏になりたいという誓願を立てると，世尊サミターヴィンは心の中で次のように予言する。

eṣo mamātyayena buddho loke bhaviṣyati yathā etarhi ahaṃ tathā eṣa ajito bodhisatvo mamātyayena buddho loke bhaviṣyatīti ajito nāmena maitreyo gotreṇa bandhumāyāṃ rājadhānyāṃ// (Mv. i 51.5-7)

〈私が死んだ後，彼が世間でブッダとなるだろう。今の私のように，かの菩薩アジタが，私の死んだ後，仏として世に出現するであろう。彼はアジタという名で，種姓はマイトレーヤであり[51]，王都はバンドゥマティーである〉

⑤浄居天訪問　ここには無数の過去仏が登場するが，その仏達のもとでブッダは善根を植え，また彼らから記別を授かったことをブッダ自身がマウドガリヤーヤナに説いている。ブッダに記別を授けたのは，シャーキャムニと呼ばれる三十コーティの仏達，ディーパンカラと呼ばれる八百千の仏達，パドモッタラと呼ばれる五百の仏達，プラドゥヨータと呼ばれる八千もの仏達，プシュパと呼ばれる三コーティの仏達，そしてマーラドゥヴァジャと呼ばれる一万八千の仏達である（Mv. i 57.7-58.6)。この後，ブッダが転輪王として正等覚者ラトナに八万四千の重閣講堂を布施して誓願を立てると，正等覚者ラトナも「私の死んだ後，彼が世間で仏になるであろう（eṣo mama anantaraṃ buddho loke bhaviṣyati)」(Mv. i 63.4）と予言している。

⑥マンガラ物語　ディーパンカラ事に引き続き，ここでもディーパンカラの次に仏となったマンガラにブッダが授記される話が見られるが，ブッダは自分が「無量無数劫を経た未来世に，お前はシャーキャムニと呼ばれる如来・阿羅漢・正等覚者となるであろう（bhaviṣyasi tvam anāgatādhvāne aparimite asaṃkhyeye kalpe śākyamunir nāma tathāgato rhaṃ samyaksaṃbuddho)」(Mv. i 250.3-4）と授記されたことをマウドガリヤーヤナに語り，また後に詩頌の形で次のように説かれている。

nāgānāṃ divyehi tūryehi maṅgalasya maharṣiṇo/
arcaye duṣyāṇi dattvāna śaraṇaṃ tam upāgami//
so me buddho *viyākārṣīt* maṅgalo lokanāyako/
aparimeye ito kalpe buddho loke bhaviṣyasi/
śākyānāṃ nagare ramye sphīte kapilasāhvaye//
tasya te jananī mātā māyā nāmena bheṣyati/
pitā śuddhodano nāma tava bhaviṣyati gautamaḥ//
kolito upatiṣyo ca agrā bheṣyanti śrāvakāḥ/
kṣemā utpalavarṇā ca agrā bheṣyati śrāvakā//
ānando nāma nāmena upasthāyako bhaviṣyati/
bodhi bhaviṣyati tuhyaṃ aśvattho varapādapaḥ// (Mv. i 251.13-252.1)

私はナーガ達の演奏する神々しい楽器に合わせ，大仙マンガラを賞賛し，衣を布施して，彼に帰依した。世間の導師である，かの仏マンガラは私を授記した。「今から無量劫の後，お前は世間で仏となるだろう。麗しく繁栄したカピラと呼ばれるシャーキャ族の都城で。お前を生んでくれる母はマーヤーという名で，お前の父はガウタマ・シュッドーダナという名であろう。コーリタとウパティシュヤとが最上の声聞となり，クシェーマーとウトパラヴァルナーとが最上の声聞女となるだろう。アーナンダと呼ばれる侍者が付くだろう。お前の菩提樹はアシュヴァッタであろう」

⑦ジョーティパーラの授記　ブッダの本生である比丘ジョーティパーラは世尊カーシャパを供養すると，世尊カーシャパは彼を無上正等菩提に授記するが，その誓願の内容や授記の内容は Mv. の①や③の用例と重なるので（Mv. i 335.9-336.11），詳細は割愛する。

⑧鹿野苑の歴史　この章の始めは，シュッドーダナ王が自分の妃を探す話から始まるが，突如としてその話は中断し，次のような記述が見られる。

dvādaśehi varṣehi bodhisatvo tuṣitabhavanāto cyaviṣyati// śuddhāvāsā devā jaṃbudvīpe pratyekabuddhānām ārocayanti bodhisatvo cyaviṣyati riṃcatha buddhakṣetraṃ//

tuṣitabhavanād atiyaśo cyaviṣyati anantajñānadarśāvī/
riṃcatha buddhakṣetraṃ ..... varalakṣaṇadharasya//
te śrutva buddhaśabdaṃ pratyekajinā maheśvaravarāṇāṃ/
nirvāṃsu muktacittā svayaṃbhuno cittavaśavartī//

te dāni pratyekabuddhāḥ svakasvakāni *vyākaraṇāni vyākaritvā* parinirvṛtāḥ// vārāṇasyāṃ sārdhayojane mahāvanakhaṇḍaṃ tatra paṃca pratyekabuddhaśatāni prativasensu// te pi svakasvakāni *vyākaraṇāni vyākaritvā* parinirvṛtā// (Mv. i 357.3-11)

「十二年後に菩薩は兜卒天から死没するであろう。菩薩は死没するであろう」〔と〕浄居天の神々は，閻浮提にいる独覚達に告げた。「〔独覚達〕は仏国土から立ち退くように。

卓越した名声を有し，無限の智見を持った〔菩薩〕が兜卒の住居より死没するだろう。最上の相を保持せる人の仏国土から立ち退くように」。かの独覚達は，最上なる大自在天達の「ブッダ」という声を聞いて心が解脱し，心の自在を得た自在者として涅槃した。
その時，独覚達は，各々授記してから，般涅槃した。ヴァーラーナシーから一ヨージャナ半の所に大きな森があり，そこで五百人の独覚達が般涅槃したが，彼らも，各々授記してから般涅槃した。

独覚達が誰に記別を与えたのかは不明であるが，この記述からすれば，般涅槃する前には，独覚も誰か後継者を予言しなければならないような考えが当時からあったと推察される(52)。

⑨出家後のガウタマ　出家して修行を続けていたブッダは，六年間の苦行の末，これも解脱への道ではないと知ると，苦行を放棄し，スジャーターから乳粥を布施される話は仏伝ではよく知られているが，Mv. にも同様の話が見られる。彼女が乳粥を布施すると，ブッダは彼女の将来を次のように予言する。

vyākari narapradīpo jātiśatā paṃca jananī mahyāsi/
bheṣyasi anāgate dhvani pratyekajino jinavrato ti// (Mv. ii 206.17-18)
人々の灯火となる人は授記された。「五百生の間，汝は私の母となったが，未来世には勝者の禁戒を遵守する独覚となるであろう」と。

⑩観察経〔付録〕　コロフォンからも分かるように，この経は極めて特異な位置づけにあり，その内容も一貫性に欠けるが，概ねブッダが菩提樹下でマーラと対決し，成道に到るまでを描写している。そしてその後この経を聞くことの功徳が詩頌の中で説かれるが，そこに次のような記述が見出せる。

evaṃ duḥśīlā śrutvāna evaṃ buddhena bhāṣitaṃ/
natā lokapradīpasmiṃ tīvraṃ kāhinti gauravaṃ//
ye te *vyākṛtā* buddhena bodhisatvā anāgatā/
sūratā sukhasaṃvāsā teṣāṃ tuṣṭir bhaviṣyati//
yeṣāṃ vivartanā nāsti buddhajñānāto sarvaśaḥ/
te imaṃ sūtraṃ śrutvāna bheṣyanti sukhitā narāḥ// (Mv. ii 355.18-356.2; cf. iii 280.3-8)
悪戒者達もこのようにブッダが説くのを聞けば，世間の灯明たる〔ブッダ〕に礼拝し，〔彼を〕熱烈に尊重するであろう。ブッダによって授記された未来の菩薩達は神聖で快適に暮らすが，彼らには喜びがあるだろう。

決して仏智より退転することのない者達は，この経を聞いて幸せな人になるだろう。

またこの経の後半には仏塔を供養する者に対する授記が見られる。

buddhāṃś ca kṣipraṃ labhe dakṣiṇīyāṃ paśyitva so pūjati lokanāthāṃ/
bodhāya cchandaṃ janayati pūjaṃ kṛtvā tenaiva buddhā hataraja *vyākaronti*//
bahujñānī bhavati mahānubhāvo viśeṣabhūmisthito agrasatvo/
cittaprasādaṃ bhagavato ekaṃ kṛtvā kalpasahasraṃ jahe durgatīyo//
(Mv. ii 390.14-21)

彼は速やかに応供者たる諸仏に出会い見えて，世間の導師達を供養する。供養して菩提に対して意欲を起こすと，塵を滅した仏達は彼に授記する。「彼は多くの智と偉大な威神力を持ち，優れた地に安住し，最上の有情となり，世尊に対して専ら心を清らかにし，何千劫もの間，悪趣に堕することはないだろう」

さらに最後の部分では，同じく仏塔崇拝者が誓願を立て，それを知った仏達が彼に記別を与える記述が見られる。

moceya satvāṃ bahuduḥkhaprāptāṃ andhāna cakṣu siya sarvaloke/
ālokaprāpto tamastimirasya ghātī atīrṇasatvān aham api tārayeyaṃ//
amukta moceyam asaṃskṛtāto spṛśitva śāntāṃ varam agrabodhiṃ/
care ahaṃ daśadiśā asaṃprakaṃpo buddhitva jñānaṃ duḥkhitāṃ pramoce//
jñātvāna tasya praṇidhim evarūpāṃ yathā taṃ cittaṃ tato buddhajñāne/
smitaṃ karitvā jino *vyākaroti* buddho tuvaṃ bheṣyasi lokanātho// (Mv. ii 396.17-397.4)

「私は，多くの苦しみに陥った有情達を解脱せしめ，一切世間で盲目になった者達の眼となろう。私も光を獲得して闇や暗黒を打ち破り，〔彼岸に〕渡っていない有情達を〔彼岸に〕渡そう。解脱せざる者を無為へと解脱せしめよう。寂静で最上・最高なる菩提に到達して，私はふらふらせずに十方を歩もう。智を覚って，苦の〔有情〕を解脱せしめよう」。彼のそのような誓願を知り，またその心が仏智にあるのを〔知って〕，勝者は微笑を示され，授記された。「汝は世間の導師である仏になるだろう」

三例とも記別を与える仏が誰なのかがその文脈からして明確ではない。

⑪阿修羅の授記とカピラ城入城　ラーフ，ヴェーマチトリン，ムチリンダといった阿修羅達はブッダを供養して誓願を立てると，ブッダが彼らに記別を授けるという話が見られる。阿修羅達が立てた誓願の内容は燃灯仏授記のメーガのものとまったく同じであるから省略し，その後の部分から紹介しよう。

atha khalu bhagavān teṣām asurāṇām idam evaṃrūpaṃ cetopraṇidhānaṃ viditvā tasyāye velāye smitaṃ prāduṣkare samanantaraṃ prāduṣkṛte ca bhagavato mukhadvārāto nānāvarṇā anekavarṇā arciṣo niścaritvā nīlapītamāñjiṣṭhā raktaśvetāvadātā kanakavarṇā sarvaṃ buddhakṣetraṃ obhāsayitvā yāvad akaniṣṭhā devanikāyā bhagavantaṃ trikhuttaṃ pradakṣiṇīkṛtvā bhagavato purato aṃtarahitāḥ// atha khalv āyuṣmān aśvakī yena bhagavāṃs tenopasaṃkramitvā tenāṃjaliṃ praṇāmayitvā bhagavantam etad uvāca// nāhetukaṃ nāpratyayaṃ tathāgatā arhantaḥ samyaksaṃbuddhāḥ smitaṃ prāduṣkaronti/ ko bhagavaṃ hetuḥ kaḥ pratyayo smitasya prāduṣkaraṇāya// atha bhagavān āyuṣmatā aśvakinā pṛṣṭo taṃ asurāṇāṃ cetopraṇidhānaṃ gāthābhi vyākarṣi// (Mv. iii 138. 19-139.10)

sādhu te aśvaki pṛcchitā praśnā yasya kṛte smitaṃ lokahitasya
tasya te vakṣyaṃ phalaṃ nikhilena ekamano bhaṇato me śruṇehi//
pūjā iha me kṛtā asurehi bodhim anuttaraṃ prārthayamānā/
te vijahitva tam āsurakāyaṃ svargagatā ramiṣyanti ciraṃ pi//
devapurāyaṃ ciraṃ nivasitvā paṃcahi kāmaguṇehi samaṃgī/
mānuṣalokam imaṃ punar etvā pūjayiṣyanti jināṃ dvipadendrāṃ//
kalpasahasraśatāni bahūni kṛtva punaḥ puna pūja jineṣu/
kāṃcanasaṃnibhalakṣaṇadhārī sarve jinā bhaviṣyanti jitārī// (Mv. iii 140.10-141.2)

世尊はその阿修羅達のそのような心の誓願を知って，その時に微笑を現された。現された直後，世尊の口から，青・黄・紅・赤・白・純白・金といった，様々な色で多くの色の光線が発せられ，有頂天衆に至るまで一切の仏国土を照らし出すと，世尊を三回右繞して世尊の前で消えた。

その時，同志アシュヴァキンは世尊に近づくと，〔世尊〕に向かって合掌礼拝し，世尊にこう申し上げた。「因なく縁なくして如来・阿羅漢・正等覚者は微笑を現すことはありません。世尊よ，微笑を現されたのには，いかなる因やいかなる縁があるのですか」。すると同志アシュヴァキンに質問された世尊は，阿修羅達の心の誓願を詩頌によって説明された（中略）。

「アシュヴァキンよ，汝の尋ねた質問は見事である。世間の利益者が微笑を現したことの果をすべて話そう。私の言うことを，心を一にして聞くがよい。ここでアスラ達が私を供養し，無上菩提を志求したが，彼らはアスラの身体を捨て去って天界に赴き，久しく楽しむであろう。五欲の対象を具足して，神の町に久しく留まった後，この人間界に再び戻ってきて，人王たる勝者を供養するであろう。何百千という多劫に亘って，何度も何度も勝者達を供養した後，黄金の如き相を保持し，彼らは皆，敵を制圧した勝者となるだろう」

⑫多仏経　この経は，ブッダがアーナンダに対して授記の相続を語る部分を核とし，総勢八百近い仏（ただし実際に列挙されている仏名は百二十五）が順に相続することを詳細に説いているが，その最後に過去七仏が置かれ，ブッダがマイトレーヤを授記することを以てこの相続は終了する。ではその最初と最後の部分を紹介しよう。

indradhvajo ānanda tathāgato ’rhaṃ samyaksaṃbuddho mahādhvajaṃ tathāgatam arhantaṃ samyaksaṃbuddhaṃ *vyākārṣīt*// mahādhvajo ānanda tathāgato ’rhaṃ samyaksaṃbuddhaḥ dhvajottamaṃ tathāgatam arhantaṃ samyaksaṃbuddhaṃ *vyākārṣīt*// （Mv. iii 230.3-5） vipaśyī tathāgataḥ śikhinaṃ tathāgataṃ *vyākārṣīt*// śikhī tathāgato viśvabhuvaṃ tathāgataṃ *vyākārṣīt*// viśvabhūs tathāgataḥ krakucchandaṃ tathāgataṃ *vyākārṣīt*// krakucchandas tathāgataḥ konākamuniṃ tathāgataṃ *vyākārṣīt*// konākamunis tathāgataḥ kāśyapaṃ tathāgataṃ *vyākārṣīt*// kāśyapas tathāgataḥ śākyamuniṃ tathāgataṃ *vyākārṣīt*// śākyamunir ahaṃ tathāgataḥ maitreyaṃ tathāgataṃ *vyākārṣīt*// （Mv. iii 240.6-11）

「アーナンダよ，如来・阿羅漢・正等覚者インドラドゥヴァジャは如来・

阿羅漢•正等覚者マハードゥヴァジャを授記した。アーナンダよ，如来•阿羅漢・正等覚者マハードゥヴァジャは如来・阿羅漢・正等覚者ドゥヴァジョーッタマを授記した。(中略) 如来ヴィパシンは如来シキンを授記した。如来シキンは如来ヴィシュヴァブーを授記した。如来ヴィシュヴァブーは如来クラクッチャンダを授記した。如来クラクッチャンダは如来コーナーカムニを授記した。如来コーナーカムニは如来カーシャパを授記した。如来カーシャパは如来シャーキャムニを授記した。如来シャーキャムニは如来マイトレーヤ(53)を授記した。

⑬ラーフラの出家　ここでは⑪で見た阿修羅に対する授記を受け，その冒頭部分には，断片的ではあるが，次のような授記の記述が見られる。

atha khalu rājā śuddhodano yadā bhagavāṃ nyagrodhārāme pauruṣamātraṃ vaihāyasamantarīkṣe vividhavicitrāṇi yamakaprātihāryāṇi karoti yadā rāhur asurendro vemacitrī asurendro mucilindo asurendro anye ca ṣaṣṭir asuranayutāni anuttarāṃ samyaksaṃbodhiṃ *vyākaritvā* bahūni ca prāṇakoṭisahasrāṇi ārye dharme pratiṣṭhāpayitvā ātmanā ca śrotāpattiphalaṃ sākṣātkṛtvā dṛṣṭasatyo aviparītaparyayo śāstuḥ śāsane utthāyāsanāto yena bhagavāṃs tenāṃjaliṃ praṇāmayitvā bhagavato purato idaṃ udānaṃ udānayati// (Mv. iii 254.7-13)

さて，世尊がニヤグローダ園で人一人分の高さの上空に飛び上がって，様々な素晴らしい分身の神変を現し，阿修羅の主ラーフ，阿修羅の主ヴェーマチトリン，阿修羅の主ムチリンダ，そして他にも六十ナユタの〔阿修羅〕達を無上正等菩提に授記し，また他の何千コーティもの有情達を聖法に安住させられた時，シュッドーダナ王は自ら預流果を証得し，真理を知見して，師の教えに顚倒なき進路を認め，座から立ち上がると，世尊に合掌礼拝し，世尊の前でこのような感興の言葉を発した。

以上で Divy. と Mv. とに見られる授記の用例をすべて紹介したので，この結果を「ブッダが授記する立場（授記者）か，あるいは授記される立場（被授記者）か」という観点から整理してみよう（表 9 参照)。

まず注目したいのは，授記におけるブッダの位置づけである。Mv. の授記

表9　Divy. と Mv. とに説かれている授記の用例

	Divyāvanāna (12例)	Mahāvastu (17例)
被授記者	①	①②③④⑤×2⑥⑦⑫×1
授記者	③④⑤⑥⑦⑧⑨⑩×2⑪	⑨⑪⑫×1⑬
その他	②	⑧⑩×3

思想におけるブッダは，過去の様々な仏達によって授記される立場にあったのに対し，Divy. では①の燃灯仏授記を除けば，彼自身が誰かを授記する側に回っているという点が Mv. と異なる。Mv. でブッダが誰かを授記することを内容とするのは十七例中，僅か四例だけである。これに対して，Divy. では十二例中，①と②とを除く十例がブッダを授記者とする話となっているのである。これは同じ有部系の Aś でも傾向は同じで，ブッダは記別を授ける人として描かれている(54)。

また授記思想の発展の度合いも両者の間には大きな隔たりが存在する。Mv. の授記思想でその核となるのは概ね「燃灯仏授記」であり，ブッダに記別を与える過去仏に若干の相違を認めうるものの，内容的には「燃灯仏授記」の域を出ない。唯一の例外は⑪の用例であり，ここではブッダ自身が記別を与える人物として描かれ，またブッダの微笑から，放光，アーナンダの質問，そして授記へと話が移行し，授記思想としては新たな展開を見せているが，これが Mv. における唯一の用例である。一方，Divy. ではその定型句が如実に表しているように，従来見られなかった，まったく新しい展開を見せ，同じ「放光」の描写でも，Mv. の用例よりは極めて詳細で発達した内容を呈しており，また授記を主題とする説話が多く説かれている。Mv. ではその光明が「有頂天衆に至るまで一切の仏国土を照らし出すと，世尊を三回右繞して世尊の前で消えた」とするのみであるが，Divy. ではその光明が上と下とに別れて行き，下に行った光線は地獄を，また上に行った光線は諸天を駆け巡り，声を発するという描写になっている。その内容の豊富さは定型句の分量にも如実に現れている。有部系の文献に見られる授記の定型句は，初期経典のみならず大乗経典にも類例を見ないもので，この事実からしても，この定型句が独自の発展を遂げたことが理解される。そしてこの定型句は，若干の異同はあるが，Divy. の十二例中，七話でこの定型句が説かれていることから，これが好んで用いられたことが分かる。

授記に関しては余り労力を費やすことのなかった Mv. において，唯一授記を熱心に説いていたのは⑫の多仏経であった。ここではその冒頭部分と最後の部分だけを紹介したに留まったが，総勢八百近い仏が授記によって時間的に相続することを説いていた。この用例と燃灯仏授記ならびにそのヴァリエーションである七例に共通するのは，Mv. の授記思想がブッダを中心とした時間の軸に沿って縦に説かれている点であり，そこに Mv. の授記思想の特徴を認めることができる。これに対し，Divy. のそれはブッダ自身が記別を与える側に回っていたことからして，ブッダを中心とした空間の軸に沿って横に説かれているところに特色がある。以上，ここでは Divy. と Mv. とに見られる授記の記述をすべて抽出した後，その両者を比較考察することで，両者の授記思想の相違点を明らかにした。以下，その相違点を纏めておく。

まず Mv. の授記思想は燃灯仏授記を核とし，⑪の阿修羅に対する授記を除けば，新たな展開を見出すことはできない。これに対し，Divy. ではその定型句に代表されるように，従来の授記思想とは違った展開を見せ，他に例のない有部特有のものであり，授記をテーマとする説話も豊富である。また授記におけるブッダの位置づけが対照的である。すなわち，Mv. ではブッダが他の過去仏から記別を「授かる立場」にあったのが，Divy. では彼自身が他の誰かに記別を「授ける立場」に回る。さらに Mv. の授記思想は，燃灯仏授記や特に⑫の用例が顕著に示すごとく，ブッダを中心とした時間の軸に沿って縦に説かれているのに対して，Divy. の授記思想はブッダを中心とした空間の軸に沿って横に説かれている点に大きな差異を認めることができるが，これらの相違は両資料の性格を如実に反映していると考えられる。つまり，Mv. は仏伝をベースに様々なジャータカが各所に挿入されているから，主人公はブッダであり，したがってブッダの位置づけは記別を授かる方に回る。これに対し Divy. は全三十七章の物語のうち，大半がアヴァダーナであり，主人公は仏弟子ならびに仏教の在俗信者であるから，彼らが Divy. における被授記者となり，ブッダは彼らに記別を授ける役割を担うことになるのである(55)。

5　授記の定型句の成立

前節では，Divy. を始めとする有部系の文献において，授記の定型句が独自の展開を遂げたことを指摘したが，これは Mv. だけでなく，広く大乗経典に説かれる授記の際の微笑放光の描写と比較しても，その表現形態に関しては他に類例を見ない独自なものであり，これを凌ぐ記述を見出すことはできない。さて大乗経典所説の授記の表現は，部分的に有部系の授記の定型句と重なる部分が多いので，ここでは大乗経典や他の経典諸説の授記の表現との比較を通じて，有部系の資料に見られる授記の定型表現の特異性を明確にし，その定型句の成立の問題を考えることにする。

比較に先立ち，まず授記の定型句を，(1) ブッダの微笑と光明，(2) 光明の巡回（地界／天界／天界で発せられる詩頌），(3) 光明の帰入場所と記別の種類の説明，(4) アーナンダの質問，そして(5) ブッダの回答，という五つの要素に分解し，この五項目に沿って有部系の授記の定型句とその他の経典とを比較対照していくが，その際に比較の対象とする資料は以下のとおりである。

ブッダの微笑放光を伴う授記を扱った経典(56)

竺法護：①『文殊師利仏土厳浄経』［a］（T. 318, xi 892b3 ff.）［b］（895c9 ff.）［c］（900a21 ff.）②『等集衆徳三昧経』（T. 381, xii 981a3 ff.）③『文殊師利現宝蔵経』（T. 461, xiv 465a22 ff.）④『順権方便経』（T. 565, xiv 930b5 ff.）⑤『梵志女首意経』（T. 567, xiv 940b10 ff.）⑥『心明経』（T. 569, xiv 942c6 ff.）⑦『弘道広顕三昧経』（T. 635, xv 505a13 ff.）

支謙：①『七女経』（T. 556, xiv 909a11 ff.）②『龍施女経』（T. 557, xiv 910a11 ff.）③『慧印三昧経』（T. 632, xv 464c15 ff.）

般若：① AṣP ［a］（180.24 ff.）［b］（226.10 ff.）②『道行般若経』［a］（T. 224, viii 458a13 ff.）［b］（468b5 ff.）③『大明度経』［a］（T. 225, viii 497a21 ff.）［b］（502b28 ff.）④『摩訶般若鈔経』（T. 226, viii 531a21 ff.）⑤『小品般若波羅蜜経』［a］（T. 227, 568b12 ff.）［b］（577b24 ff.）⑥『大般若波羅蜜多経第四会』［a］（T. 220, vi 697c19 ff.）［b］（vii 278c12 ff.）［c］（644c25 ff.）［d］（833b23 ff.）［e］（854c13 ff.）［f］（906c6 ff.）⑦『仏

母出生三法蔵般若波羅蜜多経』[a](T. 228, viii 648b19 ff.)[b](664a1 ff.)⑧『摩訶般若波羅蜜経』(T. 223, viii 349b24 ff.)

浄土：①Sukh.(45.17 ff.)②『無量清浄平等覚経』(T. 361, xii 288b15 ff.)③『無量寿経』(T. 360, xii 273a2 ff.)④『大宝積経・無量寿如来会』(T. 310, xi 98b10 ff.)⑤『大乗無量寿荘厳経』(T. 363, xii 324a12 ff.)

大乗：①『大宝積経・菩薩蔵会』(T. 310, xi 321a4 ff.)②『大宝積経・浄信童女会』(T. 310, xi 626c23 ff.)③『楽瓔珞荘厳方便品経』(T. 566, xiv 938c28 ff.)④『有徳女所問大乗経』(T. 568, xiv 941b29 ff.)⑤『堅固女経』(T. 574, xiv 948a26 ff.)⑥『如来智印経』(T. 633, xv 471c8 ff.)⑦『首楞厳三昧経』(T. 642, xv 639c1 ff.)

譬喩：①『増一阿含経』(T. 125, ii 758b12 ff.)②『修行本起経』(T. 184, iii 462b10 ff.)③『仏本行集経』(T. 190, iii 668b7 ff.)④『仏本行経』(T. 193, iv 93a21 ff.)

以下，出典の記述が煩雑になる時は，太字で示した名称と経典の冒頭に付した番号(同一資料から出典が複数の場合，出典前に付したアルファベットをこれに加える)との組み合わせで示す(例：般若⑦[b]は『仏母出生三法蔵般若波羅蜜多経』(664a1 ff.)の用例を意味する)。

ブッダの微笑放光　ブッダの微笑に関しては，すでにその濫觴をPāli聖典中に認めることができ，そこでは三つの用例とも過去の出来事を説き明かす前兆として説かれることはすでに序章で指摘した。よって授記の定型句の源流は初期経典にまで遡ることになるが，しかしそこに放光の表現はなく，これは明らかに後代の付加と考えらえる(57)。放光の描写は授記を扱ったほぼすべての資料に共通であり，授記物語には欠かせない要素として普及していたものと推測できるが，その光明の内容や数に関しては相違が見られる。有部の定型句では「青・黄・赤・白」の四色であるが，他の経典では「五色」とするものが一番多い。ただし「五色」とするのみでその具体的な色に言及しないものもあるし，するものもある。またこの他にも金色や無数の光と表現するものもあり，有部の定型句もこれと同じ基盤の上にある(58)。

光明の巡行　〔**地界**〕有部の定型句では，ブッダの口から放たれた光明が二つに分かれ，一方は地界に落ちていき，もう一方は天界に昇っていくが，他の資料では天界（あるいは「仏国土」）に昇っていく記述は多く見出されるものの，地界に落ちていくというものは非常に少ない。管見の及ぶ限り，竺法護⑥「餓鬼飽地獄痛息。畜生意開罪除」（T. 569, xiv 942c7-8），竺法護⑦「光徹阿鼻諸大地獄。有被明者尋免衆苦。皆志無上正真道意」（T. 635, xv 505a17-19），そして譬喩②「一光下入十八地獄苦痛一時得安」（T. 184, iii 462b12-13）という三つしかない。これらの資料では，その光明が悪趣の有情に安楽をもたらしているが，すでに見たとおり，有部の定型句でもその光明は地獄の有情が地獄で感受すべき業の消滅に役立ち，また地獄の有情の痛みを和らげる働きをしているから，これは上記の三経の用例と同じ基盤にある。この箇所に関しては両者の間に密接な関係が認められる。

〔**天界**〕その光明が天界乃至は仏国土に至る（あるいは「照らし出す」）という表現を取る資料は多い。たとえば，すでに紹介したMv.の阿修羅への授記では，「有頂天衆に至るまでの一切の仏国土を照らし出すと（sarvaṃ buddha-kṣetraṃ obhāsayitvā yāvad akaniṣṭhā devanikāyā）」（Mv. iii 139.3）とする。大乗経典などでは，光明の届く範囲が広く無量の仏国土にまで及ぶが，有部の定型句では，その光明の届く範囲が欲界・色界の諸天に限られる。この世界の外にある仏国土の存在を認めない有部の世界観からすれば，自ずとその光明の到達範囲も限られたものとならざるをえない(59)。確かに光明の到達範囲に関しては大乗経典の方が有部の定型句を遥かに凌いでいるが，しかしその表現形態は基本的に「無量の仏国土を普く照らし」と記述するに留まり，極めて淡泊である。これに比べて，有部の定型句は欲界・色界の諸天を余すところなく列挙し，光明の到達範囲に関しては大乗経典に見劣りするが，その表現に関しては他資料の追随を許さない独自の展開を遂げていると言えよう。

天界で発せられる詩頌　また他の仏典に見られない，有部の定型句の独自性は，この光明が天界の最終到達点である色究竟天に至ってからも持続される。すなわち，この光明は色究竟天に至って「無常・苦・空・無我」と声を発した後，次のような二つの詩頌を唱えることになっているのである。

ārabhadhvaṃ niṣkrāmata yujyadhvaṃ buddhaśāsane/
dhunīta mṛtyunaḥ sainyaṃ naḍāgāram iva kuñjaraḥ//
yo hy asmin dharmavinaye apramattaś cariṣyati/
prahāya jātisaṃsāraṃ duḥkhasyāntaṃ kariṣyati/ iti//

〔精進〕を積め。出家せよ。仏の教えに専念せよ。死の軍隊を打ち破れ。象が葦の小屋を〔踏み潰す〕ように。この法と律とに従って，放逸なく実践する者は，生〔死を繰り返す〕輪廻を断じて，苦を終らせるだろう。

このように，ブッダの口から発せられた光明は，そのブッダ自身の口を象徴するかの如くに「無常・苦・空・無我」という仏教の真理を語り，それに続いてさらに二つの詩頌をも唱えるのであるが，このような記述は他の資料にはまったく見られない，有部の定型句に固有の表現である。しかし，この詩頌自体は初期仏教の段階から説かれているので，有部独自のものとは言えない。SN の用例を示そう。

ārabbhatha nikkhamatha/ yuñjatha buddhasāsane/
dhunātha maccuno senaṃ/ naḷāgāraṃ va kuñjaro//
yo imasmiṃ dhammavinaye/ appamatto vihassati/
pahāya jātisaṃsāraṃ/ dukkhassantaṃ karissatīti// (SN i 156.34-157.2)

この詩頌は初期経典等に散見されるが(60)，問題なのはこの詩頌がここで説かれなければならない必然性である。可能性としては，偶然この詩頌が採択されたか，あるいはこの詩頌がここで説かれるべき何らかの理由があるかのいずれかであるが，前者の場合はその意味を探ることは無意味であるから，後者に焦点を絞ってその必然性を考えてみたい。まずは Pāli 文献での用法を確認する。Th ではウッタラパーラ長老が親族に向けた教訓としてこの二つの詩頌が説かれている。また DN では後半の一偈だけが説かれているのみであるが，ここでは，入涅槃の三ヶ月前に，ブッダが仏弟子達に「諸行は滅び去る性質を持っている。放逸なく努め励むのだぞ（vayadhammā saṅkhārā appamādena sampādetha)」(DN ii 120.13-14) という有名な教訓を説き，そしてその締め括りとしてこの偈が説かれているが(61)，いずれも授記の定型句の文脈に結びつきそうな要因はない。

では最後に SN の用例を見てみよう。ここではブッダが過去仏シキンの弟子アビブーが天界で説法した話を伝えている。彼はシキンの命を受け，梵天界でまず言葉を用いず身体で説法し，続いて彼は言葉を使って説法をするのであるが，その説法の内容がこの二つの詩頌なのである。ここでは天界とこの詩頌とが関連づけられて説かれており，微笑放光の定型句の用法に一致する。無論これのみを以てこの話が有部の定型句の成立に影響を与えたとは断言できないが，しかし天界は居心地がよくて五欲を満たし，放逸に時を過ごしてしまうことにもなるから，それを誡める意味では，天界でこの詩頌が説かれることに意味があると言えそうである(62)。

光明の帰入場所と記別の種類の説明　地界と天界とを巡行した光明は再びブッダのもとに戻り，彼の体のどこかに消えて行くが，その場所によって授記の内容が異なる。このように，光明の帰入場所と記別の種類とを説明する資料は少なく，有部の資料を除けば二つしかない。『心明経』と『増一阿含経』の用例を順次紹介する。

授菩薩決。遍照十方光従頂入。授縁覚莂光入面門。授声聞莂光入肩斗。説生天事光従齊入。説降人中光従膝入。説趣三苦従足心入（T. 569, xiv 942c9-12）

設如来授決之時光従頂上入。設授辟支仏決時光従口出還入耳中。若授声聞莂者光従肩上入。若授生天之決者。是時光明従臂中入。若莂生人中者。是時光明従両脇入。若授生餓鬼決者。是時光明従腋入。若授生畜生決者光明従膝入。若授生地獄決者。是時光明従脚底入（T. 125, ii 758b16-23）

このように若干の相違は認められるが(63)，ブッダの頭頂から足裏へと下がるにつれて記別の内容も低くなっているのは同じである。ただし，有部の定型句ではこれ以外にも記別の種類は過去事・未来事・力転輪王・転輪王の四項目が追加され，より詳細な内容となっている点が大きく異なる。

アーナンダの質問　有部系の定型句において，アーナンダの質問は詩頌の形でなされ，幾つかの偈が説かれているが，これと同じ形式を取る資料がある。たとえば竺法護① [a] ②③⑦，支謙③，そして大乗⑥であるが，ただ残念なことに，有部系の定型句に見られる詩頌とのパラレルを見つけだすことはできず，これに関して Divy. と大乗諸経典とは，それぞれ独自の展開を遂げたものと思われる。

ブッダの回答　アーナンダの質問を受けたブッダは，それに答える形で記を授けるが，これに関しては二つの異なった伝承が存在する。すでに何度か触れてきたが，有部系の定型句では，アーナンダの質問を受けたブッダは具体的な授記に言及する前に「そのとおり，アーナンダよ，そのとおりなのだ。アーナンダよ，如来・阿羅漢・正等覚者たるものは，因縁なくして微笑を現ずることはないのだ」という前置きを述べることになっているが，初期経典以来，これはアーナンダがブッダに発する質問の一部として説かれるべき一節なのである。MN の用例を見てみよう。

> atha kho bhagavā maggā okkamma aññatarasmiṃ padese sitaṃ pātvākāsi. atha kho āyasmato ānandassa etad ahosi. ko nu kho hetu ko paccayo bhagavato sitassa pātukammāya. na akāraṇena tathāgatā sitaṃ pātukarontīti. atha kho āyasmā ānando ekaṃsaṃ cīvaraṃ katvā yena bhagavā ten' añjalim paṇāmetvā bhagavantaṃ etad avoca. ko nu kho bhante hetu ko paccayo bhagavato sitassa pātukammāya. na akāraṇena tathāgatā sitaṃ pātukarontīti. bhūtapubbaṃ ānanda ..... (MN ii 45.3-12)
>
> さて世尊は道から降り，ある場所で微笑を現された。その時，同志アーナンダはこう考えた。〈世尊が微笑を現じられたのには，いかなる因縁があるのか。理由もなく如来が微笑を現じられることはない〉と。そこで同志アーナンダは右肩を肌脱ぎ，世尊に向かって合掌礼拝すると，世尊にこう申し上げた。「大徳よ，世尊が微笑を現じられたのには，いかなる因縁があるのですか。理由もなく如来が微笑を現じられることはありません」。「アーナンダよ，かつて〜」

これは他の Pāli 文献も同様であるし (MN ii 74.15 ff., AN iii 214.21 ff.)，す

でに見たMv.の阿修羅に対する授記の物語，さらには他の授記を扱った資料もすべてこのPāliの伝承を素地に発展しており，唯一有部系の文献だけがこの系統から外れていることになるが，その理由については不明である。

以上，有部系の資料に見られる授記の際の微笑放光の定型句を幾つかの要素に分解し，それらと大乗経典等の資料に見られる微笑放光の記述との異同を確認した。要素によっては両者の間に何らかの関係が認められたが，ここでは両者の関係を指摘するに留め，どちらがどちらに影響を与えたかという問題に関しては今後の研究を待たねばならない(64)。しかし最初から有部系資料に見られる定型句が成立していて，それを部分的に他の大乗経典などが取り込んだと考えるよりは，有部の資料の編纂者が，大乗経典等でそれぞれ独自に展開していった授記の表現を取り込み，それを集大成させて定型句に纏め上げていったと考える方が自然であろう。これに関してはさらなる考察が必要であるが，有部系の資料に見られる授記の定型句が，初期仏教や部派仏教の資料のみならず，広く大乗経典と比較しても極めて詳細で独自な表現形態を取っており，他の資料に部分的に見られる様々な要素がすべて包摂されているという点は指摘できるであろう。

6　まとめ

本章では前章の業思想を受け，再生と深い関わりを持っている誓願と授記とに関して考察を行った。まず誓願であるが，有部系の資料にはこの誓願が頻出し，他の律文献を遙かに凌駕している。アヴァダーナ文献が現在や未来の果報を，過去や現在の業で説明するのを特徴とする以上，有情が過去世でいかなる行為を行ったか，あるいは現在世でいかなる行為を行うのかが問題となるのは当然であり，特に善業によって楽果を説明する物語では，この善業に誓願という行為が組み込まれ，その善業の方向性を決定するという役割を担っていたことが理解された。その証左としては，誓願文の中に「この善根によって」という句が定型化していたことを指摘することができよう。そして極端な場合，この誓願という行為は邪な願いさえも叶えてしまうという力を持っていたが，悪業の果報を享受しないようにと願う場合には，その効力を発揮できなかった。これは業の不可避性を強調するアヴァダーナ説話の特徴を考えれば当然の帰結といえる。

また誓願に関して，Divy. と Mv. とを比較してみると，両資料の性格を反映した興味深い違いが発見できた。両資料は同じくアヴァダーナと呼ばれてはいるが，その性格はかなり違っている。つまり Divy. は三十七の独立した物語からなる説話集の体裁を取り，その主人公は概ね在家信者，あるいは在家信者から出家して仏弟子となった者達であったが，Mv. は全体が仏伝という纏まった体裁を取り，基本的にその主人公はブッダである。この主人公の違いがその誓願者にも反映し，Divy. に見られる誓願者はほとんどが在家信者であり，ブッダの誓願はごく僅かしか存在しなかったのに対し，Mv. ではブッダが過去世で立てた誓願が大半を占め，逆に在家信者が誓願を立てたという物語は極めて少なかったのである。

この傾向は授記に関しても見られ，Divy. では記別を授けるのがブッダであったのに対し，Mv. ではブッダが記別を授かる側に回る。Divy. の授記思想ではブッダ一仏の立場から，ブッダ以外の有情に正等菩提の記別を授ける話は基本的に存在せず，独覚の記別を授けるという話が目立っていた。一方，Mv. では仏塔崇拝者や阿修羅に対しても成仏の記別を授ける話が見られ，この点においても両資料は対蹠的な態度を取っていたことが知られる。また Divy. では，ブッダが授記者として様々な有情に記別を授ける話がほとんどであったから，これはブッダを中心とした横（空間）の授記，また Mv. は燃灯仏授記や仏から仏の相続を詳細に説く物語が如実に表しているように，ブッダを中心とした縦（時間）の授記と特徴づけることができる。

そして最後には，有部系の資料に見られる授記の定型句に関して考察を加えた。周知の如く，授記思想は燃灯仏授記の物語を起点にして，部派の仏典のみならず，広く大乗経典にも取り入れられ，重要な役割を果たす思想として機能している。確かに授記の内容に注目すれば，大乗経典では成仏の授記が当たり前になっているから，Divy. などに説かれる授記に較べると格段の進展を見せているが，その表現形態に注目するならば，有部系資料に見られる定型表現は大乗経典所説のそれとは比較にならないほど詳細であった。

そこでその授記の定型表現を幾つかの要素に分解し，各要素毎に他の資料で説かれる授記の表現と比較してみると，授記の内容やブッダから放たれる光明の到達範囲などに関しては見劣りするものの，表現自体はどの要素を比較しても有部系資料所説の定型表現が最も詳細な内容を呈示していた。これにより，有部系の教団が授記に関して特別の注意を払っていたことが理解されよう。つまり，業思想を過度に強調した副産物として，有部系の資料には誓願や授記が頻繁に用いられたのではないかと推定されるのである。この推定は，業思想にそれほど重点を置かなかった他の広律において，誓願や授記がほとんど説かれていないという事実からも首肯されるであろう。またこの誓願や授記は，大乗経典でも重要な役割を果たした思想であるから，本章で考察した Divy. や Mv. と大乗経典の関わりは重要である。

第6章　仏陀観の変遷

長い年月を費やし，膨大な典籍を生み出してきた仏教という宗教の特質は複雑多義に亘り，それを一つの思想に集約して理解することは難しいが，教祖ブッダの理解は，仏教という宗教の本質を把握する上で重要な思想の一つである。そこで本章では，初期仏教以来のブッダ理解が部派仏教の文献においてどのような変遷を遂げているかを明らかにする。これは大乗仏教の仏陀観を考える上でも重要であるが，以下，様々な観点から説話文献に展開されている仏陀観を整理してみよう。

1　ブッダの属性の一般化

「渡す」という属性　大乗仏教の特徴は「ブッダ固有の属性の一般化」という視点からも考えることができる。たとえば「ブッダ」という呼称は，大乗仏教以前の時代には固有名詞として用いられ，ガウタマ・シッダールタその人を指し示す言葉であったのが(1)，大乗仏教に至っては，普通名詞化して「目覚めた人」一般を意味する言葉として用いられたり，また阿弥陀仏に代表されるように，ブッダ以外にも数多くの固有の仏が登場するようになる。また本来は固有名詞だった「菩薩」という呼称も，大乗仏教の時代には普通名詞化して用いられたり，あるいは「観音菩薩」のように，ブッダ以外の人物が固有名詞を有する菩薩として登場するようになる。

今ここで問題にする√tṝ (causative)，すなわち「〔有情を彼岸に〕渡す」ということも，初期仏教においてはブッダに固有の属性であり，他の仏弟子や在家信者の属性として用いられることはないことが並川孝儀によって論証されているが(2)，この√tṝ (caus.) も，大乗仏教の時代には四弘誓願の一つ（衆生無辺誓願度）として，菩薩に共通の誓願となっている。そこでこの概念が部派仏教時代の伝承を受け継ぐ Divy. や MSV といった有部系の資料や大衆部系の Mv. においてどのように説かれているかを比較することで，両者の仏陀観の相違を明らかにし，さらには Aś の用例も検討して，その帰属部派の問題に触れることにする。

ではまず有部系の Divy. の用例から検討することにしよう。この √tṝ (caus.) は誓願の中で説かれることが多いが，√tṝ (caus.) を内容とする誓願を立てるのは，必ずブッダの本生となっている。たとえば第17章では，組合長の息子は正等覚者サルヴァービブーに対して浄信を生じ，彼に対して花を撒いた後，次のような誓願を立てる。

> anena dānena mahadgatena buddho bhaveyaṃ sugataḥ svayaṃbhūḥ/
> tīrṇaś ca *tārayeyaṃ* mahājanaughān atāritā ye pūrvakair jinendraiḥ// (Divy. 227.4-7)
> 「この偉大なる布施によって，私は〔将来〕ブッダ・善逝・自在者となり，〔自ら〕渡って，過去の勝者達が渡せなかった大勢の人々を渡せますように」

これと同内容の誓願は第18章（Divy.245.26-28）にも見られ，ここでもブッダの本生である組合長がその誓願者であり，さらに第22章では，チャンドラプラバ王が次のような誓願を立てている。

> aham anuttarāṃ samyaksaṃbodhiṃ abhisaṃbuddhyādāntān sattvān damayeyam aśāntāñ chamayeyam atīrṇān *tārayeyam* amuktān mocayeyam anāśvastān āśvāsayeyam aparinirvṛtān aparinirvāpayeyam (Divy. 326.19-22)
> 「私は無上正等菩提を正等覚し，調御されざる有情達を調御せしめ，寂静ならざる〔有情達〕を寂静ならしめ，〔彼岸に〕渡らざる〔有情達〕を〔彼岸に〕渡らしめ，解脱せざる〔有情達〕を解脱せしめ，安穏ならざる〔有情達〕を安穏ならしめ，般涅槃せざる〔有情達〕を般涅槃せしめよう」

また第32章では，pra-ṇi√dhā という語こそ見られないが，内容的には誓願と同義で用いられることがある「真実語（satyakriyā）」の内容として，√tṝ (caus.) が用いられている。ブッダの本生であるバラモンが，飢えた虎に自らの命を絶って肉を捧げる時になした真実語の当該箇所のみを紹介する。

katham aham anuttarāṃ samyaksaṃbodhim abhisaṃbuddhyādāntān damayeyam atīrṇān *tārayeyam* amuktān mocayeyam anāśvastān āśvāsayeyam aparinirvṛtān parinirvāpayeyaṃ tena satyena satyavacanena mā me parityāgo niṣphalo 'bhūd (Divy. 478.26-29)

「何としても，私は無上正等菩提を正等覚してから，調御されざる〔有情〕達を調御し，〔彼岸に〕渡らざる〔有情〕達を〔彼岸に〕渡らしめ，解脱せざる〔有情〕達を解脱せしめ，安穏ならざる〔有情〕達を安穏ならしめ，般涅槃せざる〔有情〕達を般涅槃せしめよう。この真実により，真実語により，私の喜捨が実りあるものとなるように」(3)

Divy. にはこの他にもブッダの立てた誓願の用例が二つあり，ブッダが過去世で立てた誓願の用例は全部で七つになるが，そのうち四つまでもが√tṝ (caus.) を内容とする誓願となっている。一方，ブッダ以外の者が立てた誓願の用例（その内容が明らかなもの）は全部で三十近くあるが，√tṝ (caus.) を内容とする誓願は一つも存在しない。この事実は，Divy. 所収の説話の作者が，√tṝ (caus.) をブッダの属性として充分に意識して使い分けていたことを物語っている。よって Divy. の誓願説に見られる√tṝ (caus.) の用例は，初期仏教以来の伝統を忠実に踏襲したものと言えよう。ただ誓願という枠を外せば，Divy. にも√tṝ (caus.) がブッダ以外の仏弟子に適用されるケースが一つだけ存在する。これは第2章に見られる。ブッダのもとで出家したプールナはシュローナーパラーンタカ地方で布教活動に専念するとブッダに伝えると，ブッダは「その国の人は野蛮で凶暴だから」と言って彼を引き留めようとしたが，その決意は揺るぎないものと知り，彼を次のような言葉で励ます。

sādhu sādhu pūrṇa śakyas tvaṃ pūrṇānena kṣāntisaurabhyena samanvāgataḥ śroṇāparāntakeṣu janapadeṣu vastuṃ śroṇāparāntakeṣu vāsaṃ kalpayituṃ/ gaccha tvaṃ pūrṇa mukto mocaya tīrṇas *tāraya* āśvasta āśvāsaya parinirvṛtaḥ parinirvāpayeti/ (Divy. 39.11-15)

「プールナよ，善いかな，善いかな。プールナよ，お前は忍耐という芳香を具え持っている。お前ならシュローナーパラーンタカ地方に住むことができるし，シュローナーパラーンタカ地方に居を構えることができよう。さあ，プールナよ。お前は〔自ら〕解脱して〔他を〕解脱させ，〔自ら彼岸に〕渡って〔他を〕渡らしめ，〔自ら〕安穏となって〔他を〕安穏ならしめ，〔自ら〕般涅槃して〔他を〕般涅槃せしめよ」(4)

これは√tṝ (caus.) がブッダ以外の仏弟子に適用されており，Divy. の用例としては極めて希であると考えられるが，これはブッダがプールナにかけた激励の言葉の中で用いられているから，誓願文の中で自ら決意を表明する用例とは若干の相違を認めることができる。つまり，有部系の文献ではブッダ以外の者が自ら√tṝ (caus.) を内容とする誓願を立てたり，決意を表明する用例は存在しないことになる(5)。

続いて MSV の用例を見ていこう。MSV における√tṝ (caus.) の用例は破僧事に集中し，全部で六例を数える。まず最初の用例は，占い師達がシュッドーダナ王に王子の将来を予言する場面で説かれる。

saptaratneśvaro rājā bhaviṣyati sutas tava/
praśāsiṣyaty adaṇḍena sāgarāntāṃ vasundharām//
atha vā tyajya vasudhāṃ vanaṃ yāsyati nirbhayaḥ/
sarvajñatām anuprāpya jagad *uttārayiṣyati*// (MSV vi 78.5-8)

「あなたの息子は七宝を自在に操る王となり，海を辺際とする大地を武器を用いずに支配するであろう。しかし，国土を捨てて，恐れることなく森に行けば，一切智を獲得して，有情を〔彼岸に〕渡すであろう」

次の用例は出家を怖れた父王が王宮を厳重に警備している時，神々がブッダに出家を勧める言葉の中に見られる。

uttiṣṭhottiṣṭha sumate tyaktvā niṣkrama medinīm/
sarvajñatām anuprāpya jagad *uttārayiṣyasi*// (MSV vi 84.8-9)

「賢者よ，立ち上がれ，立ち上がれ。あなたは王国を捨て去って出家せよ。あなたは一切智を獲得し，有情を〔彼岸に〕渡すであろう」

次はブッダの本生話の中で説かれる用例であり，菩薩ヴィシュヴァンタラが妻と我が子とを布施する話の中で説かれている。菩薩は次のように言う。

lokam duḥkhamahārṇave pratibhaye majjantam ārtam bhṛśam
pāram *tārayitum* suduṣkaraśatair badhnāmi mārgaplavam/ (MSV vii 125.

23-24)

「恐るべき苦の大海原に沈み，酷く傷ついた世間〔の者達〕を，何百という激しい苦行によって，彼岸に渡すために〔仏〕道という船を作ろう」

この後も，菩薩は続いて√tṝ (caus.) を内容とする決心をしている(6)。そして最後に菩薩の妻マードリーは，菩薩の決意を受けて次のように激励する。

yasyārthe svajanān dhīra tyajasi snehaviklavaḥ/
tam artham prāpnuhi kṣipraṃ *tārayan* hi bhavāj jagat// (MSV vii 130. 29-30)

「堅固なる人よ，あなたは愛情ゆえに困惑しながらでも身内の者を手放すその目的を速く獲得されますように。人々を有より渡しつつ」

以上は文字どおり有情を彼岸に渡すことを内容とする例であったが，MSV にはもう一つ比喩的な意味でブッダが有情を渡すという用例が見られるので，最後にその内容を紹介しよう。これはマラカ魚によって難破した船から投げ出された商人達を，ブッダの本生である亀が救済するというものである。

vahanam makarena matsyajātenānayena vyasanam āpāditam tatra mahān kolāhalo jātaḥ tacchabdaśravaṇāt kacchapo mahāsamudrād utthitaḥ sa teṣāṃ sakāśam upasaṃkramya kathayati alaṃ bhavatāṃ viṣādena mama pṛṣṭham abhiruheta ahaṃ vas *tārayiṣyāmi* iti (MSV vii 17.2-6)

船はマカラ魚や沢山の魚のせいで遭難してしまった。そこで〔彼らは〕大きな悲鳴を上げた。その声を聞いた亀は大海中より顔を出し，彼らのもとに近づくと言った。「お前達よ，落胆するな。私の背中に乗るがよい。私がお前達を渡してやろう」と。

以上，MSV における√tṝ (caus.) の用例を見てきた。その内容は誓願の枠に留まらず，Divy. に比べて多様な用法が認められたが，√tṝ (caus.) という属性が適用されるのはブッダに限られており，プールナの用例を除けば，ブッダ以外の有情にこの語が用いられることがないという点で，Divy. と MSV とは見事に一致している。この事実から，√tṝ (caus.) という属性がブッダに固有なものであるという共通認識が，有部系の資料においてかなり明確な形で徹底されていたと見て大過ない。

では大衆部系のMv.は，これに関してどのような態度を取っているであろうか。もちろん，Mv.でもブッダが√tṝ (caus.) を内容とした誓願を立てる用例を見ることができる。そのほとんどはブッダが過去世において立てたものであるが，次にその一例を紹介しよう。たとえば「アビヤ事」ではブッダの本生である比丘アビヤが世尊サルヴァービブーを供養した後，彼のもとで誓願を立てているが，その中に√tṝ (caus.) が用いられている。当該の箇所のみを紹介しよう。

evaṃ tīrṇo *tāreyaṃ* mukto mocayeyaṃ āśvasto āśvāseyaṃ parinirvṛto parinirvāpayeyaṃ (Mv. i 39.5)

〈〔あなたの〕ように〔自ら〕渡って〔他を〕渡らしめ，〔自ら〕解脱して〔他を〕解脱せしめ，〔自ら〕安穏となって〔他を〕安穏ならしめ，〔自ら〕般涅槃して〔他を〕般涅槃せしめることができますように〉

これと同様の誓願は他にも五つの用例を確認することができるが(7)，いずれもこれと同じようなパターンで誓願が立てられている。次に紹介するのは，今までとは違って，ブッダがこの世で√tṝ (caus.) を内容とする誓願を立てる用例である。それはブッダが出家して二人の仙人を尋ねて禅定の修行をした後，これも悟りへの道ではないと考え，決意を新たにしたブッダの心情として説かれている。

ekekasatvamokṣaṇe yadi kalpam asaṃkhyaṃ sarvasatvānāṃ/
duḥkham anubhomi *tāreṣyaṃ* sarvasatvānāṃ vyavasitam idaṃ// (Mv. ii 204.6-7)

〈各々の有情を解脱させるため，無数劫の間，一切有情の苦を味わうことになっても，一切有情を〔彼岸に〕渡そう。これが〔私の〕決意である〉

このように，√tṝ (caus.) を内容とする誓願は，Mv. でもブッダとの関係において説かれているが，詳しくその用例を調べてみると，Mv. にはブッダ以外の有情も√tṝ (caus.) を内容とする誓願を立てる用例が存在するので，次に，Divy. には見られなかった用例を紹介してみたい。Mv. 所収の「観察経」ではブッダが「如来や仏塔を供養する者はこのような誓願を立てる」として，次のような記述が見られる。

moceya satvāṃ bahuduḥkhaprāptāṃ andhāna cakṣu siya sarvaloke/
ālokaprāpto tamastimirasya ghātī atīrṇasatvān aham api *tārayeyaṃ*//
(Mv. ii 396.17-20)

「私は，多くの苦しみに陥った有情達を解脱せしめ，一切世間で盲目になった者達の眼となろう。私も光を獲得して闇や暗黒を打ち破り，〔彼岸に〕渡っていない有情達を〔彼岸に〕渡そう」

これはブッダ自身ではなく，如来や仏塔を供養する者一般について説かれている。また別の用例では成道後のブッダを阿修羅達が供養した後，彼らは誓願を立てているが，その中に√tṝ (caus.) が使われている。以下，当該箇所のみを示す。

evaṃ tīrṇā *tārayema* muktā mocema āśvastā āśvāsema parinirvṛtā parinirvāpema/ (Mv. iii 138.16-17)

「〔世尊の〕ように我々は〔自ら〕渡って〔他を〕渡らしめ，〔自ら〕解脱して〔他を〕解脱せしめ，〔自ら〕安穏となって〔他を〕安穏ならしめ，〔自ら〕般涅槃して〔他を〕般涅槃させることができますように」

このように，ブッダはもちろんのこと，ブッダ以外の者も√tṝ (caus.) を内容とする誓願を立てる用例が Mv. に存在していることが分かる。初期仏教の伝統を忠実に踏襲したのが有部系の Divy. なら，大衆部系の Mv. はこの伝統の枠を超え，ブッダ以外の者にもこのタイプの誓願説を適用したことになる。よって，√tṝ (caus.) を手がかりにその誓願説を整理する限り，大乗仏教の誓願説は有部より大衆部に近いようであるが，Divy. と Mv. との差異が上座部と大衆部との差異を反映しているということを論証するためには，律文献を中心にした上座部系と大衆部系の資料に見られる用例を比較研究しなければならない。もし上座部系の資料でもブッダ以外の者に√tṝ (caus.) を内容とする誓願が使われていたら，部派仏教の時代には，部派を問わず√tṝ (caus.) がブッダだけの属性とはみなされていなかったことになる。逆に√tṝ (caus.) に関して，上座部系と大衆部系の資料との間に明確な違いが存在すれば，新たな問題が生じることになる。それは Aś の位置づけである。

定型句の類似性から考えれば，Aś の所属部派は有部系と見なせるが，思想的な面では未解決の問題が多く，ここで取り上げる√tṝ (caus.) もその一つと言えよう。さてこの資料の最初の十章は誓願と授記とを扱っているが，ここに√tṝ (caus.) を内容とする誓願説が見られるので，その用例を見てみよう。たとえば第1章ではバラモンのプールナバドラが食事を以てブッダや僧伽を供養した後，次のように誓願する。

anenāhaṃ kuśalamūlena ..... buddho bhūyāsam atīrṇānāṃ sattvānāṃ *tārayitā* amuktānāṃ mocayitā anāśvastānām āśvāsayitā aparinirvṛtānāṃ parinirvāpayiteti// (Aś i 4.1-4)(8)

「この善根によって（中略）私はブッダとなり，〔彼岸に〕渡らざる有情達を〔彼岸に〕渡らしめ，解脱せざる〔有情〕達を解脱せしめ，安穏ならざる〔有情〕達を安穏ならしめ，般涅槃せざる〔有情〕達を般涅槃せしめよう」

他の章でもこれと同じ誓願説が説かれているが，その誓願者はいずれも在家信者であってブッダではない。ところが，この梵本に対応すると考えられている漢訳の『撰集百縁経』を見ると，問題の箇所は「無救護者。為作救護」(T. 200, iv 203b15-16)(9)とあり，漢訳者は tārayitā に相当する部分を「渡」あるいはこれに類する語を以て漢訳せず，一貫して「救護」とする。現段階ではその原語を確定できないが，この訳語から推察すれば，それは√trā であった可能性が高い。だとすれば，漢訳者が√tṝ を√trā と誤訳したのか，それとも『撰集百縁経』の漢訳者が依拠した梵本にはすでに√trā が用いられていたのかが問題になるが，「彼岸に渡らざる有情達を彼岸に渡らしめ云々」，または「自ら渡って他を渡らしめ云々」という四つの動詞 (√tṝ; √muc; ā√śvas; pari-nir√vṛ [*or* vā]) を使ったフレーズは四弘誓願の原型と考えられ，またこれまで見てきたように，定型化して用いられていることから判断すれば，偶然間違えたというよりは，意図的に変えられた可能性の方が高いように思われる。

ではなぜ故意に変えられたのかが問題になる。これは，その梵本の作者か，書写者か，または漢訳者の誰かが，いずれかの段階で√tṝ (caus.) はブッダの属性であることを強く意識していたため，ブッダ以外の誓願の内容に√tṝ (caus.) を用いるのは相応しくないと判断したためではなかろうか。でなければ，定型化しているこのフレーズを偶然間違えるとは考え難い。またこれとは逆に，梵本の Aś にはないが，『撰集百縁経』には「度衆生」を内容とする誓願を在家信者が立てる用例が巻第三の「授記辟支仏品」に見られる(10)。「度」の原語は明らかではないが，√ tṝ (caus.) の可能性が高く，この資料の位置づけがいかに困難かを示している。

Aś の成立に関しては，出本充代が他の漢訳資料との比較を通して綿密な研究を進めており，その成果が期待されるが，彼女によると『賢愚経』からの引用が見られることから『撰集百縁経』の訳出年代を五世紀中頃以降，その漢訳のもとになった梵本の成立を二世紀から四世紀の間，そして現行梵本の成立を五世紀以降と設定しているので(11)，有部系の文献でも大乗の影響と見られる要素が存在する可能性は充分に考えられるし，√ tṝ (caus.) を内容とする誓願説に関しても大乗の影響と見られなくはないが，成立的にはそれほど古くない Divy. に√ tṝ (caus.) を内容とする誓願説に関してまったく大乗の影響が見られないという事実と照合する時，Aś が Divy. と同じ有部系の資料とは考え難い。もしも Aś が有部系の資料だとすれば，同じ有部系の部派でも時代や地域によって√ tṝ (caus.) に対する考え方が違っていたことになるし，そうでない場合，Aś の所属部派あるいは成立の問題を再考せざるをえなくなる(12)。

ここでは，並川によって論証された√ tṝ (caus.) を手がかりにして，Divy. と Mv. とにおける誓願説の用例を比較し，その仏陀観の違いを明らかにしてきたが，Mv. の仏陀観がかなり発達した形態をとっているのに対し，Divy. の仏陀観は基本的に初期仏教の伝統内にあり，保守的な姿勢を保っていることが確認された。

一仏多仏の問題　初期仏教の仏陀観は一世界一仏論を原則とし，一つの世界に二人のブッダや転輪王が出現することはあり得ないとする(13)。しかしこれは仏陀観というより世界観の問題である。なぜなら一世界一仏論の立場を取っても，世界がこの世界以外にも存在するなら，同時に複数の仏が存在しても一世界一仏論には抵触しないからである。かくして大乗仏典には，数多くの仏達が時を同じくして存在すると説かれるようになり，阿弥陀仏や阿閦仏など，数多くの仏が登場することになる。そこでここでは仏陀観の変遷の問題を「一仏多仏」という観点から考察し，前と同じくDivy.やMSVといった有部系の文献を大衆部系のMv.と比較することで，前項と同じ傾向が仏陀観に関しても認められるかどうかを確認する。

Divy.やMSVといった有部系の文献には，二人以上のブッダが同時に登場するような説話，あるいはこの世界以外に別の世界が存在するという話は存在せず，Divy.は初期仏教の一世界一仏論を忠実に踏襲していることになるし，また世界観も発達しておらず，空間軸から見た有部系資料の仏陀観は極めて保守的である。

空間軸から見た場合，Mv.には極めて発達した仏陀観が説かれていることはすでに研究者によって指摘されている。まず十地を説く中の第六地では，マハーカーシャパの「正等覚者達が法を説いておられる仏国土は，現時点で他にどれくらいあるのか」という質問に対してマハーカーティヤーヤナが詩頌を以て答える場面があるが，ここで彼は「東方に五仏，南方に三仏，西方に一仏，北方に一仏，下方に一仏，上方に一仏」の存在を示している（Mv. i 123.6-124.10）(14)。またこの後でさらに現在多仏を裏付ける次のような詩頌が説かれている。

buddhakṣetrasahasrāṇi anekāni ataḥ paraṃ/
buddhakṣetrasahasrāṇāṃ koṭī na prajñāyate 'parā//
buddhakṣetrāṇāṃ śūnyānāṃ koṭī na prajñāyate 'ntarā/
lokadhātūsahasrāṇāṃ koṭī na prajñāyate 'ntarā// (Mv. i 124.11-14)
これとは別に，幾千という多くの仏国土があり，
他の幾千という仏国土の辺際は，知られないのである。
〔数多の〕空なる仏国土の内なる辺際は知られないし，
何千という世界の内なる辺際は知られない。

最後にもう一つ同時に複数の仏が存在することの証左となる用例を挙げておく。これはMv.の中でも後半に位置し，ブッダの初転法輪に絡めて説かれ

ているが，この用例はあまり指摘されていないので，ここであらためて紹介してみたい。

bhagavāṃ dharmacakraṃ pravartento ekaṣaṣṭiṃ trisāhasramahāsāhasra-lokadhātūṃ bhāṣamāṇasvareṇābhivijñāpeti tato ca pareṇa buddhakṣetrāṇi/ ye ca tasmiṃ samaye buddhā bhagavanto teṣāṃ teṣāṃ ca paralokadhātuṣu pariṣadi dharmaṃ deśenti te bhagavato dharmacakraṃ pravartentasya tūṣṇī abhūnsuḥ// *duḥprasaho samyaksaṃbuddho* pariṣadi dharmaṃ deśayati/ bhagavāṃ duḥprasaho tūṣṇīṃ abhūṣi buddhaghoṣo ca niścarati/ vismitā pariṣā bhagavantaṃ duṣprasahaṃ pṛcchati// bhagavaṃ buddhaghoṣo niścarati/ tasmiṃ niścarante tūṣṇī abhūl lokanātho duṣprasaho vismitā pariṣat kalaviṃkamaṃjughoṣo meghastanitadundubhisvarābhigamo niścarati buddhaghoṣo na jalpati vādīnāṃ pravaro bhagavān// duṣprasaho āha//

lokadhātu mahānāma tatra śākyamunir jinaḥ/
dharmacakraṃ pravarteti yasya ghoṣo niścarati//
lokadhātusahasrāṇi asaṃkhyeyāni ghoṣaye/
śrūyati varabuddhisya yathā dūre tha santike// (Mv. iii 341.18-342.11)

世尊が法輪を転じられると，六十一もの三千大千世界と，さらにそれとは別の仏国土にも〔自分の〕話す声によって〔その内容を〕知らしめた。その時，それぞれの他の世界の衆会の中で説法していた諸仏・諸世尊は，世尊（ブッダ）の法輪が転じられると，黙ってしまった。正等覚者ドゥシュプラサハは衆会の中で法を説いていたが，ブッダの声が流れてくると，世尊ドゥシュプラサハも黙ってしまったのである。驚いた衆会の者達は世尊ドゥシュプラサハに尋ねた。「世尊よ，ブッダの声が流れてきましたが，それが流れるや，世間の主ドゥシュプラサハは黙ってしまわれました。衆会の者達は驚いております。郭公の甘美な〔囀りの如き〕声と雷のゴロゴロという声が近づいてくるようです。ブッダの声が流れ出たら，論者の最上者たる世尊はお話にならないのですか」。ドゥシュプラサハは言った。

「マハーナーマンよ，その世界では勝者シャーキャムニが，法輪を転じたが，その声が流れ出てきたのだ。それは何千阿僧祇の世界に響きわたり，無上なる覚知を有する者の声は遠くでも近くのように聞こえるのである」

これは「現在多仏」の思想が実際の説話に反映されたケースであり，また大乗経典の記述を彷彿とさせる興味深い用例である。

次に，時間軸でブッダを見た場合，ブッダを中心に過去仏と未来仏とが存在することになる。初期経典では過去仏としていわゆる過去七仏，また未来仏としてマイトレーヤという一仏が一般的であるが，Divy. に登場する仏は原則としてこの域を出ることはない。では実際どのような過去仏が Divy. や MSV の中で説かれているかを整理してみよう。結果は以下のとおりである。

表10　有部系の資料に見られる過去仏

(1)　**Divy.**

過去七仏（シャーキャムニは除く）

①Vipaśyin（141.16; 227.21 ff.; 282.19 ff.; 333.4）②Śikhin（333.5）③Viśvabhū（333.5）④Krakuchanda（254.3; 333.5; 418.23 ff.）⑤Kanakamuni（333.5）⑥Kāśyapa（22.4 ff.; 54.12 ff.; 76.26 ff.; 192.25 ff.; 233.21 ff.; 333.6; 336.21 ff.; 344.5 ff.; 347.1 ff.; 428.27; 464.15 ff.; 504.26）

その他の過去仏

①Ratnaśikhin（62.17 ff.）②Sarvābhibhū（226.16 ff.）③Kṣemaṃkara（242.1 ff.）④Dīpaṃkara（246.5 ff.）⑤Saprabha（480.25）

(2)　**MSV**(15)

過去七仏（シャーキャムニは除く）

①Vipaśyin（i 46.9, 216.8 ff., v 27.23 ff., vii 147.24 ff.）②Śikhin（None）③Viśvabhū（None）④Krakuchanda（None）⑤Kanakamuni（None）⑥Kāśyapa（i 18.15 ff., 23.16 ff., 55.9, 56.20 ff., 59.10 ff., 61.17 ff., 72.14 ff., 260.16 ff., ii 77.10 ff., iv 47.8 ff., 190.14 ff., v 69.6 ff., vi 162.21 ff., vii 2.7 ff., 22.26 ff., 51.30 ff., 66.30 ff., 191.30）

その他の過去仏

①Aranābhin（vi 161.11 ff.）

これから分かるように，Divy. では計十一人の過去仏が登場し，過去七仏に入らない過去仏の名も見られるが，カーシャパの登場回数が際だって多いのが特徴的である。MSV も Divy. とほぼ同じ傾向にあり，カーシャパの登場回数が一番多く，次いでヴィパッシンとなっているが，相違点は過去七仏以外の過去仏にある。つまり Divy. ではラトナシキン，サルヴァービブー，クシェーマンカラ，ディーパンカラ，そしてサプラバといった過去仏が登場するが，MSV では唯一アラナービンが過去七仏以外の過去仏として登場するに留まっている。

続いて，未来仏の用例を見てみよう。これに関してはその用例が僅かに三例が存在するのみである。すなわち①Maitreya (61.13 ff.)，②Śākyamuni (90.28)，そして③Upagupta (348.25 ff.) である。このうち，マイトレーヤについては説明の必要はないが，シャーキャムニとウパグプタには注意を要する。シャーキャムニに関しては，ブッダに灯明を布施した貧女が「将来，ブッダと同じ様な仏になりますように」という誓願を立て，ブッダは「シャーキャムニという如来・阿羅漢・正等覚者になる」と授記するのであるが，これは極めて特異な用例である。なぜなら，Divy. では授記を扱った説話は幾つか存在するものの，仏になると予言するのはこの話だけだからである。また，これ以上に注目すべきはウパグプタの用例である。彼はブッダの滅後，ブッダに代わりアショーカ王を教導する仏として授記されるが，ただし無相の仏 (alakṣaṇaka-buddha) として位置づけられている。マイトレーヤの場合，その存在は架空の人物として処理されようが，ウパグプタは歴史的人物と考えられているから，「無相」(16) という限定はつくものの，仏滅後の比丘で「仏」と呼ばれた人物がいたことになり，注目に値する。このように Divy. には特徴的な未来仏が少数ながら存在するが，時間軸から見る限り，Divy. の仏陀観は全般的に初期経典の伝統の枠内にあり，初期経典の仏陀観から大きな飛躍は見られない。

次に，従来あまり纏まった形で提示されることがなかった，時間軸から見た Mv. の仏陀観の用例を紹介してみたい。Mv. には Divy. に見られる過去仏に加え，新たな過去仏の名も見られる。まずは序章でブッダがアパラージタドゥヴァジャ，シャーキャムニ，シャミターヴィン，ディーパンカラ，サルヴァービブー，ヴィパッシン，クラクッチャンダ，カーシャパ仏に仕えたり，授記されたりしたことを説く箇所があるが（i 1.5-2.10），ディーパンカラとサルヴァービブーとの間では「無量の如来達によって（aparimāṇehi tathāgatehi）」ブッダが授記されたと説いている。これからも分かるように，時間軸から見た Mv. の仏陀観で特筆すべきは，その過去仏の夥しい数である(17)。また十地が説かれる中の第八地（i 136.8-139.2）では，世尊が過去世において善根を植えてきた正等覚者達の名前をカーティヤーヤナが一人一人列挙し，その数は二百五十人近くに及んでいる。また次の第九地（i 139.4-141.16）でも同様に，二百五十人以上の仏の名号が詳細に数え上げられる。

さらに「多仏経（Bahubuddhasūtra）」（iii 224.10-250.8）では，すでに指摘したうように，全部で八百人近い仏が順に相続することを詳細に説いているが，その最後に過去七仏が置かれ，シャーキャムニがマイトレーヤを授記することを以てこの相続は終了する。このようにインドラドゥヴァジャから始まってマイトレーヤに終わるまで，誰が誰を授記したかが詳細に説かれているのである。またこれらの箇所以外で説かれる過去七仏やその他の過去仏の用例を纏めて見ると，次のようになる。

表11　Mv. に見られる過去仏

過去七仏（シャーキャムニは除く）

①Vipaśyin（i 294.19; ii 271.7 ff.）②Śikhin（iii 94.1 ff.）③Viśvabhū（i 294.19）④Krakuchanda（i 294.19, 318.13 ff.; ii 265.9 ff., 300.2 ff., 400.12 ff.; iii 300.12 ff., 330.6）⑤Kanakamuni（i 294.20, 318.13 ff.; ii 265.11 ff., 300.4 ff., 401.7 ff.; iii 300.12 ff., 330.6）⑥Kāśyapa（i 294.20, 307.4 ff.; 318.7 ff., 319.8 ff., 335.9 ff.; ii 265.14 ff., 300.6, 401.8 ff.; iii 300.13 ff., 330.7）

その他の過去仏

①Śākyamuni（i 47.13）②Śamitāvin（i 48.17 ff.）③Dīpaṃkara（i 3.3, 170.3, 227.6, 248.6）④Sarvābhibhū（i 36.6）⑤Puṣpa（i 46.3; iii 432.12）⑥Maṅgala（i 248.7 ff.）

次に未来仏はマイトレーヤの用例が最も多いものの[18]，注目すべき用例が二つ存在する。一つは「賢劫の千仏」[19]に言及する箇所である[20]。そこで説かれる仏名はクラクッチャンダ，カナカムニ，カーシャパ（以上，過去仏），シャーキャムニ（現在仏），そしてアジタの後ろには二十数人の未来仏が列挙されるのみで，千には遙かに及ばないが，しかし具体的な名号が二十以上説かれている。ただしこれらの仏の名号は，『賢劫経』等の仏名経に挙げられている仏名とは一致せず，むしろ Mv. の別の箇所で説かれている未来仏の中に，これに相当する仏名が見られる。それは「観察経」(ii 354.17-355.8; iii 279.3-14) に説かれるもので，ここではマイトレーヤに続いてシンハ，ケートゥ，プラドゥヨータ，ジョーティーヴァラ，スネートラ，クスマという未来仏が出現すると説かれているが，これらの仏は Gv. で説かれる未来仏に一致する[21]。また梵文資料としては，Gv の他に KP で説かれる仏名とも一致し，さらに漢訳経典では『現在賢劫千仏名経』[22]や『賢劫経』[23]といった仏名経類に挙げられている仏名に部分的にではあるが一致するので，これを比較してみよう。

表12　Mv. と大乗経典とに見られる未来仏の比較

Mv. (ii 354.17-355.8; iii 279.3-14)
　Siṃha − Ketu − Pradyota − Jyotidhara (or Jyotivara) −
　Sunetra − Kusuma
Gv (441.24-25)
　Siṃha − Pradyota − Ketu − Sunetra − Kusuma
KP (ii 205.3)
　Siṃha − Pradyota
『現在賢劫千仏名経』(T. 447, xiv 383c12-13)
　獅子 (Siṃha)－明焰 (Pradyota)－妙華 (Kusuma)－
　善宿 (Sunetra)
『賢劫経』(T. 425, xiv 46a19-20)
　師子焰 (Siṃha)[24]－妙華 (Kusuma)－善星宿 (Sunetra)

このように若干の相違は見られるものの，未来仏に関して Mv. と Gv や KP との間に僅かではあるが接点が窺え，また仏名経類との一致も見逃せない。Mv. に見られるこれら未来仏の名号は，従来，断片的にしか知られていなかった仏名経類の梵文原典[25]に新たな情報を提供することになり，今回明らかになった梵文資料を含めて今後の研究が待たれるところである。

以上，有部系の Divy. や MSV と大衆部系の Mv. の仏陀観を，空間と時間の両面から考察してきたが，このような Mv. の用例を Divy. や MSV のそれと比較する時，そこには大きな隔たりを認めざるを得ない。時空の両面から仏陀観の変遷を見れば，Mv. の用例は宇宙論的広がりを持ち，スケールの大きさを感じさせる。Mv. にはかなり発達した仏陀観が説かれていることは従来より指摘されていたが，以上の考察からも分かるように，それを同じアヴァダーナ文献である有部系の Divy. や MSV と照合させることにより，大衆部系の Mv. に説かれる仏陀観が極めて発達した形態をとっていることがより一層明確な形で浮き彫りにされたと同時に，Divy. や MSV の仏陀観がかなり保守的で伝統的な枠組みの中に留まっていることも理解されたと思う。

菩薩の用法　では続いて菩薩の用法を同じ観点から考察する。この呼称も初期仏典においては基本的に悟りを開くまでのブッダにのみ適用される言葉であり，半ば固有名詞化しているが，その用法をそれぞれの資料で探ってみよう。まずは Divy. の用例からである。第8章は内容的にはジャータカであるから，当然ブッダは菩薩と呼ばれ (Divy. 113.11-12)，また連結では自分が菩薩行 (Divy. 122.18-19) に専心していたことが説かれる。この過去物語において，ブッダの本生である隊商主の菩薩に様々な指示を与える神は，正等覚者カーシャパの前生とされるが，連結では彼が菩薩であったと説かれ (Divy. 122.20-21)，また同じく過去物語に登場する馬王バーラーハも連結においては菩薩マイトレーヤとされる (Divy. 122.29)。ただいずれも初期経典以来，カーシャパは過去仏として，またマイトレーヤは未来仏として位置づけられているから，彼らがその前に菩薩と呼ばれることは何ら不思議ではなく，これを以て Divy. の菩薩観が初期経典のそれよりも発展しているとは言えない。

第17章ではブッダがアーナンダに大地震が起こる八つの因縁を説明する箇所があるが，その中に菩薩の用例が見られる。すなわち菩薩が兜卒天より死沒して母の胎内に入る時（Divy. 204.20），菩薩が母の胎内から出る時（Divy. 205.2），そして菩薩が無上智を獲得する時（Divy. 205.11）に大地震が起きるとされるが，ここでの菩薩もすべてブッダを指す呼称と考えられる。

第18章には燃灯仏授記の話が見られるが，その連結でブッダは自分が過去世において菩薩行に専心していたことを説いている（Divy. 253.27）。同じく第18章の三つ目の過去物語では，両親と阿羅漢とを殺したダルマルチの前生にブッダの本生である比丘が三帰依を授ける話が見られるが，ここではブッダが「菩薩を本性とする比丘（bodhisattvajātīyo bhikṣuḥ: Divy. 261.9）」と表現されている。

第19章では外道に唆された長者スバドラが妊娠した妻を殺し，荼毘に付されるが，胎児（主人公のジョーティシュカ）は死んでいないことを示すためにブッダは墓地に出掛ける場面がある。それを見た外道の者達はこう考える。

> yathā śramaṇo gautamaḥ smitonmukho mahājanamadhyaṃ praviṣṭo nūnam ayaṃ *boshisattvo* na kālagataḥ/（Divy. 269.27-29）
> 〈沙門ガウタマが顔に笑みを浮かべながら大衆の中に入って行ったところを見ると，きっとあの菩薩は死んでいないに違いない〉

このように，ここでは主人公のジョーティシュカが「菩薩」と呼ばれており，極めて異例である。この章を和訳した奈良はこの部分を「あの菩薩（胎児）は」と訳し，注記して「ここでは，この胎児のことを指す」と説明する(26)。しかし漢訳を見てみると，この部分は「豈非此子命不終耶」（T. 1451, xxiv 212c8）とし，また Tib. 訳を見ると，*sems can* ḥdi ma shi bar nges so（D. 6 Tha 17b5）(27)とするのみで，原文には単に sattva とあった可能性が高い。この Skt. は何らかのミスでこの単語の前に bodhi- が付された混乱と見た方が有部系の用法に合致する。

第20章にはブッダの本生であるカナカヴァルナ王の時代に，ある菩薩が四十劫を経てこの娑婆世界にやってくると，修行の結果，独覚の悟りを得，その独覚に王が布施をするという奇妙な話がある（Divy. 293.18 ff.）。ここではカナカヴァルナ王がブッダの本生であるから，この菩薩はブッダ以外の有情でなければならない。また連結を見ても，この菩薩が今生の誰かと同一視されてはいないので，この菩薩が誰なのかは不明であり，有部系の文献にしては珍しい用法である(28)。

第22章も内容はジャータカであるから，ブッダの本生であるチャンドラプラバ王は菩薩と呼ばれている（Divy. 316.14)。第27章では長老ウパグプタがアショーカ王をカピラヴァストゥに連れていき，誕生から出家して悟りを開くまでのブッダを「菩薩」と表現して仏伝を説明している（Divy. 390.26 ff.)。

ジャータカを内容とする第30章も，ブッダの本生スダナ王子は菩薩（Divy. 459.1）と表現される。ここで特徴的なのは，「賢劫の菩薩（bhadrakalpiko bodhisattvaḥ: Divy. 440.15, 447.4-5)」と王子を表現している点である。第32章もジャータカを内容としているが，ブッダの本生が菩薩と呼ばれることはなく，その代わりマイトレーヤが菩薩と呼ばれる箇所が二つある（Divy. 480.24-25, 481.5)。またこのジャータカではブッダの本生であるチャンドラプラバ童子が勉強を教えていた子供達に「菩薩は何をしなければならないのか」と聞かれて「六波羅蜜である」と答える場面がある（Divy. 476.1 ff.)。ここでの菩薩は幾分普通名詞化した用法とも見られるが，特別な用法とも思われない。このように，Divy. の菩薩の用例は基本的に初期仏教以来の菩薩観の枠に留まり，唯一第20章がブッダ以外の有情にこの語を適用しているだけである。

この傾向は MSV も同様であり，ここでは Divy. を遙かに凌ぐ数のジャータカが説かれているが，その用例のすべてはブッダの本生を菩薩と呼び，また破僧事に説かれる仏伝中において，兜卒天から死沒してこの世に誕生し，悟りを開くまでのブッダは菩薩と呼ばれているから，菩薩に関しては初期仏教以来の用法と何ら変わるところがなく，またその用例の数も夥しいので一々出典を明記しないが，ただ若干異なる点は，Divy. の用例と同様に「賢劫の菩薩（bhadrakalpiko bodhisattvaḥ)」(29)という表現，また Divy. にはなかった用例として，仏陀が動物に生まれ変わっている時には「不定聚の菩薩（aniyatarāśyavasthito bodhisattvaḥ)」(30)という表現が破僧事に集中して見られる点であるが(31)，その内容はすべてブッダの本生である点は変わりがない。

Mv. にもブッダの本生を言い表す際に菩薩という呼称を用いることがあるのは当然であり，その出典を一々明記することは避けるが，しかし Mv. には Divy. や MSV には見られなかった新たな用法が確認されるので，そのような用例を中心に吟味してみたい。まず正覚を得るまでのブッダが菩薩と呼ばれることは有部系の梵文文献と同様であるが，しかし Mv. ではその際に彼を「菩薩摩訶薩（bodhisatvo mahāsatvo）」（Mv. ii 264.5）あるいは単に「摩訶薩（mahāsattva）」（Mv. ii 314.15）と呼ぶ場合があり，有部系の梵文文献には見られなかった用例である。逆に Mv. には「賢劫の菩薩」や「不定聚の菩薩」と呼ぶ例は存在しない。また正覚を成ずるまでの未来仏マイトレーヤ（Mv. i 51.6, 59.2, 60.11），そして過去仏ディーパンカラ（Mv. i 196.21 ff.）やヴィパッシン（Mv. ii 271.8）が菩薩と呼ばれることもある。

また Mv. の最初には十地の説明があるが，そこで説かれる菩薩は大乗の用法に近く，悟りを求める有情一般に言及しているが，このような普通名詞としての菩薩の用例は十地の説明に限ったことではなく，その他の箇所でも説かれている(32)。また「ブッダに授記された未来の菩薩達は（ye te vyākṛtā buddhena bodhisatvā anāgatā）」（Mv. ii 355.20, iii 280.5）という表現もある。

これまでの用例は過去や未来に存在する菩薩，あるいは観念的な菩薩の用例であったが，最後にブッダと時を同じくして現在に存在する菩薩の用例を紹介する。まずは「観察経」〔付録〕の冒頭部分に次のような記述が見られる。

> evaṃ mayā śrutaṃ ekasmiṃ samaye bhagavāṃ vaiśālyāṃ viharati āmrapālīvane mahatā bhikṣusaṃghena sārdhaṃ mahatā ca *bodhisatvagaṇena*// (Mv. ii 293.16-17)
> このように私は聞いた。ある時，世尊はヴァイシャーリー郊外にあるアームラパーリーの園林で，偉大な比丘の僧伽や偉大な菩薩の衆団とともに時を過ごしておられた。

まさに大乗経典の冒頭を想起させる始まりとなっている。ただしこの「観察経」〔付録〕自体は，すでに指摘したようにコロフォンを有し，また文脈から見て後代の挿入であると考えられるから，これが大乗仏教興起以前の要素を含んでいる保証はなく，逆に大乗経典の影響を受けて成立した可能性もあるが，ともかく現世での菩薩に言及している点は注目に値する。また同経はこれより比丘ヴィシュッダマティの要請を受けて，ブッダ自ら誕生から成道までの仏伝を説明するが，その中でブッダが苦行を放棄し，ナイランジャナー川に近づいたときの様子を次のように描写する。

> tena khalu punaḥ samayena asaṃkhyeyehi aprameyehi buddhakṣetrehi abhikrāntakāntā *bodhisattvāḥ* devatāveṣam abhinirmiṇitvā upari antarīkṣe pratiṣṭhensuḥ divyautpalapadumapuṇḍarīkaparigṛhītā// tena khalu punaḥ samayena ayaṃ trisāhasramahāsāhasro lokadhātuḥ śakaṭacakrapramāṇehi jāmbūnadasuvarṇapadumehi śatasahasrehi ..... yāvad bhavāgraṃ sphuṭaṃ abhūṣi āgantukehi *bodhisatvehi* devanāgayakṣehi ca asuragaruḍakinnaramahoragehi ca// (Mv. ii 301.15-302.5)
>
> またちょうどその時，無数・無量の仏国土から，傑出した美しさを誇る菩薩達が，神々しい青蓮華・赤蓮華・白蓮華を持ち，天の衣を化作して上空に留まった。またちょうどその時，そこにやってきた菩薩達，神々，ナーガ達，夜叉達，アスラ達，ガルダ達，キンナラ達，マホーラガ達が，大きさは車輪ほどで，ジャンブー河からとれた何百千もの黄金の蓮華で（中略）この三千大千世界を，有頂に到るまで満たしたのである。

これも菩薩（成道直前のブッダ）を供養しにやってきた菩薩であるから，同時に複数の菩薩の存在を認めていることになる。最後に同様の用例をもう一つ紹介しておく。

> tuṣitabhavanakāyiko devaputro *śikharadharo nāma bodhisatvaḥ* samyaksaṃbuddhaṃ ṛṣivadanagataṃ vānārasyāṃ vanavare varacakrapravartanadivase bhagavantaṃ saṃmukhābhir adhyabhāṣe sagauravaḥ sapratīsaḥ prahūḥ kṛtāṃjaliputaḥ// (Mv. i 174.1-3)
>
> 兜卒天衆の天子でシカラダラと呼ばれる菩薩は，最上の法輪が転じられた日に，ヴァーラーナシー郊外にある最上の園林リシヴァダナにおられた正等覚者である世尊に合掌し，敬重の念を持って恭しい心で礼拝する

と，面と向かって話しかけたのである。

ここでは具体的な「シカラダラ」という固有名詞を持った菩薩が登場し，ブッダに向かって話しかけている。ただしこの用例に関しては注意が必要である。というのも，同内容の話が別の箇所で説かれており，そこでも初転法輪との関係でこの天子が登場し世尊を称賛しているが，その際には「さてシカラダラと呼ばれる兜卒天衆の天子はリシヴァダナに行くと，世尊に面と向かい，詩頌で〔世尊を〕称賛した (atha khalu śikharadharo nāma tuṣitakāyiko devaputro bhagavantaṃ ṛṣivadanaṃ gataṃ saṃmukhābhir gāthābhir abhistave)」(Mv. iii 345.16-17) と説かれるのみで，菩薩という表現は見られないからである。文脈からして両者は同一人物と考えられるから，このような表現の不統一は，この天子シカラダラが菩薩であるという認識が徹底していなかったことを意味している。つまり前者の用例に見られる菩薩の呼称は，後代に付加された可能性も視野に入れておく必要があろう。Mv. の成立に関してはまだ不明な箇所も多いが，ともかく有部系の梵文資料には見られない発達した菩薩観(33)を Mv. の中に確認することができたと思う。

2　視覚と結びついたブッダ

仏教とは言うまでもなく「仏の教え」に他ならない。この場合「仏 (buddha)」とは√budh (目覚める) の過去受動分詞であり，名詞化すれば「目覚めた人」を意味する。本来は普通名詞であるが，固有名詞化された場合には仏教の開祖である釈尊，すなわちガウタマ・シッダールタを意味する呼称となる。ところが実際に初期経典や部派の仏典に目を通すと，ブッダという用語は，通常，釈尊(34)を言い表す呼称としてそれほど多用されていないことに気づく。むしろ初期経典や部派の仏典では，バガヴァット（世尊）という呼称の方が一般的であり，これと比較すればブッダの用法は相対的に少なくなっている。ではブッダという呼称は如何なる場合に用いられるのか。あるいは特定の方針なしに任意に使用されているのであろうか。有部系の説話文献に見られるブッダの用例を丹念に精査してみると，幾つかの特徴的な用法に目が惹かれる。すなわちこの語は視覚や聴覚といった人間の根本的感覚と密接に関わりを持つ語として機能しており，このような用法は Mv. には見られない有部特有のものと考えられるのである。そこで次に視覚や聴覚と結びついたブッダの用例を紹介しながら，若干の考察を加えて行くことにする。

外的イメージ　有部系の説話文献ではこのブッダという語は，視覚的なイメージと深く結びついて用いられることがある。これは換言すれば，釈尊が「イメージとして表象される」[(35)]場合にブッダという呼称が使われることが極めて多いということである。そしてそれに付随して分かったことであるが，タターガタ（如来）という呼称も通常の使用頻度はバガヴァットに比べて遙かに少ないのに，この呼称が用いられる時には釈尊のイメージと関わっているケースがかなりある。よって，タターガタも視野に入れながら，ブッダの用例を中心にして，それが釈尊のイメージと結びついた例を考察してみたい。では実際にイメージとして視覚化された釈尊がブッダあるいはタターガタと呼ばれる用例を説話別に紹介するが，「イメージ」と一口に言っても，その内容は多義に亘るので，ここではその意味内容を，絵画や像，また釈尊の神変によって化作される肉眼の対象としての「外的イメージ」と，念の対象となる心像的な「内的イメージ」とに分けて用例を整理する。まずは Divy. における外的イメージの用例から検討していくことにする。

〔**第12章**〕ここでは，釈尊がシュラーヴァスティーで外道達に対して神変を示し，彼らを圧倒するという話があるが，その最後で釈尊が示した神変の様子を紹介しよう。

> nandopanandābhyāṃ nāgarājābhyāṃ bhagavata upanāmitaṃ nirmitaṃ sahasrapattraṃ śakaṭacakramātraṃ sarvasauvarṇaṃ ratnadaṇḍaṃ padmam/ bhagavāṃś ca padmakarṇikāyāṃ niṣaṇṇaḥ paryaṅkam ābhujya ṛjuṃ kāyaṃ praṇidhāya pratimukhaṃ smṛtim upasthāpya padmasyopari padmaṃ nirmitam/ tatrāpi bhagavān paryaṅkaniṣaṇṇaḥ/ evam agrataḥ pṛṣṭhataḥ pārśvataḥ/ evaṃ bhagavatā *buddhapiṇḍī* nirmitā yāvad akaniṣṭhabhavanam upādāya buddhā bhagavanto parṣan nirmatam (→ nirmitam?)/ kecid *buddhanirmāṇāś* caṅkramyante kecid tiṣṭhanti kecin niṣīdanti kecic chayyāṃ kalpayanti tejodhātum api samāpadyante jvalanatapana-

varṣaṇavidyotanaprātihāryāṇi kuruvanti ..... bhagavatā tathādhiṣṭhitaṃ yathā sarvaloko 'nāvṛtam adrākṣīd *buddhāvataṃsakaṃ* yāvad akaniṣṭhabhavanam upādāya antato bāladārakā api yathāpi tad buddhasya buddhānubhāvena devatānāṃ ca devatānubhāvena/ tatra bhagavān bhikṣūn āmantrayate sma/ tāvat pratigṛhnīta bhikṣavo 'nupūrve sthitāyā *buddhapiṇḍyā* nimittam ekapade 'ntardhāsyanti/ (Divy. 162.9-163.2)

龍王のナンダとウパナンダとは，葉が千もあり，大きさは車輪ほどで，すべて黄金であり，また宝石の茎を持つ蓮を作って世尊に献上した。すると世尊は〔その〕蓮の台に坐り，結跏趺坐すると，身体を正しく伸ばして念を目の当たりに固定し，蓮の上に〔また〕蓮を化作され，そこでも世尊は結跏趺坐して坐られた。前にも，後ろにも，〔両〕脇にも同様にである。このようにして世尊は，仏の集団を化作し，色究竟天に至るまで諸仏・諸世尊の衆会を化作されたのである。ある仏の化身[36]達は歩き，ある〔化身〕は留まり，ある〔化身〕は坐り，またある〔化身〕は寝床をしつらえた。また〔世尊〕は火界〔定〕にも入って燃え，熱を発し，雨を降らせ，光を放つという神変を起こされた。(中略) 上は色究竟天から下は幼い子供達でさえも，一切世間〔の者達〕が仏華厳を何に遮られることなく見えるように世尊は加持された。それはあたかも，仏が仏の神通力によって，また神々が神々の神通力によって〔行うが〕如くであった。そこで世尊は比丘達に告げられた。「比丘達よ，次々に生じた仏の集団の相を直ちに執るがよい。それらは〔直ちに〕一箇所に消えていくであろう」[37]

このように，ここでは地上から色究竟天までの虚空を，無数のブッダが蓮から蓮へと次々に埋め尽くしていく様子が視覚的イメージと結びついて説かれており，その光景はまさに目に浮かぶようだ。buddhapiṇḍī, buddhanirmāṇa, buddhāvataṃsaka，というように，表現こそ異なるが，これらはいずれも釈尊自身が神通力によって化作したイメージが，ブッダという呼称で表現されている[38]。

〔**第21章**〕ここには所謂「五趣輪廻図」の描き方を釈尊が指示する話がある。

pañcagatayaḥ kartavyā narakās tiryañcaḥ pretā devā manuṣyāś ca/ tatrādhastān narakāḥ kartavyās tiryañcaḥ pretāś copariṣṭād devā manuṣyāś ca catvāro dvīpāḥ kartavyāḥ pūrvavideho 'paragodānīya uttarakurur jambudvīpaś ca/ madhye rāgadveṣamohāḥ kartavyā rāgaḥ pārāvatākāreṇa dveṣo bhujaṅgākāreṇa mohaḥ sūkarākāreṇa/ *buddhapratimāś* caitan nirvāṇamaṇḍalam upadarśayanti kartavyāḥ/ (Divy. 300.10-16)

「地獄，畜生，餓鬼，天，そして人間という五趣〔の輪〕を作らせよ。そのうち地獄，畜生，餓鬼は〔車輪の〕下に形取り，天と人間とは〔車輪の〕上に形取るのだ。〔そして人間界には〕プールヴァヴィデーハ大陸，アパラゴーダニーヤ大陸，ウッタラクル大陸，そしてジャンブー大陸の四大陸を描け。中央には，貪・瞋・痴を形取るのだ。貪は鳩，瞋は蛇，痴は豚の形で〔表現〕せよ。そしてあの涅槃の円を指し示している仏の絵を描け」

このように，図像の描き方を文章で詳細に説明しているのは興味深いが，この中で釈尊自身が自分の姿を描き込むように指示し，そこに「仏の絵(buddhapratimā)」という語が使われている。このように実際の釈尊の姿が何らかのイメージ（ここでは絵）で表象される場合に，ブッダという呼称が用いられているのが分かる。

〔第26章〕アショーカ王を教導する比丘ウパグプタはマーラを調伏したが，ウパグプタは実際の釈尊の姿を見たことがなかったので，自分が調伏したのをいいことに釈尊の姿に変身するようマーラに強制する件がある。そのウパグプタとマーラとのやりとりを見てみよう。まずウパグプタが「この〔私の〕比類なき寛恕の見返りとして，お前は仏の身体をここに現せ（tad anudyam anugraham apratimam (→ tad anupamam anugrahaṃ prati)(39) iha vidarśaya *buddhavigraham*)」(Divy. 360.21-22) と要求すると，マーラはこう答える。

sahasā tam ihodvīkṣya *buddhanepathya*dhāriṇam/
na praṇāmas tvayā kāryaḥ sarvajñaguṇagauravāt//
*buddhānusmṛti*peśalena manasā pūjāṃ yadi tvaṃ mayi
svalpām apy upadarśayiṣyasi vibho dagdho bhaviṣyāmy aham/ (Divy. 360.24-28)

śūraṃ vañcayituṃ purā vyavasitenottaptahemaprabhaṃ
bauddhaṃ rūpam acintyabuddhavibhavād āsīn mayā yat kṛtam/
kṛtvā rūpam ahaṃ tad eva nayanaprahlādikaṃ dehinām
eṣo 'py arkamayūkhajālam amalaṃ bhāmaṇḍalenākṣipan// (Divy. 361.3-6)

「〔私が〕仏の装いに身を纏っているのを眼にしても，あなたは〔それが真の〕一切智者の徳の偉大さであると〔考えて〕慌てて礼してはなりません。もしあなたが私に対し，ほんの僅かでも仏を随念[40]することによって，うっとりした心を以て供養〔の念〕を起こしたなら，おお主よ，私は焼け死んでしまいます。(中略) その昔，シューラ〔長者〕を騙すために，私は不可思議なる仏のお力により，私は苦心して，燃え盛る黄金の光〔の如き〕仏の姿をつくり出したことがありましたが，私はそれとまったく同じ姿に変〔身〕して，人々の目を楽しませることにしましょう。背光より，無垢なる太陽光線の網を放ちながら」

この後，物語は次のように続く。

(1) この後，ウパグプタは如来の姿 (tathāgatarūpa) を見るのを今か今かと待ち望んでいた。一方マーラは森に入って仏の姿 (buddharūpa) に変装すると，光り輝くドレスに身を包んだ踊り子の如く，その森の奥から出てきた。詩頌に曰く，「その時マーラは人々の眼を寂静にし，最高の容姿に富んだ美しき如来 (tathāgata)〔の姿〕を現しつつ，鮮やかな色をした高価な絵を広げたように，彼はその森を荘厳した」(Divy. 361.7-14)

(2) 「千二百五十人の比丘達によって半円形に囲まれた仏の姿 (buddhaveśa) を現じながら，マーラは長老ウパグプタのもとにやってきた (Divy. 361.19-21)。

(3) 〔ウパグプタはそれが本当の〕仏であるという想い (buddhasamjñā) に住したために，木が根元から切り倒されたように，全身をマーラの両足に投げ出した (Divy. 362.16-18)。

(4) それからマーラは仏の姿 (buddhaveśa) を消すと，長老ウパグプタに礼拝して退いた (Divy. 363.5-6)。

ここでの用例を纏めると，①buddhavigraha, ②buddhanepathya, ③bauddhaṃ rūpam/ buddharūpa, ④tathāgatarūpa/ tathāgata, ⑤buddhaveśa, ⑥buddhasamjñā，といった語が見られるが，これらはいずれも「実際の釈尊の姿」ではなく，マーラが変装してみせる「釈尊のイメージ」(①〜⑤)，あるいはウパグプタが自分の心の中で思い描いた「釈尊のイメージ」(⑥) を意味している。ウパグプタは釈尊の滅後百年に現れたとされる比丘であるから，生身の釈尊の姿を見る機会などないのである(41)。

〔第28章〕パータリプトラでニルグランタ派の在俗信者がニルグランタの両足に平伏している「仏の絵」を描いたために，アショーカ王は彼らを親類の者達と一緒に小屋に閉じ込めて火を付け，焼き殺してしまった話が伝わっているが，この「仏の絵」はいずれも buddhapratimā (Divy. 427.3, 9) という表現が用いられている。ここに見られる用例も，図像化された釈尊のイメージがブッダと表現されている(42)。

〔第34章〕ここでは「賢者の三十七種の布施」が説かれており，釈尊はその一々の布施を説明しているが，そこには次のような一節が見られる。

> tathāgatacaityeṣu *tathāgatavimbeṣu* ca sugandhodakasnānaṃ dānaṃ dadāti dvātriṃśanmahāpuruṣalakṣaṇāśītyanuvyañjanavipākapratilābhasaṃvartanīyam/ (Divy. 483.3-5)
>
> 〔賢者〕は三十二の偉人の相と八十種好とを異熟として得るのに資する，如来の塔廟や如来の像に妙なる香水の散布という布施を布施する。

〔第37章〕この物語の冒頭部分には，ラージャグリハのビンビサーラ王とロールカのルドラーヤナ王とが親睦を深め，お互いにプレゼントを交換する話が見られる。まずルドラーヤナ王の方がビンビサーラ王に対して宝珠の付いた素晴らしい鎧を贈ってきた。あまりに素晴らしい贈り物だったために，ビンビサーラ王はそのお返しに困ってしまう。ちょうどその時，ラージャグリハで時を過ごしていた釈尊に何をプレゼントすべきかを質問すると，釈尊は仏の絵をお返しに贈るように指示する。

> bhagavān āha/ *tathāgatapratimāṃ* paṭe likhāpayitvā prābhṛtam anupreṣaya/ tena citrakarā āhuyoktāḥ/ *tathāgatapratimāṃ* paṭe citrayatha/ dur-

āsadā buddhā bhagavantaḥ/ te na śaknuvanti bhagavato nimittam udgrahītum/ ..... bhagavān āha/ mahārāja khedam āpatsyante na śakyante tathāgatasya nimittam udgrahītum/ api tu paṭakam ānaya/ tena paṭaka ānītaḥ/ tatra bhagavatā chāyā utsṛṣṭā uktāś ca/ raṅgaiḥ pūrayata ..... (Divy. 547.6-18)

世尊は言った。「如来の絵を布に描かせ，プレゼントとして贈ればよかろう」。〔王〕は画家達を呼んで言った。「如来の絵を布に描け」。――諸仏・諸世尊というものは近づき難いものである――彼らは世尊の特徴を摑むことができなかった(43)。(中略) 世尊は言われた。「大王よ，彼らは無駄骨を折ることになろう。〔それでは〕如来の特徴を捕らえることはでない。では布を持ってきなさい」。〔王〕は布を持ってきた。そこに世尊は〔自分の〕影を投じて彼らに言った。「〔さあここに〕色を付けるのだ。(後略)」(44)

後にこの絵は「仏の絵 (buddhapratimā)」(Divy. 548.17) と言い換えられているので，ここではイメージ化された釈尊の姿を言い表すのに「如来の絵 (tathāgatapratimā)」と「仏の絵 (buddhapratimā)」という二つの表現が見られる(45)。

続いて MSV の用例を概観していく。

〔破僧事〕 ある時，釈尊は天子ヴィシュヴァカルマンに命じてニヤグローダの園林に四宝から成る重閣講堂を造らせ，神々に説法していた。父王シュッドーダナは，その息子の晴れ姿を一目見ようとその中に入ろうとするが，その四方を守護する天王に「今回の説法の対象は神である」という理由から人間の立ち入りを拒否されたので，釈尊はその講堂を水晶作りに化作し，自分の姿が外からでもシュッドーダナに見えるようにする。

bhagavatā yat tat catūratnamayaṃ kūṭāgāraṃ tat sphaṭikamayaṃ nirmitam yena rājā śuddhodana anāvṛtaṃ *buddhaśarīraṃ* paśyati (MSV vi 198.1-3)

世尊は四宝から成る重閣講堂を水晶作りに化作したので，シュッドーダナ王には何に遮られることなく，仏の身体が見えたのである。

この用例を見ると，ここでの「仏の身体」は実際の肉体的な釈尊の身体であり，イメージと結びついていないように思われるが，これは水晶を通して映し出されたイメージとしてのブッダの身体なのである。これを裏付ける用例が同じ MSV 破僧事に見られるので，次にその用例を紹介する。デーヴァダッタが釈尊殺害を目論んで送った獰猛な象ダナパーラカは，釈尊に教化された後，釈尊に従って施主の家にやってくる。釈尊が家の中に入ると，釈尊の姿が見えなくなって心細くなったダナパーラカはその家を壊そうとしたので，釈尊はその家を水晶作りに化作する。

> bhagavatā tad gṛham sphaṭikamayaṃ nirmitam yatrānāvṛtam *buddhabimbam* paśyati sa bhagavantaṃ dṛṣṭvā na bhaṅktum ārabdhaḥ (MSV vii 189.14-16)
>
> 世尊はその家を水晶作りに化作すると，そこには何に遮られることなく，仏の映像が見えた。象は世尊が見えると，もう〔家を〕壊そうとはしなかった。

ここでは先ほどの「仏の身体 (buddhaśarīra)」が「仏の映像 (buddhabimba)」という表現に代わっており，先ほどの「仏の身体」が直接肉眼で知覚される「物質的な身体」ではなく，水晶という透明の媒体に映し出された「イメージとしての身体」であることが分かる。次に破僧事の用例を二つ紹介する。まずは釈尊によって化作された五百の化身からラーフラが実の父である釈尊を見抜き，ヤショーダーから頼まれた菓子を釈尊に手渡すという話である。

> bhagavatā *pañcabuddhaśatāni nirmitāni* rāhulena sarvān *buddhān* pratyavekṣya *bhagavato* vṛddhānte sthitasya dattaḥ (MSV vii 31.26-28)
>
> 世尊は五百の仏を化作した。ラーフラはすべての〔化〕仏をしげしげと眺めると，長老〔の座〕の隅に立っている世尊に〔菓子を〕手渡した(46)。

この例が如実に示しているように，化作された釈尊を表現する場合はブッダ，また実際の釈尊を言い表す際にはバガヴァットというように，明確な使い分けがなされている。両者の区別が意識されていなければ，このような表現にはならないはずだ。この傾向は次の用例を見ても明らかである。ここではアーナンダが世尊に随行する時と化仏に随行する時との差異が次のように語られる。

bhikṣubhir āyuṣmān ānandaḥ pṛṣṭaḥ āyuṣmān ānanda kim tvam adya bhagavatā sārdhaṃ gataḥ āhosvin nirmāṇena iti sa kathayati *bhagavatā* sārdhaṃ gato na *buddhanirmāṇena* kathaṃ kṛtvā yadāhaṃ *bhagavatā* sārddhaṃ gacchāmi tato mama *bhagavato* 'ntike tīvraprasādagauravaṃ hrīvyapatrāpyaṃ chambhitatvaṃ copatiṣṭhati yadā *buddhanirmāṇena* tadā na tathā iti (MSV vii 56.10-15)

比丘達は同志アーナンダに尋ねた。「同志アーナンダよ，あなたは今日，世尊に随行したのですか，それとも〔世尊の〕化身にですか」と。彼は言った。「世尊に随行したのであり，仏の化身にではありません」。「どうして分かるのですか」。「私が世尊に随行する時，私には世尊に対する激しい浄信と尊重の念，慚と愧，畏怖の念が伴うのですが，仏の化身に随行する時にはそんなことがないのです」と[47]。

ここでも実際の釈尊と化作された釈尊を表現する際の呼称が，明確に意識されている痕跡を伺い知ることができよう。

内的イメージ　続いて内的イメージの用例である。ここまでは，絵画や像という媒体を通して表現された釈尊，あるいはマーラや釈尊自身によって化作された釈尊の「外的イメージ」の用例を中心に取り上げてきたが，次に「念(smṛti, anusmṛti)」の対象となるブッダやタターガタの用例を纏めて紹介していく。これも「実際の釈尊を見る」のではなく，自分の心の中でイメージ化された釈尊を意味するからである。これに類するものを Divy. の中で蒐集してみると，次のような用例が見出せる。

Buddha

① buddhadharmasaṃghāvalambanayā smṛtyā (Divy. 199.19)[48]

② buddhāvalambanayā smṛtyā (Divy. 232.7-8; cf. 361.27)

③ buddhānusmṛti (Divy. 352.21, 360.26)

④ buddhaguṇānusmaraṇa (Divy. 355.14)

⑤ buddhaguṇān anusmṛtya (Divy. 360.9)

⑥ buddhasmṛti (Divy. 403.3)

Tathāgata

⑦ tathāgatam ākārataḥ samanusmariṣyāmi (Divy. 142.12)

⑧ tathāgatam ākārataḥ samanusmaran (Divy. 196.24-25)

このうち，①④⑤の三つの用例はその念の対象が視覚的なイメージとは直接関わっていないので，ここでは考察の対象から外し(49)，その他の用例をその文脈とともに紹介するが，まずブッダという呼称が用いられる用例から見ていこう。

〔第18章〕この章は大魚ティミンギラが商人達の乗った船を飲み込もうとするところから始まる。今にも大魚に呑み込まれようとしていた商人達は観念して死を決意するが，その中に優婆塞が乗り込んでいたので，彼は他の商人達に次のように指示する。

> bhavanto nāsmākam asmān maraṇabhayān mokṣaḥ kaścit sarvair evāsmābhir martavyaṃ kiṃtu sarva evaikaraveṇa namo buddhāyeti vadāmaḥ/ sati maraṇe *buddhāvalambanayā smṛtyā* kālaṃ kariṣyāmaḥ sugatigamanaṃ bhaviṣyati/ yatas tair baṇigbhir ekaraveṇa namo buddhāyeti praṇāmaḥ kṛtaḥ sarvair eva/ (Divy. 232.5-9)
>
> 「皆，我々はこの死の恐怖から逃れる〔術〕は何もない。全員死んでしまうぞ。全員で声を一つにして『仏に帰命いたします』と叫ぼう。どうせ死ぬなら，仏を対象とする念を以て死のうではないか。〔そうすれば〕善趣に生まれることができるぞ」。こうしてその商人達は声を一つにして「仏に帰命いたします」と〔言い〕，全員揃って〔世尊に〕敬礼した(50)。

この声は釈尊に届き，彼らは難を逃れることができたが，ここに問題の語が見られる。この文脈からすれば，ここでのブッダが彼らの心の中にイメージされた釈尊の姿なのかどうかは明言できない。

〔第26章〕長老シャーナカヴァーシンはウパグプタを出家させる前に，次のように教える。

vatsa yadi kevalaṃ cittaṃ parijñātuṃ na śakyasi pratipakṣaṃ mocayitum/ tena tasya kṛṣṇikapaṭṭikā dattā pāṇḍurikā ca/ yadi kliṣṭaṃ cittam utpadyate kṛṣṇikāṃ paṭṭikāṃ sthāpaya/ athākliṣṭaṃ cittam utpadyate pāṇḍurāṃ paṭṭikāṃ sthāpaya/ śubhāṃ manasi kuru *buddhānusmṛtiṃ* ca bhāvayasveti (Divy. 352.17-22)

「愛し子よ，もしも心を完全に知ることができなければ，解脱の妨げとなる」。長老は彼に黒と白の布を与えた。「もしも汚れた心が起こったならば，黒い布を置きなさい。逆に汚れていない心が起こったならば白い布を置きなさい。白い〔布〕を作意しなさい。そして仏の随念を修習しなさい」と。

ここでも，随念の対象が視覚化されたイメージを意味するのかどうかははっきりしない。さてこの後，出家したウパグプタはマーラを調伏し，実際の釈尊の姿を見たことがなかったウパグプタは釈尊の姿に変身するようマーラに要求する。マーラは条件付きでその要求を呑むが，その条件とは，「私が釈尊に変身しても，それは実際の釈尊ではないから，決して礼をしてはならない」というものであった。それは「ほんの僅かでも仏を随念 (buddhānusmṛti) することによって，うっとりした心を以て供養〔の念〕を起こしたならば，おお主よ，私は焼け死んでしまいます」(Divy. 360.26-28) という理由からである。この後，ウパグプタは釈尊に変装したマーラを見る。

sa *buddhāvalambanatayā smṛtyā* tathāpy āsaktamanāḥ saṃvṛtto yathā buddhaṃ bhagavantam ahaṃ paśyāmīti vyaktam upāgataḥ/ (Divy. 361. 27-28)

彼は仏を所縁とする念によって，〈私は〔本当の〕仏・世尊を見ているのだ〉と心が惹かれるようになり，ありありと感ずるようになった。

このように，マーラが化作した釈尊の姿をきっかけにして，ウパグプタが釈尊の姿を思い起こしている様が説かれている。この用例になると，文脈からしてその念の内容が明らかに視覚的イメージと結びついている。この後，

saṃbuddhālambanaiḥ saṃjñāṃ vismṛtya *buddhasaṃjñām* adhiṣṭhāya mūlanikṛtta iva drumaḥ sarvaśarīreṇa mārasya pādayor nipatitaḥ/ (Divy.

362.16-18)

彼は正覚者を所縁とする〔念に住した〕ために,〔それがマーラであるという〕想いを忘れてしまい,〔本当の〕仏であるという想いに住したために,木が根元から切り倒されたように,全身でマーラの両足に平伏してしまった。

という一節が見られ,極めて異例ではあるが,イメージ化した釈尊を言い表すのに,saṃbuddha なる語が用いられている。このような用法は Divy. ではここだけである。

〔**第27章**〕ここには実際に釈尊を見たという長老が,釈尊の思い出話をアショーカ王に説いて聞かせる場面がある。長老はそれを説き終わり,アショーカ王に比丘達を食事に招待するよう指示すると,アショーカ王は「長老が仰るとおりにいたしますが,私は仏念に目覚めましたので (buddhasmṛtipratibodhita),菩提樹への灌水をまず行うことにいたします。そしてその後,直ちに美味しい食事を以て比丘僧伽に給仕いたします」(Divy. 403.2-5) と答えるが,文脈からはその念の内容が観念的なものか視覚的なイメージを伴ったものかは判断できない。では次にタターガタの用例を見ていく。

〔**第11章**〕ここでは,釈尊に対して浄信を生じて死没した牛に対して,釈尊が記別を与える話が説かれているが,最後に釈尊は次のような教えをアーナンダに説いている。

evaṃ hy ānanda tathāgatānāṃ cittaprasādo 'py acintavipākaḥ kiṃ punaḥ praṇidhānam/ tasmāt tarhy ānanda evaṃ śikṣitavyaṃ yat stokastokaṃ muhūrtamuhūrtam antato 'cchaṭāsaṃghātamātram api *tathāgatam ākārataḥ samanusmariṣyāmī*ty evaṃ te ānanda śikṣitavyam/ (Divy. 142.9-13)

「アーナンダよ,このように如来に対して心を清浄にすることすら不可思議なる異熟をもたらす。誓願は言うに及ばぬ。故にアーナンダよ,ここでこのように学び知るべきである。すなわち『私は,最低,指を弾くほどの非常に短い一瞬一瞬といえども如来を姿形という点から憶念しよう』と。このようにアーナダよ,お前達は学び知るべきである」

ここでは ākārataḥ という語が用いられているので,それが視覚的イメージと深く関わっているということは明白である。

〔第15章〕ここでも釈尊の髪爪塔を礼拝していた比丘に対し，世尊が記別を与える話が見られるが，授記するきっかけとなったのは，その比丘の次のような行為である。

tena khalu samayena buddho bhagavān pratisaṃlīno 'bhūt/ athānyatamo bhikṣuḥ sāyāhnasamaye keśanakhastūpe sarvāṅgaiḥ praṇipatya *tathāgatam ākārataḥ samanusmaraṃś* cittam abhiprasādayati ity api sa bhagavāṃs tathāgato 'rhan samyaksaṃbuddho vidyācaraṇasampannaḥ sugato lokavid anuttaraḥ puruṣadamyasārathiḥ śāstā devamanuṣyāṇāṃ buddho bhagavān iti/ (Divy. 196.22-197.1)

ちょうどその時，仏・世尊は〔閑処に〕引き籠もられた。その時，ある比丘が夕刻に，髪爪塔に全身で平伏し，如来を姿形という点から憶念しながら，心を浄らかにした[51]。〈かの世尊は，如来，阿羅漢，正等覚者，明行足，善逝，世間解，無上士，調御丈夫，天人師，仏，世尊である〉と[52]。

ここでも実際に釈尊を見るわけではないが，外見的な姿形から釈尊の姿を思い浮かべる比丘の様子が説かれていると考えられる。

以上，Divy. や MSV においてイメージと結びついた釈尊の呼称を問題にし，ブッダとタターガタの用例を中心に考察したが，通常，釈尊を言い表すのに用いられたバガヴァットという呼称は，それが視覚化された釈尊のイメージを表現する時にはブッダやタターガタという語に取って変わられ，数的にはタターガタよりもブッダを使用する用例の方が多かった[53]。ところで，もしもこのような使い分けが意識されていたとすれば，ブッダないしタターガタという呼称は，それを聞いた人に何らかの視覚的イメージを引き起こさせる力を持った言葉として機能していたとも解釈できる。つまりブッダという言葉が「釈尊のイメージ」に直結し，「ブッダ」と言えば，あるいは「ブッダ」と聞けば，自ずとその聞き手は釈尊の姿をイメージできる，そのような機能がこの呼称には付与されていたと考えられるのである[54]。

無論，初期経典の最初期よりこのような使い分けがなされていたのではなかろう。ある概念は各時代のフィルターを経る度に洗練されて，またその意味内容も特殊化されることがある。たとえばここで取り上げたブッダという語も，その当初は釈尊だけでなく，仏弟子にも適用される呼称であったが，徐々に固有名詞化・絶対化し，後に「ブッダ」は，釈尊のみを意味する呼称となっていったことを並川孝儀が論証したことはすでに指摘したとおりである(55)。この過程は教団の組織化と無縁ではないが，これに伴って arhat という呼称も大きな変革を被り，本来は覚者の形容句であったが，後には弟子達の最高の位として位置づけられるようになる。このようにブッダという呼称は初期の段階から様々な変遷を遂げてきた概念であり，これが大乗仏教の時代になると，また違ったコンテクストで用いられることになる(56)。

ここで取り上げた用例は，大乗仏教を考える上で重要なものが少なくない。まず最初に取り上げた buddhāvataṃsaka は華厳経(57)との関連で重要であるし，また「念（smṛti）」や「随念（anusmṛti）」は大乗仏教の三昧系の経典とも関連する(58)。静谷正雄の言う原始大乗経典として，また浄土思想を知る上でも重要な経典である『般舟三昧経』は，現時点で Skt. 原典の存在は知られていないものの，その Tib. 訳の音訳から pratyutpanna<u>buddha</u>saṃmukhāvasthitasamādhisūtra という原典名が推定され，「現在の諸仏が面前に現れる三昧」を意味するこの経典において，覚者のイメージを喚起する「ブッダ」という呼称が用いられているのは興味深い。また紀元後から作り出されるようになる仏像や仏画なども，どのような呼称が用いられていたか等，興味は尽きない(59)。今後，大乗経典に見られるブッダやタターガタの用例を中心にその用例を蒐集し，その用法の特徴などを纏める必要があろう(60)。

3　聴覚と結びついたブッダ

続いて聴覚と結びついたブッダの用例を見ていくことにしよう。これらの用例では，ブッダという語の受容が，悟性から感性へ(61)，あるいはロゴス的なものからパトス的なものへとシフトしており，仏教の呪術化(62)を考える上で極めて重要と考えられる。以下，前と同様に Divy. と MSV とに見られるブッダの用例を紹介した後に若干の考察を加え，ブッダという語の感性的・パトス的受容が有部系の文献に固有の用法である可能性を指摘してみたい。まずは Divy. の用例からである。

〔**第2章**〕プールナは何度も商売のために海を渡り，六度も航海を成功させては戻ってきたので，シュラーヴァスティーに住む商人達は彼を隊商主にして海を渡ろうと思い，そのことをプールナに願い出る。嫌々ながら彼らの要望を受け入れた彼はその商人達と共に大海に向けて出発するが，船上での彼らの会話を紹介しよう。

sa taiḥ sārdhaṃ mahāsamudraṃ saṃprasthitaḥ/ te rātryāḥ pratyūṣasamaye udānāt pārāyaṇāt satyadṛśaḥ sthaviragāthāḥ śailagāthā munigāthā arthavargīyāṇi ca sūtrāṇi vistareṇa svareṇa svādhyāyaṃ kurvanti/ tena te śrutāḥ/ sa kathayati/ bhavantaḥ śobhanāni gītāni gāyatha/ te kathayanti/ sārthavāha naitāni gītāni kiṃtu khalv etad buddhavacanam/ sa *buddha ity aśrutapūrvaṃ śabdaṃ śrutvā sarvaromakūpāny āhṛṣṭāni*/ sa ādarajātaḥ pṛcchati/ bhavantaḥ ko 'yaṃ buddhanāmeti/ te kathayanti/ asti śramaṇo gautamaḥ śākyaputraḥ śākyakulāt keśaśmaśrūṇy avatārya kāṣāyāṇi vastrāṇy ācchādya samyag eva śraddhayā agārād anagārikāṃ pravrajitaḥ so 'nuttarāṃ samyaksaṃbodhim abhisaṃbuddhaḥ sa eṣa sārthavāha buddho nāma/ (Divy. 34.28-35.10)

〔プールナ〕は彼らと共に大海へ向けて出発した。彼らは，夜が明ける頃，ウダーナ，パーラーヤナ，サティヤドゥリシュ，スタヴィラガーター，シャイラガーター，ムニガーター，そしてアルタヴァルギーヤ経を全文，声を出して唱えた。彼はそれを聞いた。彼は言った。「諸君，素晴らしい歌を歌っているね」。彼らは言った。「隊商主よ，これは歌ではなくて実にブッダのお言葉なのです」。彼はかつて聞いたことのなかった「ブッダ」という音を聞いて，全身の毛穴が粟立った。彼は畏敬の念を起こして尋ねた。「諸君，そのブッダと呼ばれるお方は，一体誰なのかね」。彼らは言った。「沙門ガウタマはシャーキャ族のご子息で，シャーキャ族の家系の出身ですが，彼は髪と髭とを剃り落とし，袈裟衣で身を包み，正しい信念を持って，家から家なき〔生活〕へと出家され，無上正等菩提を正等覚されたのです。隊商主よ，彼こそがブッダと呼ばれるお方なのです」

この時にブッダという音を聞いたことが縁となってプールナは出家し，最後には阿羅漢となるのであるが，この用例やこれ以後の用例では，二つのまったく違ったブッダの受容の仕方が提示されている。すなわちプールナのように，聞く人に鳥肌を立てさせる神秘的な「音 (śabda)」(63)として直感的に，あるいは感性的にブッダを受容する立場と，商人の説明のように「ブッダとはシャーキャ族出身であり，(中略) この上なく正しくて完全な悟りを悟られたのです」と悟性的に，あるいは概念的に言葉や言語を介してブッダを受容する立場とである。通常，我々のブッダ理解は商人の説明と同様に概念的・言語的であるが，これとならんで有部系の資料には，ブッダを「音」として直感的に受容するという新たな立場が示されている。

〔**第37章**〕ルドラーヤナ王がビンビサーラ王からブッダの絵の贈り物を受け取った時，中国地方からきていた商人達は，偶然その絵を目にする。

> tair buddhapratimāṃ dṛṣṭvā ekaraveṇa nādo mukto namo buddhāyeti/ tasya *buddha ity aśrutapūrvaṃ ghoṣaṃ śrutvā sarvaromakūpāṇy āhṛṣṭāni*/ sa kathayati/ ka eṣa bhavanto buddho nāma/ te kathayanti/ deva śākyānāṃ kumāra utpanno 'sti himavatpārśve nadyā bhāgīrathyās tīre kapilasya ṛṣer āsramapadasya nātidūre/ ..... sa eṣa buddho nāma tasyaiṣā pratimā/ (Divy. 548.17-549.5)
>
> 彼らは仏の絵を見ると，声を一つにして「ブッダに帰命し奉る」と唱えた。王はかつて聞いたことのなかった「ブッダ」という音を聞いて，全身の毛穴が粟立った。彼は言った。「汝らよ，そのブッダというのは誰のことだ」。彼らは言った。「王よ，ヒマーラヤ山の斜面のバーギーラティーの河岸の，カピラ仙人の庵にほど近い所で，彼はシャーキャ族の王子としてお生まれになりました。(中略) これがブッダと呼ばれるお方であり，これはそのお方の絵なのです」

ここでもブッダという音を耳にすることが契機となって，プールナ同様，ルドラーヤナ王も出家し，最終的には阿羅漢になっている。では次に MSV に説かれる用例を抽出していくことにしよう。

〔**臥座事**〕祇園精舎を寄進する経緯を伝える物語の中に問題の用例が見られ

る。たまたまラージャグリハに来ていたアナータピンダダは，ある長者がブッダを食事に招待するための準備をしているのを目にして，結婚式でもするのかと尋ねると，その長者は釈尊を招待するための準備をしていると告げる。以下，二人のやりとりを紹介しよう。

gṛhapate na me āvāho bhaviṣyati na vivāho vā nāpi mayā rāṣṭraṃ bhaktenopanimantritam na śreṇī na pūgo na parṣado nāpi rājā māgadhaḥ śreṇyo bimbisāro bhaktenopanimantritaḥ api tu buddhapramukho bhikṣusaṅgho bhaktenopanimantrita iti anāthapiṇḍadasya gṛhapater *buddha ity aśrutapūrvaṃ ghoṣaṃ śrutvā sarvaromakūpāny āhṛṣṭāni* sa āhṛṣṭaromakūpas taṃ gṛhapatim idam avocat ka eṣa gṛhapate buddho nāma asti gṛhapate śramaṇo gautamaḥ śākyaputraḥ śākyakulāt keśaśmaśrū avatārya ..... (MSV v 14.25-15.1)

「長者よ，私は嫁を娶るのでも嫁がせるのでもないし，明日，国民，群衆，団体，衆会，あるいはマガダの王シュレーニヤ・ビンビサーラを食事に招待するのでもない。そうではなく，ブッダを上首とする比丘の僧伽を食事に招待したのだ」。その時，アナータピンダダ長者は，かつて聞いたことのなかったブッダという音を聞いて，全身の毛穴が粟立った。彼は毛穴を粟立てると，その長者に言った。「長者よ，そのブッダとはどのようなお方だ」。「長者よ，それは沙門ガウタマのことで，彼はシャーキャ族の家系の出身で，髪と髭とを剃り落とし（後略）」

このように，アナータピンダダはブッダという音を聞いたことが縁となり，仏教に帰依し，祇園精舎を寄進することになる(64)。

〔**破僧事**〕ここではシュローナ・コーティヴィンシャのもとから食事を貰い受けてくるよう釈尊に命じられたマウドガリヤーヤナとコーティヴィンシャとの会話を見てみよう。

sa kathayati bhagavataḥ piṇḍapātam anuprayaccha ko 'sau bhagavān asti gṛhapatiputra śramaṇo gautamaḥ śākyaputraḥ śākyakulāt keśaśmaśrv avatārya kāṣāyāṇi vastrāṇy ācchādya samyag eva śraddhayā agārād anagārikām pravrajitaḥ so 'nuttarām samyaksambodhim abhisambuddhaḥ sa eṣa gṛhapatiputra buddho nāma tasya *buddha ity aśrutapūrvaṃ ghoṣaṃ śrutvā saromakūpāṇy* (→ *sarva°*) *āhṛṣṭāni* tenābhiprasannena sa eva pañcaśatikaḥ pākaḥ āyuṣmate mahāmaudgalyāyanāya pratipāditaḥ. (MSV vii 137.16-23)

彼は言った。「世尊に施食を差し上げて下さい」。「世尊とはどのようなお方なのですか」。「長者の息子よ，沙門ガウタマはシャーキャ族のご子息で，シャーキャ族の家系の出身ですが，彼は髪と髭とを剃り落とし，袈裟衣で身を包み，正しい信念を持って家から家なき〔生活〕へと出家され，無上正等菩提を正等覚された。長者の息子よ，これこそがブッダと呼ばれるお方である」。彼はかつて聞いたことのなかったブッダという音を聞いて，全身の毛穴が粟立った。浄信を生じた彼はその五百〔金〕もの食事を同志マハーマウドガリヤーヤナに差し出したのであった(65)。

この後，シュローナ・コーティヴィンシャは出家して阿羅漢になっている。

〔薬事〕聖仙カイネーヤは釈尊の説法を聞いて仏教に帰依し，釈尊を食事に招待すべく準備を整えていると，そこに彼の甥である聖仙シャイラがやってきて，誰を招待するつもりなのかと尋ねる。

mayā buddhapramukho bhikṣusaṃgho bhaktenopanimaṃtrita iti tasya *buddha ity aśrutapūrvaṃ ghoṣaṃ śrutvā sarvaromakūpāny āhṛṣṭāni*/ sagauravaḥ sa papraccha/ ka eṣa ṛṣe buddho nāma iti/ asti śaila śramaṇo gautamaḥ śākyaputraḥ śākyakulāt keśaśmaśrūṇi avatārya kāṣāyāṇi vastrāṇy ācchādya samyag eva śraddhayāgārād anagārikāṃ pravrajitaḥ/ so 'nuttarāṃ samyaksaṃbodhim abhisaṃbuddhaḥ/ sa eṣa buddho nāmeti/ (MSV i 264.11-17)

「私はブッダを上首とする比丘の僧伽を食事に招待したのだ」と。彼はかつて聞いたことのなかった「ブッダ」という音を聞いて，全身の毛穴が粟立った。彼は畏敬の念を起こして尋ねた。「聖仙よ，そのブッダというのは誰なのですか」と。「シャイラよ，沙門ガウタマはシャーキャ族のご子息で，シャーキャ族の家系の出身ですが，彼は髪と髭とを剃り落とし，袈裟衣で身を包み，正しい信念を持って，家から家なき〔生活〕へと出家され，無上正等菩提を正等覚されたが，彼こそブッダと呼ばれるお方だ」と。

この後，聖仙シャイラは仏教に帰依し，出家している。

〔**評事**〕シンハラ島のシンハラ王の娘ムクティカーは，その島にやってきた商人達が，ウダーナ・パーラーヤナ等の経典を誦しているのを聞くと，彼らを歌手だと思い，王宮に迎え入れてその歌を披露させようとする。

> muktikā kathayati gāyantu bhavantaḥ śṛṇumaḥ kīdṛśaṃ madhyadeśe gāndharvam iti te kathayanti devi na vayaṃ gāndharvikāḥ vaṇijo vayaṃ śrāvasteyā vāyuvaśād ihāgatāḥ asmābhi rātryāḥ pratyuṣasamaye buddhavacanaṃ paṭhitam iti muktikayā *buddha iti aśrutapūrvaṃ ghoṣaṃ śrutvā sarvaromakūpāny āhṛṣṭāni* sā kutūhalajātā pṛcchati bhavantaḥ ko 'yaṃ buddho nāma iti (MSV v 64.21-27)
>
> ムクティカーは言った。「皆様方は歌を披露して下さい。中国地方の歌がどのようなものであるか聞いてみとうございます」。彼らは言った。「王妃よ，我々は歌手ではありません。我々はシュラーヴァスティーの商人であり，風に乗ってここにやってきたのですが，夜が明ける頃，我々はブッダのお言葉を誦していたのです」と。ムクティカーはかつて聞いたことのなかったブッダという音を聞いて，全身の毛穴が粟立った。彼女は好奇心を生じて尋ねた。「皆さん，そのブッダというお方は誰なのですか」と。

これが縁となって，後に彼女は優婆夷となっている。

ここで取り上げた用例からも明らかなように，ブッダという音を聞いて鳥肌を喚起させられた者は必ず仏教に入信し，そのうちアナータピンダダとムクティカーは在家信者に留まったが，他の四人，すなわちプールナ，ルドラーヤナ，シャイラ，そしてシュローナ・コーティヴィンシャは出家して，そのほとんどが阿羅漢になっているのが分かる。つまりこのブッダという音を聞くことは，出世間的な果報と結びついているのである。彼らはブッダという音を聞くことが仏教入信の機縁となったわけだが，ブッダが「目覚めた」を意味する言葉であることを考えれば，まさに彼らはブッダという音で仏の教えに「目覚めた」わけであり，ブッダが眠っている彼らの信心を目覚めさせる音として機能しているのは実に興味深い[(66)]。

以上，有部系の梵文資料に見られるブッダの用例を見てきたが(67)，次にこのような用例が有部系の文献に限った用例なのか，あるいは初期経典や他部派の文献にも共通して説かれているのかを確認してみよう。ここではアナータピンダダの入信説話を手がかりにこの問題を考えることにする(68)。この説話は，MSV の説話と同様に，各律文献中，臥具座具に関する章に見られるが(69)，引用は MSV の時と同様，アナータピンダダの質問を受けた長者の答えからとする。

Pāli 律

na me gahapati āvāho bhavissati nāpi vivāho bhavissati nāpi rājā māgadho seniyo bimbisāro nimantito svātanāya saddhiṃ balakāyena api ca me mahāyañño paccupaṭṭhito svātanāya buddhapamukho saṃgho nimantito 'ti. buddho 'ti tvaṃ gahapati vadesīti. buddho 't' āhaṃ gahapati vadāmīti. buddho 'ti tvaṃ gahapati vadesīti. buddho 't' āhaṃ gahapati vadāmīti. buddho 'ti tvaṃ gahapati vadesīti. buddho 't' āhaṃ gahapati vadāmīti. *ghoso pi kho eso* gahapati *dullabho lokasmiṃ yad idaṃ buddho buddho ti.* sakkā nu kho gahapati imaṃ kālaṃ taṃ bhagavantaṃ dassanāya upasaṃkamituṃ arahantaṃ sammāsambuddhan ti. akālo kho gahapati imaṃ kālaṃ taṃ bhagavantaṃ dassanāya upasaṃkamituṃ arahantaṃ sammāsambuddhaṃ sve dāni tvaṃ kālena taṃ bhagavantaṃ dassanāya upasaṃkamissasi arahantaṃ sammāsambuddhan ti. (Vin. ii 155.16-30)

「長者よ，私は嫁を娶るのでも嫁がせるのでもないし，マガダのセーニヤ・ビンビサーラ王を軍隊と共に明日招待するのでもない。そうではなく，私は盛大な献供を催すのだよ。明日，ブッダを上首とする僧伽を招待するのだ」。「長者よ，あなたはブッダと言われたな」。「長者よ，私はブッダと言った」。「長者よ，あなたはブッダと言われたな」。「長者よ，私はブッダと言った」。「長者よ，あなたはブッダと言われたな」。「長者よ，私はブッダと言った」。「長者よ，このブッダ，ブッダというのはその音でさえ世間において得難いものだ。長者よ，今，かの世尊・阿羅漢・正等覚者に見えるために，詣でることはできるであろうか」。「長者よ，今はかの世尊・阿羅漢・正等覚者に見えるために，詣でるのに相応しい時ではない。明日，あなたはかの世尊・阿羅漢・正等覚者にお目にかかるべく〔世尊のもとに〕詣でられるがよかろう」

このように，アナータピンダダはブッダのことをすでに知っており，またその直後にはブッダのことを「世尊・阿羅漢・正等覚者」と言い換えているので，彼はブッダの意味内容を把握しており，その理解は悟性的である。また MSV の話で見たように，このブッダという音自体が鳥肌を喚起させることもないが，しかし下線を施した部分は，有部系の用例と同様に ghoṣa という語を使っているなど，後に MSV の説話に見られるような内容に展開する可能性を秘めているかもしれない。

『摩訶僧祇律』

我不嫁女娶婦請婆羅門王及大臣也。汝不聞。白浄王子出家成仏。号曰如来応供正遍知。出現於世間耶。今在尸陀林中。我今灑掃厳飾。正欲請仏及僧。是故忽務。邠坻聞已。心大欣悦。即便問言。我欲礼覲可得見不。答言。可見（T. 1425, xxii 415b7-12）

ここでは何ら「ブッダ」に特別な意味を認めておらず，ただ長者の言葉を聞いてアナータピンダダが喜んだとするのみで，Pāli の伝承とも一致しない。

『四分律』

我不嫁娶亦不請王。我欲設大祠。請仏及僧千二百五十人倶。彼沙門瞿曇。有如是大名称。号曰如来無所著等正覚明行足善逝世間解無上士調御丈夫天人師仏世尊。給孤独食問言。審是仏耶。答言審是仏。再三問亦再三答。審是仏。時給孤独食再三問已。問言。仏在何処。我今欲往問訊（T. 1428, xxii 938c2-9）

ここではアナータピンダダが長者に同じ事を三度尋ね，その長者が三度同じ答えをしているので，この部分は Pāli の伝承に一致するものの，「ブッダ」に関しては，特別な意味を認めておらず，MSV の伝承とは異なっている。

『五分律』

非婚姻節会亦不請王。又問。何故乃弁奇妙飲食。答言。仏出於世有大威徳。其諸弟子亦皆如是。我今請之故設此供。所以不獲出相迎耳。須達多言。我亦聞有仏当出於世。号如来応供等正覚明行足善逝世間解無上調御丈夫天人師仏世尊。汝今所請為是仏耶為非仏耶。答言是仏。亦問今在何処（T. 1421, xxii166c15-22）

ここでもアナータピンダダはブッダのことをすでに知っており，直後に如来の十号を以て言い換えているので，ここで見られるアナータピンダダのブッダの理解は悟性的なものである。

『十誦律』

我不嫁娶。亦不請王及大臣也。請仏及僧明日食。故作大施会。給孤独氏初聞仏名。心喜毛竪。問言。何人是仏。居士答言。有釈王太子。以信出家得無上道。故号為仏（T. 1435, xxiii 243c28-244a2）

さて最後に，MSV と同じ系統の部派である説一切有部の『十誦律』の用例を紹介したが，ここでは下線で示したとおり「初聞仏名。心喜毛竪」とあり，Divy. や MSV の説話では定型句化して使われていた「かつて聞いたことのなかった「ブッダ」という音を聞いて，全身の毛穴が粟立った（buddha ity aśrutapūrvaṃ ghoṣaṃ śrutvā sarvaromakūpāṇy āhṛṣṭāni）」という表現にピッタリ一致するのが分かる。

現存の諸律に見られる用例を比較してみたが，これから明らかになったことは，このようなブッダの感性的理解は有部系の資料に特有なものである可能性が高いということである。しかしこれを検証するためには，アナータピンダダの入信説話以外の箇所で，このような用法が有部系以外の律典で説かれているかどうかを確認する必要がある。そこで有部系以外の律典の他の箇所を調べてみたが，ブッダの感性的・パトス的理解は，Mv. の若干の例を除き(70)，他の律典には存在しないことが分かった。Pāli 聖典中の用例も渉猟してみると，これに近似した用法は Pāli の lomahaṃsa (*or* lomahaṃsana) あるいは lomahaṭṭha であるが，身の毛がよだつ要因は恐怖の場合と喜びの場合と二通りのケースが存在したものの(71)，ブッダという音を聞くことと関連させた用例は確認できなかった。これらの事実から，ブッダの感性的理解は有部独自の用法であり，同じ上座部系の Pāli 律や『四分律』や『五分律』の用例とも一線を画すものであることが理解される(72)。

以上，有部系梵文資料の Divy. と MSV に見られるブッダの用例，特に「音」としてのブッダの用例を紹介し，そのブッダ理解が，初期経典には見られなかった感性的なものであることを指摘し，またこのような用例を他部派の律文献と比較することで，ブッダの感性的理解が有部系の資料独自のものであることを検証した(73)。

4　仏塔崇拝から見た仏陀観

続いて仏塔崇拝から仏陀観を考察してみよう。仏塔研究は，平川彰の研究を頂点とし，最近では下田正弘の研究に至るまで，様々な分野から多くの研究者が論じてきた。しかし Divy. に見られる仏塔の用例の考察は，このテキストが仏塔の用例を多く含んでいるにも関わらず，これまで本格的に考察されることがなかったので，ここでは，Divy. における仏塔の記述をすべて抜き出して，それらの用例から導き出される幾つかの事象ならびに問題点を考察してみたい(74)。

①**第１章**　主人公コーティーカルナの前生譚に仏塔の記述が見られる。

yadā kāśyapaḥ samyaksaṃbuddhaḥ sakalaṃ buddhakāryaṃ kṛtvā nirupadhiśeṣe nirvāṇadhātau parinirvṛtaḥ/ tasya rājñā kṛkinā catūratnamayaṃ *caityaṃ* kāritaṃ samantād yojanam (ardhayojanam)(75) uccatvena/ tena tatra khaṇḍasphuṭapratisaṃskaraṇāya ye pūrvanagaradvāre karapratyāyā uttiṣṭhante te tasmin *stūpe* 'nupradattāḥ/ (Divy. 22.8-13; MSV iv 191.2-6)

正等覚者カーシャパは，仏としての義務をすべてなし終えると，無余なる涅槃界に般涅槃した。クリキン王は彼のために四宝よりなる塔を建立したが，〔その〕周囲は一ヨージャナ，高さは半ヨージャナであった。〔後に王〕はその〔塔の〕欠損やひび割れを修繕するために，東の都城の門で税や年貢を徴収し，それをその塔〔の修繕〕に充てた。

クリキン王の死後，息子のスジャータが王位に就いたが，彼の家臣達はその制度を廃止してしまったため，その塔にひび割れや欠損が生じた。ある隊商主はひびの入ったその塔を見ると，それを修繕しようと決意し，商売で稼いだ金でその塔を修繕した後，余った金をその塔に布施し，盛大な供養をして誓願を立てる。

②第2章　食事の招待を受けたブッダは五百人の阿羅漢を従え，ジェータ林からスールパーラカに向かったが，その時，ジェータ林に住む神もヴァクラ樹の枝を持ち，ブッダのために影を作りながらブッダに随行した。その途中，ある地方で五百人の婦人を教化すると，彼女らは言った。

> ahovata bhagavān asmākaṃ kiṃcid atra prayacched yatra vayaṃ kārāṃ kariṣyāmaḥ/ tato bhagavatā ṛddhyā keśanakham utsṛṣṭam/ tābhir bhagavataḥ *keśanakhastūpaḥ* pratiṣṭhāpitaḥ/ tatas tayā jetavananivāsinyā devatayā tasmin *stūpe* yaṣṭyāṃ sā vakulaśākhāropitā bhagavāṃś coktaḥ/ bhagavann aham asmin *stūpe* kārāṃ kurvantī tiṣṭhāmīti/ sā tatraivāsthitā/ tatra kecid *ghariṇīstūpa* iti saṃjānate kecid vakulamedhīti yam adyāpi *caityavandakā bhikṣavo* vandante/ (Divy. 47.20-27)

「ああ，世尊は私達のためにこの地に何かお授け下さい。私達はそれに対して供養するつもりです」。そこで世尊は神通力により，髪と爪を与えた。彼女らは世尊の髪爪塔を建立した。するとジェータ林に住んでいた神は〔持っていた〕ヴァクラ樹をその塔の柱に挿して世尊に申し上げた。「世尊よ，私はこの塔を供養しながら〔ここに〕留まります」と。ある人達はこれを「ガリニーストゥーパ（婦人塔）」，別の人達は「ヴァクラメーディー（ヴァクラ樹の柱）」と呼び，今でも塔礼拝をする比丘達[76]がこれを礼拝している。

③第15章　ここではブッダの髪爪塔を礼拝し，ブッダによって転輪王に授記される比丘の話が見られるが，その前半部分を示すと次のとおりである。

> buddho bhagavāñ chrāvastyāṃ viharati jetavane 'nāthapiṇḍadasyārāme/ dharmatā khalu buddhānāṃ bhagavatāṃ jivatāṃ dhriyamāṇānāṃ yāpayatāṃ *keśanakhastūpā* bhavanti/ yadā buddhā bhagavantaḥ pratisaṃlīnā bhavanti tadā bhikṣavaḥ *keśanakhastūpe* pūjāṃ kṛtvā kecit piṇḍāya praviśyanti kecid dhyānavimokṣasamādhisamāpattisukhāny anubhavanti/ tena khalu samayena buddho bhagavān pratisaṃlīno 'bhūt/ athānyatamo bhikṣuḥ sāyāhnasamaye *keśanakhastūpe* sarvāṅgaiḥ praṇipatya tathāgatam

ākārataḥ samanusmaraṃś cittam abhiprasādayati ity api sa bhagavāṃs tathāgato 'rhan samyaksaṃbuddho vidyācaraṇasaṃpannaḥ sugato lokavid anuttaraḥ puruṣadamyasārathiḥ śāstā devamanuṣyāṇāṃ buddho bhagavān iti/ (Divy. 196.17-197.1)

仏・世尊は，シュラーヴァスティー郊外にある，ジェータ林・アナータピンダダの園で時を過ごしておられた。〔この世に〕存在し，生活し，時を過ごしている諸仏・諸世尊の髪爪塔があるのは，実に当然のことである。諸仏・諸世尊が〔閑処に〕引き籠もっている時，比丘達は髪爪塔に供養を捧げてから，ある者達は乞食のために〔町に〕入り，ある者達は禅定による解脱や三昧・等至による楽を享受する。ちょうどその時，仏・世尊は〔閑処に〕引き籠もられた。その時，ある比丘が夕刻に髪爪塔に全身で平伏し，如来を姿形という点から憶念しつつ心を浄らかにした。〈彼は世尊，如来，阿羅漢，正等覚者，明行足，善逝，世間解無上，調御丈夫，天人師，仏，世尊である〉と。

④第18章〔その1〕　これは，クシェーマ王がクシェーマンカラ仏のために作った小さな塔を，組合長（ブッダの本生）が立派な塔に作り直す話であるが，ここでは塔の建て方が詳細に説かれているので，それを紹介しよう。

yatas tena mahāśreṣṭhinā saṃcintya yathaitat suvarṇaṃ tatraiva garbhasaṃsthaṃ syāt tathā kartavyam iti tatas tasya *stūpasya* sarvair eva caturbhiḥ pārśvaiḥ pratikaṇṭhukayā catvāri sopānāny ārabdhāni kārayitum/ yāvad anupūrveṇa prathamā medhī tato 'nupūrveṇa dvitīyā tatas tṛtīyā medhī yāvad anupūrveṇāṇḍam/ tathāvidhaṃ ca bhūpasyāṇḍaṃ kṛtaṃ yatra sā yūpayaṣṭir abhyantare pratipāditā/ paścāt tasyātinavāṇḍasyopari harmikā kṛtānupūrveṇa yaṣṭyāropaṇaṃ kṛtaṃ varṣasthāle mahāmaṇiratnāni tāny āropitāni/ ..... tena ca mahāśreṣṭhinā tasya *stūpasya* caturbhiḥ pārśvaiś catvāro dvārakoṣṭhakā māpitāś caturbhiḥ pārśvaiś catvāri *mahācaityāni* kāritāni tadyathā jātir abhisaṃbodhir dharmacakrapravartanaṃ parinirvāṇam/ tac ca *stūpā*ṅgaṇaṃ ratnaśilābhiś citaṃ catvāraś copāṅgāś caturdiśamāpitāḥ puṣkiriṇyaś caturdiśam anupārśvena māpitāḥ/ tatra ca vividhāni jalajāni mālyāni ropitāni tadyathā utpalaṃ padmaṃ kumudaṃ puṇḍarīkaṃ saugandhikaṃ mṛdugandhikaṃ vividhāni ca puṣkiriṇītīreṣu sthalajāni mālyāni ropitāni tadyathātimuktakaṃ campakapāṭalāvārṣikāmallikāsumanāyūthikādhātuṣkārī sarvartukālikāḥ puṣpaphalāḥ *stūpa*pūjārthaṃ sthāvarāvṛttiprajñaptāḥ *stūpa*dāsadattāḥ (→ sthāvarā vṛttiprajñaptāḥ stūpadāsā dattāḥ)(77) śaṅkhapaṭahavādyāni tūryāṇi dattāni ye tasmiṃś *caitye* gandhair dhūpair mālyaiś cūrṇaiḥ kārāṃ kurvanti tasmāc cādhiṣṭhānād viṣayāc cāgamya janapadā gāndhair mālyair dhūpaiś cūrṇais tasmiṃś *caitye* kārāṃ kurvanti/ ..... sa ca śreṣṭhī taṃ *caityaṃ* kṛtvā nirīkṣya pādayor nipatya praṇidhānaṃ karoti/ (Divy. 244.6-245.26)

さてかの偉大な組合長は〈この黄金はその〔塔〕の中心部に据えよう〉と考えると，その塔の四面すべてにそれぞれ階段を作り始めた。乃至，順番に第一，第二，第三の回廊，さらにはキューポラが順次〔作られた〕。そのようなキューポラは〔塔の〕内部から〔頂上に〕現れ出た柱の辺りに作られた。その後，そのできたてのキューポラの上に塔屋が作られ，次いで柱が建てられ，樋には大きな珠宝が取り付けられた。(中略) 偉大な組合長は，その塔の四面に〔それぞれ一つずつ〕四つの門部屋を作らせ，四面の四つの大塔を作らせた。すなわち，生誕・正覚・転法輪・涅槃〔塔〕であった。またその塔の中庭には宝の石が積まれた。そして四方には四つの付属の建物が作られ，四方に沿って蓮池も作られた。そしてそこには水中に生息する種々の花が植えられた。すなわち，芳しく甘美な香りを漂わせる青蓮華・黄蓮華・赤蓮華・白蓮華であった。さらに蓮池の岸辺には陸地に生息する種々の花が植えられた。すなわちアティムタカ・チャンパカ・パータラー・ヴァルシカー・マッリカー・スマナス・ユーティカー・ダヌスカーリン樹の花であり，それらはあらゆる季節に応じて花や実をつけるのである。塔を供養するために，住み込みで仕事をするよう命じられた塔奴が施与された。〔また〕螺貝や太鼓といった楽器も寄贈された。そして薫香・焼香・花環・抹香でその塔を供養しようという人達が，あちこちの地方や国からやって来ては，薫香・焼香・花環・抹香でその塔を供養するのである。(中略) そしてかの組合長はその塔を作り終わると〔塔を〕繁々と眺めながら〔塔を仏に見立てると，その〕両足に平伏して誓願した。

⑤第18章〔その2〕　青年スマティがディーパンカラ仏に会った時，道が泥濘んでいたので，彼は自分の髪をそこに敷き，仏がそこを踏み行かれんことを望んで，仏から授記された。

yadā ca sumatir māṇavo dīpaṅkareṇa samyaksaṃbuddhena vyākṛtas tadāsya dīpena rājñā jaṭā gṛhītāḥ/ vāsavo rājā kathayati/ mamaitā jaṭā anuprayaccha/ tatas tasya dīpena rājñānupradattāḥ/ tena gṛhītvā gaṇitāḥ aśītir vālasahasrāṇi/ tasya rājño 'mātyāḥ kathayanti/ devāsmākam ekaikaṃ vālam anuprayaccha vayam eṣāṃ *caityāni* kariṣyāmaḥ/ tena rājñā teṣāṃ bhṛtyānām ekaiko vālo dattaḥ/ tair amātyaiḥ svake vijite gatvā *caityāni* pratiṣṭhāpitāni/ (Divy. 253.1-7)

さて，青年スマティが正等覚者ディーパンカラに授記された時，ディーパ王は〔泥濘に残っていた〕彼の弁髪を拾い上げた。ヴァーサヴァ王が言った。「その弁髪を私に下さらぬか」。そこでディーパ王は，彼に与えた。王は〔それを〕受け取って髪の毛を数えてみると，八万本あった。かの王の家臣達は言った。「王よ，我々にその髪の毛を一本一本お与え下さい。我々はそれで<u>塔</u>を作りたいのです」。かの王の家臣達に毛を一本一本与えた。その家臣達は自分達の領土に戻ると，<u>塔</u>を建立した。

⑥第22章　ブッダの本生チャンドラプラバ王は「何でも人々に布施しよう」と誓いを立てたが，それを聞きつけたラウドラークシャという悪心のバラモンは王の決意を試そうとして，頭を布施するように言い寄る。王は自分の頭を布施するために彼を連れてマニラトナガルバ園に行き誓願するが，その後半に次のような記述が見られる。

anena satyena satyavacanena saphalaḥ pariśramaḥ syāt parinirvṛtasya ca sarṣapaphalapramāṇadhātavo bhaveyur asya ca maṇiratnagarbhasyodyānasya madhye *mahān stūpaḥ* syāt sarva*stūpa*prativiśiṣṭaḥ/ ye ca sattvāḥ śāntakāyā *mahācaityaṃ* vanditukāmā gaccheyus te taṃ sarva*stūpa*prativiśiṣṭaṃ dhātuparaṃ dṛṣṭvā viśrāntā bhaveyuḥ parinirvṛtasyāpi mama *caityeṣu* janakāyā āgatya kārāṃ kṛtvā svargamokṣaparāyaṇā bhaveyur iti/ (Divy. 326.22-29)

「この真実により，真実語により，〔私の〕努力が実り多きものとなり，入滅した〔私の体〕が芥子の実ほどの大きさの遺骨になり，そしてこのマニラトナガルバ園の中央にどの塔よりも優れた大きな塔が立つように。また大塔に礼拝しようとやって来る身体の寂静な有情達が，最高の遺骨を蔵し，どの塔よりも優れたこ〔の塔〕を見て安堵するように。私が般涅槃しても塔に人々がやって来て供養し，必ず天界か解脱かに確定した者となるように」と。

結局，そのバラモンは自分で王の頭を撥ねられなかったので，王自ら自分の頭を切り落とし，バラモンに布施した。そこに居合わせた人達は，王の遺体を荼毘に付し，大通りが交わる所に舎利塔（śarīrastūpa）を作った(78)。

⑦第23章　シャーリプトラのもとで出家したサンガラクシタは，自分と同じ日に生まれた五百人の商人達に「我々が航海している間，船の上で法を説いて下さらないか」と頼まれ，彼らと一緒に船に乗ることになった。航海していると，龍が現れ，龍宮に四阿含を確立せんがために，サンガラクシタを連れ去ろうとした。商人達はこれに抵抗したが，サンガラクシタが龍宮に行くと，龍は彼に起きてから寝るまで一日のスケジュールを次のように告げる。

ārya uttiṣṭha dantakāṣṭhaṃ visarjaya bhagavato maṇḍalakam āmārjaya *caityābhivandanaṃ* kuru bhuṅkṣva śayyāṃ kalpayeti/ (Divy. 333.17-19; MSV iv 32.18-19)

「聖者よ，起きてください。歯ブラシを置いてください。世尊の座をお清め下さい。塔の礼拝をなさって下さい(79)。食事をなさって下さい。寝床をお設え下さい」と。

⑧第26章〜第29章　アショーカ王は，八分された仏舎利のうち，龍によって守られていたラーマ村の塔の遺骨を除き，七つの塔から仏舎利を発掘すると，それらを八万四千に分配して八万四千の塔（dharmarājikā）を建立したが，この八万四千の塔に関する記述が各章に見られる(80)。

⑨第27章　ここでは，アショーカ王がブッダ誕生の地・成道の地・輪法の地・入滅の地に塔を建立し，さらにシャーリプトラ，マウドガリヤーヤナ，カー

シャパ，ヴァックラ，そしてアーナンダの塔にそれぞれお金を布施し，塔供養したことを記しているが(81)，その前には次のような記述も見られる。

athāśoko rājā 'hirodakasikatāpiṇḍair aṇḍakāṣṭhebhyo 'pi asārataratvaṃ kāyasyāvetya praṇāmādibhyaḥ samutthasya phalasya bahukalpaśaḥ sthāpayitvā sumeruvan mahāpṛthivībhyaḥ sārataratām avekṣya bhagavataḥ *stūpavandanāyām* ātmānam alaṃkartukāmo 'mātyagaṇaparivṛtaḥ kurkuṭārāmaṃ gatvā tatra vṛddhānte sthitvā kṛtāñjalir uvāca/ (Divy. 384.24-29)

さてアショーカ王は，〔人間の〕体が血や砂利の塊と同じように，卵の殻よりも価値のないものと考えたが，〔塔を〕礼拝することから生じる果は多劫にわたり存続し，スメールの如く，大地よりも価値あるものと考えて，世尊の塔を礼拝するために自らを荘厳し，家臣達に囲まれてクルクタ園に行くと，その上座の隅に留まって合掌して言った。

⑩**第27章**　クナーラの前生譚に仏塔崇拝の記述が見られる。

yadā krakucchandaḥ samyaksaṃbuddhaḥ sakalaṃ buddhakāryaṃ kṛtvā nirupadhiśeṣe nirvāṇadhātau parinirvṛtaḥ/ tasyāśokena rājñā catūratnamayaṃ *stūpaṃ* kāritam/ yadā rājāśokaḥ kālagato 'śrāddho rājā rājyaṃ pratiṣṭhitaḥ/ tāni ratnāny adattādāyikair hṛtāni pāṃśukāṣṭhaṃ cāvaśiṣṭaṃ ..... tatas tena ca tatra krakucchandasya samyaksaṃbuddhasya kāyaprāmāṇikā pratimā babhūva viśīrṇā sābhisaṃskṛtā samyakpraṇidhānaṃ ca kṛtam/ (Divy. 418.24-419.4)

正等覚者クラクッチャンダが仏の仕事をすべてなし終えて無余涅槃界に般涅槃すると，彼のためにアショーカ王が四宝から成る塔を建立させた。さてアショーカ王が亡くなって信仰心のない王が王位に就くと，その宝は盗賊達に持ち去られ，泥と棒きれが残っているだけであった。(中略)そこで彼はその場で壊されたままになっていた正等覚者クラクッチャンダの等身大の像を修復すると，正しい誓願を立てた。

⑪**第28章〔その1〕**　ヴィータショーカは最初，外道の信奉者であったが，後にアショーカ王の方便により，回心して仏教徒となった。

tato vītaśoko gandhapuṣpamālyādivāditrasamudayena bhagavataś *caityān* arcayati/ saddharmaṃ ca śṛṇoti saṃghe ca kārāṃ kurute/ (Divy. 423.9-11)

それからというもの，ヴィータショーカは，香・花・花環等に音楽を交えて世尊の塔を祀り，正法に耳を傾け，僧伽に対して供養をなした。

⑫第28章〔その2〕

kāśyape samyaksaṃbuddhe pravrajito 'bhūt pradānaruciḥ/ tena dāyakadānapatayaḥ saṃghabhaktaṃ kārāpitās tarpaṇāni yavāgūpānāni mantraṇakāni *stūpeṣu* ca chattrāṇy avaropitāni dhvajāḥ patākā gandhamālyapuṣpavāditrasamudayena pūjāḥ kṛtāḥ/ (Divy. 428.27-429.2)

正等覚者カーシャパのもとでプラダーナルチが出家した。彼は気前のよい施主達に，僧伽への食事をさせたり，満足のいく粥や飲物を作らせ，〔比丘を〕招待させた。また〔彼は〕塔に傘・旗・幡を立て，香・花環・花に音楽を交えて供養した。

⑬第29章　ここでは，アショーカ王の末裔プシュヤミトラの破仏を描く。

bhikṣūṃś ca saṃgham āhūya kathayati/ bhagavacchāsanaṃ nāśayiṣyāmīti kim icchatha *stūpaṃ* saṃghārāmān vā/ bhikṣubhiḥ parigṛhītāḥ (→ stūpo bhikṣubhiḥ parigṛhītaḥ)(82)/ yāvat puṣyamitro yāvat saṃghārāmaṃ bhikṣūṃś ca praghātayan prasthitaḥ/ sa yāvac chākalam anuprāptaḥ/ tenābhihitam/ yo me śramaṇaśiro dāsyati tasyāhaṃ dīnāraśataṃ dāsyāmi/ *dharmarājikā* vārhadvṛddhyā śiro dātum ārabdham (→ dharmarājikāvāsyarhadṛddhyā śiro dātum ārabdham)(83)/ śrutvā ca rājārhatpraghātayitum ārabdhaḥ/ sa ca nirodhaṃ samāpannaḥ/ tasya paropakramo na kramate/ (Divy. 434.7-15)

〔プシュヤミトラ王〕は比丘僧伽を呼びつけて言った。「私は世尊の教えを破壊してしまうぞ。お前達は塔と僧園のうちどちらを望むか」。比丘達は塔を守護したので，プシュヤミトラは，僧園を破壊し，比丘達を殺しながら進み，やがてシャーカラに到着した。彼は言った。「沙門の頭を我に与えん者には，百ディーナーラ〔の金〕を与えるぞ」と。〔その〕塔に住していた阿羅漢は神通力で化作した〔沙門の〕頭を〔王に〕与えようとした。〔それを〕知った王は〔怒って，その〕阿羅漢を殺そうとしたが，彼は滅尽定に入っていたので，彼に危害を加えることはできなかった。

⑭第31章　ブッダは塔供養の果報を次のように説く。

śataṃ sahasrāṇi suvarṇaniṣkā jāmbūnadā nāsya samā bhavanti/
yo *buddhacaityeṣu* prasannacittaḥ padāvihāraṃ prakaroti vidvān// (Divy. 467.5-6, 78.9-10; MSV i 76.3-4)
tiṣṭhantaṃ pūjayed yaś ca yaś cāpi parinirvṛtam/
samaṃ cittaprasādena nāsti puṇyaviśeṣatā//
evaṃ hy acintiyā buddhā buddhadharmāpy acintiyā/
acintiyaiḥ prasannānāṃ vipākaś cāpy acintiyaḥ// (Divy. 469.3-6, 79.19-22; MSV i 78.8-11)

「ジャンブー河より取れた百千という黄金も，浄らかな心で仏塔を右遶する賢者には及ばない（以下，土の団子，花，花環，灯明，香水，そして傘・旗・幡についても同内容の詩頌が説かれる）」

「生きている仏を供養することも，般涅槃した仏を供養することも，心の浄らかさゆえに，両者は同等でその福徳に差別なし。実に諸仏はかくの如く不可思議で，仏の諸法も不可思議なり。〔両者が〕不可思議であるから，浄信を得た人の異熟も不可思議なり」(84)。

これと同様に塔供養の功徳を説く記述は Mv. にも見られるが，その記述は Divy. の比ではなく，微に入り細を穿った説明になっている(85)。

⑮第34章　この内容は「賢者は三十七種の布施をする」というもので，ブッダがその一々を説明しているが，この中に次のような記述が見られる。

tathāgatacaityeṣu tathāgatavimbeṣu ca sugandhodakasnānaṃ dānaṃ dadāti dvātriṃśanmahāpuruṣalakṣaṇāśītyanuvyañjanavipākapratilābhasaṃvartanīyam/ (Divy. 483.3-5)

〔賢者〕は三十二の偉人の相と八十種好とを異熟として得るのに資する，如来の塔廟や如来の像に妙なる香水の散布という布施を布施する。

⑯第37章〔その１〕　カーティヤーヤナは，ブッダに代わってロールカという都城の人々を教化する。その時，二人の長者が彼のもとで出家し，修行して，阿羅漢となった後，般涅槃した。二人の親族は彼らの遺骨を供養し，二つの

塔（stūpa）を作った（Divy. 551.23-24）。後にカーティヤーヤナはある少年と神を従えてロールカからラージャグリハへ戻る途中，カラという村に立ち寄る。わけあってその地に留まることになったその神は，カーティヤーヤナがそこを立ち去る前に彼にこう言う。

ārya mama kiṃcic cihnam anuprayaccha yatrāhaṃ kārāṃ kṛtvā tiṣṭhāmīti/ tena tasyāṃ kāśikā dattā/ tayātra prakṣipya *stūpaḥ* pratiṣṭhāpito mahaś ca prasthāpitaḥ kāśīmaha kāśīmaha iti saṃjñā saṃvṛttā/ adyāpi *caityavandakā* bhikṣavo vandante/ (Divy. 579.5-9) ..... putra yady evaṃ mama kiṃcid anuprayaccha yatrāhaṃ pūjāṃ kṛtvā tiṣṭhāmīti/ tena tasyā yaṣṭir dattā/ tayā *stūpaṃ* pratiṣṭhāpya sā tasmin pratimāropitā *yaṣṭistūpa* iti saṃjñā saṃvṛttā/ adyāpi *caityavandakā* bhikṣavo vandante/ athāyuṣmān mahākātyāyano madhyadeśam āgantukāmaḥ sindhum anuprāptaḥ/ atha yā uttarāpathanivāsinī devatā sā āyuṣmantaṃ mahākātyāyanam idam avocat/ ārya mamāpi kiṃcic cihnam anuprayaccha yatrāhaṃ pūjāṃ kṛtvā tiṣṭhāmīti/ sa saṃlakṣayati/ uktaṃ bhagavatā madhyadeśe pule (→ pūle)[86] na dhārayitavye iti/ tad ete 'nuprayacchāmīti/ tena tasyaite datte/ tayā sthaṇḍile kārayitvā te pratiṣṭhāpitaitaś caranti saṃjñā saṃvṛttā/ (Divy. 580.27-581.9)

「聖者よ，私が〔あなたを〕供養しながら〔ここで〕暮らしていける，標識のような物を何か与えて下さいませ」。彼は神に衣[87]を与えた。神はそこに〔衣を〕置くと，塔を建立し，祭りを行った〔ので，その塔には〕「カーシーマハ（衣祭）」という名がつき，今でも塔礼拝をする比丘達が[88]〔この塔を〕礼拝している。（中略）〔次にカーティヤーヤナは，ヴォッカーナという所にやって来た。そこには，彼の母がバドラカンヤーという女に再生していたが，彼は彼女を教化すると，彼女は言った。〕「息子よ，私に何かくれないかね。それに対し，私は〔お前を〕供養しながら，〔ここに〕留まろうと思うのだよ」。彼は彼女に杖を与えた。彼女は塔を作ると，そこにその〔杖〕を〔彼の〕像として安置したので〔その塔には〕「ヤシュティストゥーパ（杖塔）」という名がついた。今でも塔礼拝する比丘達が[89]〔この塔を〕礼拝している。その後，同志マハーカーティヤーヤナは，中国地方へ行こうとし，シンドゥという所に着いた。その時，北路に住んでいた神が，同志マハーカーティヤーヤナに言った。「聖者よ，私にも何か〔聖者の〕標識になるような物を下さい。私はそれに対して供養しつつ〔ここに〕留まります」と。彼は考えた。〈中国地方では，紐付の靴を履いてはならないと世尊は言われた。よって私はそれを与えるとしよう〉と。彼は〔神〕に〔靴〕を与えた。神は二つの〔特別な〕場所を作り，〔そこに〕二〔つの靴〕を安置した。〔この塔を〕ある者達は「プーラパダ（靴処）(90)」と呼んでいる(91)。

このように，ブッダに代わって供養の対象となる遺物が塔として機能するという用例は，Mv. にも存在する(92)。

⑰第37章〔その2〕　比丘ルドラーヤナは，過去世において金持ちの猟師であった。彼がいつも猟をする場所で，ある独覚が寝起きするようになってからは，人間の臭いのために動物が寄り付かなくなったので，かの漁師は独覚に腹を立て，彼の急所を矢で射抜いてしまった。その時独覚は神通力で猟師に神変を見せたので，彼は回心する。

dhanavān asau lubdhaḥ/ tena sarvagandhakāṣṭhaiś citāṃ citvā dhmāpitaḥ/ sā citā kṣīreṇa nirvāpitā/ tāny asthīni nave kumbhe prakṣipya *śārīrastūpaḥ* pratiṣṭhāpitaḥ/ chattradhvajapatākāś cāropitā gandhair mālyair dhūpaiś ca pūjāṃ kṛtvā pādayor nipatya praṇidhānaṃ kṛtam/ (Divy. 583. 24-28)

その猟師は裕福だったので，彼はあらゆる香木を積み上げ，〔独覚を〕荼毘に付した。〔そしてその後〕その薪は牛乳によって消された。〔彼は〕その骨を真っ新の〔骨〕箱に入れると，<u>舎利塔</u>を建立した。そして傘・旗・幟を立て，香・花環・焼香で供養すると，〔塔を独覚に見立て，その〕両足に平伏して誓願した。

以上，Divy. の伝える仏塔の用例を見てきたので，次に以上の用例から導き出される幾つかの事象やそれらの問題点について，若干の考察を試みる。

仏塔の建立者ならびにその修復者　以上の用例のうち，塔の建立者に言及するのは，①②④⑤⑥⑧⑨⑩⑯⑰であるが，これらの用例から，仏塔は，アショーカ王に代表されるように，王によって建てられる場合が多い。しかしながらその修復ということになると，①④⑩が示唆しているように，隊商主，組合長，商人の息子といった資産家の手に委ねられていることが分かる。なお静谷は出家者が仏塔の建立に関与していたことを指摘しているが[93]，Divy. にはこのような用例が見出せない。しかし MSV 安居事には一例だけではあるが，比丘が塔の建立に関わったことを窺わせる記述が見出せる。雨安居に入った比丘が例外的にその結界から出ることを認める幾つかの例外規定がブッダによって定められるが，以下はその一つである。

aparam api bhikṣoḥ karaṇīyam/ yathāpi tad bhikṣur asminn evārāme vihāraṃ śayanāsanaṃ dhruvabhikṣāṃ *tathāgatasya śarīrastūpam*/ alam ekaṃ yaṣṭyāropaṇaṃ dhvajāropaṇaṃ sūtranikāyānām anyatamānyatamaṃ sūtranikāyaṃ kaukṛtyaṃ pāpakaṃ dṛṣṭigatam utpannaṃ bhavati/ sa bhikṣūṇāṃ dūtam anupreṣayati/ āgacchantv āyuṣmantaḥ utpannaṃ pāpakaṃ dṛṣṭigataṃ pratinisṛjāpayiṣyanti/ gantavyaṃ bhikṣuṇā saptāham adhiṣṭhāya bhikṣoḥ karaṇīyena/ (MSV iv 141.6-12)

「他にもまた比丘のなすべき事がある。たとえば比丘がこの同じ園林に精舎を建立し，臥具・座具を布施し，安定した施食を提供し，如来の舎利塔を建立し，〔そこに〕高価な〔白檀の香水・サフランの香水〕[94]を充分に撒き，杖や旗を立て，経典の集成や他にもあれやこれやの経典の集成を詳細に説示し転読すること〔などであるが，これらに関して〕後悔や邪見が生じたら，彼は比丘達に使者を送ってくる。『同志達はやってこられよ。私に生じた邪見を取り除いて下さい』と。比丘は七日を受持して比丘の所用のために〔結界を〕出てもよい」

この他にも，MSV には仏塔の建立者に関する事例が散見されるが[95]，ほとんどは在家信者の用例で，有部系の梵文資料には出家者の例が一つだけしか存在しない[96]。

続いて，MSV には塔の修繕に出家者が関わっていたことを窺わせる用例があることを指摘しておく。衣事には僧伽の所有物に関する規定が見られるが，布施された黄金等は，仏用・法用・僧用に三分し，ブッダはその使用方法を次のように規定する。

suvarṇaṃ ca hiraṇyaṃ cānyac ca kṛtākṛtaṃ trayo bhāgāḥ kartavyāḥ/ eko buddhasya/ dvitīyo dharmasya/ tṛtīyaḥ saṃghasya/ yo buddhasya tena gandhakuṭyāṃ *keśanakhastūpeṣu* ca khaṇḍachuṭṭaṃ pratisaṃskartavyam/ yo dharmasya tena buddhavacanaṃ lekhayitavyaṃ siṃhāsane vā upayoktavyaṃ/ yaḥ saṃghasya sa bhikṣubhir bhājayitavyaḥ/ (MSV ii 143.10-14) (97)

「黄金や金や他の〔貴金属〕は精錬されていてもいなくても，三つに分割するのだ。第一は仏の，第二は法の，第三は僧伽のものである。仏のもので香房や髪爪塔に生じたひび割れや損傷部分を修繕しなさい。法のもので仏の言葉を書き記し，獅子座に捧げなさい。僧伽のものは比丘達で分配しなさい」

ここでは金品の所有が前提となっているのも興味深いが，ともかく比丘が塔の修繕費を賄っていることを示す用例となっている。さて最後に出家比丘が塔の修復に関わったことを伝える MSV 臥座事の記述を紹介しよう。

āraṇyakair bhikṣubhir kukkurā upasthāpitā te *stūpāṅgaṇaṃ* vihāraṃ ca nakharikābhir upalikhanti uccāraprasrāveṇa nāśayanti bhagavān āha kukkurapoṣakasyāhaṃ bhikṣavo bhikṣor āsamudācārikān dharmān prajñāpayāmi kukkurapoṣakena bhikṣuṇā kālyam evotthāya *stūpāṅgaṇaṃ* vihāraś ca pratyavekṣitavyaḥ yan nakharikābhir upalikhitaṃ tat samaṃ kartavyam uccāraprasrāvaś chorayitavyaḥ kukkurapoṣako bhikṣur yathāprajñaptān āsamudācārikān dharmān asamādāya vartate sātisāro vartate. (MSV v 38.28-39.5)

阿蘭若に住する比丘達は犬を飼うようになったが，犬達は塔の庭や精舎を爪で引っ掻き，大小便で台無しにしたので，世尊は言われた。「比丘達よ，私は犬を飼う比丘に日常生活上の規則を制定しよう。犬を飼う比丘は朝早く起きて塔の庭や精舎を見回り，爪で引っかかれている場所はそれを平らにし（＝修繕し），また大小便の後始末をせよ。犬を飼う比丘が指示された日常生活上の規則に従って行動しないと，越法罪となる」

ここでも在家者と変わらない出家者の生活ぶりが描かれており，犬の散歩や糞の後始末をしている比丘の姿を想像すると失笑を禁じ得ないが，ここでも比丘が塔の修繕や清掃に関わっていたことを伝えている。

仏塔供養の方法　ここで紹介した用例によると，身体を以てする供養は，仏塔の右遶，全身を投げ出しての仏塔礼拝等が挙げられる。また，仏塔の回りに傘・旗・幡を立てたり，お金・土の団子・香・花・灯環・灯明・香水・楽器を供えたり，あるいは音楽演奏を交えて仏塔を供養している。塔供養の方法に関して目新しいものは何もないが，ただここで注目すべきは⑫の用例で，出家者であるはずのプラダーナルチが，音楽（vāditra）を以て塔供養している点である。この原典には漢訳が二本存在し，古訳『阿育王伝』はこの部分を欠くが，新訳『阿育王経』には「有一仏髪爪塔以香華幡蓋種種伎楽而供養之」（T. 2042, l 144a2–3）とあり，Skt. に一致する[98]。また MSV や Mv. にも塔供養を描写する用例が見出せるが[99]，基本的には Divy. に見られる内容と大差がないので，ここでは特に取り上げない。

塔の作り方　これに関しては，④が詳細に説明している[100]。さて塔の建立の仕方に関しては漢訳諸律の説くところであるが[101]，ここでは『摩訶僧祇律』の用例を紹介しておこう。ここには造塔に関する詳しい記述が見られ，ブッダが過去仏カーシャパの塔を例に取りながら，プラセーナジット王に塔園と塔池の作り方を説いているが，ここでの塔池や塔園に関する記述が Divy. のそれに大体一致する。

> 塔四面造種種園林。塔園林者。種菴婆羅樹閻浮樹頗那娑樹瞻婆樹阿提目多樹斯摩那樹龍華樹無憂樹。一切時華。是中出華応供養塔（中略）四面作池。種優鉢羅華波頭摩華拘物頭分陀利種種雑華（T. 1425, xxii 498a29–b13）。

このうち，瞻婆樹，阿提目多樹，斯摩那樹は，Divy. のチャンパカ樹，アティムクタカ樹，スマナス樹にそれぞれ一致し，「一切時華」は「あらゆる季節に応じて花や実をつける（sarvartukālikāḥ puṣpaphalāḥ）」に，また「優鉢羅華，波頭摩華，拘物頭，分陀利」は，ウトパラ，パドマ，クムダ，プンダリーカに相当する。

塔奴の問題　これに関して静谷は「なお外来寄進者の中に Thūpadāsa (Skt. Stūpadāsa 塔奴) を名のる人物を見出すが，これは仏塔に施与された奴婢を指すのではなく，熱狂的な仏塔信仰者が故意に世俗名を改めて，「塔奴」と名のったものと思われる」と言う(102)。確かに碑文に現れた，塔の寄進者として Stūpadāsa は，Kālidāsa というように自らの立場を低めた表現の一種であり，その人の身分そのものが dāsa であることを意味しないかも知れない。しかし④の用例に見られる stūpadāsa は，文脈からして明らかに仏塔に関する用事を命じられた塔奴であり，Divy. の用例は碑文などに見られる塔奴とは性格を異にするように思われる。Divy. に拠る限り，実際このような「塔奴」が仏塔に施与され，塔の用事をすべく，塔に駐在していた可能性がある。

仏塔と比丘　当初，仏塔信仰はブッダによって禁止されていたが，出家者も徐々に仏塔信仰に関与するようになったと言われている(103)。出家者と仏塔崇拝との関係は，Divy. にも見られ（②③⑦⑫⑯），②⑯には「塔礼拝をする比丘達 (caityavandakā bhikṣavaḥ)」という表現も存在するし(104)，仏の髪爪塔やカーティヤーヤナの残した衣や杖を祀る塔にまで，出家した比丘達が礼拝していると記されている。また MSVにも仏塔を巡礼する比丘の記述が散見されることから(105)，かなり積極的に比丘達が仏塔崇拝に関わっていた様子を垣間見ることができる。

次に③の用例を見てみよう。ここでは，比丘達が髪爪塔に供養を捧げてから，乞食に出掛けたり，禅定したりすることが説かれており，髪爪塔に供養することが，乞食や禅定の前に比丘達のなすべき儀礼のような描写の仕方である。決まった作法という点では⑦も同様である。ここでは比丘サンガラクシタのなすべきことが，朝起きてから寝るまで時間を追って列挙されているが，その一つに仏塔崇拝が挙げられている。このように③と⑦の用例は，仏塔崇拝が出家比丘達のなすべき儀礼として成立していた印象を与える。

また⑫では，傘・旗・幡・香・花環・花に加え，楽器を以て出家者が塔供養しているのは興味深い。最後に⑬の記述であるが，ここではプシュヤミトラの破仏に際し，比丘達は出家者が本来守護すべき僧園（saṃghārāma）を捨ててまで塔（stūpa）のほうを守護しているが，これは一体いかなる理由によるものか。また⑬では「塔に住んでいた阿羅漢（dharmarājikāvāsyarhad）」と言う記述が見られる。この（ā）vāsin が「住んでいる，生活している」と言う意味なのか，あるいは「逗留していた」と言う意味なのか定かでないが，もし前者であれば，平川が論証した「仏塔は礼拝の場所であり，比丘たちの生活の場所でなかった」[106]という説に矛盾することになる。ともかく以上の用例から，仏塔崇拝と出家比丘との間にかなり密接な関係が窺えるが，この点を MSV の用例からさらに補強しておこう。

まずは別住事の例である。ここには別住と摩那卑夜に服している比丘の義務が列挙されている箇所があるが，その一つに次のような規定が見られる。

> kālaṃ jñātvā *tathāgatakeśanakhastūpāḥ* saṃmārṣṭavyāḥ sukumārī gomayakārṣī anupradātavyā（MSV iii 98.4-5）
>
> 〔彼らは〕時間を考えて，如来の髪爪塔を洗い清め，〔そこに〕排泄したての牛糞を塗らなければならない。

次は皮革事からの用例であるが，ここでは革の敷物を用いて比丘が塔崇拝をしていたことを示唆する記述が見られる。

> anyatamo bhikṣus tricīvarako dakṣiṇāpathāt śrāvastīm anuprāpto bhagavataḥ pādābhivandakaḥ/ tasya carmakāstarikā śobhanā/ sa tatropanandena dṛṣṭaḥ/ sa tenoktaḥ/ piṇḍapātika prayaccha mamaitat carma *caityābhivandako* gacchāmi/ sa kathayati/ bhadantopananda gaccha tvam āvāsam/ ahaṃ *caityābhivandaka* evāgataḥ pādābhivandakaḥ/（MSV iv 196.6-10）
>
> ある比丘が三衣を纏って南路よりシュラーヴァスティーにやってきて，世尊の足に礼拝した。彼の持っていた皮の敷具は素晴らしかったので，ウパナンダはそれに目をつけて言った。「乞食者よ，その革〔の敷具〕を私にくれ。〔それで〕塔崇拝をしようと思うのだ」。彼は言った。「大徳ウ

パナンダよ，あなたは〔自分の〕房舎に戻られよ。塔崇拝をし，〔世尊の〕両足を礼拝しにきたのはこの私なのだ」

さらに断片的な記述ではあるが，衣事にも比丘が塔を礼拝（caityavandana）するという記述が見られる（MSV ii 120.8）。また「比丘が如来の舎利塔を建立する」という記述や「比丘が塔を見回って，犬が引っ掻いた箇所を修復する」という記述も存在する事実から，仏塔崇拝が在家信者という狭い枠に限られてはおらず，出家者達も積極的に仏塔崇拝に関わっていたという当時の状況が推測される(107)。

説一切有部における仏塔と仏身観の問題　これは，施仏の果と施塔の果とどちらが広大か，換言すれば般涅槃した後もブッダが施物を受納するかどうかの問題であり，平川は「その背後には，仏身論に対する本質的な違いがあることが示されている。さきに見たごとく，『ミリンダ王問経』にしても，『倶舎論』にしても，般涅槃した仏陀は供物を受けないという立場に立っており，仏の滅後には人格的な仏陀の存続を認めていないのである。これにたいして法蔵部が，仏塔に供養の業をなせば広大果を得るとなすのは，仏は般涅槃したあとにも，人格的な存在として存続していると考えていたのだろうと思う」（下線筆者）と指摘する(108)。しかし⑭の用例は，生きている仏を供養することも，般涅槃した仏を供養すること（つまり仏塔の供養）も，浄らかな心を以てするならば，両者は等しくその福徳に差別がないことを明言し，またその果報の大なることを謳っているが，この用例は Divy. のみならず，MSV にもパラレルが存在することを考えれば，倶舎論の記述のみを以て，有部教団が般涅槃した仏は供物を「受用しない」という立場に立っていたと断言できるであろうか。ここでは受用するかどうかが問題になっているが，ではこれを念頭に置いてショペンが指摘する MSV の用例を検討してみたい(109)。

農作業をしていたバラモンはブッダを見かけたが，作業を止めてブッダに挨拶すれば仕事が捗らないし，そうかといってブッダに挨拶しなければ，自分の福徳が断たれてしまうと考え，農作業をしながらブッダに挨拶してしまった。これを見たブッダはアーナンダにこう告げる。

kṣūṇa ānanda eṣa brāhmaṇaḥ anenopakramyāsmin pradeśe abhivādane kṛte sati pratyātmaṃ jñānadarśanaṃ pravartate/ etasmin pradeśe kāśyapasya samyaksaṃbuddhasyāvikopito 'sthisaṃghātas tiṣṭhatīti/ aham (→atha) anenopakramya vandito bhaveyam/ evam anena dvābhyāṃ samyaksaṃbuddhābhyāṃ vandanā kṛtā bhavet/ tat kasya hetoḥ/ asminn ānanda pradeśe kāsyapasya samyaksaṃbuddhasyāvikopito 'sthisaṃghātas tiṣṭhati/ (MSV i 74.9-15; Divy. 76.25-77.3, 465.23-29)

「アーナンダよ，あのバラモンは過ちを犯した。彼がこの場所に近づいて礼拝したならば，自ずと〔彼には〕知見が生起していたであろうに。この場所には正等覚者カーシャパの遺骨が完全な姿で安置してあるので，もしも彼が〔ここに〕近づいて礼拝したならば，彼は二人の正覚者に対して挨拶したことになったであろう。それはなぜかというと，アーナンダよ，この地方には正等覚者カーシャパの遺骨が完全な姿で安置してあるからだ」

このように，この用例は生きているブッダと遺骨となった正等覚者カーシャパとを同一視しており，これを以てショペンは遺骨が生きたブッダとして機能し得ることを指摘する。ショペンの引用はここまでだが，遺骨が供養を受用するかしないかを考える上では，むしろこの直後の記述の方がより重要である。

athāyuṣmān ānando laghu laghv eva caturguṇaṃ uttarāsaṅgaṃ prajñapya bhagavantaṃ idam avocat/ niṣīdatu bhagavān prajñapta evāsane/ evam ayaṃ pṛthivīpradeśo dvābhyāṃ samyaksaṃbuddhābhyāṃ *paribhukto* bhaviṣyati yac ca kāsyapena samyaksaṃbuddhena yac caitarhi bhagavateti/ (MSV i 74.16-19; Divy. 77.3-7, 465.29-466.4)

その時，同志アーナンダは手早く〔自分の〕上衣を四重にして世尊に次のように言った。「世尊は，設えられた座にお坐り下さい。そうすれば，この地点は二人の正等覚者によって受用されたことになるのです。すなわち正等覚者カーシャパと，今の世尊によってであります」と。

注 (104) で紹介した AKBh で，仏塔に受用者がいないことを前提にして議論がなされた際に用いられていた「受用者」ないし「受用」と訳した Skt. は

upabhoktṛ または paribhoga であったが，ここでは遺骨となったカーシャパがその座を「受用する (paribhukta)」というように同じ語根に由来する Skt. が用いられており，遺骨が生きた仏として機能することを認めている。よって，その遺骨を納めた仏塔が施物の受用者となり得るのは自明の理である。このように，同じ説一切有部でも，論書の主張と，律の説話とは食い違っているが，このような場合には総じて論書の記述が優先し，その他の記述がそれによって淘汰されることが多いのは残念である(110)。

次に，この問題を別の角度，すなわち「誓願」との関係において考えてみる。仏塔を供養した後に誓願する話は，①④⑩⑰に見られるが，これは，ブッダに対する供養をした後に誓願するというのが本来のパターンであり，このような用例は Divy. のみならず，本生経類に数多く見出せる。これに関しては前章ですでに見たとおりであるが，このような誓願は，ブッダへの供養をした直後，しばしば「この善根によって」という句を伴い，ブッダに対して申し述べられるべきもので，誓願後ブッダはその誓願が成就することを予言し，誓願者に記別を与えるのが常であった。このパターンがここでは仏塔に対する供養・誓願の場合に踏襲されているが，この事実は当時の仏塔崇拝者が仏塔を人格的なブッダと見なして誓願していたことを示唆している。これに関して興味深いのは「〔世尊の〕両足に平伏すと (pādayor nipatya)」という表現であり，同じ表現は④と⑰とに見られる。ブッダに対する供養・誓願の場合，「両足に」という表現は問題にならないが，仏塔の場合はどうであろうか。これは仏に対する供養・誓願の表現を借用したために生じた混乱なのか，または仏塔を人格的な仏に見立てたためであろうか(111)。これは当時の有部系の部派の仏陀観に関わる重要な問題なので，少し立ち入ってこの問題を考えてみたい。

MSV にはこの誓願の用例と同様に，ブッダのアイコンや遺物に対して誓願を立てる際に「両足に平伏して (pādayor nipatya)」という表現を伴う用例が見出せるので(112)，これらの用例を手がかりにこの問題を考えてみよう。まずは Divy. と同様に仏塔に対して誓願を立てる用例で，破僧事に見られる。ここではクリキン王が正等覚者アラナービンの塔を供養して誓願を立てている。

tena saparivāreṇa saṃmṛjya gandhair mālyair dhūpaiś cūrṇair vādyaiḥ pūjāṃ kṛtvā *pādayor nipatya* saparivāreṇa praṇidhānaṃ kṛtam (MSV vi 161.25-27)

彼は従者と共に〔塔を〕洗い清め，香・花環・焼香・抹香・楽器で〔塔を〕供養し終わると，〔塔を仏と見なし，その〕両足に平伏して誓願を立てた(113)。

同じく破僧事にはカーシャパ三兄弟の過去物語の中に同様の用例が存在し，ここでは三兄弟の前生が過去仏カーシャパの舎利塔（śārīra stūpa）を供養して誓願を立てる話が見られる。弟二人が塔供養をして誓願を立てた後，長男も誓願を立てるのであるが，その時の記述は次のとおりである。

tayoḥ praṇidhānaṃ śrutvā sa jyeṣṭho bhrātā *pādayor nipatya* praṇidhānaṃ kartum ārabdhaḥ (MSV vi 163.19-20)

二人の誓願を聞くと，兄は〔塔を仏と見なし，その〕両足に平伏して誓願を立てた(114)。

また諍事にも同様の用例が存在する。ここではムクティカーの前生である女性が正等覚者カーシャパの塔を供養して誓願を立てる。

tayā kāśyapasya samyaksaṃbuddhasya gandhamālyavilepanaiḥ pūjāṃ kṛtvā tasmin stūpe samāropitam tīvreṇa ca prasādena *pādayor nipatya* praṇidhānaṃ kṛtam (MSV v 70.11-13)

彼女は正等覚者カーシャパを，香・花環・塗香で供養し，その塔に〔幡や幟を〕立て終わると，激しい浄信を生じて〔塔を仏と見なし，その〕両足に平伏して誓願を立てた(115)。

次に紹介する例は誓願を立てる対象が，これまでのように仏塔ではなく，独覚の遺骨を納めた骨壺であり，アナータピンダダの前生譚に見られる。

tena gṛhapatinā suhṛtsaṃbandhibāndhavāntarjanasahīyena mahatā satkāreṇa dhyāpitaḥ sā citā kṣīreṇa nirvāpitā tāny asthīni sphaṭikamaye kumbhe ratnair vyāmiśrya prakṣiptāni tāny antaḥsthāny avabhāsante śabdaṃ ca kurvanti tatas tena *pādayor nipatya* praṇidhānaṃ kṛtam (MSV v 32.16-20)

その長者は友人・親戚・親類・身内の者と共に〔独覚を〕手厚く供養し，

荼毘に付すと，牛乳をかけてその薪を消した。そして遺骨を水晶作りの骨壺に入れて宝石と混ぜると，その内部は輝き出し，音を発した。そこで彼は〔骨壺を独覚に見立て，その〕両足に平伏して誓願した(116)。

このような用例が MSV にも散見されるということは，この「両足に平伏して」という表現が単なる「仏に対する供養・誓願の表現を借用したために生じた混乱」というよりは，むしろ仏を象徴する塔などのアイコンが色身の仏として機能していたことの証左となりうるのではないだろうか。つまり仏塔に向かって誓願を立てる者にとって，仏塔はもはや土を盛った半円球の物体ではなく，般涅槃した今もなお生きた色身の仏と「見なされていた」，あるいは「見立てられていた」と考えられるのである(117)。また仏塔のみならず，骨壺にまで同様の表現が見られることは，ブッダの遺物ないし何らかの形でブッダと関連づけられるものがすべて同様の機能を果たしていた可能性を示唆している。たとえば次に紹介する諍事の用例では，ブッダの肖像画の取り扱い方が色身ブッダのそれと何ら変わるところがない。

tan nagaram apagatapāṣāṇaśarkarakaṭhallakaṃ vyavasthāpitaṃ candanavāripariṣiktaṃ ucchritadhvajapatākam āmuktapaṭṭadāmakalāpam surabhidhūpaghaṭikopanibaddhaṃ nānāpuṣpāvakīrṇam siṃhaladvīpanivāsī janakāyaḥ saṃnipatitaḥ tato mahatā satkāreṇa nagaramadhye catūratnamayaṃ siṃhāsanaṃ prajñapya paṭa udghāṭitaḥ mahājanakāyena namo buddhāya namo buddhāya ity uccair nādo muktaḥ tato muktikā rājakumārī tīvraprasādāvarjitahṛdayā āhṛṣṭaromakūpā aśruparyākulekṣaṇā *pādayor nipatya* tān vaṇijaḥ pṛcchati bhavantaḥ kim idam te ākhyātum ārabdhāḥ idaṃ tasya *bhagavato rūpakāyaḥ* (MSV v 67.2-11)

〔王は〕その都城から瓦礫・小石・砂利を取り除き，白檀の水を撒き，旗や幟を立て，布や紐の束を垂れ下げ，芳香を放つ香炉を設置し，様々な花を撒き散らすと，シンハラ島に住む人々が集まった。その後，恭しく都城の真ん中に四宝より成る獅子座を設えてから布地が広げられた。大勢の人々は「仏に帰依します。仏に帰依します」と高らかに声を上げた。すると，王女ムクティカーは激しい浄信に心を魅了され，毛穴を粟立て，目に涙を一杯溜めて〔その肖像の〕両足に平伏すと，その商人達に尋ねた。「皆さん，これは何なのですか」。彼らは説明し始めた。「これはかの世尊の色身です」

ここにも肖像画ではあるが「両足に平伏すと」という表現が見られ，またこの肖像を「世尊の色身」と説明しているが，何よりも注目すべきは次の二点である。まずこの肖像画が獅子座の上に置かれている点である。この肖像画は設えられた「座」に安置され，そこに「坐ること」が期待されているから，これはこの絵が単なる絵画に留まらず，「五体を備えた生きたブッダ」として扱われていることが分かる。次に我々の興味を引くのは引用の点線部分である。これは定型句 2-C（都城の荘厳：本書 p. 156）で見たとおり，この前半の表現がブッダを迎え入れる時の描写であり，ここではこの表現がブッダの肖像画を迎える際にも使用されている。ブッダ在世当時に彼の肖像画が描かれたとは考えがたいが，これは後世のインドでこのようなブッダのアイコンが色身ブッダとして機能していたことを窺わせる用例として注目に値する。

最後に仏塔が仏と同一視されている MSV 薬事の用例を見ておきたい。ここではブッダが地方を遊行し，カルジューリカーにやってきた時，幼い子供が泥の塔を拵えて遊んでいるのを見て，夜叉ヴァジュラパーニにこう告げる。

> eṣa caturvarṣaśataparinirvṛtasya mama vajrapāṇe kuśanavaṃśyaḥ kaniṣko nāma rājā bhaviṣyati/ so 'smin pradeśe stūpaṃ pratiṣṭhāpayati/ tasya kaniṣkastūpa iti saṃjñā bhaviṣyati/ mayi ca parinirvṛte *buddhakāryaṃ kariṣyati*/ (MSV i 2.2-5)
>
> 「ヴァジュラパーニよ，私が般涅槃して四百年がたつと，クシャナの家系からカニシカと呼ばれる王が現れるであろう。彼はこの場所に塔を建立せしめるであろう。それにはカニシカ塔という名前が付くであろう。そして私が般涅槃した後，〔その塔〕が仏の義務を果たすであろう」

この用例も塔が仏として機能することを示唆するもので，ブッダは般涅槃すれば，それですべてが終わり，残された人間と没交渉となるのではなく，実際の信仰レヴェルでは，仏塔等の様々なアイコンが仏滅後に残された人間と深い関係の中で存在し続けたことを物語っていると考えられる[118]。

平川は，有部系の部派と仏塔との関係を論ずる際，倶舎論や『大毘婆沙論』

といった論書の記述のみに基づいて，有部系の部派は仏塔を重視していなかったと結論づける[119]。しかし同じく有部系の資料である Divy. や MSV には，これまで見てきたように仏塔に関する用例が数多く存在し，比丘が塔崇拝に関わったことを示唆する用例には枚挙に暇がなかった。論書は各部派の教理を体系・整理したものであって，その部派の「顔」として機能する重要な文献であるが，それは顔であるがゆえに本音の部分を隠蔽してしまう可能性がある。これに対し，Divy. や MSV の説話部分はその部派の顔とはなりえないが，一方で当時の仏教の「生の姿」を本音で語る貴重な資料であり，実際のインド仏教の深層を知る上で決して無視することはできない。このような論書と説話文献との齟齬は，地域や時代の差異を反映しているとも考えられるし，また仏教の「表層」と「深層」の差異を踏まえた相違とも解釈することができる。後者の場合，教理という表層面では確かに仏塔崇拝に拒否的であった有部も，実際の信仰レヴェルにおいては，かなり仏塔崇拝に関わっていたことが予測される[120]。ここで扱った仏塔を巡っての齟齬は，いずれの差異を映し出したものなのかを現段階では決定できないが，従来この問題を扱う際に等閑視されてきた Divy. や MSV という有部系の説話文献に，かなりの仏塔に関する記述が見られ，またそれは有部系の論書とかなりの食い違いを見せていることが理解されたと思う。

5　ま と め

本章では大衆部系の Mv. と比較しながら，有部系の文献 Divy. や MSV に見られる仏陀観の問題を取り上げ，様々な観点から考察を加えてきたが，両者の仏陀観には大きな溝が存在し，特徴的な用法が認められた。√tṝ (caus)，一仏多仏，菩薩観，いずれの問題を取り上げても，Mv. は伝統的な用法を越えた多彩な仏陀観を呈し，大乗仏教を彷彿とさせる。ただしこれは Mv. が大乗仏教の発生母胎となったことを意味するものではなく，むしろ Mv. の方が大乗経典の影響を受けている可能性があることはすでに指摘したとおりである。これに比して Divy. や MSV に見られる仏陀観は，基本的に初期仏教の流れを忠実に踏襲し，極めて保守的な仏陀観に留まっていた。

しかし，ブッダという語に注目してその用法を吟味してみると，今度は逆に Mv. には見られない特異な用例が有部系の説話文献において数多く指摘できた。すなわちこの語は視覚的なイメージと結びついていたり，また聴覚とも結びついて呪術的な用法に発展していたのである。これは Divy. や MSV が初期仏教には見られなかった新たな性格をブッダという語に付与したことを意味し，Mv. とは違った形で初期仏教という本流から独自の支流を見出したことになる。つまり，仏陀観に関して大衆部系の Mv. と有部系の Divy. や MSV は，まったく違った独自の方法で仏陀観を発展させたと言える。

ここでは両者の相違を明確にするために，「外向」と「内向」という概念をキーワードにして考えてみよう。Mv. においてはシャーキャムニ・ブッダという一仏が多仏へと発展し，またシッダールタという一人の菩薩が不特定多数の菩薩（菩提を求める者一般），あるいは固有名詞を持つ別の菩薩へと発展し，さらには本来ブッダに固有の属性だった「有情を彼岸に渡す」という行為がブッダ以外の有情に用いられることなど，ブッダの性格が外へ外へと向かって広がりを持つのが特徴となっている。一方，Divy. や MSV では，ブッダの属性が外に向かって展開する方向には進まず，むしろブッダという語に新たな性格がその内に内にと付与されていき，初期仏教には見られなかった独自の展開を遂げている。

時代の要請や教団内部の思想変革という新たな水がブッダという概念に注がれた時，Mv. はブッダという容器の容量を変更しなかったために，そこに注がれた余分な水は外に溢れ，新たな仏陀観（多仏思想）や菩薩観（誰でもの菩薩の誕生）として展開していったが，Divy. や MSV はその容器の容量を変更して大きくしたために，外に水が溢れることはなかった反面，大きくした分だけその内に余分な水を溜め込むことができ，その結果としてブッダという語自身に新たな性格を付与していったものと見られる。つまり Mv. の仏陀観は外に向かって「広がり」を見せたのに対し，Divy. や MSV の仏陀観は内に向かって「深まり」を見せたのである。手法こそ対照的であるが，いずれも時代の要請や教団内部の思想変革という新たな問題を巡っての処理の仕方の相違が，独自の仏陀観を発展させていった要因と考えられるのである。

また有部ではあくまで初期仏教以来の一仏に拘ったために，Mv. のようにそれが多仏へと展開することはなく，ブッダ亡き後は彼の遺骨や遺物を収めた仏塔が色身ブッダの代役を果たしていたと推定される。これは仏塔をはじめとする彼のアイコンに向かって誓願を立てる用例での「両足に平伏して」という表現，また生きているブッダに対する供養と仏塔に対する供養に何らの差異も認めていない用例などから裏づけられた。これにより Mv. の仏陀観は時空を越えた広がりを見せ，壮大な物語として展開することには成功したが，現実味を欠いたものになった点は否めない。これに対し Divy. や MSV の仏陀観は，スケールという点では確かに見劣りするものの，常に等身大のブッダを感じさせる内容となっているのが特徴である[121]。このように両者のブッダ理解は正反対の方向に展開していったと考えられるのである。

終　章　研究の反省と課題

ここに Divy. を中心とする仏教説話文献の研究をひとまず終えることにする。今から十数年前，諸先生方の御厚意と御支援とによりアメリカのミシガン大学に留学し，ゴメス先生のもとで勉強する機会を得たが，本書の出発点こそ，序章で引用したゴメス先生のシンポジウムでの発表であった。当時，佛教大学大学院博士課程二回生だった私は，大谷大学で開かれた第三十八回印度学仏教学会のシンポジウム「私にとって仏教研究とは何か」で，ゴメス先生が発表された「知の考古学」という，今まで聞いたことのなかった音を聞いて全身の毛穴を粟立て，先生が意図されていることは充分に把握できてはいなかったが，アメリカに留学して先生のもとで勉強してみたいという気持ちを強くしたのを昨日のことのように憶えている。

留学中は英語の修得と Divy. の翻訳に手一杯で，「知の考古学」のことなどすっかり忘れていたが，帰国後十年経って本書を纏めるに当たり，ようやく私の中に眠っていた「知の考古学」が目覚めだした。本書を纏めるまでに Divy. に関する拙稿を幾つか発表していたが，それらを読み直した時，自分が行ってきた研究は，一見すれば何の変哲もない説話の中から，あるテーマに関して用例を収拾し，それを繋ぎ合わせて，当時のインド仏教に関する一つのヴィジョンを提供するという手法であることに気づいた時（無論これは私に独自の手法ではなく，仏教研究に共通のものでもある），これはまさに「文献からの発掘作業」であるという思いに至った。そこでもう一度そのシンポジウムで先生が言われたことを読み直し，「知の考古学」を研究の礎にしてここまで論を展開してきた，というのが実状である。

ここで試みた考察は，文献の成立史に関するものと思想史に関するものとに大別される。本来自分の興味が文献の成立史よりも思想史にあったため，本書でも写本関係の情報など，所謂文献学的な面での考察には甘さが目立つ。ここに一応の考察を行ってもなお謎なのは，この文献のタイトルである。なぜ divya という形容詞が avadāna に付されてそのタイトル名となっているかが不明のままであった。Aś にせよ Kś にせよ，その内容とタイトル名とは呼応している。正確に言えば Kś の場合には百を少し越える説話が収められているが，やはり数を意識した命名であることは間違いない。また Mv. もすでに指摘したように，律蔵の大品との関連で理解できる。しかし Divy. の場合，何を意図して divya が付されたのか理解に苦しむ。

またタイトル名と並んでこの文献が果たした役割が見えてこない。ただ，Divy. の編纂時期に関して行った考察により，それが十世紀前後に落ち着く可能性が見えてきたから，本書でも指摘したように，そのような消滅寸前のインド仏教史において Divy. の編纂意図や，この文献の機能・役割などを問題にするのは余り意味のないことかも知れない。あえて指摘するとすれば，Divy. が MSV から借用される際，黒白業をテーマにした説話が比較的好んで選ばれたのではないかということくらいである。ともかく，そのタイトル名と機能・役割や編纂の意図といった問題は不明のままになってしまった。

Divy. と MSV との関係に関しては，「MSV が Divy. に先行する」という従来の研究の結果と結論的には同じになったが，しかしそれを裏づける証拠として呈示した用例は従来取り上げられることがなかったものがほとんどで，ほぼ妥当な結論を呈示することができたと思っている。また従来 MSV とのパラレルが多いという理由だけで Divy. が有部系の文献であると考えられてきたが，定型句の整理と比較とにより，MSV に起源を持たない Divy. の説話も，二話を除けば何らかの形で説一切有部的改変を被っていることを論証できた。これからは躊躇なく Divy. を説一切有部の文献と位置づけることができよう。

また，最初はまったく意図していなかったことだが，定型句を整理することにより，同じ有部の文献でも，漢訳の『十誦律』と『根本説一切有部毘奈耶』(もしくはそのもとになったインド原典)と現存の Skt. の MSV との間の齟齬が見えてきた。しかし本論では相違点の指摘だけに終わってしまい，また定型句の整理では，MSV の写本にまで遡ってその異同を確認することができず，校訂上問題のあるダットの刊本の読みしか確認しなかったので，今後は写本の読みを視野に入れて，説一切有部の律文献の成立に関する総合的な研究にも取り組んでいきたいと思っている。

思想史に関する考察では，全般的に Mv. との比較考察が主となった。各章で扱う主題に関しては，有部系の Divy. や MSV と大衆部系の Mv. とが対照的な用例を提供してくれたお陰で，比較を通じてその思想的な特徴を明らかにできたように思う。特に最後に考察した仏陀観の比較では，両者のブッダ理解に対する方向性の違いがそれぞれ独自の仏陀観を展開していったものと結論づけた。仏教という宗教を思想的に支える大黒柱は一本ではなく，どれか一つのみを取り上げて仏教のすべてを説明することはできないが，教祖ブッダの理解に関わる仏陀観は確実にその大黒柱の一本たりえよう。仏陀観に関する考察を最後に置いたのもこのためである。二身説や三身説など，大乗経典や論書を中心とする仏陀観の考察は多いが，説話レベルで仏陀観が論じられることは少なかったように思う。論書ではブッダがあまりに観念的に説明され，また当時のエリートの意見は余すところなく反映されているであろうが，しかし実際に庶民の信仰レヴェルにおいてブッダがどうのように理解され，いかに受容されていたかを率直に語ってくれるのはやはり説話文献であろう。ここには難解な理論や理屈が出てこない分，当時の信仰の生の声を聞くことができる。

ただここで扱った思想も，使用した資料の大半が根本有部律（あるいはそこから説話を借用した Divy.）であったため，その漢訳年代から推定して，その下限を漠然と七世紀と設定するに留まり，その思想がどこまで古い時代に遡らせることができるか，あるいはどの時代の思想を反映したものなのかという点に関しては，部分的にしか指摘できなかった。今後は年代設定に有効な他の漢訳資料との比較考察により，説一切有部の思想のより詳細な発展過程を明らかにしていく必要がある(1)。

ともかく，以上の研究の成果を踏まえ，Divy. という文献に関して明らかになったのは次の点である。すなわち業に関しては，黒白業をめぐって Divy. と MSV との間に相違が見られたが，その他の点に関して両者に大きな相違が見出せない以上，Divy. は文献学的には MSV の補助資料という位置づけに留まらざるを得ない。つまり MSV の Skt. が欠けている部分を Divy. の Skt. で補うという役割である。また，思想的な問題に言及する際には，「説一切有部の説話文献」という括りで，Divy. と MSV の両資料を併用する必要があり，Divy. 単独でその思想を語るのは，今のところ不充分と言わざるを得ない。これまで散々「ディヴィヤ・アヴァダーナにおける～」という拙稿を発表した私が言うのも可笑しいが，これが現時点での結論である。しかしこの指摘は，Divy. に収められた個々の説話の価値を低めるものでは決してない。ここでは，Divy. を三十七の独立した説話の集合体として単独に扱うことの「不充分さ」を強調しているだけであり，それぞれの説話は，説一切有部という部派から見た当時の仏教事情を生き生きと伝えている点で貴重な資料であることは紛れもない事実である。

第6章の「説一切有部における仏塔と仏身観の問題」に関する考察で明らかになったように，説話の記述を論書の記述と比較した場合，同一部派とは思えない思想上の齟齬が確認できたが，ここにこそ Divy. を始めとする説話文献の特徴が如実に現れていると思われる。仏教の典籍は経・律・論という三つの範疇に分類されるが，経はその部派の表看板として機能し，律はその部派の現実的側面を伝え，また論はその部派の理論武装のために作成されたものであるから，三蔵のどれ一つをとっても，その部派の教義（ドグマ）あるいは独自性を色濃く反映させた文献ということになる。これに対し，アヴァダーナ等の説話文献は，律との関係は指摘できるものの，相対的に教義とは距離を置いた文献であるから，現存の仏典の中ではブッダに対する信仰の自由さ，あるいは教義とは最も隔たった庶民レヴェルにおける信仰の実態を最も端的に伝承していると考えられ，これが同じ部派の文献でも仏塔の理解に関して齟齬を生じた原因と推察される。

佐々木閑が指摘しているように，戒の目的が出家者の行為を正しく方向づけて解脱への道を歩ませることにあるのに対し，律の目的は僧団が社会の尊敬を失って乞食生活に支障が生じないよう，その活動を規制することにあったとするならば[(2)]，持律師 (Vinayadhara) は聖と俗との境界を常に意識して活動していたことになり，実社会あるいは実際の信仰の現場の最前線で活躍した出家者であったに違いない。だからこそ彼らの伝える説話には，他の仏典と比較すれば，当時の等身大に近い生の信仰の姿が反映されている可能性が高く，僧院に籠もって教理の体系化に没頭した論師達の思想とは，場合によっては齟齬を生じることがあっても不思議ではない(3)。

このような考えが妥当だとすれば，第4章で考察したように，業果の必然性・不可避性を過度に強調する説一切有部の文献に，業の消滅を説く記述が存在するという業説の矛盾も，同様の視点から理解することができよう。つまり，業果の必然性・不可避性は有部のドグマを鮮明に反映している一方，業の消滅は実際の庶民レヴェルにおいて流布していた世俗的信仰の実態あるいは宗教感情を無視できずに取り込んだものとも理解され，両者の間の齟齬を必ずしも教理的な問題と考える必要はなくなる。この業説の場合，同一文献内に相反する両者，つまり説一切有部の教義と現実の信仰の実態とが同居する形になっている点が仏塔の場合とは異なっているが，ともかく業説の矛盾を教理的な観点から無理に会通することは，逆にことの真相を隠蔽してしまう恐れがあるという点も認識しておかなければならないであろう。

無論，同一部派であるから，その教義を無視するわけにはいかないが，さりとて在俗信者との渉外的役割を担った持律師にとって，現場の信仰実態も蔑ろにする訳にはいかなかったに違いない。つまり，アヴァダーナを始めとする説話文献は，上からの教義（理想）と下からの信仰実態（現実）とが鬩ぎ合い，折り合いを見出す中で形成されてきた文献と位置づけることが可能であり，これこそが説話文献の特徴と言えるのではないか。これは，アヴァダーナ文献を一通り考察し終えての漠然とした印象であるから，推測の域を出るものではないが，今後はこのような観点も視野に入れて説話文献を扱う必要があるように思う。

当初は Divy. に限った研究を纏めようとして出発したが，その成立史を扱う段になって MSV も読まざるを得なくなった。また，有部系の説話文献の特徴を明確にするためには，他部派の説話文献である Mv. も読みなさいという並川孝儀先生の御指摘に素直に従ったために，Mv. も読む羽目になり，纏めるまでにはかなりの時間がかかってしまった。しかし当初より Divy. という文献の素性が不明確な点に気づいておられた先生は，Divy. だけで論を纏めることの無意味さを見越して，私に Mv. や MSV といった他文献をも併用するよう教示されたと思う。今となっては，実質的に私の研究をここまで導いてくださった並川先生に感謝申し上げなければならない。比較することで両者の相違点が明らかにされ，白黒をはっきりとさせる有部の業観が研究を進めていくうちに，図らずも研究の方法に反映した形となった。

最後に本書を振り返った時，積み上げ式ですべての考察を最後の一点に集束させるような論の展開ができず，各章が横に並列した形で完結してしまうような構成になったことは，最後まで残念であったが，扱った文献の性質上，これはやむを得ないことだと諦めている。問題は山積であり，枚数ばかりを浪費して，一体どれほどのことがこの考察で明らかになったのか，仏教研究にどれほど貢献したのか，と自問した時，背筋の寒い思いがするし，不備な点は御批判を甘受したいと思っている。しかしこれまで本格的な考察の俎上に上らなかった文献を，曲がりなりにも正面から正攻法で考察してきたことには，苦しみの中にもある種の喜びを感じている。

本書を纏めるにあたって，自ら真理を探求することの苦しさ，またそれを言説で論理的に表現することの難しさと，今まで誰も気づかなかった新たな事実を最初に発見するという楽しさあるいは醍醐味を共に経験できたことにより，黒業と白業の果報である苦果と楽果とをそれぞれ個別に享受するという有部の業説は，やはり正しかったのだと身を以て痛感した次第である。その苦果と楽果とをもたらした黒業と白業とが，私の場合，何であったかは依然として謎のままであるが。ともかく，この研究が刺激となって，これまで余り日の目を見ることがなかった説話文献に研究者の目が向き，そこから私の見落とした新たな情報が発掘され，そしてインド仏教史の輪郭がより一層明確にされることを期待しつつ，本論を閉じることにする。

注　記

略号表（複数回用いる資料の略号）

赤沼『印度佛教固有名詞辞典』＝赤沼智善『印度佛教固有名詞辞典』京都：法蔵館, 1967.

赤沼『原始佛教之研究』＝赤沼智善『原始佛教之研究』京都：法蔵館（復刻版）, 1981.

飯渕「*Karmaśataka* について」＝飯渕純子「*Karmaśataka* について：誓願を中心に」『論集』22, 1995, pp. 1-17.

飯渕「*Karmaśataka* における授記」＝飯渕純子「*Karmaśataka* における授記：辟支仏授記を中心に」『文化』60-3 & 4, 1997, pp. 34-54.

飯渕「*Karmaśataka* における燃燈仏授記物語」＝飯渕純子「*Karmaśataka* における燃燈仏授記物語：*Karmaśataka* 第2章における *Divyāvadāna* および『根本説一切有部毘奈耶破僧事』とのパラレル物語について」『日本西蔵学会々報』43, 1998, pp. 23-30.

石上「Pūrṇāvadāna について」＝石上善応「Pūrṇāvadāna について」『印仏研』2-2, 1954, pp. 137-138.

石橋「『ディヴィヤ・アヴァダーナ』第32章」＝石橋優子「『ディヴィヤ・アヴァダーナ』第32章「ルーパーヴァティー・アヴァダーナ」の成立について」『東海仏教』40, 1995, pp. 25-35.

岩本『仏教説話研究序説』＝岩本裕『仏教説話研究序説（仏教説話研究第一）』京都：法蔵館, 1967.

岩本『仏教聖典選』＝岩本裕『仏教聖典選（第二巻）佛伝文学・佛教説話』東京：読売新聞社, 1974.

ヴィンテルニッツ『仏教文献』＝モウリス・ヴィンテルニッツ『仏教文献：インド文献史／第三巻』（中野義照訳）和歌山：日本印度学会, 1978.

榎本「Udānavarga 諸本と雑阿含経」＝榎本文雄「Udānavarga 諸本と雑阿含経，別訳雑阿含経，中阿含経の部派帰属」『印仏研』28-2, 1980, pp. 55-57.

榎本「説一切有部系アーガマの展開」＝榎本文雄「説一切有部系アーガマの展開：『中阿含』と『雑阿含』をめぐって」『印仏研』32-2, 1984, pp. 51-54.

榎本「阿含経典の成立」＝榎本文雄「阿含経典の成立」『東洋学術研究』23-1, 1984, pp. 93-108.

榎本「業の消滅」＝榎本文雄「初期仏教における業の消滅」『日仏年報』54, 1989, pp. 1-13.

岡野「マハーヴァストゥの形成」＝岡野潔「マハーヴァストゥの形成についての試論」『塚本啓祥教授還暦記念論集／知の邂逅：仏教と科学』東京：佼成出版社, 1993, pp. 271-283.

岡本「*Aśokāvadāna* における布施」＝岡本健資「*Aśokāvadāna* における布施について」『印仏研』46-2, 1998, pp. 165-167.

岡本「アショーカ王の布施と誓願」= 岡本健資「*Divyāvadāna* におけるアショーカ王の布施と誓願について」『印仏研』47-2, 1999, pp. 139-141.

岡本「仏教在家信者の布施」= 岡本健資「仏教在家信者の布施について：*Divyāvadāna* を中心として」『仏教学研究』55, 1999, pp. 65-86.

岡本「アショーカ王の布施」= 岡本健資「アショーカ王の布施」『龍谷大学大学院研究紀要』20, 1999, pp. 1-19.

梶山「神変」= 梶山雄一「神変」『佛教大学総合研究所紀要』2, 1995, p. 1-37.

河崎「初期仏教経典における avadāna」= 河崎豊「初期仏教経典における avadāna」『印仏研』49-1, 2000, pp. 52-54.

熊谷「Māndhātāvadāna の研究」= 熊谷泰直「Māndhātāvadāna の研究：Gilgit 写本をめぐって」『印仏研』41-1, 1992, pp. 78-81.

熊谷「Gilgit 写本 *Māndhātāvadāna* 翻刻」= 熊谷泰直「Gilgit 写本 *Māndhātāvadāna* 翻刻」『佛教大学大学院紀要』22, 1994, pp. 18-39.

ゴメス「仏教の学問的研究」= ルイス・ゴメス「仏教学の学問的研究：研究の目標と原則 (The Scholarly Study of Buddhism: Goals and Principles of Research)」『印仏研』36-2, 1988, pp. 120-123.

榊「研究並びに翻訳」= 榊亮三郎「デイギアーヴダーナの研究並びに翻訳」『六条学報』134-138 and 140-162, 1912-1915.

佐々木『インド仏教変移論』= 佐々木閑『インド仏教変移論：なぜ仏教は多様化したのか』東京：大蔵出版, 2000.

佐々木「比丘になれない人々」= 佐々木閑「比丘になれない人々」『花園大学文学部研究紀要』28, 1996, pp. 111-148.

定方『アショーカ王伝』= 定方晟『アショーカ王伝』(法蔵選書 9) 京都：法蔵館, 1982.

静谷『初期大乗仏教の成立過程』= 静谷正雄『初期大乗仏教の成立過程』京都：百華苑, 1974.

下田『涅槃経の研究』= 下田正弘『涅槃経の研究：大乗経典の研究方法試論』東京：春秋社, 1997.

杉本『インド仏塔の研究』= 杉本卓洲『インド仏塔の研究：仏塔崇拝の生成と基盤』京都：平楽寺書店, 1984.

杉本『菩薩』= 杉本卓洲『菩薩：ジャータカからの探求』(サーラ叢書29) 京都：平楽寺書店, 1993.

杉本『撰集百縁経』= 杉本卓洲『新国訳大蔵経／撰集百縁経』(本縁部 2) 東京：大蔵出版, 1993.

田賀『授記思想の源流と展開』= 田賀龍彦『授記思想の源流と展開：大乗経典形成の思想史的背景』京都：平楽寺書店, 1974.

高田『仏像の起源』= 高田修『仏像の起源』東京：岩波書店, 1967.

田辺『物語文学の世界』= 田辺和子『パーリ聖典に見られる物語文学の世界：bhūtapubbaṃ ではじまる過去物語の研究』東京：山喜房佛書林, 1997.

出本「女性と授記」＝出本充代「仏教説話にみる女性と授記」『東海仏教』41, 1996, pp. 52-62.
出本「Avadānaśataka の梵漢比較研究」＝出本充代「Avadānaśataka の梵漢比較研究」（博士論文：京都大学）, 1998.
並川「buddhānubuddha の意味」＝並川孝儀「初期仏教経典における buddhānubuddha の意味」『日仏年報』53, 1988, pp. 33-46.
並川「ブッダとその弟子」＝並川孝儀「原始仏教におけるブッダとその弟子：両者に関する表現の異同と呼称より見て」『前田恵学博士頌寿記念／仏教文化学論集』1991, pp. 289-304.
並川「ブッダの救済性」＝並川孝儀「初期仏典に見られるブッダの救済性：√tṝ の causative の用例より見て」『渡邊文麿博士追悼記念論集／原始仏教と大乗仏教』上, 京都：永田文昌堂, 1993, pp. 235-254.
並川「ブッダの過去の悪業」＝並川孝儀「ブッダの過去の悪業とその果報に関する伝承」『香川孝雄博士古稀記念論集／仏教学浄土学研究』京都：永田文昌堂, 2001, pp. 133-144.
奈良『仏弟子と信徒の物語』＝奈良康明『〈釈尊と仏弟子の物語〉2／仏弟子と信徒の物語：アヴァダーナ』東京：筑摩書房, 1988.
干潟『本生経類の思想史的研究』＝干潟龍祥『改訂増補／本生経類の思想史的研究：附篇／本生経類照合全表共』東京：山喜房仏書林, 1978.
平等『印度仏教文学の研究』＝平等通昭『印度仏教文学の研究／第二巻』横浜：印度学研究所, 1973.
平岡「浄土経典に見られる二種の誓願説」＝平岡聡「浄土経典に見られる二種の誓願説：〈無量寿経〉を中心として」『佛教大学大学院研究紀要』16, 1988, pp. 37-64.
平岡「如来の語源解釈」＝平岡聡「「如来（Tathāgata）」の語源解釈：Brāhmaṇadārikāvadāna の翻訳並びに研究」『南都仏教』68, 1993, pp. 1-23.
平岡「世尊を賞賛する婆羅門の因縁譚」＝平岡聡「世尊を賞賛する婆羅門の因縁譚：『ディヴィヤ・アヴァダーナ』第5章和訳〈補遺〉蔵訳相当部分校訂テキスト」『京都文教短期大学研究紀要』34, 1995, pp. 31-36.
平岡「餓鬼界遍歴物語」＝平岡聡「コーティーカルナの餓鬼界遍歴物語：『ディヴィヤ・アヴァダーナ』第1章和訳」『佛教大学仏教学会紀要』4, 1996, pp. 43-93.
平岡「町の洗濯婦による布施物語」＝平岡聡「町の洗濯婦による布施物語：『ディヴィヤ・アヴァダーナ』第7章和訳」『佛教大学総合研究所紀要』3, 1996, pp. 68-88.
平川『初期大乗と法華思想』＝平川彰『初期大乗と法華思想（平川彰著作集第6巻）』東京：春秋社, 1989.
平川『初期大乗仏教の研究Ｉ』＝平川彰『初期大乗仏教の研究Ｉ（平川彰著作集第3巻）』東京：春秋社, 1989.
平川『初期大乗仏教の研究II』＝平川彰『初期大乗仏教の研究II（平川彰著作集第4巻）』東京：春秋社, 1990.
藤田『原始浄土思想の研究』＝藤田宏達『原始浄土思想の研究』東京：岩波書店, 1970.

藤田「業思想」= 藤田宏達「原始仏教における業思想」『業思想研究』(雲井昭善編) 京都：平楽寺書店, 1979, pp. 99-144.

前田『原始佛教聖典の成立史的研究』= 前田恵学『原始佛教聖典の成立史的研究』東京：山喜房佛書林, 1964.

本庄『倶舎論所依阿含表 I』= 本庄良文『倶舎論所依阿含表 I (A Table of Āgama-citations in the Abhidharmakośa and the Abhidharmakośopāyikā Part I)』京都, 1984.

本庄「毘婆沙師の三蔵観」= 本庄良文「毘婆沙師の三蔵観と億耳アヴァダーナ」『仏教論叢』35, 1991, pp. 20-23.

松田「*Nirvikalpapraveśadhāraṇī*」= 松田和信「*Nirvikalpapraveśadhāraṇī*：梵文テキストと和訳」『佛教大学総合研究所紀要』3, 1996, pp. 89-113.

松村「水平化の問題」= 松村恒「西蔵語訳律蔵における水平化の問題」『日本西蔵学会々報』40, 1994, pp. 11-17.

松村「聖典分類形式」= 松村恒「聖典分類形式としてのアヴァダーナの語義」『今西順吉教授還暦記念論集／インド思想と仏教文化』東京：春秋社, 1996, pp. 257-287.

水野『仏教文献研究』= 水野弘元『仏教文献研究（水野弘元著作集第一巻)』東京：春秋社, 1996.

宮治『ガンダーラ／仏の不思議』= 宮治昭『ガンダーラ／仏の不思議』(講談社選書メチエ 90) 東京：講談社, 1996.

村上『西域の仏教』= 村上真完『西域の仏教：ベゼクリク誓願画考』東京：第三文明社, 1984.

山崎『アショーカ王伝説の研究』= 山崎元一『アショーカ王伝説の研究』東京：春秋社, 1979.

山崎『古代インド社会の研究』= 山崎元一『古代インド社会の研究』東京：刀水書房, 1986.

BAREAU, "La construction" = André BAREAU, "La construction et le culte des stūpa d'après les vinayapiṭaka," *BEFEO* 50-2, 1962, pp. 229-274.

BÉNISTI, "Étude sur le stūpa" = Mireille BÉNISTI, "Étude sur le stūpa dans l'Inde ancienne," *BEFEO* 50-1, 1960, pp. 37-116.

BONGARD-LEVIN, *Studies in Ancient India* = G. M. BONGARD-LEVIN, *Studies in Ancient India and Central Asia* (Soviet Indology Series 7), 1972.

BURNOUF, *Introduction* = Eugène BURNOUF, *Introduction à l'histoire du Buddhisme indien*, Paris, 1844.

EIMER, *Rab tu 'byuṅ bai'i gži* = Helmut EIMER, *Rab tu 'byuṅ bai'i gži: Die tibetische Übersetzung des Pravrajyāvastu im Vinaya der Mūlasarvāstivādins* (Asiatische Forschungen, Band 82), 2 vols., Wiesbaden, 1983.

FOUCHER, "Notes d'archéologie bouddhique" = Alfred Charles Auguste FOUCHER, "Notes d'archéologie bouddhique," *BEFEO* 9, 1909, pp. 1-50.

GRÜNWEDEL, *Alt-Kutscha* = Albert GRÜNWEDEL, *Alt-Kutscha: Archäologische und religionsgeschichtliche Forschungen an Tempera-Gemälden aus Buddhistischen Höhlen der ersten acht Jahrhunderte nach Christi Geburt*, Teil 2, Berlin, 1920, pp. 31-50.

HARRISON, "The Personality of the Buddha" = Paul HARRISON, "Some Reflections on the Personality of the Buddha,"『大谷学報』74-4, 1995, pp. 1-28.

HUBER, "Les sources du Divyāvadāna" = Édouard HUBER, "Les sources du Divyāvadāna (Études de Littérature Bouddhique V)," *BEFEO* 6, 1906, pp. 1-37.

JONES, *The Mahāvastu* = J. J. JONES, *The Mahāvastu* (Sacred Books of the Buddhists 16, 18, and 19), 3 vols, London, 1949-1956.

LÉVI, "Les éléments de formation du Divyāvadāna" = Sylvain LÉVI, "Les éléments de formation du Divyāvadāna," *TP* 2-8, 1907, pp. 105-122.

LÉVI, "Notes sur des manuscrits" = Sylvain LÉVI, "Notes sur des manuscrits provenant de Bamiyan (Afghanistan) et de Gilgit (Cachemire)," *JA*, jan.-mars, 1932, pp. 1-45.

MATSUMURA, *Four Avadānas* = Hisashi MATSUMURA, *Four Avadānas from the Gilgit Manuscripts* (Canberra: Dissertation), 1980.

MATSUMURA, *The Mahāsudarśanāvadāna* = Hisashi MATSUMURA, *The Mahāsudarśanāvadāna and The Mahāsudaranasūtra* (Bibliotheca Indo-Buddhica 47), Delhi, 1988.

MITRA, *The Sanskrit Buddhist Literature* = Rajendralala MITRA, *The Sanskrit Buddhist Literature of Nepal*, Calcutta, 1882 (Reprint: New Delhi, 1981).

MUKHOPADHYAYA, *The Aśokāvadāna* = Sujitkumar MUKHOPADHYAYA, *The Aśokāvadāna: Sanskrit Text Compared with Chinese Versions*, New Delhi, 1963.

NÄTHER, *Das Gilgit-Fragment* = Volkbert NÄTHER, Das *Gilgit-Fragment Or. 11878A im britischen Museum zu London: Herausgegeben, mit dem Tibetischen verglichen und übersetzt: Inaugural-Dissertation zur Erlangung der Doktorwürde des Fachbereichs Aussereuropäische Sprachen und Kulturen der Philipps-Universität Marburg/Lahn*, Marburg, 1975.

NOBEL, *Udyāṇa, König von Roruka* = Johannes NOBEL, *Udrāyaṇa, König von Roruka: Eine buddhistische Erzählung: Die tibetische Übersetzung des Sanskrittextes*, 2 Teils, Wiesbaden, 1955.

PRZYLUSKI, "Fables in the Vinaya-Piṭaka" = Jean PRZYLUSKI, "Fables in the Vinaya-Piṭaka of the Sarvāstivādin School," *IHQ* 5-1, 1929, pp. 1-5.

RALSTON, *Tibetan Tales* = W. R. S. RALSTON, *Tibetan Tales, derived from Indian Sources: Translated from the Tibetan of the Kah-Gyur* by F. Anton von Schiefner, *Done into English from the German, with an Introduction*, by W. R. S. RALSTON, London, 1906.

SCHOPEN, *Bones* = Gregory SCHOPEN, *Bones, Stones, and Buddhist Monks: Collected Papers on the Archaeology, Epigraphy, and Texts of Monastic Buddhism in India*, Honolulu, 1997.

SHACKLETON BAILEY, "Notes on the Divyāvadāna" = D. R. SHACKLETON BAILEY, "Notes on the Divyāvadāna: Part I," *JRAS* 3/4, 1950, pp. 166-184.

SHARMA, *Buddhist Avadānas* = Sharmistha SHARMA, *Buddhist Avadānas* (Socio-Political Economic and Cultural Study), Delhi, 1985.

SHIRKEY, *A Study and Translation* = Jeffrey SHIRKEY, *A Study and Translation of the Maitreyāvadāna*, Submitted to the faculty of the University Graduate School in partial fulfillment of the requirements for the degree Master of Arts in the Department of Religious Studies, Indiana University, 1995.

SPEYER, "Critical Remarks" = Jacob Samuel SPEYER, "Critical Remarks on the Text of the Divyāvadāna," *Wiener Zeitschrift für die Kunde des Molgenlandes* 16, 1902, pp. 103-130 and pp. 340-361.

STEVENS, *Legends of Indian Buddhism* = Winifred STEVENS, *Legends of Indian Buddhism*, translated from *L'Introduction à l'histoire du Buddhisme Indien* of Eugène BURNOUF, with Introduction by Winifred STEPHENS (The Wisdom of the East Series), London, 1911.

STRONG, *The Legend of King Aśoka* = John S. STRONG, *The Legend of King Aśoka: A Study and Translation of the Aśokāvadāna*, Princeton, 1983.

TATELMAN, *The Glorious Deeds of Pūrṇa* = Joel TATELMAN, *The Glorious Deeds of Pūrṇa: A Translation and Study of the* Pūrṇāvadāna, Surry, 2000.

THOMAS, *The Quest of Enlightenment* = Edward Joseph THOMAS, *The Quest of Enlightenment: A Selection of the Buddhist Scriptures Translated from the Sanskrit*, London, 1950.

WALDSCHMIDT, "Ein Textbeitrag zur Udayana-Legende" = Ernst WALDSCHMIDT, "Ein Textbeitrag zur Udayana-Legende," *Nachrichten der Akademie der Wissenschaften in Göttingen*, pp. 101-125, 1968 (英訳: "The Burning to the Death of King Udayana's 500 Wives. A Contribution to the Udayana Legend," *German Scholars on India*, ed. by the Cultural Department of the Embassy of the Federal Republic of Germany 1, Varanasi, 1973).

WILLE, *Die handschriftliche Überlieferung* = Klaus WILLE, *Die handschriftliche Überlieferung des Vinayavastu der Mūlasarvāstivādin* (Verzeichnis der orientalischen Handschriften in Deutschland. Supplementband 30), Stuttgart, 1990.

WINDISCH, *Māra und Buddha* = Ernst WINDISCH, *Māra und Buddha* (*Königlich Sächsische Gesellschaft der Wissenschaften. Abhandlungen, Phil.-Hist. Klasse* 15-4) Leipzig, 1895.

ZIMMER, *Karman* = Heinrich ZIMMER, *Karman: Ein Buddhistischer Legendenkranz*, München, 1925.

序　章　発掘の基礎作業

（1）　インド仏教の時代区分に関しては，通常，初期仏教の後，教団が分裂した以降の仏教を日本では「部派仏教」という呼称で呼んでいる。海外でもこれを Sectarian Buddhism と呼ぶ場合もあるが，最近ではシルクが大乗仏教興起の問題を視野に入れながら，Background Buddhism という新しい呼称を提唱している。Jonathan SILK, *The Origin and Early History of the Mahāratnakūṭa Tradition of Mahāyāna Buddhism with a Study of the Ratnarāśisūtra and Related Materials*, Volume I and II: A dissertation submitted in partial fulfillment of the requirements for the degree of Doctor of Philosophy (Asian Languages and Cultures: Buddhist Studies in The University of Michigan), 1994, p. 3.

（2）　説一切有部と根本説一切有部との関係については古くより議論されてきたものの，いまだに解決を見ない問題であった。ところが最近になって榎本が新しい見地よりこの問題を考察し，Tib. 資料をもとに「根本説一切有部」の「根本（mūla）」とは外部から説一切有部に対抗したり，説一切有部内の分流という意味で付された語ではなく，諸部派が分裂する「根本」になった部派という意味を担った語として理解すべきであるから，根本説一切有部と説一切有部とは同一部派であり，前者は後者の尊称であるという。よって『十誦律』と『根本説一切有部毘奈耶』との相違も同じ時代に地方によって同じ部派内に存在していたことになるから，『根本説一切有部毘奈耶』等は従来のように根本説一切有部所属ではなく，説一切有部内部の一分派所属と呼ぶべきであるとする。しかし，最後に榎本が指摘する「説一切有部内部の一分派」とは従来から言われている「一切有部内の分流」とどう違うのか，また同じ部派が異なった名称の律を保持することの意味は何か等の問題はまだ残されているように思われるので，ここでは両者を総称して「説一切有部」，あるいは「有部（系）」という呼称を用いるが，呼称は違ってもその意味内容に変わりはない。榎本文雄「「根本説一切有部」と「説一切有部」」『印仏研』47-1, 1998, pp. 111-119.

（3）　これは Divy. に限ったことではなく，仏教の説話文献一般について言えるが，「説話」という響きが，寓話やお伽話と同列で何か掴み所がなく，そこから仏教に関する貴重な情報が引き出せないような印象を与えるのも，説話文献研究が他の文献に比べて遅れをとってきた要因のように考えられる。　（4）　ゴメス「仏教の学問的研究」.

（5）　小説自体はフィクションであるが，しかしフィクションを構成するにあたっては，作者が生まれ育った時代や地域の文化を無視するわけにはいかない。たとえば日本の現代小説であれば，東京駅も出てくるし，ご飯を食べるのに箸を使い，コンビニで買い物をする描写も出てくるはずである。同じように，説話自体は創作でもそこには当時の文化的あるいは思想的背景が織り込まれているはずであるから，本書ではこのフィクションに織り込まれたノンフィクションを丹念に繙いていきたい。

（6）　この「テクスト」に注目して涅槃経の研究を展開したのが下田である。我々が現在手にしているテクストとは，ある特定の経典名が付されることにより，それ自身独立したかのような印象を与えるが，しかし，テクスト（text）の原意に立ち返れば，それはまさに縦糸と横糸とによって織りなされた布地の一部であり，本来それは大きな布地から切り取られた「全体の一部」であるのに，それ自身独立した作品と受け取りがちである。したがって，その「切り取られたテクスト」を本来あった場所に前後左右を間違うことなく戻すことで，その切り取られたテクストの全体像が見えてくることになる。これこそまさにcontext（文脈）であり，縦糸に注目すれば，そのテクストの成立前史また後代への影響関係が明らかにされ，また横糸に着目すれば，同時代に存在した文献との影響関係が明らかにされることになる。切り取られたことで独立し，また外部に対して関係を失ったテクストは，元の場所に戻されることにより，外部との関係を復活する。つまり閉じたテクストが外部に門戸を広げることになるが，下田はこれを「開かれたテクスト」と呼ぶ。下田『涅槃経の研究』pp. 449-450.　（7）ゴメス「仏教の学問的研究」p. 123.

（8）BURNOUF, *Introduction.*　（9）Divy. pp. v-vi.

(10) ここで扱われている写本は，刊本を除くと，二つの東大写本（No. 133, No. 135），パリ写本（これが刊本のFに相当すると思われる），ベンガル本，そしてKyoto本とである。岩本『仏教説話研究序説』pp. 144-147.

(11) これはDivyāvadānamālāと名付けられた文献であり，ミトラが各説話の内容を要約して紹介している。MITRA, *The Sanskrit Buddhist Literature,* pp. 304-316.

(12) 岩本『仏教説話研究序説』p. 143.　(13) 前掲書 p. 143, 148.

(14) Divy. p. viii.　(15) 岩本『仏教説話研究序説』p. 165.

(16) 高畠寛我「アヴァダーナに於ける大乗思想」『印仏研』3-2, 1955, pp. 24-27.

(17) 岩本『仏教説話研究序説』p. 168.　(18) 前掲書 p. 165.

(19) 一つは佛教大学教授・松田和信先生より入手して頂いたもので，ネパールのナショナル・アーカイヴに所蔵されている（Nepal-German Manuscript Preservation Project, Manuscript No. 3-359 vi buddhakarmakāṇḍa 4）。もう一つは当時インドに留学中の畏友・古田彦太郎氏より入手して頂いたもので，ベンガル・アジア協会に所蔵されている写本であるが，カタログ（*A Discriptive Catalogue of Sanskrit Manuscripts in the Government Collection under the Care of the Asiastic Society of Bengal,* Vol 1 (Buddhist Manuscripts), Culcutta, 1917, p. 23）によれば，その書体から十一世紀とされており，いずれもそのタイトルはDivyāvadānamālāとする。この紙面を借りて両氏に謝意を表する。なおこのベンガル・アジア協会に所蔵されている写本は，写本の材質やそこに書かれている文字の行数などからして，ミトラが紹介した（MITRA, *The Sanskrit Buddhist Literature,* pp. 304-316）Bengal写本とは別物のようだ。

(20) 従来の研究史を纏めたものとして以下の研究がある。前田『原始佛教聖典の成立史的研究』; SHARMA, *Buddhist Avadānas*; 杉本『撰集百縁経』; 田辺『物語文学の世界』. ここではこれらの研究に基づきながら，語源からなされた定義付けの諸説を纏める。

(1) SPEYER, Aś, pp. iii-iv: ava (apa) √ dā (dyati) =「選ばれたもの，解き放たれたもの」「周知の事実」「輝かしい－栄光ある遂行」

(2) ヴィンテルニッツ『仏教文献』pp. 121-124, 211-212: ava (apa) √ dā =「英雄的な行為，偉業」「宗教的，道徳的な偉業」「注目すべき行為，もしくは偉業の物語」

(3) SHARMA, *Buddhist Avadānas,* pp. 3-7: ava（善き，高貴な，輝かしい，栄光あ

る）＋dāna（布施，寄進）＝「ブッダおよび弟子達の高貴な行為に関連する物語」

(4)　荻原雲来『荻原雲来文集』東京：荻原博士記念会，1938, pp. 395-396: apa（→ava）√ dā（縛き去る）＝「展開する，明示する，喩暁する」→「譬喩」

(5)　干潟『本生経類の思想史的研究』pp. 16-17: apa（下に）＋dāna（結ぶこと）＝「弟子・信者の現在事を説明するのに前生過去事を持ち来たり，その間を因果応報の理で結びつける物語」

(6)　高畠寛我「Avadāna と Itivuttaka」『印仏研』3-1, 1954, pp. 333-336: ava √ dai（清める）＝「心を清浄にするという理念があり，出来事を意味する itivuttaka と同義」

これらからも分かるように，いずれも具体性に欠け，満足のいく定義とはなっていない。

(21)　前田『原始佛教聖典の成立史的研究』; 岩本『仏教説話研究序説』; 松村「聖典分類形式」; 杉本『撰集百縁経』.　(22)　前田『原始佛教聖典の成立史的研究』pp. 371-372.

(23)　前掲書 pp. 353-354.　(24)　前掲書 pp. 360-361.　(25)　前掲書 p. 459.

(26)　岩本『仏教説話研究序説』p. 34.　(27)　前掲書 p. 36.

(28)　松村「聖典分類形式」p. 269. 確かに nidāna と av° との結びつきは無視できないほど密接であるが，ここで取り上げる用例からも明らかなように，Pāli のニカーヤ中にも現在の av° の祖型と見なしうる枠組みが見いだせる事実に鑑みれば，nidāna と av° とを律蔵との関係のみで理解するには問題が残るし，av° が律文献の中で「育った」という指摘は正しいにしても，「生まれた」という表現は正鵠を得たものとは言い難い。無論すでに見たパーリの物語が律の影響を受けて成立したことが証明されれば話は別だが，現時点で，そのような証拠は認められない。

(29)　前田『原始佛教聖典の成立史的研究』p. 361.　(30)　田辺『物語文学の世界』.

(31)　すなわち，(1)授記物語に欠かせないブッダの微笑，(2)すでに指摘したように連結の最後に置かれる仏教の真理等の提示，(3)その提示に基づく訓誡，そして(4)善悪業に基づいて生まれ変わりを説く業報の四つである。無論，av° の祖型と見なしうる素朴な物語であるから，四つの項目すべてを具えた物語はないが，それらは部分的にその萌芽と見なしうるものと考えられる。

(32)　第3章で見るように，8-D（微笑放光：本書 p. 175）の授記の定型句では，ブッダの口から放たれた光明が三千大千世界を巡行して再びブッダのもとに戻り，ブッダの背後に帰入した場合にブッダは過去のことを説明することになっているので，誰かに記別を与えることもさることながら，過去や未来のことを説明することもこの授記の定型句に含まれているから，この意味においては，Pāli 聖典中に見られるブッダ微笑の物語は，後に有部系の文献において詳細な描写へと膨れ上がる授記の定型句の祖型になったことは充分に考えられる。　(33)　他の二例も表現形態はこれとまったく同じ。

(34)　これと同内容の話は Pāli 仏典中に見られる。Cf. Vin. iii 104.28 ff.; Dhp-a ii 63.23 ff., iii 479.2.

(35)　といっても，実際に Divy. の過去物語で扱われるのは，黒業→苦果や白業→楽果といった内容は少なく，そのほとんどが黒白業→苦楽果を内容とする過去物語になっている。

これに関しては第4章で詳細に論じる。

(36) また MSV においても同様の用例を指摘できる。

tasmāt tarhi bhikṣava evaṃ śikṣitavyam yat sagauravā vihariṣyāmaḥ sapratīśāḥ sabhayavaśavartinaḥ sabrahmacāriṣu sthavireṣu madhyeṣu navakeṣu ity evaṃ vo bhikṣavaḥ śikṣitavyam (MSV v 10.9-12)

「それゆえにここで比丘達よ，このように学び知るべきである。すなわち『同梵行者の長老・中堅・新参者達に対して，尊重の念と尊敬の念とを抱き，畏敬の念に従って時を過ごすべきである』と。このように，比丘達よ，お前達は学び知るべきである」

tasmāt tarhi bhikṣavaḥ evaṃ śikṣitavyaṃ yal lābhasatkāram abhibhaviṣyāmaḥ na ca na (→ na ca?) utpanno lābhasatkāraḥ cittaṃ paryādāya sthāsyati ity evaṃ vo bhikṣavaḥ śikṣitavyam (MSV vii 72.24-27)

「それゆえに，ここで比丘達よ，このように学び知るべきである。すなわち『我々は利得と尊敬とに打ち勝ち，また利得と尊敬とが生じてしまったら，〔それに〕心を捉えられることがないようにすべきである』と。このように比丘達よ，お前達は学び知るべきである」

tasmāt tarhi bhikṣavaḥ evaṃ śikṣitavyam yat kṛtajñā bhaviṣyāmaḥ svalpam api kṛtam na nāśayiṣyāmaḥ prāg eva prabhūtataram ity evaṃ vo bhikṣavaḥ śikṣitavyam (MSV vii 88.19-21)

「それゆえにここで比丘達よ，このように学び知るべきである。すなわち『我々は恩を知るべきである。ごく僅かなことでも，してもらったことは無駄にしてはならない。より多くのことは言うに及ばぬ』と。このように，比丘達よ，お前達は学び知るべきである」

(37) Cf.『雑阿含経』(T. 99, ii 337b24 ff.);『別訳雑阿含経』(T. 100, ii 394a23 ff.).

(38) Divy. において黒白業が強調されていることに関しては，第4章で詳しく考察する。

(39) またこれらと類似の用例は MSV 薬事に散見され，ブッダの過去世での悪業に関してこの表現が見られるが（ブッダの悪業に関しては第4章2で詳しく取り上げる），その一例を示せば以下のとおりである。

kiṃ manyadhve bhikṣavo yo 'sau brāhmaṇo 'haṃ sa tena kālena tena samayena/ yāni tāni paṃcamāṇavakaśatāni evaitāni paṃcabhikṣuśatāni/ yan mayābhyākhyātas tasya karmaṇo vipākena pūrvavad yāvan narakeṣu pakvaḥ/ tenaiva *karmāvaśeṣeṇa* etarhy api saṃbuddhabodhiś caṃcāmāṇavikayā abhūtenābhyākhyātaḥ sārdhaṃ pañcabhir bhikṣuśataiḥ/ (MSV i 213.5-10; cf MSV i 216.1, 217.3)

「比丘達よ，どう思うか。その時その折にかのバラモンだったのはこの私である。また五百人の青年バラモンだったのがこの五百人の比丘達である。私は〔聖仙を〕中傷してしまったが，その業の異熟として，――前に同じ。乃至――地獄において煮られ，その同じ業の残余によって，今生においても私は正覚者の悟りを得ていながら，五百人の比丘達と共に外道女チャンチャーに偽りの中傷をされたのである」

また梵本は現存しないが，漢訳の『根本説一切有部毘奈耶雑事』にも悪業の残余を説く説話が見られる（T. 1451, xxiv 228a18 ff.）。さてこれまで紹介してきた用例はいずれも悪業に関するものであったが，善業の場合にも同様の表現が用いられることがある。たとえば Divy. 第7章ではプラセーナジット王の過去物語が説かれた後，連結でブッダは次のように説明する。

kiṃ manyadhve bhikṣavo yo 'sau daridrapuruṣa eṣa evāsau rājā prasenajit kauśalas tena kālena tena samayena/ yad anena pratyekabuddhāyālavaṇikā kulmāṣapiṇḍikā pratipāditā tena karmaṇā ṣaṭkṛtvo deveṣu trayastriṃśeṣu rājyaiśvaryādhipatyaṃ kāritavān ṣaṭkṛtvo 'syām eva śrāvastyāṃ rājā kṣatriyo mūrdhnābhiṣiktas tenaiva ca *karmaṇāvaśeṣeṇa*itarhi rājā kṣatriyo mūrdhnābhiṣiktaḍ saṃvṛttaḥ/ (Divy. 88.25-89.1; MSV i 88.12-17)

「比丘達よ，どう思うか。その時その折に貧しい男だったのは，他ならぬこのコーサラ国王プラセーナジトだったのである。彼は独覚に塩気のない麦団子を差し出したが，この行為によって彼は三十三天において六回も王権・主権・権力を欲しいままにし，この同じシュラーヴァスティーにおいても六回クシャトリアの灌頂王となり，そしてその同じ業の残余によって，今もクシャトリアの灌頂王となったのである」

(40)　Cf.『雑阿含経』（T. 99, ii 135b12 ff.）.

(41)　SN ii 256.5 ff.; cf.『雑阿含経』（T. 99, ii 135c17 ff.）.

(42)　ここでは，語形こそ違うものの，Pāli の apadāna と Skt. の av° の意味内容が同じであるという前提に基づいて論を進める。その根拠に関しては，以下の研究を参照。平川彰『律蔵の研究 I（平川彰著作集第9巻）』東京：春秋社, 1999, pp. 338-340; 松村「聖典分類形式」p. 263; 河崎「初期仏教経典における avadāna」.

(43)　杉本『菩薩』pp. 3-127.

(44)　以下に挙げる諸点に関しては前田の批判があるが，その問題点や論点などに関しては，以下の研究を参照。松村「聖典分類形式」pp. 265-266.

(45)　杉本『撰集百縁経』pp. 25-27.

(46)　前田は両者の違いを「av° が過去物語に終始するのに対し，jā° は現在事にちなんで過去事を説く」（前田『原始佛教聖典の成立史的研究』p. 456）点に求めるが，これも発生史的に見て初期の段階においての相違点と言える。また前田は両者の違いを「av° は，菩薩以外の人物を主人公とするという点においてのみ，jā° と区別せられるものとなろう」（前田『原始佛教聖典の成立史的研究』p. 458）と指摘するが，これはすでに見たように，杉本の研究から否定される。

(47)　平川『初期大乗と法華思想』pp. 101-140.

(48)　梵文原典で，(1)マーンダータ王，(2)マハースダルシャナ転輪王，(3)ヴェーラーマ婆羅門，(4)クシャ力転輪王，(5)トリシャンク王，(6)マハーデーヴァ転輪王，(7)ニミ転輪王，(8)アーダルシャムカ王，(9)スダナ転輪王，そして(10)スダナ王子という合計十の jā° が説かれているが，このうちここから独立して単独の物語となったのが，(1)マーンダータ王と(2)マハースダルシャナ転輪王と(10)スダナ王子であり，いずれも独立した後は，av° と呼ばれているが（詳しくは第2章を参照），これらの事実も形式的には jā° と見なしうる話が av° として機能していることの証左となろう。

(49) 前田『原始佛教聖典の成立史的研究』p. 452.

(50) この事情を岩本は北伝仏教における jā° 説話の地位から説明する。すなわち南伝においては五百四十七篇の jā° が纏められて一つの大説話集をなしているが，北伝でこれに相当する『生経』も jā° の体裁をなしている話は十二番目までで，その後は混乱が見られることや，『六度集経』にも混乱が見られることから，北伝の jā° は南伝のようには纏まった文献として伝えられておらず，影の薄い存在になったため，北伝における jā° はその形式を保持しながらも，av° の中に包摂されていったと指摘する。岩本『仏教説話研究序説』p. 38.

(51) こうして見てくると，av° には二つの異なった次元からの定義がなされることになる。一つは形式や内容面からの定義，もう一つはその用法や機能からの定義であるが，同じ言葉を異なった観点から二様に定義しなければならないということは，av° の定義が如何に困難かを物語っている。 (52) 平川『初期大乗と法華思想』p. 114.

(53) 杉本『撰集百縁経』pp. 21-22. (54) 杉本『撰集百縁経』pp. 21-22.

(55) madhyadeśikānāṃ という読みに関しては問題がある。校訂者のスナールやエジャートン (BHSD p. 417) はこの語を場所を表す語として理解し，その場合これは「中国地方」を意味することになる。しかしロートは，スナールが用いなかった新たな Mv. の写本の読みや，あるいは他の大衆部説出世部の文献である Bhikṣunīvinaya や Abhisamacārikā や Bhikṣuprātimokṣasūtra の用例などから，この読みは間違いであり，madhy'-uddeśika あるいは madhyoddeśika と読むべきであると，まずその読みを確定する。そしてこれに基づいて次にその意味を模索しているが，その際，これを madhya と uddeśika とに分け，それぞれの意味を確定する。まず madhya に関しては，プトンの著作 Chos 'byung に各部派の使用する言語に触れる箇所があり，そこでは大衆部の用いていた言語が bar mar 'don pa とあることから，これが「中間的な言語」を意味すると結論づける。すなわちサンスクリットとプラークリットとの中間的な性格を持つ言語（彼は Prakrit-cum-quasi-Sanskrit という呼称を用いている）で，このような言語の使用により，説出世部はより広い支持層を獲得していったのではないかと推測する。また uddeśika に関しては，Bhikṣuprātimokṣasūtra の用例などから「波羅提木叉を誦すること」を意味すると理解し，ドゥ・ヨングもこれとまったく同じ理解を示しているので，ここでは madhyadeśikānāṃ の読みを madhyoddeśika に改め，「中間の言語で〔波羅提木叉を〕誦する」と理解する。Gustav ROTH, "The Readings *Madhy'-uddeśika, Madhyoddeśika,* and *Madhyadeśika* in the Scriptures of the Ārya-Mahāsaṃghika-Lokottaravādins including Notes on *daśa-baddhena* and *pañca-baddhena gaṇena,*" Heinz BECHERT hg., *Zur Schulzugehörigkeit von Werken der Hīnayāna-Literatur,* Tail 1 (Symposien zur Buddhismusforschung, III, 1): Abhandlungen der Akademie der Wissenschaften in Göttingen, 1985, pp. 127-137; J. W. DE JONG, "Madhyadeśika, Madhyoddeśika, and Madhy'-uddeśika," Heinz BECHERT hg., *Zur Schulzugehörigkeit von Werken der Hīnayāna-Literatur,* Tail 1 (Symposien zur Buddhismusforschung, III, 1): Abhandlungen der Akademie der Wissenschaften in Göttingen, 1985, pp. 138-143. なおこの二つの論文に関しては大阪大

学教授・榎本文雄先生よりお教え頂いた。

(56)　松村「聖典分類形式」p. 268.　(57)　岩本『仏教説話研究序説』pp. 29-30.

(58)　内容的な面から av° の特徴を捉えたものとしては，フィアの「現在は過去の産物と考えられるが，現在の生涯の出来事を前世の存在において行った行為に結びつける関係を明確にさせる運命的教訓」という定義がある。L. FEER, *Avadāna-çataka: Cent lĕgendes bouddhiques*, Paris, 1891, p. xi.

(59)　これに関して平川は av° と jā° との違いを，業報という観点から「『根本説一切有部破僧事』ではブッダが提婆に自己の和合僧を破られたのは，自己が前世に一仙人のもとで修行していたとき，その仙人の弟子教団を破らんとしたからであると述べているが，これは絶対者ブッダでさえ，因果の理法の支配を免れていないことを示している。因果の絶対性を強調せんとする業報譬喩の立場からはブッダの優位性は認められない。jā° の立場から言えば，ブッダは業報の因果を越えた人であり，業の因果を越えたがゆえにこそブッダとなったのであるから，av° の行き過ぎた因果観は支持され難いであろうが，教訓譬喩としての av° が業報を立場とする限り，このような極端な事例も出てくる」と指摘する。実に両者の違いを的確に捉えた指摘であり，ブッダをも業報の支配下に置くことこそ，av° の特徴と言えよう。平川『初期大乗と法華思想』pp. 127-128.

(60)　河崎「初期仏教経典における avadāna」.

(61)　花園大学教授・佐々木閑先生より，「av° の語義が時代的に変化したとするなら，その時代毎の av° の定義を確定しなければならないのではないか。この視点がないと，議論が纏まらなくなってしまう」との指摘を頂いた。今後はこのような観点から，さらに av° の語義解明に向けて考察する必要性を痛感した。

第1章　説話文献の内容とその分析

(1)　実際には三十八の章から成るが，最後の Maitrakanyakāvadāna に関しては，本来 Divy. とは関係のない説話が混入したことをハーンは指摘している。よって，この文献目録では第三十八章の情報も入れておくが，本書ではこれを Divy. の中に含めず，全三十七章から成る文献として Divy. を扱うことにしたい。Michael HAHN, *Haribhaṭṭa and Gopadatta: Two Authors in the Succession of Āryaśūra on the Rediscovery of Parts of their Jātakamālās* (Studia Philologica Buddhica: Occasional Paper Series 1), Tokyo, 1977, p. 7.

(2)　干潟『本生経類の思想史的研究』p. 112.

(3)　序章でも考察したとおり，ブッダが登場しても業報の支配下にある物語はこのタイプに分類する。

(4)　これもすでに序章で指摘したように，avadāna の「過去→現在」というディメンションを「現在→未来」にスライドさせたものであるから，vyākaraṇa は広い意味での avadāna に含めて考えてもよいと思うが，これはこれで独自の発展した形態を保持していると考えられるので，ここでは独立した一つの形態として扱うことにする。またこの

vyākaraṇa は，燃灯仏授記に代表されるように，必ずしも「現在→未来」というディメンションに限られたものではなく，「過去→現在」のレヴェルにも適応されるが，Divy. では「現在→未来」というレヴェルでの授記物語の方が主流を占めているので，今は一応，このように定義しておく。

(5) ブッダが登場せず，しかも現在世の出来事が過去世においてもあったことを説く過去物語が，数的には僅かであるが Divy. に存在する。杉本の指摘によれば，発生史的に古いタイプのジャータカであり，菩薩の観念と結びつく前の形態を具えているジャータカである。ここではブッダの本生を説く後代のジャータカと区別して分類する。

(6) すでに見たように，杉本の研究から，発生史的にはジャータカを「ブッダの本生話」と単純に定義できないが，ここでは「菩薩の観念と結びついた過去物語」，すなわちブッダの「本生譚」として理解しておく。

(7) Kanga TAKAHATA, *Ratnamālāvadāna: A Garland of Precious Gems or a Collection of Edifying Tales, Told in a Metrical Form, Belonging to the Mahāyāna* (Oriental Library Series D. Vol. 3), Tokyo, 1954, Bibliography, pp. 4-6; 干潟『本生経類の思想史的研究』附篇, pp. 49-53.

(8) この目録作成にあたっては，私がアメリカ留学中に，グレゴリー・ショペン先生より，同先生がかつて作成された Divy. のリファレンスに関するノートを閲覧する機会を得た。海外で発表された研究論文の情報や Skt. のパラレルなどに関しては，このノートに負うところが大きい。この紙面を借りて謝意を表する。また日本で入手困難な文献情報に関しては，畏友ジョナサン・シルク氏の御協力を得ることができた。謝意を表する。

(9) 最近，岡野は「インド仏教文学研究史」と題したホームページを開設している (http://member.nifty.ne.jp/OKANOKIYOSHI/)。これは，その名の示すとおり，インド仏教文学の研究史を体系的に纏めた労作で，従来のインド仏教文学の研究をほぼ網羅し，またその研究の要旨までが簡略に纏められており，研究者には極めて有益である。ここでもこの研究を大いに参照し，これまで見落としてきた研究はここから補った。また写本関係の情報も豊富に盛り込まれている。なおこの研究の第 6 章（Avadāna 文献）§1（初期の Avadāna 集成）の第三番目に Divy. の研究が紹介されているが，その他の文献情報に関しても，九州大学助教授・岡野潔先生のお手を煩わせた。感謝申し上げる。

(10) GBM に関しては，以下の研究を参照した。Oskar VON HINÜBER, "Die Erforschung der Gilgit-Handschriften (Funde buddhistischer Sanskrit-Handschriften, I)," *Nachrichten der Akademie der Wissenschaften in Göttingen, I. Phil.-Hist. Klasse* 12, 1979; WILLE, *Die handschriftliche Überlieferung.*

(11) 他の物語では，連結の初めに「比丘達よ，どう思うか（kiṃ manyadhve bhikṣavaḥ)」という定型句が置かれ，過去物語とその連結部分の境界が明確にされているが，このプールナの物語に関してはこの定型句が見られず，過去物語とその連結の境界が不明瞭になっている。

(12) これはジャータカともアヴァダーナとも判断のつかない話なので，ここではイティヴリッタカに分類しておく。

(13)　ここでは，過去仏のラトナシキンが二人に記別を与えている。

(14)　ただし，これは『根本説一切有部毘奈耶薬事』（T. 1448, xxiv 55c7-56b3）の和訳。

(15)　ここでは，一連の話が二つの章に分けて収められている。すなわち，第9章は長者メーンダカの現在物語，また第10章はその過去物語となっているのである。よってここでは二つの章を一つに纏めて取り扱う。

(16)　ただし，ダットの刊本の最初の3頁はDivy.から補われているので，実際の写本はダットの刊本の244頁の5行目（-sāmantakaṃ）からしか存在しない。

(17)　ここでも第2章と同様に，過去物語とその連結の境界が不明瞭になっている。

(18)　普賢行願讃には，龍樹，世親，陳那，そして覚賢を筆頭に数多くの注釈が存在し，その中で第38偈の註釈部分が本章に言及していることを，佛教大学総合研究所嘱託研究員・中御門敬教氏より御教授頂いた。彼によれば，どの注釈も，当該箇所の記述が大変似通っているという。

(19)　この物語は授記を扱ってはいるが，その内容は他の授記物語とは趣を異にし，現在物語のみに終始しているので，スートラタイプに分類することも可能だろうが，今はその章の名にも vyākṛta とあるので，便宜的にヴィヤーカラナ・タイプに分類する。

(20)　以下，ブッダとダルマルチに関する過去物語が三つ説かれるが，そのきっかけになったのは，比丘達の「世尊はダルマルチに『ダルマルチよ，久しぶりであるなあ。ダルマルチよ，実に久しぶりであるなあ。ダルマルチよ，実に誠に久しぶりであるなあ』と言われましたが，それは何を意図してそう言われたのですか」という質問である。すなわちダルマルチは阿羅漢になった後，宿命通を獲得して，自分がブッダと過去世において三度ブッダと出会っていたことが分かったために，ブッダとダルマルチとが三度挨拶を交わしたことに比丘達は疑問を抱いたのである。しかし，この比丘達の質問から分かるように，これら三つの過去物語はジャータカにもアヴァダーナにも分類しがたい内容であるため，イティヴリッタカに分類する。

(21)　Kś はその名前から Aś の姉妹編的扱いを受け，従来まで充分な考察がなされてこなかった文献の一つである。理由としては，その梵本や漢訳が伝わっておらず，Tib. 訳のみが現存することが挙げられるが，最近になってようやく飯渕がこの文献の体系的な研究に取り組んでおり，その成果が期待されるが，これまでにこの文献の成立に関する論攷が発表されている（飯渕「*Karmaśataka* について」; 同「*Karmaśataka* における授記」; 同「*Karmaśataka* における燃燈仏授記物語」）。その中でも「*Karmaśataka* における燃燈仏授記物語」は，Kś における燃灯仏授記物語の成立を扱っており，Divy. 第18章との関係を論じているが，それによると「この物語には様々なヴァリエーションがあり，またこの物語を含む文献も多々ある。その数ある中でも Divy. と Kś の燃灯仏授記物語はその登場人物やストーリーを始めとして偈などの細かな部分まで（サンスクリット語とチベット語の対照ではあるが）ほぼ一致する」と指摘し，また両者の枠物語は違っているようであるが（Kś では「ブッダが五百人の商民によって供養されたのはなぜか」という比丘達の質問に答える形でその因縁が過去物語において語られる），燃灯仏授記の物語に関しては，偈などの細部に亘って両者が密接な関係にあることを飯渕は指摘している。この他にも，同論文では Kś 第２章における第５話が MSV の破僧事における記述もしくは物語とパラレルであることが報告されており，これに基づいて飯渕は「Kś の物語は，Divy. や破僧事に収められた物語と共通の物語をベースとしながら，それに手を加え，Kś 独自の物語へと再構成したものであると考えられる」と結んでいる。Kś の名前は『デンカルマ目録』に見られるので遅くとも九世紀前半には翻訳されていることになり，その原典はそれ以前の成立ということになるから，漢訳も Tib. 訳も存在しない本章の成立を考える上では重要な手がかりとなる。

(22) なお本拙稿を纏めるにあたっては，ジョナサン・シルク氏より有益な助言を頂き，彼の研究が非常に参考になった。ここに謝意を表する。

(23) ただし，ここではブッダが「彼女は声聞になるであろう」という明確な文言を欠いているが，ブッダが微笑を示した時に，その口から放たれた光明が世界を経巡って再びブッダの「口」に入っているので，これを「声聞の授記」と見なした。なお世界を経巡った光明がブッダの体に入る部位と授記との関係については，第３章の定型句 8-D（微笑放光：本書 p. 175）を参照。

(24) 大谷大学所蔵の北京版はこの章を含んでいると思われる函が欠けている。Cf.『大谷大学図書館蔵／西蔵大蔵経甘殊爾勘同目録３』京都：大谷大学図書館，1932，p. 414.

(25) ここも第９章と第10章の場合と同じように，三つの章で一つの物語を形成しているので，これを一つの物語として扱うことにするが，文献情報は個別に分けて記す。

(26) この章の冒頭は幾分唐突であり，何らかの欠落が予想され，漢訳の出家事も Skt. の途中（Divy. 334.13-）に相当する箇所から始まっている。最も完備した資料は Tib. 訳で，これに関してはカウエルの刊本707頁の注を参照。

(27) ここでは，他の章のように改めて過去物語が説かれ，それに続いて連結が置かれるという体裁を取っていない。ブッダはサンガラクシタの質問を受け，「誰それは過去においてこのような悪業を積んだためにこのような苦果を受ける」と個別に説明している。

(28) この過去物語が説かれるきっかけになった比丘の質問は，「大徳よ，あの龍の童子は何処で最初に浄信を獲得したのでしょうか」というものであるが，この質問自体がジャータカ的でもアヴァダーナ的でもないので，これもイティヴリッタカと理解しておく。

(29) そもそも，この過去物語が語られる契機になったのは，龍の童子が最初に何処で浄信を獲得したかということである。しかし，この過去物語の何処にもそのことに言及しない。浄信を獲得したことが説かれるのは，むしろ彼の師匠である阿羅漢がその直前の生で龍だった時のことであり，話に混乱が予想される。

(30) 漢訳と Tib. 訳では，Divy. 第24章と第25章との順番が逆になっている。

(31) Divy. 第23章から第25章に相当する MSV の梵本に関しては，ダットがエディションを作る際に Divy. から転用しており，GBM には存在しないことがヴィレによって確認されている。WILLE, *Die handschriftliche Überlieferung*, p. 163.

(32) ただし漢訳は Divy. 334.13 以降に相当し，これより前の Skt. に相当する箇所は存在しない。

(33) 「私の死後，百年の未来世においても，この同じウルムンダ山にて多くの人々を利益するであろう」というブッダの言葉の後，「そしてそれはそのとおりに起こった。そのことを今から述べることにしよう」という話し手の前置きに続いてウパグプタの物語が説かれる。

(34)　ここではブッダ在世当時を「現在」と位置づけているので，第26章から第29章までの，いわゆる「アショーカ・アヴァダーナ」における「現在」は当然ブッダの時代からすれば未来になるから，以下これを「未来」として扱う。

(35)　ここでも，次のプロットに移行する前に「〔さて長老ウパグプタに関して〕申し述べることが終わったので，（中略）アショーカ王の，前世における土くれの布施に思いを馳せることにしよう。かくして次のような話が伝わっている」という前置きが見られる。

(36)　通常，過去物語の語り手はブッダであるが，本章の二つの過去物語と，次章の二つの過去物語とは，ブッダの時代からすれば未来物語になるため，過去物語の語り手はウパグプタが務めることになる。

(37)　過去物語の最後では，「〔彼は〕塔に傘・旗・幡を立て，香・花環・華・楽器演奏によって〔塔〕供養をした。この業の果報として高貴な家に生まれた。さらに〔彼は〕一万年の間，梵行を修し，正しく誓願を立てたが，この業の果報として，阿羅漢性を獲得した」と説明され，過去物語とその連結との境界が曖昧になっており，過去物語の中で連結が説かれる形となっている。

(38)　この章は極めて唐突な始まり方をしているが，これは文脈を無視した MSV 薬事からの抜粋によるもので，詳しくは次章で考察する。

(39)　これも MSV i 149.6-159.16 に相当する部分は Divy. から転用されており，したがって GBM と対応する箇所は 123.15-149.6 (na nivartate) までとなる。

(40)　この章名に関しては問題がある。というのも，その内容が Sudhanakumāra とはまったく関係ないからである。おそらく何らかの混乱が原因で，この前の第30章と同名のタイトルが付与されたものと思われる。岩本はカウエルとネイルとが校訂に用いなかった他の写本と，刊本との説話の比定を行っているが，それによると，刊本の第31章に相当する章名は，他の五つの写本すべてにおいて，Pañcakārṣaśata となっており，本章の内容に一致するので，本来はこのようなタイトルが付いていたものと予想される。岩本『仏教説話研究序説』pp. 144-147.　(41)　これの元になる現在物語は見当たらない。

(42)　これに関して，ブッダは「過去世において彼女は従者を奴隷呼ばわりしたために，女奴隷になった」と説明するだけで，これを説明する詳しい過去物語が特別に説かれているわけではない。

(43)　梵本では過去物語に欠損が見られ，その比丘の質問に答える過去物語が存在しない。なお漢訳では彼女が独覚に食事の供養をした後，「願我此福。今生後生莫受勝報。遭厄難時勿受飢苦」(T. 1442, xxiii 893a19-20) という誓願を立てたことが過去物語として説かれている。また梵本には，過去物語の欠損に伴い，その連結も欠落している。

(44)　ここでもブッダは明確に彼が地獄に再生することを明言せず，その光明がブッダの足の裏に消えていったことが説かれるのみである。

(45)　比丘の質問には，「大徳よ，同志ルドラーヤナはいかなる業をなしたがために，裕福で巨額の財産と広大な資産とを有する家に生まれ，世尊の教えに従って出家した後，あらゆる煩悩を断じて阿羅漢性を証得し，また阿羅漢性を証得したのに刀で殺されてしまったのですか」とあり，楽果と苦果との原因となった善業と悪業とを尋ねているが，これに対してブッダは，「比丘達よ，〔これを〕どう思うか。その時，その折に，猟師だったのが他ならぬこの比丘ルドラーヤナである。彼は毒を塗った矢で独覚の急所を射抜いたが，その業の果報によって，何百年もの長い間，何千年もの長い間，地獄において煮られたのである。そしてまた，その泉において〔彼は〕毒を塗った矢で独覚の急所を射抜いたが，その業の残余として，この〔世〕においてもまた，阿羅漢性を得て〔から〕刀で殺されてしまったのだ」と答えるのみで，楽果の原因となった善業には触れていない。しかし過去物語を見ると，彼は自分が殺したその独覚のために，塔を建立し，手厚く供養して誓願を立てたことを説いているので，これが楽果の原因となった善業と考えられる。なお漢訳でもこの善業は明確には説かれず，「由昔願力得逢値我獲阿羅漢」(T. 1442, xxiii 881c11) とし，その誓願だけにしか言及しない。

(46) すでに指摘したように，この章は本来 Divy. には含まれないから，内容の要約は省略し，文献情報のみを記す。

(47) また，Divy. に関する一般的な研究として次の研究が挙げられる。H. WENZEL, "Index to the Verses in the Divyāvadāna," *JPTS*, 1886, pp. 81-93; SPEYER, "Critical Remarks"; Jacob Samuel SPEYER, "De Koopman, die tegen zijne moeder misdreef. Een op den Boro Boedoer afgebeeld Jātaka," *Bijdragen tot de Taal-, Land-, en Volkenkunde* 59, 1906, pp. 181-206; HUBER, "Les sources du Divyāvadāna"; Sylvain LÉVI, "Sur les sources du Divyāvadāna," *JA* 10-9, 1907, pp. 146-147; LÉVI, "Les éléments de formation du Divyāvadāna"; J. et E. MAROUZEAU, "Sur les formes et l'emploi du verbe 'être' dans le *Divyāvadāna*," *Mélanges d'Indianisme offerts par ses élèves à M. Sylvain Lévi*, Paris, 1911, pp. 151-158; Hermann OLDENBERG, "Studien zur Geschichte des buddhistischen Kanons," *Nachrichten der Akademie der Wissenschaften in Göttingen, Phil.-Hist. Klasse*, 1912, pp. 155-218 (再録: *Kleine Schriften*, 1967, pp. 973-1036); Joseph HACKIN, "Sur des illustrations tibétaines d'une légende du Divyāvadāna," *AMG: Bibliothèque de Vulgarisation* 40, 1914, pp. 145-157; Giuseppe TUCCI, "Notes et Appunti sul Divyāvadāna," *Atti del Reale Instituto Veneto di Science, Lettera et Arti*, 1921/22, 81-2, Venezia, 1922, p.499 ff. (再録: G. TUCCI, *Opera Minora*, Part 1, Roma, 1971, pp. 27-48); G. K. NARIMAN, *Literary History of Sanskrit Buddhism* (Appendix 7: The Sources of the Divyāvadāna; Appendix 12: Notes on the Divyāvadāna), Bombay, 1923 (再版: Delhi, 1972); Jean PRZYLUSKI, *La légende de l'Empereur Aśoka* (*Aśoka-Avadāna*) *dans les textes indiens et chinois* (*AMG: Bibliothèque d'Etudes* 31), Paris, 1923 (English Translation by D. K. Biswas); Jean PRZYLUSKI, "La place de Māra dans la mythologie bouddhique," *JA* 210, 1927, pp. 115-123; PRZYLUSKI, Fables in the Vinaya-Piṭaka"; W. ZINKGÄF, *Vom Divyāvadāna zur Avadānakalpalatā: Ein Beitrag zur Geschichte eines Avadāna*, Heidelberg, 1940; Edward Joseph THOMAS, "Epithets of an

Arhat in the Divyāvadāna," *IHQ* 17, 1941, pp. 104-107; K. A. NILAKANTHA SASTRI, *Gleanings on Social Life from the Avadānas* (Dr. B. C. Law Research Studies Series 1), Calcutta, 1945; SHACKLETON BAILEY, "Notes on the Divyāvadāna: Part I"; D. R. SHACKLETON BAILEY, "Notes on the Divyāvadāna: Part II," *JRAS* 1/2, 1951, pp. 82-102; V. S. AGRAWALA, "Word Notes on the Divyāvadāna," *Bhāratī: Bulletin of the College of Indology* 6-2, 1962-63, pp. 47-75; V. S. AGRAWALA, "A Note on the Word *cārika* in the *Divyāvadāna," Journal of the Oriental Institute* 12-4, 1963, pp. 337-339; V. S. AGRAWALA, "Some Obscure Words in the *Divyāvadāna*," *JAOS* 86-2, 1966, pp. 67-75; BONGARD-LEVIN, *Studies in Ancient India*, pp. 123-141; Adelheid METTE, "Veḍhas in Lalitavistara und Divyāvadāna: Beschreibungen des schönen Körpers in Sanskrit und Prakrit," *Wiener Zeitschrift für die Kunde Südasiens und Archiv für indische Philosophie* 17, 1973, pp. 21-42; Kalpana UPRETI, "Institutional and Ideological Usage of Dana in Divyavadana," *Proceedings of the Indian History Congress*, Golden Jubilee Sesson: Gorakhpur University, published by T. K. VENKATASUBRAMANIAN, Gorakhpur, 1989-90; 松村「聖典分類形式」; 岡本「仏教在家信者の布施」; 同「アショーカ王の布施」; 辛嶋静志「パーリ語・仏教梵語研究ノート」『創価大学国際仏教学高等研究所年報』3, 2000, pp. 37-64.

(48)　過去の研究に関しては，以下の研究を参照。平等『印度仏教文学の研究』pp. 38-39; 水野『仏教文献研究』p. 297, 注 (1). なお最近では Mv. の形成に関しては岡野の研究があるが，ここでは韻律を手がかりに，Mv. の新古層を分ける試みがなされている。岡野「マハーヴァストゥの形成」pp. 271-283.

(49)　写本等の文献学的な情報に関しては次の研究を参照。湯山明「*Mahāvastuavadāna*：原典批判的研究に向けて」『創価大学国際仏教学高等研究所年報』2, 1999, pp. 21-38.

(50)　Mv. の仏陀観，またそれに関連するものとして次の研究を参照。梶山雄一「仏陀観の変遷」『佛教大学総合研究所紀要』3, 1996, pp. 5-46; 藤田『原始浄土思想の研究』pp. 365-376; 静谷『初期大乗仏教の成立過程』pp. 35-36; 平川『初期大乗仏教の研究 I』pp. 293-296.

(51)　たとえば藤田『原始浄土思想の研究』における誓願思想や阿弥陀仏の起源の問題に関する考察など。

(52)　Mv. の成立年代に関して，平等は「紀元前二世紀以降の制作であるが（中略）最後の制作は紀元後三，四世紀に下ることになる」（平等『印度仏教文学の研究』p. 35）とし，またヴィンテルニッツは「本書の核心は古く，たとえ四世紀に増広されたりまたおそらくその後に付加や挿入があったとしても，おそくとも紀元前二世紀には原型ができていたにちがいない」（ヴィンテルニッツ『仏教文献』p. 190）とし，四世紀以降の増広も認めている。これに対し干潟は「その言語，文体，内容より見て，大体西紀前一世紀から西紀後二世紀終位までの間に成ったものと見て然るべしと思う」（干潟『本生経類の思想史的研究』p. 85）とし，Mv. をかなり古い時代の成立と位置づけている。

(53)　詳しくは次章で検証する。　　(54)　JONES, *The Mahāvastu.*

(55) 平等『印度仏教文学の研究』pp. 324-497.

(56) 水野『仏教文献研究』pp. 291-317.

(57) なお Mv. に見られるジャータカと他の仏典との平行話に関しては干潟『本生経類の思想史的研究』(附篇, pp. 20-27) に詳しいので省略するが, Divy. との平行話等, 干潟が取り上げていない平行話に関しては注に記載する。

(58) なお, この話は「このように私は聞いた。ある時, 世尊は〜 (evaṃ mayā śrutam ekasmiṃ samaye bhagavāṃ .....)」で始まっているので, コロフォンはないが, 後から付加された印象を受ける。

(59) このコロフォンはこの二つ後の物語である「幻影」の最後に存在するので, 次の「諸仏の特性」と「幻影」とは構造的に第十地に含まれていると考えるべきかもしれないが, 内容的に見ると,「第十地」と「諸仏の特性」と「幻影」とはそれぞれ独立しているようであり, ここではこの三つを別立して記した。成立に関しては問題のある箇所である。

(60) Cf. Paul HARRISON, "Sanskrit Fragments of a Lokottaravādin Tradition," ed. L. A. HERCUS, *et al., Indological and Buddhist Studies: Volume in Honour of Professor J. W. DE JONG on his Sxtieth Birthday,* Canberra, 1982, pp. 211-234; HARRISON, "The Personality of the Buddha."

(61) この物語の末尾にコロフォンは存在しないが, 冒頭部分には「ディーパンカラ物語の始まり (dīpaṃkaravastusyādiḥ)」とある。

(62) 燃灯仏授記の物語は Divy. 第18章にも見られ, Mv. に比べてかなり増広された説話となっている。ここでは, すでに紹介したように, ブッダと主人公のダルマルチとが過去世で三度対面していたことを説き, その三つの過去物語が収められている。

(63) これも物語の末尾にコロフォンは存在しないが, 冒頭部分には「日傘物語の始まり (cchatravastuske ādi)」とある。 (64) コロフォンの位置は i 282.13.

(65) ここには三つのジャータカがあるが, コロフォンを有するのは最後のジャータカのみで, そこには ṛṣabhasya jātakaṃ (Mv. i 290.8) とあり, 前二つのジャータカはコロフォンを欠く。

(66) コロフォンには maṃjarījātakam とあるが, このジャータカのタイトルに関しては, その英訳者のジョーンズが maṃjarī を matsarī と読むべきであることを脚注で示唆している (JONES, *The Mahāvastu,* ii p. 45)。またエジャートンもこれと同じ立場を取り, matsarin の Pāli 語形 maccharī という読みを採択する (BHSD, p. 414)。物語の内容は物惜しみするナーラダを主人公とするから, この読みの方がタイトルとして相応しい。

(67) 構造的には「青年期のゴータマ」に帰属する形で, 直前の「吝嗇家ジャータカ」, この「蜥蜴ジャータカ」, それからこの後の「首飾りの布施ジャータカ」と「雌虎ジャータカ」とが説かれているが, 実際に「青年期のゴータマ」に関連して説かれるのは最初の「吝嗇家ジャータカ」だけ (これは確かに「青年期のゴータマ」で説かれているように「ヤショーダラーが菩薩に恥じらいながら近づいたこと」を受けてのジャータカと言える) で, 後の三つのジャータカは, それが説かれるきっかけになる話が「青年期のゴータマ」には説かれていない。すなわち, この「蜥蜴ジャータカ」は「ヤショーダラーが菩薩の高価な贈物に満足しなかったこと」に関し，この後の「首飾りの布施ジャータカ」は「菩薩がヤショーダラーにだけ多くのものを与えたこと」に関し，また最後の「雌虎ジャータカ」は「菩薩が出家した後，デーヴァダッタとスンダラナンダがヤショーダラーに求婚したが，彼女は菩薩だけを望んでいたこと」に関して説かれるべきジャータカであるが，そのもとになる話が「青年期のゴータマ」にはいずれも見出すことができないのである。ただここは他の場合と違って，これら三つのジャータカが文脈とはまったく関係なしに竄入したと考えることもできない。なぜなら，いずれのジャータカも「青年期のゴータマ」，特にヤショーダラーとのエピソードにまつわるジャータカだからである。ここで考えられる可能性は，本来「青年期のゴータマ」として分類した説話の中に，ヤショーダラーが菩薩の高価な贈物に満足しなかったり，菩薩がヤショーダラーにだけ多くのものを与えたり，また菩薩が出家した後，デーヴァダッタとスンダラナンダがヤショーダラーに求婚したが，彼女は菩薩だけを望んでいたことを伝える話が存在したが，これらのジャータカが付加された後，何らかの理由でその部分が省略ないしは欠損してしまったのではないか，ということである。現段階では推測の域を出ないが，この点に関しては今後のさらなる考察が必要である。

(68)　このジャータカは，場所的には隔たるが，内容的には十地中の第七地に見られるクシャ王ジャータカと関連する。

(69)　このジャータカでは，精進そのものは強調されているが，「精進を以てヤショーダラーを獲得したこと」の本生話にはなっていない。

(70)　このジャータカも Divy. 第31章と共通し，基本的に同じ内容の物語が説かれている。

(71)　この部分は，宮殿での贅沢な暮らしぶりから説き始められるので，この直前の現在物語である「武勇に秀でたゴータマ」との関連は認められるが，その後この話は出家から苦行，そして成道へと進展しているので，Mv. 全体の仏伝の進行から考えると，ここだけで話を先取りしすぎており，成道にまで言及するこの部分は，次の「浄飯王の五大夢」やその次の「偉大なる出家」と齟齬を生じることになるので，この部分は後から挿入された可能性が高いと思われる。

(72)　この話の最後は「このように世尊が言われると，心を喜ばせた〔比丘達〕は世尊の言われたことに歓喜した（idam avocad bhagavān āttamanās te ca bhagavato bhāṣitam abhyanande）」(Mv. ii 139.21-22) とあり，経典を締めくくる定型句で終わっているので，他からの挿入の可能性が大きい。

(73)　これは直前の「シュヤーマー・ジャータカ」を説明するジャータカとなっており，その帰属は直前の「シュヤーマー・ジャータカ」である。この他にも Mv. にはジャータカを説明するジャータカが少数ではあるが存在する。

(74)　カンタカの話が終わったところに，kaṇṭhakasya vyākaraṇaṃ (Mv. ii 195.3) というコロフォンがある。

(75)　スジャーターの授記に関する話が終わったところで，sujātāvyākaraṇaṃ (Mv. ii 206.19) とのコロフォンがある。

(76)　これは文脈からしてまったく不相応なジャータカであり，内容的には十地中の第三地に見られるジャータカと関連する。

(77) コロフォンがないので，ここでは「アナンガナ・アヴァダーナ」とした。アヴァダーナの定義に関しては，すでに見たとおりである。ここでは「長者ジョーティシュカが出家して具足戒を受け，煩悩を滅した」という具体的な結果が「世尊ヴィパッシンを供養した後に立てた誓願」という具体的な業で説明されており，「世尊よ，長者ジョーティシュカには，一体いかなる業の果報が異熟したのでしょうか (kasyaitad bhagavaṃ jyotiṣkasya gṛhapatisya *karmaphalavipākaḥ*)」(Mv. ii 271.3-4) という質問が如実に表しているように，アヴァダーナのキーワードである vipāka が用いられている。なおこの話も文脈には不相応の話である。この話を抜き取れば，「観察経〔前半〕」と「観察経〔後半〕」とは内容的にも完璧に繋がり，なお一層この物語の場違いな布置が浮き彫りにされる。

(78) この「ジョーティシュカ」という名前から連想されるように，この話は Divy. 第19章のジョーティシュカ・アヴァダーナの過去物語に相当する。

(79) ジョーンズはこのクシャ・ジャータカを，韻文による前の「クシャ・ジャータカ」の要約と位置づけているが，章立ては別個にしている。また前の「クシャ・ジャータカ」はスナールのエディションで第2巻の終わりに，またこの「クシャ・ジャータカ」は第3巻の最初に位置するから，別個に扱いたくなるが，これは内容的にも前の「クシャ・ジャータカ」を韻文で反復したものであり，またコロフォンは前の「クシャ・ジャータカ」の終わりではなく，この「クシャ・ジャータカ」の終わりに付されているから，二つの「クシャ・ジャータカ」をそれぞれ独立させず，前半と後半というように二つで一つのジャータカと見なしておく。

(80) ここでも「世尊よ，いかなる業の異熟として，クシャ王は醜く，見苦しく，見るに耐えない容姿になってしまったのですか (kasya bhagavan *karmasya vipākena* kuśo rājā durvarṇo durdṛśo pratikūladarśano abhūṣi)」(Mv. iii 26.18-19) とあるから，アヴァダーナとして理解する。

(81) この「プンヤヴァンタ・ジャータカ」と次の「ヴィジターヴィン・ジャータカ」とは，ともにブッダが福徳を賞賛したことに関して説かれるジャータカであるが，文脈上から考えれば，場違いな位置にある。構造的にはこの前の「マーラの最後」か，あるいは直前に位置する四つのジャータカのいずれかを説明するジャータカということになるが，コンテクストから考えれば，不可解な内容のジャータカである。なおその内容も主人公の名前が「プンヤヴァンタ」というだけで，「福徳の賞賛」とは直接関係がない。

(82) ここも直前のジャータカと同じく「ブッダが福徳を賞賛したことに関するジャータカ」であるはずだが，その内容はむしろ「布施」の強調であり，このジャータカの導入となる現在物語の文言と内容が一致しない。

(83) コロフォンの mahākāśyapasya vastupravrajyāsūtram という名前からすれば，カーシャパの出家を扱った物語のように見えるが，その内容はほとんどカーシャパの出家とは関係ない。

(84) 最後には「遊行者ディールガナカ経 (dīrghanakhasya parivrājakasya sūtraṃ kartavyaṃ) を説くべし」(Mv. iii 67.7) とある。

(85)　内容的には一致しないが，馬王が隊商主をある島からバーラーナシーに連れ戻ってくるという話は Divy. 第8章にも見られる。ここでは，隊商主スプリヤ（ブッダ）が幾多の困難を克服してバダラ島に行き，一切有情の様々な望みを叶える最高の宝を持ち帰り，人々を財によって満足させるというジャータカが見られるが，このバダラ島から隊商主を連れ戻すのが馬王バーラーハ（マイトレーヤ）である。Mv. のこのジャータカには，散文の後，韻文で内容が反復されるが，ここで馬王ケーシンはヴァーラーハと呼ばれているので（Mv. iii 85.8, 11, 89.20, 90.3），名前の異同はともかく，離れ小島から人を連れ戻す馬王の話は，当時ある程度流布していたものと推察される。というのも，この話は Ja (No. 196) にも見られるからである。ここでは，女性問題がきっかけで出家の生活がいやになった比丘に関するジャータカが説かれており，馬王がブッダの本生となっている。

(86)　連結が終わって，次の韻文での反復が始まる前に，「牝象ジャータカの散文篇を終わる（samāptaṃ hastinikājātakasya parikalpaṃ)」(Mv. iii 133.5) とのコロフォンが見られる。

(87)　ここにも「世尊よ，いかなる業の異熟として，パドマーヴァティーの歩いた跡には蓮華が現れ出て～ (kasya bhagavaṃ *karmasya vipākena* padumāvatīye krameṣu padmāni prādurbhavanti....)」(Mv. iii 170.11-12) とあるので，この説話をアヴァダーナと理解する。

(88)　ここにも「世尊よ，いかなる業の異熟として，ラーフラ王子は六年間も胎内にいたのですか (kasya bhagavan *karmasya vipākena* rāhulasya kumārasya ṣaḍvarṣāṇi garbhāvāso abhūṣi)」(Mv. iii 172.5-6) とあるので，この説話もアヴァダーナと理解する。

(89)　ラーフラが六年間も母の胎内に留まっていたことに関連しては，並川の興味深い研究がある。ここではブッダの出家の原因に関して，従来の説とは違った，まったく新しい視点からの論究がなされている。並川孝儀「ラーフラ（羅睺羅）の命名と釈尊の出家」『佛教大学総合研究所紀要』4, 1997, pp. 17-34.

(90)　コロフォンの前には，「世尊がこのように言われると，神や人や阿修羅を含めた世間の者達は世尊の言われたことに歓喜した (idam avocad bhagavāṃ sadevamanuṣyāsuraloko bhagavato bhāṣitam abhyanandat)」(Mv. iii 250.7) とあり，経典を締めくくる定型句で終わっている。

(91)　この後，ヤショーダラーがブッダを誘惑しようとしたことに関するジャータカの現在物語が見られるが，過去物語に関しては「この中でエーカシュリンガ・ジャータカを再び説くべし (atrāntare ekaśṛṃgajātakaṃ punaḥ kartavyaṃ)」(Mv. iii 272.17) として省略されている。

(92)　これと同様の話は，Divy. 第36章のジャータカ (523.9-528.13) にも見られる。

(93)　ここにも「世尊よ，いかなる業の異熟として，同志アージュニャータ・カウンディンニャは誰よりも先に法を理解したのですか (kasya bhagavan *karmasya vipākena* āyuṣmatā ājñātakauṇḍinyena sarvaprathamaṃ dharmaṃ ājñātaṃ)」(Mv. iii 347.14-15) とあるので，これもアヴァダーナと理解する。

(94)　これは現在物語で明言された「ブッダが神や人間の衆会の中で説法したことに関す

るジャータカ」にはなっていない。

(95) ここも「世尊よ，いかなる業の異熟として，組合長の息子ヤショーダは，裕福で多大な財産と広大な資産とを有する組合長の家に生まれ～（kasya bhagavan *karmasya vipākena* yaśodo śreṣṭhiputro āḍhyo mahādhano mahābhogo śreṣṭhikule upapanno .....)」(Mv. iii 413.17-18) とあるので，この説話もアヴァダーナと理解する。

(96) ここも「世尊よ，いかなる業の異熟として，同志ウルヴィルヴァー・カーシャパ，ナディー・カーシャパ，ガヤー・カーシャパの三兄弟は，偉大な神力と偉大な威神力とを有し，速やかに〔法を〕理解したのですか (kasya bhagavaṃ *karmasya vipākena* āyuṣmantā uruvilvākāśyapanadīkāśyapagayākāśyapā trayo bhrātaro maharddhikā mahānubhāvā kṣiprādhigamā ca)」(Mv. iii 432.7-9) とあるので，この説話もアヴァダーナとする。

(97) 水野は年代順に Mv. の説話を並び替える際，この「多仏経」を(A)群に見られる「多仏経」の後ろに置き，(A)群の「多仏経」を四菩薩行（自性行・誓願行・随順行・不退行）の中の自性行に配当して「自性行時代に釈尊が遇った百二十八仏」，この「多仏経」を「願行以降に釈尊が遇った過去諸仏」として，誓願行以降の三行をこちらの「多仏経」に配当している（水野『仏教文献研究』p. 311)。しかし，(A)群の「多仏経」にはブッダが過去の諸仏のもとで誓願を立てたことが説かれているから，あえて四菩薩行に振り分けて考えるなら，こちらの「多仏経」は自性行と誓願行とを含むことになる。またこの(F)群の「多仏経」自身は，水野の指摘するように「願行以降に釈尊が遇った百二十八仏」ということに言及しているわけでもないので，このような指摘は妥当とは言えない。さらに(A)群の「多仏経」では，ブッダがマウドガリヤーヤナを対告者とするのに対し，(F)群の「多仏経」ではブッダの対告者がアーナンダとなっている点から考えても，両者は経名こそ同じであるが，その内容には共通項がほとんどない。内容に関してはすでに要約して示したが，(A)群の「多仏経」はブッダが過去の諸仏に仕え，そこで誓願を立てたことが記されているのに対し，(F)群の「多仏経」では仏から仏への授記による相続を説き明かすことが主眼となっているからである。したがって両者は別個の経典と考えた方がよかろう。

(98) ただし，この理屈でいくと，(C)群の「燃灯仏物語」も後代の挿入ということになる。しかし，仏伝における燃灯仏授記の話はブッダ修行の起点になった重要な要素であるから，それ以前の「燃灯仏の歴史」，「燃灯仏の誕生」，「燃灯仏の成道」以上に，仏伝には必要不可欠の話と考えられ，話の内容自体は「燃灯仏の歴史」等の話よりも古いと思われる。また逆にコロフォンを有していなくても，「浄居天訪問」は，本文で指摘したように，「このように私は聞いた」という定型表現から始まることから，これが単独の経典として扱われていた可能性もあり，後代の挿入の可能性も否めない。また同じくコロフォンのない「阿修羅の授記とカピラ城入城」の話には，次章の考察で明らかにするが，六世紀以降の般若経の影響を受けたと見られる痕跡が窺えるので，コロフォンの有無だけで新古層を決定するのは危険であり，すべてのケースにこれを適応することはできないが，しかし新古層決定の一つの指標とはなりうるであろう。

(99) 今は仏伝に関する部分のみを考察の対象とするので，(A)と(B)とは省略する。岡野は「浄飯王の五大夢」，「父子再会」，「ヤショーダ物語」など，コロフォンを有する現在物語も後からの挿入付加と見なしている。岡野「マハーヴァストゥの形成」p. 282.

(100)　そこでこの二つを入れ替えて，先ほどの一覧を作り直すと次のようになる。

(C)燃灯仏の歴史→燃灯仏の誕生→燃灯仏の成道

(E)鹿野苑の歴史→ゴータマ降誕→アシタ仙の占相→青年期のゴータマ→武勇に秀でたゴータマ→宮殿の生活から成道まで→偉大なる出家→出家後のゴータマ→苦行者ゴータマ→マーラの誘惑→マーラの最後

(G)成道直後→龍宮訪問→羊飼によるニヤグローダ樹の布施→トラプシャとバッリカ→ウルヴィルヴァーからベナレスへ→初転法輪→マーラの誘惑→乞食の作法→カーシャパ三兄弟の出家→外道に対するダルマパダの説法→ブッダに謁見するビンビサーラ王

(F)舎利弗と目連の出家→阿修羅の授記とカピラ城入城→釈子五百人の出家→ラーフラの出家

(D)日傘物語→ヴァイシャーリーでのブッダ

(101)　たとえば，『摩訶僧祇律』の構造に関しては佐々木の研究があり，大衆部の律典『摩訶僧祇律』も Mv. と同様に内容が混乱し，他部派の律蔵に比べればその順序もかなり乱れているが，この混乱には意図性があることを佐々木は論証している。佐々木閑「『摩訶僧祇律』跋渠法・威儀法内容一覧」『花園大学研究紀要』24, 1992, pp. 1-26; 同「『摩訶僧祇律』の構造：序」『印仏研』42-2, 1994, pp. 121-127; 同『インド仏教変移論』pp. 125-169.

(102)　平川彰『律蔵の研究II（平川彰著作集第10巻）』東京：春秋社, 2000, p. 117-118; 水野『仏教文献研究』pp. 292-293.

(103)　水野はこの Mv. の記述が『摩訶僧祇律』の自具足・善来具足・十衆具足・五衆具足に対応することから，両者の密接な関係を指摘している。水野『仏教文献研究』p. 293.

(104)　ただし他の律における出家授戒の犍度部相当箇所では，仏伝の中の成道から説き始めて舎利弗・目連の出家までを説くのが普通であるが，ここでは始まりは成道からでもビンビサーラ王のブッダ謁見までが一括りとなっており，舎利弗・目連の出家が含まれていない。この点は他の律の記述と異なっているので注意しておかなければならない。

(105)　Jampa Losang PANGLUNG, *Die Erzählstoffe des Mūlasarvāstivāda-Vinaya analysiert auf Grund der tibetischen Übersetzung* (Studia Philologica Buddhica: Monograph Series 3), Tokyo, 1981. また MSVの 和訳に関しては，全訳は存在しないが，部分訳や内容の紹介などは存在する。山極伸之「根本説一切有部律犍度部の研究（2）：Karmavastu 和訳」『仏教史学研究』32-1, 1989, pp. 28-49; 同「根本説一切有部律犍度部の研究（5）：Pāṇḍulohitakavastu の内容」『仏教史学研究』35-2, 1992, pp. 1-27; 佐々木閑「チベット訳律蔵「布薩事」の内容」『印仏研』35-1, 1986, pp. 164-171; 杉本『菩薩』pp. 255-270.

第2章　文献の成立史

(1)　HUBER, "Les sources du Divyāvadāna."

(2)　LÉVI, "Les éléments de formation du Divyāvadāna." 他にも MSV をオリジナルとする研究は以下の通り。Heinrich LÜDERS, *Bruchstücke der Kalpanāmaṇḍitikā des*

Kumāralāta. Kleinere Sanskrittexte Heft 2, Leipzig, 1926, pp. 71-133; SHACKLETON BAILEY, "Notes on the Divyāvadāna," pp. 166-167; 岩本『仏教説話研究序説』pp. 135-138; 松村「聖典分類形式」p. 268.

(3) PRZYLUSKI, "Fables in the Vinaya-Piṭaka." ただここで注意を要するのは，彼が「Divy. が MSV に先行する」と言った場合の Divy. は，現在我々が手にしている刊本の Divy. ではないということである。以下，プシルスキーの論旨を紹介する。仏教以前にもインドには沢山の説話や寓話が存在したが，仏教徒達はこれらの話を布教に巧みに活用した。後にこれらの話は「仏説」と考えられるようになり，経蔵に分類される。一方で新たに創作された説話は同じ経蔵に分類されるか，あるいは別の「蔵（piṭaka）」に分類されることになるが，その選択は部派によって異なるという。ここで彼は『大智度論』の「毘尼名比丘作罪。仏結戒応行是不応行。是作是事得是罪略説有八十部。亦有二分。一者摩偸羅国毘尼含阿波陀那本生有八十部。二者罽賓国毘泥除却本生阿波陀那。但取要用作十部。有八十部毘婆沙解釈」(T. 1509, xxv 756c1-6) という記述を手がかりに論を展開し，特にマトゥラーの有部に焦点を絞って，律にはアヴァダーナやジャータカが含まれた大部なものがあることを指摘し，そのマトゥラーの有部の律に含まれるアヴァダーナやジャータカはそれぞれ avadānamālā や Jātakamālā と呼ばれたというのである。Divyāvadāna とは別に Divyāvadānamālā という文献も存在するが，Divyāvadānamālā の方は律に含まれていたものを指し，これが MSV の源泉になったと考えるのである。よってプシルスキーに従えば，Divyāvadānamālā → MSV という流れになると思われる。なお，日本で Divy. が MSV に先行するという立場を取る研究者は石上善応である。石上「Pūrṇāvadāna について」.

(4) これに関しては，すでにユベールが先述の論文で指摘しているが，彼が見落としている用例も若干あるので，煩を厭わず，ここに再度取り上げて検討することになる。

(5) Vin. i 194.18-198.10. Cf.『摩訶僧祇律』(T. 1425, xxii 415c19-416a23),『五分律』(T. 1421, xxii 144a13-c4),『四分律』(T. 1428, xxii 845b5-846a14),『十誦律』(T. 1435, xxiii 178a17-182a21).

(6) この定型句は MSV 薬事の冒頭部分にも頻出する (MSV i, v.9-10, vi.7-8, 20-21, vii. 1-2, 14-15, viii.9, 12, ix.1-2, 15, 20, x.17-18, etc.)。なおこれに類する Pāli の用法は，te bhikkhū bhagavato etaṃ atthaṃ ārocesuṃ (Vin. i 44.33-34, 53.32-33, 54.3, 12, 24 etc.) であり，Pāli 律において多用されている。

(7) この説話のこの部分に相当する漢訳は「此是縁起尚未制戒」(T. 1442, xxiii 814b23) という表現を取っているが，これと同様の表現は枚挙に暇がない。Cf. T. 1442, xxiii 653 b6-8, 654a26, b13, 28, 659c20, 726b8, 740b22, 743a7-8, 744b4, 752b6, 757c23-24, 761b17, 765a10-11, 768c13-14, 776a23, 784b11, 830b3-4, 839a26, 845c9-10, 29, 846a3-4 etc.

(8) Vin. iv 161.7-164.9. ただしその因縁譚はまったく違っている。

(9) HUBER, "Les sources du Divyāvadāna," p. 3.

(10) 以下，二つの表の中において，→印で示されているのは，その箇所も pūrvavad yāvat で省略されていることを意味し，その最後に挙げた頁数が，その定型句の原型が省略されない形で存在している箇所である。なお出典は，定型句が始まる最初の頁数・行数を示す。

(11)　Tib. の薬事には対応箇所なし。　　(12)　Divy. p. 710.

(13)　ダットの Skt. 校訂本では15頁ほど前に当たる。

(14)　Begins thus in BC: A omits *namaḥ* and writes *devo 'pi* (a page from end of xxix) *punar api* continuously. D omits the whole tale. Beginning lost? (Divy. 435)

(15)　奈良『仏弟子と信徒の物語』p. 117.

(16)　この六経品 (ṣaṭsūtrakanipāta) はシャマタデーヴァの倶舎論註にも見出されることが本庄によって指摘され，その引用文より六経品の順番と経名とが明らかにされている（本庄『倶舎論所依阿含表 I』p. iii)。それによると，(1) Daśottara, (4) Catuṣparṣat, (5) Mahāvadāna, (6) Mahāparinirvāṇa の順番は確定し，また Saṃgīti が二番目か三番目に置かれることが分かっているが，シャマタデーヴァの倶舎論註は残るもう一つの経名には言及していない。またこれを受けて岩松がトルファン出土の梵文断簡を手がかりに有部の長阿含の構成を論じており，この「六経品」の内容と順番とを，(1) Daśottara, (2) Arthavistara, (3) Saṃgīti, (4) Catuṣpariṣat, (5) Mahāvadāna, (6) Mahāparinirvāṇa と推定している（岩松浅夫「〔根本〕有部の長阿含経について」『印仏研』46-1, 1997, pp. 112-116)。ここで説かれている Mahāsudarśanasūtra は Mahāparinirvāṇa に含まれていると見ることも可能だが (Cf. Jens-Uwe HARTMANN, "Der Ṣaṭsūtraka-Abschnitt des in Ostturkistan überlieferten Dīrghāgama," Cornelia WUNSCH hg., *XXV. Deutscher Orientalistentag Vorträge*, Stuttgart, 1994 (*Zeitschrift der Deutschen Morgenländischen Gesellschaft*, Supplement 10), p. 329)，しかしこの薬事の記述からすれば，この経は独立した経として扱われており，これが「六経品」の一角を担うとすれば，「六経品」の内容と順番に関しては，まだ解決すべき問題があると松村は指摘する (MATSUMURA, *The Mahāsudarśanāvadāna*, pp. xxx-xliii)。

(17)　なお，梵文原典を翻訳する際，原典で「詳しくは～にあり」として省略されている部分を，漢訳者はそのまま翻訳するのに対して，蔵訳者はその省略された部分を補って訳す，所謂「水平化 (harmonization)」の行われることが松村よって報告されている。松村「水平化の問題」.

(18)　以下，引用は熊谷の翻刻に依る。熊谷「Gilgit 写本 Māndhātāvadāna 翻刻」.

(19)　熊谷「Gilgit 写本 *Māndhātāvadāna* 翻刻」p. 21.

(20)　以下，引用は松村の翻刻に依る。MATSUMURA, *The Mahāsudarśanāvadāna.*

(21)　またここでは梵文原典に欠損が見られるために取り上げなかったが，GBM に含まれるもう一つのアヴァダーナ，すなわち Viśvantarāvadāna も薬事から独立したものと考えられる。

(22)　出典はダットのエディションである。なお，MSV 薬事には部分的に欠損が見られるので，梵文原典がない部分は，(　) 内に Tib. 訳の北京版の出典を記したが，番号はすべて1030なので，本文ではこれを省略した。[　] に記したのは，その物語の主人公の名である。　　(23)　Śikṣ. 148.13-149.4; BCAP 168.4-169.2.

(24)　この一節は文法的に問題があり，Śikṣ. の校訂者自身，これを sic にし，これに対応する Tib. 訳に「聖なる説一切有部論者達の典籍からも（'phags pa thams cad yod par smra ba rnams kyi gzhung las kyang)」とあることから，sarvāstivādināṃ と読むべきではないかと示唆している。この漢訳である『大乗集菩薩学論』によると，「又説一切有部云」(T. 1636, xxxii 104b10) としている。ともかくこの用例は説一切有部の資料から，Divy. と MSV の間に数多くのパラレルが存在することを考慮すると，これも律から引用された可能性は充分ある。これを支持する証拠として，次章3で再び取り上げるが，この「焼けた杭に対しても」以下の一節は，『根本説一切有部毘奈耶』に起源を持つ Divy. 第36章にも見られるし，また『根本説一切有部毘奈耶雑事』にも存在することが挙げられる。したがって，これは説一切有部の律から引用された可能性が高いと言えるのである。

(25)　ここでは MSV と Divy. という二つの文献の関係に限って考察を進めてきたが，山極は MSV の Pāṇḍulohitakavastu に見られるウッタラの説話の文脈に注目しながら，MSV が Aś の説話を借用したことを論証し，これによって Aś→MSV→Divy. という流れを指摘する。山極伸之「根本説一切有部律犍度部の研究(3)：Pāṇḍulohitakavastu と Avadānaśataka の関係」『印仏研』40-2, 1992, pp. 132-137.

(26)　たとえば干潟は「大体本書は四世紀終位に成ったものと見て大過なきものであろう」（干潟『本生経類の思想史的研究』p. 112）と指摘し，岡本も Divy. を四世紀頃の成立という説を受け容れている（岡本「アショーカ王の布施と誓願」p. 139; 同「仏教在家信者の布施」p. 65)。また山崎は古代インドの社会を研究するにあたって，仏典を資料として用い，その中でも Pāli のジャータカや Divy. の用例を多用しているが，山崎はその中で Divy. を「三世紀ごろに編まれたもの」(山崎『古代インド社会の研究』p. 181) とするが，その根拠は示されていない。ヴァイディヤに至っては Divy. が現在の形態に纏まった年代を二百-三百五十年に設定する (P. L. Vaidya, *Divyāvadāna* (Buddhist Sanskrit Texts 20), Darbhanga, 1959, ix-xi)。その根拠に関しては，塚本が詳しく紹介しているが (塚本啓祥『改訂増補／初期仏教教団史の研究：部派の形成に関する文化史的考察』東京：山喜房, 1980［初版 1966], p. 128)，それらの根拠は各説話の成立に関してのみ有効であり，編纂時期はそれとは別問題である。Divy. 中の各説話の成立でさえ，そこまで古い起源を有するものは少ないと思われるが，編纂の時期を三世紀に設定するのはまったく不可能と言わねばならない。これから考察するように，Divy. が「編纂された時期」はそれほど古くは遡れない。

(27)　これは Divy. 第32章に相当し，『銀色女経』と『前世三転経』とがこの説話の漢訳に当たるが，石橋によると，『前世三転経』は『開元釈経録』以降，法炬の訳とされるものの，それ以前では失訳とされており，また『銀色女経』も『開元釈経録』以降は仏陀扇多を訳者とするが，それ以前では失訳とされており，両経の訳者に関して疑問を呈している。石橋「『ディヴィヤ・アヴァダーナ』第32章」p. 35, 注(3).

(28)　(2)の『嗟韈曩法天子受三帰依獲免悪道経』に相当する Divy. 第14章は，刊本以外では京大写本に見られるのみであるが，(10)『布施経』に相当する第34章は，ベンガル写本以外のすべての写本に収録され，(5)『月光菩薩経』に相当する第22章は現存のすべての写本に収められている。

(29)　たとえばこの写本に収められている仏典の幾つかを校訂したダットはこの写本の年代を五/六世紀とし (GM, vol. 1, ii)，またこの写本の中に収められている薬師経を和訳した岩本は「これらの写本は文字の上から西暦六世紀ないし七世紀に書かれたもの」という見解を受け入れ（岩本裕『仏教聖典選（第六巻）大乗経典（四）』東京：読売新聞社, 1974, pp. 163-164)，また渡辺はこの写本を解説する中でレヴィの見解を紹介しているが，レヴィはその書体からこの写本を六世紀前後のものと断定している（渡辺照宏「幻の写本・法華経ギルギット本：法華経原典最古の写本」『大法輪』(昭和49年7月号), 1974, pp. 94-101)。渡辺はこれに少し幅を持たせ，「かりに第七世紀に下るとしたところで玄奘と同時代ということになり，インド学研究史上において前代未聞の大事件である」とその喜びを表明している。当時としてはこれが最古の写本として学会の注目を浴びたが，それから六十年の年月を経て，新たに紀元前後にも遡ろうかという写本が発見された。そこにはこれまでにその梵本の存在が知られていなかったものも含まれており，最近その一部が校訂出版された。Cf. Jens Braarvig, *Manuscripts in the Schøyen Collection・1: Buddhist Manuscripts Volume 1*, Oslo, 2000.

(30)　確かにこの写本中に収められた密教関係の仏典の漢訳には，次に挙げるように唐代のものが目に付く。

(1)　Sarvatathāgatādhiṣṭhānasattvāvalokanabuddhakṣetrasandarśanavyūha（GM i 49-89）

『荘厳王陀羅尼呪経』（T. 1375, xxi 894）唐 義浄

(2)　Ekādaśamukha（GM i 35-40）

『十一面観世音神呪経』（T. 1070, xx 149）北周 耶舎崛多

『十一面神呪心経』（T. 1071, xx 152）唐 玄奘

『十一面観自在菩薩心密言念誦儀軌経』（T. 1069, xx 139）唐 不空

(3)　Hayagrīvavidyā（GM i 43-46）

『馬頭観音心陀羅尼』（T. 1072B, xx 170）

『陀羅尼集経巻第六』（T. 901, xviii 833）唐 阿地瞿多

(4)　Āryaśrīmahādevīvyākaraṇa（GM i 93-100）

『大吉祥天女十二契一百八名無垢大乗経』（T. 1253, xxi 253 ff.）唐 不空

(5)　Parṇaśabarīdhāraṇī（岩本裕「パルナシャバリー陀羅尼に就いて」『仏教研究』3-1, 1939, pp. 49-70)

『葉衣観自在菩薩経』（T. 1100, xx 447）唐 不空

『鉢蘭那賒嚩哩大陀羅尼経』（T. 1384, xxi 904）宋 法賢

とすればその梵本の成立は六世紀頃が妥当な線と言えよう。

(31)　Gregory Schopen, *The Bhaiṣajyaguru-sūtra and the Buddhism of Gilgit*: A Thesis Submitted for the Degree of Doctor of Philosophy in the Australian National University, 1978.

(32)　長尾佳代子「ギルギット本『薬師経』の成立：仏教大衆化の一齣」『パーリ学仏教文化学』7, 1994, p. 101. また薬師経自体の成立に関しては，次の研究を参照されたい。長尾

佳代子「薬師如来像と八支斎」『九州龍谷短期大学文化』8, 1998, pp. 1-21. なお，漢訳諸訳の関係に関して『仏書解説大辞典』の薬師如来本願経の項を見ると，「達摩笈多訳は玄奘訳に比べて古形を存し，義浄訳は玄奘訳に比べて甚だしい増広の跡を見る」と解説している。なお薬師経関係の情報に関しては，長尾佳代子女史より色々とお教え頂いた。

(33) この他にも金剛般若経などを手がかりに，この写本の成立年代を考えることも可能である。本経も GBM に収められている文献であるが，これに相当する漢訳は，

(1) 『金剛般若波羅蜜経』(T. 235, viii 748) 鳩摩羅什 (402)
(2) 『金剛般若波羅蜜経』(T. 236, viii 752) 菩提流支 (509)
(3) 『金剛般若波羅蜜経』(T. 237, viii 762) 真諦 (562)
(4) 『金剛能断般若波羅蜜経』(T. 238, viii 766) 笈多 (590)
(5) 『能断金剛般若波羅蜜多経』(『縮刷大蔵経』月9，41) 玄奘 (648)
(6) 『大般若波羅蜜多経』巻五百七十七 (T. 220, vii 979) 玄奘 (660-663)
(7) 『能断金剛般若波羅蜜多経』(T. 239, viii 771) 義浄 (703)

の七本が存在し，これらの漢訳と GBM とを比較することにより，この写本の成立をある程度限定できるかも知れないが，最古の鳩摩羅什訳から最新の義浄訳までの期間は三百年内に限られてしまうので，年代設定をするには有効ではない。なおこの Skt. 原典にはショペンのクリティカルなエディションがある。Gregory SCHOPEN, "The Manuscript of the *Vajracchedikā* Found at Gilgit," ed. Luis O. GÓMEZ and Jonathan A. SILK, *Studies in the Literature of the Great Vehicle: Three Mahāyāna Buddhist Texts.* Michigan Studies in Buddhist Literature 1 (Ann Arbor: Collegiate Institute for the Study of Buddhist Literature and Center for South and Southeast Asian Studies, The University of Michigan), 1989, pp. 89-139.

(34) 岩本『仏教説話研究序説』pp. 70-71.

(35) これと同名の『須摩提女経』(T. 128, ii 837) が宋元明版のみに支謙訳として伝わっているが，岩本によると，これは次の(3)と同一の所伝で，若干の字句が相違するのみであるという。岩本『仏教説話研究序説』p. 70.

(36) 本経は大正新脩大蔵経に単行では見られないが，岩本によると，『開元釈経録』にこの名が見え，「三摩竭経同本」と記されているとおり，説話内容は(1)とほとんど同じであるという。岩本『仏教説話研究序説』pp. 70-71.

(37) 松田和信「*Nirvikalpapraveśadhāraṇī* について：無分別智と後得智の典拠として」『仏教学セミナー』34, 1981, pp. 40-49; 同「*Nirvikalpapraveśadhāraṇī*」.

(38) 松田によると，施護の漢訳は読むに耐えない杜撰な翻訳であるとされるが，1983年に敦煌写本の中からこの文献に相当する漢訳が発見され，こちらは訳者の名前は写本の欠損により確認できないが，施護訳とは比較にならないほど良好な翻訳だという。またこの文献の原典名に関して，GBM は Avikalpapraveśasūtra とするが，松田はこの原典名を Nirvikalpapraveśadhāraṇī とする。これはスティラマティの引用に従ったものであり，確固たる根拠に基づいてはいないという。GBM のコロフォンには Avikalpapraveśaṃ nāma mahā(yā)nasūtra(ṃ) とある。松田「*Nirvikalpapraveśadhāraṇī*」pp. 92-93.

(39)　これに関しては，松村が梵本の翻訳や校訂等の詳細な研究を行っている。松村恒「梵文較量寿命経」『四天王寺国際仏教大学文学部紀要』14, 1982, pp. 59-81; Hisashi MATSUMURA, "Āyuḥparyantasūtra: Das Sūtra von der Lebensdauer in den verschiedenen Welten Text in Sanskrit und Tibetisch, nach der Gilgit-Handschrift herausgegeben," Fumio ENOMOTO, Jens-Uwe HARTMANN, und Hisashi MATSUMURA hg., *Sanskrit-Texte aus dem buddhistischen Kanon: Neuentdeckungen und Neueditionen* (Sonder aus: *Sanskrit-Wörterbuch der buddhistischen Texte aus den Turfan-Funden*. Beiheft 2, Göttingen), 1989, pp. 69-100.

(40)　ショペンの研究は，jātismara（宿命）が初期経典に見られるように禅定の修行ではなく，仏像や経典の崇拝や陀羅尼の読誦によって地獄の有情にでも獲得可能な能力として一般化していったことを審らかにしているが，そこで用いられる文献の多くが GBM 中の仏典であり，論証はしていないが，これらの文献を六/七世紀の成立と見て論を展開している。Gregory SCHOPEN, "The Generalization of an Old Yogic Attainment in Medieval Mahāyāna Sūtra Literature: Some Notes on *Jātismara*," *The Journal of the International Association of Buddhist Studies* 6-1, 1983, pp. 109-147, esp. pp. 130-131.

(41)　Lore SANDER, *Paläographisches zu den Sanskrithandschriften der Berliner Turfansammlung* (Verzeichnis der orientalischen Handschriften in Deutschland, im Einvernehmen mit der Deutschen Morgenländischen Gesellschaft hg. von Wolfgang VOIGT, Supplementband 8), Wiesbaden, 1968, pp. 159-161.

(42)　杉本『菩薩』pp. 205-211.

(43)　宮治『ガンダーラ／仏の不思議』pp. 115-116, 125-127.

(44)　宮治はこの研究で，「ガンダーラの地は，同じインド亜大陸のなかに属するとはいえ，辺境の地といえるのである。そして釈迦が訪れたこともない辺境の地であるがゆえに，「現実の釈迦にふれたい」という願望がガンダーラの仏教信者の間ではとりわけ強かった」とし，「ガンダーラには釈迦の「聖地」がないので，わざわざ「前生」といういいわけをつけて「聖蹟」を創りだしたのである。また釈迦の聖遺骸や聖遺物が実際にこの地にあることを宣伝したのである」と指摘する。宮治『ガンダーラ／仏の不思議』pp. 114-115.

(45)　無論，インド内陸，たとえばアマラーヴァティーやナーガルジュナコンダにもシヴィ王本生など，自己犠牲型の血生臭い話は存在し，またこれも含めて自らの体を火に投じて布施した兎本生も Pāli のジャータカに収められているが，しかしその例は極端に少ないことを杉本は指摘する（杉本『菩薩』p. 190, 226）。確かにこの二つのジャータカは自己犠牲を説く内容になっているが，いずれの布施も菩薩の決意を試すためにサッカが演出した状況の中でなされるものであり，兎本生の場合は兎が火の中に身を投じても，その火はサッカが化作したものであるから兎を焼き殺すことはなかったし，またシヴィ王の場合も最後は真実語をなすことで両目は元どおりになっているのである。これらと比較した場合，この後本文で触れるように，Divy. の自己犠牲型の話はかなり趣を異にする。

(46)　これに関して杉本は「このように血の匂いが漂い，非常な悲壮性を帯びたジャータカの背景には，活気旺盛な尚武の民の文化的要素が作用したことを想定せざるを得ない。それまでの平和でのどかな，動物と人間の交遊する物語を産んだ農耕民とは異質の，移動と戦闘とを生活の常態とする遊牧民の持つ思念の働きがあったものと考えられる。そして，こうした特徴が見られるのは西北インド一帯の一般的な特徴であり，それは中央アジア出身の遊牧民クシャーナ族と無縁ではなかろう」(杉本『菩薩』pp. 206-207) と指摘する。

(47) 宮治も，出典は明記していないが，『マハーバーラタ』でパンジャーブ地方やガンダーラ地方など，西北インドが残忍な人々の住む野蛮な地方とされている点を指摘している（宮治『ガンダーラ／仏の不思議』p. 18)。これを裏付ける記述は Divy. や MSV にも散見されるので紹介しよう。たとえば，これから取り上げる第22章に見られるチャンドラプラバ王の頭の布施は過去物語ではバドラシラーでなされたとなっているが，連結ではこの地がタクシャシラーに同定されているし，また第32章でルーパーヴァティーが両の乳房を自ら切り取って飢えた女に布施する舞台となるのは北路のウトパラヴァティーである。また第26章ではタクシャシラーで反乱が起こったことが二度説かれ (Divy. 371.27, 372.24)，次の第27章でも北路のタクシャシラーで反乱が起こったことが説かれる (Divy. 407.24-25)。またこの章の主人公であるアショーカ王の息子クナーラが目を抉られるのもタクシャシラーである (Divy. 409.30 ff.)。また MSV の出家事にも北路の野蛮さを示唆する記述が見られるので紹介しよう。ここではインドの各地域を東西南北に分けて次のように描写している。

buddhir vasati pūrveṇa dākṣiṇyaṃ dakṣiṇāpathe/
paiśunyaṃ paścime deśe pāruṣyaṃ cottarāpathe// (MSV iv 12.9-10, 17.3-4)
「知性は東に，応供は南路に，
両舌は西方に，そして野蛮は北路にあり」

このように，応供 (dākṣiṇya) と南 (dakṣiṇa) とを結びつけて解釈する言葉遊びが見られ，実際にどの程度当時の史実を伝えているかは疑問であるが，北路が野蛮人の住む場所として，また西方が両舌者の住む場所として理解されており，西北地方と東南地方とで明確な価値付けがなされている。さらに MSV 薬事には，ブッダがアーナンダに北路について語る中に次のような記述が見い出せる。

pañcādīnavā uttarāpathe sthāṇukaṇṭakadrumapāṣāṇaśarkaraś caṇḍakukkuro duṣṭhulasamudācāro mātṛgrāmaḥ (MSV i 2.17-19)
「北路には五つの災いがある。すなわち，(1)切り株・荊・樹木，(2)瓦礫・砂利，(3)野蛮な犬，(4)残忍な行為，そして(5)女性である」

また北路の特徴として馬との関係を指摘できる。たとえば Divy. 第35章では「北路より (uttarāpathāt) 隊商主が商品として五百頭の馬を連れて中国地方にやってきた」(Divy. 509.6-7) という記述が見られるし，また Mv. にも「北路にはタクシャシラーと呼ばれる都城があった (uttarāpathe takṣaśilā nāma nagaraṃ)。そこではヴァジュラセーナと呼ばれる組合長の息子がいたが，彼は馬で商売するために馬という商品を携えてタクシャシラーからヴァーラーナシーに行ったのである」(Mv. ii 166.19-167.1) とある。これは北路が遊牧騎馬民族と深い関係にあったことを示唆していると考えられるのである。Cf. T. 1421, xxii 1b2; T. 1448, xxiv 45c26.

(48)　この他にもジャータカではないが，第27章では，アショーカ王の息子クナーラが目を抉られるという凄惨な話が見られる。ただしこの話の最後は真実語によって彼の目がもとどおりになる。　(49)　出典に関しては第5章5を参照されたい。

(50)　HARRISON, "The Personality of the Buddha"; 下田『涅槃経の研究』p. 255.

(51)　T. 224, viii 458a16; T. 225, viii 497a24; T. 226, viii 531a24; T. 227, viii 568b14; T. 223, viii 349c3; T. 220, vi 697c25, vii 278c19, 645a3, 833c1, 906c9.

(52)　時長老阿難（中略）白仏言。世尊。有何因縁現此微笑。我惟如来所現神相。非無因縁（T. 310, xi 321a5-7）

(53)　爾時阿逸多菩薩摩訶薩白仏言。世尊。如来今者。有何因縁忽然微笑。如我意解非無因縁（T. 568, xiv 941c3-5）

(54)　Divy. 69.25-27, 73.11-13, 140.5-7, 267.5-7, 368.20-23, 569.31-570.2; Aś i 7.1-2, 12.14-15, 21.14-15, 27.14-15, 34.20-21, 40.9-10, 45.19-46.1 etc.

(55)　ブッダの本生を中心にそのジャータカを纏めると，次のとおり。

(1)三羽の鳥ジャータカ［i 271.19-283.6］鸚鵡 (2)昔の疫病［i 283.7-290.8］祭官の息子ラクシタ (3)昔の疫病［i 283.7-290.8］国王の所有する象 (4)昔の疫病［i 283.7-290.8］国王の所有する雄牛 (5)吝嗇家ジャータカ［ii 48.8-64.7］バラモンのナーラダ (6)蜥蜴ジャータカ［ii 64.8-67.14］王子ステージャス (7)首飾の布施ジャータカ［ii 67.15-68.19］ヴァーラーナシーの王 (8)雌虎ジャータカ［ii 68.20-72.15］獅子 (9)ダルマパーラ・ジャータカ［ii 76.17-82.3］祭官ブラフマーユス (10)放矢ジャータカ［ii 82.4-83.12］ヴァーラーナシーの王 (11)アマラー・ジャータカ［ii 83.13-89.11］知恵者マハウシャダ (12)シリ・ジャータカ［ii 89.12-94.14］青年僧 (13)キンナリー・ジャータカ［ii 94.15-115.5］王子スダヌ (14)シュヤーマー・ジャータカ［ii 166.14-177.3］隊商主ヴァジュラセーナ (15)チャンパカ・ジャータカ［ii 177.4-188.22］龍王チャンパカ (16)シュヤーマカ・ジャータカ［ii 209.3-231.6］バラモンの息子 (17)シリプラバ・ジャータカ［ii 234.8-237.16］鹿王シリプラバ (18)鳥ジャータカ［ii 240.18-243.20］賢い鳥 (19)亀ジャータカ［ii 244.1-245.16］亀 (20)猿ジャータカ［ii 245.17-250.13］猿 (21)鳥ジャータカ［ii 250.14-255.6］賢い鳥 (22)スルーパ・ジャータカ［ii 255.7-257.5］鹿 (23)クシャ・ジャータカ［ii 419.16-496.18］クシャ王 (24)雄牛ジャータカ［iii 28.1-29.4］牛王 (25)猿ジャータカ［iii 29.5-30.16］猿の頭 (26)猿ジャータカ［iii 31.1-33.7］猿の頭 (27)プンヤヴァンタ・ジャータカ［iii 33.8-41.12］王子プンヤヴァンタ (28)ヴィジタ一ヴィン・ジャータカ［iii 41.13-47.9］ヴィジターヴィン王 (29)五百比丘ジャータカ［iii 67.8-90.10］馬王ケーシン (30)鳥ジャータカ［iii 125.5-129.17］鳥王スパートラ (31)牝象ジャータカ［iii 129.18-137.16］子象 (32)ナリニー・ジャータカ［iii 143.8-152.19］聖仙と雌鹿の子エーカシュリンガ (33)パドマーヴァティー・ジャータカ［iii 153.1-170.10］聖仙マーンダヴヤ (34)ガンガパーラ・ジャータカ［iii 182.4-197.4］祭官の息子ウパカ (35)ダルマラブダ・ジャータカ［iii 286.9-300.9］隊商主ダルマラブダ (36)カウンディンニャ・ジャータカ［iii 349.4-353.13］コーサラの王 (37)五人衆ジャータカ［iii 353.14-356.19］隊商主 (38)クシャーンティヴァーダ［iii 356.20-361.3］聖仙クシャーンティヴァーダ (39)サラバンガ・ジャータカ［iii 361.4-375.12］祭官の息子ヤジュニャダッタ (40)アリンダマ王ジャータカ［iii 449.1

1-461.10］祭官の息子シュローナカ．

(56) MSV から Divy. に説話を借用する際の意図に関しては，第4章1で詳しく考察する。

(57) 編纂意図も問題にすべきだったかも知れない。しかし，十世紀前後といえば，インド仏教は衰退の一途を辿り，消滅寸前の時期であるから，インド仏教史を考える上で，Divy. の編纂意図を問題にすることにはあまり意味がないと思われるので，ここではその問題に立ち入らなかった。

第3章　定型句を巡る問題

(1) 出本「Avadānaśataka の梵漢比較研究」pp. 30-31.　(2) 前掲書 pp. 31-59.

(3) なお，有部系の文献に見られる定型句の問題を総合的に考えていくには，さらに Tib. 訳の有部律の出典も必要になってくるが，これに関してはその訳出年代が漢訳と比べればかなり遅いし，またこれまでの翻訳研究から，Tib. 訳と Skt. の MSV とは内容的に極めて近く，大きな相違点が見られないことから，今回の考察では Tib. 訳は取り上げない。Cf. 平岡「如来の語源解釈」; 同「世尊を賞賛する婆羅門の因縁譚」; 同「餓鬼界遍歴物語」; 同「町の洗濯婦による布施物語」.

(4) Divy. 20 (290.2) と32 (469.21) では，例文をベースに大幅な増広の跡が見られ，その増広の仕方は両者で共通している。また Aś と比較すると，ブッダの滞在した場所の説かれる位置が異なる。すなわち，Divy. では例文に示したように前半に置かれるのに対して (ただし Divy. 11 (136.2) は例外)，Aś では後半に置かれているのが特徴である。Divy. の三話 (11 (136.2)，20 (290.2)，32 (469.21)) では，この定型句の前に evaṃ mayā śrutam が付される。

(5) 結語も基本的には上記の例文どおりであるが，Divy. の三話 (20 (298.19)，22 (328.17)，32 (481.21)) では聴衆として比丘以外に「天・龍・夜叉」等の有情が併記され，また Divy. 30 (461.7) では聴衆が比丘ではなく「一切の世間 (sarve lokā)」となっている。Divy. 37 (586.7⁻) では idam avocad bhagavān を欠く。また Aś の第37話と第41-52話の結語は，例文に比して若干の増広が見られる。

(6) 漢訳ではこの定型句の後に「ブッダの足を頭に頂いて礼拝して (or ブッダに礼拝して) から立ち去った」という一節を付す用例もある。Cf. xxiii (891c13) xxiv (357a8, 369b14, 377b18).

(7) Divy. と MSV とにおいて，āḍhyo mahādhano mahābhogo の三つの形容は必ず用いられるが，後半の三つの形容句は省略されることがあり，特に vistīrṇaviśālaparigraho と vaiśravaṇadhanasamudito とは省かれることが多い。

(8) 漢訳にもこの定型句は多数存在するが，このうち「毘沙門天」との比較において裕福さを強調するものは下線を施した用例で，数的には全体の四割弱程度であり Skt. の用法との間に若干の相違が認められる。Skt. でも「毘沙門天」に言及する部分が省略されることは前注で指摘したとおりであるから，この部分の成立は遅い可能性がある。

(9)　(x)から(z)までの要素で，(x)はすべての用例に見られるが，その後の要素は省略されることがある。また(z)以降の要素では Aś において三つの系統があることを出本は指摘しているが（出本「Avadānaśataka の梵漢比較研究」p. 34)，Divy. では Aś に見られなかった(d)という新たな表現がこれに加わっており，この部分に関しては Aś を発展させた形跡が Divy. において認められる。

(10)　刊本ではこの定型句が(x)-(y)-(z)-(a)と校訂されているが，これは校訂の間違いで，写本では(x)-(y)-(z)-(c)となっているとの指摘を出本充代女史より頂いた。

(11)　漢訳の内容を詳細に見ていけば，(x)から(y)と(a)から(d)までの要素から成り，その順番も各定型句で異同が見られるが，定型句によっては(x)の成分の中に(y)が入り込んでいたり，また同じ(x)の中でもその順番に入れ替わりがみられることから，これを各成分毎に分類することは余りに煩瑣になるために，ここでは一括して漢訳の出典を記す。

(12)　この定型句に関しては異同が多い。Divy. や MSV に見られる用例では，まず前半の apagata ..... pariṣiktaṃ までは共通して説かれるが，その後の形容句の順序が不統一で，場合によっては省略されることがある。Aś では apagatapāṣāṇaśarkarakaṭhallam vyavasthāpitaṃ に相当する部分はかなり一致して説かれており，その後の形容句は概ね Divy. 等の表現に内容的には一致するが，単語レヴェルでは定型句と見なすほどの類似性を示していない。したがって出本はこの表現を定型句としては見なしていない。それからこの表現の最後には ramaṇīyam という形容詞が付されることが多いが，Divy. 19 (286.11) では ramanīyam の代わりに「ナンダナ園の遊園の如く（nandanavanodyānasadṛśā)」という表現が使われ，また MSV vii の三例では ramaṇīyam に続けて，「神々のナンダナ園の遊園の如く（devānām iva nandanavanodyānam)」という形容句が付け加えられる。

(13)　Aś ではこの定型句にほとんど異同は見られないが，Divy. および MSV では(a)-(b)と(a)-(c)という二つのパターンが見られ，また pūrvavad yāvat などで省略されることもあり，さらに話の展開によっては下線を施した paricārayati や saṃvṛttā の後に定型句 3-E（賢女の五不共法)，3-F（妊娠を報告する妻と喜ぶ夫)，3-G（妊婦の保護)，あるいはその他の文章が挿入されることがある。またこの定型句の特徴として，王が王妃と交わって妊娠し出産する時にこの定型句が使われると，最初の一文，すなわち tena sadṛśāt kulāt kalatram ānītam は用いられない。Cf. MSV vi（27.22, 33.26）vii（4.22, 5.3, 110.33, 111.15, 115.31, 119.18, 178.27).

(14)　この定型句も Skt. と漢訳との間で幾つかの相違が見られるが，その中でも特にここでは妊娠期間に注目してみたい。すなわち，Skt. では妊娠期間を「八，九ヶ月」とし，これに関して例外はない。ところが漢訳の定型表現を見てみると，Skt. と同じ内容の用例は下線を施したわずか三例のみであり，後は妊娠期間に言及することなく「結婚して久しからずして（or 月満ちて）子供を生む」とする用例がほとんどである。また期間に言及するものでも九ヶ月（xxiii 654c1）や十ヶ月（xxiv 65a2, 103c26, 174a11）が主であり，漢訳では「八，九ヶ月」という表現の方がむしろ例外的用法となっている。ではこの定型句とは関係なしに，漢訳の有部律において妊娠期間がいかに説かれているか，その用例を蒐集してみると，結果は次のとおりである。

九月：xxiii（628c29, 691c6, 869c11, 887c1, 893a27）xxiv（7c13, 236b12）

十月：xxiii（1023b15, 1049a11）xxiv（60c6, 71a15, 105c1, 13, 106c19, 160b16, 298a6）

月満：xxiii（631c11, 679b22, 708c12）xxiv（8a16, 23a3, 24b9, 57c1, 161a22, 267a11, 307b22, 361a20, 28, 376c7）

このように，定型句以外の箇所では妊娠期間を「八，九ヶ月」とする用例は存在しないが，ではこの差異をいかに考えるべきであろうか。ここでは一つの仮説を提示してみたい。後から漢訳諸律や Mv. における妊娠期間の用例を紹介するように，インドにおいては妊娠期間が九ヶ月か十ヶ月であったと推定されるが，ある時期に説一切有部内において，受胎から出産までの状態が教理的に体系化されるようになった。『根本説一切有部毘奈耶雑事』ではブッダが「入母胎経」を説く箇所があり，そこでは一週間毎に胎児の成長が詳細に記されているが（T. 1451, xxiv 253a21-256b9），これによると受胎から出産までの期間を三十八週と規定する（これと同内容の竺法護訳『胞胎経』（T. 317, xi 886 ff.）も妊娠期間を三十八週とし，『雑事』と同じ理解を示す）。これは二百六十六日に相当するが，月で換算すると八ヶ月と二十六日となり，「八，九ヶ月」という数字に近くなる。つまり本来は説一切有部も妊娠期間を九ヶ月乃至十ヶ月とする立場を取っていたが，後に妊娠期間が整備・体系化され，三十八週という数字に落ち着くと，今度はそれを元に妊娠期間を「八，九ヶ月」と変更せざるをえなくなったと考えられる。漢訳においては三つの用例だけが妊娠期間を「八，九ヶ月」としていたが，これは妊娠期間が三十八週に整備された後の伝承を受けて書き直された可能性が高い。なお妊娠期間を巡る梵本と漢訳との齟齬に関しては，大妻女子大学教授・松村恒先生より「翻訳によっては，インド原典を直訳するよりも，自国の慣用表現の方が優先する可能性があるのではないか」という旨の御指摘を頂いた。日本でも妊娠期間といえば「十月十日」とするようにである。ただこの漢訳を義浄の意訳と決定することも現段階ではできないので，ここでは一応，梵本と漢訳との間に差異を認めておくが，先生の御指摘自体は考慮すべき重要な点である。

(15)　下線で示した用例のみが Skt. によく一致し，その他の用例は「結婚したが子供ができなかった」とする前半部分にしか対応しない。

(16)　この定型句で言及される神々に若干の異同は認められるが，基本的にはどの用例も同じものと考えられる。

(17)　これも下線で示した用例のみが Skt. によく一致する。

(18)　連声や接続詞の有無等を除けば，この定型句は各用例において安定した形で用いられている。なお三事和合によって妊娠を説明する部分はニカーヤに平行文が存在し（MN ii 157.1-3），順番は違うが，倶舎論にも引用されている（AKBh 121.23-25）。Cf. 本庄『倶舎論所依阿含表 I』pp. 32-33.

(19)　いずれの用例も Skt に比較的近い内容で説かれている。

(20)　表現は若干異なるが，(5)の条件と同様の記述が倶舎論にある。

sacet pumān bhavati mātur dakṣiṇakukṣim āśritya pṛṣṭhābhimukha utkeṭukaḥ

saṃbhavaty atha strī tato vāmakukṣim āśrityodarābhimukhī/ (AKBh 126.27-28)
もし男ならば，母の右の脇腹に依り，背中を向いて蹲坐して生まれる。一方，女ならば，〔母〕の右の脇腹に依り，腹を向けてである。

(21)　いずれの用例も賢女の不共法を五つとする点では共通しているが，その内容に注目すれば，若干の相違が見られる。下線の用例だけはSkt.と一致するが，その他の用例では，Skt.の(3)と(4)とを併せて一項目とし，その代わりに(5)を「男児を妊娠したことを知る」と「女児を妊娠したことを知る」という二つに分けて五項目とする。

(22)　この定型句も概ね同じ形を保持しているが，大きな相違点は，下線部分を欠く用例が三つあるということである。Cf. Divy. 1（2.8）8（98.22）; MSV iv（160.10）.

(23)　二つの用例は下線の表現を欠く。Cf. MSV v（63.20）vii（134.7）.

(24)　この定型句は細かな点で異同が多い。abhirūpa darśanīya prāsādika という最初の三つの形容詞は男女の区別なく用いられるが，女児が生まれた時にはこの三つと最後の sarvāṅgapratyaṅgopeta とで赤子を形容するか（Divy. 13（167.16）35（515.16）），あるいは最初の三つの形容詞だけの用例もある（MSV v（63.26））。男児が生まれた時には例文に示したような形容句が列挙されるが，このうちDivy.やMSVでは uccaghoṣa や最後の sarvāṅgapratyaṅgopeta が省略されることがある。

(25)　下線で示した用例は，Skt.のように，皮膚や頭や腕など具体的な身体の部分に言及することなく，ただ一般的に容姿端麗であることを説くもので，Skt.の定型句の最初の abhirūpo darśanīyaḥ prāsādikaḥ にのみ相当する部分の訳のように思われる。

(26)　Divy.やMSVでは誕生の儀礼に関して，冒頭の trīṇi saptakāni ekaviṃśati divasāni という表現が定型化しているが，Aśでは例外なくこの表現が見られない。無論これが省略されることもあるが，この表現の有無がDivy.やMSVとAśとを分ける指標になる。命名に関しては，それが主人公でない場合，実際の名前に言及せず，「家に相応しい名前が付けられた（kulasadṛśaṃ nāmadheyaṃ vyavasthāpitam）」等とする用例も幾つか存在する。長者などの子供の場合は，親戚の者達が命名に関して助言をするが，王子の場合は大臣達がその役割を担う。

(27)　下線を施した用例は「三七・二十一日」に言及しないものである。

(28)　Divy.やMSVの用例では，前半の「八人の乳母」に関する記述を欠くものがある。

(29)　下線で示した用例は「八人の乳母」のみに言及し，Skt.のように具体的な内容の説明をしないものである。また乳母の内容に注目すると，Skt.と漢訳との定型句の間に乳母の順序や役割に関して相違点が見られるので，その内容と順番とを列挙しておく。

xxiii（629a4, 691c16, 869c19, 887c6）：授乳・襁褓・洗浴・遊戯
xxiii（1049a21）：懐抱・乳食・洗浴・遊戯
xxiv（8a18）：抱持・飲乳・洗濯・遊戯
xxiv（24b13）：授乳・洗濯・懐抱・戯楽
xxiv（184c12）：与乳・常抱・洗衣・共戯

授乳と遊戯とに関しては各定型句で共通しているが，その他の項目に関しては異同が見られる。

(30) 「初等算数 (saṃkhyā)」「算術一般 (gaṇanā)」「筆算 (mudrā)」の訳語は次の研究を参照した。林隆夫『インドの数学／ゼロの発明』(中公新書1155) 東京：中央公論社, 1993, pp. 99-105.

(31) この定型句の最後の「八つの鑑定術」に関しては, 各用例の間で混乱が見られる。まず各資料で八つの項目すべてを列挙するものは三例 (Divy. 8 (99.29); MSV iii (19.21) vii (135.14)) のみで, 各項目の順序は一定していない。なおこの用例は Aś には存在しない。MSV (162.11) の用例に関しては拙稿を参照。平岡聡「Divyāvadāna 第1章の文献学的問題点：根本説一切有部毘奈耶との比較」『印仏研』42-2, 1994, pp. 138-139; 同「餓鬼界遍歴物語」p. 81, 注 (14).

(32) 前出の「子供の成長と学習」に加え, 王子の場合はさらに学習する内容が増えるが, この用例も Aś には見られない。各項目には若干の異同が認められるが, 概ね同内容である。

(33) こう妻に告げて夫は商売に出掛けるが, 夫はその途中で命を落とすのが普通である。また出掛ける先は, 陸上と海上の二つのパターンがある。

(34) Divy. や MSV にはなく, Aś に独自の記述として, 天子がブッダに近づく際の描写に「珠宝を頂髻にちりばめ, サフラン・タマーラの葉・スプリッカー等を体に塗り込み (maṇiratnavicitracūḍaḥ kuṅkumatamālapatraspṛkkādisaṃsṛṣṭagātraḥ)」という表現が見られる。

(35) Divy. 31 (462.16) と MSV i (70.5) と Chi. xxiv (52b12) とはパラレルであるが, ここでは下線を施した部分が預流果を得たバラモンの喜びを表現するのに用いられている。

(36) Skt.に相当する漢訳を見てみると, その訳から見て, 漢訳の準拠した原典においてはこの定型句が定型句として成立していなかったか, あるいは成立していても定型句として意識されていないような印象を受ける。Cf. xxiv (54b3, 122a28, 165a13, 216c23).

(37) 如来の十号は部分的に省略される用例が少なからず存在し, またカーシャパ仏の時代を説明する asminn eva bhadrakalpe viṃśativarṣasahasrāyuṣi prajāyāṃ という表現も省かれることがある。また ⁺印を付した用例では, vidyācaranasaṃpannaḥ の前に, tathāgato 'rhan samyaksaṃbuddho が付加されている。また, Aś の用例にはほとんどの場合, bhūtapūrvaṃ の後に atīte 'dhvani が付される。

(38) ヴィパッシン仏の時代を説明する場合, (a)「九十一劫の昔」とするものと (b)「人寿八万歳の時」とするものとがあり, 二つを同時に説く用例は存在しない。なおカーシャパとヴィパッシン以外の過去仏の用例は以下のとおりである。

Divy. 17 (226.16, Sarvābhibhū) 18 (242.1, Kṣemaṅkara: 246.5, Dīpaṅkara) 27 (418.22, Krakucchanda); MSV v (28.14, Śikhin: 28.23, Viśvabhuj: 29.4, Krakutsunda: 29.13, Kanakamuni) vi (161.11, Aranābhin); Aś 76 (34.10, Kanakamuni); Chi. xxiv (137a9, Aranābhin: 222c6, Krakutsunda).

(39) 漢訳の定型句では Skt. の用例と違い,「九十一劫の昔」と「人間の寿命が八万歳の時」とを同時に説く用例もある。また下線を施した用例は「人寿八万四千歳の時」とする。

(40) 唯一，Divy. 37 (582.6) の用例において，独覚の形容に khaḍgaviṣāṇakalpa という表現が余分に用いられている。

(41) 倶舎論の業品ではこの「為された (kṛta)」と「積み上げられた (upacita)」とが区別して用いられる（以下，玄奘訳に従い，kṛta は「造作」，upacita は「増長」と訳す）。

kṛtaṃ copacitaṃ ca karmocyate/ kathaṃ karmopacitaṃ bhavati/ pañcabhiḥ karaṇaiḥ (→ kāraṇaiḥ)/

saṃcetanasamāptibhyāṃ niṣkaukṛtyavipakṣataḥ/

parivārād vipākāc ca karmopacitam ucyate// 120// (AKBh 271.19-21)

造作業と増長〔業〕とが説かれる。いかにして増長業となるのか。五つの原因によってである。

熟慮と円満とによって，後悔と対治とがないことによって，

助伴と異熟とによって，増長業と言われる。

以下，AKV (435.20 ff.) の説明も参考にしながら，増長業に関する長行の説明 (AKBh 271.22-272.3) を意訳して纏めると次のとおり。

(1) 熟慮 (saṃcetana)：よく考えておこない，意図せずにうっかりやってしまったのではないこと。

(2) 円満 (samāpti)：有情を他趣へ導くための諸条件が完全に揃った充分な業であること。

(3) 後悔と対治とがない (niṣkaukṛtyavipakṣa)：その業をおこなっても後悔の念がなく，またその業に対抗する悔過等の能対治がないこと。

(4) 助伴 (parivāra)：ある業をおこなってから，それを喜ぶこと。

(5) 異熟 (vipāka)：異熟をもたらすことが決定していること。

これらと逆の場合が「造作業」と言われるが，これからも分かるとおり，「積み上げられた業（増長業）」の方が「為された業（造作業）」よりも，内容的に堅固な業であることが分かる。

(42) この定型句は現在物語が説かれ，そしてそこに登場する人物の過去物語が説かれる導入として用いられる。用例によっては，下線を施した部分が単に「～は世尊にこう申し上げた」等とする用例もあるが，総じてこの最初の部分は有部系の文献に特徴的な表現と考えられる。また，あまりに頻繁に使われるために，pūrvavad yāvat 等で省略されることが多いのもこの定型句の特徴である。ところで，この定型句に続いて説かれる過去物語は通常アヴァダーナであるが，ジャータカが説かれる前にも，この定型句の下線部分が随所で見られる。ここではジャータカが説かれる際の下線部分の用例は省略したことを断っておく。

(43) Skt. にせよ漢訳にせよ，この定型句はかなりの用例数を数え，またその内容も省略されることが多いが，この事実はこの定型句が有部系の文献（なお『十誦律』には類似の用例が見られない）においてかなり一般化した用例であることを物語っており，また他部派の広律文献等にはこれと同類の用例を確認できないことから，この定型句は極めて有部的色彩の濃い用例と言える。なお，ジャータカタイプの説話にもこの定型句が用いられ

ることがあるが，ここではその用例を拾わず，アヴァダーナ説話の導入として用いられる用例の出典のみを記している。

(44)　前出の定型句「業報の原理」の後に，過去物語と連結とが説かれるが，連結の後でここに挙げた「黒白業」に関する訓誡が説かれる。訓誡の内容は過去物語の内容次第で他のパターンも存在するが，この黒白業に関する訓誡が一番多く使用され，したがって定型句化している。MSV ではこの定型句が pūrvavad yāvat 等で省略されるケースが目立つ。

(45)　この定型句も他の定型句と比較すれば，その数は際だって多く，また他部派の文献に見られないことから，これも有部特有の用例と言える。

(46)　自ら出家を表明する場合，このような内容の文言になるが，第三者が出家を希望する者を連れて，ブッダに彼を紹介する場合，連れてきた者が出家希望者を「彼は出家して具足戒を受け，比丘になることを望んでいます」と紹介するのみで，「梵行を修する」ことには言及しない。

(47)　Aś にはこれに類する定型句が二つしか存在せず，最後の偈文は説かれているが，それ以前の部分はシンプルである。また Aś 61（347.7*−）では，ehi kumāra cara brahmacaryam iti に続いて偈が説かれ，その後で散文が説かれている。

(48)　下線で示した用例が Skt. に近い内容を保持している。

(49)　この定型句では，下線部分が Divy. や MSV において省略されることが多い。

(50)　下線で示した用例には，Skt. の定型句には見られない表現「三明六通具八解脱得如実知。我生已尽。梵行已立。所作已弁。不受後有（用例によってはこの八解脱の代わりに「四無礙弁」が使われる［点線で示した用例］。なおその表現形態は用例によって若干異なるが，内容は同じと見てよい）」が付加され，Skt. の定型句の伝承とは少し異なった内容となっている。

(51)　Divy. や MSV では若干の用例を除き（Divy. 21（313.10, 声聞と独覚）; MSV vii（160.2, 独覚））この定型句は阿羅漢に関して説かれるのが普通だが，Aś では41（244.16, 阿羅漢・声聞・独覚），44（255.5, 声聞・独覚），94（159.13, 声聞・独覚）とあり，阿羅漢に関して説かれることの方が稀である。

(52)　Divy. 21（313.10）に相当する Chi. xxiii（814b1 ff.），Divy. 13（190.8）に相当する Chi. xxiii（859b13 ff.），そして MSV vii（205.17）に相当する Chi. xxiv（202c29 ff.）を見てみると，この定型句，あるいはそれに類似する表現は見られない。

(53)　この定型句は一から十までの数字で仏の徳を形容するのが特徴であるが，具体的な内容に関しては若干の異同がある。たとえば Divy. 8（95.11）の用例では，「四無畏によって自信に溢れ（caturvaiśāradyaviśārada）」，「五蘊より解脱し（pañcaskandhavimocaka）」，「六処を破し（ṣaḍāyatanabhedaka）」，「七禅定を資具として与え（saptasamādhipariṣkāradāyaka）」，「九つの結使を離れ（navasaṃyojanavisaṃyojanaka）」等の項目が追加されているし，数に関係ない形容句「大いなる雄々しさによって優れた獅子吼をなし（udārārṣabhasamyaksiṃhanādanādin）」という表現も見られる。また Divy. 19（264.25）でも数字の四の項目中に「四無畏によって自信に溢れ（caturvaiśāradyaviśārada）」が付加される。上記の例文が標準であるが，最初の atrāntare nāsti kiñcid buddhānāṃ bhagavatām ajñātam adṛṣṭam aviditam avijñātam だけが用いられる用例（Divy. 13 (181.17); MSV vii (31.23, 136.12)）も存在する。

(54)　梵文の用例ではこの定型句の最後に偈頌が一つしか説かれないが，漢訳ではこの部分が通常三つ説かれることになっている。

仮使大海潮　或失於期限　仏於所化者　済度不過時
如母有一児　常護其身命　仏於所化者　愍念過於彼
仏於諸有情　慈念不捨離　思済其苦難　如母牛随犢

梵文に相当するのは最初の一偈だけであり，後の二偈は梵文には見られない。ただし漢訳でも xxiv (211b2, 355b10, 367c7) の三例では上記のうち第二偈が省略されている。

(55)　この定型句に異同は少なく，安定して使用されており，ブッダに対して用いられるのが普通であるが，MSV vi (111.26) では成道直前のブッダ，すなわち菩薩に対して用いられている。また同じブッダの形容でもこの定型句とは違った内容のものが Divy. に見られる。

adrākṣīn mākandikaḥ parivrājako bhagavantaṃ dūrād evānyataravṛkṣamūlaṃ niśritya suptoragarājabhogaparipiṇḍīkṛtaṃ paryaṅkaṃ baddhvā niṣaṇṇaṃ prāsādikaṃ pradarśanīyaṃ śāntendriyaṃ śāntamānasaṃ paramena cittavyupaśamena samanvāgataṃ suvarṇayūpaṃ iva śriyā jvalantaṃ (Divy. 516.9-13)

遊行者マーカンディカは，清らかで，見目麗しく，諸根は寂静で，心も静まり，最高の心の寂静を具え，黄金の柱の如く，目映いばかりに光り輝いている〔世尊〕が，ある木の根元に身を寄せ，眠っている龍王が食物を〔内にして〕蜷を巻く〔ように〕結跏趺坐しているのを遠くから見た。

(56)　これは定型句の後半に前出の「ブッダの相好」を組み込んだもので，ブッダが弟子達を連れて遊行する様を形容する定型句となっている。

(57)　Divy. 19 (265.15) の用例では，光が消える場所によって記別の違いを説明する箇所が欠けており，また MSV vii (161.21, 173.28) ではこの定型句の末尾にある「諸仏は妄りに微笑しない」ことを説く世尊の言葉が存在しない。

(58)　Skt. と漢訳とでは，光明の帰入を受けてアーナンダがブッダに質問する場面の表現形態が違っている。すなわち，Skt. ではいきなりアーナンダが一つの詩頌を以てブッダに質問し，さらに三つの詩頌を説いて微笑の意味を尋ねているが，漢訳ではまずアーナンダが「ブッダたるもの因縁なくして微笑を示されることはありません」との前置きがあり，続いて四つの詩頌が纏めて説かれているが，この点が大きく異なる。なお下線で示した二例は例外。

(59)　表現形態や内容の配列という点から見れば，これは定型句として完成されているとは言えないが，内容的には共通している。この定型句はブッダが意を決して敷居に足を降ろした後，(1) 大地が六種に振動，(2) 東西南北中央周囲における大地の上下動，(3) 空中での希有法（広大な光明の出現と神による華や香の散布），(4) 大地の平坦化，(5) 動物の鳴き声と楽器の演奏，(6) 障害も持つ者の健常化等，という六つの部分から成るが，その順番には混乱が見られ，また六つの要素すべてが各定型句で説かれているわけではない。

また下線部分は各用例とも不統一である。

(60) この定型句は内容的に異同はないが，表現面ではかなりのばらつきが見られる。またこの定型句には世尊の起こした世間の心を察知する有情として，「虫や蟻」に言及するものと「神々」に言及するものと二つの系統があるが，破僧事ではこの定型句一つの中で両者が言及されており，またこれに基づいてさらに大幅な増広の跡が見られる。また Aś の用例では dharmatā khalu 以降の定型句がなく，すべて前半の一文のみしかないので，Aś ではこれが定型句化していなかったようである。

(61) 下線の用例では，この定型表現に続いて，「仏が出世間の心を起こした時には，声聞や独覚でも仏意を知ることができない」という一節が付され，Skt. にはない表現をとる。

(62) Divy. 2 (50.21) 12 (154.15) と MSV vii (40.22) とに相当する漢訳 xxiv (15c29 ff., 162a1 ff., 330b29 ff.) には，この定型句が見られない。

(63) MSV v (47.8, 53.8) はこれをベースにして大幅に増広されている。

(64) *印で示した用例はいずれも「知而故問」という Skt. の定型表現に相当する訳の後で「如前広説」等とするが，これで何が省略されているのか分からない。ひょっとしたら，Skt. の表現が例で挙げたような形に纏まる前には，もう少し詳細な表現を取っていた段階があったのかも知れない。

(65) 用例の数こそ少ないが，その表現形態は単語レベルで統一されている。

(66) このうち，xxiv (156a25, c19) の用例では，主語が「菩薩」ではなく，「王」になっているが，この「王」はブッダの本生であるから，内容的には「菩薩」である。

(67) この定型句に続き，在家信者は食事の招待をブッダや仏弟子に申し出るのが普通であり，次の定型句 9-B (食事に招待されるブッダ) へと連続していくが，Aś の二つの用例 (25 (140.6⁻) 26 (145.3⁻)) では，食事に招待されたブッダが食事を食べ終わった後，9-B の定型句の末尾にある dharmaśravaṇāya に引き続いてこの定型句が用いられているが，その場合は前半が省略され，下線部分から始められる。また*⁺印を付した用例ではかなりの増広が見られ，これとは別の定型句として処理した方がよいのかもしれない。

(68) ブッダを食事に招待することを表明するだけの用例は以下のとおり。Divy. 13 (188.2, 17, 189.8); MSV i (1.6, 225.11, 17, 226.18, 227.15, 228.20, 263.10, 283.15) vii (148.4). またこれに類似した表現として，資具受容の申出を表明する用例は次のとおり。Divy. 7 (89.11) 8 (93.21) 19 (283.13, 284.4); MSV i (26.12, 43.10, 89.4, 233.1) v (18.4, 24.35, 25.10) vi (170.20, 178.19) vii (26.1, 8).

(69) 例文はあくまで最も典型的な形のもので，この定型句にはかなりの異同が認められる。そしてこの定型句で特徴的なのは，例文をもとにして，話の展開により，定型句の随所に付加的な話が挿入される点にある。また MSV や Divy. に比べて Aś の用例は少なく，表現も素朴である。

(70) 漢訳でも Skt. の定型句同様，話の展開によって定型句の随所に付加的な話が挿入されることが多い。なお，ここでは食事の招待に関する用例だけを拾っており，この定型句と前半部分が共通する資具受容の申し出を表明する用例は挙げていない。

(71) この定型句では説法の対象が在家者であり，それを聞いた在家者は預流果を獲得するのが普通であるが，説法の対象が聖仙である場合（Divy. 2（48.12, 49.11）; MSV i（262.11））には，その果報が不還果になる。また dharmadeśanāṃ kṛtā の後，yāṃ śrutvā 以下が pūrvavad yāvat で省略される場合には，一例を除く六例（Divy. 31（462.9, 463.17）; MSV i（54.1, 58.12, 69.20, 71.12））に「有身見という山」の形容句として「無始の昔から積み上げられてきた（anādikālopacita）」という一節が見られる。この場合，「二十の峰が突き出た（viṃśatiśikharasamudgata）」という通常の形容句は文中には現れないが，それは pūrvavad yāvat で省略されているのか，あるいは「無始の昔から〜」という形容句に取って代わられているのかは判断できない。

(72) Aś 27（148.15⁻）50（282.8）51（292.10）52（296.14, 300.6⁻）54（310.15）60（342.9）では最後の sākṣātkṛtam の代わりに（anu）prāptam が用いられている。

(73) 下線の用例は「二十の峰が突き出た有身見という山を智の金剛杵で粉砕し」に言及しない用例，また点線の用例は「有身見」には言及するが，それを「二十の峰が突き出た」で形容しない用例を示す。

(74) この定型句も破僧事（MSV vi（198.10）vii（167.14））において増広が認められる。

(75) (a)-(b) のパターンは，天子（女）が天に生まれ変わった直後，4-A（天子（天女）の御礼参）に続いて説かれ，この後に 4-B（天子（天女）の帰還）が続く。つまり 4-A と 4-B との間に挟まれる形でこの(a)-(b)が説かれるのが普通である。

(76) この用例も仔細に検討すれば，Skt. 資料と漢訳の有部律との間で重要な違いが見えてくる。優婆塞（優婆夷）になることを表明する最後の部分に注目してみよう。まず Skt. の定型句では，その条件が三帰と浄信（abhiprasanna）という二つであることが分かる。しかし漢訳の用例を見てみると，この浄信に言及する用例は下線を施した二例のみであり，その他の用例にはまったく存在しない。これに対し，漢訳の用例では Skt. になかった「五戒の遵守」が登場する。要するに，在家信者になることの条件が，同じ有部系の資料でも Skt. 資料と漢訳資料とで，三帰は共通するものの，「浄信」か「五戒」かという二極に分かれることになるのである。これも時代差を反映したものなのか，あるいは同じ有部でも地域差を反映したものなのかが問題になる。さらなる考察が必要である。なお，漢訳の定型句の内容を整理すれば次のようになる。

(a)-(b) xxiv（198b19）; (a)-(b)-(d) xxiv（16b16）; (a)-(c) xxiv（44b17）; (a)-(d) xxiii（720a25, 813c13, 836c7）xxiv（14c17, 27a28, 30b25, 192b12, 395c22）; (a)-(d)-(b) xxiii（673c29, 895a11）xxiv（193a3, 225a22, 243a24）; (d) xxiv（38b18, 130c16, 131a3, 136c21, 139b10）.

(77) 聞法の果報の内容や順番に関しては，各定型句でかなりの混乱が見られる。Divy. と MSV とで必ず説かれるのは，例文で挙げた四果・三菩提・三宝の三要素であるが，Divy. ではこれに四善根が加わることが多く，また三帰・学処などが付加される用例もある。

(78) xxiii（875b18）の用例では，「無上正等菩提に心を起こす」の代わりに「発趣大乗」という表現をとる。

(79) 以下，漢訳のナンバーと巻数とは省略する。また引用文の出典以外は，頁数と行数のみを記す。

(80) taiś ca bhagavān anupaliptaḥ padmam iva vāriṇā (Divy. 290.10-11, 470.3).

(81) anaṅgaṇo śreṣṭhi āḍhyo mahādhano prabhūtacitropakaraṇo (Mv. ii 271.13-14).

(82) Cf. DN i 211.8, ii 146.29, 170.5; MN i 377.17, ii 71.27; AN iii 215.5; MPS 304 (34.1).

(83) 同様の表現は Mv. において幾つか存在し (Mv. i 271.21, 283.15, 288.15, 352.5, ii 67.21, 177.11, iii 125.12), 定型化した表現となっているが, すでに見た Pāli 文献と同様の簡素な用例も存在する (Mv. i 287.1, ii 77.7, iii 33.13, 56.6, 13; cf. ii 420.8)。またこの定型句にはその場所を治めている王に関する次のような定型句が付随する。

rājā rājyaṃ kārayati kṛtapuṇyo maheśākhyo mahābalo mahākośo mahāvāhano susaṃgṛhītaparijano dānasaṃvibhāgaśīlo// (Mv. i 286.22-287.1; i 288.13, ii 67.19, 177.10, iii 33.12, 125.10; cf. i 271.20, 283.14, ii 77.6, 420.6)

王が王国を統治していた。彼は福徳をなし, 高貴で, 偉大な力を持ち, 巨大な蓄えを具え, 偉大な軍隊を持ち, 従者達の面倒見が非常に良く, 布施や〔財の〕分配を習慣としていた。

(84) 文脈からして何らかの芸人であることは確かだが, その意味は不明。BHSD (p. 274) でも some unknown kind of entertainer とするのみで, 具体的に何を指すかは明示していない。

(85) この定型表現では, 特に妊娠の期間に注目して各文献の用例を比較する。

(86) ここでは妊娠の期間に言及せず, 母胎が成熟して出産することを説くのみである。

(87) なお例外的に「十二ヶ月 (dvādaśamāse)」(Mv. i 305.3) とするものもある。

(88) このうち一番目の「肢節乳母」とは, 子供を抱持し, また身体を按摩して身体を矯正するという役目を果たし, また二番目の「洗浴乳母」とは, 子供自体を入浴させ, 子供の衣服を洗濯するという二つの役割を担っていると説明する (T. 1428, xxii 782c15-17)。三番目と四番目とに関しては説明の要はないであろう。

(89) このうち「治身母」とは, 子供の頭・手・足・耳・鼻・指の治療を行う乳母のことで,「吉母」とは子供が出掛ける時に護衛擁護する乳母のことであるという (T. 1435, xxiii 178b16-21)。

(90) また LV ではこの数がさらに増殖する。

bodhisattvasyārthe dvātriṃśaddhātryaḥ saṃsthāpitā abhūvan/ aṣṭāv aṅgadhātryaḥ/ aṣṭau kṣīradhātryaḥ/ aṣṭau maladhātryaḥ/ aṣṭau krīḍādhātryaḥ// (LV 100.18-19)

菩薩のために三十二人の乳母が用意された。八人は肢節〔の世話をし〕, 八人は授乳し, 八人は襁褓の世話をし, 八人は遊び相手をした。

明確なことは言えないが, この LV の表現は有部系の資料に見られる「八人の乳母」を前提にして創作された数のように考えられる。

(91) この定型句は大きく分けて三つの要素から構成されている。(a)数字による形容, (b)内面的な徳による形容, (c)視覚的な形容である。(a)に関しては各用例とも安定した形で説かれているが, (b)に関しては「ナーガ」に言及しないものや (Mv. iii 379.3-9),「法の獲得（dharmatāprāpta）」という項目を加えるものなどの変動がある（Mv. iii 379.8, 407.6, 425.6）。また(c)は，斜体で示した部分が各用例で次のように異なっている。

ratanayūpam ivābhyudgato suvarṇayūpaṃ vā prabhāsamānaṃ tejasā śriyāye jvalamānaṃ（Mv. iii 379.8-9）

宝の柱の如くにそそり立ち，金の柱の如く吉祥なる威光で光り輝き，燃え立つようで

ratnayūpaṃ vā samudgato suvarṇayūpaṃ vā prabhāsati tejorāśi vā śirīyā dedīpyamāno（Mv. iii 407.7-8）

宝の柱の如くにそそり立ち，金の柱の如く吉祥なる威光で光り輝き，燃え盛るようで

ratanayūpaṃ iva abhyudgato suvarṇabimbam iva bhāsamānaṃ tejarāśim iva śriyā jvalamānaṃ dvitīyaṃ ādityaṃ iva udayantaṃ（Mv. iii 64.8-10; 425.6-8）

宝の柱の如くにそそり立ち，金の鏡の如く光り輝き，威光の塊の如くめでたく燃え立ち，もう一つの太陽が昇ったようで

なお(a)のみの用例もある（Mv. i 50.2-5）。

(92)　この用例はアーナンダがある女性の前でブッダを称賛する中で説かれているもので，実際に誰かがブッダを見た時の用例ではない。

(93)　ただし律以外の Pāli 文献ではブッダを視覚的に形容することはあり，これに関しては無量光仏の起源を論じた藤田が詳しく論じている。藤田『原始浄土思想の研究』p. 330 ff.

(94)　阿閦仏国経では大目如来が阿閦菩薩に無上正真道の記別を授けた時の奇瑞が列挙されるが，その中に次のような表現が見られる。すなわち『阿閦仏国経』では「諸妊身女人皆安隠産。盲者得視。聾者得聴」（T. 313, xi 753c11-12），また『大宝積経・不動如来会』には「彼世界中所有女人懐孕。皆得安和分釈無諸苦難。盲者得視。聾者能聞」（T. 310, xi 103b26-27）とある。このように順番は違うが，妊婦・盲者・聾者に関する記述が大乗経典にも見出せる。なおこの部分の内容に関しては，漢訳の古訳と新訳との間に増広の跡は見られないが，Tib. 訳ではこの三つに「狂った有情達も記憶を取り戻すようになったのである。諸根が不完全な有情達もすべての諸根を完備した者となって（sems can smyon pa rnams kyang dran pa rnyed par gyur to// sems can dbang po ma tshang ba rnams kyang dbang po thams cad dang ldan par gyur te）」（P. 760 Dzi 15a3-4; D. 50 Kha 13 a1-2）という二つの項目が加わり，増広の後が見られる。現在，阿閦仏国経の総合的な研究を行っている佐藤によると，漢訳二本と Tib. 訳を比較した場合，漢訳二本より Tib. 訳の方に詳細な記述の多いことが指摘されているが，ここでもその傾向は見られるようである（佐藤直実「『阿閦仏国経』と女性」『仏教史学研究』41-1, 1998, p. 38）。なお佐藤女史からは，阿閦仏国経の Tib. 訳に関して様々な御教授を頂いた。また無量寿経では漢訳五存のうち，旧訳二つに類似の表現を見出すことができる。ここではアーナンダが阿弥陀仏の仏国土を見たいという欲望を起こし，阿弥陀仏に帰依すると，阿弥陀仏は光明を放って辺りを照らし出すが，『大阿弥陀経』によると，その時の奇瑞は以下のとおり。

諸有盲者即皆得視。諸有聾者即皆得聴。諸有暗者即皆能語。諸有僂者即得申。諸跛癖蹇者即皆走行。諸有病者即皆愈起。諸尩者即皆強健。諸愚癡者即更黠慧。諸有婬者皆

是梵行。諸瞋怒者悉皆慈心作善。諸有被毒者毒皆不行。鍾磬琴瑟箜篌楽器諸伎。不鼓皆自作五音声。婦女珠環皆自作声。百鳥畜狩皆自悲鳴（T. 362, xii 316c15-23）

『無量清浄平等覚経』(T. 361, xii 298c19-24) にもこれとほぼ同内容の記述が見られるが，これ以降の漢訳三訳ではこの部分が削除されている。さらには同様の記述が大品般若経にも存在することが梶山によって報告されている（梶山「神変」p. 19)。大乗経典を広く渉猟すれば，さらに同様の記述が見出せるかもしれない。

(95) 以上は実際の説話に見られる用例であるが，受具足戒法では優婆塞 (優婆夷) になるための作法が次のように規定されている。まず優婆塞 (優婆夷) になろうとする者は「帰依仏帰依法帰依僧」を三回唱え，その後「従今尽寿是仏優婆塞憶持」を再び三度唱えると，戒師は五戒を授ける（T. 1435, xxiii 149c14-150a2)。

(96) 他にも類似の用例として次の二つを紹介しておく。

te śrutva buddhaśabdaṃ pratyekajināḥ maheśvaravarāṇāṃ/ nirvāṃsu muktacittā svayaṃbhuno cittavaśavartī// (Mv. i 197.5-6，357.7-8)

かの独覚達は最上なる大自在天の発した「ブッダ」という音を聞いて，心が解脱し，心の自在を得ると，自在者として般涅槃した。

tena paṃca purāṇaśatāni dattvā paṃcotpalāni gṛhītā udāraṃ ca se prītiprāmodyaṃ kāye utpannaṃ buddhaśabdaṃ prakṛtiye māṇavikāye śrutvā// (Mv. i 233. 13-14)

彼は五百プラーナを与えて五本の蓮華を手に入れると，広大な喜悦が身体に涌き起こった。少女プラクリティの発した「ブッダ」という音を聞いて。

(97) なおこれに類似する用法が無量寿経の古訳である『大阿弥陀経』や『無量清浄平等覚経』に見られることを中御門が指摘している。

仏言。其有善男子善女人。聞阿弥陀仏声。慈心歓喜。一時踊躍。心意浄潔衣毛為起。涙即出者。皆前世宿命作仏道（T. 362, xii 317b23-26; cf. T. 361, xii 299b25-28）

ここでは鳥肌を立てさせるのが「ブッダという音」ではなく，「阿弥陀仏の声」である点こそ違っているが，類似の用例が初期大乗経典に認められるという事実は，部派と大乗経典との関係を考える上で極めて興味深い。中御門敬教「歓喜踊躍の用例：『大阿弥陀経』『平等覚経』『無量寿経』の主題に関する一考察」『仏教論叢』45, 2001, pp. 93-99.

(98) たとえば，岡野はこれまで帰属部派の不明であった『立世阿毘曇論』が正量部所伝であることを論証する際，各部派によって色界の梵天の配列や名称が異なっていることに注目しているが，これなども部派規定に関しては有効であると考えられる。岡野潔「インド正量部のコスモロジー文献，立世阿毘曇論」『中央学術研究所紀要』27, 1998, p. 77.

(99) すでに定型句別の分類を行ったが，ここでは説話別の分類となる。ここでも前と同じ方法で，定型句番号の右肩にその定型句の内容を示す記号を付すことにする。ただ 1-B (結語) を有部特有のものと見なすわけにはいかないので，ここではこの用例を除外する。なお，最後の（　）内に示した数字は，その説話で説かれている定型句の総数である。

(100) この物語では，主人公スプリヤの父が臨終に臨んで次のような遺言を残す。

sarve kṣayāntā nicayāḥ patanāntās samucchrayāḥ/

saṃyogā viprayogāntā maraṇāntaṃ ca jīvitam iti//
sa kāladharmeṇa saṃyuktaḥ/ (Divy. 100.18-20)
「何でも蓄積はすべて滅尽を以て終わり，堆積は崩壊を以て終わり，
結合は分離を以て終わり，命は死を以て終わる」
〔こう遺言して〕彼は死の定めに搦め捕られた。

この偈文は一つの例外（T. 1443, xxiii 910b29-c1）を除き，有部系の文献において臨終と密接な関係を持っている。すなわち，この偈文は臨終を迎えた者の遺言，あるいは誰かが臨終を迎えた時に「頌に曰く」として説かれるのが一般的であり，同様の用例は有部系の文献において多数存在するので，これもこの説話が有部系のものであることの証左となる。Cf. Divy. 27.29, 486.20; MSV i 115.6, vi 56.29, vii 38.24, 180.3; T. 1442, xxiii 654c13, 672a18, 709a8, 795c10; T. 1444, xxiii 1026c4, 1039c1 ff.; T. 1448, xxiv 8c19; T. 1450, xxiv 110a27, 161b1; T. 1451, xxiv 294b3, 299c2).

(101)　単語レヴェルで比較すると，逐語的に一致してはいないが，内容とその順番に関してはほぼ一致する。内容的に若干違っているのは悪臭の発せられる場所で，Divy. 第14章ではそれを体（kāya）からとするが，Divy. 第3章ではそれを口（mukha）からとする。

(102)　本経の帰属部派に関して，静谷は先学の諸説を紹介した後で，平川の説を受け，本経の帰属部派として法蔵部を有力候補とし，また大衆部や説一切有部の可能性も否定していない（静谷正雄「漢訳『増一阿含経』の所属部派」『印仏研』22-1, 1973, pp. 54-59)。最近では榎本がこの問題を論じているが，帰属部派の決定に関しては慎重であり，「成立地としては北インド，とりわけカシュミールの可能性が強いという以外は不明であり，帰属部派も，幾多の研究にもかかわらず，まだもって不明である」とする。榎本「阿含経典の成立」p. 102.

(103)　『仏書解説大辞典』によると，本経を法蔵部の伝本とする。その根拠は，(1)法蔵部の『四分律』に記される仏伝中に，本経のみが伝える雲童子本生の引用があること，(2)跋記には仏伝が諸部派においていかなる名称で呼ばれているかについての記述があるが，摩訶僧祇師（Mahāsāṃghika）は大事（Mahāvastu），薩婆多師（Sarvāstivādin）は大荘厳(Mahāvyūha, or lalitavistara?)，迦葉維師(Kāśyapīyas)は仏生因縁(Jātakanidāna)，曇無徳師（Dharmagupta）は釈迦牟尼仏本行（Śākyamuni-buddhacarita），尼沙塞師(Mahīśāsaka）は毘尼蔵根本（Vinayapiṭaka-mūlaṃ）と呼ばれているので，曇無徳師，すなわち法蔵部の伝授する仏伝の名称と本経の名称が一致すること等が挙げられている。

(104)　本経の所属は明らかではない。

(105)　本経は大乗経典ではあるが，最近の研究によると，部派との関係が無視できない。日本における仏教研究の最初期，思想的な側面から部派の延長線上に大乗仏教の興起を考えようとする見方が優勢だったが，この問題に従来とはまったく違った観点から光を当てたのが平川であった。平川は律文献を手がかりに教団史的な側面からこの問題を再考し，大乗仏教の担い手は出家者ではなく，仏塔に依止していた在家者の運動と見なし，日本では有力な説と見なされるに至った。詳細は下田の研究に譲るが（下田『涅槃経の研究』pp. 5-55)，この平川の提唱した大乗仏教の在家仏塔起源説も最近では再検討の余地の

あることが佐々木によって指摘され（佐々木『インド仏教変移論』pp. 307-334），再び出家者との関わりの中でこの問題は議論されるようになっているし，下田の研究もその同じ線上にある。たとえば，下田はこの涅槃経が大衆部の『摩訶僧祇律』と深い関係にあることを示唆しているが（下田『涅槃経の研究』pp. 379-381），ここで注意すべきことは，その方向が必ずしも『摩訶僧祇律』→涅槃経ではないことである。たとえば遊行における例外規定に関しては，『摩訶僧祇律』が涅槃経に影響を与えたのではなく，むしろ『摩訶僧祇律』が涅槃経の例外規定を取り込んだことが論証されているからである。本書でもすでに Mv. の成立を考察した際に指摘したように，注意深く文献を比較研究すれば，部派の仏典が大乗仏典に影響を受けている例もあると思われ，部派の仏典→大乗仏典という方向だけで両者の関係を考えることは危険であることが分かる。ともかくここでは本経の帰属部派を決定づける根拠はないので，大衆部との関係が深いという指摘に留める。

(106)　この資料と次に挙げる AKBh とは云うまでもなく説一切有部の論書であるが，同一部派内の資料とあって，両者の類似は見事である。五衰の内容と順番とが一致しているというのはもちろんであるが，この二つの資料だけが天人五衰に大小二種の相があることを明記し，今問題としているのは天人五衰の大相の方である。ちなみに小相の内容は倶舎論の用例を以て示せば以下のとおり。

cyavanadharmaṇo devaputrasya pañcopanimittāni prādurbhavanti/ vastrāṇām ābharaṇānāṃ ca manojñaḥ（→ cāmanojñaḥ?）śabdo niścarati śarīraprabhā mandībhavati snātasyodabindavaḥ kāye saṃtiṣṭhante capalātmanā 'py ekatra viṣaye buddhir avatiṣṭhate unmeṣanimeṣau cākṣṇoḥ saṃbhavataḥ/ etāni tu vyabhicārīṇi (AKBh 157.6-9)

死すべく運命づけられた天子には，五つの小相が現れる。すなわち，(1)衣や装身具から不快な音が出る，(2)身体の光明が微少になる，(3)沐浴をすると，身体に水滴が付着する，(4)動揺する本性を持っているのに覚知が一境に留まる，(5)両眼を開閉しても，これらは誤りを犯す。

(107)　この「光明」とこの次の「目瞬」とは，すでに注記したように有部系の論書では天人五衰の小相に含まれるものである。

(108)　天人五衰の内容や順番が部派の思想の相違を反映しているかどうか，換言すれば，それが部派の決定に際して有効な判断基準になり得るかどうかは改めて考えなければならない問題であるが，もしそれが部派の特質を反映していると考えれば，衣裳・華蔓・悪臭・発汗・座席を内容とする天人五衰が有部系と大衆部系の特質となり，それに基づいて帰属部派の不明な『増一阿含経』を見てみると，有部系の資料を始めとして，ここで取り上げた資料のどれも取り上げない「玉女」を五衰の一つとして挙げているので，天人五衰の内容から見る限り，『増一阿含経』の帰属部派として説一切有部・大衆部・法蔵部の可能性は消えてしまう。ところでこの三つの部派は，すでに注記したように，静谷が『増一阿含経』の帰属部派として挙げていたものであるから，三つの可能性はすべて否定されることになり，現時点では『増一阿含経』の帰属部派に関しては有力な証拠がないという榎本の指摘に従わざるを得ない。

(109)　若干表現は異なるが,「焼けた杭」に言及する文章が『摩訶僧祇律』にも見られ,「於悪邪比丘。不応起悪心。何以故。乃至燋柱不応起悪」(T. 1425, xxii 439b15-17) とある。しかし, Divy. の表現はこの『摩訶僧祇律』の用例とは比較にならないほど『根本説一切有部毘奈耶雑事』のものと逐語的に一致し,有部系の伝承を継承しているのは明らかである。

(110)　この他にも,本章には誰かが悪業をなす前の全段の説明(サブタイトル)として「愛欲の虜になっている者にとって,いかなる悪業もなされないものはない (kāmān khalu pratisevato na hi kiṃcit pāpakaṃ karma karaṇīyam: Divy. 258.6-7)」という記述が見られるが,これと同様の表現は MSVにも見られ (iv (55.5) vii (98.36, 113.18, 136.4, 184.32)), 本章と有部との深い関係は疑いえない。

(111)　漢訳を見ると, Skt. の定型表現はすべて漢訳にも見られるので,漢訳者の依拠した原典はすでに有部的改変を経た後のものと考えられる。

(112)　また出産と命名に関しても,有部の定型句 3-A (結婚) や 3-I (命名) に部分的に類似する表現が第26章において用いられている。

tayā sārdhaṃ krīdati ramate paricārayati sā āpannasattvā saṃvṛttā/ yāvad aṣṭānāṃ navānāṃ māsānām atyayāt prasūtā/ tasyāḥ putro jātaḥ/ tasya vistareṇa jātīmahaṃ kṛtvā kiṃ kumārasya bhavatu nāma/ sā kathayati/ asya dārakasya jātasyāśokāsmi saṃvṛttā tasyāśoka iti nāma kṛtam/ (Divy. 370.6-11)

〔王〕は彼女と遊び,戯れ,快楽に耽っていると,彼女は妊娠した。やがて八,九ヶ月が経過すると,彼女は出産した。彼女には男の子が生まれた。その子に誕生の儀式が滞りなく挙行された後,「その子にどんな名前を付けようか」〔と王が言うと,王妃〕が「この子が生まれた時,私には憂いがなくなりました」と言ったので,彼には「アショーカ」という名前が付けられた。

ここでは妊娠期間を「八,九ヶ月」としているので,有部系の伝承を受けていることは確実である。

(113)　この他にも,このアヴァダーナに見られる過去物語の内容面から,有部所属の可能性を指摘できる。これに関しては次章で詳しく論じることになるが,有部系の資料に見られる過去物語の特徴として,黒白業の強調が指摘できる。つまり主人公は過去世で悪業(黒業)と善業(白業)とを行い,その果報である苦果と楽果とを両方共に享受するという基本的なパターンがあるが, Divy. 第27章で説かれるアショーカ王の息子クナーラと,アショーカ王の弟ヴィータショーカの過去物語とにおいては,見事にこの黒白業が説かれているのである。よって,内容面から見てもこのアヴァダーナは有部のフィルターを一度は潜り抜けたものと見ることができるが,問題は Divy. 第16章や第20章と同様に,その起源までも有部内部に求めることができるのか,あるいは有部の外部から取り込まれて有部的改変を被ったかという点である。定型表現の少なさを勘案すれば,このアヴァダーナの出自が有部外部にあった可能性に加えて,これに相当する『阿育王伝』や『阿育王経』の訳出年代が比較的早いことを考慮に入れれば,有部内部に起源を持つとしても,定型表現が確立する前に創作された可能性も考える必要がある。これに関しては今後の課題としたい。

(114)　また，これに先立つ命名の仕方（Divy. 474.25-475.10）も，3-I（命名）の定型句から大きく外れている。

(115)　有部本来の用法とは違う表現が多々見られるが，妊娠期間を「八，九ヶ月」とするあたりは確実に有部的潤色と言える。

(116)　なお本章とDivy. 第20章とはその枠組みにおいて奇妙な一致を見せている。すなわち，最初の現在物語の表現と，連結の最後に置かれる二つの偈文も表現は若干異なるが，内容的には一致するので，両者は何らかの結びつきがあったものと推測される。今後の研究を待ちたい。

(117)　たとえば序章で見たMv. の序文には「中間の言語で〔波羅提木叉を〕誦する聖なる大衆部の説出世部の律蔵に属する『マハーヴァストゥ』の始まり」とあり，Mv. が説出世部の律蔵に属することを明言している。この文献自体が，本書の第１章でその内容を紹介したように，律典的な記述とはほとんど無縁であったことを考えれば，「律蔵」は厳密な意味で戒律に関する記述のみを含むものではなく，律蔵と何らかの関係を有している文献をも包摂した概念である可能性があると言えよう。

(118)　河崎「初期仏教経典における avadāna」.

(119)　仏教の多様化の問題に関しては，佐々木『インド仏教変移論』参照。

(120)　佛教大学助教授・山極伸之氏より，「義浄の漢訳には文献学上の問題が多々あり，このような問題を考える際，特に単語レベルの異同に関しては（たとえば妊娠期間や，優婆塞の条件としての「浄信」の問題等），義浄の漢訳をもっとクリティカルに扱うべきである」との御指摘を頂いた。貴重な意見として今後の研究に反映させたいが，このような作業は逆に義浄の漢訳の成立を考える上でも役に立つのではないかと考えられる。

第４章　業思想

(１)　この二つの定型句以外にも，業果の不可避性・必然性は，Divy. や MSV においてしばしば詩頌の形で説明されている。

na naśyate pūrvakṛtaṃ śubhāśubhaṃ na naśyate sevanaṃ paṇḍitānām/
na naśyate āryajaneṣu bhāṣitaṃ kṛtaṃ kṛtajñeṣu na jātu naśyati//
sukṛtaṃ śobhanaṃ karma duṣkṛtaṃ vāpy aśobhanam/
asti caitasya vipāko avaśyaṃ dāsyate phalam// (Divy. 298.13-18)

前世で為された〔業〕は，善であれ不善であれ，消滅することはない。賢者達に対する奉仕は消滅しない。聖者達に対して語ったことは消滅しない。恩を知る人に対してなしたことは決して消滅しない。善く為された業は美しく，また悪しく為された〔業〕は醜い。そしてそ〔の業〕には異熟があり，必ず果をもたらす。

rājann atītaṃ khalu naiva śocyam kiṃ na śrutaṃ te munivākyam etat/
yat karmabhis te 'pi jinā na muktāḥ pratyekabuddhāḥ sudṛḍhais tathaiva// (Divy. 416.10-13)

「王よ，過ぎたことを嘆くな。あなたはかの牟尼の言葉を聞かなかったのか。『かの勝者達も実に堅固な業より免れず，独覚達もまったく同じなり』〔と〕」

purākṛtaṃ na paśyati no śubhāśubhaṃ na sevitam/
na paśyati (→ naśyati) paṇḍite jane na nāśam ety āryagaṇe//
śubhāśubhaṃ kṛtaṃ kṛtajñeṣu na jātu naśyati/
sukṛtaṃ śobhanaṃ karma duṣkṛtaṃ cāpy aśobhanam/
ubhayasya vipāpo 'sti hy avaśyaṃ dāsyate phalam// (Divy. 481.16-20)

過去において繰り返し為された〔業〕は，善であれ不善であれ消滅しない。〔業〕は賢者においても消滅しないし，聖者の集団においても消滅しない。善不善を問わず，為された〔業〕は恩を知る人達においても消滅しない。善く為された業は美しく，そしてまた悪しく為された〔業〕は醜い。双方ともに異熟があり，必ず果をもたらす。

naivāntarīkṣe na samudramadhye na parvatānāṃ vivaraṃ praviśya/
na vidyate sa pṛthivīpradeśo yatra sthitaṃ na prasaheta karmeti// (Divy. 532. 27-29, 561.5-7)

大気中にも，海の中にも，〔また〕山々の洞窟に入ってみても，業の力が及ばない場所は何処にも存在しない，と。

dūraṃ hi karṣate karma dūrāt karma prakarṣate/
tatra prakarṣate jantuṃ yatra karma vipacyate// (Divy. 566.6-7)

業は遠くで〔も人を〕引き寄せる。業は遠くから〔でも人を〕引き寄せる。業は〔その果報が〕熟するところに人を引き寄せるのである。

idānīṃ kiṃ kariṣyāmi mṛrtyukāla upasthite/
karma tv anuprasartavyam iṣṭāniṣṭaṃ śarīriṇām// (MSV vii 105.21-22)

死期が近づいた今，私は一体どうすればよいのだ。好ましき業も好ましからざる業も身体を有する者達に忍び寄る。

karma nūnam iha pāpakam mayā anyajanmani kṛtaṃ sudāruṇam/
prāṇinaḥ priyaśatair viyojitā yena gaur iva viraumy avatsikā// (MSV vii 129.17-20)

私が他生においてなした業はきっと邪悪で実に残忍なものだったに違いない。何百という愛しい者達を別離させたので，私は子を失った牛の如く泣いている。

このような業果の不可避性・必然性の強調が，業の不混和性へと移行するのは自然な流れであり，白業の果報は楽果として，黒業の果報は苦果として，それぞれ別個に享受しなければならないことになる。

(2) 倶舎論では黒白業を言い表すのに vyatimiśra という語を使用していないので，用語の上からは倶舎論と Divy. の間に繋がりを見出すことができない。Divy. では重要な意味を持つこの語が，倶舎論の段階ではまだ充分に熟していなかったということか。

(3) アヴァダーナ説話では，過去世においてなされた黒業と白業とに言及するのが普通であるが，この説話では白業が過去世で，また黒業が現世で説かれており，他の説話とは少し違った形態をとっている。

（4） 以下，彼の妻・息子・息子の嫁・奴隷・女奴隷も同様に「白業→楽果」の業報が説かれている。

（5） ここでも黒業と白業とが時を異にして説かれている。すなわち，過去世で黒業が，現世で白業が説かれており，さらにこの白業の果報は来世で享受することになっている。

（6） この過去物語が説かれるきっかけとなる比丘の質問は，「大徳よ，アヌパマーはいかなる業をなしたがために，食物を与えられない状態で地下室に〔一週間も〕閉じ込められながら，体は衰弱することなく立っていたのですか」(Divy. 541.7-9) とあるが，連結でブッダは「この業の異熟として，彼女はアヌパマーとなった」(Divy. 541.18-19) と説明するのみで，質問の答えになっていない。今は漢訳 (T. 1442, xxiii 893a10-21) から楽果をこのように理解する。

（7） 彼は独覚を中傷すると，それを哀れんだ独覚は神変を示す。それを見た彼は改心し，浄信を生じて誓願を立てるが，その善業の果報は説かれていない。ところで誰かが独覚に悪業をなし，それを哀れんだ独覚が神変を示すと，それを見た者が浄信を生じて誓願を立てるという話は Divy. にも見られるが，Divy. ではその善業の果報も併せて説かれるのが普通であり，この点が Mv. と異なる。

（8） ここでは一応，「黒業→苦果」としてこの出来事を処理したが，しかしすでにその内容紹介で示したとおり，これは不与取の誓いを破った兄の聖仙（ブッダ）が弟の王（ラーフラ）に自分に刑を科すように依頼し，その依頼を受けた王が兄の罪の意識が軽減するのであればという思いで，兄を森に拘束したわけであるから，黒業とは言えないかもしれないが，しかし六年間母胎に留まるという果報は楽果とは理解できないので，その果報をもたらした業をとりあえず「黒業」としておく。

（9） この過去物語が説かれる契機になった現在物語が存在しないので，主人公ジョーティシュカが現世で実際にどのような果報を享受したかは明らかでなく，ブッダに対する次のような比丘の質問から，それが推察されるだけである。

paśya bhagavaṃ jyotiṣkasya gṛhapatisya edṛśīye saṃpattīye samanvāgataṃ gṛhaṃ abhūṣi asādhāraṇā ca bhogā bhagavāṃ ca ārādhito pravrajyā upasaṃpadā ca labdhā niṣkleśatā ca prāptā/ kasyaitad bhagavaṃ jyotiṣkasya gṛhapatisya karmaphalavipākaḥ// (Mv. ii 271.1-4)

「世尊よ，ご覧下さい。長者ジョーティシュカの家はこのような隆盛を具えており，〔彼の〕財産は尋常ではありません。また彼は世尊を喜ばせ，出家して具足戒を受けて，煩悩を滅することができましたが，世尊よ，長者ジョーティシュカには，一体どのような業の果報が異熟したのですか」

(10) ここでは三十一もの過去物語が説かれているが，そのうちアヴァダーナタイプは僅か二話に過ぎない。

(11) ただし過去物語という枠を外せば，『四分律』にもブッダがある有情の苦果を悪業によって説明するところがある。Cf. T. 1428, xxii 984b6-9, 16-21, 28-c1, c9-12.

(12) 梵本を中心に用例を抽出し，梵本が欠損している箇所は漢訳から補った。

(13) 彼女は過去世で独覚に施食を布施して，邪な誓願を立てたために子供を食べる夜叉女になったわけであるから，行為自体は白業であるが，誓願の内容が邪であるから，ここではこれを黒業として処理する。

(14)　ここでの比丘達の質問は「同志ヤシャスはいかなる業をなしたがために，その業の異熟として，後宮の真っ直中にありながら，自分の後宮が墓場のように思えたのでしょうか。また彼は一切の装身具で身を飾ったままで，世尊のもとで阿羅漢を作証したのでしょうか」(MSV vi 145.21-24) というものであり，これに対してブッダは「かつて比丘達よ，ヴァーラーナシーの都城から程近いところに聖仙（ヤシャス）が住んでいた。彼は慈愛を本性とし，大悲を有し，一切の有情の利益に身を捧げていた。彼が托鉢しに〔都城へ〕入ろうとした時，死体を見かけた。彼は正しく心を固定しないまま，托鉢しに〔都城へ〕入った。托鉢して回り，〔再びそこに〕近づいてみると，その死体は腐乱し，膨張しているのが分かった。それは前方が割けていた。彼はそれに対して嫌悪の情を生じた。こうして今生の後宮に対する縁が与えられたのだ」(MSV vi 146.2-8) とのみ答え，「世尊のもとで阿羅漢を作証した」件には言及していない。また，このブッダの答えから分かるように，ヤシャスが過去世でなした業も，黒白業という観点からはその内容が明確でないが，この過去世の業がもとで出家して阿羅漢となったのであるから，今は白業→楽果として処理しておく。

(15)　ここでの比丘の質問では，(1)この比丘が裕福な家に生まれ，後に出家して阿羅漢となり，(2)房舎を分かつ比丘達の中で第一の者となるも，(3)誹謗された，という因縁が同時に尋ねられている。通常は同一の過去物語で黒白業が説かれることになるが，ここではこの三つの業果が三つの独立した過去物語で説明されており，他の用例と若干異なるが，いずれも業果が現世において結実しているので，ここではこのような場合も黒白業として処理する。

(16)　ここも現世における比丘ウダーインの三つの果報，すなわち，(1)賊に殺されたこと，(2)阿羅漢となりながら殺された彼を王達が供養して塔を建立したこと，そして(3)有情を教化する比丘達の中で第一人者となったことが，三つの別個の過去物語で説明されているが，先例に習ってこれも黒白業として処理する。

(17)　MSV 及び Divy. で説かれる過去物語の性格が明らかになったところで，Aśokāvadāna の帰属部派の問題を再び考えてみたい。前章で，定型句を手がかりにしながら，MSV に起源を持たない Divy. の説話の起源の問題を考察し，そこでは定型表現等の形式面からの考察を主としたため，形式的には有部系の資料に見られる定型表現と量的に重なることの少ない Divy. 第26～29章のことは詳しく取り上げなかったが，内容面から見れば，第27章のクナーラや第28章のヴィータショーカの過去物語は，まさにこの黒白業を問題としており，有部以外の部派で黒白業を内容とする過去物語がほとんど説かれていない現状を考慮に入れれば，Aśokāvadāna の帰属部派は有部系と考えて間違いない。

(18)　平川『初期大乗と法華思想』p. 122.

(19)　平川彰『二百五十戒の研究IV（平川彰著作集第17巻）』東京：春秋社, 1995, p. 136.

(20)　さてその時代であるが，雑砕戒を軽んじた四例のうち，(1)に相当する漢訳を見ると，この話自体が存在せず (T. 1448, xxiv 43c19 ff.)，したがって雑砕戒には言及しない。(2)

と(3)とに相当する漢訳は明確に雑砕戒を軽んじた果報を説いている(T. 1448, xxiv 50c 11, 53a6)。微妙なのは(4)の漢訳で，そこには「持戒不能堅固復不貴重有所虧缺」(T. 1450, xxiv 198c27) とあり，これが雑砕戒を守らなかったことを意味するのかどうかは判断できない。このように，四例中二例は漢訳の根本有部律に平行文が見出せるので，このような考え方自体は八世紀までには成立していたものと思われるが，それがどの程度一般化していたかは疑問である。

(21) Cf. **薬事**／プールナ(T. 1448, xxiv 16c24 ff.; Divy. 54.11 ff.); カチャンガラー(MSV i 23.3 ff.); ナンダ (MSV i 55.8 ff.); 蛙 (MSV i 56.20 ff.): **雑事**／牛主 (T. 1451, xxiv 228 a18 ff.); 五百釈女(T. 1451, xxiv 243b21 ff.); 駄索迦と波洛迦(T. 1451, xxiv 269b10 ff.); 瞋毒 (T. 1451, xxiv 377b2 ff.)

以上は比丘や比丘尼といった出家者が暴言を吐くという用例であるが，出家者以外でも暴言を吐いて苦果を経験するという話が多い。

Cf. **皮革事**／シュローナ・コーティーカルナ (MSV iv 190.14 ff.; Divy. 24.4 ff.): **薬事**／餓鬼 (MSV i 61.16 ff.): **諍事**／ムクティカー (MSV v 69.5 ff.): **破僧事**／ビンビサーラ (MSV vii 159.27 ff.): **雑事**／ジョーティシュカ (T. 1451, xxiv 215c24ff; Divy. 282.19 ff.): **毘奈耶**／獅子王 (T. 1442, xxiii 837a13 ff.); スヴァーガタ (T. 1442, xxiii 859c23 ff.; Divy. 191.21 ff.); クブジョーッタラー (T. 1442, xxiii 892c27 ff.; Divy. 541.11 ff.)

(22) なおブッダの悪業とその果報が説かれた理由を，並川は二種の涅槃説から説明しようとする。すなわち，涅槃が有余涅槃と無余涅槃として教理化されると，肉体をも超越した無余涅槃こそが真実の涅槃であると価値づけされ，したがって，有余涅槃は相対的に価値の低いものになってしまう。この涅槃観の価値づけによって，悟ってはいても肉体の残余を持つブッダは，様々な悪業の果報を享受しなければならないと理解されるに至ったというのである(並川「ブッダの過去の悪業」)。歴史的な観点から見た興味深い説である。ところでこの問題に関しては，仏教という宗教の特質からも答えることができるように思われる。「仏教」という場合，それはまさに「仏の教え」であり，仏教という宗教に「仏」は不可欠であるが，しかしその仏 (buddha) を仏たらしめているのは，法 (dharma) であり，この意味においては，法こそが仏教のより本質的な要素と言えよう(『世界の名著2／大乗仏典』(長尾雅人編) 東京：中央公論社, 1967, p. 8, 25-27; 中村元『中村元選集［決定版］第16巻／原始仏教の思想II』東京：春秋社, 1994, pp. 255-262)。つまり仏は法によって相対化されるのであり，ブッダといえども，自然法爾の理法を自在にコントロールすることはできない。この場合の「法」とは「業報の原理」ともいうべきもので，これから考察する「悪心出仏身血」説話などを見れば，ブッダが法の支配下にあることは一目瞭然である。さてこのように法(dharma)という観点からブッダの過去物語を見た場合，実に興味深い対比を見い出すことができる。つまり自己犠牲を頂点とする「ジャータカ」とは，ブッダが「法に随順した過去物語」であるのに対し，業報を強調する「アヴァダーナ」とは，ブッダが「法に逆行した過去物語」と解釈することができるのである。

(23) 漢訳では，『増一阿含経』(T. 125, ii 803b13-20; cf. 810c22-25)，『僧伽羅刹所集経』(T. 194, iv 135c24-136a9)，『五分律』(T. 1421, xxii 20a22-b2)，『四分律』(T. 1428, xxii

592c23-29)，『毘尼母経』(T. 1463, xxiv 823c21-23)，『仏所行讃』(T. 192, iv 40c19-23) が，これと同様の説話を伝えている。これら漢訳資料の特徴として次の二点が上げられる。(1)デーヴァダッタがブッダに石を投げつける場所はグリドラクータ山であるが，Pāli 資料に見られたように，「マッダクッチ」には言及しない。(2)Pāli 資料では，デーヴァダッタの投じた石を阻止するのは山の峰であったが，漢訳資料では，グリドラクータ山に住むクンビーラと呼ばれる神（あるいは夜叉）である。この二点は漢訳資料すべてに共通する特徴であり，次に取り上げる漢訳資料も同様である。

(24)　『仏書解説大辞典』によると，『鼻奈耶』と『十誦律』とは同系統の文献であることは明らかであるが，細部においては異同が見られ，『鼻奈耶』が直ちに有部の文献と断ずることはできないとしているが，この「悪心出仏身血」説話の伝承に関しては，両者はかなりの一致を見せている。

(25)　以下の引用の直前には，ブッダを殺害するために，デーヴァダッタに雇われた五百人の者達が逆にブッダの威神力によって教化され，ブッダのもとで法を聞いていたが，いよいよデーヴァダッタが自分めがけて石を落下させようとした時，定型句 6-A（業報の原理：本書 p. 167）を部分的に含んだ次のような記述が見られる。

bhagavān saṃlakṣayati mayaiva etāni karmāṇi kṛtāny upacitāni labdhasaṃbhārāṇi pariṇatapratyayāny oghavat pratyupasthitāni avaśyabhāvīni mayaiva etāni karmāṇi kṛtāny upacitāni ko 'nyaḥ pratyanubhaviṣyati iti viditvā tāni pañca manuṣyaśatāni idam avocat bhavanto devadattas tīvraparyavasthānāvasthito gṛdhrakūṭaṃ parvatam abhirūḍhaḥ gacchata mamaitāni karmāṇi kṛtāni iti (MSV vii 168.5-11)

世尊はお考えになった。〈私自身によって為され積み上げられた業は，資糧を獲得し機縁が熟すと，暴流の如く押し寄せてきて避けることはできない。私自身が為し積み上げた業を他の誰が享受しようか〉と。こうお知りになると，世尊はその五百人の男達にこう言った。「デーヴァダッタが，激しい怒りの情を抱いてグリドラクータ山に登った。さあ，立ち去るがよい。これは私がなした業なのだ」と。

ブッダといえども一旦なした業の異熟は決して避けられないことがここでも強調されている。なお定型句 6-A（業報の原理）を部分的に含んだ表現は，僧伽が分裂する前にも見られる。

atha bhagavata etad abhavat tathāgatasya saṃbhṛtasaṃbhārāṇi karmāṇi kṛtāny upacitāni labdhasaṃbhārāṇi pariṇatapratyayāny oghavat pratyupasthitāni avaśyabhāvīni tathāgatenaiva karmāṇi kṛtāny upacitāni ko 'nyaḥ pratyanubhaviṣyati na hi karmāṇi kṛtāny upacitāni bāhye pṛthivīdhātau vipacyante pūrvavat yāvat phalanti khalu dehinām avaśyam devadattena tathāgatasya saṅgho bhettavyaḥ (MSV vii 202.32-203.4)

その時，世尊はこうお考えになった。〈如来によって為され積み上げられた業は，資糧を獲得し機縁が熟すと，暴流の如く押し寄せてきて避けることはできない。如来自身が為し積み上げた業を他の誰が享受しようか。為され積まれた業は，外の地界で熟

すのではない。——前に同じ。乃至——その身に果を結ぶ。必ずやデーヴァダッタは如来の僧伽を分裂させるに違いない〉

これらの用例からも分かるように，この定型句 6-A（業報の原理）は過去物語の導入として機能しているだけではなく，何らかの苦果を享受する前に，その苦果をしっかりと受けとめる決心を促す機能も果たしていることが分かる。ブッダの例で言えば，デーヴァダッタの投じた石の破片で足を怪我したり，またデーヴァダッタによって僧伽が分裂するという苦果を受け容れる前に，それが自分の過去世での悪業の果報であることを，再認識する機能を担っていると見ることができるのである。別の用例では，ブッダが息子のアジャータシャトルに幽閉されているビンビサーラ王のもとに，マウドガリヤーヤナを使者として送る際，この定型句をビンビサーラ王に伝えるように指示し，最後に「大王よ，あなたは業に心を傾けるべきである（te mahārāja karmaparāyaṇena bhavitavyam)」(MSV vii 157.29, 158.16) と伝言している。

(26) Cf. Dhp. 127, 128; Udv i 25; Divy. 532.27-29, 561.5-7.

(27) 『仏書解説大辞典』によると，この資料は内容の比較などから『四分律』によりて広釈を施せるものとされている。

(28) これらの資料も「悪心出仏身血」に言及するが，いずれもブッダの足が傷ついたことを説くのみでブッダの過去世の悪業に言及しておらず，これらの資料と比較することで，有部系の文献に説かれる業観の特異性はより一層明確になるであろう。

『五分律』

即自捉大石推下。害仏山下有神。名金鞞廬。接之遠棄。片迸著仏傷足大指。世尊見已語調達言。汝今便得無間之罪。若以悪心出仏身血。必堕無間阿鼻地獄（T. 1421, xxii 20a27-b2)

すると彼は自ら大きな石を掴んで落とし，仏を殺害しようとした。さて山の下には金鞞廬という神がおり，それを受けて遠くに捨て去ったが，その破片が飛来して仏に当たり，足の親指を傷つけてしまった。

『四分律』

自往耆闍崛山。手執大石遙擲世尊。時有天即接石置山頂上。従彼石辺有小迸石片来打仏足指傷皮血出。時世尊即右顧猶如大龍作如是言。未曾有瞿曇乃作是事。時世尊即還入窟。自襞僧迦梨四畳。右脇臥猶如師子。脚脚相累極患疼痛一心忍之（T. 1428, xxii 592c23-29)

〔提婆達は〕自ら耆闍崛山に行き，手に大きな石を掴むと，遠くの世尊めがけて放った。その時，神が石を受けとめ山の頂上に置いたが，その石の破片が飛来し，仏の足の指に当たって皮を破り，血が流れ出た。その時，世尊は大龍の如く右を顧みてこう言った。「未曾有である。瞿曇がこのようなことをなすとは」。その時，世尊は窟に戻り，自分で僧迦梨衣を四つ折りにして畳み，獅子のように右脇を下にして横になり，足を重ねて，極めて辛い激痛を一心に堪え忍んだ。

『毘尼母経』

自到仏所。以大石打仏。諸天即接此石擲著他山。有小石破来傷仏足（T. 1463, xxiv

823c22-23）

〔提婆達多は〕自ら仏のもとに行き，大きな石を仏にぶつけようとした。すると諸天がその石を受けとめ，他の山へと投げ捨てたが，小さな石の破片が飛来し，仏の足を傷つけてしまった。

このようにいずれの資料もデーヴァダッタがブッダを傷つけようとして石を投下し，それによってブッダの足が傷ついたことを説くのみで，その理由をブッダの過去世の悪業に求めることはない。また，この他にも『増一阿含経』において「悪心出仏身血」説話が見られる。

爾時提婆達兜到耆闍崛山。手擎大石長三十肘広十五肘而擲世尊。是時山神金毘羅鬼恒住彼山。見提婆達兜抱石打仏。即時申手接著余処。爾時石砕一小片石著如来足。即時出血。爾時世尊見已語提婆達兜曰。汝今復興意欲害如来。此是第二五逆之罪（T. 125, ii 803b14-20; cf. 810c22-25）

その時，提婆達兜は耆闍崛山に到り，手に縦三十肘・横十五肘という大きな石を摑み，世尊に投下した。その時，山神の金毘羅がその山に昔から住んでいたが，彼は提婆達兜が石を手にして仏に当てようとしているのを見た。すぐさま手を伸ばして〔その石を〕受けとめ，別の場所に下ろしたが，その時その石の小さな破片が如来の足に当たり血が出た。その時，世尊はそれを見終わると提婆達兜にこう言った。「お前は今また意図的に如来を殺害しようとした。これは第二の五逆罪である」

『増一阿含経』はその所属部派のはっきりしない資料であるが，前章でも取り上げたように，「天人五衰」の伝承に関して『増一阿含経』は有部系の伝承とは異なった系統に属することを指摘した。ここで取り上げた「悪心出仏身血」説話という観点から見ても，ブッダの過去世での悪業に言及していないという点を考えると，少なくとも有部系の部派の伝授した文献ではないように思われる。

(29)　律典とは別の伝承を保持する資料として，比喩経典である『興起行経』が挙げられる。これは康孟群が後漢興平元年－建安四年（194-199）に訳出したもので，ブッダが現世で受けた苦果を過去の悪業で説明するところにこの経典の特徴がある。この内容は，すでに見たように，財産目当てに異母兄弟を殺害するという薬事の用例（T. 1448, xxiv 94a21 ff.）と内容的に一致する。

我爾時貪財害弟。以是罪故。無数千歳。在地獄中焼煮。為鉄山所搥。爾時残縁。今雖得阿惟三仏。故不能免此宿対。我於耆闍崛山経行。為地婆達兜挙崖石長六丈広三丈。以擲仏頭。耆闍崛山神。名金鞞羅以手接石。石辺小片。迸堕中仏脚拇指。即破血出。於是世尊。即説宿命偈曰。

我住以財故　殺其異母弟　推著高崖下　以石搥其上
以是因縁故　久受地獄苦　於其地獄中　為鉄山所搥
由是残余殃　地婆達下石　崖片落傷脚　破我脚拇指
因縁終不朽　亦不著虚空　当護三因縁　莫犯身口意
今我成尊仏　得為三界将　阿耨大泉中　説此先世縁（T. 197, iv 170b23-c13）

「私は，その時，財産を貪り，弟を殺害してしまった。この罪〔業〕のせいで，何億年もの間，地獄で焼かれたり煮られたりし，〔また〕鉄の山を落とされたりした。その時の縁が〔まだ〕残っていたので，今，無上正等菩提を獲得はしたものの，この過去世でなした宿〔業〕の果報からは逃れることができなかったために，私が耆闍崛山を経行していると，地婆達兜が，長さ六丈・幅三丈の崖の石を以て仏の頭〔上〕に投げ落としたのである。金鞞羅と呼ばれる耆闍崛山の神が手で〔その〕石を受け止めたが，〔その衝撃で〕石の端が〔砕けて〕小片となり，迸って仏の親指に落ちて当たり，〔私の親指を〕破って血が出たのである」と。

その時，世尊は，すぐさま，宿命の詩頌を説いて言われた。

「私は，昔，財のために〔自分の〕異母弟を殺してしまった。〔弟を〕高い崖から下に突き落とし，その上に石を落としたのである。この因縁のために久しく地獄で苦しみを受け，その地獄の中では鉄の山を落とされたりしたのである。こ〔の悪業〕の残余により，寿命は短くなり，〔今〕地婆達兜に石を落とされた。〔その〕石の破片が落ちて足を傷つけ，我が足の親指を破ったのである。〔悪業の〕因縁は終に朽ちることなく，また虚空に著することもない。〔故に〕三つの因縁を護り，心・口・意〔の悪業〕を犯してはならない。私は，今，尊い仏となって，三界の将となることができた。阿耨池において，この前世での因縁を説いたのである」

このように，ブッダの悪業を説く仏典は，二世紀後半の訳出である『興起行経』を始め，有部系の律典では四世紀後半に訳出された『鼻奈耶』や五世紀初頭訳出の『十誦律』であるから，この時期にはすでにブッダの苦果をブッダの過去世の悪業で説明する考えが成立していたことになる。

(30) 以下，この神がブッダを「象」に譬えて賞賛したように，五人の神がそれぞれブッダを，「獅子」，「駿馬」，「牡牛」，「くびきを付けられた牛」，「〔自己を〕調御した人」に例え，一人目の神と同様の言葉で，ブッダを賛美する。そして最後の神は，世尊の心が解脱している点を，詩頌の形で賞賛している。

(31) このVin. の記述が問題である。すなわち，ここでは「マッダクッチ」に言及しないが，果たして Vin. の編纂者がSNの伝える伝承に基づいてそのような話を創作したのか，あるいはそれを知らず，まったく偶然に同じ様な話を作ったのかということである。これは現段階では即答できない問題なので今後の課題としたいが，後代の三つの Pāli 資料が奇妙な理由づけをしてまでも「マッダクッチ」に言及しているところから考えれば，これら Pāli の編纂者達は，少なくとも SN の伝承に信憑性を認めていたと考えられる。

(32) さて，この「マッダクッチ」という場所であるが，ここで引用した SN には「ラージャガハ郊外の，マッダクッチ〔と呼ばれる〕鹿野苑で」とあるので，王舎城の近くにマッダクッチが存在していたことは確かだが，ギッジャクータ山との距離関係を明らかにする資料は存在しない。なお，この部分に相当する漢訳によると，「王舎城金婆羅山金婆羅鬼神住処石室中」『雑阿含経』(T. 99, ii 355a19-20)，「王舎城毘婆山側七葉窟中」『別訳雑阿含経』(T. 100, ii 473c27-28)，またこれとパラレルの SN. 4.2.3 に相当する漢訳では，「王舎城毘婆羅山七葉樹林石室中」『雑阿含経』(T. 99, ii 285c6-7)，「王舎城曼直林中」『別訳雑阿含経』（T. 100, ii 382b14）とある。「曼直林」は「マッダクッチ」の音訳と思われるが，その他の漢訳は金婆羅山にある石窟とし，これが「マッダクッチ」を指しているかどうかは不明である。

(33)　なお，赤沼やマララセーケーラは，この SN の伝える話を，デーヴァダッタとの関連において整理しているが，SNの話は，すでに指摘したように，デーヴァダッタと無関係である。赤沼『印度佛教固有名詞辞典』p. 154; G. P. MALALASEKERA, *Dictionary of Pāli Proper Names*, 2 vols., London, 1937-1938, vol. 2, p. 433.

(34)　これに関して，中村は「教団内部の必要がかれを悪人にまつり上げてしまったのである」と指摘している。つまり，中村は当時ある理由で彼を「悪玉」にしなければならない教団史的事情があったと言う。中村元『中村元選集［決定版］第14巻／原始仏教の成立』東京：春秋社, 1992, p. 567.

(35)　五島は，大乗経典における提婆達多伝承に考察を加えた論文で，論証はしていないが，「律の中には本来提婆達多とは無関係であった事件すらその発端を彼に託しているものも少なくなく」と指摘している。本稿で取り上げた説話は，律に限られるものではないが，この典型的な例の一つと言える。五島清隆「提婆達多伝承と大乗経典」『仏教史学研究』28-2, 1986, pp. 51-69.

(36)　このような極端な業観は，Mv. と比較する時，より一層明確になる。そこで次に，Mv. における業とブッダの関係を考えよう。Mv. には先に見たような業報に縛られるブッダの姿はまったく見られない。むしろブッダはすべてを超越した超人的存在として描かれているから，業さえもコントロールする立場に立っているが，その用例を見てみよう。Mv. では菩薩の十地を説き終わった後で，ブッダも含めた仏達の特性に言及する箇所があり，そこではブッダがこの世で行うことがすべて世間の習慣に随順してのことであると説く（Mv. i 168.8-170.10）。たとえば，確かに彼らは足を洗うが，それは足が汚れたからではなく，世間の習慣に従っているだけであり，また彼らが沐浴するのは身体が汚れるからではなく，世間の習慣に従っているだけである，という。以下，少しの例を示す。

auṣadhaṃ pratisevanti vyādhi caiṣāṃ na vidyate/ nāyakānāṃ phalaṃ mahantaṃ eṣā lokānuvartanā// (Mv. i 169.4-5)

彼らは薬草を服用するが，彼らに病気は存在しない。導師達の果は偉大であり，それは世間〔の習慣〕に随順してのことである。

karonti nāma āhāraṃ na caiṣāṃ bādhate kṣudhā/ janatāyā upadārthaṃ eṣā lokānuvartanā//

pibanti nāma pānīyaṃ pipāsā ca na bādhate/ tad adbhutaṃ maharṣiṇāṃ eṣā lokānuvartanā// (Mv. i 169.8-11)

彼らは食事をするが，空腹が彼らを悩ませることはない。それは人々に布施をさせるためにであり，世間〔の習慣〕に随順してのことである。彼らは確かに水を飲むが，渇きに悩まされることはない。これは大仙達の未曾有なる〔特性〕である。それは世間〔の習慣〕に随順してのことである。

jarāṃ ca upadeśenti na caiṣāṃ vidyate jarā/ jinā jinaguṇopetā eṣā lokānuvartanā// (Mv. i 169.16-17)

彼らは老いを示しはするが，〔実際〕彼らに老いは存在しない。勝者達は勝者の徳を具えており，それは世間〔の習慣〕に随順してのことである。

ここに紹介した以外にも，あらゆる点においてブッダを始めとする仏達がこの世で行う所行は，すべて世間の習慣に随順して行うことが強調され，決して過去の業の果報として行うのではないことが示唆されているので，ここでのブッダに業報の暗い影は微塵も感じられない。つまり，ここでのブッダは完全に業報の束縛から自由な存在として描かれ，業にコントロールされるのではなく，業をコントロールする立場にあることが分かる。このように，同じ説話文献でも両者のブッダ理解は対照的であり，ここで見たようなMv. の用例と比較する時，有部系の文献に見られるブッダの取り扱いは非常に特異であることが分かり，またその特異性を通じて，有部系の文献が強調しようとした点もより明確に把握できる。つまり有部系の文献がブッダさえも拘束する業報を強調するのに対し，Mv. は業報さえも超越しているブッダの超人性にアクセントを置いているのである。

(37) Cf. 榎本「業の消滅」p. 12, 注 (14).

(38) Cf. AN. v 294.26 ff., 297.8 ff., 15 ff., 298.15 ff., 299.12 ff.

(39) Louis DE LA VALLÉE POUSSIN, *La morale bouddhique*, Paris, 1927, pp. 207-212. なお，この内容に関しては桜部が簡単に紹介している。桜部建「功徳を廻施するという考え方」『仏教学セミナー』20, 1974, pp. 94-95.　(40) 榎本「業の消滅」.

(41) これは，悪業を積んだアングリマーラが出家して阿羅漢となり，托鉢に出掛けると，人々に棒で叩かれたり，瓦礫を投げつけられたりして，酷い目に合わされるが，彼に対してブッダは，「本来ならば，地獄で受けるべき業の果報をこの世で受けているだけなのだ」と諭す物語である。ここに業の果報を先取りする思想が見られると榎本は指摘している。

(42) 藤田は初期仏教の中に業の止滅を説く経典があると言う（藤田「業思想」pp. 102-104）。それは AN 6.63, 及びこれに相当する『中阿含経』巻二十七「達梵行経」と安世高訳『漏分布経』であり，(1) 業 (kamman), (2) 諸業の縁由・発生因 (kammānaṃ nidānasambhavo), (3) 諸業の差別 (kammānaṃ vemattatā), (4) 諸業の果報 (kammānaṃ vipāko), (5) 業の止滅 (kammanirodha), (6) 業の止滅に導く道 (kammanirodhagāminī paṭipadā), という六つの角度から業に分析を加えている。このうち今問題となっている(5)と(6)に関しては，接触の止滅 (phassanirodha) が業の止滅であると説かれ，さらにこの業の止滅に導く道は八支聖道であると説かれている。これは明らかに四諦説の論法を適用した経説であるから，当然，業の止滅に導く道は八支聖道である。この用例に関して，藤田は「古層経典より業が果報をもたらさずに滅することはない，と説かれている点からすると，四諦の観法を適用したものとは言え，やや異例の表現である」と指摘する（藤田「業思想」p. 105）。また藤田は，業とその果報を白・黒・白黒・非白非黒というように四句分別する経典 (AN ii 236.13 ff., 237.7 ff.) の中にも業滅思想が存在することを確認している。ここでは第四の「非白非黒業」が業の滅尽をもたらすと説かれる。ではその第四業の「非白非黒業」が具体的に何を指すかというと，それは「八支聖道」であり「七覚支」であるとされる（藤田「業思想」p. 114, 注 (23)）。ただこの業滅に関する用例は，「「業の止滅」,「業の止滅に導く道」についてと同じように疑義があり，また後に触れるように，原始経典で関説するジャイナ教の「業の滅尽（kammakkhaya)」と同一の表現である点から見ても，おそらくもとはジャイナ教の影響によって説かれたものではないかと推定される」と藤田は推定する（藤田「業思想」pp. 106-107)。

(43)　業と煩悩に関しては次の研究を参照。水野弘元「業に関する若干の考察」『仏教学セミナー』20, 1974, pp. 1-25.

(44)　阿羅漢になった者が殺されるという用例は，初期仏典（Ud i 10）にも見出せるが，そこではそれが過去になした悪業の果報としては捉えられていない。しかし，後代になると，Pāli 文献にも過去の悪業にその理由を求める傾向が見られる。たとえば Dhp-a は，マウドガリヤーヤナがブッダの高弟であるにもかかわらず，外道の者達が遣った盗賊達に殺されてしまう話を伝えているが，その前に「〔マウドガリヤーヤナ〕長老は，自分のなした業が〔その果報を〕引き寄せてくるのを知って，逃げようとはしなかった」(Dhp-a iii 66.4-5）と説くようになる。なお，阿羅漢と業・煩悩の関係については，以下の資料を参照。AKV 441.1-21, AVS 165.3-166.5.

(45)　大乗仏教になると，『舎利弗悔過経』等に代表されるように，罪業消滅を可能にする懺悔が随喜や廻向等と共に用いられるが，Divy. での用例は懺悔だけであり，それが随喜や廻向等と関連して説かれることはない。なお，このような表現は Divy. などで始めて説かれるようになったのではなく，すでに初期経典の段階で頻繁に説かれている。かつて藤田は初期仏教における「罪」の言語を考察する際，この atyaya（accaya）という語も検討し，同じく罪を意味する āpatti という語が「戒律を破ること（犯罪)」を意味し，出家者の罪のみを指すのに対して，atyaya（accaya）の方は「罪・罪過・過失」の意味で広く使われ，出家修行者と在家信者のいずれにも使われる点で異なっていると指摘している（藤田宏達「原始仏教における悪の観念」『仏教思想 2／悪』（仏教思想研究会編）京都：平楽寺書店, 1976, pp. 143-145）。Pāli 文献においても，accaya という語は，Divy. のそれとは形が違うものの，定型表現の中で説かれることが多い。たとえば，沙門果経には父を殺したアジャータサットゥがブッダに対して父殺害を告白する場面があるが，そこでの両者の会話は次のとおり。

accayo maṃ bhante accagamā yathā bālaṃ yathā mūḷhaṃ yathā akusalaṃ so 'haṃ pitaraṃ dhammikaṃ dhammarājānaṃ issariyassa kāraṇā jīvitā voropesiṃ. tassa me bhante bhagavā accayaṃ accayato patigaṇhātu āyatiṃ saṃvarāyā ti (DN i 85.15-19)

「大徳よ，私は愚者の如く，血迷った者の如く，不善者の如くに罪を犯しました。この私は王権を手に入れるために，正義の法王である父の命を奪ってしまったのです。大徳よ，将来〔過ちの再発を〕防ぐために，世尊はこの私の罪を罪として受け容れて下さいませ」

yato ca kho tvaṃ mahārāja accayaṃ accayato disvā yathādhammaṃ paṭikarosi tan te mayaṃ patigaṇhāma. vuddhi h' esā mahārāja ariyassa vinaye yo accayaṃ accayato disvā yathādhammaṃ paṭikaroti āyatiṃ saṃvaraṃ āpajjatīti (DN i

85.22-26)

「実に大王よ，汝は罪を罪として認め，如法に懺悔するがゆえに，我々はあなたの罪を受け容れよう。大王よ，もしも人が罪を罪として告白し，如法に懺悔して，将来〔の罪を〕防ぐならば，それは聖者の律の繁栄となろう」

このような表現は初期経典に散見され，またこの Pāli 文献の表現に近い用例は，Divy. 第33章に見られる。ここでは比丘尼プラクリティが出家した後，出家する前にアーナンダのことを夫という言葉で呼びかけたことを懺悔している。

atyayo me bhagavann atyayo me sugata/ yathā bālā yathā mūḍhā yathāvyaktā yathākuśalā duḥprajñajātīyā yāhaṃ ānandaṃ bhikṣuṃ svāmivādena samudācārṣaṃ sāhaṃ bhadantātyayam atyayataḥ paśyāmi/ atyayam atyayato dṛṣṭvā deśayāmy atyayam atyayata āviskaromi āyatyāṃ saṃvaram āpadye 'tas tasyā mama bhagavān atyayam atyayato jānātu pratigṛhnātu anukampām upādāya (Divy. 617.17-23)

「世尊よ，私には罪があります。善逝よ，私には罪があるのです。愚者の如く，血迷った者の如く，無知なる者の如く，不善者の如く，比丘アーナンダを『夫』という言葉で呼びかけようとした愚かな生まれの私は，大徳よ，罪を罪として認めます。罪を罪として認めた後，懺悔し，罪を罪として明らかにします。私は未来に至るまで律儀を受持いたします。ですから世尊は哀れみを垂れ，この私の罪を罪として認め，受け容れて下さいませ」

また同様の表現は MSV 薬事にも見られる。

athāgnidatto brāhmaṇarājo bhagavataḥ pādayor nipatya bhagavantam idam avocat/ atyayo bhagavann atyayaḥ sugata yathā bālo yathā mūḍho yathāvyakto yathākuśalo yo 'haṃ bhagavantaṃ saśrāvakasaṃghaṃ traimāsīm upanimaṃtryādarśanapathe vyavasthitaḥ/ tasya mama bhagavann atyayaṃ jānato 'tyayaṃ paśyataḥ atyayam atyayataḥ pratigṛhṇīsvānukampām upādāya/ tathyaṃ te mahārāja atyayam atyayata āgamā yathā bālo yathā mūḍho yathāvyakto yathākuśalo yas tvaṃ tathāgataṃ traimāsīm upanimaṃtryādarśanapathe vyavasthitaḥ/ yatas tvaṃ mahārāja atyayaṃ jānāsy atyayaṃ paśyasi taṃ ca dṛṣṭvādeśayasi vṛddhir eva te pratikāṃkṣitavyā kuśalānāṃ dharmāṇāṃ na hāniḥ/ (MSV i 42.19-43.9)

その時，バラモンの王アグニダッタは世尊の両足に平伏して，世尊にこう申し上げた。「世尊よ，〔私には〕罪があります。善逝よ，〔私には〕罪があるのです。愚者の如く，血迷った者の如く，無知なる者の如く，不善者の如く，この私は声聞の僧伽を従えたブッダを，三ヶ月の間，招待すると言っておきながら，〔自分は〕人目に付かぬ所に隠れてしまいましたが，世尊よ，この私は〔この〕罪を認めますので，どうか憐れみを垂れて，〔私が〕罪を罪とし〔て告白し〕たことを認めて下さいませ」。「大王よ，汝は本当に罪を罪として認めた。汝は愚者の如く，血迷った者の如く，無知なる者の如く，不善者の如く，『この私は声聞の僧伽を従えたブッダを，三ヶ月の間，招待いたします」と言っておきながら，人目に付かぬ所に隠れてしまったが，大王よ，汝は罪を知り，罪を認め，認めた後，〔その罪を〕告白したので，汝には繁栄のみが期待されるべきであり，〔汝の〕善なる性質が滅びることはない」

よって，Divy. 等に見られる懺悔の定型句は，すでに初期経典中にその原型が存在することが分かった。しかし，Divy. ではその後に「懺悔すれば必ずその〔悪〕業は減少し，尽き果て，消滅するであろう」という，初期経典には見られなかったフレーズが付加され，懺悔が業報との強い結びつきの中で説かれるようになっている。Divy. が業をテーマとしていることを考える時，懺悔も必然的に業（とくに悪業）との関係で説かれるようになり，罪（atyaya）が業（karman）として捉え直されているところに Divy. の懺悔の特徴を認めることができる。

(46)　漢訳には業滅に言及する文章がない。Cf. T. 1442, xxiii 858a1-2.

(47)　ここでのブッダの話し相手は，コンテクストからして，「アーナンダ」ではなく「パンタカ」でなければならない。Tib. 訳でも，de nas bcom ldan 'das kyis tshe dang ldan pa lam pa la bka' stsal pa（P. 1032 Ñe 64a2; D. 3 Ja 67a6）とあるし，漢訳でも「告愚路曰」(T. 1442, xxiii 797a1) となっているから，Skt. の読みを ānandam から panthakam に変える。

(48)　エジャートンは Divy. のこの部分を引用して，Can you clean the monks' sandals thoroughly（from the ground up)? あるいは he cleaned the monks' sandals thoroughly (lit., going to the very foundation?) とし，この問題の語を mūla の奪格と理解し，副詞として訳しているが，この訳語には疑問符を付けている（BHSD, p. 436)。しかしこの語を副詞として理解するには，upānahān mūlāc ca とあるように，接続詞 ca の位置が気になる。接続詞の位置からすれば，この語を名詞として理解したくなる。Tib. 訳の相当箇所を見てみると，lam pa khyod kyis dge slong rnams kyi mchil lham dang lham sgrog gu can dag 'phyi nus sam（P. 1032 Ñe 64a2; D. 3 Ja 67a6-7）とあり，mūlāc に相当する語は「紐付の靴（lham sgrog gu can)」であり，したがってこの語に相当する Skt. は，翻訳名義大集によると，pūla（or pūlā）という語が想定される（Mahāvyutpatti 8967)。これに沿って Skt. を理解するならば，恐らくこの mūla は，pūla の誤りということになろう。このように理解すれば，接続詞の ca も生きてくる。なお漢訳はこの箇所を「鞋履」(T. 1442, xxiii 797a1）とする。「鞋」と「履」のどちらにも，「靴・履物」の意味があり，さらに「鞋履」の複合語でも「靴・履物」を意味するが（『諸橋大漢和辞典』xii, p. 161)，Tib. 訳に従ってこの部分を解釈すれば，「鞋」と「履」を分けて理解した方がよい。

(49)　この漢訳の『嗟韈曩法天子受三帰依獲免悪道経』にもこれに相当する部分はあるが（T. 595, xv 130a18 ff.)，漢訳自体は十一世紀初頭の訳出である。ただし，この部分は Śikṣ. に引用されているから，七/八世紀にはこの部分が成立していたことになるし，さらには普賢行願讃の第38偈に対する龍樹や世親等の注釈文献にも引用されているから，「三宝帰依による業の消滅」という思想成立の上限はかなり引き上げられることになる。

(50)　前章でこの説話の帰属を考えた際に，諸資料における「天人五衰」の用例を紹介したが，その中にこの Divy. と同じく「天人五衰」と三帰依とを関連させて説く用例が一つ存在する。それは『増一阿含経』(T. 125, ii 677b28-679a7) の用例で，ここでも五衰が現れて豚に再生することになっていた天子が，シャクラの勧めで三帰依して悪趣に堕するのを免れ，長者の家に生まれ変わって出家し，ついには阿羅漢になる話が見られる。

(51) 第1章で挙げた Divy. 第33章の漢訳は，いずれも陀羅尼による業滅を説いていないので，その成立時期に関しては不明。

(52) 業説には二つの見方があると舟橋は指摘する(舟橋一哉「佛教における業論展開の一側面：原始佛教からアビダルマ佛教へ」『仏教学セミナー』20, 1974, pp. 53-56)。一つは一般的な常識としての通俗的業説であり，もう一つは仏教独自の業説であるが，後者の業説に関して，水野は「業報説は仏教の第一義諦ではないけれども，未だ第一義を理解し得ない者のために，それに入る前提として，世俗的立場で採用されたものである」とし (水野弘元「業説について」『印仏研』2-2, 1954, p. 467)，これを受けて藤田も「原始仏教においては，業の思想は世間的立場の教説として受け入れられたものであるが，それは仏教本来の出世間的立場を基盤とし，そこに進入せしめるための前段階として説かれていた」とし，後者の業説を世間的立場の教説として位置づけている (藤田「業思想」p. 127)。

(53) ここでは，初期仏教と説一切有部の業滅思想との比較においてのみ，Divy. の業滅思想を考察するに留まった。よって今後は，広く部派仏教の諸派，大乗仏教，さらには他のアヴァダーナ文献に見られる業滅思想と照らし合わせながら，Divy. に見られる業滅思想の位置づけをより明確にしていかなければならないし，この業に関する矛盾が何に起因するかをも考えていく必要がある。 (54) 佐々木「比丘になれない人々」.

(55) 赤沼『原始佛教之研究』p. 392.

(56) この問題に関しては，すでに拙稿において纏めている。平岡聡「ディヴィヤ・アヴァダーナに見られる社会的地位と出家の問題」『南都仏教』65, 1991, pp. 19-37.

(57) これは，彼らが過去世で立てた誓願の内容に「広大な資産と巨額の財産を有する裕福な家に生まれますように」という文言が組み込まれていたことによるが，これは次章で詳しく取り上げる。 (58) Ja. i 114.8 ff.; Dhp-a i 239.15 ff.; Pd ii 213.12 ff.

(59) 山崎『古代インド社会の研究』p. 313.

(60) ここで注意を要するのは，「シュードラ (隷属民)」と「ダーサ (奴隷)」が同等の概念でないという点である。両者の関係について山崎は次のように説明する。「一方，社会の底辺には不可触民チャンダーラを含む賤民集団や，隷属的地位に置かれた奴隷 (dāsa)・労働者 (kammakara)・被傭人 (bhataka) が存在しており，彼らに関する記事も仏典中にしばしば見出される。奴隷・労働者・被傭人の多くが四大区分のうちのシュードラに属することは十分に考えられる。しかし，前三者とシュードラとは基本的に範疇を異にするものである。例えば上位両ヴァルナやヴァイシャに属する者が困窮ゆえに奴隷・労働者・被傭人となることもあり，また労働者や被傭人となりながら生得のヴァルナを維持することも可能であった」(山崎『古代インド社会の研究』p. 326) と。よって，パンタカ兄弟の両親のケースが必ずしも「逆毛結婚」とは言い切れない。しかし山崎は「多くのヒンドゥー法典は，ヴァルナの順序に逆らって奴隷となることを禁じている。例えばヴァイシャは，バラモン・クシャトリヤ・ヴァイシャの奴隷となり得るが，シュードラの奴隷とはなり得ないのである」（山崎『古代インド社会の研究』p. 50）とも記しているので，この場合の結婚が「逆毛結婚」の可能性は充分にあり得る。また，たとえ同じヴァルナ間の結婚であったとしても，「自由人の女と奴隷男が結ばれた場合は，両者に厳しい制裁が加えられ，生まれた子は賤しめられたものと思われる」（山崎『古代インド社会の研究』p. 47）との指摘もなされているので，少なくともパンタカ兄弟の両親の場合，その結婚は社会的に歓迎されたものとは思えない。だから，Jaでは，パンタカの母が奴隷と懇ろになった時，駆け落ちしなければならなかったのであろう（Ja. i 114.7 ff.）。よって，社会的に禁止されていた結婚によって出来たパンタカ兄弟は，決して生まれの高貴な者とは考えられていなかったはずである。

(61)　赤沼はこのパンタカ兄弟をヴァイシャとして分類している（赤沼『原始佛教之研究』p. 419）。なお Divy. と Pāli 文献でパンタカの伝承が食い違っているが，Pāli 文献が三つとも共通していることから考えると，これは単に伝承が違うというよりは，これから考察するように，社会的地位の低い者の出家を歓迎しなかった MSV の編纂者が Pāli の伝承を意図的に変えてしまったという可能性が強い。

(62)　「ドゥラーガタ」とは「スヴァーガタ」の別名である。スヴァーガタは生まれてから，持って生まれた悪業のために，彼の行くところは何処でも災いが起こったので，人は彼のことを「ドゥラーガタ」と呼ぶようになる。

(63)　この後プラセーナジット王も同様に彼女を軽蔑している（Divy. 618.15-19）。なお，これに相当する部分は，いずれの漢訳にも存在しない。

(64)　仏教では，師匠から弟子へと法灯を伝授していく師資相承（あるいは付法伝持）を，「法脈」あるいは「血脈」という言葉で表現する。特に「血脈」は，身体の血の流れが相連なって絶えることがないのに喩えて比喩的に用いられているが，ここでは血脈をそのような宗教的な，あるいは比喩的な意味には用いず，文字どおり「父から子へ，子から孫へ」という世俗的な意味での血筋の繋がりを意味する言葉として理解する。すなわち，ここでは世間的な血統の相続を「血脈」，出世間的な正法・法灯の相続を「法脈」と概念規定して用いることにする。　(65)　Cf. Aggañña-suttanta (DN 27).

(66)　望月信享『増訂版／望月仏教大辞典（第六巻）年表』東京：世界聖典刊行協会（初版1932年），1955，附録 pp. 1-5；赤沼『印度佛教固有名詞辞典』巻末表第一.

(67)　MSV vi 15.17-32.5.

(68)　多仏に関しては控えめな有部系の文献にあって，唯一膨大な数の過去仏に言及する箇所が『根本説一切有部毘奈耶薬事』(T. 1448, xxiv 73b17 ff.) に存在する。ここではブッダが過去世において七万五千仏，七万六千仏，さらには七万七千仏を供養したことに言及し，その後，詩頌の形で実に長々とその様子が説かれるが，ここでは各仏が相続して世に現れたことを説いているのではなく，それだけ多くの仏をブッダが過去世で供養したことを説くのみである。なお，この過去仏供養の伝承は，有部系の論書にも共有されている。Cf.『大毘婆沙論』(T. 1545, xxvii 892c5 ff.), AKBh 266.15 ff.;『倶舎論』(T. 1558, xxix 95a17 ff.).

(69)　なお，ブッダ以降の師資相承ということになると，出家者が結婚して子供をつくるわけにはいかないから，いくら血脈を重視する説一切有部でも法脈の師資相承を取らざるをえなくなる。『根本説一切有部毘奈耶雑事』にはブッダ以降の付法伝持が，Kāśyapa→Ānanda→Śāṇakavāsin→Upagupta→Dhītika（T. 1451, xxiv 410b1 ff.）という相続で説かれている。ただしこの相承には幾つかの問題がある。たとえば，アーナンダの和尚が本当にカーシャパであったかという点，あるいはこの相承におけるマドゥヤーンティカの位置づけなどである。Cf. Erich FRAUWALLNER, *The Earliest Vinaya and the Beginnings of Buddhist Literature* (Serie Orientale Roma 8), Roma, 1956, pp. 24-41; 平川彰『インド仏教史／上巻』東京：春秋社, 1974, pp. 113-122, 167-168; 山崎『アショーカ王伝説の研究』pp. 133-138.

(70) ここでは，何千人という彼の子孫が王として相続したことを説いている。

(71) ただし，ここで説かれているのはシュッドーダナに至るまでの王譜であるから，この部分でシャーキャムニとラーフラとに言及してはいないが，この相続は自明であるので，今は二人の名前をここに入れておく。 (72) Mv. iii 226.5-240.11.

(73) Bv. と Mhv とに見られる法脈の相続は，以下のとおりである。
ディーパンカラ→コーンダンニャ→マンガラ→スマナ→レーヴァタ→ソービタ→アノーマダッシー→パドゥマ→ナーラダ→パドゥムッタラ→スメーダ→スジャータ→ピヤダッシー→アッタダッシー→ダンマダッシー→シッダッタ→ティッサ→プッサ→ヴィパシン→シキン→ヴェッサブー→カクサンダ→コーナーガマナ→カッサパ→ゴータマ（Bv. 9-99, Mhv i 5-11） (74) Dīp. iii 3-47; cf Mhv ii 1-22.

(75) Mv. ii 1.6-2.6; cf i 197.14 ff.

(76) Cf.『根本説一切有部毘奈耶破僧事』(T. 1450, xxiv 106b6-c25).

(77) 古来よりインドには王の系譜を重んじる傾向があって，これを二つの系統，すなわち月統（candravaṃśa）と日統（sūryavaṃśa）とに大別するが，仏教もこれを取り入れ，ブッダの系譜を日統の中に位置づけようとしたと考えられる。

(78) 血脈重視の仏典としては，MSV 破僧事, Dīp.,『起世経』,『起世因本経』,『大楼炭経』,『衆許摩訶帝経』,『仏本行集経』,『四分律』,『彰所知論』などが挙げられる。一方，法脈重視の仏典として Mv., Mahāpadāna-suttanta（DN 14），Bv.（ただし Mhv は両方の系譜を記載）等を指摘することができるが，今回ここで取り上げた破僧事と Mv. とはそれぞれの文献群の中でも頂点をなすものと見ることができる。

(79) ブッダの悪業は，正量部の思想を伝える『有為無為決択（Saṃskṛtāsaṃskṛtaviniścaya)』においても説かれていることを並川は指摘しているので，このような極端な業観が有部特有のものとは言えず，有部と正量部との共通伝承の可能性もある。ただ，この文献の成立は十二世紀から十三世紀と考えられており，時代的にはかなり後代の成立である。一方，ブッダの悪業が頻出する根本有部律の漢訳年代は七百年前後であるから，ブッダをも拘束する有部の業観は遅くとも八世紀初頭には成立していたと考えられる。正量部の資料は有部のそれと比較すれば少ないので，決定的なことは言えないが，ブッダの悪業に関しては，有部の方が起源的に早く，後に正量部が有部の業観に影響されたとも考えられる。並川「ブッダの過去の悪業」.

(80)　ここでは三世実有に代表されるような，白黒を明確にする有部の業観が，エリート集団の形成や血脈に重点を置いたブッダの系譜の作成という対社会的問題に発展したという視点で考察を進めてきたが，ここで一応の考察を終えるにあたって，逆の見方も可能になる。つまり世間体や社会の目に敏感でありすぎた説一切有部の体質が，これほどまでに業という問題に深く関与せざるを得なかったのではないかという可能性である。今後，説一切有部の業観を考える際にはこのような視点も視野に入れておかなければならない。なお，ここではブッダの系譜の問題を，「対社会的」という観点からのみ考察してきたが，佛教大学教授・並川孝儀先生より，「これを対社会的な観点からだけで説明できるのかどうか。これには教団内部の仏陀観に関する教義（ドグマ）の相違からも考察すべきではないか」という指摘を頂いた。世間体を気にしたり在家者の布施によって生活していたのは，説一切有部だけではないからである。今後はこのような観点からも，この問題に取り組む必要がある。

第5章　再生に関する思想

(1)　Cf. 出本「女性と授記」; 飯渕「*Karmaśataka* について」; 同「*Karmaśataka* における授記」; 同「*Karmaśataka* における燃燈仏授記物語」.

(2)　平岡「浄土経典にみられる二種の誓願説」.

(3)　そこで考察した誓願説Ⅰの用例では，その誓願者がすべて在家者であり，これを「善業→誓願」と図式化して問題はなかったが，Divy. では出家者の誓願も見られ，この場合，その誓願を成就させる原因となるものが「梵行（brahmacarya）」であるため，「善業」としたのでは，その「梵行」が含まれないことになる。そこでここでは，在家者の「善業」と出家者の「梵行」とをその意味内容として含み込む，もう少し範囲の広い「善根」という言葉を用いる。

(4)　このように誓願説を二つに分けると，次のような点でも両者は大きく異なっていることに気付く。すなわち両方とも人間の行為と深い関わりを持ってはいるものの，誓願説Ⅰは「すでに為された善根の方向性を決定するもの」と言うことができるし，誓願説Ⅱの方は「これからなすべき行の方向性を決定するもの」と表現でき，同じく誓願と言っても前者は「願い」を，後者は「誓い」を内容としていることが分かる。

(5)　従来の研究ではその願文にのみ視点が注がれ，その願文の変遷から誓願思想を跡づけようとする研究が主であった。つまり，その内容が在家的か出家的か，また出家的な内容の場合，それは自利のみかあるいは利他を含んでいるか，という観点からのアプローチである。このような手法を用いた研究は，これまでにかなりなされてきたので，ここでは少し視点を変え，誓願という行為そのものの構造や機能に焦点を絞って，従来とは違った視点から誓願思想を考察する。なお誓願思想の体系的な研究としては，藤田や村上の研究や，最近では香川の研究がある。ここでは初期仏教より，大乗経典に至るまでの誓願の用例が網羅されている。藤田『原始浄土思想の研究』pp. 379-428; 村上『西域の仏教』pp. 319-340; 香川孝雄『浄土教の成立史的研究』東京：山喜房佛書林, 1993, pp. 357-603. なお，MSV の誓願説に関しては，基本的に Divy. のそれと同じなので，注記で紹介するに留める。その代わり，注には根本有部律に見られる誓願説一覧を付した。

（6） その誓願文の中に「この善根によって」という表現の代わりに，例外的に次のような用例も僅かながら存在する。「この偉大なる布施によって（anena dānena mahadgatena）」（Divy. 227.4, 245.26），「この業（仏の教えを口にし，暗記し，自ら読誦したこと）の異熟によって（asya karmaṇo vipākena）」（Divy. 233.27），「蓮華を布施した果報により（padmānāṃ pradānaphalena）」（Divy. 249.25）。ただし最初の「この偉大なる布施によって」という用例は，いずれも詩頌の中で説かれているので，韻律の関係から，このような表現を取ったものと考えられる。

（7） Divy. 133.10 ff., 15 ff., 21 ff., 27 ff., 134.5 ff., 9 ff., 227.4 ff., 245.24 ff., 249.26 ff., 289.3 ff., 366.16 ff., 540.28 ff.

（8） 注(22)に記す MSVの誓願説一覧において「誓願前の行為」の項目の定型表現が（有）になっている用例はすべてこれに相当する。

（9） 世尊に向かって何かを誓願する場合，「両足に平伏して」という表現は何ら問題はないが，仏塔に向かって誓願を立てる場合，「両足に平伏して」という表現は問題になる。これに関しては，次章において詳しく取り上げる。

（10） 同類の用例は他に三例を数える（Divy. 192.11 ff., 313.19 ff., 539.8 ff.）。MSV には，何らかの悪業をなした後にそれを悔いて「その悪業の果報は享受しないように」と願う誓願が散見され（MSV i 108.21 ff., ii 138.13 ff., vii 160.24 ff.; T. 1442, xxiii 658a14 ff., 827a24 ff., 865b20 ff., 865c10 ff.），Divy. と同様にそのような都合のよい誓願は叶わないことになっている。しかし，根本有部律にはこのような誓願を立てていながら，その悪業の果報を連結で説明しない用例が一例だけ存在する。そこでは，王に鶏を献じた者が後に悲心を起こし，その鶏が殺されるのを怖れてその鶏を買い戻して誓願を立てる話が見られるが，その誓願と連結の部分を示すと次のとおりである。

此雞無辜縁我進献幾将被殺。此之悪業願勿受報。我復贖放所有福業。令我来世遭厄難時。得勝大師。来相救済。汝等知不。往時献雞者即曠野手是。由昔願力今免厄難。如是応知（T. 1442, xxiii 885c26-886a1）

「この鶏には罪がないのに，私が〔王に〕献上したばっかりに，危うく殺されそうになった。願わくばこの悪業の報いを受けることがないように。また〔その鶏を〕買い戻して解放した福業によって，私は来世で厄難に遭遇した時，優れた大師が〔私を〕救済してくれるように」

〔連結〕「お前達よ，分からないのか。その時に鶏を献じた者はこの曠野手その人だったのだ。昔の願力によって，今厄難を免れたのである。このように理解すべきである」

また願文中に「その悪業の果報は享受しないように」という表現こそ見られないが，悪業を犯してそのことを願文で言及しておきながら，連結ではその悪業の果報を享受したことを説かない用例が，根本有部律に二例見られる。これはいずれも大迦葉と妙賢との過去物語に見られる。一つは，農夫（大迦葉）が妻と独覚との関係を訝り，妻に「浮気をしたな」と告げると，独覚は彼を哀れんで神変を示し，それを見た農夫は，それを悔いて独覚を供養し誓願を立てるというものである。

我起悪念皆由欲心。願我二人生生常得少諸欲染。汝等苾芻於意如何。往時農夫者豈異人乎。今具寿迦摂波是。其妻即妙賢是。従是以来乃至於今二倶少欲（T. 1443, xxiii 914c3-6）

「私はよからぬ心を起こしましたが，これは皆欲の心によるものです。願わくば私達二人は，何処に生まれ変わっても，常に様々な欲に染まることが少ないように」

〔連結〕「汝等比丘達よ，どう思うか。昔に農夫だったのは別人ではなく，今の同志迦摂波その人で，その妻は妙賢その人だったのだ。これによって〔その時〕以来，今生に至るまで，二人とも欲が少なかったのである。

もう一つは，長者とその妻が林の中でセックスに夢中になり，そこにいた独覚に気が付かなかった。後に独覚の存在に気づいた長者は独覚を供養して誓願を立てる話である。

我作悪事皆由耽欲。願我二人当来倶得少欲果報。汝等苾芻於意云何。昔時長者豈異人乎。今具寿大迦摂波是。其妻即妙賢。由是発願故二倶少欲（T. 1443, xxiii 914c16-20）

「私は悪事をなしましたが，これは皆欲に耽っていたことによるものです。願わくば私達二人は，未来世において共に少欲の果報を得ることができますように」

〔連結〕「汝等比丘達よ，どう思うか。昔に長者だったのは別人ではなく，今の同志迦摂波その人であり，その妻はすなわち妙賢だったのだ。この発願によって二人とも少欲だったのである」

特に最初の用例は，農夫が独覚を侮辱する言葉を発しているが，すでに指摘したように，独覚などに対する暴言はかなりの苦果をもたらすことになっているのに，それに対する言及が見られない。

(11)　他にも同様の用例が二つ存在する。Cf. Divy. 233.24 ff., 347.7 ff.

(12)　MSV i 23.15 ff., iv 47.13 ff., vii 3.23 ff., vii 52.3 ff., vii 66.8 ff., vii 67.4 ff.: T. 1443, xxiii 917b16 ff., 918a5 ff.; T. 1444, xxiii 1030a4 ff., b2 ff., 10 ff., 15 ff.; T. 1451, xxiv 223a17 ff., 228b16 ff., 262a9 ff., 278c14 ff., 356b29 ff., 369b1 ff., 394c11 ff.

(13)　このような邪な誓願は，MSV の中にも数例あるが（MSV ii 14.8 ff., iv 51.10 ff., iv 179.3 ff., vii 211.5 ff.: T. 1443, xxiii 917a14 ff., b4 ff.; cf. T. 1442, xxiii 656b29 ff., 699a 18 ff.; 1451, xxiv 362c27 ff.），ここでは破僧を説明する過去物語に見られる用例を一つだけ紹介しよう。ある聖仙A（デーヴァダッタ）のもとにやってきた別の聖仙B（ブッダ）は自分に対する対応が悪いと腹を立て，聖仙Aの僧伽の分裂を試みる。聖仙Aがそれを防ぐ手だてを考えているところに独覚が現れたので，聖仙Aは独覚を供養すると次のような誓願を立てる。

tena tasmai kārān kṛtvā *mithyāpraṇidhānaṃ* kṛtam yan mamānena pāparṣiṇā parṣadbhedaḥ kṛtaḥ aham asya sarvajñeyavaśiprāptasyāpi parṣadbhedam kuryām iti. (MSV vii 211.4-7)

〔聖仙〕は彼（独覚）に供養をなしてから，邪な誓願を立てた。「かの邪悪な聖仙は私の衆会を分裂させましたが，私も一切所知に対する自在を獲得した彼の衆会を分裂できますように」と。

また興味深い用例が薬事に見られる。ここではオータラーという町にやってきたブッダに対し，バラモンのオータラーヤナはブッダと僧伽とを食事に供養した後，「私が食事を供養したこの釈子の沙門達はすべて私の牛になるように」という邪な誓願を立てると，ブッダはそれを知って「比丘達は後生が尽きているから，それは成就しない」と告げるが，その後，ブッダは比丘達に次のように指示する。

otalāyanena bhikṣavo brāhmaṇena *mithyāpraṇidhāna*samutthaṃ pāpakaṃ cittam utpāditam/ yuṣmābhir bhuktvā ārṣā gāthā vaktavyā/ *mithyāpraṇidhānaṃ* na samarddhiṣyati (MSV i 19.19-20.2)

「比丘達よ，バラモンのオータラーヤナは邪な誓願を立て，邪悪な心を起こした。〔彼の食事を〕食べてしまったのなら，お前達は神聖な偈頌を唱えよ。そうすれば邪な誓願は成就しないだろう」

これは後生が尽きていない比丘尼に対して言われたのか，あるいはバラモンの供養を受けた比丘全員に対して言われたのかは定かでないが，ここで言われる「神聖な偈頌 (ārṣā gathā)」が邪な誓願の解毒剤として機能していることが分かる。したがって，ここでの「神聖な偈頌 (ārṣā gathā)」は，陀羅尼に近い機能を有していると考えられる。

(14) 根本有部律にも，誓願前の善業や善根は見られるが，それが願文の中で定型句として表現されていない用例が若干存在する。本章の注 (22) に示した根本有部律の誓願説一覧のうち，「誓願前の行為」が明記されていて，かつ定型表現が（無）になっている用例はすべてこれに相当する。

(15) 誓願説 I に属すると考えられる用例でも，誓願前の善業に言及しない用例が第18章に見られる。ここでは，青年バラモンであるスマティがディーパンカラ仏に授記された時，それを見ていた人達と少女（ヤショーダラー）とが次のような誓願を立てる。

praṇidhānaṃ kṛtam/ yadānenānuttarajñānam adhigatam bhavet tadāsya vayaṃ śrāvakā bhavema/ sāpi ca dārikā praṇidhānaṃ karoti/

praṇidhiṃ yatra kuryās tvaṃ buddhaṃ āsādya nāyakam/
tatra te 'haṃ bhavet patnī nityaṃ sahadharmacāriṇī//
yadā bhavasi saṃbuddho loke jyeṣṭhavināyakaḥ/
śrāvikā te bhaviṣyāmi tasmin kāla upasthite//
khagasthaṃ māṇavaṃ dṛṣṭvā sahasrāṇi śatāni ca/
śrāvakatvaṃ prārthayante sarve tatra hy anāgate//
yadā bhavasi saṃbuddho loke jyeṣṭhavināyakaḥ/
śrāvakās te bhaviṣyāmas tasmin kāle hy upasthite// (Divy. 252.18-28)

〔彼らは〕誓願を立てた。「彼が無上智を獲得するであろう時，我々は彼の弟子になりますように」。そしてその少女も誓願を立てた。

「あなたは導師である仏にお会いし，誓願を立てられますように。そうすれば，私は常にあなたの妻となり，共に法を行ずる者となるでしょう。あなたが世間における最上の導師・等覚者になられる時，その時が来たら，私はあなたの弟子になりましょう。上空に留まっているバラモンの少年を見て，何百何千という人々は，すべて未来世において，〔あなたの〕弟子になることを切望しています。あなたが世間における最上の導師・等覚者になられる時，その時が来たら，我々はあなたの弟子になりましょう」

これら二つの用例は，誓願前の善業に言及しないし，したがって「この善根によって」という定型句も見られず，ただ自分の願いを述べているに過ぎない。さらに，これらの誓願が成就したかどうかも，この物語自身は語るところがない。また MSV には「戒を具足する人の心願は成就する。それは戒が清浄であるから（ṛdhyati śīlavataś *cetaḥpraṇidhā-nam*/ tac ca viśuddhatvāc chīlasyeti）」（MSV ii 136.18）という表現が見られるが，これも戒を具足して善根を積むことが誓願する前の前提となっているので，誓願説 I に含めて考えてもよい用例と思われる。

(16)　この他にもブッダが過去世でこれと同様の真実語をなす話が Divy. 第32章に二つ存在し（Divy. 473.19 ff., 478.20 ff.），内容的には誓願と見なしうるが，そこでは pra-ṇi√dhā に類する語は使われていない。

(17)　「真実語（Skt: satyakriyā *or* satyavacana/ Pāli: saccakiriyā）」は，ジャータカ等において誓願説 I に近い形で用いられることがある。しかし，ここではその真実語が誓願説IIの中で用いられており，異例の用法のように思われる。

(18)　一つは破僧事に見られる。ここではブッダの本生である亀が，眠っている間に，虫に群がられて血肉を貪り食べられている時に次のような誓願を立てる。

yadā tu marmasthāneṣu māṃsaṃ bhakṣayanti tadā prabuddhaḥ paśyati kīṭi-kābhiḥ sarvaṃ śarīram ākīrṇam sa saṃlakṣayati yadi kāyaṃ calayiṣye vā saṃ-parivartayisye vā niyatam etāḥ praghātayiṣyāmi kāmaṃ prāṇaviyogo na tu prāṇo-parodhaḥ iti viditvā chidyamāneṣu marmasu mucyamāneṣu saṃdhiṣu *praṇidhā-naṃ* kartum ārabdhaḥ yathā mayā etāni aśītir kīṭikāsahasrāṇi māṃsarudhireṇa saṃtarpitāni tāny evam aham anāgate 'dhvani anuttarāṃ samyaksaṃbodhim abhisaṃbuddhya saddharmarasena santarpayeyam iti.（MSV vii 17.16-24）

さて急所の肉を食べられるに至って〔ようやく〕目を覚ますと，〔亀〕には虫達が体全体に群がっているのが見えた。彼は考えた。〈もしも体を動かしたり回転させたりすれば，きっと虫達を殺してしまうことになろう。〔自らの〕命は喜んで捨てるが，〔他の〕命を奪うことは本意ではない〉と知ると，急所が引き裂かれ，関節が外されつつあった時，彼は誓願を立て始めた。「今私がこの八万匹の虫達を肉や血で満足させたように，未来世に私は無上正等菩提を正等覚した後，〔有情を〕正法の味で満足させよう」と。

もう一つは，過去仏のもとで菩提を求めて誓願を立てたことが，極めて断片的に述べられているが（MSV vi 20.20 ff.），これも誓願説IIに分類しておく。

(19)　梶山は，仏教における廻向の思想を，「内容転換の廻向」と「方向転換の廻向」とに大別している。内容転換の廻向とは，すでになした善根功徳を自らの悟りに転換することを意味し，方向転換の廻向とは，それを他者のために転換することを意味する。この廻向の思想が誓願と深い関わりを持つことは明らかであるが，この図式に従えば，Divy. に見られる誓願説Ⅰは，その誓願の内容が世間的であれ出世間的であれ，梶山の指摘する内容転換の廻向と関係することになる。なお方向転換を内容とする誓願は，Divy. には残念ながら存在しないが，次に考察する Mv. には，自己の積んだ善根を他者に振り向ける用例が見出され，大乗との関係を想起させる。梶山雄一『「さとり」と「廻向」：大乗仏教の成立』(講談社現代新書711) 東京：講談社, 1983, pp. 147-184.

(20) たとえば，ここで見た誓願説IIの用例は，その誓願文が pratijñā という言葉で表現され，また後に praṇidhi という言葉で置き換えられている。この傾向は，無量寿経の梵本に説かれている法蔵菩薩の誓願説にも見られる。ここでは，法蔵菩薩が誓願を立てた後，その誓願の成就に向けて修行に専念したことを，ブッダがアーナンダにこう説く。

sa khalu punar ānanda dharmākaro bhikṣus ..... imān evaṃrūpān *praṇidhi*viśeṣān nirdiśya yathābhūtaṃ *pratijñā*pratipattisthito 'bhūt. (Sukh. 23.18-23)

「さてアーナンダよ，かのダルマーカラ比丘は(中略) このような特別な〔四十七の〕誓願を説き終わって，そのとおりに誓いの実現に専心したのである」

ここでも「誓願 (pranidhi)」は「誓い (pratijñā)」という言葉で置き換えられている。このように，「誓願→行」と特徴づけられる誓願説IIと pra-ṇi √ dhā という言葉の間には，確固たる対応関係が見られない。特にその傾向は Mv.や般若経典所説の誓願説において顕著であることは，すでに拙稿において指摘したとおりである。平岡「浄土経典にみられる二種の誓願説」pp. 51-54.

(21) 岡本は布施との関係に注目しながら，Divy. の誓願思想の研究を行っている（岡本「仏教在家信者の布施」; cf. 岡本「*Aśokāvadāna* における布施」; 同「アショーカ王の布施と誓願」; 同「アショーカ王の布施」)。Divy. には，誓願説Ⅰに分類される用例は頻繁に存在するが，そのパターンは，すでに指摘したように，何らかの善行を積んでから誓願するというものであった。そしてその中の用例の幾つかは，その連結において，たとえば「布施などの善行を行ったから裕福な家に生まれた。そして誓願を立てたから，出家して阿羅漢となった」と説明するものがある。このような用例に基づいて，岡本は「布施供養等の善行→世間的果報」「誓願を立てること→出世間的果報」と図式化する。確かにこのような図式化が成り立つ用例も Divy. には存在するが，しかし善行が出世間的果報と結びつく事例や，誓願が世間的果報としか結びつかない事例も存在するので，この図式を Divy. や MSV の誓願説Ⅰの用例すべてに当てはめることはできないし，岡本自身もこの点は認めている（岡本「仏教在家信者の布施」p. 83)。

(22) まず MSV の用例を示し，次に梵本がない箇所の用例は漢訳で示す。なお出典は用例の最初の巻数・頁数・行数のみを記す。

【凡例】誓願者（現世の生)*誓願前の行為（定型句の有無)**誓願の内容***（出典)

*基本的にこのような誓願は過去世でなされるので，その過去世での誓願者と，その有情が現世の誰であるかをここに記したが，若干の用例では現世で誓願を立てる用例が存在するので，そのような場合は（　）内に「現世」と記した。

**「定型句の有無」とは「この善根によって (anena kuśalamūlena)」あるいはこれに類する表現がその願文の中で明記されているかどうかを示している。

***誓願の内容一覧は次のとおりである。①裕福な家に生まれる。②あなたのような諸徳を得た者となる。③仏・世尊・大師を喜ばせ，不快にさせない。④阿羅漢となる。⑤ブッダに「～第一」と授記される。⑥世間的（在家的）願い。⑦出世間的（出家的）願い。⑧悪業を享受しない。⑨邪な誓願（その誓願が邪（mithyā）であると明記されていることの有無）

梵本：薬事（MSV i）／比丘尼（カチャンガラー）梵行（有）⑤（23.15); 娘（現世）ブッダへの施食（有）⑥（37.2); 四百九十八人の娘（現世）ブッダへの施食（無）⑥（38.5); 隊商主（現世）ブッダへの施食（有）⑥（40.14); 貧女（現世）ブッダへの布施（有）⑦［=Divy. 7］(90.3); 長者（クシャ→ブッダ）独覚供養（有）⑧①（108.21); 長者一族（メーンダカ一族）独覚供養（有）⑥［= Divy. 10］(252.7); ガルダ（四大王天）三帰と学処（有）⑦（261.16): **衣事**（MSV ii）／聖仙（アジャータシャトル）不明⑨（有）(14.8); 長者の妻（ヴィシャーカー）塔供養（有）⑥（77.16); 三十二人の仲間（ヴィシャーカーの息子）塔供養（有）⑥（78.3); 長者の妻（ヴィシャーカー）塔への浄信（無）⑥（78.13); 王子と祭官の息子（ブッダと独覚）独覚供養（有）①⑧（138.13): **出家事**（MSV iv）／比丘（サンガラクシタ）梵行（有）④［= Divy. 25］(47.13); 沙弥（龍童子）梵行（有）⑨（無）［= Divy. 24］(51.10): **皮革事**（MSV iv）／バラモン女（現世）比丘への施食（無）→⑨（有）［= Divy. 1］（179.3); 隊商主（シュローナ）塔供養（有）①②③［= Divy. 1］(193.3): **臥座具**（MSV v）／長者の甥（アナータピンダダ）塔供養と浄信（無）⑥④（28.6); 長者（アナータピンダダ）独覚供養（有）⑥（32.20): **諍事**（MSV v）／組合長の妻（ムクティカー）塔供養（有）①②③（70.13): **破僧事**（MSV）／菩薩（ブッダ）不明（誓願説II？）⑦（vi 20.20); 不明（マーヤー）過去仏供養（無）⑥（vi 38.12); ビンビサーラ（クリキン）塔供養（有）②③（vi 161.27); 三兄弟の弟二人（カーシャパ三兄弟の弟二人）塔供養（有）⑦（vi 163.14); 三兄弟の兄（カーシャパ三兄弟の兄）塔供養（有）⑦（vi 163.19); 比丘（カウンディンニャ）梵行（有）④⑤（vii 3.23）；忍辱行者（ブッダ）忍辱（有）⑦（vii 8.28); 長者の娘（カウンディンニャ）比丘供養（有）②（vii 16.4); 亀（ブッダ）（誓願説II）(vii 17.21); 乞食者の頭（バドリカ）独覚供養（有）⑥③（vii 47.1); 乞食者達（釈迦族五百人）不明⑥（vii 47.17); 理髪師の甥（ウパーリン）独覚供養（有）⑥（vii 50.3); 長者（ウパーリン）独覚と正等覚者との供養（有）⑥（vii 51.16); 比丘（ウパーリン）梵行（有）④⑤（vii 52.3); 医者（アーナンダ）独覚供養（願文なし）⑥（vii 59.16); 王子（アーナンダ）独覚供養（有）⑦（vii 65.27); 王子（アーナンダ）不明⑦（vii 66.8); 比丘（アーナンダ）梵行（有）⑦（vii 66.13); 比丘（アーナンダ）梵行（有）④⑤（vii 67.4); バラモンの息子（コーティヴィンシャ）仏への施食（有）①⑥②③（vii 148.28); 陶工（ビンビサーラ）独覚供養（有）⑧①②③（vii 160.24); 聖仙（デーヴァダッタ）独覚供養（無）⑨（有）（vii 211.5).

漢訳：毘奈耶（T. 1442, xxiii）／大軍（現世：毒蛇）⑨（有）（656c2); 猟師（小軍）独覚の塔供養（有）⑧①⑥②③（658a14); 商主（実力子）独覚供養（有）①②③（698b14); 長者の後妻（友女）独覚供養（無）⑨（有）（699a18); 薬叉（大哥羅）独覚への礼敬（有）⑧④（827a24); 比丘（阿尼盧陀）僧伽供養（願文なし）④（850b16); 群賊（阿尼盧陀）

仏の尊容を見て歓喜（無）③⑤（850b22）; 猟人（鄔陀夷）独覚の塔供養（無）⑧③（865b20）; 瓦師（鄔陀夷）独覚の塔供養（有）⑧③⑦（865c10）; 献鶏者（曠野手）不殺生（有）⑧⑥（885c26）; 商主の妻（青蓮華比丘尼）独覚の供養（有）⑥④（899a10）: **尼毘奈**（T. 1443, xxiii）／農夫と妻（大迦摂波と妙賢）独覚への施食（無）⑥（914c3）; 長者と妻（大迦摂波と妙賢）独覚供養（無）⑥（914c16）; 女（妙賢）仏への浄信（無）⑥（915c26）; 長者の奴隷（妙賢）独覚への施食（有）⑥（916a17）; 五百同邑義人（五百外道）独覚への施食（有）⑨（無）（917a14）; 婦人（未生怨）独覚への施食（有）⑨（無）（917b4）; 比丘尼（妙賢）梵行（無）⑤（917b16）; 仙童（迦摂波）独覚への施食（有）①⑥③（917c19）; 比丘（迦摂波）梵行（無）⑤（918a5）: **出家事**（T. 1444, xxiii）／婆羅門女（舎利弗）独覚供養（無）⑦（1029b6）; 太子（舎利弗）独覚供養（無）⑥（1029c16）; 比丘（舎利弗）梵行（有）④⑤（1030a4）; 仙人（目乾連）無量功徳（有）⑤（1030b2）; 不明（目乾連）不明⑤（1030b10）; 比丘（憍陳如）梵行（無）⑦（1030b15）: **雑事**（T. 1451, xxiv）／比丘（善和）梵行（有）④⑤（223a18）; 比丘（牛主）梵行（有）④⑤（228b16）; 王妃と侍女（大世主喬答弥と五百比丘尼）塔供養（有）⑥（249b13）; 王の異母兄弟（難陀）仏供養（有）⑥⑦（261b7）; 長者（難陀）塔供養（願文なし）⑥（261c12）; 比丘（難陀）梵行（有）④⑤（262a9）; 長者の娘（明月）尼衆への布施（有）⑦（278c6）; 比丘尼（明月）梵行（無）⑤（278c14）; 居士女（妙光女）塔供養（無）⑥（326c28）; 五百人の牧牛人（五百群賊）独覚供養（有）⑥（327b2）; 比丘尼（痩瞿答弥）梵行（有）④⑤（356b29）; 老比丘尼（法与）梵行（有）④⑤（369b1）; 比丘（鄔波摩那）梵行（有）④⑥（394c11）; 樹神（善賢）比丘供養（有）④（398b22）.

(23) 藤村隆淳「誓願思想について（一）：初期仏教における誓願と『マハーヴァスツ』の誓願思想と」『密教文化』109, 1974, pp. 58-69.

(24) Mv. i 302.19 ff. iii 27.13 ff., 404.11 ff.

(25) 唯一，長者アナンガナが立てた誓願中に次のような記述が見出せる。

yo yaṃ mama deyadharmaparityāgāt puṇyābhisyandaḥ kuśalābhisyandaḥ sukhasyādhāraṇaṃ me divyaṃ upabhogaṃ bhaveyā taṃ ca asādhāraṇaṃ etādṛśaṃ ca śāstāraṃ ārāgayeyaṃ/ so dharmaṃ deśeya tañ cāhaṃ ājāneyaṃ pravrajitvā niṣkleśo bhaveyaṃ// (Mv. ii 276.10-12)

「施すべき物を喜捨したので，福徳が溢れ出，善が溢れ出ましたが，その私に類なき楽があり，神々しい享受がありますように。また，あなたのような類稀な師を喜ばせることができますように。〔師〕が法を教示される時，私はそれを理解し出家して，煩悩のない者となりますように」

(26) Mv. i 1.8 ff., 115.5 ff., 118.13 ff.

(27) たとえば，多仏経では次のような誓願が説かれている。

yaṃ mayā kuśalam arjitaṃ purā tena me bhavatu sarvadarśitā/
mā ca me *praṇidhī* avasīdatu yo yam eṣa *praṇidhiḥ* pravartatu//
yo mamaṃ kuśalamūlasaṃcayo so mahā bhavatu sarvaprāṇihi/
yac ca karma aśubhaṃ kṛtaṃ mamā taṃ mamaiva kaṭukaṃ phalaṃ bhavet//
evaṃ ahaṃ lokam imaṃ careyaṃ yathā ayaṃ carati asaṃgamānaso/

cakraṃ pravarteya ananyasādṛśaṃ susatkṛtaṃ devamanuṣyapūjitaṃ// (Mv. i 48.3-14)

「私は以前に善根を積んだが，これによって私は一切見者となりますように。そして私の誓願が滅びることなく，この誓願が実現しますように。私の善根の蓄積が，一切有情にとって大いなるものとなりますように。私が為した不善業の苦果は，私だけが享受しますように。執着心のない人が活動するように，私もこの世間で活動できますように。手厚く尊敬され，天人が供養し，無比なる〔法〕輪を転じることができますように」

また第一地の用例は次のとおりである。

yaṃ mayā kuśalamūlam arjitaṃ tena me bhavatu sarvadarśitā/
mā ca me *praṇidhi* tac ciraṃtaro evam eṣa *praṇidhiḥ* pravartatu//
yaś ca me kuśalamūlasaṃcayo so mahā bhavatu sarvaprāṇibhiḥ/
yac ca karma aśubhaṃ kṛtaṃ mayā tat phalaṃ kaṭukaṃ nistarāmi aham iti// (Mv. i 81.20-82.6)

私が獲得した善根によって，私は一切見者となりますように。そして私の誓願〔の成就〕に時間がかからず，この誓願が〔直ちに〕実現しますように。また私の善根の集積が，一切有情達と共に増大しますように。また私がなした不善業の苦果は，私〔だけ〕が享受しますように」

いずれも，内容転換の廻向に加え，方向転換の廻向の廻向が見られる。

(28)　Mv. iii 348.2 ff., 432.9 ff. なお願文に善根の定型句を含まない用例で，自利乃至は利他を内容とする誓願の用例は次のとおり。Mv. i 312.16 ff., 313.1 ff., ii 205.16 ff., 276.10 ff.

(29)　残りの一つは阿修羅が立てた誓願の用例で（iii 138.13 ff.），内容はこれと同じである。この用例は仏陀観を考える上で重要なので，次章で詳しく取り上げる。またこれほど詳細ではないが，自利利他を内容とするブッダの過去世での誓願は，この他にも幾つか存在する。Cf. Mv. i 61.2 ff., 329.21 ff., 336.19 ff.

(30)　たとえば，今見た燃灯仏授記の物語も，誓願する前には自分の髪で燃灯仏の足の裏を綺麗に拭くという善業をなしているが，燃灯仏授記の場合，それが菩薩の修行の起点となり，その誓願を成就させるために数多の輪廻を繰り返して菩薩行に専念したことが分かっているから，その誓願を成就させる要因は誓願後の菩薩としての行であり，したがって，この誓願は誓願説IIに分類可能であるが，ブッダが過去世で立てた誓願の用例を概観してみると，この燃灯仏授記の際の誓願と同じ思想的基盤にあると考えられるものもあれば，ブッダがまったくの在家者として，すでになした善根を廻向するという形で説かれていると思われる用例も存在する。

(31)　先ほどの MSV に倣って次のように用例を整理する。

【凡例】誓願者（現世の生）*誓願前の行為（定型句の有無）誓願の内容**［II］***（出典）

*現世で誓願を立てる用例は（　）内に「現世」と記した。

**Mv. の場合，誓願の内容に関しては，世俗的なものと，出世間的なものに関しては自利／利他という内容で分類したが，ここで取り上げるすべての誓願の内容から判断して，自利も利他を含んでいるケースが少なからずあるので，ここでの分類は便宜的なものであることを断っておく。さてこれを踏まえて誓願の内容を次のように分類する。①自利②利他③自利利他④世俗的⑤邪願⑥不明。

***誓願説IIの可能性があるもの。

商人の主（ブッダ）善根（無）①（i 1.8）; 不明（ブッダ）十善業道（無）①（i 3.6）; 比丘アビヤ（ブッダ）仏供養（無）③（i 38.10）; 比丘アビヤ（ブッダ）仏に布施（無）③（i 42.6）; 組合長ウッティヤの娘（外道女）仏供養（有）⑤（i 44.12）; 組合長（ブッダ）仏への施食（無）①（i 47.16）; 一般の菩薩 /善根（有）③（i 48.1）; 転輪王（ブッダ）仏に楼閣を布施（無）③（i 49.16）; 転輪王（ブッダ）仏に楼閣を布施（無）③（i 53.3）; 不明（ブッダ）不明（無）⑥（i 54.3）; 不明（ブッダ）仏に宮殿を布施（無）①（i 54.4）; アルカ王（ブッダ）仏に洞窟を布施（無）⑥（i 54.6）; 不明（ブッダ）不明（無）⑥（i 54.7）; ヴァイローチャナ転輪王（マイトレーヤ）仏供養（無）③（i 60.2）; ドゥリダダヌ転輪王（ブッダ）仏供養と塔建立（無）③（i 61.2）; 転輪王（ブッダ）仏に楼閣を布施（無）①（i 63.2）; 一般の菩薩／不明（無）①［II］（i 80.7）; 一般の菩薩／善根（有）③（i 81.20）; カーティヤーヤナ（現世）不明（無）①［II］（i 82.10）; 一般の菩薩／不明（無）①［II］（i 83.3）; 一般の菩薩／不明（無）利他［II］（i 87.2）; 組合長の息子（ブッダ）仏への施食（有）①（i 111.10）; ダラニーンダラ転輪王（ブッダ）仏への布施（無）③（i 112.4）; アパラージタ転輪王（ブッダ）仏に精舎を布施（無）①（i 112.15）; 大臣ヴィジャヤ（ブッダ）仏への施食（無）③（i 113.7）; アチュタ転輪王（ブッダ）仏に宮殿を布施（有）③（i 114.3）; プリヤダルシャナ転輪王（ブッダ）仏に資具を布施（有）①（i 115.5）; ドゥルジャヤ王（ブッダ）仏供養（無）③（i 116.12）; チャトランガバラ王（ブッダ）仏に資具を布施（無）①（i 117.8）; ムリガパティスヴァラ王（ブッダ）仏に精舎を布施（有）①（i 118.13）; マニヴィシャーナ転輪王（ブッダ）仏に楼閣を布施（無）③（i 119.15）; 一般の菩薩／不明（無）①［II］（i 120.5）; 一般の菩薩（諸仏）不明（無）①［II］（i 124.18）; 一般の菩薩／不明（無）①［II］（i 127.1）; 一般の菩薩／不明（無）①［II］（i 193.9）; 青年メーガ（ブッダ）布髪（無）③（i 238.13）; 青年メーガ（ブッダ）布髪（無）③（i 242.12）; ナーガ王アトゥラ（ブッダ）仏への布施と供養（無）①（i 250.2）; 庄屋の娘（マーリニー）塔供養（無）④（i 302.19）; マーリニー（不明）仏供養（無）④①（i 312.16）; アニヤヴァンタ（不明）不明（無）④①（i 313.1）; 比丘ジョーティパーラ（ブッダ）不明（無）①［II］（i 323.1）; 比丘ジョーティパーラ（ブッダ）不明（無）③［II］（i 329.21）; 比丘ジョーティパーラ（ブッダ）仏への布施（無）③（i 335.11）; 比丘ジョーティパーラ（ブッダ）仏への布施（無）③（i 336.19）; スジャーター（現世）ブッダへの布施（無）⑥（ii 205.16）; 長者アナンガナ（ジョーティシュカ）仏供養（有）①（ii 276.10）; クシャ（クシャ王→ブッダ）浄信（無）④（iii 27.13）; 阿修羅（現世）ブッダへの供養（無）③（iii 138.8）; 少年（ブラフマダッタ王→シュッドーダナ）独覚への施食（有）④（iii 183.7）; 少年（祭官の息子ウパカ→ブッダ）独覚への施食（有）④（iii 183.7）; サルヴァンダダ（不明）不明（無）①［II］（iii 251.18）; 陶工（カウンディンヤ）独覚の看病（有）①（iii 348.2）; 天子

（比丘ヤショーダ）不明（無）①（iii 404.11）；不明（カーシャパ三兄弟）善根（有）①（iii 432.9）．

この他に，ブッダの誓願と思われるが，極めて断片的な用例を最後に挙げておく。Mv. i 1.3, 11, 46.1, 7, 47.12, 66.15, 96.10, 104.3, 5, 143.12, 200.8, 237.18, ii 4.5, 259.14, 264.13, 280.1, 292.1, 341.12, 344.9, 397.1, 399.11, 19, iii 273.3, 281.9, 318.15, 381.5, 6.

(32)　ディーパンカラという仏が考案されるに至った原因に関しては，ここで指摘したように，ブッダの神格化・超人化に伴う仏教内部の思想的必然性に求めるのが一般的であるが，定方晟はこれとは違った視点，すなわち世俗的・政治的な視点から，ディーパンカラ伝説制作の動機を考察する。定方は，ディーパンカラ伝説がナガラハーラ（現在のジャララバード市）という実際の町に結びついている事実に注目し，イラン系の宗教であるミスラ神（太陽神）の信仰の盛んな土地であったナガラハーラに仏教が進出した際，仏教僧は民衆が抵抗なく仏教に改宗しうるようなムードを作り出すために，ミスラがブッダの宗教を認可したかのように思わせる物語を創作することを思いつき，ミスラの概念に通じるディーパンカラという仏を作り，彼にブッダの成仏を予言させることで，民衆はミスラが仏教を容認したという錯覚を無意識のうちに抱くようになったのではないか，と指摘する。従来にはなかった興味深い指摘である。定方晟『異端のインド』東京：東海大学出版会, 1998, pp. 317-335.　(33)　Bv. 12.18 ff.; Ja i 14.6 ff.

(34)　無論，パーリ聖典中にはこの燃灯仏授記に先立って，より素朴な形の授記思想，すなわちブッダが誰かの未来の生まれを予言する話が存在する。これに関して前田は九分十二分教の veyyākaraṇa (vyākaraṇa) の原意を考察する中で，本来「解答」を意味するこの語が，誰かの死後の行き先に対する問いの「解答」になった場合，それは単なる「解答」というよりは「未来に対する予言」的意味が含まれていることを指摘している（前田『原始佛教聖典の成立史的研究』pp. 299-301）。すなわち，本来的には「解答」を意味する veyyākaraṇa (vyākaraṇa) が，いわゆる「授記」に繫がる可能性を，その最初から秘めていたことになり，またそのような用例が実際に初期経典に見られる。Cf. 田賀『授記思想の源流と展開』pp. 11-40.

(35)　授記に関しては田賀の総合的な研究『授記思想の源流と展開』があり，ここでは初期経典から大乗経典における授記思想の展開をほぼ網羅しているが，アヴァダーナ文献に関する用例は充分とは言えないので，重複を怖れず，ここで改めて取り上げたい。

(36)　Aś の帰属部派に関して，プシルスキーは涅槃経の引用部分から（Jean PRZYLUSKI, “Le Parinirvāṇa et les funérailles du Bouddha,” *JA* 11, 1918, pp. 485-526），またハルトマンは文体的特徴等から（Jens-Uwe HARTMANN, “Zur Frage der Schulzugehörigkeit des Avadānaśataka,” Heinz BECHERT hg., *Zur Schulzugehörigkeit von Werken des Hīnayāna-Literatur,* Teil 1, Göttingen, 1985, pp. 219-224），根本説一切有部の伝承であるとする。また Aś の成立を漢訳資料との綿密な比較によって研究している出本は，根本説一切有部所属の『雑阿含経』等の引用が Aś. に見られることからして，本経の帰属部派を根本説一切有部とする（出本充代「Avadānaśataka に挿入された阿含経」『パーリ学仏教文化学』11, 1998, pp. 22-38）。次章で考察するように，思想的には説一切有部とは思えないものもあるが，ここでは一応 Aś を有部系の資料として位置づけておく。

(37) 「授記」と訳される原語は vyākaraṇa（<vy-ā√kṛ）であるから，この語に注目するのは当然であるが，しかしこの語が見られなくても，その内容が明らかに授記思想を表していると見なしうる用例はピックアップした。これに対し，vy-ā√kṛ に類する語が使われていても，授記思想とは見なし得ず，単に「予言」を意味しているような場合，たとえば生まれたばかりのブッダが三十二相を具足しているのを見て，バラモンが「彼が将来ブッダになるであろう」という予言をするような場合は取り上げなかった。ここでは記別を与えるのが仏であり，しかもその予言が今生ではなく来世に及ぶものに限って考察の対象にしたことを断っておく。

(38) 田賀は燃灯仏授記を扱う仏典を比較検討し，燃灯仏授記を二つの流れに分ける。一つは業報授記，もう一つは誓願授記である。業報授記を代表するのが Divy. 及び『六度集経』，また誓願授記を代表するのが Mv. 及び『増一阿含経』とし，誓願思想が早い成立の経典にないことから，ここで扱う Divy. の燃灯仏授記が最も原形に近いと結論づけている。田賀『授記思想の源流と展開』p. 168.

(39) ここでは，すでに第3章で見た授記の定型句のうち，最初の「ブッダの微笑」と最後の「アーナンダの質問→授記」とは説かれているが，その中間の「放光→光明の帰入場所と記別の種類」は省略された形になっている。

(40) ここでは「ブッダの微笑→放光→アーナンダの質問」という形を取り，「光明の帰入場所と記別の種類」と肝心な最後の「授記」とが欠けている。

(41) ここでは地獄への再生が予言されたことになるが，今まで見てきた用例とはまったく違い，悪趣への授記を説くのはここだけであり，極めて特異な用例である。

(42) MSV ii 86.11, 87.1, 12, vi 84.27.

(43) なお同じく有部系の資料である『十誦律』には，Divy. や MSV には見られなかった四果（預流から阿羅漢）への授記を説く用例が存在する。Cf. T. 1435, xxiii 129a2-26.

(44) 西本龍山『国訳一切経／印度撰述部／律部21』東京：大東出版社，1934, p. 91.

(45) ただし第3章中，授記を実際に扱っているのは第21話と第24話とを除く八話である。しかし奇妙なことに，この八話中，第22章のみが光明の帰入場所（白毫）と授記（独覚）とが一致し（Aś i 127.7, 128.6），他はすべて光明の帰入場所が仏頂（uṣṇīṣa）であるにもかかわらず（Aś i 132.10, 142.2, 146.16, 151.12, 156.2, 161.4, 165.21），その記別は独覚（Aś i 133.11, 143.1, 147.14, 152.10, 157.1, 162.5, 167.1）となっている。齟齬の可能性としては，本来光明の帰入場所が仏頂で，その授記が正等覚者となっていたものを，何らかの理由で記別だけが正等覚者から独覚に変更され，唯一第22章のみが光明の帰入場所もそれに合わせて訂正され，残りの七話は未訂正のままになったのではないか。その理由は，本来，正等覚者の授記を扱った話が二十話近くあり，十話で一章という文献の構成上，それを二つに分け，一方はそのまま第1章として正等覚者の授記を扱った一群を構成し，残りはすでにある正等覚者授記の話と重ならないようにするために，最後の授記に関する部分だけを変更し，独覚授記の話を扱った一章として再構成されたのではないかと推測される。

(46) これは次章で取り上げる仏陀観の問題とも関連するが，確かに Divy. や MSV においては，定型句の 9-E（聞法の果報：本書 p. 186）に見られるように，ブッダの説法を聞いて「無上正等菩提に心を起こした」とする記述が見られないではない。しかし，これは三乗の成立に影響されて，表現上組み込まれた部分であると推察され，有部系の文献において，在家者・出家者を問わず，彼らの正等覚者の授記を扱った説話は，若干の例外を除いて存在しないし，また彼らが修行した末に正等覚者になったとする説話は皆無であることから，有部系の部派では，過去仏や未来仏を除けば，ブッダ以外の有情が正等覚者になるという考えは基本的になかったのではないかと思われる。

(47)　また Aś の説話で，ブッダから正等覚の記別を授かる者が立てた誓願文は，「〔有情を彼岸に〕渡す」ことを内容としているが，これは，次章で考察するように，初期経典や Divy. ではブッダに固有の属性であり，ブッダ以外の者に使われることはないことから考えれば，文献的には類似するものの，思想的には両者の間に大きな隔たりを認めざるを得ない。これに関しても次章で取り上げる。

(48)　Aś に関して，杉本は「説一切有部か大乗かと問われるならば，内容的には讃仏乗ないし大乗的傾向の認められる作品と言うべきだろう」と指摘している。両者の矛盾を解決する一つの仮説としては，有部系の文献を，現在我々が手にする Aś の編纂者が換骨奪胎して大乗的潤色を施したと考えることもできよう。杉本『撰集百縁経』p. 27.

(49)　Cf. 藤村隆淳「『マハーヴァストゥ』の授記思想」『印仏研』20-1, 1971, pp. 67-73; 同「『マハーヴァストゥ』の授記思想：Kāśyapa-vyākaraṇa」『印仏研』21-2, 1973, pp. 390-393.

(50)　この章の後には内容反復の詩頌が置かれており，表現は少し異なるが，そこにも授記に関する記述が見られる（Mv. i 42.6-44.4）。

(51)　ここはブッダがマウドガリヤーヤナに自分の過去世で立てた様々な誓願の話を説いて聞かせることを内容としており，したがって，ここでの転輪王もブッダの本生でなければならないが，なぜかその授記の対象がマイトレーヤにすり替わっており，何らかの混乱が予想される。

(52)　たとえば，Mv. はブッダが仏としてしなければならない五つの仕事に言及するが，その具体的な内容は次のように説かれている。

> paṃca ca buddhakāryāṇi avaśyaṃ kartavyāni// katamāni paṃca// dharmacakraṃ pravartayitavyaṃ mātā vinetavyā pitā vinetavyo bauddhavaineyakā satvā vinetavyā yuvarājā abhiṣiṃcitavyo// (Mv. i 51.3-5)
>
> 仏はなすべきことを五つ必ずなさねばならない。五つとは何か。(1)法輪を転ずべきこと，(2)母を教導すべきこと，(3)父を教導すべきこと，(4)仏によって教導されるべき有情達を教導すべきこと，(5)皇太子を灌頂すべきこと，である。

恐らくこのうち(5)「皇太子を灌頂すべきこと」が後継者の授記に当たると思われるが，これを独覚にも応用したのであろう。これをさらに発展させた内容が Divy. に説かれているが，ここでは仏のなすべきことが十に増え，次のように説かれている。

> dharmatā khalu buddhānāṃ bhagavatāṃ jīvatāṃ tiṣṭhatāṃ dhriyamānānāṃ yāpayatāṃ yaduta daśāvaśyakaraṇīyāni bhavanti/ na tāvad buddhā bhagavantaḥ

parinirvānti yāvan na buddho buddhaṃ vyākaroti yāvan na dvitīyena sattvenāparivartyam anuttarāyāṃ samyaksaṃbodhau cittam utpāditaṃ bhavati sarvabuddhavaineyā vinītā bhavanti tribhāga āyuṣa utsṛṣṭo bhavati sīmābandhaḥ kṛto bhavati śrāvakayugam agratāyāṃ nirdiṣṭaṃ bhavati sāṃkāśye nagare devatāvataraṇaṃ vidarśitaṃ bhavati anavatapte mahāsarasi śrāvakaiḥ sārdhaṃ pūrvikā karmaplotir vyākṛtā bhavati mātāpitarau satyeṣu pratiṣṭhāpitau bhavataḥ śrāvastyāṃ mahāprātihāryaṃ vidarśitaṃ bhavati/ (Divy. 150.15-26)

実に〔この世で〕生活し，住し，暮らし，時を過ごしている諸仏・諸世尊には，必ず十のことをしなければならないことになっている。〔すなわち〕(1)〔ある〕仏が〔別の〕仏を授記しない限り，諸仏・諸世尊は涅槃に入らない，(2)第二の有情が無上正等菩提に対する不退転の心を起こさない限り〔諸仏・諸世尊は涅槃に入らない〕，(3)仏によって教化されるべき一切〔有情〕を教化する，(4)寿命の第三の部分を捨て去る，(5)〔善悪の〕境界線を引く，(6)一対の弟子が最高の状態〔を得るであろうと〕指示する，(7)サーンカーシュヤの都城に神の出現があることを指示する，(8)アナヴァタプタ湖で弟子達と共に前世の業の相続を説明する，(9)両親を〔四聖〕諦に住せしめる，(10)シュラーヴァスティーに偉大なる神変を示す。

このように，その第一番目として後継者の授記が説かれている。なお，この Divy. の記述は漢訳ではその項目が「一者未曾発心有情。令彼発起無上大菩提心二者久植善根法王太子灌頂授記。三者於父母所令見真諦。四者於室羅伐現大神通。五者但是因仏受化衆生悉皆度脱」(T. 1451, xxiv 329c27-330a2) というように五項目となっており，Divy. の記述が増広している。

(53)　Mv. ではマイトレーヤの授記に関する記述が極めて少く，またその内容も断片的である。ここで取り上げた用例の他に，二箇所でマイトレーヤの授記に関する記述を見出すことができるが，いずれもブッダが過去仏に授記された時，「ちょうど今生で私がマイトレーヤを授記したように，過去仏の誰それが私を授記した」(Mv. i 51.5 ff., 63.4 ff.) という中で説かれるのみである。

(54)　Aś i 4.5 ff., 10.5 ff., 19.1 ff., 25.4 ff., 32.11 ff., 37.17 ff., 43.6 ff., 51.6 ff., 59.6 ff., 97.7 ff., 113.11 ff., 125.7 ff., 131.1 ff., 140.9 ff., 145.7 ff., 150.1 ff., 154.7 ff., 159.9 ff., 164.7 ff. ただし，漢訳の『撰集百縁経』の「報応受供養品第二」に収められている十話では，ブッダが過去世で仏から授記された話は存在する (T. 200, iv 208c4 ff., 209a14 ff., b25 ff., 210a14 ff., c2ff, 211a16 ff., c24 ff., 212a29 ff., c6 ff., 213a13 ff.)。

(55)　この傾向は誓願にも反映し，ブッダを主人公とする Mv. では，ブッダの過去世の誓願が圧倒的に多数を占めていたのに対し，Divy. では，在家信者や仏弟子の過去世における誓願が主流であった。同じアヴァダーナ文献でも，主役が違えば自ずと誓願や授記の内容もそれに伴って変化していることが両者の比較を通じて明らかになったと思う。

(56)　大乗経典を中心とする授記の出典に関しては，静谷や出本の研究を参照した。静谷『初期大乗仏教の成立過程』pp. 225-233; 出本「女性と授記」.

(57)　ブッダと光明とを結びつける記述は初期経典より存在するが，その最たるものは阿弥陀仏であり，この阿弥陀仏には無量寿（amitāyus）と無量光（amitābha）という二つの異名がある。このうち，無量光の起源を巡っては，古来よりゾロアスター教等の外来起源説が提唱されてきたが，藤田は仏教内部の仏陀観の変遷から阿弥陀仏の起源を説明する（藤田『原始浄土思想の研究』pp. 261-376）。つまり，初期経典中にもブッダが広大な光明で形容されたりする用例を紹介し，無量光の観念がこのような初期仏教の仏陀観に胚胎していることを指摘するが，初期仏教のそのような用例自体がゾロアスター教の影響を受けていないとは断言できない。初期経典の成立にもかなりの幅があり，成立の新古層が混在している。この事情を考慮して，並川は韻文文献に焦点を絞り，初期仏教におけるブッダの形容句を整理しているが（並川「ブッダとその弟子」），その内容は「妄執を離れた，最後の身体を保った，あらゆる点で解脱した」など，精神的な徳でブッダを形容する用例ばかりであり，そこに視覚的な描写はない。よって藤田の指摘する用例も，初期経典とはいえ，その成立に関してはどれほど古い時代に遡れるかは疑問である。ところが有部の文献やその他の律文献によると，すでに見た定型句にもあったように（8-B, 8-C：本書 p. 173, 174），ブッダを視覚的なイメージで形容することが多くなるし，大乗経典ではなおさらこの傾向は強まるので，このブッダの形容に関するシフトの背後には，何らかの要因を設定しなければならない。すでに指摘したように，定方はディーパンカラ仏の出現に関して，イラン系の宗教であるミスラ神（太陽神）の影響を考えているが，実際の在家者の信仰レヴェルにおいては，日本でもそうであるように，エリートの仏教がそのままの形で根づいていったとは考え難く，様々な夾雑物と同居する中で仏教は生き残ってきたと考えられ，この意味では奈良の研究が参考になる。奈良は仏教を「文化」として捉え，「正しい仏教／間違った仏教」という価値判断を斥け，現実の立場から仏教を眺めることでその構造と機能とを明らかにしようとしている（奈良康明「「出世間」と「世間」：インド仏教文化の構造理解のために」『水野弘元博士米寿記念論集／パーリ文化学の世界』東京：春秋社, 1990, p. 182; cf. 奈良康明「原始仏教における功徳観念の発展と変容：文化史研究の立場から」『日仏年報』59, 1994, pp. 1-15）。このような視点に立った時，仏典に見られる光明強調へのシフトも，他宗教からの影響は充分に考慮されてしかるべきであろうし，ここに見られる光明の記述もその線に沿って考えることが必要であろう。

(58)　以下，光明の記述を纏めると次のとおり。

竺法護：①[a]無数光色 [b]五色光 [c]五色晃昱 ②五色光 ③無央数不可計百千光色従仏口出青黄赤白黒 ④無央数色従仏口出青黄白黒紅紫之色 ⑤五色青黄赤白緑光 ⑥五色光 ⑦五色奮耀奕奕光焔無数.

支謙：①五色光 ②五色光 ③若干種色光色色各異従口中出青黄赤白.

般若：①[a]金色の微笑（suvarṇavarṇasmitaṃ）[b]種々の色彩，様々な色合い，たとえば青・黄・赤・白・朱・水晶・銀・金色の光線（nānāvarṇā anekavarṇā raśmayo ..... tadyathā nīlapītalohitāvadātamāñjiṣṭhasphaṭikarajatasuvarṇavarṇāḥ）②[a]金色光 [b]若干色 ③[a]金光 [b]若干色 ④五色光 ⑤[b]青黄赤白無量色光 ⑥[a]種種光青黄赤白紅碧紫緑 [b]種種光青黄赤白紅紫碧緑 [c]種種光青黄赤白紅紫碧緑 [d]金色光明 [e]種種光青黄赤白紅紫碧緑金銀頗胝 [f]金色光明 ⑦[a]金色浄妙光明 [b]大光明所謂青黄赤白等種種色光

⑧種種色光従口中出青黄赤白紅縹.

浄土：①三十六コーティ・ナユタの光線（ṣaṭtriṃśatkotīnayutāni arciṣāṃ）②三十六億那術此数光 ③無数光 ⑤三十六億那由他.

大乗：②種種色光青黄赤白紅紫頗梨 ③無量種種妙色光明青黄赤白紫頗梨色 ④放種種光其光明曜具含衆色 ⑤青黄赤白紫頗梨色種種雑光 ⑥衆妙色光 ⑦種種妙色光明.

譬喩：①五色光明 ②五色光 ④五色光明.

(59) 以下，光明の天界（あるいは仏国土）への巡行の記述を纏めると次のとおり。

竺法護：①[a]照於十方無量世界 [b]照於十方 [c]普照十方 ②照於十方無数仏国 ③遍諸無量仏国 ④周照十方無量仏土 ⑤普照十方無数仏国 ⑥照十方五趣之類 ⑦震照十方無量仏世明踰日月須弥珠宝諸天魔宮及釈梵殿.

支謙：①照満仏刹 ②照一仏刹 ③遍照無央数仏刹.

般若：①[a]光輝によって限りなく果てしない世界を満たすと，梵天の世まで昇って行き（anantāparyantān lokadhātūn ābhayā spharitvā yāvad brahmalokaṃ abhyudgamya）[b]それらは光輝によって限りなく果てしない世界を照らし出し，梵天の世まで昇って行き（anantāparyantān lokadhātūn ābhayā avabhāsya yāvad brahmalokaṃ abhyudgamya）②[b]至十方仏刹 ③[b]至十方仏国 ⑤[b]遍照無量無辺世界上至梵天 ⑥[a]遍照十方無量無辺無数世界[b]遍照十方無量無辺諸仏世界[c]遍照十方無量無辺諸仏世界[d]普照十方無辺世界 [e]傍照無辺諸仏国土上至梵世下徹風輪 [f]普照十方 ⑦[a]普徧無量無辺一切刹土乃至梵界 [b]遍照無量無辺佛刹乃至梵界 ⑧遍照十方無量無辺仏国.

浄土：①千コーティの国土を照らす（sphuranti kṣetrāṇi sahasrakoṭīḥ）②遍炤諸無数刹 ③遍照十方国 ⑤普照俱胝千仏刹.

大乗：②遍照無量無辺世界乃至梵世 ③普照無量無辺諸仏世界上至梵世闇蔽日月 ④遍至十方無量世界 ⑤遍照至乎梵天 ⑥普照十方 ⑦照諸世界.

譬喩：①遍照三千大千世界 ②光照三千大千刹土莫不得所.

(60) SN i 157.19 ff.; DN ii 121.1 ff.; Th 256, 257; Udv iv 37, 38; GDhp vii 14（123), 16（125); cf Th 1147.

(61) この教訓中に「放逸あることなく（appamādena)」とあり，またこの詩頌自身の中にもこの語が含まれているために，この詩頌は Udv では Apramādavarga，また GDhp では Apramadu という章に収められているが，ここではただ詩頌が並べられているだけで，文脈を読むことはできない。

(62) この二つの詩頌が天界との関連で説かれる箇所を，Divy. 第12章に見出すことができる。ここでは，ブッダが外道達と神変のコンテストをする話が見られるが，ブッダは蓮の台に坐ると，それと同様の蓮を次々に化作し，色究竟天に至るまでの空間を仏華厳で埋め尽くす。そしてその蓮の台に座った化仏がこの詩頌を説いている（Divy. 162.21-24)。これとは別に，この詩頌の用法を考える上で重要な手がかりを与えてくれる用例が Divy. に二つ存在し，いずれも図像と深く結びついている点が注目される。一つ目の用例は第21章で，ここではブッダが所謂「五趣輪廻図」の作成を指示する記述が見られるが，その図にこの詩頌を書き込むことになっている（Divy. 300.21-24)。もう一つは第37章で，ここではビンビサーラ王が友人のルドラーヤナ王にブッダの図像を贈呈する話が見られるが，その際にブッダは，自分の像が描かれた図像にこの詩頌を書き込むよう指示している（Divy. 547.21-24）。今後はこれらすべての用例を視野に入れ，用法乃至機能という観点から，この詩頌を考察していく必要があろう。

(63)　この二つの資料と有部の資料とに見られる光明の帰入場所と記別の種類の対照表に関しては，静谷の研究を参照。静谷『初期大乗仏教の成立過程』pp. 230-231.

(64)　これに関して静谷は，微笑放光の話が原始ならびに初期の大乗経典に幾つも現れている事実から，これが部派仏教とは別の流れの中で生まれ，それが一方では大乗教徒に受け継がれ，また他方では一部の部派仏教徒にも受容されたと指摘する。そしてこの場合の「部派仏教とは別の流れ」とは，作仏への志願と仏（塔）への供養を強調した仏塔信仰者のグループを指すという（静谷『初期大乗仏教の成立過程』p. 232）。微笑放光の話が原始ならびに初期の大乗経典に見られるという理由だけで，これを部派とは別の流れに位置づけるのは早計であろうと思われるし，これだけの理由からその起源を仏塔信仰者のグループに求めるのも無理があるように思われる。

第6章　仏陀観の変遷

（1）　ある時期に固有名詞化したブッダという呼称も，その最初期にはゴータマ・ブッダだけを意味せず，仏弟子の中にもブッダと呼ばれる人達がいたことを並川は報告している（並川「buddhānubuddha の意味」）。とすればこのブッダという呼称は，初期仏教から大乗仏教にかけて，普通名詞→固有名詞化→普通名詞（一般名詞）化という経緯を経てきたことになる。　（2）　並川「ブッダの救済性」.

（3）　これとほぼ同内容の真実語は，同じ章の最初の本生話にも見られる。ここでは，出産間もない女性が腹を空かして自分の生んだ子供を食べようとしているところに，ブッダの本生ルーパーヴァティーがやってきて，まったく後悔の念を持つことなく，両の乳房を刀で切り落として彼女に布施したことが説かれている。その後，シャクラはバラモンに化けてその時の彼女の心を試すべく，「その時のお前には後悔の念があっただろう」と質問すると，彼女は次のような真実語をなす。

> nānyatrāham anuttarāṃ samyaksaṃbodhim abhisaṃbudhyādāntān damayeyam amuktān mocayeyam anāśvastān āśvāsayeyam aparinirvṛtān parinirvāpayeyaṃ tena satyena satyavacanena mama strīndriyam antardhāya puruṣendriyaṃ prādurbhavet/ (Divy. 473.25-28)
>
> 「『私は無上正等菩提を正等覚してから，調御されざる〔有情〕達を調御し，解脱せざる〔有情〕達を解脱せしめ，安穏ならざる〔有情〕達を安穏ならしめ，般涅槃せざる〔有情〕達を般涅槃せしめよう。これ以外には〔何も〕ありません』という真実により，真実語により，私の女根は消失して男根が現れ出ますように」

このように，こちらの真実語では今問題にしている √tṝ が抜け落ちていることが分かる。これまで見てきた用例や，これから取り上げる用例から判断すれば，五つの動詞

(√dam; √tṝ; √muc; ā√śvas; pari-nir√vṛ [*or* vā]) を用いたこれらの表現は定型化していると考えてよいから，彼女が真実語をなす場合に √tṝ (caus.) が用いられていないのは，偶然見落とされたというよりは，意図的に抜かれたように思われる。推測の域を出ないが，その理由はブッダの本生が女性だったことに由来するのではないだろうか。というのも彼女の真実語の最後は明らかに変成男子を内容とし，その変成男子は明らかに女性蔑視を前提にしているからである。ブッダの本生といえども，それが女性である場合には，初期仏教以来，特別な意味を持っていた √tṝ (caus.) の使用は控えられたのかもしれない。

(4) この部分に関しては MN の145経 Puṇṇovādasutta に平行文があるが，そこには，

sādhu sādhu puṇṇa. sakkhissasi kho tvaṃ puṇṇa iminā damupasamena samannāgato sunāparantasmiṃ janapade viharituṃ. yassa dāni tvaṃ puṇṇa kālam maññasīti (MN iii 269.15-18)

「プンナよ，善いかな，善いかな。プンナよ，〔自己の〕調御と寂静とを具足しているお前は，スナーパランタ地方で時を過ごすことができるであろう。プンナよ，今がその時であると知れ」

とあり，問題の「〔自ら〕解脱して」云々という √tṝ (caus.) を含んだ部分は存在しない。しかし，ここに相当する漢訳には，

善哉富楼那。汝善学忍辱。汝今堪能於輸盧那人間住止。汝今宜去度於未度安於未安。未涅槃者令得涅槃」(T. 99, ii 89c13-16)

とあり，Divy. の梵本に一致する。また漢訳の『満願子経』もこれと同様の話を伝えているが，こちらの用例では，以下に示す如く，√tṝ (caus.) に相当する部分がなく，Pāli の所伝に一致する。

善哉邠耨。汝能堪任以是比像。調順寂然忍辱仁賢。処於彼国随意所欲 (T. 108, ii 503a7-8)

(5) なお『根本説一切有部毘奈耶』には，ブッダの不浄観の説法を聞いて自分の身体が膿血に満ちていることに厭離の心を生じた比丘が鹿杖 (Skt: Mṛgalaṇḍika/ Pāli: Migalaṇḍika) 梵志に「私の衣鉢をあげるから私を殺してくれ」と頼まれて殺人を犯す話が見られるが，この後で天魔が彼の所行を称讃して次のように述べる箇所がある。

善哉賢首。汝今所作多獲福徳。汝於沙門具戒具徳。未度者令度未脱者令脱。未安者令安未涅槃者令得涅槃。更有余利得彼衣鉢 (T. 1442, xxiii 660a2-5)

同様の話は Pāli 律にも見られ，そこでも「お前は未だ渡らざる者達を渡らしめた (tvaṃ atiṇṇe tāresi)」(Vin. iii 69.6-7) ことが説かれている。この伝承は漢訳の幾つかの広律（『五分律』『四分律』『十誦律』）にも見られるが，いずれも「未度者令度」(T. 1421, xxii 7b12; T. 1428, xxii 576a5; T. 1435, xxiii 7c11) に相当する表現が見られる。しかし，この用例はブッダの属性が一般化したかどうかという，ここでの主題からは外れるので，これ以上は立ち入らず，用例の紹介のみに留める。

(6) これも本文で引用した例と同様に詩頌の形で説かれている。

asya putrapradānasya phalam vipulam āpnuyām/

tārayeyam aham tena lokaṃ saṃsārasāgarāt// (MSV vii 126.2-3)
「この息子の布施の果報が広大なものとなるように。
これによって私は世間を輪廻の海より渡そう」
na me hṛdayam asnigdham nākṛpā nāpi nairghṛṇam/
sarvalokahitārthaṃ tu tyajāmi guṇadarśanāt//
apy evāham parām bodhim abhigamya śivāṃ svayam/
duḍkhārṇavagataṃ lokam *tārayeyaṃ* nirāśrayaḥ// (MSV vii 126.23-26)
「私には愛情や慈悲がないわけではないし，残忍な心をしているわけでもない。
一切世間の利益のために，〔我が〕徳を顕示せんがために布施するなり。
私は自ら最高にして吉祥なる菩提を獲得し，
苦の海に埋没し，寄る辺を失った世間の者達を〔彼岸に〕渡すであろう」

（7） (1)転輪王が世尊サミターヴィンのもとで立てた誓願 (Mv. i 49.16-50.6)，(2)転輪王ダラニーンダラが世尊スダルシャナのもとで立てた誓願 (Mv. i 112.4-5)，(3)マニヴィシャーマ王が世尊ラタナジタのもとで立てた誓願 (Mv. i 119.16-17)，(4)燃灯仏授記の物語の中で，青年バラモンのメーガが世尊ディーパンカラのもとで立てた誓願 (Mv. i 239.1-2)，そして(5)比丘ジョーティパーラが世尊カーシャパのもとで立てた誓願 (Mv. i 335.18-336.1) であるが，誓願者はいずれもブッダの本生となっている。

（8） Cf. Aś i 10.1 ff., 25.1 ff., 32.6 ff., 37.13 ff., 43.2 ff., 51.3 ff., 59.3 ff.

（9） Cf. T. 200, iv 203c13, 204b12, c25, 205b9, 206b3, c22, 207b8, 208a8.

（10） T. 200, iv 214a9, b9, 215a8, b16, c9, 216a15, b11.

（11） 出本充代「『撰集百縁経』の訳出年代について」『パーリ学仏教文化学』8, 1995, pp. 99-108.

（12） 定型句に関しては，Aś が有部と深い関係にある文献であることは疑いの余地がないが，しかし思想的な観点から見ると，Divy. や MSV といった文献と Aś との間にはやはり明確な線を引かざるをえない。この矛盾を解消することは容易ではなく，また詳細な研究の積み重ねが必要不可欠であることは言うまでもないが，ここでは一つの可能性を示唆してみたい。まず定型句の一致よりすれば，この文献の起源が有部系であることは間違いない。だが現存の Aś の編纂者が有部の文献群から説話を採択する際，換骨奪胎し何らかの味つけを施して現存の Aś が成立したと考えれば，両者の矛盾をうまく解決できるが，その場合，現存の Aś の編纂者がどのような立場の人物だったかが問題になる。有部内部にも大乗に近い考えをする者達がいたのか，あるいは，有部と関係のない者達がこの文献の編纂に携わったのかという問題である。これに関して，杉本は「説一切有部か大乗かと問われるならば，内容的には讃仏乗ないし大乗的傾向の認められる作品」と指摘する。杉本『撰集百縁経』p. 35.

（13） たとえばこの問題を扱う時に必ず引用されるのが MN の「多界経」である。
aṭṭhānam etaṃ anavakāso yaṃ ekissā lokadhātuyā dve arahanto sammāsambuddhā apubbaṃ acarimaṃ uppajjeyyuṃ n' etaṃ ṭhānaṃ vijjatīti pajānāti ṭhānañ ca kho etaṃ vijjati yaṃ ekissā lokadhātuyā eko arahaṃ sammāsambuddho

uppajjeyya ṭhānam etaṃ vijjatīti pajānāti (MN iii 65.14-19)
一世界に二人の阿羅漢・正等覚者が，前にでもなく後ろにでもなく〔時を同じくして〕出現することは理に叶っていないし，可能ではない。これは道理ではないと知る。だが一世界に一人の阿羅漢・正等覚者が出現することは理に叶っているし，可能である。これは道理であると知る。

(14) これを纏めると次のとおりである。( ) 内はそこに住する仏の名前である。**東方**／仏国土スニルミタ（ムリガパティスカンダ）; 仏国土クリターガダ（シンハハヌ）; 仏国土ヴィブーシタ（ローカグル）; 仏国土アカンタカ（ジュニャーナドゥヴァジャ）; 仏国土アヴェークシタ（スンダラ）**南方**／仏国土ドゥルマドゥヴァジャ（アニハタ）; 仏国土マノーラマ（チャールネートラ）; 仏国土アカルダマ（マーラーダーリン）**西方**／仏国土アヴィグラハ（アンバラ）**北方**／仏国土マノーラマ（プールナチャンドラ）**下方**／仏国土スニシュティタ（ドゥリダバーフ）**上方**／仏国土アヌッドゥリダ（マハーバーガ）

(15) すでに指摘したように，具体的な個々の過去仏の固有名詞を出さない場合には，有部系の文献においても数多くの過去仏に言及することがある。

(16) この「無相」の正確な意味は不明。これに相当する漢訳の『阿育王経』ではただ「無相仏」(T. 2043, l 149b25, 157b7) と直訳し，その内容の解明には役に立たない。「無相」の語義から判断すれば，その原語は lakṣaṇa と想定されるから，「三十二相」が意図されていると見るのが妥当であり，「無相の仏」とは「三十二相を欠いた仏」を意味しそうだが，律にはブッダの従弟であるナンダがブッダとよく似ていたから，ナンダは三十相（長広舌相と陰馬蔵相という二つの相を欠く）を有すると説かれていることを花園大学教授・佐々木閑先生よりお教え頂いた。ただし「無相」がこの「三十相」を意味しているかどうかは分からない。前後関係を見てもこれの手がかりとなるようなものは存在しないが，少なくとも「無相」という限定句を付することにより，ブッダとウパグプタとの間に線を引き，ランク付けをしようとした意図が存在したことは確かであろう。

(17) ブッダが過去世で多くの仏達を供養し，そこで善根を植えてきたことをブッダ自身が「三十コーティのシャーキャムニ，八百千のディーパンカラ，五百のパドモッタラ，八千のプラドゥヨータ，三コーティのプシュパ，一万八千のマーラドゥヴァージャ，五百のパドモーッタラ，二千のカウンディンニャ，千のジャンブドゥヴァジャ，八万四千のインドラドゥヴァジャ，九万のカーシャパ，一万五千のプラターパ，一万五千のアーディトヤ，六千二百のアンヨーンヤ，そして六万四千のサミターヴィン等の仏達を供養した」と説いている（Mv. i 57.6-59.1; cf. Mv. i 61.10-62.9)。

(18) Cf. Mv. i 51.6-7, 60.11; iii 240.11, 279.1, 330.8.

(19) 「賢劫千仏」という名称自体は，初期大乗経典の『阿閦仏国経』や『維摩経』にも見られることから，その成立はかなり古いものと見られるが，具体的な仏の名号がリストアップされるのは，漢訳の『賢劫経』が現存する資料では最古のようであり，この資料は三百年（または二百九十一年）に西晋の竺法護が訳出したものとなっている。

(20) ここでは，ブッダが比丘達に「比丘達よ，今はプシュピカという賢劫であり，〔この〕賢劫には千人の仏達が出現することになっている」(Mv. iii 330.5-16) と説き，その後，諸仏の名号と，その仏の有している光明の大きさとが明示されている。

(21)　それは善財童子がマーヤーのもとを訪ねた時，彼女は彼に「自分は過去世でクラクッチャンダ，カナカムニ，カーシャパの，今生ではシャーキャムニの母であり，未来世ではマイトレーヤ，その後，シンハ，プラドゥヨータ，ケートゥ，スネートラ，クスマ等（この後，数多くの未来仏の名号を列挙），賢劫の仏達の母になるであろう」と説いている，その最初の部分にほぼ対応する。

(22)　これに関してはヴェーラーが，Skt., Tib, 漢語，蒙古語，満州語という五種類のテキストを合わせてその仏名を比較しており，序文を読めばその梵本は現存しているようだが，その所在に関しては明らかにされていない。Friedrich WELLER, *Tausend Buddhanamen des Bhadrakalpa: Nach einer fünfsprachigen Polyglotte*, Leipzig, 1928.

(23)　この経典に関しては，Tib. 訳は存在するものの Skt. の存在は知られていないが，Śikṣ. に Bhadrakalpikasūtra という名前で引用がある（Śikṣ. 8.20）。

(24)　漢訳は「師子焰」を一人の仏の名前と見なしているようであるが，この表で見るように，未来仏の系譜を勘案すれば，この仏名は Siṃha と Pradyota という二仏の名を一人の仏名として理解したように思われる。

(25)　E. WALDSCHMIDT hg., *Sanskrithandschriften aus den Turfanfunden* Teil 3, unter Mitarbeit von W. CLAWITER und L. SANDER-HOLZMANN, Wiesbaden, 1971, pp. 79-83.

(26)　奈良『仏弟子と信徒の物語』p. 32, 67.

(27)　第1章で注記したように，大谷大学所蔵の北京版はこの章を含んでいると思われる函が欠けているので，デルゲ版の出典のみを記す。

(28)　Cf.『金色王経』(T. 162, iii 389a25, b6, 8, 10). ただし Skt. も漢訳も，この菩薩は悟りを開いて「独覚」になったと説いている（Divy. 294.17; T. 162, iii 389b16, 20)。

(29)　MSV i 101.7, 106.7, 130.22-131.1, 140.4; vii 106.8, 110.12.

(30)　MSV vii 16.30, 102.23, 106.27, 196.12, 197.4, 265.3.

(31)　破僧事の成立に関しては，他のヴァストゥに比べてその成立が新しいことを佐々木は論証しているが（佐々木閑「『根本説一切有部律』にみられる仏伝の研究」『西南アジア研究』24, 1985, pp. 16-34)，これは定型句の考察からも裏付けられた。すなわち，破僧事に見られる定型句が他の用例より増広していたことからも，破僧事の成立の新しさが実証されるのである。したがって，この「不定聚の菩薩」という表現も，この破僧事のみに見られることから，後代の付加の可能性が考えられる。ところで「不定聚」を含めた「三聚」という観念は，初期経典からすでに説かれているが（DN iii 217.1-2)，その内容に関しては不明である。そこで有部の阿毘達磨論書の記述を手がかりにその意味内容を見てみよう。まず俱舎論の用例からである。

trayo rāśayaḥ/ samyaktvaniyato rāśir mithyātvaniyato rāśir aniyato rāśir iti/ tatra punaḥ

samyaṅmithyātvaniyatā āryānantaryakāriṇaḥ//44//

samyaktvaṃ katamat/ yat tat paryādāya rāgaprahāṇaṃ paryādāya dveṣaprahāṇaṃ paryādāya mohaprahāṇaṃ paryādāya sarvakleśaprahāṇam idam ucyate samyaktvam iti sūtram/ ..... mithyātvaṃ katamat/ narakāḥ pretās tiryañ ca idam ucyate mithyātvam/ tatrānantaryakāriṇo narake niyatatvān mithyātvaniyatāḥ/ niyatebhyo 'nye 'niyatā iti siddham/ (AKBh 157.12-24)

三聚とは正性定聚・邪性定聚・不定聚である。さてそのうち,

聖者と無間〔業〕をなす者は正〔性〕と邪性とが決定している。

正性とは何か。経に「貪を完全に断じ,瞋を完全に断じ,痴を完全に断じ,一切の煩悩を完全に断じれば,それが正性と言われる」とある。(中略) 邪性とは何か。地獄・畜生・餓鬼,これが邪性と言われる。このうち,無間〔業〕をなす者は地獄に〔堕すことが〕決定しているので,邪性定〔聚〕である。〔この二つの〕定〔聚〕より他のものは不定〔聚〕であることが成立する。

このように,三聚とは有情を三つに分類する概念であり,その中の不定聚とは聖者(正性定聚)とも三悪趣に堕ちる者(邪性定聚)とも決まっていない有情を指す言葉である。同様の説明は『大毘婆沙論』にも見られるが,ここではこの三聚を「五趣」との関係で次のように説明する。

趣者。邪性定聚一趣少分。謂人。正性定聚二趣少分。謂人天。<u>不定聚三趣全。謂地獄傍生餓鬼。二趣少分。謂人天</u> (T. 1545, xxvii 930b25-27)

この後『大毘婆沙論』は三聚と「五趣」との関係に関して『施設論』の説を紹介する。

趣者邪性定聚二趣少分。謂地獄及人。正性定聚亦二趣少分。謂人天。<u>不定聚二趣全。謂傍生餓鬼。三趣少分。謂地獄人天</u> (T. 1545, xxvii 930c16-18)

このように『大毘婆沙論』と『施設論』との間には若干の見解の相違が見られるが,いずれの説を採用するにせよ,畜生は不定聚に摂せられているから,阿毘達磨的な素養を持った破僧事の編纂者が,動物に生まれ変わっている時の菩薩に限って(といってもすべての場合にではないが),「不定聚」という形容句を付加したのではないかと推測される。

(32) Mv. i 1.2; ii 260.5, 261.8, 10, 262.9-10, 263.13, 294.5, 297.15, 16, 298.1, 3, 369.5, 393.7; iii 250.1.

(33) さらに Mv. に特徴的なものとして,菩薩の浄仏国土思想が見られる。

buddhakṣetraṃ viśodhenti bodhisatvā ca nāyakā/
bodhisatvā dyutimanto mahākāruṇalābhino// (Mv. i 283.3-4)

導師である菩薩達は仏国土を浄める。
菩薩達は光輝を放ち,大悲を獲得している。

これも大乗仏教の影響を受けて成立したものか,あるいは大乗の先駆的な思想と見なしうるかは慎重に決定しなければならないが,藤田はこれが部派仏教の思想としては異例であるとの理由から,大乗思想からの竄入とみている(藤田『原始浄土思想の研究』p. 514)。確かに文脈から見ればこの詩頌は不自然であり,藤田の指摘は妥当と思われる。

(34) ここではブッダやタターガタといった呼称を問題にしているために,ガウタマ・シッダールタのことは「ブッダ」ではなく「釈尊」と呼ぶことにする。

(35) 「イメージとして表象された」と限定したが,これは「実際の釈尊の姿」に言及する場合を除く,という意味である。ここで考察の対象とするのは,あくまで実際の釈尊が何

らかのイメージ，たとえば「釈尊が図像として表現される」場合，あるいは誰かが「釈尊の姿で現れる」場合，または「釈尊が念（smṛti），あるいは随念（anusmṛti）の対象として，我々の頭に思い浮かべられる」場合などを意味するのであり，視覚に結びついていると言っても，それは実物の釈尊を見たり，目の当たりにする場合は含まれないことを断っておく。

(36)　仏の化身（buddhanirmāṇa）という表現は，この後にも一回だけ用いられる（Divy. 166.3)。

(37)　梶山は，Divy. に見られるこの用例にも言及しながら，初期大乗仏教の神変を中心に考察し，大乗仏教における神変の重要性を指摘しているが，それを見ると，『二万五千頌般若経』に説かれる神変の一部は，ここで取り上げた Divy. の神変に類似している。梶山「神変」p. 18.

(38)　このシュラーヴァスティーでの神変の話は Divy. の別の箇所（第27章）で言及され，そこでも「仏華厳（buddhāvataṃsaka)」という用語を確認することができる。そこでは，釈尊を実際に見たという長老ピンドーラバラドヴァージャが，アショーカ王にその時の様子を次のように語る。

yadāpi mahārāja bhagavatā śrāvastyāṃ tīrthyān vijayārthaṃ mahāprātihāryaṃ kṛtaṃ *buddhāvataṃsakaṃ* yāvad akaniṣṭhabhavanaṃ nirmitaṃ mahat tatkālaṃ tatraivāham āsan mayā tad buddhavikrīḍitaṃ dṛṣṭam (Divy. 401.13-16)

「また大王よ，世尊がシュラーヴァスティーで，外道達を屈伏させんがために大いなる神変を起こされ，色究竟天の住居に至るまで，偉大な仏華厳を化作されましたが，その時その同じ場所に私はおりました。私はその仏の遊戯を眼にしたのです」

(39)　ムコーパディヤーヤに従って訂正。MUKHOPADHYAYA, *The Aśokāvadāna*, p. 23.14.

(40)　仏の随念（buddhānusmṛti）に関しては後ほど，改めて取り上げる。

(41)　ではイメージ化された釈尊を言い表すのに，「ブッダ」以外の呼称が使われることはないのかというと，例外も存在している。たとえば「世尊の姿（bhagavato rūpam)」(Divy. 361.15-16, 22）や「世尊の姿の素晴らしさ（rūpaśobhā bhagavataḥ)」(Divy. 361.29-30）というように bhagavat という呼称を用いることもあるが，極めて稀な用法である。

(42)　高田は初期造像に関する仏典の記載を考察しているが，そこでこの用例に言及し，「もちろん前三世紀のアショーカ王時代に，仏像もジナ像も制作された形跡はまったくなく，これを史実と見ることはできない。しかし下って後二—三世紀の候におけるマトゥラーの実情は，仏像とジナとが相並んでしきりに制作されたことで特色づけられる。したがって右の伝説は，あるいは同地におけるある事実に基いて，これをアショーカ王時代のことに仮託したのではないかと想像することもできる」と指摘している。なお高田はこの用例を漢訳の『阿育王伝』から引用し，その原典である Vītāśokāvadāna には言及していない。高田『仏像の起源』p. 24.

(43)　ここでは，釈尊の姿を絵に描くことの難しさが強調されている。また『賢愚経』(T. 202, iv 368c-369a）にも絵師が仏の絵像を作り得ず，仏自らが書き上げた説話のあることが高田によって指摘されているが（高田『仏像の起源』p. 24)，このような記述は，高田に依れば，仏陀観の発達による仏身形象化の不可視と，ブッダを含めての阿羅漢を不可見とする考えが基盤にあるとされ，だからこそ，「古代初期に『仏陀なき仏伝図』という特異な描写の仕方が，あらゆる不便を忍んでも固執された」と結論づけている（高田『仏像の起源』pp. 56-63)。

(44)　これと同様の話は MSV の諍事にも見られるが，ここでも「如来の絵 (tathāgatapratimā)」(MSV v 65.35)，「如来の像 (tathāgatapratibimbaka)」(MSV v 66.2)，また「ブッダの絵 (buddhapratimā)」(MSV v 66.1) という表現が使われている。

(45)　高田は，律蔵中に仏像に関する記述が散見されるが，それは釈尊在世当時から仏像が制作されていたことを物語るものではないことを「要するに律蔵はその性質上，制戒をすべて釈尊に帰すことによって，一々の戒律を権威づけているもので，後世に加えられたものも少なくないことを知るべきである。仏像に関する記載の如きも，造像が普及してくるに及んで，教団がこれを無視しえなくなり，それぞれの所伝の律蔵中に，その関係の事項を追加したことを示すものに外ならない」(高田『仏像の起源』p. 23) と指摘する。ここで取り上げた話も『根本説一切有部毘奈耶』にパラレルが存在するから，これを以て仏像の起源を釈尊在世当時にまで遡らせることはできないとする。

(46)　漢訳には「世尊知已。化為五百。世尊仏形一等。時羅怙羅持薬巡行。雖歴多仏並皆不奉。既至世尊所遂即与薬（中略）於五百仏。能識世尊不肯捨離」(T. 1450, xxiv 159a20-28) とあり，正確には判断できないが，「世尊」と「仏」とを使い分けているようだ。

(47)　漢訳では実際の世尊を「真仏」，世尊の化身を「化仏」として区別するだけである。Cf.『根本説一切有部毘奈耶破僧事』(T. 1450, xxiv 165c29-166a4).

(48)　初期仏教では「六随念」が説かれ，仏・法・僧・戒・施・天の六つを随念することを指すが，ここで言われる buddhadharmasaṃghāvalambanayā smṛtyā とは，六随念の最初の三つを指すものと思われる。この三宝を随念することは，すでに初期経典中にも説かれており，これを行うことで恐怖を除去することができるという (SN i 219.27 ff.)。

(49)　ただし，「念の対象」といっても，それが初期仏教の段階から直ちに視覚的イメージと結びついていたかどうかは疑問である。たとえば，先ほど触れた「六随念」の第一「仏随念」は〈かの世尊は，如来，阿羅漢，正等覚者，明行足，善逝，世間解，無上士，調御丈夫，天人師，仏，世尊である〉と考えながら如来を随念することであると説かれているから，それは必ずしも視覚的イメージとは結びつかず，名号と結び付いていると理解できる。また④や⑤のようにその念の対象がブッダの「徳」であるよな場合も，そこに視覚的イメージの入り込む余地はない。ブッダゴーサもこの仏随念の考え方を継承し，Vism. の中で，

> buddhaṃ ārabbha uppannā anussati buddhānussati *buddhaguṇārammaṇāya* satiyā etaṃ adhivacanaṃ (Vism. 197.8-9)
>
> 仏に関して生起する随念が仏随念である。これは仏の徳を所縁とする念の同義語である。

と解釈している。この後，「阿羅漢」から「世尊」までの各呼称が，語源解釈などを交えて詳細に説明され，最後に仏随念の功徳が説かれる箇所があるが，そこでは，

imañ ca pana buddhānussatiṃ anuyutto bhikkhu satthari sagāravo hoti sappatisso saddhāvepullaṃ sativepullaṃ paññāvepullaṃ puññavepullañ ca adhigacchati pītipāmojjabahulo hoti bhayabheravasaho dukkhādhivāsanasamattho satthārā saṃvāsasaññaṃ paṭilabhati buddhaguṇānussatiyā ajjhāvutthañ c' assa sarīram pi cetiyagharam iva pūjārahaṃ hoti buddhabhūmiyaṃ cittaṃ namati vītikkamitabbavatthusamāyoge c' assa *sammukhā satthāraṃ passato viya* hirottappaṃ paccupaṭṭhāti（Vism. 212.33-213.6)

この仏随念に専心する比丘は，師を敬重し，尊敬し，信の広大さ・念の広大さ・慧の広大さ・福の広大さを獲得し，喜悦多き者となり，恐怖や畏怖を堪え忍び，苦に安住でき，師と共住するという想を獲得し，また仏徳の随念に安住せる彼の身体は，塔廟の如く供養に値し，心は仏地に向かい，罪を犯すべき事柄に出くわした時には，面前に師を見るが如く彼に慚愧が生起する。

とあり，下線で示したように，仏徳の随念が，結果として視覚的なブッダのイメージを引き起こすことを示唆するような表現が見られる。ただし，これはただ単に慚愧を生ぜしめる例えとして出された比喩なのか，あるいは仏随念の結果を踏まえての比喩なのかは，この文脈からは判断しにくい。しかし漢訳『増一阿含経』では，

若有比丘正身正意。結跏趺坐繋念在前。無有他想専精念仏。観如来形未曾離目。已不離目便念如来功徳。如来体者。金剛所成十力具長。四無所畏在衆勇健。如来顔貌端正無双。視之無厭（T. 125, ii 554a17-22)

とあるように，下線部分では明らかに念の内容が仏の姿形をイメージすることになっている。ただしこれは漢訳しか存在せず，このようなイメージを内容とする念仏の起源がどれほど古いかについては疑問が残る。これに関しても，即断は許されないが，Divy. でのブッダの用例が視覚的イメージと結びついているのを勘案すると，初期仏教での観念的な念仏から，時代が下るにつれて徐々にイメージを内容にする念仏へとシフトしていったか，あるいは観念の念仏と平行して，仏の具体的な様相をイメージする念仏も行われるようになったのか，等の可能性が考えられるが，その起源は観念的な念仏の方が古いであろう。よって，①④⑤以外の用例でも念の内容が観念的なものがあるかも知れないが，その内容が明確に観念的であると断定できないものは，とりあえず考察の対象とする。

(50)　この後，釈尊の力で難を逃れた商人達は，礼を言いに釈尊のもとに出掛け，その時の様子を述懐する場面がある。

bhagavann asmākaṃ samudre yānapātreṇāvatīrṇānāṃ timiṅgilagrāheṇa tasmin yānapātre 'pahriyamāṇe jīvitavināśe pratyupasthite *bhagavataḥ smaraṇaparāyaṇānāṃ* nāmagrahaṇam tasmān mahāgrāhamukhād vinirmuktam (Divy. 232.29-233.3)

「世尊よ，我々が大海を船で渡っていると，怪魚ティミンギラのせいでその船は流されていって，〔我々が〕死に直面した時，一心に世尊を念じ，〔世尊の〕御名を執持いたしましたところ，〔船〕はその大きな怪魚の口から逃れ〔ることができ〕ました」

ここでは bhagavat という表現が用いられているが，これはここだけにしか見られな

い例外的な用法である。それはともかく，この用例では，念仏が称名との関わりで説かれている点が注目されよう。念仏と称名との関係に関しては藤田の研究があり，ここでは称名念仏の起源が中国ではなく，インドにまで遡ることが論証されている。藤田宏達「念仏と称名」『印度哲学仏教学』4, 1989, pp. 1-40.

(51) この用例では「心を浄らかにした (cittam abhiprasādayati)」という表現が取られているが，「念」と「清浄心 (prasāda, prasannacitta)」との密接な関係は，すでに藤田によって指摘されている。藤田『原始浄土思想の研究』p. 545 ff., 558 ff.

(52) この話は Sikṣ. (148.13-149.4) にも引用されているが，それは Divy. 197.5 以下の箇所であり，ここで我々が取り上げた部分は引用されていない。さて，今見た用例は先ほども紹介したように，初期仏教で説かれる「六随念」の第一「仏随念」の内容に一致し，次のような定型句で説かれている。

ariyasāvako tathāgataṃ anussarati iti pi so bhagavā arahaṃ sammāsambuddho vijjācaraṇasampanno sugato lokavidū anuttaro purisadammasārathi satthā devamanussānaṃ buddho bhagavā 'ti (AN iii 285.3-6, 312.7-9; v 329.11-14)

聖なる声聞は如来を〔次のように〕随念する。〔すなわち〕〈かの世尊は，阿羅漢，正等覚者，明行足，善逝，世間解，無上士，調御丈夫，天人師，仏，世尊である〉と。

これはほぼ Divy. の用例と同一の内容と思われる。しかし初期経典に説かれる仏随念は，「如来を随念する」とだけ説かれていたのが，Divy. はこれに「姿形という点から (ākārataḥ)」という句を付す点が大きく異なる。先ほども触れたように，この仏随念の内容は，本来，観念的なものであり，視覚的なイメージとは必ずしも結びついていなかったが，ここでは「姿形という点から (ākārataḥ)」という一語を加えることで，それが「イメージ」と結びついたものであることを明言している。

(53) では両者の用法には如何なる違いがあるのか，ということに関しては現段階では分からない。まったく任意にこの二つの呼称が釈尊をイメージ化する語として選ばれたのか，あるいは同じイメージ化にもその用法に違いが見られるのか，さらにはこれは時代的・地域的差異を反映しているのか等，様々な可能性が考えられるが，それは今後の課題としておく。

(54) 本生・仏伝物語などを説法し，聴法することが，どのような宗教体験をもたらすか，ということについて，荒牧はヴェーダ学者の説を継承して「言葉の霊力」に注目し，「古来の言葉の霊力は，かようにヒーローたちとの「共同体」を出現させつつ根本真理が現成してきて，説者・聴者にさまざまな「聴聞効果」を体得させることにある」と指摘する（荒牧典俊「十地思想の成立と展開」『講座・大乗仏教 3 ／華厳思想』東京：春秋社, 1983, p. 85)。つまり，その霊力がその物語を語る者も聴く者もエクスタシーに引き込んでその物語に同化させ，物語の登場人物とそこにいる人々との間に「共同体」が出現し，そこにコスモスの根本真理が現成して，語り手も聞き手も「聴聞効果」を体得するというのである。このような理解をしてはじめて本生・仏伝物語文学が漸次に大乗経典文学へと展開していくことを解明できるとする。もしも彼の主張が妥当であれば，ここで我々が考察した用例を考慮に入れる時，ブッダという言葉の霊力がブッダ（大乗経典を視野に入れれば，必ずしもこのブッダは釈尊に限定する必要はない）の視覚的イメージをその聞き手に促し，「聴聞効果」として何らかの宗教体験を体得させるのに役だったとも考えられる。特に本文で取り上げた buddhāvataṃsaka の用例を見る時，そこには虚空が無数のブッダで次々と埋め尽くされるような，壮大なイメージが想起されるのであり，その語られる場所が仏塔などの聖域であればなおさらであろう。

(55)　Cf. 並川「buddhānubuddha の意味」; 同「ブッダとその弟子」; 同「ブッダの救済性」.

(56)　手始めとして，浄土経典に見られるブッダの用例を考察してみたが，ここでもブッダは極めて特徴的な用いられ方をしている。平岡聡「不特定多数の覚者達：浄土経典に見られる buddha の用例」『佛教大学総合研究所紀要別冊：浄土教の総合的研究』1999, pp. 21-34.

(57)　漢訳の華厳経の原典名に関しては，古来より Buddhāvataṃsakaか Gaṇḍavyūha かが議論されてきたが，この問題に関しては，桜部や梶山の研究を参照されたい。桜部建『増補／仏教語の研究』京都：文栄堂, 1997, pp. 88-98; 梶山雄一監修『さとりへの遍歴（上）華厳経入法界品』東京：中央公論社, 1994, pp. 442-448.

(58)　この問題は，浄土思想の「念仏」や「見仏」といった実践とも深く関わってくるが，これに関しては藤田の研究を参照。藤田『原始浄土思想の研究』pp. 537-565.

(59)　ここで考察したブッダやタターガタという呼称が「イメージ」と結びついていく過程には，造形（仏像や仏画）が如何なる名称で呼ばれていたか，ということが重要な鍵を握る。高田の研究に依れば，アニヨールから出土した首なしの像には碑銘があり，そこには「仏像（buddhapratimā）」と記されて，碑銘学者はこれを第二クシャーン朝初期を下らないものとみており，これが「仏像」と明記されている最も早い例証となる，と言う。高田『仏像の起源』p. 333.

(60)　なお本論とは直接関係ないが，中国仏教においては『梵網経』の影響により，見仏が菩薩戒との関連で説かれることが山部によって指摘されている。それによると，師が近くにおらず自誓受戒しなければならない時，あるいはたとえ師がいても，以前に重大な罪を犯している時には，見仏体験が要求されるという。その理由は見仏体験が罪の浄化を意味するからであるという。『梵網経』では「相好を見る」という表現が取られており，その相好とは具体的に「仏来摩頂見光見華種種異相」（T. 1484, xxiv 1008c17）と説明され，言語は確定できないが，ここでも「仏」が用いられている。山部能宜「『梵網経』における相好行の研究：特に禅観経典との関連性に着目して」『北朝隋唐中国仏教思想史』京都：法蔵館, 2000, pp. 207-209.

(61)　ここでは「悟性」を「認識対象を概念的に理解する能力」，また「感性」を「認識対象を直感的に理解する能力」と定義しておく。したがって前者は言語的であり，後者は非言語的である。これを脳機能の観点から見れば，前者は左脳的，後者は右脳的とも言える。

(62)　初期仏教の段階で護呪（paritta）の思想は見られるから，仏教の呪術化は後代に新たに始まったわけではないが，初期仏教の段階でそれが「悟り」や出家に結びつくことはなかったと考えられる。ここで言う「呪術化」とは，後代の密教における陀羅尼（dhāraṇī）や真言（mantra）のように，それが仏道の体系と結びつく用例を意味する。

(63) ここでの用例では，śabda という語が使われており，この語には確かに「音」の他に意味を持った「言葉」という意味もあるが，この後で紹介する用例では，すべてこの部分が ghoṣa という語に置き換えられており，これらの用例に見られる「ブッダ」が意味を持った「言葉」ではなく，鳥肌を喚起させる「音」として理解しなければならない。むしろ śabda の方が例外的用法なのである。

(64) これと同内容の話が破僧事（MSV vi 166.30 ff.）にも見られる。

(65) この用例のみ，ブッダの概念的説明がまずなされ，続いて全身の毛穴が粟立つ描写が置かれている。

(66) インド以来，日本においても仏教に入信するための儀礼が三帰であり，その三帰の中でも最初に置かれているのが「帰依仏」であることを考えると，「ブッダ」という言葉は入信と深い関わりを持った呼称とも考えられる。

(67) なお，ここでは紙面の都合上，取り上げることはできなかったが，この他にも有部系の資料と考えられている Aś にも同様の用例が二つ（i 346.12-13, ii 20.11-12）指摘できるので，ここで取り上げた用例は有部系の資料において定型句化するほど一般的なものになっていたと考えられる。

(68) ただし，ここで取り上げた六つの用例が，すべて比較に適しているわけではない。たとえば，ルドラーヤナ王や聖仙シャイラやムクティカーの話は，他部派の文献では説かれていないようであるし，またプールナやコーティヴィンシャの説話は，初期経典や他部派の律文献にも多くの説話を見出すことができるが，そのすべてはすでに彼らが出家した後から話が始まっていたり，あるいは彼らが仏教に入信する前から話を始めていても，その契機がここで取り上げた用例のようにブッダという音を聞くこと，あるいはそれに関連したことにはなっていないからである。そこで，ここでは唯一残された用例であるアナータピンダダの入信物語を取り上げることにする。この話が比較に最適な理由は，現存の諸律すべてがこの話のこの部分を取り上げており，したがって比較を通して各部派のブッダの受容の仕方が明確になる点にある。

(69) なお，ここで取り上げる資料以外にも，アナータピンダダの入信を扱った説話は数多く存在するが，それらの比較研究に関しては，次の研究を参照。丹治昭義「祇園精舎建立縁起の一考察」『祇園精舎／サヘート遺跡発掘調査報告書』1997. なおこの論文は，大阪大学教授・榎本文雄先生よりお教え頂いた。

(70) これについては，第 3 章で定型句を整理し，他の文献との比較考察を行った箇所で指摘した。9-G（「ブッダ」という音：本書 p. 187）参照。

(71) 用例を整理すると次のとおり。

①恐怖によるとする用例：DN i 49.36, 95.16; SN v 270.9-16; AN iv 311.30; Sn 270, 15.15; Mil. 22.28, 23.20; Mhv 138.16; Vibh. 367.12-13, 15-16, 19 etc.

②喜びによるとする用例：Sn 681; Ja iv 355.28; Mil. 1.8; Vism. 143.18 etc.

このうち，Mil. の用例がここで取り上げた用例に形式的に近いので紹介しよう。これはミリンダ王が大臣のデーヴァマンティヤからナーガセーナの名前を聞いた時の描写である。

atha kho milindassa rañño sahasā *nāgaseno ti saddaṃ sutvā* va ahud eva bhayaṃ ahud eva chambhitattaṃ ahud eva *lomahaṃso* (Mil. 22.26-28)

その時，ミリンダ王は突然に「ナーガセーナ」という音を聞いて，怖れ，戦き，毛が逆立った。

確かに形式的には近いが，内容的には相違している。「ナーガセーナ」とはここでは人名であるが，文字どおり解釈すれば「象の軍隊」であり，王族のミリンダとしては「象の軍隊」であり，王族のミリンダとしては「象の軍隊」と聞かされて敏感に反応したものと推察されるから，ここでの「ナーガセーナ」の理解は感性的ではなく，悟性的に言葉の内容を理解して毛が逆立ったと考えられる。

(72)　この他にもアナータピンダダの説話は幾つかの漢訳資料にも見られ，いずれもブッダを「呪力を秘めた音」として理解しているので，順次その用例を紹介しよう。

『雑阿含経』「給孤独長者聞未曾聞仏名字已。心大歓喜身諸毛孔皆悉怡悦」(T. 99, ii 157b28-c1)

『別訳雑阿含経』「須達多長者初聞仏名。身毛為竪。驚喜問言」(T. 100, ii 440b15)

『出曜経』「阿那邠低聞仏名号及比丘僧。衣毛悚竪悲而且喜」(T. 212, iv 756c28-29)

『賢愚経』「須達聞仏僧名。忽然毛竪如有所得。心情悦豫」(T. 202, iv 418c20-22)

下線で示したように，いずれの資料も有部系の文献と同じ理解を示しているのが分かり，これらの資料の帰属部派がいずれも有部系であることを示唆している。『雑阿含経』と『別訳雑阿含経』の帰属部派に関しては，すでに榎本が言語学的な観点から有部系の部派によって伝授されていたことを論証しているが（榎本「Udānavarga 諸本と雑阿含経」; 同「阿含経典の成立」pp. 98-102; 同「説一切有部系アーガマの展開」）このアナータピンダダの入信説話は，榎本とは違った観点から，『雑阿含経』と『別訳雑阿含経』とが有部系の部派によって伝承されたことを示唆する用例と言える。また内容は上述のアナータピンダダの入信説話であるが，同様の表現が少し異なった文脈で『中阿含経』に見られる。

尊者舎梨子。我未曾聞仏名聞已挙身毛竪（T. 26, i 459c22-23)

榎本は『中阿含経』の帰属部派も説一切有部とするので（榎本「Udānavarga 諸本と雑阿含経」; 同「阿含経典の成立」pp. 93-98; 同「説一切有部系アーガマの展開」)，同様の用例が『中阿含経』にも見られるのは不思議ではない。なお『中阿含経』の用例に関しては，佛教大学大学院生（当時）のシェーン・クラーク氏（現 UCLA 大学院生）よりお教え頂いた。さて，ここで紹介した，ブッダという音の呪術的な用法を伝える漢訳諸経典は，四世紀から五世紀にかけて漢訳されたものばかりであるから，このような思想は，四世紀にはかなり一般化していたと推定できる。

(73)　このような用例は，仏教の言語観を探る上でも重要である。本来インドには仏教興起以前のヴェーダ時代より「ブラフマン（brahman)」や「オーム（oṃ)」など，言葉に霊力や呪力を認める土壌があり，その同じ土壌に生成した仏教も，その初期の段階においては，護呪（paritta）や真実語（saccakiriyā, saccavacana）など言葉に不思議な力を認める思想は存在していたと見ることができる。ただし，ブッダ自身は基本的に呪術を禁止したようであるし，護呪や真実語も出世間的な涅槃と結びつくことはなく，世俗的なレヴェルにおいてのみ許容されるものだったと考えられるが，大乗仏教になると，特に密教では陀羅尼（dhāraṇī）や真言（mantra）が重視され，それは解脱という出世間的なレヴェルにまで止揚されてくる。今回ここで考察した用例でも，ブッダという音を聞くことが，出世間的な果報と間接的にではあるが結びついているわけであるから，この点では陀羅尼や真言との共通性が浮かび上がってくる。ここで取り上げた用例は，密教において純化される陀羅尼や真言の萌芽と見なしうるもので，大乗経典ではなく部派仏教の文献にこのような用例が存在するということは，広くインド仏教の呪術化を考える上で重要であると考えられる。ただし，真実語に関して言うなら，真実語による祈願成就の鍵を握っているのは言葉自体ではなく，その言葉によって語られる内容が真実かどうかである。つまり言葉自体はあくまで真実を伝える媒体に過ぎず，願いを成就させる霊力や呪力を持っているのは「真実」そのものであるから，厳密に言えば，真実語の場合，言葉自体が問題なのではない。真実の内容如何によって，それを表現する言葉は変わってしまうからである。しかし，その真実を表現するのはやはり「言葉」を用いざるをえないわけであるから，この点では真実語も仏教の呪術化を考える上では重要であろう。

(74)　MSV の塔崇拝に関する用例は Divy. のように別出して示さず，Divy. の用例を考察する際に，必要に応じて個別に紹介することにする。ただし個別ではあっても，用例は何らかの形で内容を紹介するか，あるいは内容を紹介しない場合は注に出典を記してあるので，MSV に見られる塔崇拝の用例はすべて網羅されている。また塔崇拝に関する Mv. の用例は，Divy. や MSV といった有部系の文献と比較するほどのものはないので，これに関しても別出してその内容をすべて紹介することはせず，必要に応じて注記する。ただしここでもすべての用例は一つ残らず網羅してある。

(75)　Cf. 平岡「餓鬼界遍歴物語」p. 92, 注（72）.

(76)　漢訳には，「時諸人等号為宅神塔或呼為薄拘羅樹中心柱」（T. 1448, xxiv 14c29-15a1）とあるのみで，「塔礼拝をする比丘達」に言及していないが，Tib. 訳には，mchod rten la phyag byad pa'i dge slong dag da dung yang phyag byed do（P. 1030 Ge 2b3; D. 1 Kha 2b5）とあり，Skt. に一致する。

(77)　刊本はここを sthāvarāvṛttiprajñaptāḥ *stūpadāsadattāḥ*（Divy. 244.26）とするが，斜体部の写本の形はすべて stūpadāsādāttā であることから考えると，stūpadāsā dattāḥ と切るほうがよいであろう。また前半部分も sthāvarā vṛddhiprajñaptāḥ と読む方がよいのではないか。本文中の訳はこれらの訂正に従った。

(78)　本章はブッダの本生を扱っているから，「大通りが交わる所に舎利塔を作った（caturmahāpathe śarīrastūpaḥ pratiṣṭhāpitaś）」（Divy. 327.25-26）という記述は，パーリの Mahāparinibbāna-suttanta の cātumahāpathe tathāgatassa thūpo kātabbo（DN ii 142. 9-10）という記述に基づいたものと考えられる。

(79)　Tib. 訳では「世尊の座と塔とに礼拝して下さい（bcom ldan 'das kyi dkyil 'khor dang mchod rtan la phyag mdzod cig）」（P. 1030 Khe 102b2; D. 1 Ka 103b3-4）となっている。　(80)　Divy. 384.27, 388.2, 405.15-16, 419.16, 429.14, 433.27.

(81)　Divy. 390.24-397.11.

(82) Skt. では，プシュヤミトラの kim icchatha stūpaṃ saṃghārāmān vā と言う質問に対し，bhikṣubhiḥ parigṛhītāḥ とあるから，比丘達が守護したのは，男性・複数で示された「僧園（saṃghārāma）」でなければならない。しかしその後，プシュヤミトラは，「僧園を破壊し，比丘達を殺しながら進み」とあり，話の筋が通らなくなる。もちろん，プシュヤミトラが意地悪で，比丘達の大切にした方を破壊したと考えられなくはない。しかし，プシュヤミトラの質問の後，比丘達が塔の方を守護したとする方が，話の運びとして自然である。この Skt. には，漢訳が二本あるが，両方とも比丘達が塔を守護したと説く（『阿育王伝』「比丘答言欲留浮図」（T. 2042, l 111b12-13）；『阿育王経』「諸僧皆言我等護塔」（T. 2043, l 149a29-b1））。なお定方はこの Skt. を漢訳を参照して「比丘たちは塔のほうを選んだ」と訳し（定方『アショーカ王伝』p. 170），ストロングも The monks decided to keep the stūpas と訳している（Strong, *The Legend of King Aśoka*, p. 293）。またムコーパディヤーヤは，このテキストを校訂する際，この部分を stūpāḥ bhikṣubhiḥ parigṛhītāḥ とし，彼も漢訳から stūpāḥ を補っているが（Mukhopadhyaya, *The Aśokāvadāna*, p. 133），その前に出てくる stūpa は単数なので，ここは stūpo bhikṣubhiḥ parigṛhītaḥ とする方が適切であろう。

(83) この部分の Skt. も乱れている。原典には，dharmarājikāvārhadvṛddhyā śiro dātum ārabdham とあり，ムコーパディヤーヤはこれを dharmarājikāvāsya 'rhad ṛddhyā śiro dātum ārabdhaḥ と訂正しているが（Mukhopadhyaya, *The Aśokāvadāna*, p. 134），写本に一番近い形で訂正するとすれば，ここは dharmarājikāvāsyarhadṛddhyā śiro dātum ārabdham と読む方がよかろう。また漢訳では，それぞれ『阿育王伝』「時彼界内大浮図中有阿羅漢。化作数万沙門之頭」（T. 2042, l 111b15-16），『阿育王経』「彼国有寺。名曰法王。時彼寺中有一羅漢（「頭」に関する記述は無い）」（T. 2043, l 149b3-4）とする。『阿育王経』は，dharmarājikā を「法王という寺」としているが，普通アショーカ王の作った「八万四千の塔」と言う時の「塔」は，この dharmarājikā であり，漢訳者の誤訳かと思われる。ただ，なぜ「八万四千の塔」と言う時の「塔」が caitya あるいは stūpa ではなく，dharmarājikā という言葉で表現されているのかは問題である。

(84) これと同じ話（465.10-469.18）は，Divy. 76.10-80.9 に見られる。これに関して，岩本は Divy. 編集上のミスを指摘し，この部分は本来 Divy. 第31章の末尾にくるべきものであることを論証している（岩本『仏教説話研究序説』pp. 135-137）。また，この用例に関しては，杉本と平川の研究がある。杉本『インド仏塔の研究』pp. 273-275; 平川『初期大乗仏教の研究II』pp. 282-285.

(85) Mv. は Divy. と順番が逆で，まず如来の供養も遺骨の供養も同様にその徳は無量であることがブッダによって次のように説かれる。

yathā evaṃ hi bhikṣo tathāgato apramāṇaḥ sarvehi guṇehi tathā evaṃ bhikṣo tathāgate pratiṣṭhāpitā dakṣiṇā apramāṇā aparyantā acintiyā atuliyā amāpiyā aparimāṇā anabhilāpyā// yaś ca khalu punaḥ bhikṣo tathāgatam etarahi tiṣṭhantaṃ yāpayantaṃ satkareyā gurukareyā māneya pūjeyā puṣpehi gandhehi mālyehi chatrehi dhvajehi patākāhi vādyehi dhūpehi vilepanehi annapānayānavastrehi yaś ca parinirvṛtasya sarṣapaphalamālaṃ (→ -mātraṃ) api dhātuṃ satkareyā ity etaṃ samasamaṃ// (Mv. ii 362.10-15)

「実に比丘達よ，如来はあらゆる徳に関して無量であるから，比丘達よ，如来に対して布施を捧げることも無量であり，辺際がなく，不可思議であり，無比であり，量り知れず，無限にして，言葉では言い表せないのだ。また実に，比丘達よ，今現に生きて〔この世に〕留まっている如来を，花・香・花環・日傘・旗・幟・楽器・焼香・塗香，それに食物・飲物・乗物・衣で，尊敬し，尊重し，敬い，供養することや，般涅槃して芥子の実ほどの大きさの遺骨になってしまった〔如来〕をそのように尊敬することも同じよう〔に無量〕である」

この後で様々な塔供養の方法とその果報とが説かれるが，塔供養の方法は，右繞（362.17 ff.），花環の布施（365.1 ff.），布や紐の布施（365.21），布施（373.2），焼香（373.17 ff.），幟の布施（375.9），灯明の布施（379.3 ff.），日傘の布施（382.1 ff.），楽器の演奏（383.11 ff.），水で清める（384.10 ff.），香粉の布施（384.17 ff.），油滴の布施（386.1 ff.），煉瓦の布施（386.4 ff.），塔を浄める（386.11 ff.），香や塗劫の布施（388.4 ff.），珠宝の布施（389.7 ff.），網を掛ける（391.3 ff.），萎れた花環を取り除く（392.21 ff.），そして合掌礼拝（395.11 ff.）と多種に亘り，またその果報も詳細に説かれるが，その中には出世間的なものも含まれている。また別の箇所には，カーシャパ三兄弟が自分達の前世を踏まえて次のように述懐する。

te stūpapūjāya phalena saṃprati kalpāṃ na ema dvānavati durgā/
tenaiva karmeṇa mahāmune・・・sarve sma dāntā tava dhīra śāsane// (Mv. iii 434.3-6)

「今，塔供養の果報として，九十二劫の間，悪趣に行くことなく，この同じ業により，偉大な牟尼よ，賢者よ，我々は皆，あなたの教えに従って〔自己を〕調御したのです」

さらには次のような記述も存在する。

tasmā dhvajapatākāṃ ca śvetacchatraṃ ca kārayet//
vedikāṃ caiva stūpeṣu kuryāt paṃcāṃgulāni ca/ sādhu puṇyavaraṃ vipulaṃ dāyakam adhivartati//
eṣā cānyā ca yā pūjā buddham uddiśya kriyate/ sarvā abandhyā saphalā bhavati amṛtopagā// (Mv. i 269.13-17)

それ故，〔人〕は旗や幟，それに白い日傘を〔仏塔に〕捧げるとよい。また塔の周りには欄楯や五指印を作るとよい。〔そうすれば〕素晴らしく広大な最上の福徳が〔その〕布施者に生起する。

こ〔のような塔供養〕や，仏に対してなされる他の供養はすべて，実り多く，有益で，不死〔なる果報〕を伴っている。

ここでは塔供養が不死と関連づけて説かれるなど，用例の数こそ Divy. には及ばないが，その果報に関しては，出世間的なところにまで踏み込んだ記述が Mv. には見られる。

(86)　この語に関してエジャートンは，この Divy. の部分を引用し，苦心しながらも，a kind of gem? Not mentioned in Divy Index; no futher clue to mg. (BHSD, p. 349) と

し，その明確な意味を決めかねている。漢訳によると「尊者便念。如世尊説。中方之地不著布羅。即便以屦付与天神。諸神得已於爽塏之地造一制底。名曰布羅制底」(T. 1442, xxiii 881b2-5）とあり，この語は，「履物」を意味している。Tib. 訳では，lham sgrog gu can (P. 1032 Te 122a2; D. 3 Ña 129b2）とあり，「紐付きの靴」を意味する。Mahāvyutpatti 8967 にこの語が見られ，この Skt. を pūlā とする。エジャートンはこの語を buskin，あるいは Tib. 訳と漢訳から laced boots と説明しているが（BHSD, p. 353)，pula と pūlā との関係には気づいていないようである。ここでは漢訳と Tib. 訳とによって，この語を pūle に改める。

(87)　漢訳は「是時神女遂勧村人造窣堵波。盞置於内名為銅盞制底。今猶存在」(T. 1442, xxiii 881a19-20）とし，銅製の盃を安置した塔を造ったとする。Tib. 訳にも「銅製のコップ」を意味する khar phor (P. 1032 Te 120b2; D. 3 Ña 128a4) という語が見られるが，これは恐らく kāśikā（絹の衣）と kāṃsya（銀製のコップ）との混乱かと思われる。

(88)　漢訳は「塔礼拝の比丘」に言及しないが，Tib. 訳には deng sang yang dge slong mchod rten la phyag 'tshal ba dag phyag 'tshal bar byed do (P. 1032 Te 120b3; D. 3 Ña 128a5）とあり，Skt. に一致する。

(89)　漢訳は「授之錫杖与作記念。彼造錫杖制底現今供養」(T. 1442, xxiii 881a28-29）とし，ここでも漢訳は「塔礼拝の比丘」に言及しないが，Tib. 訳にはこの部分がある（P. 1032 Te 121b7-8)。

(90)　テキストは，tayā sthaṇḍile kārayitvā te *pratiṣṭhāpitaitaścarasanti* saṃjñā saṃvṛttā とあり，校訂者は斜体部分を Sic. にしている。漢訳はこの部分を「名布羅制底」とするのみであるが，Tib. 訳は，kha cig gis ni lham gyi dbang phyug ces bya bar shes so// kha cig gis lham gyi gzhi zhes bya bar shes so (P. 1032 Te 122a3; D. Ña 129b2-3）とあるので，今は Tib. 訳に従って和訳した。なお，lham gyi dbang phyug と lham gyi gzhi の換梵「プーレーシュヴァラ（Pūleśvara)」と「プーラパダ（Pūlapada)」は，ノーベルに従った。Nobel, *Udyāṇa, König von Roruka*, Teil 2, p. 84.

(91)　この用例に見られるように，如来の衣，錫杖等を収めたストゥーパの存在が桑山によって報告されている。桑山正進「迦畢試国編年史料稿（上)」『仏教芸術』137, 1981, pp. 86-114.

(92)　これはブッダが悟りを開いた後，トラプシャとバッリカの二商人がブッダに帰依する場面に見られる。

te dāni āhansuḥ/ vayaṃ bhagavaṃ vāṇijakā deśadeśāni ca rājyāni ca aṇvāma/ sādhu maṃ bhagavāṃ kaṃcid dadeya dhātuṃ yaṃ vayaṃ pūjayema// bhagavatā dāni teṣāṃ śirṣāto pāṇinā keśāni otāritvā dinnāni imaṃ *keśastūpaṃ* kārayetha nakhāni ca otāritvā dinnāni imaṃ *nakhastūpaṃ* kārāpetha śilā ca āgamiṣyanti tāṃ ca śilāṃ pratiṣṭhāpetha// tehi dāni yatra keśasthālī nāma adhisthāno tahiṃ *keśastūpaṃ* kārāpitaṃ/ vālukṣo nāma nagaraṃ tahiṃ *nakhastūpaṃ* kārāpitaṃ/ śilukṣaṃ nāmādhiṣṭhānaṃ tatrāpi śilā pratiṣṭhāpitā sā bhagavatā ṛddhīye pāṇinā kṣiptā// (Mv. iii 310.9-16)

その時，彼らは言った。「世尊よ，我々は商人であり，あちこちの地方や王国を巡り歩いています。世尊は我々が供養することのできる遺物を何かお与え下さいませ」。そこで世尊は自分の頭から手で髪を切り落とし，それを彼らに与えられた。「これで髪塔を作るがよい」。また世尊は爪を切って与えられた。「これで爪塔を作るがよい。石が運ばれるであろうから，その石を積み上げなさい」。髪塔が作られたのは現在のケーシャスターリンという町があるところであり，爪塔が作られたのは現在のヴァールクシャという都城のあるところである。シルクシャーという町で石が積み上げられたが，それは世尊が神力を用い，手で投げられたのであった。

(93) 静谷『初期大乗仏教の成立過程』pp. 16-18.

(94) ここでは原文に alam ekaṃ とするのみであるが，この少し前にこの部分と部分的にパラレルをなす箇所があり，そこには alam ekaṃ candanasekaṃ kuṃkumasekam anupradātukāmo bhavati (MSV iv 139.13-14) とあるので，ここから訳を補う。

(95) これを纏めると，次のとおりである。

クリキン王／ii 77.12 ff. (stūpa), v 69.10 ff. (stūpa), vi 162.26 ff. (śarīraḥ stūpa); ブラフマダッタ王／vii 106.9 ff. (stūpa); 優婆塞／iv 139.7 ff. (tathāgatasya śarīa-stūpa); バラモンや長者／vi 60.1 ff., 60.26 ff., 91.5 ff., 93.12 ff. (caitya); 大勢の人々／vi 161.15 ff. (stūpa); 長者ティシュヤ／v 27.30 ff. (keśanakhastūpa).

同様に，塔の建立者に関する Mv. の用例を纏めると，次のとおりである。

転輪王ドゥリダダヌ（ブッダの本生）／i 61.2 (stūpa); 声聞の弟子達／i 267.19 (stūpa); 村長／i 302.12, 14, 17, 304.12 (stūpa); 三兄弟の王／iii 433.3, 17 (stūpa); ブッダ／iii 436.19 (stūpa).

最後の用例では，ブッダ自身が七百人の弁髪行者を教化し，彼らを般涅槃させると，遺骨を供養して塔を建立したという奇妙な記述が見られる。

(96) また破僧事には，デーヴァダッタによって分裂した僧伽を和合させるために，シャーリプトラとマウドガリヤーヤナがデーヴァダッタのもとに行くことをブッダに告げると，ブッダは分裂した僧伽を和合させる功徳を説く箇所がある (MSV vii 206.15-207.9)。ここでは四つの神聖な福徳を生ずる行為が説かれ，いずれも一劫の間，天界において楽しむだけの福徳を生じるという。四つとは，(1)かつて建立されたことのない場所に如来の舎利塔を建立する，(2)かつて建立されたことのない場所の四方に精舎を建立する，(3)分裂した僧伽を和合させる，(4)慈心で六方を満たす，であり，ここでは舎利塔の建立が，分裂した僧伽を和合させるのと同じ福徳を生じる行為として規定されているが，ここでの塔の建立者が出家者を意図して述べられているのかどうかは分からない。

(97) 同様の記述はこの少し後にも存在し，ここでは建物の修繕を担当する比丘が亡くなった時は，彼の所有していた衣鉢や衣は仏・法・僧で三分し，そのうち仏のために分配されたもので，香房や塔を修繕すべきであるという規定が見られる (MSV ii 146.1-6)。

(98) なお出家者と伎楽との関係に関しては，次の研究を参照。佐々木閑「比丘と伎楽」『仏教史学研究』34-1, 1991, pp. 1-24.

(99) MSV ii 125.4 ff., iv 139.12 ff., v 70.11 ff., vii 106.13 ff; Mv. i 268.1 ff., 302.14 ff., iii

433.21 ff.

(100)　杉本は，仏塔がスメール山と同一視されている例としてこの部分を引用し，研究している。杉本『インド仏塔の研究』pp. 212-213; cf. BÉNISTI, "Étude sur le stūpa," pp. 74-81.

(101)　『四分律』(T. 1428, xxii 956c2 ff.);『五分律』(T. 1421, xxii 173a3 ff.);『摩訶僧祇律』(T. 1425, xxii 497b18 ff.);『十誦律』(T, 1435, xxiii 415c3 ff.);『根本説一切有部毘奈耶雑事』(T. 1451, xxiv 291c2 ff.)　(102)　静谷『初期大乗仏教の成立過程』p. 20.

(103)　静谷『初期大乗仏教の成立過程』p. 22; 平川『初期大乗仏教の研究II』pp. 279-282. なお比丘と塔崇拝との関係を論じる際に必ず言及されるのが，大般涅槃経に見られるブッダの葬儀に関する記述であるが，ショペンは従来の説に真っ向から反対する立場を取る。SCHOPEN, *Bones*, pp. 99-113; cf. グレゴリー・ショーペン「『大般涅槃経』における比丘と遺骨に関する儀礼：出家仏教に関する古くからの誤解」(平岡聡訳)『大谷学報』76-1, 1996, pp. 1-20.

(104)　同様の表現は，Mahāparinibbāna-suttanta に見られる cetiyacārika であろう。ここでは，「比丘・比丘尼・優婆塞・優婆夷が四大聖地――生誕処・成道処・初転法輪処・涅槃処――にある廟を巡礼して遍歴し (cetiyacārikam āhiṇḍantā)，清浄な心で死ぬなら，死後，天界に生まれるであろう」(DN ii 141.1-11) とブッダは涅槃に入る前に説いている。この場合の cetiya は「聖地」ほどの意味であろうけれども，恐らくこのようなことがブッダの死後には行われていたのかもしれない。

(105)　MSV v 33.26, 37.22, 49.13, vi 60.2, 27, 91.6, 93.14. Cf. MSV v 33.11, 26.

(106)　平川『初期大乗仏教の研究II』p. 294.

(107)　また臥座事には臥具・座具の貸与を巡って次のような記述が見られる。

yaḥ saṃghikena vā staupikena vā karaṇīyena gato bhavati tasya śayanāsanaṃ yathāvṛddhikayā uddeṣṭavyam anyatra yathāgatyā (MSV v 39.19-21)

「僧伽や塔の用事でやってきた〔比丘〕には年齢順で臥具・座具を指示せよ。その他の場合はやってきた順でよい」

この場合，「塔の用事」が具体的にどのような内容を指すのかは明らかでないが，これも出家者が塔と何らかの関係を持っていたことを示唆していると考えられる。

(108)　平川『初期大乗仏教の研究II』p. 265. 平川は大乗仏教在家起源説を確立するにあたり，まずは出家教団，特に当時の最有力部派であった説一切有部が仏塔崇拝に意義を認めていなかった事実を呈示する必要があったが，倶舎論等の記述はまさにこの線に沿った内容になっており，したがって，平川が自説を展開するに当たっては，この倶舎論の記述が有力な根拠となる。さて塔を意味する caitya や stūpa は倶舎論の「業品」に集中して見られるが，まずは三つの福業事を論じる中で，布施の目的に関する議論の中に説一切有部の仏塔観が垣間見られる。

tat khalv etad dānaṃ
　　svaparārthobhayārthāya nobhayārthāya dīyate/

tatra yad avītarāgaḥ āryaḥ pṛthagjano vā vītarāgaś caitye dānaṃ dadāti tad asyātmana evārthāya/ pareṣāṃ tenānugrahābhāvāt/ yad āryo vītarāgaḥ parasattvebhyo dānaṃ dadāti sthāpayitvā dṛṣṭadharmavedanīyaṃ tatra dānaṃ pareṣām arthāya/ tena teṣām anugrahāt/ nātmano 'rthāya/ tad vipākabhūmer atyantasamatikrāntatvāt/ yad avītarāgaḥ pṛthagjano vā vītarāgaḥ parasattvebhyo dadāti tad dānaṃ ubhayeṣām arthāya/ yad āryo vītarāgaś caitye dadāti sthāpayitvā dṛṣṭadharmavedanīyaṃ tad dānam ubhayeṣāṃ nārthāya/ tad dhi kevalaṃ gauravaṃ kṛtajñābhyāṃ dīyate/ (AKBh 268.20-269.5)

実にこのような布施は,

自己〔のため〕と,他者のためと,両方のためと,両方のためにではなく,布施される。

このうち,離貪していない者や離貪した凡夫が塔に布施すれば,そ〔の布施〕は彼にとって自己のためにしかならない。それ(布施)によって他の人々が恩恵を被ることがないからである。離貪した聖者が他の有情達のために布施をすれば,順現法受〔業〕を除いて,その場合の布施は他の人々のためである。それ(布施)によって彼ら(他の人々)が恩恵を被るからである。自己のためではない。その異熟地を完全に超越しているからである。離貪していない,あるいは離貪した凡夫が他の有情達のために布施をすれば,その布施は両方のためである。離貪した聖者が塔に布施すれば,順現法受〔業〕を除き,その布施は両方のためではない。なぜならそれ(布施)はただ単に尊重と知恩〔の念〕から布施されるからである。

ここでは布施する者を「離貪している/していない」と「凡夫/聖者」との組み合わせから四種に分類し,さらにこの四種を「離貪していない凡夫・離貪している凡夫・離貪していない聖者」と「離貪している聖者」とに大別してから,その布施が塔に布施される場合と有情に布施される場合に,その布施が誰のためになるかを議論しているが,塔への布施に関しては,その布施の受け手がいないことを理由に,誰が布施しても,その布施は他者,すなわち塔のためにはならないことが明記されている。この考えは塔に布施する福徳を論じる箇所で次のように敷衍される。

caitye sarāgasyātmārthaṃ dānam ity uktam/ tatrāsaty *upabhoktari* kathaṃ puṇyam bhavati/ dvividhaṃ hi puṇyaṃ tyāgānvayaṃ tyāgād eva yad upapadyate *paribhogānvayaṃ ca deyadharmaparibhogād* yad utpadyate/

caitye tyāgānvayaṃ puṇyaṃ

paribhogānvayaṃ puṇyaṃ nāsti/ kathaṃ tatrāpratigṛhṇati kasmiṃścit puṇyaṃ/ kiṃ punaḥ kāraṇaṃ sati pratigrahītari bhavitavyaṃ nāsatīti/ kasyacid apy anugrahābhāvāt/ idam akāraṇam/ yadi hi puṇyaṃ parānugrahād eva syāt maitryādyapramāṇasamyagdṛṣṭibhāvanāyāṃ na syāt/ tasmād eṣṭavyaṃ caityai 'pi puṇyam/ (AKBh 272.4-11)

【難者問】貪を有する者が塔に対して自己のために施すということが説かれたが,その場合,<u>受用者</u>がいないのに,どのようにして福徳が生じようか。【答】その理由は,福徳は二種であるからである。施捨に由来するもので施捨そのものから生じる〔福徳〕と，受用に由来するもので施された物の受用から生じる〔福徳〕とである。

塔への〔布施〕は施捨に由来するのである。

受用に由来する福徳ではない。【難曰】そこには受け取る者がいないのに，どのようにして何らかの福徳となろうか。【反難】ではどうして受け取る者がいる時は〔福徳と〕なるであろうが，いない時にはそうではないのか。【難者答】誰も恩恵を被らないからである。【反曰】それは理由にはならない。なぜなら，もし他者が恩恵を被ることによってのみ福徳があるとすれば，慈等の〔四〕無量と正見との修習において〔福徳〕はないことになる。よって塔に対しても福徳はあると認められるべきである。

ここでは，塔に対する布施が布施者にとって福徳をもたらすかどうかが議論の主眼となっており，議論は輻輳しているが，この議論自体は仏塔にその布施の受容者であるブッダの存在を認めないことを前提に進められている。つまり有部の正統的な立場もその反論の立場も，「仏塔にブッダは存在しない」ということを前提に議論を展開し，それ自体に疑義が呈されているのではないのである。そして有部の主張によれば，布施の受用者がいなくても，布施という行為自体が福徳をもたらすという。またこの「仏塔にブッダは存在しない」という見解は偸盗を論じる際にも見られる。ここでは盗みを働いた時に，その偸盗罪が誰に対して成立するかが議論されている。

stūpād apaharato buddhād adattādānam/ sarvaṃ hi tad bhagavatā parinirvāṇakāle parigṛhītam iti/ yeṣāṃ saṃrakṣyam ity apare/ (AKBh 244.9-10)

塔から盗めば，ブッダに対して偸盗〔罪〕が〔成立〕する。なぜなら，それらすべては般涅槃の時に世尊によって受け取られたからだ，と。他の人々は言う。〔塔に布施されたすべてのものを〕守護されるべきものとして有している人々に〔対してである〕，と。

ここでも「般涅槃の時に世尊によって受け取られた」ことを理由に偸盗罪がブッダに対して成立することを説明しているが，これは，裏を返せば，現在ブッダは塔に存在しないことを暗示している。このように倶舎論の記述に基づく限り，ブッダは入滅した時点で過去の存在となり，現世を生きる有情とはまったくの絶縁関係にあることになる。これを以て平川は説一切有部が仏塔崇拝に積極的な意義を認めていなかったと結論づけるのである。　(109)　SCHOPEN, *Bones*, pp. 131-133.

(110)　説一切有部では修道的観点から三蔵に価値付けがなされ，経は初心者，律は中級者，そして論は上級者のもので，論こそは「解脱を得る」ためのものと認められており，これを裏付ける説話も説一切有部の中に存在することを本庄は指摘する（本庄「毘婆沙師の三蔵観」)。したがって，説一切有部の三蔵観は論蔵がその最高位に位置することになるが，仏教を客観的に研究する際にもこのような価値観が持ち込まれてはならない。確かに論書は論理的整合性に優れ，明快な定義を我々に提供してくれるために，仏教研究には欠かすことのできない貴重な文献には違いないが，しかしそれはごく限られた当時のエリートの見解を色濃く写し取った文献であり，それが当時の仏教の在り方をすべて忠実に伝えているとは到底考えられない。律文献や説話文献の中には，高邁な仏教哲理こそ説かれていないものの，生活に根付いた庶民レベルの信仰の在り方が生き生きと伝承されており，当時の仏教信仰の実状を考える際に，説話は決して論の下位に位置する資料として扱われるべきではない。

同じく律蔵に見られる仏塔崇拝を研究したバロウ（Bareau, "La construction," p. 249）は経蔵と論蔵との関係から，「律蔵は，経蔵や論蔵とは対照的に，数多の精神的な行や瞑想や禅定に関しては多くを語らないが，仏教という宗教の本質を構成しているのは事実である」と指摘し，律蔵の重要性を強調する。下田は文献資料と文献外資料との間に著しい齟齬が見られる際には，「考古学的に新たな資料が現れても，それによって文献学の成果が反省されることなく，かえって文献学にもとづいた解釈にしたがって，考古学的事実が無理な解釈を被ることになる」（下田『涅槃経の研究』p. 18）とし，文献優位の現状を指摘するが，ここではその同じ文献資料を扱う際にも，ある特定の資料偏重の傾向が指摘できる。無論，仏教研究においては資料の価値付けが必要な場合が存在するのも事実である。たとえば，佐々木は「アショーカ」「結集」「部派」といった語句を含む Dīp. や『大毘婆沙論』等の資料は部派分裂に関して作者の意図や，また歴史を改竄して自分達の正統性をアピールするという意志が色濃く反映されているとの理由から，部派分裂の「歴史的経緯」を研究する際には，これらの資料を用いないという手法を採っているが，資料の価値づけにはこのような正当な理由が必要である（佐々木『インド仏教変移論』）。

(111)　⑰の Tib. 訳には，mchod pa byas nas *rkang pa gnyis la phyag 'tshal te* smon lam 'di skad ces（P. 1032 Te 123b6; D. 3 Ña 131a7）とあり，誰の，あるいは何の「両足」かは不明だが，Skt. の pādayor nipatya に相当する語は見られる。漢訳にはこれに該当する部分がない（T. 1442, xxiii 881c5-6）。

(112)　仏塔に対する誓願の用例すべてがこの表現を取っているわけではない。Cf. MSV ii 77.16, 78.3, 13, v 28.6.

(113)　漢訳は「蹲跪合掌大衆同声而発願言」（T. 1450, xxiv 137a24）とする。「蹲跪」とは，『諸橋大漢和辞典』によると，「膝を屈して行う礼拝」であるという。とすれば漢訳者は問題の pādayor nipatya を「〔自分の〕両足を屈して」と解釈した可能性もある。また Tib. 訳は *drung du btud de* smon lam btab pa（P. 1030 Ce 72a1; D. 1 Ṅa 75b7）とし，問題の pādayor を「〔塔の〕近くに」あるいは「〔塔の〕前に」と解釈しているようであるが，もしも Tib. 訳者が用いた Skt. に pādayor とあったならば，これは両数であるから，「前に」「近くに」とする Tib. 訳者の解釈は妥当ではないことになる。

(114)　漢訳は「頂礼双足即発善願」（T. 1450, xxiv 137c11）とし，pādayor nipatya を明確に意識して漢訳している。一方，Tib. 訳は *drung du btud de*/ smon lam gdab par brtsams pa/（P. 1030 Ce 73a5; D. 1 Ṅa 77a5）とし，先程と同じ解釈を示す。

(115)　諍事に相当する漢訳は現存しないので問題の訳語は確認できないが，Tib. 訳はここを前例同様 *drung du gtugs te* smon lam btab pa/（P. 1030 Ṅe 218b2-3; D. 1 Ga 229b7）とする。

(116)　臥座事に相当する漢訳も存在しないので Tib. 訳を見ると，*drung du gtugs nas* smon lam btab pa/（P. 1030 Ṅe 199a8; D. 1 Ga 209a2）とする。

(117)　同様の考えは，ショペンも考古学的な証拠から指摘し（Schopen, *Bones*, pp. 114

-147)，またこれを踏まえて下田は，「遺骨ないしストゥーパは，まさに生きたブッダと同様の位置を与えられて，崇拝の対象とされている」，あるいは「遺骨にまみえることは，ブッダそのものにまみえることなのである」と指摘している。下田『涅槃経の研究』p. 122.

(118)　またアイコンではないが，僧院内に付随する香房（gandhakuṭī）にも入滅後のブッダがいかに機能していたかを知る鍵が存在する。MSV や碑文の用例を詳細に考察したショペンは，後の僧院建築に大きな影響を与えることになった香房はブッダ自身が実際に存在している部屋として機能していることや，またブッダ入滅後もブッダに寄進された物品に関して法的な所有権を有していたことを指摘している（SCHOPEN, *Bones,* pp. 267-268; cf. グレゴリー・ショペン『大乗仏教興起時代：インドの僧院生活』（小谷信千代訳）東京：春秋社, 2000, pp. 131-146）。このような用例と，ここで取り上げた仏塔に関する用例とを見れば，少なくとも MSV が成立していた当時の説一切有部では，ブッダは入滅したら残された人間とまったくの没交渉となってしまうのではなく，何らかの形で関わりを持っていた様子が窺える。またスノッドグラスは図像学的な観点から，仏塔が肉体的な身体を備えた色身のブッダそのものとみなされていたことを論証している（Adrian SNODGRASS, *The Symbolism of the Stūpa,* New York, 1985, pp. 360-365）。ここで取り上げられているのは，古代インドから時間と地域とが若干異なる後世のチベットやネパールの例ではあるが，仏塔とブッダとが同一視されていたことが検証されている。確かにネパールのスワヤンブナート等の塔を見れば，harmikā と呼ばれる塔の頂上に位置する四角い部屋の部分に目と鼻とが描かれ，塔全体としては harmikā を顔として，半球体の形はブッダが坐っているように見える。無論，塔が最初に作られた時，すでにブッダの坐した姿が塔に投影されていたわけではなく，「完全さ」を象徴する球体がその形として採用されたのであろうが，しかしその塔の形に在りし日のブッダの姿そのものを重ねて見る者にとって，それはブッダが坐している姿に，偶然ではあったが，うまく一致したものと考えられ，後世チベットやネパールにおいて仏塔とブッダとが図像学的に同一視されるに至った要因は，本稿で考察した例からも分かるように，すでに古代インドの仏塔観に胚胎していたと考えられる。

(119)　平川『初期大乗仏教の研究II』pp. 262-264.

(120)　Mv. の用例も注記の中で紹介してきたが，数こそ少ないものの，Divy. や MSV といった有部系の文献と同様に，塔崇拝に関して肯定的な記述が目立った。なお，これまでに紹介できなかった Mv. の仏塔の記述を最後に纏めて紹介しておく。

(1)第四地に進んだ菩薩が不適切という理由で行わない行為の一つとして，破僧とともに「塔を破壊（stūpabhedaka）しない」（i 101.10）という記述が見られる。

(2)菩薩は六十の特徴を備えた家に生まれるとされるが，その一つに「塔を供養すること（cetiyapūja）」（i 198.2, ii 1.12-13）が挙げられている。

(3)菩薩達が夜叉を制圧し，一切の善法を完全に支配する場所には十六の特徴があるとされるが，その場所には転輪王が留まり，塔（cetiya）建立以外の目的にその場所が使われないという（ii 263.12）。

(4)塔（cetiya）を建立した者には喜びがあるとする（ii 354.11-12, iii 278.15-16）。

(5)法を愛する仏子を自分の敷地に保護する者は，仏が般涅槃した時，仏塔 (buddhastūpa) を見て何度もそれを敬うとされる (ii 370.17)。

(121) 第 4 章では業とブッダとの関係を論じ，Mv. が一切の業報から自由になった存在としてブッダを描いているのに対し，有部系の文献では，ブッダの過去の悪業を説き，またその果報を現世で受ける存在としてブッダを位置づけていたことを指摘したが，これも，本章で考察した仏陀観を如実に反映していると見ることができよう。

終　章　研究の反省と課題

(1) アヴァダーナは十二分教において独立したジャンルとなっていたのであるから，その成立はかなり古く，したがって本書で取り上げた様々なアヴァダーナも，その成立を丹念に探っていけば，七世紀という上限からかなり古い時代にまで遡りうるものも出てくるであろう。　(2) 佐々木「比丘になれない人々」pp. 111-112.

(3) これは現在の日本仏教を見ても，ある程度類推できよう。つまり，宗祖の典籍やその宗の所依の経典に唯一の権威を認めて宗学に没頭する僧侶と，民間信仰や相手の宗教的感情などを視野に入れながら実際の信者に布教する僧侶との間には，場合によっては意見の食い違いが見られるし，また同一人物でも，大学で宗学を研究している時と自坊の寺で布教活動に携わる時とを使い分けている僧侶の存在も日本では珍しくない。たとえば，浄土往生を説く浄土教系の宗派において，盂蘭盆や追善回向を内容とする年忌法要などの行事は宗学と齟齬を生じることになるが，実際にはこれらが何の矛盾もないかのように行われている現実は，当時のインドと近いのかもしれない。キリスト教を始めとするセム系の一神教とは対蹠的に，仏教はアジアの各地における土着の宗教との融合を通してその土地に根づいていったが，そこには様々な夾雑物を取り込んで，その土地独自の仏教が形成されていったのであるから，現実の仏教は教義（ドグマ）だけで成り立っているわけではなく，この点に関して，事情は日本もインドも同じであったに違いない。

索　引

従来，Divy. は本格的な考察の対象とならなかった文献だけに，他文献との関連を示す情報は貴重であると考え，文献に限った索引を付すことにした。箇所によっては，Divy. のリヴァース・インデックスとしても活用することができる。

【A】
Abhisamacārikā　410
AKBh　227,228,256,385,434,435,437,463,486,500,501
AKV　229,437,459
AN　25,255,458,492
Aś　75,147,304,333,413
AṣP　143,146,190,317
Avikalpapraveśasūtra　138
AvK　45,50,54,56,58〜63,66,68,74,75
AVS　459
Āyuḥparyantasūtra　138
【B】
BCAP　53,135
Bhaiṣajyagurusūtra　137
Bhikṣuṇīvinaya　410
Bhikṣuprātimokṣasūtra　410
BKA　50,66
Buddhamakuṭa　138
Bv.　270,475
【D】
Dhp.　454
Dhp-a　45,48,50,51,71,73,407,459,462
Dīp.　270,464
DN　47,54,270,320,459,464,480,485,492
【G】
GDhp　480
Gv　340
【H】
HJM　59
【J】
Ja　47,49,50,51,54,66,69,71,73,75,244,462,463,475,492
Jm　49,68
【K】
KP　340
Kś　413
KSS　71
Kv　46,48,51,67,75
【M】
Mahāsudarśanāvadāna　129
Mahāvastu　188,233
Māndhātāvadāna　129
Mhv　270,492
Mil.　249,492
MJM　59
MN　25,46,255,256,322,434,482,484
MPS　54
MSV 破僧事　247
Mv　46,48,56,57,66,67,73,340
【P】
Pāli. 律（Vin. も見よ）　117,118,120,121,124,125,188,365
Pd　462
Pv　75
【S】
Śikṣ.　53,60,135,485
SN　25,46,250,251,320,480,488,492
Sn　73,255,492
Spk　245
Sukh.　318,470
Sumāgadhāvadāna　138
【T】
Th　49,480
【U】
Ud　25
Udv　454,480
【V】
Vibh.　492
Vin.（Pāli 律も見よ）　45,50,52,71,244,407,424
Vism.　488,492

【あ】
阿育王経　136,219,381,484,495
阿育王息壊目因縁経　64
阿育王伝　136,219,381,495
阿閦仏国経　204,443,484
【い】
イティヴッタカ　213
因縁僧護経　60
【う】
有為無為決択　464
有徳女所問大乗経　147,318
【え】
慧印三昧経　317
【お】
王経　62,63,65
王伝　62,63,65
【か】
月光菩薩経　59,136,139,150
灌頂経　137
【き】
起世因本経　464
起世経　464
給孤長者女得度因縁経　138
経律異相　59
銀色女経　68,136
【く】
倶舎論　214,463
弘道広顕三昧経　317
【け】
華厳経　359
賢愚経　47,53,59,136,334,487,493
賢劫経　340,484
堅固女経　318
現在賢劫千仏名経　340
【こ】
五分律　45,48,50,52,121,188,234,249,366,424,452,454,482,499
護国尊者所問大乗経　59,68
興起行経　455
高僧法顕伝　139
較量寿命経　138
金色王経　485
根本有部律　234
根本説一切有部苾芻尼毘奈耶　121
根本説一切有部毘奈耶　52,59,71,73,74,121,136,147,426,482
根本説一切有部毘奈耶雑事　51,54,57,216,219,408,434,464,499
根本説一切有部毘奈耶出家事　60,61
根本説一切有部毘奈耶破僧事　464
根本説一切有部毘奈耶皮革事　36,45
根本説一切有部毘奈耶薬事　37,46〜49,54,66,67,463
【さ】
三摩竭経　138
【し】
四分律　45,48,50〜52,56,121,188,234,249,366,424,445,450,452,454,464,482,499
七女経　317
舎頭諫太子二十八宿経　69
舎利弗悔過経　459
蹉韈嚢法天子受三帰依獲免悪道経　53,136,150
修行本起経　318
衆許摩訶帝経　464
須摩提女経　138
首楞厳三昧経　318
集異門足論　227
十誦律　36,45,50,52,121,188,234,247,367,424,476,482,499
十住毘婆沙論　38
出曜経　24,38,493
順権方便経　317
生経　51,410
彰所知論　464
小品般若波羅蜜経　145,317
長阿含経　36
心明経　317,321
【せ】
施設論　486
撰集百縁経　333,478
前世三転経　68
【そ】
雑阿含経　46,62,64,65,408,409,456,493
雑譬喩経　62,69
雑宝蔵経　74,75
増一阿含経　56,138,213,318,321,452,455,462,476,489
僧伽羅刹所集経　452
【た】
大阿弥陀経　443,444
大荘厳論経　45,62,64,65
大乗集菩薩学論　53,426

大乗大方広仏冠経　138
大乗無量寿荘厳経　318
大智度論　36,38,42,45,47,424
大唐西域記　139
大般涅槃経　24,38,214
大般若波羅蜜多経第四会　145,317
大毘婆沙論　24,45,47,69,214,227,256,389,463,486
大宝積経　59,68
大宝積経・浄信童女会　318
大宝積経・菩薩蔵会　147,318
大宝積経・無量寿如来会　318
大方便仏報恩経　59
大明度経　145,317
大楼炭経　464
【ち】
中阿含経　36,54,458,493
頂生王因縁経　54
頂生王故事経　54
【と】
等集衆徳三昧経　317
道行般若経　143,145,317
【に】
二万五千頌般若経　487
入無分別法門経　138
如来智印経　318
【は】
般舟三昧経　359
【ひ】
鼻奈耶　247,453
毘尼母経　249,453,454
【ふ】
普賢行願讃　413,461
布施経　69,137,150
仏五百弟子自説本起経　52
仏所行讃　453
仏本行経　59,68,318,464
仏本行集経　73,75,76,214,318
仏母出生三法蔵般若波羅蜜多経　145,317
文陀竭王経　54
分惒檀王経　138
【へ】
別訳雑阿含経　408,456,493
【ほ】
菩薩本縁経　59
菩薩本行経　58,68
胞胎経　434
梵志女首意経　317
梵網経　491
【ま】
摩訶僧祇律　45,48,52,115,121,188,233,366,381,423,424,446,447,499
摩訶般若鈔経　317
摩訶般若波羅蜜経　318
摩訶般若波羅蜜鈔経　145
摩訶摩耶経　214
摩鄧女経　69
摩登女解形中六事経　69
摩登伽経　69,136
満願子経　46,482
【む】
無量寿経　204,318
無量清浄平等覚経　318,444
【も】
文殊師利現宝蔵経　317
文殊師利仏土厳浄経　317
【や】
薬師経　137
薬師如来本願経　137
薬師瑠璃光七仏本願功徳経　137
薬師瑠璃光如来本願功徳経　137
【ゆ】
維摩経　484
【り】
立世阿毘曇論　444
龍施女経　317
【ろ】
漏分布経　458
六度集経　54,59,64,66,68,71,73,75,410,476

著者略歴

平 岡　聡（ひらおか　さとし）

1960年　京都市に生まれる
1983年　佛教大学文学部仏教学科卒業
1987年　米国ミシガン大学アジア言語文化学科に留学（1989年まで）
1988年　佛教大学大学院文学研究科博士課程満期退学
1994年　京都文教短期大学専任講師
1996年　京都文教大学人間学部専任講師
2004年　京都文教大学教授
2014年　京都文教大学学長（現在に至る）

説話の考古学　インド仏教説話に秘められた思想（オンデマンド版）

2002年6月15日　初版第1版発行
2017年3月31日　オンデマンド版発行

著　者　平岡　聡
発行者　石原　大道
発行所　大蔵出版株式会社
〒150-0011　東京都渋谷区東2-5-36　大泉ビル
TEL 03-6419-7073　FAX03-5466-1408
URL http://www.daizoshuppan.jp/

印刷・製本　株式会社　デジタルパブリッシングサービス
URL http://www.d-pub.co.jp

ISBN978-4-8043-9727-6　C3015　Printed in Japan